Die Inquisition

Josef Dirnbeck

Die Inquisition

Eine Chronik
des
Schreckens

Pattloch

Ein Titeldatensatz für diese Publikation ist bei
Der Deutschen Bibliothek erhältlich.

© 2001 Pattloch Verlag GmbH & Co. KG, München
Umschlag: Daniela Meyer unter Verwendung eines Fotos von Stone, München
Satz: Fotosatz Völkl, Puchheim; gesetzt aus $10^1/_4 / 14^1/_2$ P. Aldus
Druck und Bindung: Wiener Verlag, Himberg
Printed in Austria

ISBN 3-629-00845-3

INHALTSVERZEICHNIS

Einleitung
GEWALT IM NAMEN DES GLAUBENS

Erstes Kapitel
CHRISTEN GEGEN CHRISTEN

Der Fall Priszillian
In Trier wird der erste Ketzer hingerichtet

Reben verbrennt man im Feuer
Die Ketzerverfolgung wird mit der Bibel begründet

„Krankheitskeime" und „Feinde"
Wie Kirchenväter über Häretiker denken

„Nötige die Leute zu kommen ..."
Augustinus begrüßt Zwangsmaßnahmen

Zweites Kapitel
DER KAMPF GEGEN DIE „KETZER"

Darf man Häretiker töten?
Thomas von Aquin und die Ketzer

Todesstrafe für Ungetaufte
Gesetze gegen Ketzer von Theodosius bis Friedrich II.

Warum wir die Ketzer verfolgen
Kirchliche Maßnahmen gegen Häretiker

„Tötet sie, der Herr kennt die Seinen!"
Vom Streitgespräch zum Sturmangriff

Drittes Kapitel
DIE INQUISITION

Wie mit Ketzern zu verfahren ist
Tipps und Tricks der Inquisitoren

„Unheilvoll für die Kirche"
Die Waldenser aus dem Blickwinkel der Inquisition

Inquisition in den Pyrenäen
Jacques Fournier verhört ein ganzes Dorf

„Vox in Rama"
Zeugnisse angeblicher Teufelsanbetung

Die Beseitigung der Templer
Der größte Justizmord des Mittelalters

„Modus procedendi inquisitorum"
Häretiker und Häretikerbekämpfung in Böhmen

Gegen Juden und gegen Muslime
Spanien auf dem Weg zum einen Glauben

Bannfluch und Autodafé
Markenzeichen der Spanischen Inquisition

Prozesse gegen „Erleuchtete"
Die Spanische Inquisition und die „Alumbrados"

Am Scheiterhaufen und am Schreibtisch
Inquisition im Wandel der Zeiten

Viertes Kapitel
DIE PROMINENTESTEN OPFER

Verurteilung eines Reformators
Die Tragik des Jan Hus

Die Heilige auf dem Scheiterhaufen
Jeanne d'Arc wird verurteilt und rehabilitiert

Girolamo Savonarola
Der Fundamentalist und die Macht

Degradiert, ausgestoßen, verbrannt
Der Philosoph Giordano Bruno

Zum Widerruf gezwungen
Der Fall Galilei

Fünftes Kapitel
DER HEXENWAHN

Die Kirche und die Hexen
Ein Zweikampf zwischen Fanatismus und Vernunft

Regeln für einen korrekten Prozess
Der Kriminalkodex des „Malleus maleficarum"

Wenn eine Hexe ins Gefängnis kommt
Alltag und Bürokratie der Hexenverfolgung

Seit wann bist du eine Hexe?
Fragen beim Verhör

Folterprotokolle
Dokumente der „peinlichen Befragung"

Einzelne Schicksale
Protokolle – Dokumente – Berichte

Der „Lauterfresser"
Prozess gegen einen Südtiroler Hexenmeister

Mit dem Bösen im Bund
Besessenheit und Teufelspakt

Sechstes Kapitel
BÜCHER AUF DEM SCHEITERHAUFEN

Anzunehmende und abzulehnende Schriften
Die Geschichte des kirchlichen Bücherverbots

Der „Index librorum prohibitorum"
Was ein Katholik nicht lesen darf

Siebentes Kapitel
Der Versuch eines Schlussstrichs

Die Rehabilitierung von Galilei
Ein neues Verhältnis von Glaube und Naturwissenschaft

Ein Schuldbekenntnis der Kirche
Johannes Paul II. bittet um Vergebung

Die Wissenschaftler haben das Wort
Ein Historikerkongress wird zum „historischen Ereignis"

ANMERKUNGEN FÜR DEN LESER UND BENUTZER DIESES BUCHES

1) Nummerierung bestimmter Textabschnitte

Die Nummerierung bestimmter Textabschnitte folgt jener Nummerierung, die in den Quellentexten vorgegeben ist.

Wenn der Autor beispielsweise auf S. 57 aus dem „3. Dialog" von Sulpicius Severus die Abschnitte 11–13 zitiert (siehe S. 60, letzter Absatz), so gibt die mitzitierte Nummerierung dem Leser und dem Benutzer des Buches an, welche Texte oder Textteile im Einzelnen zitiert werden.

2) Eckige Klammern und Kursivschrift

Eckige Klammern markieren Stellen, wo in den Text etwas eingefügt oder ausgelassen wurde.

Im Fall von *Auslassungen* sind es drei Punkte [...], die dem Leser signalisieren, dass nicht der gesamte Text zitiert wurde, sondern dass an der betreffenden Stelle der Text gekürzt wurde.

Im Fall von *Einfügungen* gibt es zwei Typen:

a) Einfügungen, die zwar unmittelbar zum Text gehören, aber so, wie sie dastehen, nicht im zitierten Text zu finden sind, sei es, dass sie *über den Kontext eines Textes Auskunft geben* – beispielsweise [Aus dem Hohelied.] oder [Verhörprotokoll vom 1. Februar 1580.], *über den Sprecher oder Verfasser eines bestimmten Abschnittes im Text informieren* – zum Beispiel [Papst Johannes Paul II.] oder [Der Präfekt der Glaubenskongregation, Kardinal Joseph Ratzinger] – oder *grammatikalisch notwendige Ergänzungen bieten* – [dass] ich von dem Bunde, so in meiner heiligen Taufe die Heilige Dreifaltigkeit aufgerichtet hat, ich auch in dieselbige eingewilliget, so schändlich abgewichen bin, und dem bösen Feind zugesagt, desselben hinfürder zu sein und ihm in zauberisch verboten[en] Dingen und anderen schändlichen Sünden zu dienen und Gehorsam zu leisten – oder, besonders im Fall von Übersetzungen, *paraphrasierende Erhellungen des Gemeinten* mitliefern – Die [von Gott als verloren] Vorhergewussten oder solche Zensuren hervorgehen, die sie in ihren Prozessen [Bann]strahlen nennen – oder sei es, dass sie einfach *Abkürzungen auflösen*: Besagte Fr[ancisca] H[ernández].

b) Einfügungen, *die den Text erklären,* sei es, dass sie einen Fachausdruck übersetzen – Häresiarchen [*Anführer der Ketzer*] –, auf eine andere Schreibweise verweisen – Nikolaus von Schlan [*Slanský*] oder Ozias [*Usija*] – oder einfach erläutern, wie etwas gemeint ist – ist bei einem gelegen [*hat bei jemandem gewohnt*] bzw. dass sie eingeäschert [*d. h. auf dem Scheiterhaufen verbrannt*] werden kann.

Bei diesen *erklärenden Einfügungen* handelt es sich sozusagen um die „Anmerkungen des Herausgebers". Sie stehen daher in Kursivschrift.

Literaturangaben, die in diesem Buch auch die Fußnoten ersetzen bzw. sozusagen „Fußnoten mitten im Text" sind, stehen in *runden Klammern,* und zwar grundsätzlich in Kursivschrift.

16

Vorwort

In seinem berühmten epischen Gedicht „La Divina Commedia" beschreibt Dante Alighieri (1265–1321) einen imaginären Gang durch das Jenseits. Als Erstes betritt der Dichter das „Inferno", den Inbegriff ewiger Bestrafung – also die Hölle, die in der christlichen Theologie zu den vier „Letzten Dingen" gezählt wird und die uns nicht nur die Prediger, sondern auch die Maler im Lauf der Jahrhunderte immer wieder in den schrecklichsten Bildern ausgemalt haben. In der Theologie der heutigen Zeit wird die Hölle nicht mehr als ein irgendwo unterhalb der Erde gelegener Ort verstanden, an dem ein von Teufeln geschürtes Feuer brennt, das den Verdammten ewige Qualen bereitet, vielmehr wird Hölle – unabhängig von den an das antike Weltbild gebundenen traditionellen Vorstellungen – als ein Bild für den Zustand der Gottferne interpretiert. Ähnlich versteht auch der Schriftsteller Jean Paul Sartre (1905–1980) die Hölle nicht als einen real existierenden Ort, sondern als eine Metapher für eine zwischenmenschliche Wirklichkeit – wie er mit seinem 1944 uraufgeführten Theaterstück „Huis clos" [*Geschlossene Gesellschaft*] beweist, in welchem er die bereits klassisch gewordene Formulierung geprägt hat: „Die Hölle, das sind die anderen."

Das Tor zur Hölle

In der poetischen Vision des im Florenz des Mittelalters geborenen Dante Alighieri wird die Hölle freilich noch mit der größten Selbstverständlichkeit als eine räumlich fassbare und mit Längen-, Flächen- und Hohlmaßen bestimmbare Größe angesehen. Deshalb hat das Inferno bei Dante einen Eingang – ein Tor; und auf diesem Tor sind die wenig Mut machenden Worte zu lesen: „Lasciate ogni speranza, voi ch'entrate" – „Lasst, die ihr mich durchschreitet, alle Hoffnung fahren"!

Es bedarf keiner allzu großen Phantasie, sich vorzustellen, dass die zahllosen Männer und Frauen, die der „schändlichen Ketzerei", der „Hexerei" oder ähnlicher Verbrechen angeklagt waren, genau das Gleiche empfunden haben dürften, wenn sie in die Verliese und Folterkammern der Inquisition geführt wurden. Sie wussten oder ahnten, dass sie an einem Ort der Qualen angelangt waren, der der Hölle zum Verwechseln ähnlich sah oder der die Hölle womöglich an Schrecklichkeit noch übertraf. Spätestens nach dem ersten Kontakt mit den Folterknechten, die – wie alle Folterknechte der Welt – felsenfest davon überzeugt waren, der guten Sache zu dienen, und die sich hinterher immer darauf herausreden konnten, bloß Befehle ausgeführt und „nur ihre Pflicht getan" zu haben; – spätestens nach der ersten handfesten Erfahrung mit der Unerbittlichkeit dieser willigen Helfer der Inquisitoren musste den Opfern klar geworden sein: Wenn ich hier gelandet bin, tue ich wahrlich gut daran, alle Hoffnung fahren zu lassen. Hier die Hoffnung *nicht* fahren zu lassen, kann nur bedeuten, meine Lage zu verschlimmern; alle Versuche, Widerstand zu leisten, sind zwecklos, sie vergrößern nur meinen Schmerz. Das Beste wäre, sie brächten mich so schnell wie möglich um, dann hätte ich es wenigstens hinter mir!

Friedrich von Spee (1591–1635) sprach es wörtlich aus. Nichts anderes als dieses an Dantes Höllentor gemahnende Fahrenlassen aller Hoffnung hatte er im Auge, wenn er einer als Hexe angeklagten Frau zu bedenken gibt: „Unglückliche, was hast du gehofft? Warum hast du dich nicht gleich beim ersten Betreten des Kerkers für schuldig erklärt? Törichtes, verblendetes Weib, warum willst du den Tod so viele Male erleiden, wo du es nur einmal zu tun brauchst? Nimm meinen Rat an, erkläre dich noch vor aller Marter für schuldig und stirb. Entrinnen wirst du nicht." Wer die Zusammenhänge nicht kennt, könnte meinen, hier rede ein abgefeimter Zyniker. Doch dies ist nicht als ein sarkastisches und von makabrem Humor inspiriertes „Stirb schneller, Genossin!" zu verstehen. Spee hat diese Sätze in seiner berühmten Aufklärungsschrift „Cautio criminalis" geschrieben *(Friedrich von Spee: Cautio criminalis oder Rechtliches Bedenken wegen der Hexenprozesse, München 1982. S. 286),* um über die Gräuel des Hexenwahns zu informieren und das Gewissen seiner Zeitgenossen wachzurütteln.

Der deutsche Jesuitenpater wusste, wovon er sprach. Er kannte die seelischen Nöte der vielfach gefolterten Opfer aus erster Hand. Denn er hatte von seinen Ordensoberen die Aufgabe zugeteilt bekommen, jenen Frauen seelsorglichen Beistand zu leisten, die in den berüchtigten Hexenprozessen zum Tod auf dem Scheiterhaufen verurteilt wurden. Als Beichtvater der angeblichen Hexen hatte Friedrich von Spee die ohnmächtige Verzweiflung kennen gelernt, die diese unschuldigen Opfer eines gespenstischen Hexenwahns erfüllte, und oft genug hatte er erfahren, wie hilflos er war, wenn er versuchte, die bedauernswerten Frauen, so gut er es vermochte, in ihrer letzten Stunde zu trösten. Nicht Zynismus, sondern menschliche Betroffenheit, barmherzige Anteilnahme und tiefes Mitgefühl mit den Opfern waren es, die Friedrich von Spee zur Überzeugung brachten, dass er den eingekerkerten Frauen letztlich keinen anderen Trost geben konnte als den Trost des Höllentors: Lass deine Hoffnungen fahren, sonst verlängerst du nur deine Pein!

Der Zugang zu den Archiven

„Wer hier eintritt, ist ohne weiteres exkommuniziert." Diese Inschrift prangte ehedem über der Tür des Vatikanischen Archivs in Rom und sie war keineswegs als Scherz gemeint. Sixtus V. (1585–1590), den man den „eisernen Papst" nannte, hatte die Warnung anbringen lassen – jener Papst, der den Ehrgeiz hatte, Rom zur schönsten Stadt Europas und zum religiösen Mittelpunkt der Welt zu machen, und der mit weit reichenden Entscheidungen nicht zuletzt auch die Weichen für den römisch-katholischen Zentralismus stellte.

Es bedarf keiner allzu großen Phantasie, sich vorzustellen, was für Beweggründe ein oberster Herr der katholischen Christenheit gegen Ende des 16. Jahrhunderts wohl gehabt haben könnte, mit der Androhung härtester Sanktionen das unbefugte Betreten von Räumen zu verbieten, in denen sich nichts weiter befand als zum Teil jahrhundertealtes Aktenmaterial. Allzu brisant waren die Informationen, die hier lagerten. Hier gab es Wissen, das Macht gab. Hier gab es so manche Wahrheiten zu entdecken, die im Interesse der Kirche besser nicht ans Licht der Öffentlichkeit gezerrt werden sollten. Nur absolut vertrauenswürdige Personen durften durch diese Türe schreiten, ohne auf der Stelle exkommuniziert werden zu müssen; Personen, die die Tugend des vorauseilenden Gehorsams besaßen und sich darauf verstanden, das jeweils erwünschte „sentire cum ecclesia" [*im Sinne der Kirche denken; wörtlich: „mit der Kirche fühlen"*] zu üben. Keinesfalls durften Leute im Archiv arbeiten, die womöglich geneigt gewesen wären, das Interesse an der historischen Wahrheit über realpolitische Interessen zu stellen, und die keinerlei Hemmungen gehabt hätten, irgendwelche Peinlichkeiten, die den guten Ruf der Kirche schädigen hätten können, in die Welt hinauszuposaunen.

Die Kehrseite einer solchen Grundeinstellung liegt allerdings auf der Hand. Es war für den guten Ruf der Kirche nicht minder abträglich, sich durch eine restriktive Informationspolitik immer mehr als eine Institution zu präsentieren, die Angst vor der Wahrheit hat. Umso erfreulicher ist es, dass nicht alle Päpste wie Sixtus V. dachten. Johannes XXIII. (1958–1963), der Papst, der das Zweite Vatikanische Konzil einberufen hat, vertrat die Meinung, dass die Kirche keine Angst vor der Wahrheit haben dürfe, aber auch ein Papst wie Leo XIII. (1878–1903), mit dessen Namen sich vor allem die Erinnerung an die progressive Sozialenzyklika „Rerum novarum" verbindet, war davon überzeugt, dass es eher schädlich als nützlich ist, wenn die Kirche gewisse dunkle Punkte ihrer Vergangenheit nicht wahrhaben will. Darum öffnete dieser Nachfolger Petri bereits im Jahr 1881 die Vatikanischen Archive, und zwar nicht nur für „linientreue" römisch-katholische Historiker, sondern für Gelehrte aller Konfessionen.

Als schließlich im Jahr 1998 unter Papst Johannes Paul II. im Zuge der Vorbereitung des Jubiläumjahrs 2000 auch „das Archiv der Inquisition" geöffnet und die Akten der wissenschaftlichen Forschung frei zugänglich gemacht wurden, war dies nicht nur ein längst fälliger, sondern auch ein viel beachteter Schritt.

Operation Wahrheit

Kritiker fragten freilich, wie weit sich die Öffnung der Archive der Inquisition – oder genauer gesagt: der „Sacra Congregatio Romanae et Universalis Inquisitionis seu Sancti Officii", wie die Vorgängerin der heutigen Kongregation für die Glaubenslehre mit vollem Namen hieß – auf die wissenschaftliche Forschung auswirken werde und ob sie der in den letzten Jahren ohnedies schon stark intensivierten Erforschung der römischen Inquisition weitere Impulse zu geben vermöchte. Auch müsse man fragen, wie realistisch es ist, zu erwarten, dass im Palazzo del Sant' Uffizio im Schatten des Petersdoms trotz starker Verluste in napoleonischer Zeit überhaupt noch großartige Schätze zu heben seien. Nichtsdestoweniger hatte bereits die Ankündigung der beabsichtigten Öffnung Euphorie ausgelöst und wurde von manchen Medien geradezu als Sensation gefeiert. Italienische Zeitungen sprachen von einer „Operation Wahrheit".

„Beginnt eine Zeit der Einsicht?", fragte der deutsche Journalist und Vatikanexperte Hansjakob Stehle in einem für die Hamburger Wochenzeitung

„Die Zeit" verfassten Kommentar *(Frommer Massenterror, Die Zeit Nr. 5, 22. Januar 1998)* und gab eine klug differenzierende Antwort: Einsicht „jedenfalls in jene 4500 Bände mit Ketzer-Gerichtsakten, die sich am Amtssitz der Hüter der Rechtgläubigkeit stapeln und bis heute sogar dem zentralen Geheimarchiv des Vatikans vorenthalten wurden. Die Sammlung der ‚Heiligen Kongregation der Universalen Inquisition' wird allerdings nur bis zum Jahreseintrag 1903 geöffnet, also nicht einmal bis 1908, als diese Behörde den milderen Namen ‚Heiliges Offizium' erhielt, und schon gar nicht bis zum Jahr 1965, seit dem sie sich ‚Kongregation für die Glaubensdoktrin' nennt. Freilich, die Zeit der fromm entzündeten Scheiterhaufen liegt ja auch weit zurück. So ruchlos der heutige Umgang der Papstkirche mit ihren Kritikern erscheinen mag, so harmlos wirkt er doch im Vergleich zu den Grausamkeiten der von allen guten Geistern christlicher Liebe verlassenen mittelalterlichen Inquisition."

Für Stehle ließ die Archivöffnung immerhin etwas vom Geist des Zweiten Vatikanischen Konzils erkennen – jenes Konzil, dem es „mühsam, schließlich aber mit großer Mehrheit" gelungen war, „ein Dekret durchzubringen, das zum ersten Mal in der Geschichte der römischen Kirche die Freiheit des Gewissens, auch des irrenden, achtet und schützt und das zugleich auf staatliche Schützenhilfe zur Durchsetzung der eigenen Doktrin verzichtet". Ein Signal „nicht nur für den Namenswechsel der historisch belasteten Behörde Glaubenskongregation", so Stehle. „Denn besser sei es, den Glauben zu fördern, als nur die Lehre zu verteidigen, schrieb Paul VI. zur Begründung für einen – auch in den folgenden drei Jahrzehnten – nur langsam fortschreitenden Stil- und Stimmungswechsel."

Ob allerdings aufgrund der nunmehr geöffneten Archive irgendwelche großartigen Überraschungen zutage gefördert werden, sei eine andere Frage, meinte Hansjakob Stehle. Vielleicht werde es doch ein wenig anders sein als so, wie es sich Kardinal Achille Silvestrini erwartete: „… als ob nicht längst weithin bekannt sei, dass Ketzerrichter auch einmal ein Auge zudrückten oder ihre Hand aufhielten. Es dürfte wohl auch vieles verloren sein, seit Napoleon Akten nach Paris verschleppte und seit italienische 1848er in den Papieren wühlten. Berühmten Opfern der Ketzerjustiz wie Jan Hus, Galileo Galilei oder Giordano Bruno versuchte Johannes Paul II. schon früher gerecht zu werden. Doch jetzt geht es um die Bewältigung des Massenterrors, den er als erster Papst offen beim Namen nannte, als er im Frühjahr 1994 an die Kardinäle schrieb: ‚Wie kann man die vielen Formen von Gewalt verschweigen, die auch im Namen des Glaubens verübt wurden: die Religionskriege, die Tribunale der Inquisition und andere Formen von Verletzung der Menschenrechte? Es ist bezeichnend, dass diese Zwangsmethoden dann von den totalitären Ideologien des 20. Jahrhunderts angewendet wurden. Die Kirche muss aus eigenen Initiativen die dunklen Seiten ihrer Geschichte überprüfen und im Licht des Evangeliums bewerten.‘ Und auf diese Weise könnte Jakob Burckhardts hundert Jahre alter Diagnose, dass ‚die Kirche mehr und mehr ein Polizeiinstitut wurde und die Hierarchen danach rochen‘, vielleicht doch noch eine heilbringende Therapie folgen.“

Ein geschickter PR-Gag?

Weit weniger wohlwollend als die Analyse von Hansjakob Stehle fiel ein Kommentar aus, den der Autor einer Internetseite ins Web stellte *(http://www.inet-consulting.com/fantasykibbuz/vatikan.htm)*, der der römischen Archivöffnung durchaus nichts Positives abgewinnen konnte und sogar einen Mann wie Hans Küng kritisierte, der diesen Schritt Roms begrüßt hatte.

„Der Vatikan hat im Januar 1998 die Archive mit den Geheimdossiers zur Inquisition und die Akten zum Index verbotener Bücher von 1542 bis 1903 offiziell geöffnet“, so der Autor des nicht namentlich gezeichneten Kommentars auf der Internetseite des „Fantasykibbuz“ wörtlich: „Dieser Akt ist selbst von dem hoch gehandelten Kirchenkritiker Hans Küng als ‚epochales Ereignis‘ gefeiert worden. Kommt jetzt Licht in eines der dunkelsten Kapitel der katholischen Kirche? Steht gar eine ‚Neuschreibung der Kirchengeschichte‘ an?“

Eine der offiziellen Begründungen für das „späte vatikanische Glasnost“, führt der Autor weiter aus, sei gewesen, dass der Papst „das neue Jahrtausend mit ‚reinem Gewissen‘ begehen“ wolle. „Der italienische Kurienkardinal Achille Silvestrini schwärmte, die Offenlegung der Inquisitionsakten aus dem Geheimarchiv sei ‚ein Akt der Selbstreinigung‘. Als ob eine Entschuldigung für ein begangenes Verbrechen den Täter in eine moralisch höhere Position als vor der Untat stellen würde. Der deutsche Kardinal und Präfekt der ‚Kongregation für die Glaubenslehre‘, Joseph Ratzinger, beteuert, es gehe der Kirche bei der Öffnung des Inquisitionsarchivs allein um die Wahrheit.“ Diese offizielle Begründung dürfe man jedoch getrost in Zweifel stellen, meint der „Fantasy-

kibbuz"-Autor. Unter anderem ließe schon die Ausstattung des Inquisitionsarchivs sowohl in räumlicher als auch in personeller Hinsicht „nicht darauf
schließen, dass die Aufarbeitung der dunklen Seiten der Kirchengeschichte
dem Klerus ein Herzensanliegen wäre. Im Lesesaal ist nur Platz für zwölf
Wissenschaftler. Dem Archivchef Cifres stehen ganze drei Mitarbeiter zur Verfügung. Zum Vergleich: Bei der Gauck-Behörde zur ‚Aufarbeitung' der Stasi-
Unterlagen, die während des SED-Regimes in der DDR angelegt wurden, arbeiten dreitausend Menschen!"

Im Übrigen sei der Vatikan, wie durch den Entzug der Lehrbefugnis für
Hans Küng und durch ähnliche Fälle bewiesen werde, „in wesentlichen Zügen
nach wie vor von einer inquisitorischen Geisteshaltung bestimmt". Diese Behauptung werde nur scheinbar durch die Öffnung der Archive widerlegt. Die
Freigabe der geheimen Dossiers werde keine wesentlich neuen Erkenntnisse
liefern, denn auch vor der Öffnung der Archive sei der Verlauf der Inquisition
bereits recht gut erforscht gewesen: „Im Archiv des Vatikans lagern noch 4500
Bände, jedoch sollen zwei Drittel der Protokolle, die die Inquisitionsprozesse
betreffen, sowie Dokumente über Ketzerprozesse und Hexenverfolgungen
schon zu Beginn des Jahrhunderts ‚verloren gegangen' sein." Also blieben nur
die beiden Möglichkeiten übrig: entweder „schon erforscht" oder „schon vernichtet".

Fazit des Skeptikers im Internet: „Die vom Vatikan vollmundig und im
Brustton der Überzeugung als Akt der Selbstreinigung angekündigte und
von den Medien zur Sensation stilisierte Öffnung der Geheimarchive, dieses
klerikale Sesam-öffne-Dich, ist in Wirklichkeit ein geschickter Schachzug, eine
PR-Aktion mit Knalleffekt, um der katholischen Kirche ein paar moralische
Pluspunkte zu sichern" *(http://www.inet-consulting.com/fantasykibbuz/va-
tikan.htm).*

EINE OFFENE WUNDE

Euphorie auf der einen Seite, kalte Skepsis und argwöhnisches Aufspüren du-
bioser Motive der Amtskirche auf der anderen Seite. Die widersprüchliche Einschätzung ein und desselben Phänomens könnte nicht größer sein. Allerdings
liegt es durchaus in der Natur der Sache, dass es in dieser Frage keinen „ob-
jektiven", ausgewogen „über den Dingen stehenden" Standpunkt gibt.

„Man erwarte keine neuen Fakten; die wesentlichen Tatsachen über die Inquisition sind längst bekannt", schreibt Robert Lemm im Vorwort zu seiner aufschlussreichen Studie „Die Spanische Inquisition" *(München 1996. S. 8).* Es sei bequem, das Mittelalter und die Inquisition nach heutigen Maßstäben zu verketzern, eine solche Verdammung erkläre aber nichts: „Wie fern der Spiegel auch sein mag, wenn wir nicht hineinschauen, verfehlen wir etwas von dem, was wir auch sind. Denn vielleicht sind es ja nur die Masken, die wechseln" *(Robert Lemm, op. cit. S. 10).* Sein Ziel sei es, erklärt der in Amsterdam lebende Autor, „die Inquisition zu ‚begreifen', zum Nachdenken über sie anzuregen und vor allem, alte Zeugnisse und Dokumente späteren Urteilen über die Inquisition gegenüberzustellen und abzuwägen" *(Robert Lemm, op. cit. S. 8).*

Die Antwort auf die von Lemm gestellte Frage, inwieweit es möglich ist, die Wirklichkeit des 15. Jahrhunderts losgelöst vom späteren „Mythos" zu erfassen, kann allerdings nur skeptisch ausfallen: So wünschenswert es sicherlich wäre, aber genau dies ist nicht möglich, „die Inquisition frei vom Glauben, von Idealen und Überzeugungen zu beurteilen" *(Robert Lemm, Die Spanische Inquisition, München 1996. S. 8).* Mit der Inquisition verhält es sich im Grunde nicht anders als mit der Diskussion über den Holocaust. Die Inquisition ist genauso eine offene Wunde, wie auch der Judenmord der Nazis nach wie vor eine offene Wunde ist.

Wie die von Daniel Goldhagen angezettelte Debatte über Hitlers „willige Helfer" von neuem deutlich gemacht hat, gibt es nun einmal Themen, die es nicht erlauben, dem klassischen Ideal der Geschichtsschreibung gemäß „sine ira et studio" abgehandelt zu werden. Nicht, weil es dem einzelnen Historiker nicht gelingen könnte, die subjektive Seite auszuklammern und von der eigenen Betroffenheit abzusehen, sondern weil die Betroffenheit selbst in unaufknotbarer Weise mit zur Sache gehört, um die es geht. Genauso einfältig und unangemessen es wäre, den Holocaust zu dämonisieren und nicht wahrzunehmen, welche konkret benennbaren Ursachen es hier gab und welche Interessen im Spiel waren, genau so zynisch und ungeheuerlich wäre es auf der anderen Seite, zu meinen, man könne den Massenmord, den das nationalsozialistische Regime an Millionen von Juden begangen hat, damit „erklären", dass man einfach nur den Hintergrund ausleuchtet und die Motive der Täter analysiert und zu „verstehen" sucht.

Was für die Gräuel der Judenverfolgung gilt, gilt nicht minder für die Gräuel der Inquisition. Wer sie „aus der Zeit heraus verstehen" oder gar rechtfertigen wollte, wird der Sache nicht gerecht, weil er sich an den Opfern versündigt. Wer jedoch die Täter blindwütig verurteilt und sich über sie erhaben dünkt, wird der Sache genauso wenig gerecht. Und wer noch schlauer sein möchte und glaubt, sich diesem Dilemma entziehen zu können, der kann am Ende nur doppelt scheitern. Die bittere Botschaft von Dantes Höllentor gilt auch hier: Wer eintritt in diese Welt der Folterkammern und der Scheiterhaufen, der muss alle Hoffnung fahren lassen, er könne dies als ein Unbeteiligter tun und er könne sich heraushalten.

Wer sich auf die Inquisition einlässt, wer sich in jene Zeugnisse menschlicher Abgründigkeit vertieft, die ihm in den Akten und Dokumenten begegnet, kann sich *nicht* heraushalten. Er kann sich nur aussuchen, wie er sich dazu verhält – ob er, wenn er hier über gewissen Dingen nicht den Verstand verliert, damit nur zu erkennen gibt, dass er keinen zu verlieren hat, wie Lessing in seinem Drama „Emilia Galotti" sagt; oder ob er im Bewusstsein, in eine Leidensgeschichte hineingenommen zu sein, in die bekümmerte Klage von Bachs Matthäuspassion einstimmt: „Kommt, ihr Töchter, helft mir klagen!"

Josef Dirnbeck

Einleitung

GEWALT IM NAMEN DES GLAUBENS

Dem Gemarterten werden Jauche oder anderer Unrat in den gewaltsam geöffneten Mund gegossen. Die im Dreißigjährigen Krieg übliche Art der Folterung wurde auch „Schwedentrunk" genannt.

Unschuldig bin ich in das Gefängnis kommen, unschuldig bin ich gemartert worden, unschuldig muss ich sterben. Will dir erzählen, wie es mir ergangen ist …" – So schrieb ein Mann, den sicheren Tod vor Augen, am 24. Juli 1628 an seine Tochter Veronika. Der Mann hieß Johannes Junius und war 14 Jahre lang Ratsherr und Bürgermeister in Bamberg gewesen, ehe man ihn eines Tages einsperrte und so lange folterte, bis er endlich irgendetwas gestand.

Ein Mann wird gefoltert

Johannes Junius beschrieb mit eigenen Worten, was man ihm antat: „Und dann kam leider, Gott erbarm es im höchsten Himmel, der Henker und hat mir den Daumenstock angelegt, beide Hände zusammengebunden, dass das Blut zu den Nägeln herausgegangen und allenthalben dass ich die Hände in vier Wochen nicht brauchen konnte, wie du aus dem Schreiben sehen kannst. So hab ich mich Gott in seine heiligen fünf Wunden befohlen und gesagt, weil es Gottes Ehr und Namen anlangt, den ich nicht verleugnet habe, so will ich meine Unschuld und all diese Marter und Pein in seine fünf Wunden legen, er wird mir meinen Schmerz lindern, dass ich solche Schmerzen ausstehen kann. Danach hat man mich erst ausgezogen, die Hände auf den Rücken gebunden und auf die Höhe in die Folter gezogen. Da dachte ich, Himmel und Erden gingen unter. Haben mich achtmal aufgezogen und wieder fallen lassen, dass ich unsägliche Schmerzen empfand. Und dieses ist alles fasernackt geschehen, denn sie haben mich fasernackt ausziehen lassen.

Als mir nun unser Herrgott geholfen, hab ich zu ihnen gesagt: Verzeihe euch Gott, dass ihr einen ehrlichen Mann so unschuldig angreift, wollt ihn nicht allein um Leib und Seele, sondern um Hab und Gut bringen. Sagt Doktor Braun: Du bist ein Schelm. Ich sagte: Ich bin kein Schelm noch solcher Mann und bin so ehrlich, als ihr alle seid, allein weil es also zugeht, so wird kein ehrlicher Mann in Bamberg sicher sein, ihr so wenig als ich oder ein anderer. Sagt der Doktor, er wär nicht vom Teufel angefochten. Ich sagte: Ich auch nicht, aber eure falschen Zeugen, das sind die Teufel, eure scharfe Marter; denn ihr lasst keinen hinweg, und wenn er gleich alle Marter aussteht. Und dieses ist den Freitag, den 30. Juni, geschehen, hab ich mit Gott die Marter ausstehen müssen. Hab mich also die ganze Zeit nicht anziehen noch die Hände brauchen können, ohne die anderen Schmerzen, die ich ganz unschuldig leiden muss.

Als nun der Henker mich wieder hinweggeführt in das Gefängnis, sagt er zu mir: Herr, ich bitt euch um Gottes willen, bekennt etwas, es sei gleich wahr oder nicht. Erdenkt etwas, denn ihr könnt die Marter nicht ausstehen, die man euch antut, und wenn ihr sie gleich alle aussteht, so kommt ihr doch nicht hinaus, wenn ihr gleich ein Graf wäret, sondern es fängt eine Marter wieder auf die andere an, bis ihr sagt, ihr seid ein Drudner [*ein Hexenmeister*], und sagt [*legt ein Geständnis ab*], eher nicht denn lässt man euch zufrieden, wie denn aus allen ihren Urteilen zu sehen, das eins wie das andere geht.

Danach kam der Georg und sagte, die Komissare hätten gesagt, mein Herr [*Bischof Johann Georg II. von Bamberg*] wolle ein solches Exempel an mir statuieren, dass man darüber staunen sollte. So hätten die Henker alleweil zusammen geäußert und wollten mich wieder peinigen, er bäte mich um Gottes willen, ich sollte etwas erdenken, und wenn ich gleich ganz unschuldig wäre, so käme ich doch nicht wieder hinaus; es sagt mir der Kandelgießer, Neudecker und andere.

So hab ich gebeten, ich sei gar übel auf, man sollte mir einen Tag Bedenkzeit geben und einen Priester. Der Priester war mir abgeschlagen, aber die Zeit zu bedenken war mir gegeben. Nun, herzliebe Tochter, was meinst du, in was für einer Gefahr ich gestanden und stehe? Ich sollte sagen, ich sei ein Drudner [*ein Hexenmeister*] und bin es nicht, soll Gott erst verleugnen und hab es zuvor nicht getan. Hab Tag und Nacht mich hoch bekümmert, endlich kam mir indem noch ein Rat vor. Ich sollte unbekümmert sein, weil ich keinen Priester hab bekommen, mit dem ich mich beraten könne, ich sollte etwas gedenken [*mir etwas ausdenken*] und es also sagen. Es wäre ja besser, ich sagte es nur mit dem Maul und Worten und hätte es aber im Werk nicht getan, sollte es danach beichten und die verantworten lassen, die mich dazu nötigen. Darauf ich dann den Pater Prior im Predigerkloster [*im Kloster der Dominikaner*] begehrt hab, ihn aber nicht bekommen können."

Im weiteren Verlauf seines Briefes teilt Johannes Junius der Tochter detailliert mit, wie er anfing irgendwelche frei erfundenen Dinge zu gestehen, um wenigstens nicht wieder von neuem die Schmerzen der Folter erleiden zu müssen.

„Und dann ist dieses meine Aussage wie folgt, aber alles erlogen. Nun folgt, herzliebes Kind, was ich hab ausgesagt, dass ich der großen Marter und harten Tortur bin entgangen, welche mir unmöglich länger also auszustehen gewesen

29

wäre. Nämlich als ich anno 1624 oder 1625 eine Kommission von Rottweil gehabt, hab ich dem Doktor auf die Kommission in meiner Rottweilisch Rechtfertigung auf die 600 Gulden geben müssen, also dass ich viel ehrliche Leut
angesprochen, die mir ausgeholfen. Das ist alles wahr. Und jetzt folgt meine
Aussage mit lauter Lügen, die ich auf Befragung der noch großen Marter sagen
musste und darauf sterben muss.

Nach diesem sei ich auf meinem Feld bei dem Friedrichsbrunnen gegangen
ganz bekümmert, hab mich daselbsten niedergesetzt, da sei ein großes [*d. h. ein
erwachsenes*] Mädlein zu mir kommen und hätte gesagt: Herr, was macht ihr,
wie seid ihr so traurig? Ich darauf gesagt: Ich wüsste es nicht. Also hat sie sich

*„Dann hat man mich erst aufgezogen,
die Hände auf den Rücken gebunden
und auf die Höhe in die Folter
gezogen. Da dachte ich, Himmel und
Erden gingen unter."* Der gefolterte
und hingerichtete Johannes Junius in
einem Brief vom 24. Juli 1628 an seine
Tochter Veronika.

näher zu mir gemacht. Sobald solches geschah, ist sie zu einem Geißbock worden und hat zu mir gesagt: Siehe, jetzt siehst du, mit wem du zu tun hast, hat
mir an die Gurgel gegriffen und gesagt, du musst mein sein oder ich will dich
umbringen. Da hab ich gesagt: Behüt mich Gott davor! Also ist er [*der Teufel*]
verschwunden und bald wieder kommen und hat zwei Weiber und drei Männer bracht. Ich solle Gott verleugnen; so hätte ich es getan: Gott und das himmlische Heer verleugnet, so hätte ich es getan. Darauf hätte er mich getauft, und
die zwei Weiber waren die Taufdotten [*die Patinnen*], hätten mir einen Duka-
ten eingebunden, wäre aber ein Scherben gewesen.

Nun vermeinte ich, ich wäre gar vorüber, da stellte man mir erst den Henker an die Seiten, wo ich auf Tänze gewesen [*wo ich an Hexensabbaten teilge-*

nommen hätte], da wusste ich nicht, wo aus oder ein, besann mich, dass der Kanzler und sein Sohn und die Hopfen-Else alte Hofhaltung, Ratstube und Hauptsmoor genannt hätten, und was ich sonst bei derlei Vorlesen gehört hab, nannte ich solche Orte auch. Danach sollte ich sagen, was für Leute ich allda gesehen hätte. Ich sagte, ich hätte sie nicht gekannt. Du alter Schelm, ich muss dir den Henker übern Hals schicken! Sag, ist der Kanzler nicht da gewesen? So sagte ich ja. Wer mehr [*wer sonst noch*]? Ich hätte niemand gekannt. So sagt er: Nimm eine Gasse nach der andern, fahr erstlich den Markt heraus und wieder herein! Da hab ich etliche Personen nennen müssen, danach die lange Gasse. Ich wusste niemand. Hab acht Personen daselbsten nennen müssen, danach den Zinkenwert, auch eine Person, danach auf die obere Brücke bis zum Georgtor auf beiden Seiten. Wusste auch niemand. Ob ich nichts in der Burg wüsst, es sei, wer es wolle, solle es ohne Scheu sagen. Und so fortan haben sie mich auf alle Gassen gefragt, so hab ich nichts mehr sagen wollen noch können. So haben sie mich dem Henker gegeben, er soll mich ausziehen, die Haare abschneiden und auf die Tortur ziehen – der Schelm weiß einen auf dem Markt, geht täglich mit ihm um und will ihn nicht nennen. So haben sie den Dietmeyer genannt, also hab ich ihn auch nennen müssen. Danach sollte ich sagen, was ich für Übel gestiftet habe. Ich sagte nichts. Hat mich wohl angesonnen, allein weil ich es nicht tun wollen, hat er mich geschlagen. Zieht den Schelm auf! So hab ich gesagt, ich hätte meine Kinder umbringen sollen, so hätte ich ein Pferd dagegen umbracht. Es hat nicht helfen wollen. Ich hätte auch eine Hostie genommen und diese eingegraben. Wie ich dieses geredet, so haben sie mich zufrieden gelassen."

Der Brief, den der hochrangige Bamberger Bürger kurz vor seinem gewaltsamen Tod – Johannes Junius wurde mit dem Schwert hingerichtet und anschließend auf dem Scheiterhaufen verbrannt – aus dem Kerker heraus an seine Tochter Veronika geschrieben hat und dessen originale Sprachgestalt *(vgl. G. W. Soldan/H. Heppe/M. Bauer: Geschichte der Hexenprozesse, Bd. 2, Hanau 1911. S. 6–13)* hier der leichteren Lesbarkeit wegen in einer eigens für diese Ausgabe erarbeiteten Transkription in heutiges Deutsch wiedergegeben wird, ist ein Dokument besonderer Art. Normalerweise zeigen uns die Quellentexte der Ketzerverfolgung, der Inquisitions- und Hexenprozesse die Verurteilten und Hingerichteten nur aus dem Blickwinkel ihrer Richter. Auch wenn in Prozessakten, Folterprotokollen oder Urteilen die Betroffenen selbst zu Wort kommen, wird nur das von ihnen wörtlich zitiert, was die Inquisitoren interessiert, und nicht das, was sie selbst über ihre Befindlichkeit sagen möchten. Umso mehr vermag dieser Brief des Johannes Junius mit seiner ungeschminkten Darstellung des Schicksals eines Opfers des Hexenwahns aus der Sicht des Betroffenen auch heute noch zu erschüttern.

Mehrere Tage hat Junius gebraucht, bis er mit seinen von der Folter versehrten Händen zu Papier gebracht hatte, was er seiner Tochter vor seinem Tod sagen wollte: „Nun, herzliebes Kind, da hast du alle meine Aussagen und den Verlauf, darauf ich sterben muss, und es sind lauter Lügen und erdichtete Sachen, so wahr mir Gott helfe. Denn dieses hab ich alles aus Furcht der ferner angedrohten Marter über die schon zuvor ausgestandene Marter sagen müssen. Denn sie lassen nicht mit dem Martern nach, bis man etwas sagt; es sei einer so fromm, als er wolle – er muss ein Drudner [*ein Hexenmeister*] sein. Kommt auch keiner heraus, wenn er gleich ein Graf wär. Und wenn Gott kein Mittel schickt, dass die Sache recht an den Tag kommt, so wird die ganze Schwägerschaft verbrannt. Denn es muss ein jeder erst laut bekennen, was man gleich nicht von einem weiß, wie ich das tun muss. Nun weiß Gott im Himmel, dass ich nicht das Geringste nicht kann noch weiß. Sterbe also unschuldig und wie ein Märtyrer. Herzliebes Kind, ich weiß, dass du so fromm bist als ich. So hast du eben so wohl schon etliche Pein, und wenn ich dir raten soll, so sollst du von Geld und Briefen, was du hast, nehmen und dich etwa ein halbes Jahr auf eine Wallfahrt begeben oder wo du dich eine Zeit lang aus dem Stift machen [*d. h. dich außerhalb des geistlichen Herrschaftsbereichs begeben*] kannst, das rate ich dir, bis man sieht, wo es hinauswill. Manch ehrlicher Mann und ehrliches Weib geht zu Bamberg in die Kirchen und in seine andern Geschäften, weiß nichts Böses, hat ein gutes Gewissen wie ich auch bisher, wie du weißt – nichtsdestoweniger wird er in dem Drudenhause angegeben [*wegen Hexerei angezeigt*]. Wenn er nur seine Stimme hat, so muss er fort, es sei gerecht oder nicht. Es hat der Neudecker, Kanzler sein Sohn, der Kandelgießer, Wolf Hofmeister Tochter alle auf mich bekannt und die Hopfen-Else, alle auf einmal. Ich hab wahrlich hineingemüsst, also geht es gar vielen und wird noch vielen also ergehen, wo Gott kein Mittel schickt."

Schon in den einleitenden Passagen des Briefes haben wir erfahren, dass Junius von einem der Folterknechte den durchaus wohlgemeinten Rat bekam, er möge halt in Gottes Namen irgendwelche erfundenen Dinge gestehen, damit er sich die sonst unvermeidliche weitere Tortur erspare. Im Schlussteil des Briefes wird abermals deutlich, dass die Leute, die die Angeklagten im Kerker betreuten, sichtlich um einiges vernünftiger waren als die Ankläger und Richter – und dass sie besser beurteilen konnten, ob einer schuldig oder unschuldig war. Freilich, das ändert nichts daran, dass sie trotzdem die gut funktionierenden Rädchen im Getriebe einer brutalen und menschenvernichtenden Maschinerie waren und schön brav alle Handlangerdienste besorgten, die ihre vom Hexenwahn umnachteten Chefs von ihnen verlangten. Aber ohne das konspirative Engagement der Angestellten, bei dem diese selbst Kopf und Kragen riskierten, hätte Johannes Junius nicht auch dieses an seine Tochter schreiben können: „Liebes Kind, dieses Schreiben halte verborgen, damit es nicht unter die Leute kommt, sonst werde ich dermaßen gemartert, dass es zu erbarmen, und es würden die Wächter geköpft, so hoch ist es verboten. Herrn Vetter Stamer kannst du es wohl doch vertraulich ein wenig rasch lesen lassen. Bei ihm ist es verschwiegen. Liebes Kind, verehre diesem Mann einen Reichstaler.

Ich hab etliche Tage an dem Schreiben geschrieben; es sind meine Hände alle lahm, ich bin halt gar übel zugerichtet. Ich bitte dich um des Jüngsten Gerichts willen, halt dieses Schreiben in guter Hut und bet für mich als deinen Vater für einen rechten Märtyrer nach meinem Tode. Doch hüt dich, dass du das Schreiben nicht lautbar machest. Lass die Anna Maria auch für mich beten. Das darfst du kühnlich für mich schwören, dass ich kein Drudner, sondern ein Märtyrer bin, und ich sterbe hiemit gefasst. Gute Nacht denn! Dein Vater Johannes Junius sieht dich nimmermehr" *(Brief des Johannes Junius an seine Tochter Veronika vom 24. Juli 1628. – Transkription der Sprachgestalt in heutiges Deutsch: © Josef Dirnbeck).*

EINE BLUTIGE SPUR

Es ist eine blutige Spur, die sich durch das Christentum zieht – vom ersten vergossenen Blut eines Ketzers bis zu den spektakulär inszenierten Autodafés der Spanischen Inquisition, vom Gemetzel des Albigenserkreuzzugs bis zu den Scheiterhaufen des Hexenwahns, von der kaltblütigen Vernichtung des Templerordens bis zu brutalsten Judenpogromen. Generationen von Menschen haben sich schon gefragt: Wie war es möglich, dass eine Religion, die die Gewaltlosigkeit auf ihre Fahnen geschrieben hat, selbst zum Schwert greifen konnte? Wie konnte es sein, dass Menschen, die eigentlich nur vom Feuer der Liebe durchdrungen sein sollten, imstande waren, das Feuer der Scheiterhaufen zu schüren? Wie um alles in der Welt konnte es geschehen, dass eine Institution wie die Kirche, die sich tagtäglich daran erinnert, dass der Mann, auf den sie sich gründet, seinerzeit selbst das unschuldige Opfer eines ungerechten Justizverfahrens war und „am Stamm des Kreuzes geschlachtet" wurde, eine Institution wie die Inquisition ersann und selbst zur Schlächterin vieler unschuldiger Opfer wurde?

Wer mit der Verkündigung des christlichen Glaubens zu tun hat, kommt nicht darum herum, irgendwann die Gretchenfrage gestellt zu bekommen: „Nun sag, wie hast du's mit der Inquistion?" Oder er wird – noch besser – dieser Frage zuvorkommen und von sich aus die Initiative ergreifen, um im Sinne des bekannten Aufklärungsslogans „Wie sag ich's meinem Kinde?" kopfschüttelnden Christenmenschen von heute begreiflich zu machen, wieso es denn so weit kommen konnte.

Genau dies war der Ansatz, den der so genannte „Holländische Katechismus" versuchte – ein aus dem Geist des Zweiten Vatikanischen Konzils geborenes Unternehmen mit dem Anspruch, den überkommenen christlichen Glauben zeitgemäß und auf der Höhe des geistigen Niveaus kritischer und mündiger Menschen von heute zu erklären und verständlich zu machen, um ihn an die nächste Generation weitergeben zu können. „Glaubensverkündigung für Erwachsene" war denn auch der programmatische Titel, unter dem dieser Erwachsenenkatechismus im Jahr 1968 – gleichzeitig mit der niederländischen Ausgabe auch auf Deutsch – erschienen ist. Die Entstehung der Inquisition wird in diesem über 500 Seiten dicken Buch mit folgenden Worten erklärt:

„Zum Schlimmsten kam es auf folgende Weise: In einer praktisch gleich gesinnten Gesellschaft entstand abweichendes Denken, das sich organisierte und mit stark propagandistischer Kraft um sich griff. So war das bei den Katharern (dazu gehörten die Albigenser). Ihre Vorstellungen bewegten sich im Rahmen einer schroffen Gegenüberstellung des Guten (reine Seelen) und des Bösen (alles Übrige in der Welt). Ehe und Fortpflanzung sahen sie als eine Erfindung des Teufels an; den Treueid (das Fundament der damaligen Gesellschaft) verwarfen sie, wie auch die Sakramente, das Amt in der Kirche, die Festtage, den Kirchenbau usw. Gegen solche Bewegungen wehrte sich die ganze Gesellschaft: Volk, weltliche und kirchliche Obrigkeit. Vor 1200 ist es mehrfach vorgekommen, dass das Volk gefangene Ketzer schnell lynchte, ‚weil es fürchtete‘, so steht da geschrieben, ‚der Klerus sei zu milde‘.

Ein Mann wie Bischof Johannes Chrysostomus hatte um das Jahr 400 das Töten eines Irrlehrers ein unvergebbares Verbrechen genannt. (Er war aber nicht gegen ein Rede- und Versammlungsverbot, um der Verbreitung entgegenzutreten.) Bernhard [*von Clairvaux*] (etwa 1150) war gegen die Todesstrafe (nicht gegen die Gefängnisstrafe) für Ketzer. Nach 1200 aber (die Zeit der Katharergefahr) tun sich kirchliche und weltliche Obrigkeit mit grausamen und unrechten Mitteln gegen die Häretiker zusammen. Da die Wurzel der verfolgten Bewegung weltanschaulicher Natur ist, hatte der Bischof oder der päpstliche Richter die Untersuchung (die Inquisition) und das Urteil darüber in der Hand. Die weltliche Macht besorgte dann die Verurteilung und die Bestrafung (zumeist Verbrennung). Es ist klar, dass somit beide für die Todesurteile verantwortlich waren, nicht die weltliche Gewalt allein. Man sah die abweichenden Lehrer als geistliche Falschmünzer an; und das, sagte man, war schlimmer als gewöhnliche Falschmünzerei, die bereits so schwer bestraft wurde. Die Annahme, dass der Anhänger einer Ketzerei ewig zugrunde gehen würde, machte aus einem Irrlehrer überdies noch einen Seelenmörder.

Vielleicht ist es darum zu begreifen, dass große Männer und Heilige nirgends ihre Stimme dagegen erhoben haben. Selbst Thomas von Aquin billigte die Inquisition. Wir in unserer Zeit stellen uns aber die Frage, wie es möglich war, dass die christliche Gesellschaft gegen Andersdenkende auftrat wie früher das Römische Reich gegen die Christen. Einmal mehr zeigt sich hier, wie die Verbindung von gesellschaftlichem und kirchlichem Interesse, die auch in dieser Zeit noch groß war, der Sanftmut und der Einfachheit des Evangeliums schaden kann. Das zeigt sich nicht nur in den Praktiken der Inquisition. Auch viele Aspekte der Kreuzzüge, auch die Existenz ‚geistlicher Ritterorden‘, zeigen die Gebrechlichkeit der mittelalterlichen Situation. Hier wird sichtbar, wie sehr die Kirche Menschheit ist, die in Gott wachsen muss. Auch dieses Wachsen ist zu sehen. Genossenschaften für Krankenpflege und zur Bekämpfung von Fehde und Krieg tauchen überall immer wieder auf in dieser Zeit. Mitglieder des Dritten (Laien-)Ordens des heiligen Franziskus dürfen keine Waffen tragen. Das war damals ein großer Verzicht für einen Mann" (*Glaubens-*

verkündigung für Erwachsene. Deutsche Ausgabe des Holländischen Kate-chismus, Nijmegen – Utrecht 1968. S. 249–250).

GEWALT IM NAMEN DES GLAUBENS

„Die Inquisition ist eine nur schwer verständliche Einrichtung, wenn man be-denkt, dass sie aus dem Schoß einer Kirche hervorging, die sich auf das Evangelium beruft", lautet der erste Satz der groß angelegten „Geschichte der Inquisition im Mittelalter", die der amerikanische Historiker Henry Charles Lea (1825–1909) Ende des 19. Jahrhunderts vorgelegt hat *(Henry Charles Lea, Geschichte der Inquisition im Mittelalter, Bd. 1, Bonn 1905. S. XIII).* Dieses Werk, das 1905 erstmals in deutscher Übersetzung erschien, ist auch heute wieder in verschiedenen Reprintausgaben auf dem Buchmarkt erhältlich. Lea – nach dem Urteil eines zeitgenössischen Rezensenten „ein Protestant von Geburt und durch Erziehung, jedoch, wie es sich für einen Gelehrten geziemt, durchaus gerecht in der Behandlung kirchlicher und religiöser Fragen" sowie ein Mann, der „70 Jahre lang Student und 67 Jahre Geschäftsmann" war und täglich bis Mitternacht am Schreibtisch saß *(vgl. die Ausführungen im „Geleitwort des Bearbeiters"; in: Henry Charles Lea, Geschichte der Spanischen Inquisition, Bd. 1, Leipzig 1911. S. VII–VIII),* hatte keinen Lehrstuhl an einer Universität, sondern war Privatgelehrter und verdiente sein Geld als Verleger. Aufgrund seines Vermögens finanziell unabhängig, konnte es sich der am 19. September 1825 in Philadelphia geborene Inquisitionsforscher leisten, nicht nur viel Energie und Arbeitsleistung, sondern auch namhafte Summen in die Realisation seiner geistigen Lebensaufgabe zu investieren. So hat Lea keine Kosten gescheut, um sich in seiner amerikanischen Studierstube ein reichhaltiges Archiv aufzubauen, das aus einer Sammlung bedeutender Quellentexte bestand, die seine Mitarbeiter in Europa und in den ehemaligen spanischen Kolonien für ihn besorgten oder aber, falls die Texte nicht in gedruckter Form erhältlich waren, in Form fachgerechter Abschriften aus den Archiven nach Philadelphia brachten.

Natürlich ist die Zeit nicht im 19. Jahrhundert stehen geblieben, aber an Henry Charles Leas mehrbändigen Werken „A History of the Inquisition of the Middle Ages" und „A History of the Inquisition of Spain" kommt keiner vorbei, der an Inquisition und Ketzerverfolgung interessiert ist und sich nicht bloß oberflächlich informieren will. Die Zeiten sind längst vorbei, in denen ein Mann wie Lea in katholischen Kreisen bloß deshalb misstrauisch beäugt und als „antiklerikal" und „kirchenfeindlich" verketzert wurde, weil in seiner Darstellung naturgemäß ein gerüttelt Maß an Kirchenkritik – oder der Zündstoff für eine solche – enthalten ist. Wenn heute Kritik an Lea geübt wird, dann aus ganz anderen Gründen – zum Beispiel, um ihm vorzuwerfen, dass er viel zu blauäugig war und allzu edel über die Rolle dachte, welche die Vernunft für den Fortgang der menschlichen Gesellschaft spielt, wenn die Inquisition für ihn letztlich nichts anderes war als eine Art Betriebsunfall in einer Zeit finsterer Barbarei, die inzwischen überwunden sei und zu der es kein Zurück mehr gebe.

Freilich, hinterher ist es leicht, klüger zu sein. Lea war ein Kind seiner Zeit und auch wir sind Kinder unserer Zeit und haben die ernüchternde Lektion der „Dialektik der Aufklärung" lernen müssen. Aufgrund der Erfahrungen des 20. Jahrhunderts wissen wir leider zur Genüge, dass der glimmende Docht der Barbarei keineswegs ausgelöscht ist, sondern im Zeitalter der Schreibtischtäter und der Technologen noch weit effektiver emporlodern kann als im rückständigen Mittelalter. In den Büchern jedoch, die im 19. Jahrhundert über Ketzerverfolgung und Hexenverbrennung geschrieben wurden, war die Welt diesbezüglich noch heil. Für die von den hehren Idealen der Aufklärung erfüllten Autoren gehörte die Inquisition zu den dunklen und schmerzlichen, aber glücklicherweise längst erledigten Kapiteln der Menschheitsgeschichte. Die aufgeklärten Geister konnten sich, wenn sie sich in den Geist vergangener Zeiten versetzten, ganz wie der Famulus in Goethes „Faust" in der Genugtuung sonnen, „wie wir's dann zuletzt so herrlich weit gebracht".

Auch in den Zeiten des real existierenden Sozialismus war es nicht schwer, die einzig richtige Sicht der Dinge zu haben. Der wissenschaftliche Sozialismus der Atheisten verhielt sich wie der dogmatische Fundamentalismus der Christen. Man hatte die Erkenntnis von Gut und Böse und wusste immer ganz genau, wer oder was an allem schuld war. „Die Existenz der Häresien und der sie bekämpfenden Inquisition kann man nur erklären, wenn man von einem marxistischen Verständnis der Geschichte ausgeht", schrieb der Historiker Josif R. Grigulevic in seiner „Istorija inkvizicii", einem groß angelegten Werk über die Geschichte der Inquisition, das 1970 in Moskau erschien und seit 1980 in mehreren Ausgaben, auch in bearbeiteter Form, auf Deutsch verlegt wurde. „Den Schlüssel zu all diesen historischen Erscheinungen", sagt Grigulevic,

„muss man im Klassenkampf suchen, der die Feudalgesellschaft auseinander riss, und in der Stellung, die die katholische Kirche in dieser einnahm – ebenjene Kirche, die nach einem treffenden Ausdruck von Friedrich Engels ‚die Feudalverfassung mit dem Heiligenschein göttlicher Weihe' umgab. Karl Marx und Friedrich Engels haben als Erste die sozialen Beweggründe der mittelalterlichen Häresien aufgedeckt. Friedrich Engels zeigte, dass alle allgemein ausgesprochenen Angriffe auf den Feudalismus, vor allem Angriffe auf die Kirche, alle revolutionären, gesellschaftlichen und politischen Doktrinen zugleich und vorwiegend theologische Ketzereien sein mussten" *(Josif R. Grigulevic, Ketzer, Hexen, Inquisitoren. Übersetzt und bearbeitet von Hubert Mohr, Bd. 1, Berlin [2. Auflage] 1987. S. 31–32).* In der Periode des Zerfalls der feudalen Ordnung seien die „heiligen Tribunale" in den Händen der absolutistischen Macht ein mächtiges Instrument zur Unterdrückung ihrer Gegner gewesen, führt Grigulevic weiter aus. Spanien und Portugal hätten die Inquisition zum Zwecke der kolonialen Versklavung der Völker Amerikas und Asiens benutzt. Die Inquisition habe im Verlauf ihrer jahrhundertelangen Geschichte dem Feudalismus und Absolutismus, dem Kolonialismus und Kapitalismus gedient. Denn wie Lenin schon sagte: „Ausnahmslos alle unterdrückenden Klassen bedürfen zur Aufrechterhaltung ihrer Herrschaft zweier sozialer Funktionen: der Funktion des Henkers und der Funktion des Pfaffen" *(Josif R. Grigulevic, op. cit. S. 32).*

Man mag zu dieser Analyse eines sowjetischen Wissenschaftlers stehen, wie man will, man mag einwenden, eine solche „monokausale" Art der Geschichtsbetrachtung griffe zu kurz und sei ihrerseits historisch längst überholt. Eines jedoch wird man schwerlich in Abrede stellen können. Grigulevic, dessen Studie hinsichtlich der Bewertung der Ereignisse natürlich in ideologisch eindeutiger Weise Partei ergreift – sich jedoch, was die Darstellung der geschichtlichen Fakten angeht, in puncto Seriosität dennoch von manch anderen Machwerken, die den Buchmarkt heimsuchen, wohltuend unterscheidet – hat zweifellos etwas Zutreffendes beobachtet, wenn er seinen Lesern den Blick dafür öffnet, dass die Inquisition zwar gegen alles Mögliche eingeschritten und vorgegangen ist, Unterdrücker und Ausbeuter allerdings ungeschoren davonkommen ließ. Josif R. Grigulevic wörtlich: „Die Opfer der Inquisition waren die mittelalterlichen Häretiker und ‚Abtrünnigen', die persönlichen Feinde der Päpste und der kirchlichen Hierarchen, die zwangsweise zum Katholizismus

*Hexen weiblichen oder männlichen Geschlechts
wissen auch, wie man auf einem Wolf reitet
(Holzschnitt von Ulricus Molitor).*

bekehrte Bevölkerung, die unterdrückten Völker der Kolonien, die Humanisten, die den religiösen Obskurantismus kritisierten, die Feinde des absolutistischen Regimes, die Aufklärer und philosophischen Materialisten, die großen Gelehrten, die patriotischen Kämpfer für die Unabhängigkeit der Kolonien, die Verfechter der Trennung von Kirche und Staat, die rationalistischen Schriftsteller, die ersten Arbeiterführer, die Sozialisten und Kommunisten sowie die progressiven Denker der Gegenwart. Nie aber hat die Inquisition die Kolonisatoren, die Kapitalisten und Imperialisten, die Faschisten und andere Ausbeuter und Feinde des Menschengeschlechts verfolgt, mit dem Bann belegt und verurteilt" *(Josif R. Grigulevic, Ketzer, Hexen, Inquisitoren, Bd. 1, Berlin [2. Auflage] 1987. S. 32).*

Den Vorwurf, ein so komplexes Phänomen wie die Entstehung der Inquisition allzu einseitig und „monokausal" erklären zu wollen, könnte man freilich auch einem Mann wie François-Marie Arouet (1694–1778) machen, jenem französischen Schriftsteller und Philosophen, der sich Voltaire nannte und der in seinem „Philosophischen Wörterbuch" klipp und klar formulierte: „Die Inquisition ist, wie man weiß, eine bemerkenswerte und absolut christliche Erfindung, um den Papst und die Mönche noch mächtiger zu machen und um aus den Leuten des Reiches Scheinheilige zu machen. Übrigens kennt man nur allzu gut die Vorgangsweisen dieses Tribunals. Man kann ins Gefängnis geworfen werden wegen der simplen Denunzierung durch infamste Personen; ein Sohn kann seinen Vater denunzieren, eine Frau ihren Mann; der Angeklagte wird nie seinem Ankläger gegenübergestellt, die Güter des Verurteilten werden konfisziert zugunsten der Richter; so hat die Inquisition bis in unsere Tage gehandelt" *(Voltaire, Dictionnaire Philosophique Portatif, Genf 1764).*

Hinterher ist es leicht, klüger zu sein. Aber auch im Fall des französischen Aufklärers Voltaire, der zu einer Zeit lebte, als die Inquisition noch kein Fall für den Geschichtsunterricht, sondern daumenschraubende Gegenwart war, wird man fragen dürfen, ob es nicht auch eine Art Blauäugigkeit ist, die Inquisition auf ein bloßes Mittel der Machtausübung zu reduzieren und gar nicht wahrnehmen zu wollen, dass es den Inquisitoren – sosehr auch sie selbst zu Opfern ihres eigenen Fanatismus geworden sein mochten – auf einer tiefer liegenden Ebene nicht bloß um Macht, sondern doch auch im Sinne eines legitimen Anspruchs um Wahrheit ging.

„WENN DIE KIRCHE NUR DIE INQUISITION WÄRE ..."

Der Inquisitor Alonso de Salazar Frias *(vgl. das 5. Kapitel dieses Buches: „Der Hexenwahn")* stellte mit großem Aufwand Forschungen an, ob an den Vorwürfen gegen angebliche Hexen etwas dran sei, und er ging sogar so weit, eine chemische Analyse der geheimnisvollen Hexensalbe zu veranlassen, nur um am Ende schwarz auf weiß beweisen zu können, was er als nüchterner und vernünftiger Mensch ohnehin schon von allem Anfang an gewusst hatte: Es gibt keine Hexen. Dieser Mann der Inquisition war gewiss kein lediglich am Machterhalt der Kirche interessierter Zyniker, ebenso wenig wie Papst Alexander VII. (1655–1667), der sich an den Kopf griff, als er sehen musste, mit welch hanebüchener Naivität in deutschen Landen fromme Hexenverfolger oder Teufelsaustreiber zu Werke gingen. Der Paderborner Historiker Rainer Decker, der die Quellen für diesen Fall eines Lichtblicks in der Finsternis des Hexenwahns erschlossen hat *(vgl. Rainer Decker, Die Hexen und ihre Henker. Ein Fallbe-*

richt, Freiburg im Breisgau 1994. S. 73), hat auch eine andere erstaunliche Episode aus der Geschichte der Inquisition recherchiert. Im Jahr 1655 hat das „Heilige Offizium" – also die damalige römische Inquisitionsbehörde – durch eine Intervention das Leben von 15 Kindern gerettet, die in der Schweiz, 50 Kilometer westlich von Chur, lebten und sozusagen schon mit einem Fuß auf dem Scheiterhaufen standen. Es waren Kinder von Eltern, die vor den staatlichen Gerichten der Hexerei angeklagt und bereits hingerichtet waren. Den Kindern drohte das gleiche Schicksal. Durch das Eingreifen der römischen Inquisition konnten die Kinder nach Mailand gebracht werden und in Sicherheit leben *(vgl. Rainer Decker, Mit merklichem Nachteil der Gerechtigkeit. Wie die römische Inquisition Schweizer Hexenkinder vor dem Scheiterhaufen rettete; in: Frankfurter Allgemeine Zeitung, 2. März 1998. S. 9).*

Billige Polemik und billiges Schwarzweißdenken werden dem Problem nicht gerecht. Dies kann man gerade von einem Mann wie Stephane Courtois lernen, einem der Autoren des „Schwarzbuchs des Kommunismus" *(Stephane Courtois/Nicolas Werth/Jean-Luis Panne: Das Schwarzbuch des Kommunismus. Unterdrückung, Verbrechen und Terror, München 1988)*, in welchem es – wenn man so will – um die Opfer der stalinistischen „Inquisition" geht. Stephane Courtois zog in einem Fernsehgespräch einen Vergleich zwischen den Massenmorden des Kommunismus und den Massenmorden der Religionen: „Wir wissen aus der Geschichte, dass auch die Religion diese Art von Massakern praktiziert hat, zum Beispiel die katholische Religion, die die Inquisition hatte, die Häretiker verbrannt und unglaublich viele Indianer in Lateinamerika, die nicht konvertieren wollten, massakriert hat. Der Islam, das weiß man sehr genau, hat auch massiv massakriert. Aber ich würde sagen, dass diese Religionen sich trotz allem selbst zur Vernunft gebracht haben, das heißt, dass sie sich aus ihrem Inneren heraus durch einen neuen Gedanken weiterentwickelt haben, und zwar durch den Gedanken des Respekts vor der menschlichen Person. Außerdem hat ja die Inquisition nicht in allen katholischen Ländern gewütet und auch nur 300 Jahre gedauert und nicht die ganze Zeit lang" *(ORF, 21. April 1999).*

Man kann sich drehen und wenden, wie man will – in der Auseinandersetzung um die Inquisition stößt man unweigerlich auf die moralische Frage. Henry Charles Lea hat denn auch von vornherein keinen Zweifel daran gelassen, worauf er mit seiner Darstellung eines der dunkelsten Kapitel der Kirchengeschichte eigentlich hinauswollte. „Ein ernstes Geschichtswerk ist nicht wert, geschrieben oder gelesen zu werden, wenn es nicht eine moralische Schlussfolgerung bietet", sagt er im Vorwort zu seinem Werk. Aber um nutzbringend zu sein, müsse sich „diese Moral beim Leser von selbst entwickeln" und dürfe ihm nicht vom Verfasser aufgenötigt werden. Das gelte besonders bei der Darstellung eines Gegenstandes wie dem der Inquisition, der „die wildesten Leidenschaften der Menschen aufgewühlt" und „ihre höchsten und niedrigsten Triebe abwechselnd aufgestachelt" habe. „Ich habe mich nicht damit aufgehalten, moralische Betrachtungen anzustellen", betont Lea, „aber der Zweck meines Werkes ist verfehlt, wenn ich die Ereignisse nicht so dargestellt und erzählt habe, dass man daraus die geeigneten Lehren ziehen kann" *(Henry Charles Lea, Geschichte der Inquisition im Mittelalter, Bd. 1, Bonn 1905. S. IV).* – Bliebe nur noch zu fragen, *wer* es ist, der die geeigneten Lehren ziehen kann: nur der Leser? Oder sollte es nicht völlig selbstverständlich sein, dass *auch* oder sogar in erster Linie die Kirche selbst aus der Geschichte ihres Versagens zu lernen hätte?

Als dem weltweit bekannten Tübinger Theologen Hans Küng im Jahr 1979 von den römischen Behörden die Lehrbefugnis entzogen wurde, gab er im Zweiten Deutschen Fernsehen vor laufender Fernsehkamera folgende Erklärung ab: „Ich schäme mich meiner Kirche, dass noch mitten im 20. Jahrhundert diese Kirche geheime Inquisitionsverfahren durchführt." In einem Fernsehgespräch, das fast 20 Jahre später ausgestrahlt wurde, wurde der gebürtige Schweizer vom Moderator an sein damaliges Statement erinnert und gefragt, was er dazu sage, wenn Zeitgenossen die Meinung vertreten, die Kirche habe in der Inquisition so viel Blut und Schuld auf sich geladen, dass mit dieser Kirche und mit dieser Religion für sie nichts mehr möglich ist. Darauf gab Hans Küng zur Antwort: „Ich würde natürlich zustimmen, dass das eine ganz und gar unchristliche Angelegenheit gewesen ist, und ich habe nie etwas mit den Historikern am Hut gehabt, die das alles noch aus der Zeit heraus verstehen wollten; auch in dieser Zeit konnte man das durchaus sehen. Nicht zu vergessen die Hexenverbrennungen, für die ja auch die Inquisition zuständig war. Also kurz und gut: Das lässt sich nicht rechtfertigen. Wenn die Kirche nur die Inquisition wäre, dann müsste man wirklich austreten" *(3SAT, 19. Februar 1999).*

Erstes Kapitel

CHRISTEN GEGEN CHRISTEN

Folterszenen – das „Sitzen im Stock" und die Anwendung einer anderen Folterart, bei der die Hände einer Frau zwischen zwei Keilen liegen, dargestellt auf einem Holzschnitt aus dem 16. Jahrhundert.

Ihr habt in Europa / die Höllen der Höllen erlitten / Verfolgung Vertreibung / langsamen Hungertod / die Gewalt der Mörder / die Hilflosigkeit eurer Schwäche / die Urform des Unrechts / das nichts als die eigene Macht kennt. / Ihr habt eure Henker / beobachtet und von ihnen / den Blitzkrieg gelernt / und die wirksamen Grausamkeiten. / Was ihr gelernt habt / das wollt ihr jetzt weitergeben / Kinder der Zeit des Unrechts / erzogen in seinem Bild." – Mit diesen harten Worten, die unter dem Eindruck des Sechstagekriegs im Juni 1967 formuliert wurden, hat Erich Fried (1921–1988) seinerzeit das militärisch erfolgreiche Israel angeklagt *(Erich Fried: Höre, Israel! Hamburg 1974)*.

Aus Verfolgten werden Verfolger

Der in Wien geborene und in London verstorbene Lyriker hat sich zeit seines Lebens als einen politisch engagierten Autor verstanden, dessen Aufgabe es ist, mit seinen spezifischen Mitteln – den Mitteln der Sprache – Kritik an herrschenden Zuständen zu üben. Aufgrund seiner Gedichte gegen den Vietnamkrieg, in welchen der Dichter Kriegsgräuel und Menschenrechtsverletzungen beim Namen nannte und die amerikanische Regierung an den Pranger stellte, war Erich Fried bereits einem breiten Publikum bekannt geworden, als er sich mit Gedichten zu Wort meldete, in denen er die Politik Israels attackierte und „gegen das Unrecht an den Palästinensern" anschrieb.

Fried hat seinem Gedichtzyklus, der von der Formulierung und vom Sprachduktus her an die Bibel gemahnt, ganz bewusst den Titel „Höre, Israel!" gegeben. Damit wird signalisiert, dass diese Texte in der großen Tradition der biblischen Propheten stehen und als prophetische Mahnrede gelesen werden wollen. In den gleichermaßen pointiert rügenden wie zutiefst bekümmerten und eigene Betroffenheit vermittelnden Gedichten wirft der aus Wien stammende Dichter – ein Überlebender des Holocaust, dessen Verwandte in den Gaskammern der Nazis umgekommen sind – dem Staat Israel nichts Geringeres vor, als dass hier Juden mit den gleichen Methoden vorgingen, mit denen ihre eigenen Feinde einst gegen sie selbst vorgegangen waren. Der Kernpunkt dieser lyrisch formulierten Anklage, die der Dichter als Jude gegen seine Mitjuden erhebt, lautet: „Als ihr verfolgt wurdet / war ich einer von euch. / Wie kann ich das bleiben / wenn ihr Verfolger seid?" *(Erich Fried, op. cit. S. 54–55)*

Man kann sich lebhaft vorstellen, dass kritisch eingestellte Christen in der

Spätantike ähnlich empfunden haben, als die ersten von Christen befürworteten, verteidigten und schließlich selbst verübten Gewaltakte gegen ihre eigenen Gegner bekannt wurden: Was müssen wir da hören? Genau dieselben Leute, die von der römischen Staatsgewalt wegen ihres Glaubens verhaftet, gefoltert und auf grausamste Weise hingerichtet worden sind, verhalten sich nun selbst wie ihre Feinde – das darf doch nicht wahr sein! – Und doch war es wahr: Die gleichen Christen, die in der Zeit der Verfolgung als getreue Nachfolger ihres Herrn und Meisters das Ideal der Gewaltlosigkeit hochgehalten hatten und die nicht zurückschlugen, wenn man sie schlug, sondern auch die andere Backe hinhielten, waren nun diejenigen, die die anderen schlugen. Aus Verfolgten waren Verfolger geworden.

Mögen Psychologen und Pädagogen auch beteuern, so sei nun einmal der Lauf der Welt, und mögen sie auch noch so eindringlich auf die Tatsache hinweisen, dass Menschen, die als Kinder geschlagen worden sind, aus dieser Erfahrung in der Regel vor allem eines lernen: nämlich Kinder zu schlagen – in Menschen mit einem redlichen Christenherzen sträubt sich irgendetwas gegen die Zumutung, den Gang der Weltgeschichte einfach als eine ewige Spirale von Gewalt und Gegengewalt betrachten zu sollen. Wenn es schon überall auf der Welt so ist, sollten nicht gerade die Christen eine Ausnahme sein? War nicht dies der Sendungsauftrag der Nachfolger Jesu: eine Kontrastgesellschaft zur „bösen Welt" zu bilden, ein Stück verwirklichter Utopie vorzuleben und dadurch zu einer positiven Provokation für die gnadenlose Machtmaschinerie der Gesellschaft zu werden? Hatte nicht Jesus genau das gemeint, als er seinem Wort vom Dienen und Herrschen sagte: „Bei euch aber soll es nicht so sein" (Lk 22,26)? Und hatte nicht auch Paulus dieselbe Vision, wenn er an die Galater schrieb: „Wenn einer sich zu einer Verfehlung hinreißen lässt, meine Brüder, so sollt ihr, die ihr vom Geist erfüllt seid, ihn im Geist der Sanftmut wieder auf den rechten Weg bringen" (Gal 6,1)?

In der Theorie wurde die Forderung eines sanftmütigen und gewaltlosen Umgangs mit Abweichlern niemals aufgegeben, die Praxis der real existierenden Kirche war jedoch meist eine andere. Wenn es um konkrete Machtkämpfe und um eine effektive Durchsetzung bestimmter Positionen ging, hat man trotz der offiziell gepredigten Gewaltlosigkeit im Zweifelsfall immer noch bei der Anwendung von Gewalt das Heil gesucht – und gefunden. Extremster Ausdruck eines solchen kirchlichen „Zwiedenkens" ist wohl die Formulierung des Grundsatzes „Die Kirche schreckt vor Blut zurück" [„*Ecclesia abhorret a sanguine*"]. Mit diesem Slogan versuchte man die Fiktion aufrechtzuerhalten, dass die Kirche, da sie das Vergießen von Blut von ihrem Wesen her zutiefst „verabscheut", keine Schuld an der Tötung von Menschen haben könne, weil es doch der „weltliche Arm" sei, der die von der Kirche verurteilten Ketzer vom Leben zum Tod befördere. „Unser Papst tötet keinen und lässt auch keinen töten", behauptete man zum Beispiel, „sondern das Gesetz tötet diejenigen, welche der Papst zu töten erlaubt, und außerdem töten sie sich selbst dadurch, dass sie Dinge tun, für welche sie getötet werden müssen" *(vgl. Henry Charles Lea, Geschichte der Inquisition im Mittelalter, Bd. 1, Bonn 1905. S. 256).* Egal, ob solche Argumente in blauäugiger Naivität vorgetragen wurden oder aber das Produkt eines blanken Zynismus waren: Jeder Religionslehrer und jede Religionslehrerin wird aus leidvoller Erfahrung bestätigen können, dass diese scheinheilige Art, die Dinge auf den Kopf zu stellen, junge Menschen, die das Christentum ernst nehmen, auch heute noch auf das Heftigste zu empören vermag. Mit einer Institution, die so verlogen agiert und argumentiert, möchten sie nichts zu tun haben.

Die Empörung über derlei Dinge ist durchaus nicht neu unter der Sonne. Nicht nur bei den ökologisch engagierten Grünen, auch in der Gruppe der Nachfolger Jesu gab es schon immer den berühmten Konflikt zwischen „Realos" und „Fundis". Martin von Tours beispielsweise – einer der beliebtesten Heiligen der Christenheit – war einer von denen, die kein Verständnis dafür hatten, dass Christen mit den gleichen Methoden gegen Christen vorgehen wollten, mit denen gegen sie selbst vorgegangen war. Der schon zu Lebzeiten populäre und hoch geschätzte Kirchenmann war ganz entschieden der Meinung, dass man Häretiker besser bekehren als umbringen sollte. Darum hat Bischof Martin weder den Konflikt mit dem Kaiser noch das Zerwürfnis mit seinen Mitbischöfen gescheut und nach besten Kräften zu verhindern versucht, dass der wegen Ketzerei angeklagte Priszillian zusammen mit seinen Gesinnungsgenossen hingerichtet würde. Es ist ihm allerdings nicht gelungen – die „Realos" waren die Stärkeren.

Die pragmatisch denkenden und operierenden Führungskräfte der Institution Kirche versuchten mit realpolitisch-nüchternem Blick abzuschätzen, was geht und was nicht, und waren von daher zu Kompromissen bereit, die in den Augen der Idealisten nichts anderes sein konnten als ein Verrat an den Fundamenten des Glaubens, eine Preisgabe der reinen Lehre. Dass die Abstriche, die gemacht wurden, nicht mit gutem Gewissen geschahen, ist zumindest ein winziger Pluspunkt; solche puren Zyniker waren die Pragmatiker denn doch nicht, dass sie einfach taten, was ihnen nützlich schien, und dass es ihnen völlig egal gewesen wäre, wenn sie dabei das, woran sie glaubten, mit Füßen traten. Der Widerspruch zwischen Theorie und Praxis war viel zu offenkundig, um nicht auch noch von den hartgesottensten „Realos" als solcher empfunden zu werden. Sonst hätte man sich die Mühe sparen können, diesen Widerspruch zu bemänteln und beispielsweise durch bestimmte Bibelzitate den „Nachweis" zu erbringen, dass eine so eklatant gegen den Geist der Bibel verstoßende Handlungsweise, wie es die von der Realpolitik diktierte Anwendung von Gewalt gegen Ketzer nun einmal ist, sich am Ende sogar bei genauerem Zusehen als ein Verhalten entpuppt, das die Heilige Schrift ausdrücklich fordert.

Das Bibelverständnis der Ketzerbekämpfer ist ein Kapitel für sich. Es ist nicht zu übersehen, dass hier anscheinend mehr in die Bibel hineingelesen als aus ihr herausgelesen wurde. So musste etwa eine völlig harmlose und ganz alltägliche Art der Schädlingsbekämpfung – die in den poetischen Gesängen des Hohelieds erwähnte Jagd auf Füchse, die den Weinberg verwüsten (Hld 2,15) – als Legitimation für Menschenjagd herhalten, oder es wurden die in den Bildworten der johanneischen Abschiedsreden bloß symbolisch gemeinten „verdorrten Reben", die ins Feuer geworfen werden (Joh 15,6), als eine Aufforderung zur Entzündung von real existierenden Scheiterhaufen interpretiert.

Niemand Geringerer als der zu den großen abendländischen Kirchenlehrern zählende Aurelius Augustinus (354–430) war es, der geradezu ein Schulbeispiel dafür geliefert hat, wie leicht es geht, eine nachträgliche ideologische Rechtfertigung für etwas zu finden, von dem man weiß, dass es ideologisch eigentlich gar nicht zu rechtfertigen ist. Von seiner geistigen Einstellung her war Augustinus an und für sich ein „Fundi" – und mit diesem aus dem zeitgenössischen politischen Jargon stammenden Etikett ist ja keineswegs ein Fundamentalist im üblen Sinne des Wortes gemeint, sondern ein kompromissloser Verfechter der reinen Lehre, einer, der für die wahren Fundamente eintritt. Als ein „Fundamentalist" in *diesem* Sinn war Augustinus zunächst ein strikter Gegner der Anwendung von Gewalt, hat sich jedoch auf der Stelle zum „Realo" gemausert und schlagartig seine Ansicht geändert, sobald er gesehen hatte, wie erfolgreich die Zwangsmaßnahmen gewesen waren, mit denen der Staat gegen die Donatisten – eine nach dem Bischof Donatus von Karthago benannte, von Rom abgespal-

47

tene Gruppe von Christen – vorgegangen war. Diesen seinen Sinneswandel hat Augustinus im Übrigen freimütig zugegeben und in dem im Jahr 408 geschriebenen „Brief an Vincentius" auch schriftlich festgehalten. Empfänger dieses berühmt gewordenen Schreibens war ein gewisser Vincentius von Cartenna, Nachfolger des schismatischen Bischofs Rogatus, der seinerseits zunächst den Donatisten anhing, sich aber später von ihnen abspaltete und eine eigene Sekte – die nach ihm benannten Rogatisten – gründete. Im Brief „an seinen geliebtesten Bruder Vincentius" legte Augustinus dann auch gleich eine passende biblische Begründung für seine nunmehrige Sicht der Dinge vor. Hatte er früher die Ansicht vertreten, dass sich die Anwendung von Gewalt nicht mit den Forderungen des Evangeliums vereinbaren ließe, so erklärte er nunmehr, es sei ein Irrtum zu meinen, man dürfe „niemanden zur Gerechtigkeit zwingen", denn in der Bibel stehe doch geschrieben, „dass der Hausvater zu seinen Knechten gesagt hat: Alle, die ihr findet, zwinget einzutreten" *(Augustinus, Ad Vincentium 5)*. Dass es sich bei dem Bibeltext, aus dem die zitierte Stelle stammt (Lk 14,23), um ein *Gleichnis* handelt, dessen Sinnspitze ganz woanders liegt, wird in dieser Argumentation ebenso wenig berücksichtigt wie der Umstand, dass an einer anderen Stelle im gleichen Lukasevangelium ebenfalls die gleiche Art einer „zudringlich-freundlichen Nötigung" zu finden ist *(vgl. Alois Stöger, Das Evangelium nach Lukas II, Düsseldorf 1966. S. 320)* – nämlich dort, wo die Emmausjünger den Herrn einladen, bei ihnen zu bleiben (Lk 24,29). Seltsamerweise ist bisher noch nie jemand auf die Idee gekommen, hiervon abzuleiten, es sei die vom Evangelium geforderte Art des Umgangs mit Ketzern, sie zu bitten, nicht davonzugehen, sondern zu bleiben, weil es schon Abend wird und der Tag sich schon geneigt hat. Hingegen hat sich die exegetisch nicht minder an den Haaren herbeigezogene Interpretation des „compelle intrare" aus dem Gleichnis vom großen Gastmahl als ungemein folgenschwer erwiesen. Selbst eine abendländische Geistesgröße wie Thomas von Aquin hat diese Auslegung unkritisch übernommen und als Argument benutzt.

CHRISTEN GEHEN GEGEN ANDERE CHRISTEN VOR

Der gewaltsame Umgang mit Häretikern, der schließlich in der Einführung der Inquisition mündete, ist nicht vom Himmel gefallen. Schon in den ersten Jahrhunderten lässt sich eine „zunehmende Unduldsamkeit" des Christentums ausmachen, wie Charles Henry Lea *(Geschichte der Inquisition im Mittelalter, Bd. 1, Bonn 1905. S. 238–239)* ausführt: „Der Sieg der Unduldsamkeit ergab sich von selbst, als das Christentum Staatsreligion geworden war. Indessen zeigt die Langsamkeit ihres Fortschritts, wie schwer es war, den Gegensatz zwischen dem Geist der Verfolgung und dem des Evangeliums zu überwinden. Kaum war auf dem Konzil von Nicaea die Rechtgläubigkeit festgestellt worden, als Konstantin die Staatsmacht aufbot, um die Gleichförmigkeit in der Lehre zu erzwingen. Alle ketzerischen und schismatischen Priester wurden der dem Klerus verliehenen Vorrechte und Immunitäten beraubt und zu den Staatslasten herangezogen. Ihre Versammlungsorte wurden zum Besten der Kirche eingezogen, und ihre Zusammenkünfte, sowohl öffentliche wie private, wurden verboten. Dies unduldsame und unchristliche Vorgehen gegen die Irrlehrer wird in seiner ganzen Widersinnigkeit trefflich beleuchtet durch die Tatsache, dass zu derselben Zeit, wo diese Bestimmungen zur Unterdrückung der Ketzerei mit rücksichtsloser Energie durchgesetzt wurden, die heidnischen Tempel und Zeremonien ungestört blieben und im ganzen Reiche Duldung genossen. Doch schreckten die Kirchenlehrer, wenn sie es auch für ihre Pflicht ansehen mochten, der Entwicklung und Ausbreitung von Lehren entgegenzutreten, die nach ihrer Meinung religionsfeindlich waren, einstweilen noch davor zurück, die Unduldsamkeit bis zum Äußersten zu treiben und die Gleichförmigkeit im Glauben mit Blut zu erzwingen, obwohl der Kaiser Julian erklärte, dass er noch keine wilden Tiere gefunden hätte, die so grausam gegen die Menschen wären wie die meisten Christen gegen ihre christlichen Mitbrüder."

In den Auseinandersetzung mit Arius und seinen Anhängern hat zwar bereits Kaiser Konstantin die Auslieferung aller arianischen Schriften angeordnet und Zuwiderhandelnden die Todesstrafe angedroht, aber offensichtlich hat die Drohung genügt, denn in den Quellen finden sich keine Hinweise auf Hinrichtungen, die in diesem Zusammenhang stattgefunden hätten. Unter Kaiser Valens (364–378) jedoch kamen sehr wohl religionspolitisch motivierte Tötungen vor *(vgl. Lea, op. cit. S. 239)*: „Im Jahre 370 soll Valens achtzig orthodoxe Geistliche getötet haben, die sich bei ihm über die Heftigkeit der Arianer beklagt hatten; doch war dies nicht die Vollstreckung eines richterlichen Urteils, sondern es geschah aufgrund eines geheimen Befehls an den Präfekten Modestus, der die betreffenden Geistlichen auf ein Schiff lockte und dieses auf offener See verbrennen ließ."

Zum Fanal wurde schließlich das von einem weltlichen Gericht ausgesprochene und vollstreckte Todesurteil für Priszillian, einen aus Spanien stammenden christlichen Dissidenten, der im Jahr 385 in Trier zusammen mit sechs seiner Anhänger mit dem Schwert hingerichtet wurde. Nicht von ungefähr hat die französische Historikerin Régine Pernoud diesen Fall als einen „Vorläufer der Inquisition" bezeichnet *(Régine Pernoud, Martin von Tours – Einer, der wusste, was Recht ist, Freiburg im Breisgau 1997. S. 135)*. In der Tat lassen sich im Intrigenspiel, das rund um diesen Präzedenzfall christlicher Ketzerbekämpfung stattgefunden hat, Mechanismen erkennen, denen wir im Lauf der Geschichte immer wieder begegnen. Auch bei der Verurteilung von Jeanne d'Arc oder im Fall Galilei wurde der Gang der Ereignisse in Wirklichkeit stärker von machtpolitischen Interessen bestimmt als von einem nach außen hin bekundeten Engagement für die Wahrheit.

Priszillian kam um das Jahr 340 zur Welt. Er stammte aus einer wohlhabenden Familie und hatte sich philosophischen und theologischen Studien gewidmet, ehe er in den frühen Siebzigerjahren des 4. Jahrhunderts als „führender Kopf eines esoterischen Christentums im westlichen Spanien" auftrat, für das ein gnostisch-dualistisches Weltbild charakteristisch war, das sich mit Sternglauben und astrologischen Praktiken verband *(vgl. Carl Andresen/ Georg Denzler, Wörterbuch der Kirchengeschichte, München 1984. S. 478. – Adrian Breukelaar, Priscillianus von Avila; in: Biographisch-Bibliographisches Kirchenlexikon, Publikation im Internet [http://www.bautz.de/bbkl], 1999)*. Priszillians Anhänger waren hoch gebildete Leute, so etwa der Rhetoriklehrer Helpidius und der Schriftsteller Latronianus. Auch Bischöfe zählten zu seinen Sympathisanten. Priszillian vertrat Auffassungen, die nach kirchlicher Ansicht nicht korrekt waren – zum Beispiel lehrte er, die Seele des Menschen sei „ein Partikel der göttlichen Substanz" und die Seelen würden „von Engeln gelenkt, um eine Reihe von Sphären zu durchwandern, in denen sie den Mächten des Bösen ausgesetzt und in bestimmte Körper verpflanzt würden; darin bekämen sie die Folgen einer Verurteilung zu spüren, die schließlich Christus aufgehoben habe, indem er sie ans Kreuz geheftet habe" *(Régine Pernoud, op. cit. S. 135–136)*. Das Hauptproblem in dogmatischer Hinsicht dürfte gewesen sein, dass die mit Elementen der Astrologie gespickte Lehre auf eine Leugnung der Dreifaltigkeit hinauslief. Hinzu kam, dass Priszillian seine Anhänger verpflichtete, Außenstehenden nur einen Teil ihrer Lehre bekannt zu machen.

Einer der wenigen wörtlich überlieferten Sätze von ihm lautet: „Schwöre, leiste Meineide, wahre um jeden Preis dein Geheimnis." Mit dieser in orthodoxen Ohren höchst bedenklich klingenden Aufforderung war die Wahrung einer Art Arkandisziplin gemeint. Die „Priszillianisten" – wie man sie später zu bezeichnen pflegte – sollten sich davor hüten, Nichteingeweihten den tieferen Sinn ihrer Lehre preiszugeben. Eine weitere Auffälligkeit von Priszillian bestand darin, dass zu seinem Anhängerkreis auch Frauen gehörten; was offenbar schon ausreichte, um der Gruppe einen unmoralischen Lebenswandel zu unterstellen und die Veranstaltung obszöner Riten vorzuwerfen.

So war es schließlich kein Wunder, dass ein im Jahr 380 tagendes Konzil zu Saragossa, das aus einem Dutzend regionaler Bischöfe bestand, Priszillian sowie zwei mit ihm sympathisierende Bischöfe namens Instantius und Salvian für der Häresie verdächtig erklärte. Instantius und Salvian ließen sich das nicht gefallen und machten Priszillian zum Bischof von Avila – einer in Lusitanien gelegenen Stadt, dem heutigen Abula. Dies ließen sich wiederum die anderen Bischöfe nicht gefallen. Die Bischöfe Hydacus von Merida und Ithacus von Ossonuba erwirkten bei Kaiser Gratian (367–383) ein Verbannungsurteil. Demzufolge hatten sich die als Häretiker gebrandmarkten Bischöfe aus ihren Diözesen zu entfernen und durften sich ihrem bisherigen Wirkungsort nicht weiter als 100 Meilen nähern.

Instantius, Salvian und Priszillian dachten jedoch nicht daran, dieses Urteil stillschweigend hinzunehmen. Sie beschlossen, sich an den römischen Oberhirten zu wenden, und reisten nach Rom. Da es damals weder Flugzeuge noch Schnellzüge gab, dauerte es einige Zeit, bis sie dort waren, und die Reise bescherte der Gruppe noch einige Abenteuer: „Sie reisten durch Aquitanien, wurden gastlich in der Stadt Eauze aufgenommen und gewannen dort einige Anhänger für ihre Lehre; dagegen wies sie der Bischof Delphinus von Bordeaux ab. Auf dem Gut einer Frau namens Euchrotia fanden sie Aufnahme. Euchrotia schloss sich zusammen mit ihrer Tochter Procula der Gruppe an. Sie sollte später angeklagt werden, mit Priszillian suspekte Beziehungen zu unterhalten; tatsächlich wurde sie schwanger und unternahm verschiedene Versuche, diesen Zustand zu beheben" (*Régine Pernoud, op. cit. S. 137*).

In Rom angekommen, erlebten die Priszillianer eine weitere Überraschung. Papst Damasus I. (366–384) weigerte sich, die Dissidenten zu empfangen, und einer der drei, Bischof Salvian, wurde vom Tod ereilt, sodass Priszillian und

Instantius nichts anderes übrig blieb, als unverrichteter Dinge von Rom abzureisen. Nächste Station war Mailand. Der Versuch, Bischof Ambrosius für ihre Sache zu gewinnen, verlief für die Priszillianer ebenfalls negativ. Er gewährte ihnen keine Audienz. Dennoch war die Reise nach Mailand nicht ganz umsonst. Denn Priszillian und Instantius gelang es, einen einflussreichen kaiserlichen Beamten namens Macedonius für ihre Sache zu gewinnen, der ihnen ein Reskript verschaffte, das ihnen erlaubte, nach Spanien in ihre jeweiligen Kirchen zurückzukehren, und sie mit einem Empfehlungsschreiben an den spanischen Prokonsul, einen gewissen Volventius, ausstattete. „So kamen sie schließlich wieder in ihr Land zurück, waren vollkommen frei, ja fühlten sich sogar als Sieger", wie Régine Pernoud ausführt: „Jetzt begannen heftige Angriffe gegen den Bischof Ithacus von Ossonuba, der schließlich nach Gallien fliehen musste. Er versuchte sich an den Kaiser zu wenden, was Macedonius jedoch zu verhindern wusste; schließlich nahm Ithacus Zuflucht in Trier" *(Régine Pernoud, op. cit. S. 138)*.

In Trier hatten sich die politischen Verhältnisse inzwischen geändert. Im Jahr 382 hatte ein Soldatenaufstand stattgefunden und die zu Trier vereinten Armeen hatten Maximus zum Kaiser ausgerufen, der – wie Priszillian – ebenfalls aus Spanien stammte. Diese Konstellation war für den weiteren Gang der Ereignisse nicht ohne Belang. Denn als Maximus in Trier einzog, „gelang es Ithacus, der beim Trierer Bischof Brito Zuflucht gefunden hatte, bei ihm eine Audienz zu bekommen und ihn vor Priszillian und seiner Sekte zu warnen. Die Folge war, dass der Präfekt von Gallien und der Vertreter des Kaisers in Spanien den Befehl erhielten, Instantius und Priszillian zu verhaften und sie nach Bordeaux zu bringen, wo sie sich vor einem Konzil verantworten sollten. Instantius wurde als Erster vernommen. Es gelang ihm nicht, seine Richter zu überzeugen; er wurde seines Amtes enthoben. Priszillian fühlte sich vom selben Schicksal bedroht und beschloss direkt an den Kaiser zu appellieren" *(Régine Pernoud, op. cit. S. 138)*.

Priszillians Appell an den Kaiser hatte fatale Konsequenzen – nicht nur für Priszillian selbst, weil er am Ende hingerichtet wurde, sondern auch deshalb, weil das Ganze zu einer Art Präzendenzfall für die später praktizierte Art der Ketzerbekämpfung wurde. So sahen es zumindest Martin von Tours und dessen Biograf Sulpicius Severus (363–420), der in seiner „Chronik" den Bischöfen den Vorwurf macht, sie hätten durch ihre mangelnde Entschlossenheit

„Weiber dieser Art heißt man Hexen, Alraunen, Feen,
Druden, Sägen, böse Weiber, Zaubersche, Nachtfrauen ...",
so eine Liste des Melchior Goldast von Haiminsfeld
(1578–1635).

überhaupt erst ermöglicht, dass dieser Appell zustande kam: „Auf keinen Fall hätten sie einen Streitfall dieser Art [...] an den Kaiser abtreten sollen" *(Sulpicius Severus, Chronica II,49).*

EIN VORLÄUFER DER INQUISITION

Martin von Tours, der sich damals in Trier befand und – wie Sulpicius Severus berichtet – „den Maximus inständig bat, nicht das Blut der unglücklichen Angeklagten zu vergießen" *(Chronica II,50),* vertrat eine Ansicht, die das genaue Gegenteil derjenigen war, „die 1229 zur Errichtung der Inquisitionsgerichte führte", wie Régine Pernoud *(op. cit. S. 139)* betont. Martin sagte nämlich, so Sulpicius Severus wörtlich, es genüge, „dass die Schuldigen zu Häretikern erklärt und durch einen bischöflichen Urteilsspruch aus ihren Kirchen vertrieben würden. Es wäre eine unerhörte, ungeheure Neuheit, wenn man in einer kirchlichen Angelegenheit einen weltlichen Richter entscheiden ließe" *(Sulpicius Severus, Chronica II,50).*

Martins Intervention in Trier hatte zunächst durchaus Erfolg. Ihm war es gelungen, Kaiser Maximus das Zugeständnis abzuringen, dass gegen Priszillian und dessen Gefährten kein Todesurteil gefällt werde. Doch musste der Bischof von Tours dringend abreisen, und kaum hatte er Trier den Rücken gekehrt, „wurde der Kaiser Maximus von zwei Bischöfen, deren Namen Sulpicius mit Magnus und Rufus angibt, umgestimmt, und er verwies die Angelegenheit an seinen Präfekten Evodius, den Sulpicius als einen ‚unerbittlich strengen Mann' bezeichnet. Priszillian wurde der Übeltat und unmoralischer Lehren überführt und gestand, bei ‚Versammlungen gefallener Frauen' den Vorsitz geführt zu haben. Auf Drängen des Evodius verurteilte der Kaiser schließlich Priszillian und seine Gesinnungsgenossen zum Tod. Daraufhin eilte Martin nach Trier zurück, wo der Kaiser mit seiner Autorität hinter Bischof Ithacus stand" *(Régine Pernoud, op. cit. S. 140).* Wie groß auf der anderen Seite auch die Autorität des populären Bischofs von Tours war, kann man daran erkennen, dass die in Trier befindlichen Bischöfe Angst bekamen, Martin könnte ihnen die Kirchengemeinschaft verweigern, weshalb sie ihm ausrichten ließen, man würde ihm „verbieten, die Stadt zu betreten, falls er nicht erkläre, in Frieden mit den zu Trier versammelten Bischöfen zu sein" *(Sulpicius Severus, Chronica II,50).*

Bischof Martin kam, sah und – unterlag. Es gelang ihm nicht, Kaiser Maximus umzustimmen, der sich zunächst geweigert hatte, den Bischof von Tours *überhaupt* zu empfangen, ihm aber dann doch eine nächtliche Unterredung unter vier Augen gewährte. Allerdings darf man nicht übersehen, dass es schon damals in Sachen Christen gegen Christen nicht bloß um Religion, sondern auch um Geld ging; und der Regent in Trier hatte eben auch ein höchst vordergründiges materielles Interesse an einer Verurteilung Priszillians, weil er sich dann – die Arisierer lassen grüßen! – ein durchaus respektables Vermögen unter den Nagel reißen konnte, selbst wenn seine „Begehrlichkeit auf die Güter der Verurteilten", wie Sulpicius Severus andeutet, nicht so sehr auf persönliche Bereicherung gerichtet war, sondern das Ziel haben mochte, eine leere Staatskasse aufzufüllen.

Überrumpelt von der Tatsache, dass zur selben Zeit in Trier eine heilige Handlung stattfand, der sich Martin nicht gut entziehen konnte – ein Mann namens

Felix, gegen den nicht das Mindeste einzuwenden war und der mit den Intrigen gegen Priszillian nichts zu tun hatte, wurde zum Bischof geweiht –, und geleitet von der Überlegung, es sei „besser, eine Stunde lang nachzugeben, als die Unglücklichen dem über ihren Häuptern schwebenden Schwert auszuliefern" *(Sulpicius Severus, Chronica II,51)*, hielt Martin tatsächlich eine nach außen hin sichtbare Kommuniongemeinschaft mit den anderen Bischöfen, obwohl er mit ihnen in einem entscheidenden Punkt uneins war. Diese Sache hat Martin hinterher als die schlimmste Niederlage seines Lebens betrachtet und es brauchte einige Zeit, bis er darüber hinwegkam. Von einem Zusammentreffen mit seinen Mitbrüdern im Bischofsamt wollte Martin nichts mehr wissen. In den knapp ein Dutzend Jahren, die er noch lebte und als Bischof aktiv war, ließ sich der Oberhirte von Tours bei keiner einzigen Bischofsversammlung mehr blicken.

Zum besseren Verständnis des Konflikts sollte man sich in Erinnerung rufen, dass es zwischen Martin und den anderen Bischöfen schon immer ein angespanntes Verhältnis gegeben hatte. Die Ernennung des aus Pannonien stammenden Sohnes eines römischen Tribunen war durchaus nicht auf dem Wunschzettel seiner künftigen Mitbrüder gestanden, vielmehr wurde Martin bekanntlich vom *Volk* zum Bischof von Tours befördert – und über den mönchisch-herben alternativen Lebensstil, den Martin auch als Bischof nicht aufgeben mochte, haben die zur noblen Gesellschaft gehörenden höheren Kleriker dermaßen die Nase gerümpft, dass die spöttische Bemerkung, dieser Bischof sehe doch aus, als käme er geradewegs „*aus dem Gänsestall gekrochen*", am Ende zum Baustein einer frommen Legende wurde.

Der Fall Priszillian
In Trier wird der erste Ketzer hingerichtet

Sulpicius Severus – ein aus hohem aquitanischen Adel stammender Rechts-
anwalt, der sich in reiferen Jahren zum Christentum bekehrte – hat mit sei-
ner „Vita Sancti Martini", einer Lebensbeschreibung des Bischofs Martin von
Tours, einen religiösen Bestseller seiner Tage geschrieben. Sein brillant for-
muliertes, sich am eleganten Stil der römischen Spätantike wie an der Er-
zähltechnik der Evangelien orientierendes Buch ist noch zu Lebzeiten Martins
veröffentlicht worden. Der Autor, der nach dem Tod seiner Frau ein asketisches
Leben begann, allerdings als Laie, ohne Mönch oder Priester zu werden, hat
den um 44 Jahre älteren populären Bischof von Tours noch persönlich gekannt
und interviewt. Sulpicius Severus ist gewissermaßen der Kronzeuge für die
Hintergründe des Falls Priszillian. In der „Vita" schildert er das Umfeld der in
Trier ablaufenden Intrige und spielt auf den Fall Priszillian an, ohne den Spa-
nier und seine Gefährten namentlich zu erwähnen. Ausführlichere Einzelhei-
ten berichtet er in seiner „Chronik".

Von der „schäbigen Unterwürfigkeit" der Bischöfe

Nach dem Urteil von Sulpicius Severus war Martin von Tours der einzige Bi-
schof, der dem Kaiser gegenüber „die von den Aposteln ererbte Autorität" be-
hauptete, während seine Mitbrüder im Bischofsamt dem Kaiser gegenüber
eine „schäbige Unterwürfigkeit" an den Tag gelegt hätten. Mit dem Kaiser ist
der Usurpator Magnus Maximus gemeint, der in den Jahren 383–388 von Trier
aus über Britannien, Spanien und Gallien herrschte und im Fall Priszillian ent-
schied. Martins Vorbehalt, mit jemandem Tischgemeinschaft zu halten, der
„zwei Kaiser beraubt" habe, bezieht sich auf die Tatsache, dass Kaiser Gratian
im Jahr 383 in Lyon von Soldaten des Maximus ermordet worden war und
dass Maximus hinterher dessen Sohn, Kaiser Valentinian II., an der Ausübung
seiner rechtmäßigen Herrschaft gehindert hatte.

Um aber auch weniger Bedeutendes in eine Reihe mit Martins Großtaten
zu stellen – allerdings, wie der Zeitgeist unserer Gegenwart nun einmal ist, in

der alle Werte entstellt und verkommen sind, ist es fast schon etwas Außergewöhnliches, wenn ein hoher Geistlicher standhaft genug gewesen ist, sich von Unterwürfigkeit gegenüber einem Herrscher fern zu halten: Als sich einmal bei Kaiser Maximus, einem brutalen und wegen seines Sieges in Bürgerkriegswirren überheblichen Mann, etliche Bischöfe aus aller Welt eingefunden hatten, man allenthalben schäbige Unterwürfigkeit gegenüber dem Kaiser an den Tag legte und sich die würdigen Geistlichen, niedrig und wankelmütig, zu willfährigen Höflingen des Herrschers gewandelt hatten, konnte sich allein in der Person Martins die von den Aposteln ererbte Autorität behaupten. Denn wenn es darum ging, für irgendwelche Leute ein gutes Wort beim Herrscher einzulegen, klang das bei ihm eher nach einem Befehl als nach einer Bitte; andererseits blieb er den Banketts, obwohl oftmals geladen, fern; er sagte nämlich, er könne nicht mit einem Mann Tischgemeinschaft haben, der zwei Kaiser beraubt habe – den einen seiner Herrschaft, den anderen seines Lebens. Doch Maximus versicherte, er habe nicht von sich aus nach der Macht gegriffen, sondern nur die Regierungspflicht, die ihm die Soldaten nach göttlichem Willen auferlegt hätten, mit Waffengewalt verteidigt; auch sei Gottes Wohlwollen offenkundig nicht fern von dem, welchem der Sieg durch eine so unglaubliche Fügung zugefallen sei; keiner seiner Gegner sei auf andere Weise umgekommen als im offenen Kampf. Da ließ Martin sich schließlich umstimmen – sei es durch Argumente, sei es durch Bitten – und kam zu einem Bankett. Der Kaiser aber war überglücklich, dies erreicht zu haben.

Quellentext Nr. 1: Vita Sancti Martini 20. – Sulpicius Severus, Leben des heiligen Martin. Lateinisch und deutsch, hrsg. von Kurt Smolak, Eisenstadt 1997. S. 79–83.

Martin von Tours versucht ein Blutvergiessen zu verhindern

Wie Bischof Martin von Tours ist auch sein Biograf der festen Überzeugung, dass im Fall Priszillian einzig und allein die Bischöfe die zuständige Instanz gewesen wären und dass die Angelegenheit gar nicht vor ein weltliches Gericht gebracht hätte werden dürfen.

Priszillian wollte nicht vor das Tribunal der Bischöfe [*des Konzils von Bordeaux*] treten und appellierte an den Kaiser [*Maximus*]. Dieser Appell wurde infolge der Unentschiedenheit unserer Bischöfe möglich. Sie hätten ihr Urteil sprechen sollen, auch wenn der Betreffende nicht erschienen wäre, oder wenn sie selbst sich befangen gefühlt hätten, wäre es richtig gewesen, dass sie die Angelegenheit an andere Bischöfe delegiert hätten. Auf keinen Fall hätten sie einen Streitfall dieser Art, in dem die Vergehen so offensichtlich waren, an den Kaiser abtreten sollen. [...] So wurden alle, die in diesem Fall unter Anklage standen, vor den Kaiser gebracht. Ihre Ankläger, die Bischöfe Hydacus und Ithacus, folgten ihnen. [...] Ihren Eifer, mit dem sie die Verurteilung der Häretiker betrieben, würde ich nicht tadeln, wenn sie nicht der Ehrgeiz, noch weit mehr zu gewinnen, in diesen Streit getrieben hätte. Wer im Übrigen meine Meinung hören will, dem sage ich, dass mir persönlich Angeklagte und Ankläger gleichermaßen missfielen. Was vor allem Ithacus angeht, so möchte ich sagen, dass er keinerlei Skrupel und vor nichts Respekt hatte. Das war ein unverschämter, geschwätziger, schamloser, verschwenderischer Mensch, bei dem sich alles nur um Bauch und Maul drehte. Er hatte sich derart verstiegen, dass er alle anständigen Leute verklagte, selbst heilige Menschen, die sich gern dem Lesen widmeten oder den festen Vorsatz hatten, wieder das Fasten einzuführen. Er zeigte sie alle als Komplizen oder Jünger des Priszillian an. [...] Dieser Schuft wagte es damals sogar, den Bischof Martin anzugreifen, einen Menschen, den man geradezu mit den Aposteln vergleichen konnte. Er wagte es, dem Martin öffentlich vorzuwerfen, er sei ein Anhänger dieser verderblichen Häresie. Martin war damals in Trier und versuchte den Ithacus zu beeinflussen, seine Anklage zurückzuziehen. Den Maximus bat er inständig, nicht das Blut der unglücklichen Angeklagten zu vergießen. Es genüge, so sagte er, dass die Schuldigen zu Häretikern erklärt und durch einen bischöflichen Urteilsspruch aus ihren Kirchen vertrieben würden. Es wäre eine unerhörte, ungeheure Neuheit, wenn man in einer kirchlichen Angelegenheit einen weltlichen Richter entscheiden ließe.

Quellentext Nr. 2: Sulpicius Severus, Chronica II,49–50. – Régine Pernoud, Martin von Tours. Aus dem Französischen von Bernardin Schellenberger, Freiburg im Breisgau 1997. S. 138 139.

Priszillian und die Folgen

11. Ich komme zu einem Ereignis, das Martin wegen der damaligen traurigen Zustände immer verheimlichte, aber vor uns nicht verbergen konnte. [...] Der Kaiser Maximus war sonst sicherlich ein guter Mann, aber Bischöfe hatten

ihn durch ihre Ratschläge auf verkehrte Wege gebracht. Nach der Hinrichtung
des Priszillian schützte er den Ankläger des Priszillian, den Bischof Ithacus, samt
dessen Gesinnungsgenossen, die ich nicht zu nennen brauche, mit seinem kaiserlichen Arm. So sollte diesem niemand das Verbrechen zur Last legen können, dass auf sein Betreiben hin ein Mann von solchem Rufe verurteilt worden
sei. Unterdessen nötigten viele schwere Anliegen von anderen Bedrängten Martin, zu Hof zu gehen. Er kam da mitten in den Sturm des ganzen Unwetters.

Weitere Zwangsmaßnahmen gegen Häretiker sind geplant

Die in Trier versammelten Bischöfe verweilten dort längere Zeit; sie verkehrten täglich mit Ithacus und machten gemeinschaftliche Sache miteinander. Als
sie unerwartet die Nachricht traf, Martin sei angekommen, sank ihr Mut ganz
und gar. Ängstliche Bedenken stiegen in ihnen auf und Furcht beschlich sie.
Der Kaiser hatte schon tags zuvor auf ihren Rat hin beschlossen, Beamte mit
unbeschränkter Vollmacht nach Spanien zu schicken, um die Häretiker aufzuspüren, sie zu verhaften und ihnen Leben und Besitz zu nehmen. Dieser Sturm
musste sicher auch die zahlreiche Schar der Mönche vernichtend treffen; man
machte ja kaum einen Unterschied zwischen den einzelnen Menschenklassen;
man urteilte damals nur nach dem Augenscheine, sodass einer mehr wegen
seines bleichen Aussehens und seiner Kleidung als wegen seines Glaubens für
einen Häretiker gehalten wurde.

Die Bischöfe fühlten wohl, dass dies ihr Vorgehen von Martin nicht gebilligt werde. Bei ihrem schlechten Gewissen befiel sie die drückende Angst, er
möchte nach seiner Ankunft sich vor dem Verkehr mit ihnen hüten; es gäbe
dann sicher Leute, die an der Festigkeit eines solchen Mannes sich ein Vorbild
nähmen. Sie hielten mit dem Kaiser Rat. Es wurde beschlossen, Martin Hof-
beamte entgegenzusenden; diese sollten ihm verbieten, sich der Stadt zu
nähern, außer er gäbe die Versicherung, dass er mit den dort versammelten
Bischöfen Frieden halten wolle. Martin täuschte sie in kluger Weise und sagte, er werde im Frieden Christi kommen. Schließlich betrat er bei Nacht die
Stadt und begab sich in die Kirche, nur um zu beten. Anderentags ging er in
den Palast. Unter vielen anderen Bitten, deren Aufzählung zu weit führen würde, wollte er dem Kaiser folgende vortragen: Er wollte um Gnade bitten für den
Comes Narses und den Präses Leucadius. Beide waren Anhänger Gratians gewesen und hatten durch ihre leidenschaftliche Parteinahme den Zorn des Sie-

gers auf sich geladen, was ich jetzt nicht weiter ausführen kann. Vor allem wollte er darum bitten, dass keine Beamten mit der Befugnis über Leben und Tod nach Spanien geschickt werden sollten. Martin nämlich war in seiner Liebe ängstlich dafür besorgt, nicht bloß die Christen, die bei dieser Gelegenheit zu leiden hatten, sondern auch die Häretiker zu befreien.

Allein am ersten und am folgenden Tage hielt der schlaue Kaiser den heiligen Mann hin, sei es, um der Angelegenheit mehr Gewicht zu verleihen, sei es, weil er seinen hartnäckigen Gegnern nicht verzeihen wollte, sei es, weil er, wie die meisten damals annahmen, aus Habsucht widerstand, da ihn nach ihren Besitzungen gelüstete. Man sagt ja, dass er sich allzu wenig von der Habsucht freigehalten habe, obwohl er sonst viele guten Eigenschaften aufweisen konnte; dabei muss man vielleicht die Not des Reiches als Entschuldigung dafür gelten lassen, dass er bei jeder Gelegenheit Hilfsquellen für seine Herrschaft erschloss. Die früheren Herrscher hatten ja mit dem Staatsschatz völlig abgewirtschaftet, und er hatte beinahe immer Bürgerkriege zu gewärtigen und musste dafür gerüstet sein.

12. Die Bischöfe, mit denen Martin keine Gemeinschaft haben wollte, eilten nun voll Angst zum Kaiser und beschwerten sich darüber, dass sie schon zum Voraus verurteilt seien; es sei um ihrer aller Stellung geschehen, wenn das Ansehen des Martin dem hartnäckigen Theognitus, der allein sie öffentlich durch seine Stellungnahme gebrandmarkt hatte, Waffen in die Hand drücke. Man hätte diesen Menschen nicht in die Stadt einlassen sollen; er sei nicht bloß Verteidiger der Häretiker, vielmehr schon ihr Rächer. Nichts sei durch den Tod des Priszillian erreicht, wenn Martin die Rache für ihn übernähme. Zuletzt fielen sie mit weinerlichem Gejammer auf die Knie und riefen die Macht des Kaisers an, er möge sie gegen diesen einen Menschen mit seiner Macht schützen.

Martin versucht beim Kaiser zu intervenieren

Wirklich hätte nicht viel gefehlt und der Kaiser hätte sich dazu bringen lassen, Martin in das Schicksal der Häretiker mit hineinzuziehen. Indes, trotz seiner allzu willfährigen Nachgiebigkeit gegenüber den Bischöfen wusste er doch ganz wohl, dass Martin an Glauben, Heiligkeit und Tugend alle Sterblichen übertraf. Er suchte darum auf einem anderen Wege den Heiligen umzustimmen. Zuerst ließ er ihn ganz im Geheimen kommen und redete ihm freundlich zu, die Häretiker seien mit Recht verurteilt worden, mehr durch das hergebrachte, öffentliche Gerichtsverfahren als infolge der feindseligen Haltung der Bischöfe. Martin habe keinen Grund, ein Zusammengehen mit Ithacus und dessen Anhängern zu verdammen; Theognitus habe mehr aus Hass denn aus wohl berechtigtem Grunde das Zerwürfnis herbeigeführt; er sei auch der Einzige, der inzwischen die Gemeinschaft aufgegeben habe; die Übrigen hätten keine Änderung eintreten lassen. Ja wenige Tage vorher hatte sich die Synode dahin ausgesprochen, Ithacus sei ohne Schuld. Diese Gründe machten auf Martin wenig Eindruck. Da entbrannte der Kaiser in heftigem Zorn; er ließ Martin stehen und ging rasch davon. Darauf wurden die Häscher ausgesandt nach denen, für die Martin Fürbitte eingelegt hatte.

13. Sobald Martin das erfahren hatte, eilte er noch zur Nachtzeit rasch in den Palast. Er versprach, die Gemeinschaft wieder aufzunehmen für den Fall, dass Schonung gewährt würde und auch die Tribunen zurückgerufen würden, die schon nach Spanien zum Verderben der dortigen Kirchengemeinden abgegangen waren. Maximus gewährte unverzüglich alles.

Angespanntes Verhältnis zu den anderen Bischöfen

Auf den folgenden Tag war die Weihe des Bischofs Felix [*von Trier*] anberaumt. Dieser wahrhaft heilige Mann hätte verdient, in besseren Zeiten Bischof zu werden. An diesem Tage trat Martin in Gemeinschaft mit den Bischöfen. Er hielt es für besser, für kurze Zeit nachzugeben, als die ihrem Schicksal zu überlassen, über deren Nacken schon das Schwert schwebte. Indes, sosehr auch die Bischöfe in ihn drangen, jene Gemeinschaft mit seiner Unterschrift zu bekräftigen, hierzu ließ er sich nicht bewegen. […] Von jener Zeit an hütete er sich sehr, sich je wieder in weitere Gemeinschaft mit der Partei des Ithacus einzulassen. Doch da er einige Besessene langsamer als sonst und mit geringerer Wunderkraft geheilt hatte, bekannte er uns öfter mit Tränen, wegen jener verderblichen Gemeinschaft, zu der er sich für einen Augenblick aus Not, nicht aus Überzeugung herbeigelassen habe, fühle er eine Verringerung der Wunderkraft. Sechzehn [*vierzehn*] Jahre lebte er noch nachher. Er nahm an keiner Synode mehr teil und hielt sich von jeder Zusammenkunft der Bischöfe fern.

Quellentext Nr. 3: Sulpicius Severus, 3. Dialog, 11–13. – Bibliothek der Kirchenväter, Bd. 20, Kempten und München 1914. S. 136–141. – Die in Karl Bihlmeyers Übersetzung „Martinus", „Priscillian" und „Ithacius" geschriebenen Namen wurden entsprechend der heute gebräuchlichen Schreibweise korrigiert.

REBEN VERBRENNT MAN IM FEUER
Die Ketzerverfolgung wird mit der Bibel begründet

Zu den Argumenten, mit denen die Notwendigkeit der Verfolgung von Häretikern begründet wurde, gehört ein bestimmtes Repertoire an Bibelstellen. Mit der Bibel kann man bekanntlich alles beweisen. Wenn man also in der Heiligen Schrift Stellen suchte, mit denen sich ein konkretes Vorgehen gegen die Ketzer rechtfertigen ließ, dann fand man auch welche, wenngleich mit der betreffenden Stelle meist etwas ganz anderes gemeint war als das, was man in einem allegorischen Verständnis aus ihr herauslas. Die Bibel wurde einfach als eine Art Steinbruch benutzt, aus welchem man sich passend scheinende Fundstücke holte, die man für bestimmte Zwecke benötigte.

VORBILDER FÜR ZWANGSMASSNAHMEN
Die schädlichen Füchse

[Aus dem Hohelied.] Fangt uns die Füchse, die kleinen Füchse! Sie verwüsten die Weinberge, unsre blühenden Reben. [1]

[Aus dem Buch der Richter.] Simson ging weg und fing dreihundert Füchse. Dann nahm er Fackeln, band je zwei Füchse an den Schwänzen zusammen und befestigte eine Fackel in der Mitte zwischen zwei Schwänzen. Er zündete die Fackeln an und ließ die Füchse in die Getreidefelder der Philister laufen. So verbrannte er die Garben und das noch stehende Korn, ebenso die Weingärten und die Ölbäume. [2]

Verdorrte Reben

[Aus dem Johannesevangelium.] Wer nicht in mir bleibt, wird wie die Rebe weggeworfen, und er verdorrt. Man sammelt die Reben, wirft sie ins Feuer, und sie verbrennen. [3]

Einladung zum Festmahl

[Aus dem Evangelium nach Lukas.] Da sagte der Herr zu dem Diener: Dann geh auf die Landstraßen und vor die Stadt hinaus und nötige die Leute zu kommen, damit mein Haus voll wird. [4]

Die staatliche Macht trägt das Schwert

[Aus dem Brief an die Römer.] Vor den Trägern der Macht hat sich nicht die gute, sondern die böse Tat zu fürchten; willst du also ohne Furcht vor der staatlichen Gewalt leben, dann tue das Gute, sodass du ihre Anerkennung findest. Sie steht im Dienst Gottes und verlangt, dass du das Gute tust. Wenn du aber Böses tust, fürchte dich! Denn nicht ohne Grund trägt sie das Schwert. Sie steht im Dienst Gottes und vollstreckt das Urteil an dem, der Böses tut. [5]

Quellentext Nr. 4: Bibelstellen aus dem Alten und dem Neuen Testament. – [1] Hld 2,15. – [2] Ri 15,4–5. – [3] Joh 15,6. – [4] Lk 14,23. – [5] Röm 13,3–4. – Einheitsübersetzung der Heiligen Schrift, Stuttgart 1980.

BESTIMMUNGEN ÜBER TODESSTRAFE

„Eine Hexe sollst du nicht am Leben lassen …"

[Aus dem Buch Exodus.] Eine Hexe sollst du nicht am Leben lassen. [1]
[Aus dem Buch Levitikus.] Männer oder Frauen, in denen ein Toten- oder ein Wahrsagegeist ist, sollen mit dem Tod bestraft werden. Man soll sie steinigen, ihr Blut soll auf sie kommen. [2]

„Er soll aus der Mitte seines Volkes ausgemerzt werden …"

[Aus dem Buch Levitikus.] Der Herr sprach zu Mose: Rede zu Aaron, seinen Söhnen und allen Israeliten und sag zu ihnen: Das ist es, worauf der Herr euch verpflichtet hat: Jeder Mann aus dem Haus Israel, der innerhalb oder außerhalb des Lagers ein Rind, ein Schaf oder eine Ziege schlachtet und das Tier nicht zum Eingang des Offenbarungszeltes bringt, um es dem Herrn vor seiner Wohnstätte zu opfern, dem soll es als Blutschuld angerechnet werden; er hat Blut vergossen und soll aus der Mitte seines Volkes ausgemerzt werden. [3]

„Du sollst keine Nachsicht für ihn kennen …"

[Aus dem Buch Deuteronomium.] Wenn dein Bruder, der dieselbe Mutter hat wie du, oder dein Sohn oder deine Tochter oder deine Frau, mit der du schläfst, oder dein Freund, den du liebst wie dich selbst, dich heimlich verführen will und sagt: Gehen wir und dienen wir anderen Göttern [wobei er Götter meint], die du und deine Vorfahren noch nicht kanntet, unter den Göttern der Völker, die in eurer Nachbarschaft wohnen, in der Nähe oder weiter entfernt, zwischen dem einen Ende der Erde und dem andern Ende der Erde –, dann sollst du nicht nachgeben und nicht auf ihn hören. Du sollst in dir kein Mitleid mit ihm aufsteigen lassen, sollst keine Nachsicht für ihn kennen und die Sache nicht vertuschen, sondern du sollst ihn anzeigen. Wenn er hingerichtet wird, sollst du als Erster deine Hand gegen ihn erheben, dann erst das ganze Volk. Du sollst ihn steinigen, und er soll sterben; denn er hat versucht, dich vom Herrn, deinem Gott, abzubringen, der dich aus Ägypten geführt hat, aus dem Sklavenhaus. Ganz Israel soll davon hören, damit sie sich fürchten und nicht noch einmal einen solchen Frevel in deiner Mitte begehen. [4]

„Du sollst das Böse aus deiner Mitte wegschaffen..."

[Aus dem Buch Deuteronomium.] Wenn in deiner Mitte, in einem der Stadtbereiche, die der Herr, dein Gott, dir gibt, ein Mann – oder auch eine Frau – lebt, der tut, was in den Augen des Herrn, deines Gottes, böse ist, und sich über seinen Bund hinwegsetzt, wenn er hingeht, anderen Göttern dient und sich vor ihnen niederwirft – und zwar vor der Sonne, dem Mond oder dem ganzen Himmelsheer, was ich verboten habe –, wenn dir das gemeldet wird, wenn du den Fall anhängig machst, genaue Ermittlungen anstellst und es sich zeigt: Ja, es ist wahr, der Tatbestand steht fest, dieser Gräuel ist in Israel geschehen!, dann sollst du diesen Mann oder diese Frau, die den Frevel begangen haben, den Mann oder die Frau, zu einem deiner Stadttore führen und steinigen, und sie sollen sterben. Wenn es um Leben oder Tod eines Angeklagten geht, darf er nur auf die Aussage von zwei oder drei Zeugen hin zum Tod verurteilt werden. Auf die Aussage eines einzigen Zeugen hin darf er nicht zum Tod verurteilt werden. Wenn er hingerichtet wird, sollen die Zeugen als Erste ihre Hand gegen ihn erheben, dann erst das ganze Volk. Du sollst das Böse aus deiner Mitte wegschaffen. [5]

Quellentext Nr. 5: Bibelstellen aus dem Alten Testament. – [1] Ex 22,17. – [2] Lev 20,27. – [3] Lev 17,1–4. – [4] Dtn 13,7–12. – [5] Dtn 17,2–7. – Einheitsübersetzung der Heiligen Schrift, Stuttgart 1980.

KONFLIKTE IN DEN GEMEINDEN

„Wenn dein Bruder sündigt ..."

[Aus dem Evangelium nach Matthäus.] Wenn dein Bruder sündigt, dann geh zu ihm und weise ihn unter vier Augen zurecht. Hört er auf dich, so hast du deinen Bruder zurückgewonnen. Hört er aber nicht auf dich, dann nimm einen oder zwei Männer mit, denn jede Sache muss durch die Aussage von zwei oder drei Zeugen entschieden werden. Hört er auch auf sie nicht, dann sag es der Gemeinde. Hört er aber auch auf die Gemeinde nicht, dann sei er für dich wie ein Heide oder ein Zöllner. [1]

„Wer ein anderes Evangelium verkündigt, der sei verflucht!"

[Aus dem Brief an die Galater.] Ich bin erstaunt, dass ihr euch so schnell von dem abwendet, der euch durch die Gnade Christi berufen hat, und dass ihr euch einem anderen Evangelium zuwendet. Doch es gibt kein anderes Evangelium, es gibt nur einige Leute, die euch verwirren und die das Evangelium Christi verfälschen wollen. Wer euch aber ein anderes Evangelium verkündigt, als wir euch verkündigt haben, der sei verflucht, auch wenn wir selbst es wären oder ein Engel vom Himmel. Was ich gesagt habe, das sage ich noch einmal: Wer euch ein anderes Evangelium verkündigt, als ihr angenommen habt, der sei verflucht. [2]

Vom Umgang mit Irrlehrern

[Aus dem ersten Brief an Timotheus.] Schon manche haben die Stimme ihres Gewissens missachtet und haben im Glauben Schiffbruch erlitten, darunter Hymenäus und Alexander, die ich dem Satan übergeben habe, damit sie durch diese Strafe lernen, Gott nicht mehr zu lästern. [3]

[Aus dem zweiten Brief an Timotheus.] Ruf ihnen das ins Gedächtnis und beschwöre sie bei Gott, sich nicht um Worte zu streiten; das ist unnütz und führt die Zuhörer nur ins Verderben. Bemüh dich darum, dich vor Gott zu bewähren als ein Arbeiter, der sich nicht zu schämen braucht, als ein Mann, der offen und klar die wahre Lehre vertritt. Gottlosem Geschwätz geh aus dem Weg; solche Menschen geraten immer tiefer in die Gottlosigkeit und ihre Lehre wird um sich fressen wie ein Krebsgeschwür. Zu ihnen gehören Hymenäus und Philetus, die von der Wahrheit abgeirrt sind und behaupten, die Auferstehung sei schon geschehen. So zerstören sie bei manchen den Glauben. Aber das feste Fundament, das Gott gelegt hat, kann nicht erschüttert werden. Es trägt als Siegel die Inschrift: Der Herr kennt die Seinen, und: Wer den Namen des Herrn nennt, meide das Unrecht. In einem großen Haus gibt es nicht nur Gefäße aus Gold und Silber, sondern auch aus Holz und Ton – die einen für

Reines, die anderen für Unreines. Wer sich nun von alldem rein hält, gleicht einem Gefäß für Reines; er ist geheiligt, für den Herrn brauchbar, zu jedem guten Werk tauglich. [...] Lass dich nicht auf törichte und unsinnige Auseinandersetzungen ein; du weißt, dass sie nur zu Streit führen. Ein Knecht des Herrn soll nicht streiten, sondern zu allen freundlich sein, ein geschickter und geduldiger Lehrer, der auch die mit Güte zurechtweist, die sich hartnäckig widersetzen. Vielleicht schenkt Gott ihnen dann die Umkehr, damit sie die Wahrheit erkennen, wieder zur Besinnung kommen und aus dem Netz des Teufels befreit werden, der sie eingefangen und sich gefügig gemacht hat. [4]

[Aus dem Brief an Titus.] Lass dich nicht ein auf törichte Auseinandersetzungen und Erörterungen über Geschlechterreihen, auf Streit und Gezänk über das Gesetz; sie sind nutzlos und vergeblich. Wenn du einen Sektierer einmal und ein zweites Mal ermahnt hast, so meide ihn. Du weißt, ein solcher Mensch ist auf dem verkehrten Weg; er sündigt und spricht sich selbst das Urteil. [5]

Viele Verführer

[Aus dem zweiten Brief des Johannes.] Viele Verführer sind in die Welt hinausgegangen; sie bekennen nicht, dass Jesus Christus im Fleisch gekommen ist. Das ist der Verführer und der Antichrist. Achtet auf euch, damit ihr nicht preisgebt, was wir erarbeitet haben, sondern damit ihr den vollen Lohn empfangt. Jeder, der darüber hinausgeht und nicht in der Lehre Christi bleibt, hat Gott nicht. Wer aber in der Lehre bleibt, hat den Vater und den Sohn. Wenn jemand zu euch kommt und nicht diese Lehre mitbringt, dann nehmt ihn nicht in euer Haus auf, sondern verweigert ihm den Gruß. Denn wer ihm den Gruß bietet, macht sich mitschuldig an seinen bösen Taten. [6]

[Aus dem dritten Brief des Johannes.] Ich habe der Gemeinde geschrieben. Aber Diotrephes, der unter ihnen der Erste sein will, erkennt uns nicht an. Deshalb werde ich, wenn ich komme, an sein Tun und Treiben erinnern. Mit bösen Worten hetzt er gegen uns und gibt sich damit noch nicht zufrieden; sondern er selbst nimmt die Brüder nicht auf und hindert alle daran, die es tun wollen, und schließt diese aus der Gemeinde aus. [7]

Der Weg der Irrlehrer

[Aus dem Brief des Judas.] Kämpft für den überlieferten Glauben, der den Heiligen ein für alle Mal anvertraut ist. Denn es haben sich einige Leute eingeschlichen, die schon seit langem für das Gericht vorgemerkt sind: gottlose Menschen, die die Gnade unseres Gottes dazu missbrauchen, ein zügelloses Leben zu führen, und die Jesus Christus, unseren einzigen Herrscher und Herrn, verleugnen. – Diese jedoch lästern über alles, was sie nicht kennen; was sie aber wie die unvernünftigen Tiere von Natur aus verstehen, daran gehen sie zugrunde. Weh ihnen! Sie sind den Weg Kains gegangen, aus Habgier sind sie dem Irrtum Bileams verfallen, der Aufruhr Korachs hat sie ins Verderben gestürzt. Diese Menschen sind ein Schandfleck bei eurem Liebesmahl, an dem sie ohne Scheu teilnehmen und es sich gut gehen lassen; sie sind Hirten, die eine Weide für sich selber suchen. Wasserlose Wolken sind sie, von den Winden dahingetrieben; Bäume, die im Herbst keine Frucht tragen, zweimal verdorrt und entwurzelt; wilde Meereswogen, die ihre eigene Schande ans Land spülen; Sterne, die keine feste Bahn haben; ihnen ist auf ewig die dunkelste Finsternis bestimmt. [8]

[Aus dem zweiten Brief des Petrus.] Diese Menschen aber sind wie unvernünftige Tiere, die von Natur aus dazu geboren sind, gefangen zu werden und umzukommen. Sie lästern über Dinge, die sie nicht verstehen; doch sie werden umkommen, wie die Tiere umkommen, und als Lohn für ihr Unrecht werden sie Unrecht erleiden. Sie halten es für ein Vergnügen, bei Tag ein üppiges Leben zu führen; ein schmutziger Schandfleck sind sie, wenn sie in ihrer trügerischen Genusssucht mit euch prassen und schwelgen. Sie haben nur Augen für die Ehebrecherin und sind unersättlich in der Sünde. Sie locken haltlose Menschen an, deren Sinn nicht gefestigt ist; ihr Herz ist in der Habgier geübt, sie sind Kinder des Fluches. Sie haben den geraden Weg verlassen und sind in die Irre gegangen. Sie folgten dem Weg Bileams, des Sohnes Bosors; ihm ging es nur um den Lohn für sein Unrecht, aber er wurde wegen seines Vergehens zurechtgewiesen: Ein stummes Lasttier redete mit menschlicher Stimme und verhinderte das wahnwitzige Vorhaben des Propheten. Diese Menschen sind Quellen ohne Wasser, sie sind Wolken, die der Sturm vor sich herjagt; für sie ist die dunkelste Finsternis bestimmt. Sie führen geschwollene und nichts sagende Reden; sie lassen sich von ihren fleischlichen Begierden treiben und locken mit ihren Ausschweifungen die Menschen an, die sich eben erst von denen getrennt haben, die im Irrtum leben. Freiheit versprechen sie ihnen und sind doch selbst Sklaven des Verderbens; denn von wem jemand überwältigt worden ist, dessen Sklave ist er. Sie waren dem Schmutz der Welt entronnen, weil sie den Herrn und Retter Jesus Christus erkannt hatten; wenn sie sich aber von neuem davon fangen und überwältigen lassen, dann steht es mit ihnen am Ende schlimmer als vorher. Es wäre besser für sie, den Weg der Gerechtigkeit gar nicht erkannt zu haben, als ihn erkannt zu haben und sich danach wieder von dem heiligen Gebot abzuwenden, das ihnen überliefert worden ist. Auf sie trifft das wahre Sprichwort zu: Der Hund kehrt zurück zu dem, was er erbrochen hat, und: Die gewaschene Sau wälzt sich wieder im Dreck. [9]

Quellentext Nr. 6: Bibelstellen aus dem Neuen Testament. – [1] Mt 18,15–17. – [2] Gal 1,6–9. – [3] 1 Tim 1,19–20. – [4] 2 Tim 2,14–26. – [5] Tit 3,9–11. – [6] 2 Joh 7–11. – [7] 3 Joh 9–10. – [8] Jud 3–4.10–13. – [9] 2 Petr 2,12–22. – Einheitsübersetzung der Heiligen Schrift, Stuttgart 1980.

„Krankheitskeime" und „Feinde"
Wie Kirchenväter über Häretiker denken

Kennzeichen der Häretiker

Für Tertullian (um 160–220) – oder Quintus Septimius Florus Tertullianus, wie der aus Karthago stammende frühchristliche Schriftsteller mit vollem Namen hieß – ist der Beweis der Rechtgläubigkeit durch die apostolische Nachfolge gegeben. Wenn eine kirchliche Gruppierung bestimmte Sonderlehren vertritt, müssten ihre Anhänger daher nachweisen können, dass das, was sie lehren, auf die Apostel zurückgeht und sie selbst in der Nachfolge der Apostel stehen. Da die Apostel jedoch untereinander keine voneinander abweichenden Lehren vorgetragen hätten, argumentiert Tertullian, können auch die, die in ihrer Nachfolge stehen, unmöglich eine Lehre vorgebracht haben, die zu jener der Apostel im Widerspruch steht. Also ist die Abweichung von der apostolischen Tradition das Kennzeichen, an dem man Häretiker erkennen kann.

Das Originelle an dieser Argumentation ist, dass Tertullian, der bekanntlich ein geschulter Rhetor war und in seinen jüngeren Jahren auch als Rechtsanwalt gearbeitet hat, das theologische Problem mit juristischen Kategorien abhandelte – genauer gesagt mit Kategorien, die dem römischen Prozessrecht entnommen sind. Das kann man schon am Titel sehen, den Tertullian seiner Schrift gegeben hat: „De praescriptione haereticorum". Dies mit „Gegen die Häretiker" wiederzugeben, wie es üblicherweise geschieht, ist natürlich richtig, aber nicht präzise genug. „Praescriptio" – wörtlich: die Vor-Schrift – kann alles Mögliche heißen: Titel, Überschrift, Vorschrift, Verordnung, Vorwand, ja sogar Vorherbestimmung. In unserem Fall ist es ein juristischer Fachausdruck. Eine „Praescriptio" war der rechtswirksame Einspruch gegen eine Zivilklage. Wenn sich zwei Prozessgegner um das rechtmäßige Eigentum einer Sache stritten und der Angeklagte beweisen konnte, dass der Kläger gar keinen Rechtsanspruch geltend machen konnte, beispielsweise weil die Sache immer schon unangefochten im Eigentum des Angeklagten gewesen war, dann wurde die Klage abgewiesen, und es kam überhaupt kein Verfahren in Gang.

Es entbehrt freilich nicht der Ironie, dass derselbe Tertullian, der so genau zu sagen wusste, weshalb die Kirche Recht und die Häretiker Unrecht hatten, später selbst die Gemeinschaft der Kirche verließ, sich den Montanisten an-schloss – einer in Kleinasien entstandenen, auf Montanus den Phrygier zurück-gehenden ekstatisch-prophetischen Gruppierung – und von seinem neuen Standpunkt aus gegen die Kirche polemisierte. Das ändert allerdings nichts daran, dass Tertullian einer der wichtigsten Kirchenväter des Westens war und blieb und dass die von ihm geprägten Formulierungen für die Lehre von der Dreifaltigkeit und die Christologie – um mit Heinrich Kraft zu reden (Texte der Kirchenväter, Bd. 5, München 1966. S. 468) – „zur Grundlage der abend-ländischen Rechtgläubigkeit geworden" sind.

Wenn einige Häresien die Kühnheit haben, sich in das apostolische Zeitalter einzudrängen und deshalb von den Aposteln überliefert erscheinen wollen, weil sie zur Zeit der Apostel existierten, so können wir erwidern: Gebt die Ursprün-ge eurer Kirchen an, entrollt eine Reihenfolge eurer Bischöfe, die sich von An-fang an durch Abfolge so fortsetzt, dass der erste Bischof einen aus den Aposteln oder den apostolischen Männern, jedoch einen solchen, der bei den Aposteln aus-harrte, zum Gewährsmann und Vorgänger hat. Denn das ist die Weise, wie die apostolischen Kirchen ihren Ursprung nachweisen: wie zum Beispiel die Kirche von Smyrna berichtet, dass ihr Polykarp von Johannes aufgestellt, die römische ebenso, dass ihr Clemens von Petrus ordiniert worden sei. In entsprechender Weise geben natürlich auch die übrigen Kirchen die Männer an, die, von den Aposteln zum Bischoftum bestellt, ihnen zu Überleitern des apostolischen Sa-mens dienten. Die Häretiker sollten sich doch auch etwas dieser Art aussinnen! Was sollte ihnen denn nach ihren Gotteslästerungen noch unerlaubt sein?

Doch, auch wenn sie sich so etwas aussännen, würden sie damit doch nicht weiterkommen. Denn, mit der apostolischen verglichen, wird gerade ihre Lehre durch Abweichungen und Verschiedenheiten laut davon Zeugnis ablegen, dass sie weder einen Apostel noch einen apostolischen Mann zu ihrem Gewährsmann habe. Wie die Apostel untereinander keine abweichenden Lehren vortrugen, so wenig können aber auch die apostolischen Männer eine Lehre vorgebracht ha-ben, die zu jener der Apostel im Widerspruch stand. Es müssten denn etwa die Schüler der Apostel anders gepredigt haben. Vor diese Instanz also werden sie von jenen Kirchen gerufen und gestellt werden, die, obwohl sie keinen von den Apos-teln oder apostolischen Männern, weil viel späteren Ursprungs – wie auch noch täglich welche gestiftet werden –, als ihren Gründer anzugeben vermögen, den-noch einmütig mit ihnen in demselben Glauben für nicht weniger apostolisch gelten wegen der Blutgemeinschaft der Lehre. So mögen also die Häresien, vor beide Instanzen geladen, beweisen, dass sie, sei es auf die eine, sei es auf die andere Weise, apostolisch sind. Doch sie sind es eben nicht und sie können nicht beweisen, was sie nicht sind, und werden auch von den Kirchen, die irgendwie apostolisch sind, nicht zum Frieden und zur Gemeinschaft zugelassen, weil sie wegen der Verschiedenheit ihrer Religion auf keine Weise apostolisch sind.

Quellentext Nr. 7: Tertullian, De praescriptione haereticorum 32. – Texte der Kirchenväter, hrsg. von Alfons Heilmann, Bd. 4, München 1964. S. 360–361.

Unglaube unter dem Vorwand des Glaubens

Cyprian von Karthago, der um das Jahr 200 geboren wurde und am 14. September 258 als Opfer der Christenverfolgung unter Valerius den Märtyrertod erlitt, hatte in den knapp zehn Jahren, die er Bischof war, heikle Problemfälle zu entscheiden. Nach dem Ende der Christenverfolgung unter Kaiser Decius wurde die Einheit der Kirche massiv bedroht. Auf der einen Seite gab es in den Gemeinden viel böses Blut wegen der „Lapsi" – der „Gefallenen". Mit diesem Ausdruck waren Leute gemeint, die in der Zeit der Verfolgung nicht die Konsequenz aufgebracht hatten, für ihre christliche Überzeugung in den Tod zu gehen, und es stattdessen vorgezogen hatten, vom Glauben abzufallen, die jedoch hinterher, als die Luft wieder rein war, gerne in die kirchliche Gemeinschaft aufgenommen werden wollten. Zusätzlich irritierend war, dass manche „Bekenner" – das heißt Christen, die ihren Glauben bekannt hatten und in der Verfolgung standhaft geblieben waren – allzu nachsichtig waren und viel zu großzügig von ihrem Recht Gebrauch machten, Bußwillige zu absolvieren. „Die Wiederaufnahme der vielen, die in der Verfolgung ihren Glauben verleugnet hatten, veranlasste ein Schisma", heißt es bei Berthold Altaner und Alfred Stuiber (Patrologie, Freiburg im Breisgau, [8. Auflage] 1978. S. 172): „Da nämlich Cyprian die Anmaßung der Bekenner, die für die Gefallenen sofortige Rekonziliation verlangten, zurückwies, bildete sich eine Partei von Unzufriedenen unter dem Diakon Felicissimus. Ihr traten auch fünf Priester bei, die Cyprians Bischofsweihe widerstrebt hatten: Einer von ihnen, Novatus, begab sich nach Rom und unterstützte das Schisma des Novatian." In dieser Situation verfasste Cyprian seine grundlegende Schrift „Über die Einheit der katholischen Kirche".

3. Auf der Hut zu sein aber, [geliebteste Brüder,] gilt es nicht nur vor dem, was offen und klar zutage liegt, sondern auch vor allem, was durch die Schlauheit arglistigen Truges täuscht. Was gibt es aber Arglistigeres oder Schlaueres, als dass der durch Christi Ankunft entlarvte und niedergeworfene Feind, nachdem das Licht zu den Völkern gekommen und die Leuchte des Heils zur Errettung der Menschen aufgegangen war, sodass die Tauben die Verkündigung der Geistesgnade vernahmen, die Blinden ihre geöffneten Augen zum Herrn erhoben, die Kranken zu ewiger Gesundheit genasen, die Lahmen zur Kirche eilten, die Stummen in lauten Worten und Gebeten flehten, als dass er gerade jetzt, wo er die Götzenbilder verlassen und wegen der übergroßen Menge der Gläubigen seine Stätten und Tempel verödet sah, einen neuen Betrug ersann, um gerade unter dem Deckmantel des christlichen Namens die Unvorsichtigen zu täuschen? Irrlehren und Spaltungen erfand er da, um durch sie den Glauben zu untergraben, die Wahrheit zu fälschen, die Einheit zu zerreißen. Diejenigen, die er in der Finsternis des alten Weges nicht festzuhalten vermag, die umgarnt und verleitet er auf einem neuen Irrpfad. Aus der Kirche selbst reißt er die Menschen los, und während sie sich einbilden, bereits dem Lichte nahe gekommen und dem Dunkel der Welt entronnen zu sein, hüllt er sie, ohne dass sie es merken, wieder in eine andere Finsternis.

So nennen sie sich Christen, obwohl sie sich an das Evangelium Christi, an seine Beobachtung und an das Gesetz gar nicht halten, und sie glauben das Licht zu haben, obgleich sie in der Finsternis wandeln (1 Joh 2,9), indem der Widersacher sie berückt und irreführt, der nach dem Ausspruch des Apostels sich als einen Engel des Lichtes hinstellt und seine Diener als Diener der Gerechtigkeit erscheinen lässt (2 Kor 11,14–15). Und doch bieten sie nur die Nacht statt des Tages, das Verderben statt des Heils, hoffnungslose Verzweiflung unter dem Scheine der Hoffnung, Abfall und Unglauben unter dem Vorwand des Glaubens, den Antichrist unter dem Namen Christi, um so durch schlauen Trug die Wahrheit zu entstellen, indem sie mit ihren Lügen den Schein der Wahrheit erwecken. Dies kommt daher, geliebteste Brüder, dass man nicht auf den Ursprung der Wahrheit zurückgeht, dass man nicht die Quelle aufsucht und die Lehre der himmlischen Unterweisung nicht beachtet.

Quellentext Nr. 8: De unitate catholicae ecclesiae 3. – Cyprian von Karthago, Über die Einheit der katholischen Kirche, Bibliothek der Kirchenväter, Bd. 34, Kempten und München 1918. S. 134–135.

Die Einheit der Kirche

Cyprian warnt vor Fälschung und Entstellung des Glaubens und entfaltet den Gedanken der Einheit der Kirche in verschiedenen Bildern. Zu diesen Bildern gehört auch das Bild von der Kirche als der „Braut Christi". Ein Häretiker, der sich von der Kirche trennt, ist demgemäß jemand, der sich „mit einer Ehebrecherin verbindet", und wird zum „Feind". In diesem Zusammenhang steht der berühmte Satz Cyprians: „Gott kann der nicht mehr zum Vater haben, der die Kirche nicht zur Mutter hat."

5. Diese Einheit müssen wir unerschütterlich festhalten und verteidigen, vor allem wir Bischöfe, die wir in der Kirche den Vorsitz haben, damit wir auch das Bischofsamt selbst als ein einziges und ungeteiltes erweisen. Niemand täusche die Gemeinde der Brüder durch eine Lüge, niemand fälsche die Wahrheit des treuen Glaubens durch treulose Entstellung! Das Bischofsamt ist nur *eines*, an dem jeder Einzelne nur unter Wahrung des Ganzen seinen Anteil hat (Eph 4,4–6). Auch die Kirche ist nur *eine*, die sich zur Vielheit bloß durch ihr üppiges Wachstum immer weiter ausbreitet, ebenso wie die Sonne viele Strahlen hat, aber nur *ein* Licht, und wie der Baum zwar viele Zweige besitzt, aber nur *einen* auf fester Wurzel gegründeten Stamm; und wenn aus *einem* Quell noch so zahlreiche Bäche entspringen, die Einheit bleibt dennoch im Ursprung gewahrt, mag auch eine recht stattliche Zahl [*von Gewässern*] in dem Reichtum überquellender Fülle zu entströmen scheinen.

Reiß einen Strahl los von dem Lichtkörper [*der Sonne*]: Die Einheit des Lichtes lässt eine Absonderung nicht zu; brich vom Baum einen Zweig: Einmal abgebrochen, wird er nicht mehr zu sprossen vermögen; schneide einen Bach ab von seiner Quelle: Sofort wird er vertrocknen. Ebenso sendet auch die von des Herrn Licht durchströmte Kirche über den ganzen Erdkreis ihre Strahlen aus; dennoch ist es nur *ein* Licht, das überallhin flutet, ohne dass die Einheit ihres Körpers getrennt wird. Ihre Zweige streckt sie in reicher Fülle aus über die ganze Erde hin, mächtig hervorströmende Bäche lässt sie immer weiter sich ergießen: Und dennoch gibt es nur *eine* Quelle, nur *einen* Ursprung, nur *eine* Mutter, die mit glücklicher Fruchtbarkeit gesegnet ist: Aus ihrem Schoß werden wir geboren, mit ihrer Milch genährt, von ihrem Geiste beseelt.

6. Zum Ehebruch lässt sich die Braut Christi nicht verführen, sie ist unbefleckt und züchtig. Nur *ein* Haus kennt sie, die Heiligkeit *eines* Schlafgemachs be-

wahrt sie in keuscher Scham. Sie ist es, die nur für Gott errettet, sie weist die Kinder, die sie geboren hat, seinem Reiche zu. Jeder, der sich von der Kirche trennt und sich mit einer Ehebrecherin verbindet, schließt sich aus von den Verheißungen der Kirche, und wer die Kirche Christi verlässt, wird nicht zu den Belohnungen Christi gelangen. Er ist ein Fremder, er ist ein Unheiliger, er ist ein Feind. Gott kann der nicht mehr zum Vater haben, der die Kirche nicht zur Mutter hat.

Wenn irgendeiner zu entrinnen vermochte, der außerhalb der Arche Noes [*Noachs*] war, nur dann mag auch einer entkommen, der draußen, außerhalb der Kirche steht. Der Herr mahnt und sagt: „Wer nicht mit mir ist, ist wider mich, und wer nicht mit mir sammelt, der zerstreut" (Mt 12,30). Wer den Frieden und die Eintracht Christi bricht, der handelt wider Christus; wer anderwärts, außerhalb der Kirche, sammelt, der zerstreut die Kirche Christi. Der Herr sagt: „Ich und der Vater sind eins" (Joh 10,30). Und wiederum steht über den Vater und den Sohn und den Heiligen Geist geschrieben: „Und diese drei sind eins" (1 Joh 5,8). Und da glaubt jemand, diese der göttlichen Festigkeit entstammende und mit himmlischen Geheimnissen eng verbundene Einheit könne bei der Kirche zerrissen und durch den Widerstreit einander widerstrebender Meinungen aufgelöst werden? Wer an dieser Einheit nicht festhält, der hält nicht fest an Gottes Gesetz, der hält nicht fest den Glauben an den Vater und den Sohn, der hält nicht fest am Leben und am Heil.

Quellentext Nr. 9: De unitate catholicae ecclesiae 5–6. – Cyprian von Karthago, Über die Einheit der katholischen Kirche, Bibliothek der Kirchenväter, Bd. 34, Kempten und München 1918. S. 137–139.

Falsche Propheten

Bei der Lektüre von Cyprians Schrift darf man nicht vergessen, dass diese so grundsätzlich anmutenden und überaus tief schürfenden Ausführungen über die Einheit der Kirche nicht im luftleeren Raum entstanden sind, sondern einen ganz konkreten Hintergrund hatten. Auch wenn die betreffenden Personen nicht beim Namen genannt wurden, war den zeitgenössischen Lesern selbstverständlich klar, dass mit den wilden „Wölfen" die Schismatiker Felicissimus, Novatus und Novatian gemeint waren. Die Anspielung auf Leute, die sich ohne gültige Weihe „den Namen eines Bischofs anmaßen", war ebenfalls auf Novatian gemünzt, von dem bekannt war, dass er sich von drei

Bischöfen, die er vom hintersten Winkel Italiens nach Rom gelockt hatte, die Hände auflegen ließ – nicht ohne ihnen vorher reichlich Wein einzuflößen.

9. […] Was soll in einem christlichen Herzen die Wildheit der Wölfe, die Wut der Hunde, was das tödliche Gift der Schlangen und die blutdürstige Grausamkeit reißender Tiere? Beglückwünschen darf man sich, wenn solche Glieder aus der Kirche ausscheiden, damit sie nicht die Tauben, damit sie nicht die Schafe Christi durch ihre unheilvolle und giftige Berührung zu Fall bringen. Ein Zusammenhang und eine Verbindung ist unmöglich zwischen Bitter und Süß, zwischen der Finsternis und dem Lichte, zwischen Regen und Sonnenschein, zwischen Kampf und Frieden, zwischen Fruchtbarkeit und Unfruchtbarkeit, zwischen sprudelnden Quellen und der Trockenheit, zwischen Windstille und Sturm. Glaube keiner, dass die Guten von der Kirche sich zu trennen vermögen. Den Weizen weht kein Wind davon (Mt 3,12), und den Baum, der durch starke Wurzeln mit dem Grunde verwachsen ist, stürzt kein Sturm um, nur die leere Spreu ist es, die vom Winde hin und her getrieben wird, nur die kraftlosen Bäume werden durch den Anprall eines Wirbelwindes entwurzelt. Solchen gilt die Verwünschung und Zurechtweisung des Apostels Johannes, wenn er sagt: „Von uns sind sie hinausgegangen, aber sie sind nicht von uns gewesen. Denn wenn sie von uns gewesen wären, so wären sie bei uns geblieben" (1 Joh 2,19).

10. Dadurch sind schon häufig Irrlehren entstanden und sie entstehen noch, indem der verkehrte Sinn keinen Frieden hat, indem widerspenstige Untreue an der Einheit nicht festhält. Dass dies aber geschieht, erlaubt und duldet der Herr; denn die Selbstständigkeit des eigenen freien Willens bleibt unbeschränkt, damit die unverletzte Treue der Erprobten in hellem Lichte erstrahlt, indem die Unterscheidung der Wahrheit unsere Herzen und Sinne prüft. Durch den Mund des Apostels spricht der Heilige Geist im Voraus die Mahnung aus: „Es muss auch Irrlehren geben, damit die Erprobten offenbar werden unter euch" (1 Kor 11,19). So werden die Treuen erprobt, so die Treulosen entlarvt, so werden schon vor dem Tage des Gerichts auch hier bereits die Seelen der Gerechten und der Ungerechten geschieden und von dem Weizen die Spreu gesondert (Mt 3,12). Daher stammen sie, die sich eigenmächtig vor einer Versammlung von zusammengelaufenen, unbesonnenen Leuten ohne göttliche Verordnung als Vorsteher aufwerfen, die sich ohne irgendwelche gesetzliche Weihe als Vorgesetzte aufstellen, die den Namen eines Bischofs sich anmaßen, ohne dass ihnen jemand die bischöfliche Würde übertragen hätte.

Sie bezeichnet der Heilige Geist in den Psalmen (vgl. Ps 1,1) als die, die auf dem Stuhle der Pestilenz sitzen [*„im Kreis der Spötter sitzen"*], als die Pest und Seuche des Glaubens, die mit dem Munde der Schlange täuschen, und als Meister in der Entstellung der Wahrheit, die mit ihren verderbenbringenden Zungen tödliches Gift ausspeien. Ihre Rede frisst um sich wie ein Krebs (2 Tim 2,17), ihre Schriften gießen in Brust und Herz eines jeden todbringendes Gift.

11. Gegen solche Menschen erhebt der Herr seine Stimme, von ihnen zieht und ruft er sein irrendes Volk zurück mit den Worten: „Hört nicht auf die Reden der falschen Propheten, denn die Gesichte ihres Herzens täuschen sie" (Jer 23,16). [...] Obwohl es doch eine andere Taufe außer der *einen* nicht geben kann, bilden sie sich ein, taufen zu können; obwohl sie den Quell des Lebens verlassen haben, verheißen sie die Gnade des Leben und Heil spendenden Wassers. Nicht gereinigt werden dort die Menschen, sondern vielmehr beschmutzt, und nicht gesühnt werden dort die Sünden, sondern im Gegenteil noch gehäuft. Nicht für Gott, sondern für den Teufel bringt jene Geburt Kinder hervor. Durch die Lüge geboren, erlangen sie nicht die Verheißungen der Wahrheit; aus dem Unglauben erzeugt, gehen sie der Gnade des Glaubens verlustig. Zur Belohnung des Friedens können die nicht gelangen, die den Frieden des Herrn in rasender Zwietracht gebrochen haben.

Quellentext Nr. 10: De unitate catholicae ecclesiae 9–11. – Cyprian von Karthago, Über die Einheit der katholischen Kirche, Bibliothek der Kirchenväter, Bd. 34, Kempten und München 1918. S. 142–144.

Der grosse Abfall

Cyprian versucht die um sich greifenden „ketzerischen Verirrungen und Spaltungen" anhand von biblischen Beispielen verständlich zu machen. Die drastisch ausgemalten Züge – etwa „das vom Herrn ausgehende Feuer", welches die „Rotte Korach" verschlingt (Num 16,1–35) – lassen durchaus schon einiges von den Schrecknissen erahnen, die die Inquisition später bereithalten sollte.

16. Dieses Übel, getreueste Brüder, hatte schon längst eingesetzt, jetzt aber hat die feindliche Verheerung ebendieses Unheils noch zugenommen und das giftige Verderben ketzerischer Verirrungen und Spaltungen hat sich allmählich immer mehr erhoben und um sich gegriffen; denn so musste es ja auch beim Untergang der Welt kommen, da der Heilige Geist durch den Mund des Apostels uns

Im populären Verständnis galten die Hexen als „Teufelshuren", weil sie mit dem bösen Feind sexuellen Umgang pflegten. Das allein war schon geeignet, heimlichen Neid bei anderen Frauen und unheimliche Wut bei den in ihrem Selbstwertgefühl getroffenen Männern zu erregen, denn wie die Inquisitoren zu wissen glaubten, war die körperliche Vereinigung mit dem Leibhaftigen für die Frau um etliches lustvoller und befriedigender als das Zusammensein mit einem normal sterblichen Mannsbild.

im Voraus verkündigt und warnend zuruft: „In den letzten Tagen werden unliebsame Zeiten kommen; die Menschen werden selbstgefällig sein, übermütig, aufgeblasen, habgierig, Lästerer, den Eltern ungehorsam, undankbar, ruchlos, ohne Liebe, ohne Treue, verleumderisch, unmäßig, grausam, ohne Liebe zum Guten, verräterisch, frech, von dummem Stolz aufgebläht, Leute, die die Wollust mehr lieben als Gott, die den Schein der Gottesfurcht haben, aber deren Kraft verleugnen. Zu diesen gehören sie, die sich in die Häuser schleichen und mit Sünden beladene Weiblein gefangen nehmen, die von mannigfachen Lüsten getrieben werden, indem sie immer lernen und niemals zur Erkenntnis der Wahrheit gelangen. Und wie Jannes und Mambres [*Jannes und Jambres*] (vgl. Ex 7,11.22) sich Moses [*Mose*] widersetzten, so widersetzen sich auch diese der Wahrheit. Aber sie werden nicht sehr viel erreichen; denn ihr Unverstand wird allen offenbar werden, ebenso wie es auch der jener beiden gewesen ist" (2 Tim 3,1–9). In Erfüllung geht alles, was vorhergesagt ist, und da das Ende der Welt bereits naht, ist es schon eingetroffen, wie es die Menschen sowohl als die Zeiten bestätigen. Mehr und mehr wütet der Widersacher, täuscht der Irrtum, erhebt dünkelhafter Stolz, entflammt der Neid, verblendet die Begierde, verführt die Ruchlosigkeit, bläht der Hochmut auf, erbittert die Zwietracht, führt der Jähzorn ins Verderben.

17. Doch der übergroße und unerwartete Abfall so vieler soll uns nicht beunruhigen oder verwirren, sondern vielmehr unseren Glauben bestärken; denn damit hat sich nur das Vorherverkündigte verwirklicht. Wie einige solche Abtrünnige geworden sind, weil dies vorausgesagt ist, so mögen sich die übrigen Brüder vor derartigen Menschen in Acht nehmen; denn auch dies ist schon vorher verkündigt, indem der Herr lehrt und sagt: „Ihr aber seid auf eurer Hut. Seht, ich habe euch alles vorhergesagt" (Mk 13,23). Meidet, ich bitte euch, solcherlei Menschen und haltet ihre verderblichen Reden wie eine tödliche Seuche von eurer Seite und euren Ohren fern, wie geschrieben steht: „Umzäune deine Ohren mit Dornen und höre nicht auf eine böse Zunge!" (Sir 28,24) und wiederum: „Schlechte Gespräche verderben gute Herzen" (1 Kor 15,33). Der Herr lehrt und mahnt, man müsse sich von solchen Menschen zurückziehen. „Blind sind sie", sagt er, „Führer von Blinden. Wenn aber ein Blinder einen anderen Blinden führt, so werden sie zusammen in die Grube fallen" (Mt 15,14). Abwenden muss man sich von einem solchen Menschen und flüchten vor jedem, der sich einmal von der Kirche getrennt hat. „Verkehrt ist ein solcher, und er sündigt und ist von sich selbst verurteilt" (Tit 3,11). Oder bildet sich der ein, mit Christus zu sein, der den Priestern Christi zuwiderhandelt, der sich von der Gemeinschaft mit seinem Klerus und Volke lossagt? Die Waffen führt er gegen die Kirche, gegen Gottes Verordnung kämpft er an. Ein Feind des Altars, ein Aufrührer wider das Opfer Christi, statt der Glaubenstreue treulos, statt der Gottesfurcht ein Tempelschänder, ein ungehorsamer Knecht, ein liebloser Sohn, ein feindseliger Bruder, verachtet er die Bischöfe und verlässt die Priester Gottes und wagt es, einen anderen Altar zu bauen, ein neues Gebet in unerlaubten Worten zu verrichten und das wahrhaftige Sühnopfer des Herrn durch falsche Opfer zu entweihen, ohne zu bedenken, dass jeder, der gegen die Anordnung Gottes sich auflehnt, für seine kühne Vermessenheit durch göttliche Heimsuchung bestraft wird.

18. So haben Kore, Dathan und Abiron [*Korach, Datan und Abiram*], die es versuchten, wider Moses und den Hohenpriester Aaron das freie Recht des Opferns sich anzueignen, sofort für ihr Wagnis büßen müssen (Num 16,1–17,28).

Die Erde ging aus den Fugen und öffnete sich bis in die innersten Tiefen. Wie sie leibten und lebten, verschlang sie der Schlund des unter ihnen schwindenden Bodens; und nicht nur sie, die die Anstifter gewesen waren, traf der Grimm des zürnenden Gottes, sondern auch die übrigen zweihundertfünfzig Teilnehmer und Genossen des gleichen wahnwitzigen Beginnens, die sich mit ihnen zusammen zu dem vermessenen Unterfangen verbunden hatten, verzehrte das vom Herrn ausgehende Feuer in schleuniger Rache, zur Warnung offenbar und zum Zeichen dafür, dass alles sich gegen Gott richtet, was die Ruchlosen in ihrem menschlichen Eigenwillen unternehmen, um die Anordnung Gottes umzustoßen.

So wurde auch der König Ozias [*Usija*], als er mit der Räucherpfanne in der Hand gegen Gottes Gesetz die Befugnis zu opfern sich gewaltsam anmaßte und trotz des Widerstands des Hohenpriesters Azarias [*Asarja*] nicht gehorchen und nachgeben wollte, von Gottes Zorn gestraft und durch fleckigen Aussatz an der Stirne entstellt (2 Chr 26,16–23) und so für die Beleidigung des Herrn gerade an dem Körperteil gebrandmarkt, wo die gezeichnet sind, die sich die Gnade des Herrn verdienen. Auch Aarons Söhne (Lev 10,1–5), die auf den Altar anderes Feuer legten, als der Herr geboten hatte, wurden sogleich vor den Augen des rächenden Herrn hinweggerafft.

Quellentext Nr. 11: De unitate catholicae ecclesiae 16–18. – Cyprian von Karthago, Über die Einheit der katholischen Kirche, Bibliothek der Kirchenväter, Bd. 34, Kempten und München 1918. S. 149–152.

Von „Antichristen" in und ausserhalb der Kirche

Der Begriff „Antichrist", den der deutsche Reformator Martin Luther in geschichtsmächtiger Weise auf den römischen Papst bezogen hat, ist biblischen Ursprungs. Er kommt in den Spätschriften des Neuen Testaments vor. Der Sache nach wird er im 2. Brief an die Thessalonicher erwähnt (2 Thess 2,3–4), wörtlich ist von ihm in den Johannesbriefen die Rede: „Meine Kinder, es ist die letzte Stunde. Ihr habt gehört, dass der Antichrist kommt, und jetzt sind viele Antichristen gekommen. Daran erkennen wir, dass es die letzte Stunde ist. Sie sind aus unserer Mitte gekommen, aber sie gehörten nicht zu uns; denn wenn sie zu uns gehört hätten, wären sie bei uns geblieben. Es sollte aber offenbar werden, dass sie alle nicht zu uns gehörten" (1 Joh 2,18–19). In einer Homilie über diese berühmte Stelle vergleicht Augustinus die Häretiker mit Krank-

heitskeimen im Körper der Kirche. Wenn sie ausgestoßen werden, empfinde der Körper darüber eine Erleichterung.

Die Antichristen sind von uns ausgegangen. Wir betrauern also einen Verlust. Vernimm den Trost: „Aber sie gehören nicht zu uns" (1 Joh 2,19). Alle Häretiker, alle Schismatiker sind von uns ausgegangen, das heißt, sie gehen aus der Kirche hinaus; sie würden nicht hinausgehen, wenn sie zu uns gehörten. Schon bevor sie hinausgingen, gehörten sie also nicht zu uns. Viele aber sind noch drinnen, sind nicht hinausgegangen und sind doch Antichristen. Erforsche jeder sein Gewissen, ob er ein Antichrist ist! Antichrist heißt so viel wie Widerchrist, Christusgegner. Nach dieser Erklärung merkt ihr, wer ein Widerchrist ist, und versteht ihr, dass nur Antichristen die Kirche verlassen können; denn wer kein Christusgegner ist, der bleibt an seinem Leibe und wird als Glied erfunden. Glieder sind sich niemals Feind. Die Unversehrtheit des Leibes steht für alle Glieder fest. Und wie äußert sich der Apostel über die Eintracht der Glieder? „Wenn ein Glied leidet, leiden alle Glieder mit" (1 Kor 12,16). Wenn sich also in der Verherrlichung eines Gliedes die übrigen Glieder mitfreuen und im Leiden eines Gliedes alle Glieder mitleiden, so kann es in der Eintracht der Glieder keinen Antichristen geben.

Und doch gibt es Menschen, die als Antichristen zum Leib unseres Herrn Jesus Christus gehören; da sein Leib ja immer noch der Heilung bedarf und die vollkommene Gesundheit erst bei der Auferstehung der Toten erhalten wird, gehören sie wie Krankheitsstoffe zum Leib Christi. Werden diese ausgestoßen, so empfindet der Körper darüber eine Erleichterung. So empfindet auch die Kirche eine Erleichterung, wenn die Bösen sie verlassen. Und der Leib sagt, wenn er solche ausstößt und von sich gibt: Diese Krankheitsstoffe sind zwar von mir ausgegangen, aber sie gehörten nicht zu mir. Was heißt das: Sie gehörten nicht zu mir? Nicht von meinem Fleische wurden sie losgerissen, sondern wie ein Albdruck lagen sie mir auf der Brust, solange sie drinnen waren. „Von uns sind sie ausgegangen, aber" – sei nicht traurig! – „sie gehörten nicht zu uns." Wie beweist du das? „Denn wenn sie zu uns gehört hätten, wären sie bei uns geblieben" (1 Joh 2,19). Von da aus versteht, meine Lieben: Viele, die nicht zu uns gehören, empfangen mit uns die Sakramente, empfangen mit uns die Taufe, empfangen mit uns, was die Gläubigen kennen, die Segnung der Eucharistie und alle anderen heiligen Sakramente; selbst die Gemeinschaft des Altares empfangen sie mit uns und gehören doch nicht zu uns. Die Versuchung beweist es, dass sie nicht zu uns gehören. Wenn eine Versuchung über sie kommt, fliegen sie, wie der Wind sie trägt, davon, weil sie kein Weizen waren.

Wir finden auch viele Antichristen, die mit dem Munde Christus bekennen und in ihrem Verhalten zu Christus im Gegensatz stehen. Höre den Apostel Paulus! Da er von solchen sprach, sagte er: „Sie behaupten, Gott zu kennen, verleugnen ihn aber durch ihre Werke" (Tit 1,16). Daran erkennen wir die Antichristen: Jeder, der durch seine Werke Christus leugnet, ist ein Antichrist. Ich höre nicht auf das, was er sagt, sondern schaue auf das, was er lebt. Die Werke reden. Welcher Böse will nicht gute Worte im Munde führen? Aber was sagt der Herr von solchen? „Ihr Heuchler, wie könnt ihr Gutes reden, da ihr doch böse seid?" (Mt 12,34) Wenn wir also die Werke befragen müssen, finden wir nicht nur viele Antichristen, die hinausgegangen sind, sondern auch viele noch nicht offenbare, welche die Kirche keineswegs verlassen haben. Wie viele Meineidige, Betrüger, Übeltäter, Abergläubische, Ehebrecher, Trunkenbolde, Wucherer und was wir nicht alles aufzählen können, gibt es in der Kirche! Das steht im Gegensatz zur Lehre Christi, steht im Gegensatz zum Worte Gottes. Das Wort Gottes aber ist Christus. Alles, was dem Worte Gottes entgegen ist, gehört zum Antichrist; denn der Antichrist steht gegen Christus. Und wollt ihr wissen, wie offen solche Christus widerstehen? Es kommt zuweilen vor, dass sie etwas Schlechtes tun und dafür eine Zurechtweisung erhalten: Weil sie es nun nicht wagen, Christus zu schmähen, schmähen sie seine Diener, von denen sie zurechtgewiesen werden. Wenn du ihnen zeigst, dass du Christi Worte sprichst und nicht deine eigenen, dann suchen sie dich nach Möglichkeit zu überführen, dass du doch deine eigenen Worte sprichst und nicht die Worte Christi; ist es aber handgreiflich, dass du Christi Worte sprichst, dann wenden sie sich auch gegen Christus, setzen den Hebel der Kritik auch bei Christus selbst an.

Quellentext Nr. 12: Augustinus, Homilien zum 1. Johannesbrief 3. – Texte der Kirchenväter, hrsg. von Alfons Heilmann, Bd. 4, München 1964. S. 52–54.

„Nötige die Leute zu kommen ...“
Augustinus begrüßt Zwangsmaßnahmen

Die Pointe des Gleichnisses vom großen Festmahl, wie es in der Version des Lukasevangeliums erzählt wird (Lk 14,15–24), besteht darin, dass die Personen, die ursprünglich eingeladen worden sind, gar nicht kommen möchten, sondern sich mit mehr oder weniger fadenscheinigen Ausreden für ihr Fernbleiben entschuldigen. Worauf der Gastgeber, statt die Party einfach ins Wasser fallen zu lassen, kurzerhand andere Gäste zu Tisch bittet: die Armen, die Behinderten, die Blinden und die Lahmen. Und als die bereits vollzählig versammelt sind und immer noch Platz ist, schickt der Hausherr seinen Diener abermals aus – und zwar mit den Worten: „Dann geh auf die Landstraßen und vor die Stadt hinaus und nötige die Leute zu kommen, damit mein Haus voll wird“ (Lk 14,23). Diese Aufforderung aus dem biblischen Gleichnis „Nötige die Leute zu kommen“ – auf Lateinisch: „compelle intrare“ – wurde zur viel zitierten Parole, mit welcher alle möglichen Arten von Ketzerbekämpfung legitimiert wurden. Zum ersten Mal damit argumentiert hat Augustinus (354–430) in dem umfangreichen, schon von vornherein nicht als privates Schreiben konzipierten, sondern als grundsätzliche Abhandlung verfassten „Brief an Vincentius“ aus dem Jahr 408.

Der prominente abendländische Kirchenlehrer und Bischof von Hippo Regius war nicht schon immer dafür gewesen, dass man christlichen Dissidenten gegenüber Zwangsmaßnahmen anwenden sollte. Laut eigener Aussage vertrat er ursprünglich die Ansicht, „es solle niemand zur Einheit Christi gezwungen werden“ (Augustinus, Ad Vincentium 17) – und dies nicht etwa deshalb, weil einem so exzellenten Bibelkenner wie ihm das Gleichnis vom großen Festmahl womöglich unbekannt gewesen wäre. Geleitet vom prinzipiell gewaltlosen und toleranten Geist des Evangeliums wäre es ihm einfach gar nicht in den Sinn gekommen, aus dem Buchstaben dieses Textes so etwas wie ein Plädoyer für Gewaltmaßnahmen herauszulesen. Dass er es später dennoch tat, war die Frucht eines Umdenkens, das bei ihm einsetzte, nachdem er gesehen hatte, wie wirkungsvoll staatliche Zwangsmaßnahmen sein können. Die kaiserliche Regierung war einfach auf die Idee gekommen, die von Rom abgespaltene Gruppe der Donatisten, durch Konfiskation des Vermögens in die Knie zu zwingen.

Schon im Jahre 398 hatte Kaiser Honorius (393–423) wegen der Circum-cellionen ein Gesetz gegen die Störung des christlichen Gottesdienstes er-lassen. Die Circumcellionen, die in Art von Räuberbanden durch Numidien streiften und die Gegend unsicher machten, waren sozusagen der radikale Flü-gel der Donatisten. Ihren eigentümlichen Namen bekamen sie, weil sie sich vorzugsweise „circum cellas", also rings um die Zellen der christlichen Kult-stätten, aufzuhalten pflegten – in der Hoffnung, die Nähe der Gräber der Hei-ligen werde ihre Seelen retten. Vom Bewusstsein des nahenden Weltunter-gangs erfüllt und zum Martyrium bereit, kämpften die Circumcellionen gegen den Teufel, „den sie in Grundbesitzern und Gläubigern ebenso verkörpert sa-hen wie in den Staatsbehörden, die sie verfolgten" (Lexikon für Theologie und Kirche, Bd. 2, Freiburg im Breisgau [3. Auflage] 1994. S. 1203).

Sechs Jahre später ging es abermals um staatliche Sanktionen gegen christ-liche Dissidenten. Eine Synode von Karthago hatte den Kaiser gebeten, Geld-strafen gegen die Sektierer zu verhängen. Die Bischöfe – insbesondere Augus-tinus – hatten lange gezögert, den weltlichen Arm gegen sie anzurufen. Aber da nichts fruchtete und auch die von Augustinus mehrfach ausgesprochene Einladung zu einem Religionsgespräch abgelehnt wurde, war Augustinus am Ende selbst für staatliche Zwangsmaßnahmen. Der Kaiser hatte schon vor dem Beschluss der Synode verfügt, dass donatistische Kleriker in die Ver-bannung geschickt werden sollten und die anderen saftige Geldbußen zu ge-wärtigen hatten, die sie an den Rand ihrer Existenz brachten. Im Jahr 405 verfügte Honorius noch zusätzlich, dass den Donatisten auch ihre Kirchen genommen werden sollten.

In dieser Situation wandte sich Vincentius von Cartenna an Augustinus und schrieb ihm einen Brief, in dem er sich über diese Verfolgungen be-schwerte. Vincentius gehörte zu den Rogatisten, einer gemäßigten Spielart der Donatisten, und war der Nachfolger ebenjenes Rogatus, der sich von den Do-natisten getrennt und eine eigene Gruppe – die nach ihm benannten „Rogatis-ten" – gebildet hatte, die sich im Übrigen auch auf das Entschiedenste von den Circumcellionen distanzierten.

Augustinus reagierte mit seinem „Brief an Vincentius" – einem Schreiben, in dem er dem „in Cartenna im kaiserlichen Mauretanien versteckten" schis-matischen Bischof (Augustinus, Ad Vincentium 21) tüchtig die Leviten las. Dass dieses Schreiben, das heutigen Lesern geradezu als Musterbeispiel für eine „sich über mehr als ein Jahrtausend erstreckende Argumentation in Sachen Intoleranz" erscheint (vgl. Hubert Schleichert, Wie man mit Fundamentalisten diskutiert, ohne den Verstand zu verlieren. Anleitung zum subversiven Denken, München 1997. S. 67), nicht bloß für den – von Augustinus ziemlich kaltschnäuzig und sehr von oben herab behandelten – Adressaten Vincentius bestimmt war, gab der Schreiber des Briefes denn auch unumwunden zu: „Du hast nun einen Brief, der vielleicht ausführlicher, als du wolltest, geworden ist. Er wäre allerdings viel kürzer ausgefallen, wenn ich bei der Antwort bloß an dich gedacht hätte. Sollte er nun auch dir nicht nützen, so mag er doch wohl für jene von gewissem Nutzen sein, die ihn in der Furcht Gottes und ohne persönliche Rücksichten zu lesen sich bemühen" (Augustinus, Ad Vincentium 53).

ZWANG IST HEILSAM

Gleich von Anfang an zeigt sich klar die Grundlinie der Argumentation von Augustinus. Wenn ein guter Zweck erreicht worden ist, können die Mittel, die zum Erfolg führten, nicht so schlecht gewesen sein.

1.[…] Es ist offenbar sehr heilsam für sie [*die Donatisten*], wenn sie durch die von Gott eingesetzte Obrigkeit im Zaum gehalten und gezüchtigt werden. Denn wir freuen uns jetzt schon über die Besserung vieler, die an der katholischen Einheit so festhalten, sie so verteidigen und über ihre Befreiung von ihrem früheren Irrtum so froh sind, dass wir nur staunen und ihnen nur von ganzem Herzen Glück wünschen können. Durch die Macht der Gewohnheit gefesselt, würden sie in keiner Weise an eine Änderung zum Besseren denken, wenn nicht dieser Schrecken über sie käme und die Aufmerksamkeit ihrer Seele auf die Erwägung der Wahrheit lenkte. So aber bedenken sie, dass sie bei Gott, dessen liebreiche Ermahnung und väterliche Züchtigung sie verachtet haben, in der Zukunft nur die verdiente Strafe der Gottlosen finden werden, wenn sie die Leiden dieser Zeit nicht um der Gerechtigkeit willen, sondern wegen menschlicher Verkehrtheit und Anmaßung mit unfruchtbarer und eitler Geduld ertragen haben. Wenn sie dann durch diesen Gedanken gelehrig geworden sind, so finden sie nicht in Verleumdungen und Erdichtungen von Menschen, sondern in der Heiligen Schrift selbst die bei allen Völkern verbreitete Kirche verheißen und können sie mit eigenen Augen sehen. […]

2. Würden wir nun diese unsere bisherigen Feinde, die unseren Frieden und unsere Ruhe durch alle mögliche Gewalttat und Hinterlist stören, derart verachten und ertragen, dass wir auf nichts sinnen, nichts tun, wodurch sie in Schrecken gesetzt und gebessert werden könnten, so würden wir in Wahrheit Böses mit Bösem vergelten. Denn wenn jemand sähe, wie sein Feind, durch ein gefährliches Fieber wahnsinnig geworden, dem Abgrunde zuliefe, würde er da nicht Böses mit Bösem vergelten, wenn er ihn so laufen ließe, statt ihn zurückzuhalten und binden zu lassen? Und doch würde er gerade dann als sein größter Feind und Gegner erscheinen, wann er am meisten sich ihm nützlich erwies und ihm Erbarmen zuteil werden ließ! Sicher aber würde dieser ihm nach wiedererlangter Gesundheit umso größeren Dank sagen, je mehr er sehen würde, dass man seiner durchaus nicht geschont habe. O könnte ich dir doch zeigen, wie viele überzeugte Katholiken wir bereits sogar aus den Circumcellionen bekommen haben, die jetzt ihr früheres Leben und ihren bedauernswerten Irrtum verdammen, aus dem sie glaubten, für die Kirche Gottes zu tun, was sie aus unruhigem Frevelsinn taten! Sie wären jedoch nicht zur Besinnung gekommen, wenn man sie nicht gleich Wahnsinnigen mit jenen Gesetzen, die dir missfallen, gefesselt hätte. Und ganz ähnlich verhält es sich mit jener anderen Gattung von Schwerkranken, die zwar nicht von stürmischer Tollkühnheit ergriffen waren, sondern an althergebrachter Gleichgültigkeit litten, indem sie zu uns sagten: „Ihr sprecht zwar die Wahrheit, man kann keine Einwendungen dagegen erheben; aber es fällt uns schwer, mit der Überlieferung unserer Vorfahren zu brechen." Musste man sie nicht zu ihrem Heile der Sorge für zeitliche Dinge entledigen, damit sie gleichsam den Todesschlaf abschütteln und zur heilbringenden Einheit erwachen? Wie viele aus denen, die jetzt sich mit uns erfreuen, klagen über den Druck, den ihre früheren bösen Werke auf sie ausübten, und gestehen, wir hätten die Pflicht gehabt, ihnen beschwerlich zu fallen, damit sie nicht an der Krankheit ihrer eingewurzelten Gewohnheit wie an einem todbringenden Schlaf dahinstarben!

3. Aber bei manchen bringt dies keinen Nutzen. Soll man aber etwa deshalb die Arznei aufgeben, weil das Siechtum bei einigen unheilbar ist? Du achtest eben nur auf die, die so hartnäckig sind, dass auch dieses Mittel an ihnen fehlschlägt. Von solchen steht geschrieben: „Vergeblich habe ich eure Söhne gegeißelt, sie haben keine Zucht angenommen" (Jer 2,30). Ich denke aber doch, dass sie mit Liebe und nicht mit Hass gegeißelt worden sind. Aber du musst auch auf jene vielen achten, über deren Rettung wir uns freuen. Freilich, wür-

Pogrom gegen Juden, die man an der Kopfbedeckung auf dieser zeitgenössischen Darstellung erkennen kann.

den sie nur in Schrecken gesetzt und nicht auch belehrt, so würde dies als eine Art Tyrannei erscheinen. Würden sie hingegen nur belehrt und nicht auch in Schrecken gesetzt, so würden sie wegen ihrer Herzenshärte zu langsam dazu kommen, den Weg des Heiles einzuschlagen.

Viele, die wir gut kennen, antworteten uns, nachdem ihnen Rechenschaft gegeben und die Wahrheit durch göttliche Zeugnisse klargemacht worden war, sie hätten den Wunsch, zur Gemeinschaft der katholischen Kirche überzutreten, aber hegten auch die Furcht, sich dadurch die heftige Feindschaft böser Menschen zuzuziehen. Freilich hätten sie diese um der Gerechtigkeit und des ewigen Lebens willen gering schätzen sollen; aber die Schwachheit solcher Leute muss man, bis sie kräftiger werden, ertragen, und man darf an ihnen nicht verzweifeln. Auch darf man nicht vergessen, dass der Herr selbst zu dem noch schwachen Petrus sprach: „Du kannst mir jetzt nicht folgen, du wirst es aber später tun" (Joh 13,36). Wenn aber mit der heilsamen Furcht auch heilsame Unterweisung sich verbindet, sodass nicht nur das Licht der Wahrheit die Finsternis des Irrtums vertreibt, sondern auch der Einfluss der Furcht die Fesseln der bösen Gewohnheit sprengt, dann freuen wir uns, wie gesagt, über die Rettung vieler, die mit uns Gott preisen und ihm danken, dass er seine Verheißung, „die Könige der Erde sollen Christus dienen" (vgl. Dan 7,27), erfüllt und so die Kranken geheilt, die Schwachen zur Genesung geführt hat.

4. Nicht jeder, der schont, ist dein Freund, nicht jeder, der schlägt, dein Feind. „Besser sind die Wunden, die ein Freund schlägt, als die zudringlichen Küsse des Feindes" (Spr 27,6). Besser ist es, mit Strenge zu lieben, als mit Milde zu hintergehen. Nützlicher ist es, dem Hungernden das Brot zu nehmen, wenn er über der Speise der Gerechtigkeit vergisst, als ihm das Brot zu reichen, damit er sich zur Ungerechtigkeit verleiten lasse. Wer einen Tobsüchtigen bindet und einen Schlafsüchtigen aufrüttelt, fällt beiden lästig und liebt doch beide. Wer kann uns mehr lieben als Gott? Und doch hört er nicht auf, bald uns mit Freundlichkeit zu belehren, bald uns heilsam in Schrecken zu setzen. Auch die frommen und gottesfürchtigen Altväter hat er dadurch erzogen, dass er den tröstenden Beweisen seiner Liebe oft die bitterste Arznei der Trübsal beifügte. Das hartnäckige Volk trieb er durch strenge Strafen an. Vom Apostel nahm er selbst auf dreimaliges Bitten den Stachel des Fleisches nicht hinweg, damit die Kraft in der Schwachheit sich vollende (2 Kor 12,7–9). Wir wollen also unsere Feinde lieben, weil dies gerecht ist und Gott es befiehlt, „damit wir Kinder seien unseres Vaters, der im Himmel ist, der seine Sonne aufgehen lässt über Gute und Böse und regnen lässt über Gerechte und Ungerechte" (Mt 5,45). Aber wie wir uns dieser seiner Gaben freuen, so wollen wir auch seiner Strafen gegen die, die er liebt, gedenken.

Quellentext Nr. 13: Ad Vincentium 1–4. – Augustinus, Brief an Vincentius, Bibliothek der Kirchenväter, Bd. 9, Kempten und München 1917. S. 334–338.

COMPELLE INTRARE

Im fünften Abschnitt des Briefes an Vincentius kommt Augustinus ausdrücklich auf das ominöse „compelle intrare" zu sprechen. Es entbehrt nicht einer gewissen Ironie, wenn man bei genauerem Zusehen feststellen muss, dass Augustinus die Bibel hier nicht bloß tendenziös auslegt, sondern zu allem Überfluss auch noch falsch zitiert! Denn die Version des Lukasevangeliums berichtet nur von einem einzigen Diener und der wird von seinem Herrn logischerweise in der Einzahl angeredet. Wenn Augustinus daraus die Mehrzahl macht, dann zeigt das, dass er die – im Grunde viel bekanntere – Parallelstelle bei Matthäus im Ohr hat. Dort, im Gleichnis vom Hochzeitsmahl, das ein König für seinen Sohn vorbereitet, ist von mehreren *Dienern die Rede, die ebenfalls den für den Sinn des Gleichnisses wichtigen Auftrag erhalten, Menschen einzuladen, die mit einer so ehrenvollen Einladung wie dieser überhaupt nicht gerechnet hätten: „Geht also hinaus auf die Straßen und ladet alle, die ihr trefft, zur Hochzeit ein" (Mt 22,9). Von einer Ermächtigung oder gar einem Auftrag zu Zwangsmaßnahmen ist dabei nicht das Mindeste zu entdecken. Schon allein dieser Befund müsste im Grunde genügen, um zu erhellen, dass auch Lk 14,13 nicht anders gemeint ist und dass es nicht angeht, sich wortklauberisch auf das Zeitwort „nötigen" zu stürzen, um daraus eine biblische Billigung von Zwangsmaßnahmen gegen Häretiker abzuleiten.*

Im Übrigen soll die Kritik an der von Augustinus angestellten Auslegung des „compelle intrare" nicht den Blick davon ablenken, dass die Argumentation mit anderen Bibelstellen, die Augustinus zur Rechtfertigung von Zwangsmaßnahmen anführt, nicht minder hanebüchen ist.

5. Du meinst, man dürfe niemanden zur Gerechtigkeit zwingen, obwohl du liest, dass der Hausvater zu seinen Knechten gesagt hat: „Alle, die ihr findet, zwinget einzutreten" [lateinisch: „compelle intrare"] (Lk 14,23), und obwohl du liest, dass auch Saulus, der spätere Paulus, unter dem Zwang einer gewaltsamen Einwirkung Christi zur Erkenntnis und Annahme der Wahrheit gebracht worden ist (Apg 9,3–18); denn du kannst nicht glauben, dass den Menschen das Geld oder irgendein Besitz lieber ist als das Augenlicht. Von der Himmelsstimme zu Boden geschleudert, erlangte er das plötzlich verlorene Augenlicht nicht eher wieder, als bis er der heiligen Kirche einverleibt wurde. Du meinst, man dürfe dem Menschen keine Gewalt antun, um ihn von einem verderblichen Irrtum zu befreien, während du doch an den unzweideutigsten Beispielen siehst, dass Gott, der uns durch seine Liebe den allergrößten Nutzen verschafft, dieses tut, und das Wort Christi vernimmst: „Niemand kommt zu mir, es sei denn, der Vater zieht ihn" (Joh 6,44). Dies geschieht in den Herzen aller, die sich aus Furcht vor dem Zorn Gottes zu ihm bekehren. Auch dürftest du wissen, dass bisweilen Diebe Futter streuen, um das Vieh auf die Seite zu locken, während der Hirte bisweilen mit der Geißel das verirrte Vieh wieder zur Herde zurücktreibt.

6. Hat nicht auch Sara nach der ihr zustehenden Gewalt der widerspenstigen Magd Schmerz zugefügt? Und doch trug sie gegen sie, die obendrein mit ihrer Genehmigung Mutter geworden war, keinen grimmigen Hass, sondern bändigte nur auf heilsame Weise ihren Stolz. Es ist dir aber wohl bekannt, dass

diese beiden Frauen, Sara und Hagar, mit ihren beiden Söhnen Isaak und Ismael das Geistige und Leibliche versinnbilden. Und obwohl wir lesen, dass die Magd und ihr Sohn von Sara viele Unbill zu ertragen gehabt haben, so sagt doch der Apostel Paulus, dass Isaak von Ismael Verfolgung erlitten habe. „Wie aber damals", sind seine Worte, „der aus dem Fleische Geborene den verfolgte, der dem Geiste nach geboren war, so ist es auch jetzt" (Gal 4,29). Daraus ergibt sich für jeden, der es zu verstehen vermag, dass im Gegenteil die katholische Kirche Verfolgung leidet durch den Stolz und die Undankbarkeit jener fleischlich gesinnten Menschen, die sie durch zeitliche Trübsal und Furcht zu bessern sucht. Bei allem also, was eine wahre und rechtmäßige Mutter tut, vergilt sie, auch wenn sie bitteren Schmerz empfindet, nicht Böses mit Bösem, sondern indem sie die böse Ungerechtigkeit austreibt, verleiht sie gute Zucht, nicht aus schadenfrohem Hass, sondern aus heilender Liebe.

Wenn Gute und Böse das Gleiche tun und das Gleiche erleiden, so zeigt sich der Unterschied zwischen ihnen nicht in dem, was sie tun und leiden, sondern vielmehr in den Ursachen, aus denen beides geschieht. Pharao bedrückte das Volk Gottes durch harte Arbeit, Mose strafte dasselbe Volk, wenn es Böses tat, mit harten Maßregeln. Was sie taten, war sich ähnlich, aber der Zweck, den sie erstrebten, war ganz verschieden: Jener war von Herrschsucht aufgeblasen, dieser von Liebe entflammt. Jezabel [*Isebel*] tötete die Propheten, Elias [*Elija*] die falschen Propheten. Ich denke, hierbei war das Verdienst derer, die es taten, so verschieden als das Verdienst derer, die es erlitten.

7. Betrachte auch die Zeiten des Neuen Bundes. Da muss die sanftmütige Liebe nicht bloß im Herzen bewahrt, sondern auch im Licht gezeigt werden; da wird das Schwert des Petrus von Christus in die Scheide gewiesen und dadurch gezeigt, dass man auch für Christus es nicht ziehen dürfe. Dessenungeachtet lesen wir nicht nur, dass die Juden den Apostel Paulus [*mit Ruten*] geschlagen haben (Apg 16,22–23), sondern auch, dass die Griechen um des Paulus willen den Juden Sosthenes geschlagen haben (Apg 18,17). Ist nicht die Tat auf beiden Seiten ganz gleich, während ihr Grund sehr verschieden ist? So hat ja auch „Gott seines eigenen Sohnes nicht geschont, sondern ihn für uns alle überliefert" (Röm 8,32); und vom Sohn selbst heißt es: „Er hat mich geliebt und sich selbst für mich überliefert" (Gal 2,20). Aber auch von Judas heißt es (Joh 13,2), dass der Satan in ihn fuhr, damit er Christus überliefere. Da also der Vater seinen Sohn, Christus seinen eigenen Leib und Judas seinen Herrn über-

lieferte, warum ist bei dieser Auslieferung Gott voll Liebe, der Mensch aber voll Schuld? Nur deshalb, weil die Tat zwar gleich, die Ursache jedoch nicht dieselbe war. Drei Kreuze standen auf demselben Hügel; an dem einen hing der Räuber, der begnadigt, an dem zweiten der Räuber, der verdammt werden sollte, an dem dritten Christus, der den einen begnadigen, den anderen verdammen sollte. Was ist ähnlicher als diese Kreuze? Was unähnlicher als jene, die daran hängen?

Paulus wurde überliefert, um eingekerkert und gefesselt zu werden (Apg 16,22–24; 21,33–34), aber ärger als jeder Kerkermeister ist sicherlich Satan. Und doch hat Paulus selbst einen Menschen dem Satan überliefert „zum Verderben des Fleisches, damit der Geist gerettet werde am Tage des Herrn Jesus" (1 Kor 5,5). Was sagen wir dazu? Sieh, dem Milderen überliefert der grausame Überlieferer, dem Grausameren überliefert der barmherzige Überlieferer. Lernen wir daraus, o Bruder, bei der Ähnlichkeit der Handlungen die Gesinnung der handelnden Person zu unterscheiden, nicht mit geschlossenen Augen zu verleumden, nicht Wohlwollende als Übeltäter anzuklagen. Wenn ebenso derselbe Apostel sagt, er habe einige dem „Satan überliefert, damit sie sich das Lästern abgewöhnten" (1 Tim 1,20), hat er da Böses mit Bösem vergolten oder hat er nicht vielmehr es als ein gutes Werk erachtet, dass die Bösen durch den Bösen gebessert werden?

8. Wäre es immer lobenswert, Verfolgung zu erleiden, so würde es dem Herrn genügen zu sagen: „Selig, die Verfolgung leiden" (Mt 5,10), und er brauchte nicht hinzuzufügen: „Um der Gerechtigkeit willen." Wäre es hingegen immer sündhaft, eine Verfolgung ins Werk zu setzen, so stünde nicht in der Heiligen Schrift geschrieben: „Denjenigen, der im Geheimen seinem Nächsten Übles nachredet, den verfolgte ich" (Ps 101,5).

Bisweilen ist also ungerecht, wer sie erleidet, und gerecht, wer sie ins Werk setzt. Indessen haben immer die Bösen die Guten und die Guten die Bösen verfolgt; jene, indem sie mit Ungerechtigkeit Schaden zufügten, diese, indem sie durch heilsame Zucht zum Guten antrieben; jene auf unmenschliche Art, diese mit Mäßigung; jene im Dienste der bösen Begierlichkeit, diese im Dienste der Liebe.

Wer morden will, dem liegt nichts daran, ob er zerfleischt; wer aber heilen will, der beachtet wohl, welche Einschnitte er ins Fleisch macht. Jener will die Gesundheit zerstören, dieser die Fäulnis. Gottlose haben Propheten getötet und Gottlose sind von den Propheten getötet worden. Die Juden haben Christus gegeißelt und Christus hat die Juden gegeißelt. Die Apostel sind von Menschen der menschlichen Obrigkeit überliefert worden und die Apostel haben Menschen der Gewalt des Satans überliefert. Einzig und allein kommt es bei alldem darauf an, wer von jenen es für die Wahrheit, wer für die Ungerechtigkeit, wer in der Absicht zu schaden, wer in der Absicht zu bessern es getan hat.

Quellentext Nr. 14: Ad Vincentium 5–8. – Augustinus, Brief an Vincentius, Bibliothek der Kirchenväter, Bd. 9, Kempten und München 1917. S. 338–341.

Die Kirche und die weltliche Gewalt

In seinem Brief an Augustinus hat Vincentius von Cartenna einen heiklen Punkt angesprochen: Es gehe nicht an und sei nicht im Sinne der Evangelien und der kirchlichen Tradition, dass sich Vertreter der Kirche an weltliche Machthaber wenden, um interne Streitigkeiten zu schlichten. Also musste Augustinus versuchen, diesen Vorwurf zu entkräften und den kirchlichen „Ruf nach dem Büttel" gleichsam theologisch rechtfertigen.

9. „Aber in den Evangelien und apostolischen Briefen findet man kein Beispiel, dass man sich an die Könige der Erde mit einer Bitte für die Kirche oder gegen ihre Feinde gewandt habe" [*wendest du ein*]. Das ist richtig; ein solches Beispiel findet sich nicht. Aber es war damals noch nicht die Weissagung in Erfüllung gegangen: „Und nun, ihr Könige, versteht; lasst euch weisen, die ihr Richter seid auf Erden; dient dem Herrn in Furcht!" (Ps 2,10–11) Noch war nämlich nicht erfüllt, was in demselben Psalm kurz vorher gesagt ist: „Warum toben die Heiden, warum sinnen Eitles die Völker? Es erheben sich die Könige der Erde und ihre Fürsten kommen zusammen wider den Herrn und wider seinen Gesalbten" (Ps 2,1–2). Wenn indessen die in den prophetischen Büchern erzählten Tatsachen Vorbilder der Zukunft waren, so ist in dem König, der Nabuchodonosor [*Nebukadnezzar*] genannt wurde, sowohl die Zeit der Apostel als der gegenwärtige Zustand der Kirche vorgebildet. Zu den Zeiten der Apostel ging nämlich in Erfüllung, was angedeutet wurde, als der erwähnte König die Guten und Gerechten zwang, eine Bildsäule anzubeten, und diejenigen ins Feuer werfen ließ, die es nicht tun wollten. Jetzt aber geht in Erfüllung, was bald darauf an demselben Könige vorgebildet wurde (Dan 3,1–21; 3,91–96), als er sich zur Verehrung des wahren Gottes bekehrte und in seinem Reiche die Verordnung erließ, dass, wer immer den Gott des Sidrak, Misak und

Abdenago [*Schadrach, Meschach und Abed-Nego*] lästern würde, der hierfür bestimmten Strafe unterliegen solle. Die frühere Zeit jenes Königs also bedeutete die früheren Zeiten der ungläubigen Könige, unter denen die Christen um der Gottlosen willen zu leiden hatten; die spätere Zeit dieses Königs aber bedeutete die Zeiten der späteren, bereits gläubigen Könige, unter denen die Gottlosen wegen der Christen zu leiden haben.

10. Doch wird offenbar bei denen, die, von Irrlehrern verführt, unter dem Namen Christi sich im Irrtum befinden, nur gemäßigte Strenge und größere Milde angewandt, weil sie vielleicht nur irrende Schafe Christi sind, die auf solche Weise zur Herde zurückgeführt werden müssen. Durch die Strafe der Verbannung und durch Vermögensverluste sollen sie ermahnt werden, darüber nachzudenken, was und warum sie leiden, und sie sollen dadurch lernen, die Heilige Schrift, die sie in Händen haben, höher zu schätzen als das Gerede und die Verleumdungen von Menschen. Denn wer von uns oder wer von euch lobt nicht die Gesetze, die von den Kaisern gegen die heidnischen Opfer erlassen wurden? Dort ist eine gewiss weit strengere Strafe festgesetzt; es ist über jene Gottlosigkeit die Todesstrafe verhängt. […]

Quellentext Nr. 15: Ad Vincentium 9–10. – Augustinus, Brief an Vincentius, Bibliothek der Kirchenväter, Bd. 9, Kempten und München 1917. S. 341–343.

ÜBERZEUGENDE BEISPIELE

Fast könnte man meinen, Augustinus habe seinen eigenen Argumentationen nicht getraut oder zumindest unbewusst gespürt, dass es nicht um wirklich stichhaltige Beweisführungen, sondern um letzten Endes doch recht vordergründige Rechtfertigungen eines bestimmten Status quo handelte. Jedenfalls gibt er am Ende zu, dass es nicht rationale Überlegungen, sondern ganz konkrete Beispiele waren, die bei ihm einen Sinneswandel bewirkten. „Diesen Beispielen, die mir von meinen Mitbischöfen vorgehalten wurden, habe ich mich gebeugt", sagt er wörtlich. „Denn ursprünglich war meine Ansicht, es solle niemand zur Einheit Christi gezwungen werden; man müsse das Wort wirken lassen, den Irrtum durch Erörterung bekämpfen und durch Gründe besiegen, damit wir nicht an denen, die wir als aufrichtige Häretiker kannten, gezwungene Katholiken bekämen. Aber diese meine Ansicht unterlag nicht dem Widerspruch in Worten, sondern dem Beweis in Beispielen."

16. Du begreifst also bereits, wie ich meine, dass es nicht darauf an-
kommt, ob jemand überhaupt gezwungen wird, sondern *wozu* er gezwungen
wird, mag es gut oder böse sein. Nicht als ob jemand gegen seinen Willen gut
sein könne, sondern aus Furcht vor dem, was er nicht erleiden will, gibt er entweder die ihm im Wege stehende Bitterkeit des Gemütes auf oder sieht sich
gezwungen, die Wahrheit zu erkennen, indem er aus Furcht den früher behaupteten Irrtum abweist und die Wahrheit sucht, die er nicht kannte, und so
freiwillig annimmt, wozu er sich früher nicht verstehen wollte.

Es wäre vielleicht völlig nutzlos, dies mit Worten auszusprechen, wenn es
nicht durch so viele Beispiele erwiesen würde. Wir haben nicht nur diese oder
jene Menschen, sondern ganze Städte vor Augen, die donatistisch waren, jetzt
aber katholisch sind und das teuflische Schisma über alles verabscheuen,
während sie die Einheit aufs Eifrigste lieben. Alle diese sind infolge jener
Furcht, die dir so missfällig ist, katholisch geworden, auf Veranlassung jener
Gesetze der Kaiser. Und diese sind in Kraft gewesen von Konstantinus angefangen, bei dem eure Vorfahren zuerst aus freiem Antrieb den Cäcilianus ver-
klagten, bis auf die gegenwärtigen Kaiser, die mit allem Rechte verordnen, dass
das Urteil jenes Kaisers gegen euch zur Geltung zu bringen sei, den eure Vorfahren sich als Richter auserwählt und den bischöflichen Richtern vorgezogen
hatten.

17. Diesen Beispielen, die mir von meinen Mitbischöfen vorgehalten
wurden, habe ich mich gebeugt. Denn ursprünglich war meine Ansicht, es
solle niemand zur Einheit Christi gezwungen werden; man müsse das Wort
wirken lassen, den Irrtum durch Erörterung bekämpfen und durch Gründe
besiegen, damit wir nicht an denen, die wir als aufrichtige Häretiker kann
ten, gezwungene Katholiken bekämen. Aber diese meine Ansicht unterlag
nicht dem Widerspruch in Worten, sondern dem Beweis in Beispielen. Zuerst
hielt man mir meine eigene Bischofsstadt entgegen, die früher ganz auf [*der*]
Seite des Donatus war, aber aus Furcht vor den kaiserlichen Gesetzen sich zur
katholischen Einheit bekehrt und jetzt, wie wir sehen, einen solchen Abscheu
vor eurer verderblichen Bitterkeit hat, dass man glauben sollte, sie sei nie auf
eurer Seite gewesen. So wurden mir auch viele andere Städte namentlich aufgeführt, sodass ich durch Tatsachen erkannte, dass auch hier das Wort der
Schrift mit Recht angewandt werden könne: „Gib dem Weisen Gelegenheit
und er wird noch weiser werden" (Spr 9,9). Wie viele wollten schon, bewo-

gen von der Unleugbarkeit der Wahrheit, gewisslich katholisch werden, aber da sie fürchteten, bei den Ihrigen Anstoß zu erregen, so verschoben sie es. Wie viele fesselte nicht die Wahrheit, auf die ihr nie großes Vertrauen gesetzt habt, sondern die schwere Kette eingewurzelter Gewohnheit, sodass an ihnen jener göttliche Ausspruch in Erfüllung ging: „Mit Worten lässt sich ein hartnäckiger Knecht nicht bessern; denn wenn er es auch versteht, so wird er nicht folgen" (Spr 29,19). Wie viele hielten deshalb die Partei des Donatus für die wahre Kirche, weil falsche Sicherheit sie zur Erkenntnis der Wahrheit stumpfsinnig, harthörig und träge gemacht hatte! Wie vielen wurde das Tor zum Eingang verriegelt durch jenes Gerede von Lästerzungen, die schrien, dass wir irgendetwas anderes auf den Altar Gottes legen! Wie viele glaubten, dass nichts daran liege, auf welcher Seite sich ein Christ befinde, und blieben deshalb auf der Seite des Donatus, weil sie dort geboren waren und niemand sie zwang, sie zu verlassen und zur katholischen Kirche überzutreten!

Quellentext Nr. 16: Ad Vincentium 16–17. – Augustinus, Brief an Vincentius, Bibliothek der Kirchenväter, Bd. 9, Kempten und München 1917. S. 349–351.

Zweites Kapitel

DER KAMPF GEGEN DIE „KETZER"

*Nach Ansicht der Kirche war die charakterschwache,
leicht verführbare Frau ein williges Werk des Teufels;
mit der Bibel konnte man alles beweisen.*

Vatikan – Die Macht der Päpste" war der Titel einer viel beachteten Sendereihe, die das Zweite Deutsche Fernsehen produziert und ausgestrahlt hat. Darin wurde Kardinal Joseph Ratzinger als ein vom Papst zum „Hüter des Glaubens" berufener „Kirchenfürst aus Bayern" vorgestellt, dessen Aufgabe es sei, über die „Reinheit der Lehre" zu wachen. Seine Behörde habe früher „Allgemeine Inquisition" geheißen, erläuterte der Kommentator, während die Kamera über Reihen von Regalen mit alten, in Pergament gebundenen Büchern schwenkte: „Im Keller lagern noch die alten Akten. Damals wie heute geht es um die Abwehr von Irrglauben." Und dann kam der aus Deutschland stammende Chef der Vatikanischen Glaubensbehörde persönlich ins Bild, um Sinn und Aufgabe seines Amtes zu erläutern. „Ich würde sagen, man sollte niemanden unnötig verprellen, aber man sollte auch nicht ins Gesichtslose abgleiten", sagte Ratzinger. „Die Wahrung der wesentlichen Identität ist schon wichtig und jeder muss wissen, das ist katholisch und das ist es nicht. Das muss eine innere Weite haben und ohne Fanatismus sein, aber es darf – wie gesagt – nicht gesichtslos werden" *(ZDF, 27. November 1997).*

DIE IDENTITÄT DER KIRCHE

Wer um die „katholische Identität" besorgt ist, muss sich fragen lassen, um welche Identität es ihm eigentlich zu tun sei, findet der Grazer Professor für Ökumenische Theologie und Patrologie Johannes B. Bauer. „Was ist nicht schon alles beschlossen oder verurteilt worden, womit sich heute kein Katholik mehr identifizieren möchte", schreibt Bauer in einem von ihm herausgegebenen Sammelband mit Beiträgen zum Thema „Die heißen Eisen in der Kirche von heute" und verweist auf die Synode von Elvira, die vor rund 1700 Jahren bei Strafe der Exkommunikation verboten hat, „dass bei Tag auf dem Friedhof Kerzen angezündet werden, weil die Geister der Verstorbenen nicht beunruhigt werden dürfen" *(Johannes B. Bauer, Die heißen Eisen in der Kirche, Graz 1997. S. 9).*

Ein weiteres Beispiel ist im Zusammenhang mit dem Fall Galilei von Interesse. Papst Pius IX. (1846–1878) – der Papst, unter dem die päpstliche Unfehlbarkeit als Dogma definiert wurde – hat 1864 unter anderem den Satz verurteilt: „Methode und Prinzipien, wonach die mittelalterlichen Theologen Theologie betrieben haben, werden den Notwendigkeiten unserer Zeit und dem Wissenschaftsfortschritt nicht mehr gerecht" *(Johannes B. Bauer, op. cit. S. 10)*. Spätestens 100 Jahre später hat die katholische Kirche das genaue Gegenteil erklärt. Nicht nur in der vom Zweiten Vatikanischen Konzil verabschiedeten Pastoralkonstitution über die Kirche in der Welt von heute wird die „Autonomie der irdischen Wirklichkeiten" betont und ausdrücklich gesagt, „gewisse Geisteshaltungen, die einst auch unter Christen wegen eines unzulänglichen Verständnisses für die legitime Autonomie der Wissenschaft vorkamen", seien „zu bedauern", weil die „dadurch entfachten Streitigkeiten und Auseinandersetzungen" bei vielen Gläubigen „die Überzeugung von einem Widerspruch zwischen Glauben und Wissenschaft" geschaffen haben *(„Gaudium et Spes" Nr. 36; vgl. Karl Rahner/Herbert Vorgrimler, Kleines Konzilskompendium, Freiburg im Breisgau [2. Auflage] 1967. S. 482)*. Auch für den aus Polen stammenden Papst Johannes Paul II. ist die im 19. Jahrhundert noch hoch gehaltene Auffassung längst obsolet – wie er nicht zuletzt in seiner Ansprache an die Päpstliche Akademie der Wissenschaften vom 31. Oktober 1992 bekundet hat, jener berühmt gewordenen Ansprache *(vgl. das 7. Kapitel dieses Buches: „Der Versuch eines Schlussstrichs")*, in welcher er den von der römischen Inquisitionsbehörde gemaßregelten Naturwissenschaftler Galileo Galilei (1564–1642) rehabilitiert hat.

Das dritte und wohl beklemmendste der Beispiele von kirchenamtlichen Fehlurteilen, die Johannes B. Bauer aus der Mottenkiste der Kirchengeschichte hervorgeholt hat, bezieht sich auf Martin Luther. „Dass Häretiker verbrannt werden, ist gegen den Willen des Heiligen Geistes", erklärte der deutsche Reformator vor bald 500 Jahren und es dürfte heutzutage wohl keinen Christen welcher Konfession auch immer geben, der ihm hierin widersprechen wollte. Trotzdem hat Leo X. (1513 1521), der zu Luthers Lebzeiten Papst war, genau diesen Satz zusammen mit weiteren „Irrtümern Martin Luthers" am 15. Juni 1520 in der Bulle „Exsurge Dominus" verurteilt. Das bedeutet freilich nichts Geringeres, als dass nach gut katholischer Lehre der Heilige Geist sehr wohl dafür ist, dass Häretiker verbrannt werden. „Ist das (noch) katholische Lehre?", fragt der Grazer Theologe *(Johannes B. Bauer, Die heißen Eisen in der Kirche, Graz 1997. S. 10)*.

„Vom Teufel eingeschleust ..."

„Ist das noch katholische Lehre?", fragte sich auch der spanische Theologe Melchior Cano (1509–1560), als ihm die „Commentarios sobre el Catechismo cristiano" in die Hände kamen, die sein Zeitgenosse Bartolomé Carranza de Miranda (1503–1576) im Jahr 1558 veröffentlicht hatte. Melchior Cano war Mitglied des Predigerordens und ist vor allem als Verfasser eines Buchs mit dem Titel „De locis theologicis" in die Geschichte eingegangen – einer Studie über die Grundlagen der Theologie, die „für die theologische Erkenntnis- und Methodenlehre von bahnbrechender Bedeutung" war, wie das „Lexikon für Theologie und Kirche" formuliert *(Lexikon für Theologie und Kirche, Bd. 2, Freiburg im Breisgau [3. Auflage] 1994. S. 925)*. Außerdem hat der streitbare Theologe, der sich liebend gern in die aktuellen Diskussionen über politische, kirchliche und theologische Streitfragen einzumischen pflegte, beim Konzil von Trient mitgewirkt, und zwar als ein von Kaiser Karl V. nominierter Konzilstheologe. Auch Bartolomé Carranza, dessen „spirituelle, von der scholastischen Ausdrucksweise abweichende Theologie" *(Lexikon für Theologie und Kirche, Bd. 2, Freiburg im Breisgau [3. Auflage] 1994. S. 961)* Melchior Cano mächtig missfiel, war ein spanischer Theologe, er gehörte ebenfalls dem Dominikanerorden an, hatte ebenfalls als kaiserlicher Theologe am Tridentinum teilgenommen und war ebenfalls Verfasser eines von vielen gerne gelesenen theologischen Werks – der bereits erwähnten Kommentare zum Katechismus. Mehr noch: Carranza war im Jahr 1558 Erzbischof von Toledo geworden. Das hat ihn allerdings nicht davor bewahrt, mit der Inquisition zu tun zu bekommen. Der Großinquisitor Fernando de Valdés sorgte dafür, dass Erzbischof Carranza die berüchtigten Verliese der Inquisition auch von innen kennen lernen durfte. Anlass für diese Maßnahme waren nicht zuletzt die Attacken von Melchior Cano, der in Carranzas Buch häretische Passagen entdeckt zu haben meinte – zum Beispiel die Behauptung, „dass Christus alle unsere Sünden ein für allemal verbüßt hat, sodass die Gläubigen aus ihrem Herzen keine Mördergrube zu machen brauchen" *(vgl. Robert Lemm, Die Spanische Inquisition, München 1996. S. 99)*.

Ganze 25 Jahre zog sich die Affäre hin und am Ende eines langwierigen Inquisitionsprozesses wurde Carranza tatsächlich dazu verurteilt, 16 Sätzen aus seinem Werk „Commentarios sobre el Catechismo cristiano" abzuschwören. Der zu diesem Zeitpunkt bereits 73 Jahre alte Carranza hätte seine Verurteilung beinahe nicht mehr erlebt. Zwei Wochen danach ist er gestorben. Auch Melchior Cano konnte nicht mehr triumphieren. Er war schon 16 Jahre vor dem von ihm erwarteten Spruch der Inquisition gestorben. Als er aber noch gut bei Kräften und auf der Höhe seiner konservativen Streitbarkeit war, zog Melchior Cano nicht nur gegen seinen Mitbruder, den Dominikaner Carranza, sondern auch gegen die Jesuiten vom Leder. In einem Brief aus dem Jahre 1559 – Cano war damals gerade 50 und der Jesuitenorden erst 19 Jahre alt – hat Melchior Cano freimütig ausgesprochen, was er von den Jesuiten hielt: nämlich nicht sehr viel. Er betrachtete die Gesellschaft Jesu gewissermaßen als eine „innerkirchliche Sekte" und nannte die Gefährten und Nachfolger des heiligen Ignatius von Loyola in einem Atem mit allen möglichen Sektierern und Häretikern. Der Jesuitenkardinal Álvaro Cienfuegos hat dafür gesorgt, dass diese abfälligen Äußerungen aus prominentem Munde über einen prominenten Orden nicht in Vergessenheit gerieten, und hat sie in einem seiner Bücher wörtlich zitiert: „Ich behaupte also, und zwar mit allem Nachdruck, dass diese Aufklärer und Unheilbringer [*d. h. die Jesuiten*] von dem Schlag sind, wie sie der Teufel so oft in den Bereich der Kirche eingeschleust hat, angefangen bei den Gnostikern bis in unsere Tage. Sie haben mit der Kirche angefangen und werden mit ihr fortdauern bis ans Ende der Zeiten. Alle Welt weiß, dass Gott allergnädigst Seine Majestät den Kaiser in dieser wichtigen Angelegenheit erleuchtet. Wenn sich unser Herrscher daran erinnert, wie Luther in Deutschland anfing, und bedenkt, dass ein Funken, den man für unbedeutend hielt, einen Brand auslöste, gegen den sich alle Bemühungen als ohnmächtig erwiesen, wird er erkennen, dass das, was jetzt innerhalb dieser neuen Menschen [*d. h. der Jesuiten*] geschieht, zu einem großen Übel für Spanien werden kann und dass es dem Kaiser und unserem König, seinem Sohn, unmöglich sein wird, dagegen Abhilfe zu schaffen, wann sie es tun möchten" (*Melchior Cano, Brief aus dem Jahr 1559; in: Álvaro Cienfuegos, La heroica vida del grande San Francisco de Borja, Madrid 1707. S. 322. – Übersetzung aus dem Spanischen: © Franziska Moser*).

Wenn man solche rabiaten Worte vernimmt, deren Tonfall man durchaus auch heute noch begegnen kann – beispielsweise auf den Leserbriefseiten gewisser Kirchenzeitungen –, dann mag man sich fragen: Darf in der Kirche eigentlich jeder jeden Mitchristen, der ihm nicht passt, einen Häretiker nennen oder gibt es da gewisse Spielregeln?

Was ist Häresie?

„Häresie nennt man die nach Empfang der Taufe erfolgte beharrliche Leugnung einer mit göttlichem und katholischem Glauben zu glaubenden Wahrheit oder einen beharrlichen Zweifel an einer solchen Glaubenswahrheit", schreibt der „Katechismus der Katholischen Kirche" in Nr. 2089 *(München 1993. S. 538)* – und gibt damit keine eigenständige Definition, sondern beschränkt sich darauf, lediglich wörtlich zu zitieren, was im Gesetzbuch der katholischen Kirche, im „Codex Iuris Canonici", geschrieben steht *(CIC, can. 751)*. Laut geltendem Kirchenrecht ist Häresie als schweres Vergehen gegen die Einheit der Kirche strafbar und wird, wenn sie äußerlich erkennbar und schuldhaft verwirkt wird, mit der Tatstrafe der Exkommunikation belegt. Der Fachausdruck „Tatstrafe" bedeutet, dass derjenige, der die Tat begeht, sich die mit dieser Tat verbundene Strafe durch das Begehen der Tat automatisch zuzieht. Gemäß can. 1364 § 1 sind Apostasie, Häresie und Schisma mit der Exkommunikation als Tatstrafe bedroht. Die Frage, wie weit ein vor den staatlichen Behörden erklärter formeller Kirchenaustritt unter eines dieser drei Delikte fällt, sei unter den Kirchenrechtlern „noch nicht ausdiskutiert", schreibt der an der Jesuiten-Hochschule St. Georgen in Frankfurt am Main tätige Professor für Kirchenrecht Reinhold Sebott. „Auf jeden Fall stellt der staatlicherseits ermöglichte Kirchenaustritt nach einer auch heute noch gültigen Erklärung der Diözesanbischöfe aus dem Jahr 1969 eine schwere Verfehlung gegenüber der kirchlichen Gemeinschaft dar mit der Wirkung, dass der Betreffende am sakramentalen Leben erst wieder teilnehmen kann, wenn er bereit ist, sich mit Wirkung für den staatlichen Bereich wieder in die Kirche aufnehmen zu lassen" *(Reinhold Sebott, Was ein Beichtvater wissen sollte; in: Anzeiger 3/1999. S. 119)*.

Die Texte des Zweiten Vatikanischen Konzils verwenden den Begriff „Häretiker" nicht. In den Aussagen dieser letzten großen Kirchenversammlung des 20. Jahrhunderts werden die nichtkatholischen Christen als „getrennte Brüder" bezeichnet und es wird ausdrücklich auch jenen Menschen, die nichtchristlichen Religionen angehören, ja überhaupt allen „Menschen guten Willens", eine Heilsmöglichkeit zugesprochen. Aus diesem Grund ist – wie das „Lexikon der katholischen Dogmatik" formuliert – „davon auszugehen, dass die katholische Kirche den Begriff Häretiker nur noch für Katholiken verwendet" *(Wolfgang Beinert, Lexikon der katholischen Dogmatik. Freiburg im Breisgau [2. Auflage] 1988. S. 235).*

ADAM UND EVA ALS ERSTE HÄRETIKER ...

Der Kirchenvater und Bibelübersetzer Hieronymus (347–419) war der Erste, der das Wort Häresie – griechisch: „hairesis" – von seiner Grundbedeutung her gedeutet hat: Der Häretiker nimmt nicht die Fülle der Wahrheit an, sondern trifft eine „Auswahl", während der Schismatiker einen „Spalt" – griechisch: „schisma" – in der Kirchenordnung verursacht *(vgl. Otto Karrer, Häresie; in: Heinrich Fries, Handbuch theologischer Grundbegriffe, Bd. 1, München 1962. S. 616).* Wenn man die Schriften des Neuen Testaments studiert, kann man sehen, dass die Christen sich keinerlei Illusionen darüber machten, dass sie nicht in einer heilen Welt lebten. Das Ideal, „ein Herz und eine Seele" zu sein, wie es die Apostelgeschichte in einer vielleicht ein wenig verklärenden Rückerinnerung beschreibt (Apg 4,32), wurde – wenn überhaupt – nur in den Anfängen der Urgemeinde in Jerusalem erreicht. Mahnungen, eines Sinnes zu sein, Streitigkeiten zu vermeiden und die Einheit zu wahren, ziehen sich wie ein roter Faden durch frühe und späte Texte der christlichen Bibel. Spaltungen gehörten von Anfang an zum christlichen Leben. In der ergreifenden Abschiedsrede, die Paulus in Milet hielt, erinnerte er die Vorsteher der Gemeinde an ihre Pflicht, als gute Hirten für das Wohl der Kirche zu sorgen, und kündigte das Auftreten von Irr-lehrern und Abweichlern an: „Gebt Acht auf euch und auf die ganze Herde, in der euch der Heilige Geist zu Bischöfen bestellt hat, damit ihr als Hirten für die Kirche Gottes sorgt, die er sich durch das Blut seines eigenen Sohnes erworben hat. Ich weiß: Nach meinem Weggang werden reißende Wölfe bei euch eindringen und die Herde nicht schonen. Und selbst aus eurer Mitte werden Männer auftreten, die mit ihren falschen Reden die Jünger auf ihre Seite ziehen" (Apg 20,28–30).

Es lasse sich nicht bestreiten, dass „Ketzerverdammungen" die synoptische, johanneische, paulinische und nachapostolische Tradition durchziehen, den-noch würde man „dem neutestamentlichen Zeugnis wohl nicht gerecht, wollte man die Ketzerverdammungen als die zentralen Texte hinstellen", schärfen Gotthold Hasenhüttl und Josef Nolte in ihrem Buch „Formen kirchlicher

Ketzerbewältigung" ein. „Während in der älteren Tradition als Ziel die Besserung des ‚Übeltäters' angegeben wird, steht später die Reinerhaltung der Lehre, der Gemeinde im Vordergrund. Anders zu denken als die Mehrheit der Gemeinde, einen anderen Lebensstil zu haben, bedeutet Infragestellung der Lehren und Praktiken und gilt als ein todeswürdiges Verbrechen. Wieweit die Sprache Affekte verrät, kann man leicht an den Namen, die für die Ketzer vorgesehen sind, ablesen: Unzüchtiger, Verführer, Antichrist, Schandfleck, unvernünftiges Tier, Gottloser, wasserlose Wolke, unfruchtbarer Baum, Irrlicht, haltlose Seele, Nebelwolke, Hund, Schwein usw. Trotzdem bleibt im ganzen Neuen Testament die Forderung der Nächstenliebe aufrechterhalten" *(Gotthold Hasenhüttl/Josef Nolte, Formen kirchlicher Ketzerbewältigung, Düsseldorf 1976. S. 13).*

So unleugbar alt das Problem des Umgangs mit Häretikern auch ist – von den Überlegungen, die die ersten Christen anstellten, mit welchen Sanktionen den Häretikern am besten beizukommen wäre, bis zu der Etablierung der Inquisition war es noch ein weiter Weg. Ein Mann namens Luis Paramo war zwar felsenfest davon überzeugt, dass es so etwas wie die Inquisition eigentlich schon immer gegeben habe, doch sind seine diesbezüglichen Ausführungen – wiewohl ernst *gemeint* – keineswegs ernst zu nehmen. In ihrer unfreiwilligen Komik haben sie bestenfalls den Charme eines mittelmäßigen Kabarettprogramms. „De origine et progressu Officii Sanctae Inquisitionis [*Ursprung und Fortschritt des Amts der Heiligen Inquisition*]" war der Titel des Buches, das dieser Inquisitor von Sizilien im Jahr 1598 in Madrid veröffentlichte. Darin behauptete der gebürtige Spanier, Gott selbst sei der erste Inquisitor gewesen. Und wieso? Ganz einfach: Gott war es schließlich, der Adam und Eva, die ersten Häretiker, abgeurteilt und aus dem Paradies vertrieben hatte – selbstverständlich nicht, ohne sie vorher ordnungsgemäß zu verhören und ihnen das ergangene Urteil zu verkünden. Die Inquisitoren, so Paramo, tun demnach nichts anderes, als der von Gott höchstpersönlich erarbeiteten Prozessordnung zu folgen. Auch der berühmte „Sanbenito", jenes Büßerhemd mit den aufgenähten Kreuzen, das verurteilte Häretiker zu tragen hatten, ist – durch die Brille eines Luis Paramo betrachtet – paradiesischen Ursprungs, auch wenn der Prototyp seinerzeit im Paradies noch aus simplerem Material – nämlich aus Feigenblättern – gefertigt war. Nicht einmal die glänzende Idee, verurteilte Ketzer ihrer Lebensgrundlage zu berauben und ihre mobilen und immobilen Vermögenswerte einzuziehen, ist auf dem Mist der Inquisitoren gewachsen, weiß der bestens informierte Paramo. Wiederum war es der Schöpfer des Himmels und der Erde höchstpersönlich, der durch die am Stammelternpaar exekutierte „Konfiskation der ewigen Seligkeit" seinen inquisitorischen Ebenbildern längst vorexerziert hat, wie man so etwas macht.

Bei dieser geistreichen Art der Bibelauslegung kann es nicht verwundern, wenn Luis Paramo seine Leser darüber aufklärt, dass selbstverständlich auch Jesus als Inquisitor tätig gewesen ist. Bereits als Kleinkind hat er sein Amt ausgeübt. Die erste Amtshandlung des neugeborenen Königs der Juden war, dass er Seiner Majestät, dem König Herodes, durch die drei Weisen aus dem Morgenland ausrichten ließ, dass nunmehr *er* erschienen sei. Überdies verurteilte Jesus den bösen Despoten auch zum Tod. Der einfallsreiche Spanier verrät uns zwar nicht, warum in diesem Fall ausgerechnet von dem abgesehen worden ist, was den Inquisitoren so wichtig war: nämlich den Delinquenten nicht selbst hinzurichten, sondern ihn dem „weltlichen Arm" auszuliefern. Doch werden wir sicher nicht fehlgehen, wenn wir auf der Ebene der von Paramo entwickelten Logik die Schlussfolgerung ziehen, dass dies nicht notwendig war, weil das Ganze zu einer Zeit geschah, als die Kirche noch gar nicht gegründet war und deshalb auch noch gar nicht *„nicht* nach Blut dürsten" konnte. Im Übrigen hat sich der „Inquisitor" Jesus bei dieser „Hinrichtung" des Herodes seine Hände durchaus nicht schmutzig machen müssen. Die Henker, die er zur Hinrichtung des Kindermörders von Bethlehem engagierte, stammten aus dem Tierreich. Denn Jesus hat, wie uns Paramo belehrt, die Würmer beauftragt, den Leib des Herodes zu zerfressen.

Ebenso wie Jesus Inquisitor war, waren in Paramos selektiver Wahrnehmung auch seine Nachfolger – der heilige Petrus, der heilige Paulus und die anderen Apostel – Inquisitoren und übergaben dieses Amt den ihnen folgenden Päpsten und Bischöfen, und so „grünte und blühte der Baum der Inquisition, und seine Wurzeln und Zweige verbreiteten sich über die ganze Welt, und er brachte die süßesten Früchte" *(vgl. Henry Charles Lea, Geschichte der Inquisition im Mittelalter, Bd. 1, Bonn 1905. S. 449).* In Wirklichkeit dauerte es freilich etwas länger, bis die Inquisition eingeführt wurde, die den Namen Inquisition auch verdient.

DAS GEBURTSDATUM DER INQUISITION

In der frühen Kirche gab es noch keine Inquisition, aber es gab bereits Häretiker. Gegen diese wehrte man sich, indem man sie aus der kirchlichen Gemeinschaft ausschloss. Eine allfällige Wiederaufnahme wurde im Rahmen der öffentlichen Kirchenbuße durchgeführt. Bereits im 3. Jahrhundert hat man dabei – beispielsweise im nordafrikanischen Karthago – mit Häretikern Verhöre angestellt, deren Protokolle im Kirchenarchiv aufbewahrt und gegebenenfalls auch veröffentlicht wurden. In der Zeit nach der Konstantinischen Wende, als die Kirche im Römischen Reich öffentliche Funktionen wahrzunehmen begann, nahm auch der Umgang mit den Häretikern neue Züge an. Staatliche Machtmittel wurden gegen sie eingesetzt. Kirchliche „Lehrzuchtverfahren" konnten nun auch vor staatlichen Stellen durchgeführt werden, weil sich seit dem von Kaiser Theodosius I. im Jahre 380 erlassenen Edikt „Cunctos populos" das Reich als Hort der Orthodoxie verstand *(vgl. Carl Andresen/Georg Denzler, Wörterbuch der Kirchengeschichte, München 1984. S. 313).* Die Verbindung der Kirche mit der politischen Macht im Römischen Reich brachte einen „Zwang zur Kircheneinheit" mit sich *(vgl. Kurt-Victor Selge, Inquisition; in: Evangelisches Kirchenlexikon, Bd. 2, Göttingen [3. Auflage] 1989. S. 686).* Schon im Bischofsamt der ersten Jahrhunderte hat es ein „Ineinander von weltlicher und geistlicher Gewalt" gegeben, konstatiert Gerhard B. Winkler *(Die Inquisition zwischen politischer Vernunft und mißbrauchter Religion, Theologisch-Praktische Quartalschrift 136 [1988], S. 216–217):* „So gesehen war es eine ziemlich geradlinige Entwicklung, als nach der Bekehrung der Franken um 500 n. Chr. die kirchliche Organisation langsam ein Teil des öffentlichen Verwaltungssystems wurde."

Den entscheidenden Anstoß zu einer Häretikerbekämpfung großen Stils gab es erst im Mittelalter. Dies lässt sich nach Henry Kamen „teils aus dem Umsichgreifen radikalerer Auffassungen erklären, teils aus einer neuen Anschauung von einer Gemeinschädlichkeit von Häresie und aus der Entwicklung von Formen kirchlicher wie weltlicher Machtausübung, deren man sich zur Ausmerzung abweichender Einstellungen bedienen konnte" *(Henry Kamen, Inquisition; in: Theologische Realenzyklopädie, Bd. 16, Berlin – New York 1981. S. 189).* Kurt-Victor Selge spricht von einer „Anpassungskrise", als welche sich dieser Vorgang deuten lässt. Die auf antiken Grundlagen basierende Institution Kirche habe auf den Wachstums- und Differenzierungsprozess des Hochmittelalters reagieren müssen, sagt Selge. „Die wirtschaftlich-gesellschaftliche Entwicklung lieferte im 12. und 13. Jahrhundert mit Bevölkerungsbewegungen und Städtewesen den Boden für neue volkstümliche Häresien, das römische Kaiserrecht wurde gleichzeitig neu rezipiert. Die römische Kirche stand um 1200 unter dem Eindruck einer lebensgefährlichen Bedrohung der göttlichen Weltordnung und des Seelenheils der ihrer Leitung anvertrauten Glieder" *(Kurt-Victor Selge, op. cit. S. 686)*.

Die historische Erforschung der Inquisition hat – zum Teil durch Erschließung bisher unbekannter oder unausgewerteter Quellen, zum Teil aber auch durch neue Fragestellungen und neue Forschungsansätze – gerade in den letzten Jahrzehnten des 20. Jahrhunderts in ungeahntem Ausmaß Fortschritte gemacht. Lothar Kolmer beispielsweise hat allein für seine Arbeit über die Ketzerbekämpfung in Südfrankreich zusätzlich zur ohnedies immensen *veröffentlichten* Literatur auch noch „über 10.000 Seiten ungedruckter Quellen handschriftlichen Materials" durchzuackern gehabt *(vgl. Lothar Kolmer, Ad capiendas vulpes, Bonn 1982. S. 14)*. Seit den in den Sechzigerjahren erschienenen Bibliografien *(Emil van der Vekené, Bibliographie der Inquisition, Hildesheim 1963;* und *Herbert Grundmann, Bibliographie zur Ketzergeschichte des Mittelalters, Rom 1967)*, in welchen alle bis dahin erschienenen Titel erfasst sind, ist die Anzahl von Publikationen, die sich mit dem Thema Inquisition beschäftigen, kontinuierlich angewachsen. Von bedeutenden Arbeiten einzelner Forscher abgesehen, gab es eine Reihe internationaler Historikerkongresse zum Thema Inquisition – 1978 in Skjoldenaesholm und Kopenhagen, 1983 in New York und 1988 in Triest –, bei denen Fachgelehrte die Ergebnisse ihrer Forschungen austauschten und zur Diskussion stellten. Einen Meilenstein in der Erforschung der *Anfänge* der Inquisition setzte auch das Bayreuther Symposium von 1992, an dem Historiker, Juristen und Religionswissenschaftler teilnahmen, die sich mit der bisher nur unzureichend erforschten mittelalterlichen Entstehungsphase der Inquisition beschäftigten und die Frage zu klären versuchten, wann und von welchen gesellschaftlichen, juristischen und theologischen Voraussetzungen her sich der kirchliche Inquisitionsprozess zur Ketzerinquisition gewandelt und in den verschiedenen Ländern Europas Eingang gefunden hat *(vgl. Peter Segl, Die Anfänge der Inquisition im Mittelalter, [7. Bayreuther Historisches Kolloquium], Köln – Weimar – Wien 1993)*.

Schon vor mehr als einem halben Jahrhundert hat der Amerikaner Albert Clement Shannon *(The Popes and Heresy in the thirteenth Century, Villanova/Pennsylvania 1949)* die pointierte Formulierung gebraucht, die Inquisition habe „keinen Geburtstag", und damit gemeint, dass sich kein Datum angeben lässt, an dem „die" Inquisition gegründet worden wäre. Richard Kieckhefer *(Repression of heresy in mediaval Germany, 1979)* legte noch ein Schäuflein nach. Angesichts der Tatsache, dass der Ausdruck „Inquisition" als offizielle Bezeichnung einer Institution erst bei der neuzeitlichen „Kongregation der Römischen und Universalen Inquisition" zum ersten Mal vorkommt und im Mittelalter ein „Heiliges Offizium" unbekannt war, ging er so weit, zu sagen, „dass es ,the Inquisition' im Mittelalter eigentlich gar nicht gegeben habe" *(Peter Segl, Die Anfänge der Inquisition im Mittelalter, Köln – Weimar – Wien 1993. S. 3)*.

Wann also wurde die Inquisition wirklich gegründet? Neben den Jahren 1184 – dem Zusammengehen von Papst und Kaiser in Verona – und 1215 – dem Vierten Laterankonzil – werden vor allem die Jahre 1227 und 1233 als Anfangsdaten der Inquisition diskutiert. Aber bereits Henry Charles Lea, dessen Werk auch für den Bayreuther Historiker Peter Segl ein „immer noch unentbehrliches Werk" ist *(vgl. Peter Segl, op. cit. S. 15)*, hat betont, dass es eine förmliche Gründung der Inquisition nicht gegeben habe. Wie plausibel allerdings die von Lea vorgeschlagenen Unterscheidungen zwischen einer „bischöflichen" und einer „päpstlichen", einer „Legaten-" und einer „Mönchs-Inquisition" sind, ist unter Inquisitionsforschern keineswegs unumstritten. Einmütigkeit, so scheint es, besteht zumindest darin, dass es sich – wie die Suche nach einer „Geburtsurkunde für die Inquisition" ergeben hat – nicht um ein einziges bestimmbares Ereignis, sondern um einen „länger als ein halbes Jahrhundert sich hinziehenden Geburtsvorgang" handelt *(Peter Segl, op. cit. S. 14)*.

Noch erhellender sind die Ergebnisse der neueren Forschung hinsichtlich des Verfahrens, das in den Inquisitionsprozessen angewendet wurde. Hier ist man sich darin einig, „dass das prozessuale Vorgehen der ,Inquisition' gegen Ketzer auf dem von Papst Innozenz III. zu Beginn des 13. Jahrhunderts in das kirchliche Prozesswesen eingeführten Verfahren ,per inquisitionem' (wörtlich: ,durch Untersuchung') basiert, mit dem der Papst im Zusammenhang seiner Reformbemühungen gegen pflichtvergessene Geistliche disziplinarisch vorzugehen begann, dieses jedoch nicht gegen Laien in Anwendung brachte und auch nicht für die Verfolgung von Ketzern vorsah, die er 1215 vom Laterankonzil noch in den alten Formen der bischöflichen Gerichtsbarkeit sanktionieren ließ" *(Peter Segl, Die Anfänge der Inquisition im Mittelalter, Köln – Weimar – Wien 1993. S. 15)*. Pionierarbeit auf diesem Gebiet hat der Würzburger Rechtshistoriker Winfried Trusen geleistet. In seinem Aufsatz „Der Inquisitionsprozeß. Seine historischen Grundlagen und frühen Formen" *(Zeitschrift der Savigny-Stiftung für Rechtsgeschichte – Kanonistische Abteilung, 74 [1988], S. 230)* hält Trusen fest: „Der Inquisitionsprozess ist nicht aufgrund der Übernahme bestimmter weltlicher Vorbilder entstanden. Wenn auch die Verbrechensverfolgung ex officio vorher bereits bisweilen in der oberitalienischen Praxis bei so genannten ‚crimina publica' nachweisbar ist, sind doch zuerst in den Konstitutionen von Melfi durch Friedrich II. Elemente des in der Kirche neu geregelten Verfahrens in das Gesetz übernommen worden." Und zur Folter erläutert Winfried Trusen, sie sei „keineswegs, wie das so oft behauptet wurde, wesentlicher Bestandteil und Indiz des Inquisitionsprozesses. Diese Art der Geständniserzwingung hat ihre Grundlage im römischen Recht. Sie konnte damals wie später auch im Akkusationsprozess erfolgen. Im kirchlichen Bereich wurde die Folter als Folge des ‚crimen laesae majestatis divinae' [*d. h. des Verbrechens der Beleidigung der göttlichen Majestät*] in den Ketzerprozess eingeführt" *(Winfried Trusen, op. cit. S. 230)*.

DARF MAN HÄRETIKER TÖTEN?
Thomas von Aquin und die Ketzer

Einer der hervorragendsten Meisterdenker der christlichen Theologie, der Kirchenlehrer Thomas von Aquin (1225–1274), hat sich im zweiten Band seines Hauptwerkes „Summa Theologiae", den er während seines zweiten Parisaufenthalts zwischen 1269 und 1272 verfasst hat, auch mit dem Problem beschäftigt, wie die Kirche mit den Häretikern umgehen soll und darf. Trotz des Einwands, dass im Gleichnis Jesu vom Acker mit dem Unkraut (Mt 13,30) den Knechten befohlen werde, das Unkraut wachsen zu lassen bis zur Ernte, kommt Thomas zum Schluss, dass Häretiker, sobald sie der Häresie überführt sind, nicht nur aus der Gemeinschaft ausgeschlossen werden können, sondern auch rechtens getötet werden dürfen. Der Münsteraner Kirchenhistoriker Arnold Angenendt (Folter und Feuer; in: Zur Debatte 2/1999. S. 2) dürfte wohl nicht der Einzige sein, der sich in diesem Zusammenhang des Eindrucks nicht erwehren kann, „dass Thomas von Aquin seine Position manchmal zum Schluss eben doch so biegt, dass sie mit dem Geltenden übereinstimmt".

SOLL MAN UNGLÄUBIGE ZUM GLAUBEN ZWINGEN?

[Quaestio 10, 8. Artikel: Soll man Ungläubige zum Glauben zwingen?]

[Ad octavum] 1. In Mt 13 heißt es, dass das Gesinde des Hausvaters, auf dessen Acker Unkraut gesät worden war, ihn fragte: „Willst du, dass wir hingehen und es ausjäten?" Und er habe geantwortet: „Nein, ihr möchtet sonst, wenn ihr das Unkraut ausreißt, zugleich den Weizen mit herausreißen." Dazu sagt Chrysostomus [*hom. 46 in Matth.*]: „Dies hat der Herr gesagt, um zu verhindern, dass Tötungen vorkommen. Denn man darf Häretiker nicht töten; wenn ihr sie nämlich tötet, ist es unvermeidlich, dass zugleich viele von den Heiligen umkommen." Anscheinend also dürfen aus dem gleichen Grunde auch nicht irgendwelche Ungläubige zum Glauben gezwungen werden.

2. [Praeterea] In der Gesetzessammlung des Gratian [*Decr., dist. 45, Can. De Judaeis*] heißt es: „Hinsichtlich der Juden ordnet die heilige Synode an, künftig keinen mit Gewalt zum Glauben zu bringen." Aus dem gleichen Grunde darf man auch andere Ungläubige nicht zum Glauben zwingen.

[Praeterea] 3. Augustinus [*Tract. 26 in Joan.*] sagt, anderes könne der Mensch auch wider seinen Willen, „glauben aber nur *mit* seinem Willen". Wollen aber lässt sich nicht erzwingen. Also scheint es, dass man Ungläubige nicht zum Glauben zwingen soll.

[Praeterea] 4. In Ez 18,32 heißt es aus dem Munde Gottes: „Ich will nicht den Tod des Sünders." Wir müssen aber unsern Willen dem göttlichen Willen angleichen. Also dürfen auch wir nicht wünschen, dass Ungläubige getötet werden.

[Sed contra] Anderseits heißt es in Lk 14,23: „Gehe hinaus an die Wege und Zäune und nötige sie hereinzukommen, damit mein Haus voll werde." Die Menschen aber treten in das Haus Gottes, das heißt in die Kirche vermittels des Glaubens ein. Also dürfen etwelche zum Glauben gezwungen werden.

[Respondeo] Antwort: Von den Ungläubigen haben einige niemals den Glauben angenommen, wie die Heiden und Juden. Solche sind denn auf keine Weise zum Glauben zu nötigen, damit sie aus sich glauben; denn Glauben ist Sache des Willens. Doch müssen sie von den Gläubigen, wenn die Möglichkeit besteht, genötigt werden, dem Glauben nichts in den Weg zu legen, sei es durch Lästerungen oder durch bösartiges Zureden oder gar durch offene Verfolgungen. Und aus diesem Grunde führen die Christgläubigen häufig Krieg gegen die Ungläubigen, nicht um sie zum Glauben zu zwingen, denn wenn sie sie auch besiegten und gefangen hielten, würden sie es doch ihrer Freiheit überlassen, ob sie glauben wollen; sondern nur deshalb, um sie zu nötigen, den Glauben an Christus nicht zu hindern.

Es gibt aber andere Ungläubige, die einmal den Glauben angenommen haben und ihn offen bekennen, wie die Häretiker und alle Abtrünnigen. Und solche sind auch mit körperlichen Mitteln zu nötigen, zu erfüllen, was sie versprochen, und festzuhalten, was sie ein für allemal angenommen haben.

[Ad primum] Zu 1. Durch diese Schriftstelle, so haben es manche verstanden, sei zwar nicht der Bann gegen die Häretiker, wohl aber ihre Tötung verwehrt, wie es die angeführte Stelle des Chrysostomus zeigt. Und Augustinus [*ad Vincentium, epist. 93, cap. 5*] sagt von sich: „Dies war ursprünglich meine eigene Auffassung, niemand sei zur Einheit Christi zu zwingen, es sei alles durch das Wort auszurichten und nur im Streitgespräch zu kämpfen. Aber diese meine Meinung wird nicht durch das Wort der Andersgesinnten, sondern durch Erfahrungsbeweise widerlegt. Die Furcht vor den Gesetzen hat nämlich so vorteilhaft gewirkt, dass viele bekennen: Gott Dank, der unsere Fesseln gebrochen hat!"

Wie nun das Wort des Herrn „Lasset beides wachsen bis zur Ernte" zu verstehen ist, ergibt sich aus dem, was hinzugefügt ist: „Ihr möchtet sonst, wenn ihr das Unkraut ausreißt, zugleich den Weizen mit herausreißen." Damit zeigt er zur Genüge, wie Augustinus [*Contra Epistola Parmen. lib. 3, cap. 2*] sagt: „Wenn diese Befürchtung nicht besteht, das heißt, wenn die Schuld eines jeden so bekannt und ihre Verwerflichkeit so allgemein anerkannt ist, dass sie überhaupt keine Verteidiger hat oder nicht solche, durch die es zu einer Spaltung kommen könnte, so soll die Strenge der Zucht nicht schlafen."

[Ad secundum] Zu 2. Wenn Juden in keiner Weise den Glauben angenommen haben, so sind sie auch auf keine Weise zum Glauben zu nötigen. Haben sie aber den Glauben einmal angenommen, so „müssen sie unausweichlich gezwungen werden, den Glauben festzuhalten", wie es in demselben Kapitel ausgesprochen ist.

[Ad tertium] Zu 3. Wie „Geloben Sache des [freien] Willens ist, leisten aber unerlässliche Forderung" [*Gloss. Lomb. in Ps. 75, vers 12*], so ist es Sache des [freien] Willens, den Glauben anzunehmen, unerlässliche Forderung aber, den einmal angenommenen Glauben festzuhalten. Demnach sind Häretiker zu nötigen, den Glauben festzuhalten. Augustinus [*ad Bonifacium Comitem, ep. 185, cap. 6*] sagt nämlich: „Wo steht es, was diese immer rufen: ‚Es steht im freien Belieben, zu glauben oder nicht zu glauben: Wem hat Christus Gewalt angetan?' Mögen sie an Paulus den Christus erkennen, der zuerst zwingt und nachher belehrt."

[Ad quartum] Zu 4. Wie Augustinus in dem nämlichen Briefe [*cap. 8*] sagt: „Keiner von uns will, dass irgendein Häretiker umkomme. Aber anders hätte das Haus Davids nicht Frieden haben können, wenn nicht Absalom, sein Sohn, in dem Kriege, den er gegen seinen Vater führte, vertilgt worden wäre. So heilt auch die Kirche, wenn sie durch die Vernichtung einiger die Übrigen zusammenhält, den Schmerz ihres mütterlichen Herzens durch die Befreiung so großer Scharen."

Quellentext Nr. 17: Thomas von Aquin, S. Th. II-II 10,8. – Heinrich M. Christmann, Die deutsche Thomas-Ausgabe, Bd. 15, Salzburg – Graz – Wien 1950. S. 211–214.

MUSS MAN HÄRETIKER DULDEN?

[Quaestio 11, 3. Artikel: Sollen Häretiker geduldet werden?]

[Ad tertium] 1. Der Apostel sagt in 2 Tim 2, 24–23: „Ein Knecht des Herrn soll freundlich sein; mit Maß weise er die zurecht, die dem Glauben widerstehen; vielleicht, dass Gott ihnen doch Sinnesänderung zur Erkenntnis der Wahrheit schenkt und dass sie wieder zu Verstand kommen, heraus aus den Schlingen des Teufels." Wenn man die Häretiker aber nicht duldet, sondern dem Tode überliefert, nimmt man ihnen die Möglichkeit zur Sinnesänderung. Also scheint Letzteres gegen das Gebot des Apostels zu sein.

[Praeterea] 2. Was in der Kirche notwendig ist, muss man dulden. Häresien aber sind in der Kirche notwendig; sagt doch der Apostel in 1 Kor 11,19: „Es muss Häresien geben, damit die Erprobten unter euch offenbar werden." Also, scheint es, sind die Häretiker zu dulden.

[Praeterea] 3. Der Herr hat in Mt 13,30 seinen Knechten anbefohlen, das Unkraut wachsen zu lassen bis zur Ernte – und das ist das Ende der Erdenzeit, wie ebenda (Mt 13,39) erklärt wird. Mit dem Unkraut aber sind, nach der Auslegung der Heiligen, die Häretiker gemeint. Also muss man die Häretiker dulden.

[Sed contra] Anderseits sagt der Apostel Tit 3,10–11: „Hast du einen Häretiker einmal oder zweimal gewarnt, dann meide ihn; du weißt ja, dass ein solcher verkehrt ist."

[Respondeo] Antwort: Hinsichtlich der Häretiker ist zweierlei zu beachten: eines von ihnen selbst her, das andere von der Kirche her. Aufseiten jener liegt eine Sünde vor, durch die sie verdient haben, nicht nur von der Kirche durch den Bann ausgeschieden, sondern auch durch den Tod von der Welt ausgeschlossen zu werden. Denn es ist weit schwerwiegender, den Glauben zu entstellen, durch den die Seele ihr Leben hat, als Geld zu fälschen, das nur dem irdischen Leben dient. Wenn nun die Münzfälscher und andere Übeltäter ohne weiteres durch die weltlichen Fürsten von Rechts wegen dem Tod überliefert werden, so können umso mehr die Häretiker, sobald sie der Häresie überführt sind, nicht nur aus der Gemeinschaft ausgeschlossen, sondern auch rechtens getötet werden.

Aufseiten der Kirche aber ist Barmherzigkeit zur Bekehrung der Irrenden. Daher verdammt sie nicht ohne weiteres, sondern erst, „wenn sie einmal oder zweimal gewarnt hat", wie der Apostel anweist. Dann aber, wenn er [*der Häretiker*] noch immer hartnäckig erfunden wird und die Kirche auf seine Bekehrung keine Hoffnung mehr haben kann, denkt sie an die Rettung der anderen, indem sie durch Bannspruch ihn von der Kirche absondert; und darüber hinaus überlässt sie ihn dem weltlichen Gericht, damit er durch den Tod von der Welt getilgt werde. Hieronymus sagt nämlich [*Comm. sup. Ep. ad Gal. lib. 3, ad cap. 5, vers. 9*] und es steht auch in der Gesetzessammlung [*des Gratian*]: „Faules Fleisch ist auszuschneiden und ein räudiges Schaf aus der Herde zu vertreiben, damit nicht das ganze Haus, der ganze Teig, der ganze Leib und alle Schafe brennen, angesteckt werden, in Fäulnis geraten und untergehen. Arius war in Alexandria nur ein einziger Funke; weil er aber nicht auf der Stelle ausgetilgt wurde, hat die von ihm ausgehende Flamme den ganzen Erdkreis verwüstet."

[Ad primum] Zu 1. Jener Mäßigung entspricht es, dass man ein erstes und ein zweites Mal warnt. Ist er nicht gewillt umzukehren, so gilt er nunmehr als verkehrt, wie es aus der angeführten Stelle beim Apostel erhellt.

[Ad secundum] Zu 2. Der Vorteil, der aus den Häresien erwächst, ist gegen die Absicht der Häretiker, indem nämlich nach dem Ausspruch des Apostels die Standhaftigkeit der Gläubigen erprobt wird und wir, wie Augustinus sagt [*De Gen. cont. Manich. lib. 1, cap. 1*], die Trägheit abschütteln und uns mit größerer Sorgfalt in die göttlichen Schriften vertiefen. Ihre Absicht aber ist, den Glauben zu verderben, und dies ist von allergrößter Schädlichkeit. Demnach ist mehr der Blick darauf zu richten, was an sich in ihrer Absicht liegt, auf dass sie ausgeschieden werden, als auf das, was außerhalb ihrer Absicht liegt, sodass man sie etwa ertrüge.

[Ad tertium] Zu 3. „Etwas anderes ist der Bann, etwas anderes die Ausrottung. Es wird nämlich einer, wie der Apostel sagt (1 Kor 5,5), gebannt, „damit sein Geist gerettet werde am Tage unseres Herrn" [*Decr. 24, qu. 2, cap. 37*]. – Wenn aber Häretiker durch den Tod gänzlich ausgerottet werden, so ist auch dies nicht gegen das Gebot des Herrn, da dieses nur von dem Fall zu verstehen ist, wenn man das Unkraut nicht, ohne auch den Weizen auszureißen, ausreißen kann, wie oben [*10,8 zu 1*] dargetan wurde, als von den Ungläubigen im Allgemeinen die Rede war.

Quellentext Nr. 18: Thomas von Aquin, S. Th. II-II 11,3. – Heinrich M. Christmann (Hrsg.), Die deutsche Thomas-Ausgabe, Bd. 15, Salzburg – Graz – Wien 1950. S. 240–243.

Auf diesem Nürnberger Flugblatt von 1589 sieht man die Hinrichtung eines Bauern, der ein Werwolf gewesen sein soll. Im rechten Hintergrund wird die Verbrennung zweier Hexen dargestellt.

WENN EIN FÜRST VOM GLAUBEN ABFÄLLT

[Quaestio 12, 2. Artikel: Verliert ein Fürst wegen Abfalls vom Glauben die Herrschaft über seine Untertanen, sodass sie ihm nicht mehr zu gehorchen verpflichtet sind?]

[Ad secundum] 1. Ambrosius berichtet: „Obwohl Kaiser Julian ein Abtrünniger war, hatte er dennoch Christen als Soldaten unter sich, und wenn er diesen gebot: ‚Lasst die Truppe zur Verteidigung des Gemeinwesens ausrücken!', so gehorchten sie ihm." [*Vgl. can. Julianus, caus. 11, qu. 3. – August. in Ps 124,3*] Demnach werden die Untertanen wegen Abfalls des Fürsten nicht von dessen Herrschaft entbunden.

[Praeterea] 2. Der Glaubensabtrünnige ist ein Ungläubiger. Man beobachtet aber, dass etliche heilige Männer ungläubigen Herrschern treu gedient haben, beispielsweise [*der ägyptische*] Josef dem Pharao, Daniel dem Nabuchodonosor [*Nebukadnezzar*] und Mardochäus [*Mordechai*] dem Assuerus [*Xerxes*]. Wegen Abfalls vom Glauben also ist den Untertanen der Gehorsam gegen den Fürsten nicht zu erlassen.

[Praeterea] 3. Wie man sich durch Glaubensabfall von Gott trennt, so auch durch jegliche Sünde. Büßten also die Fürsten durch Glaubensabfall das Herrschaftsrecht über ihre gläubigen Untertanen ein, so würden sie es gleichermaßen wegen anderer Sünde verlieren. Dies aber ist offensichtlich falsch. Also darf man wegen Glaubensabfalls nicht vom Gehorsam gegen die Fürsten lassen.

[Sed contra] Andererseits erklärt Gregor VII. [*In Conc. Rom. 5; Decr., caus. 15, qu. 6, c. 4*]: „Wir halten uns an die Anordnungen unserer heiligen Vorgänger und lösen diejenigen, die durch Lehenstreue oder Eid an Gebannte gebunden sind, kraft unserer Apostolischen Vollmacht von ihrem Eid, und wir verbieten in aller Form, ihnen [*den Lehensherren*] Treue zu halten, bis sie kommen, um Genugtuung zu leisten." Glaubensabtrünnige aber sind, wie eine Dekretale erklärt [*Tit. de Haereticis, cap. „Ad abolendam"*], gleich den Häretikern gebannt. Also darf man glaubensabtrünnigen Fürsten nicht gehorchen.

[Respondeo] Antwort: Unglaube an sich steht der Herrschgewalt nicht im Wege; denn Herrschaftsstellung ist aufgekommen aufgrund des bei allen Völkern maßgeblichen Rechtes, und dieses ist menschliches Recht; die Unterscheidung aber von Gläubigen und Ungläubigen erfolgt nach göttlichem Recht, durch welches das menschliche Recht nicht aufgehoben wird. Wohl aber kann jemand, der durch Unglauben sündigt, durch Urteilsspruch sein Herrschaftsrecht verlieren, wie auch bisweilen wegen anderer Verschuldungen. Zwar steht es der Kirche nicht zu, den Unglauben bei solchen zu bestrafen, die niemals den Glauben angenommen haben, gemäß 1 Kor 5,12: „Was habe ich die Außenstehenden zu richten?" Den Unglauben derer jedoch, die den Glauben angenommen haben, kann sie durch Urteilsspruch bestrafen. Und es ist angemessen, sie damit zu bestrafen, dass sie über gläubige Untertanen nicht gebieten können. Dieses könnte ja zu großer Verderbnis des Glaubens ausschlagen; denn „ein abtrünniger Mensch sinnt in seinem Herzen Böses und sät Streitereien" in dem Streben, die Menschen vom Glauben loszureißen [*Art. 1, E. 2*]. Sobald daher einer durch Urteilsspruch wegen Abfalls vom Glauben für gebannt erklärt ist, sind seine Untertanen ohne weiteres von seiner Herrschaft und von dem Treueid, durch den sie an ihn gebunden waren, entbunden.

[Ad primum] Zu 1. Zu jener Zeit besaß die noch neue Kirche noch nicht die Gewalt, weltliche Fürsten zurechtzuweisen. Daher duldete sie es, dass die Gläubigen Julian dem Abtrünnigen in solchem, was nicht gegen den Glauben war, gehorchten, um größere Gefahr für den Glauben abzuwenden.

[Ad secundum] Zu 2. Anders verhält es sich [wie in der Antwort gesagt] bezüglich der anderen Ungläubigen, die den Glauben niemals angenommen haben.

[Ad tertium] Zu 3. Abfall vom Glauben trennt den Menschen gänzlich von Gott, was bei gewissen anderen Sünden nicht der Fall ist.

Quellentext Nr. 19: Thomas von Aquin, S. Th. II-II 12,2. – Heinrich M. Christmann (Hrsg.), Die deutsche Thomas-Ausgabe, Bd. 15, Salzburg – Graz – Wien 1950. S. 252–254.

Todesstrafe für Ungetaufte
Gesetze gegen Ketzer von Theodosius bis Friedrich II.

Das Religionsedikt von Kaiser Theodosius

Das am 27. Februar 380 erlassene Religionsedikt hatte den Zweck, die vor allem in der östlichen Reichshälfte andauernden arianischen Streitigkeiten in den Griff zu bekommen. Jene, die nicht dem rechtmäßigen Glauben anhangen und nicht die Bezeichung „katholische Christen" für sich beanspruchen können, werden darin als „Unsinnige und Verrückte" abqualifiziert.

Alle Völker, welche unserer gnädigen Milde Leitung regiert, sollen, das ist unser Wille, in dem Glaubensbekenntnis verharren, welches der göttliche Apostel Petrus, wie bis heute der von ihm verkündete Glaube dartut, den Römern überliefert hat und dem sichtbar der Pontifex Damasus folgt und Petrus, der Bischof von Alexandria, ein Mann von apostolischer Heiligkeit; das heißt, dass wir glauben nach der apostolischen Unterweisung und der evangelischen Lehre an des Vaters, des Sohnes und des Heiligen Geistes eine Gottheit in gleichartiger Majestät und in frommer Dreifaltigkeit. Die diesem Gesetz folgen, sollen, so gebieten wir, die Bezeichnung katholische Christen beanspruchen, die anderen aber, nach unserem Urteil Unsinnige und Verrückte, sollen die schimpfliche Ehrenminderung der Häresie erleiden, und ihre Konventikel sollen nicht die Bezeichnung von Kirchen führen, und sie sollen fürs Erste durch ein göttliches Gericht, dann aber auch durch Ahndung unseres richterlichen Einschreitens, das wir, gestützt auf des Himmels Ermessen, treffen werden, bestraft werden.

Quellentext Nr. 20: Codex Theodosianus, 16,1 De fide catholica 2. – Gotthold Hasenhüttl/
Josef Nolte, Formen kirchlicher Ketzerbewältigung, Düsseldorf 1976. S. 34–35.

Todesstrafe für Ungetaufte

Wenn ein Sachse, der in jener Zeit lebte, als Karl der Große die Sachsen zum Christentum bekehrte, der Religion seiner Väter treu bleiben wollte, war er todesmutig. In der Anordnung Karls des Großen über die Einführung des Christentums in Sachsen stand nicht nur auf die Verweigerung der Taufe, sondern auch auf das Essen von Fleisch während der Fastenzeit die Todesstrafe.

1. Es sollen alle Kirchen Christi, welche in Sachsen gebaut und Gott geweiht sind, nicht geringere, sondern größere und ausgezeichnetere Ehre haben, als die nichtigen Götzenbilder genossen.

2. Wenn jemand seine Zuflucht in die Kirche nimmt, so soll sich niemand unterfangen, ihn mit Gewalt daraus zu vertreiben, sondern er möge Frieden haben, bis er der Gerichtsversammlung sich stellen kann. [...]

3. Wenn jemand mit Gewalt in eine Kirche eindringt und in ihr mit Gewalt sich etwas aneignet oder stiehlt oder die Kirche durch Feuer vernichtet, so soll er es mit dem Leben büßen.

4. Wenn jemand die heiligen vierzigtägigen Fasten aus Geringschätzung des christlichen Glaubens verabsäumt und Fleisch isst, soll er es mit dem Leben büßen. Doch möge der Geistliche in Betracht ziehen, ob nicht etwa eine Notlage ihn zwang, Fleisch zu essen.

[...] 7. Wenn einer den Körper eines Toten nach heidnischer Sitte verbrennt und so die Knochen zu Asche verwandelt, soll er es mit dem Leben büßen.

8. Wenn jemand im Volke der Sachsen fortan etwa ungetauft sich verbergen will und es verschmäht, zur Taufe zu kommen, in der Absicht, Heide zu bleiben, soll er mit dem Tode bestraft werden.

[...] 10. Wenn jemand zusammen mit Heiden einen Bund gegen Christen eingeht oder mit jenen in Feindschaft gegen die Christen verharren will, soll er es mit dem Leben büßen. Und wer voll Arg gegen den König oder das Volk der Christen dem Bunde zustimmt, soll mit dem Tode bestraft werden.

[...] 17. In gleicher Weise befehlen wir nach dem Auftrage Gottes, dass alle den zehnten Teil ihrer Habe und ihrer Arbeit ihren Kirchen und Geistlichen abtreten.

[...] 19. Und wir setzen fest, dass, wenn einer ein Kind vor Ablauf des Jahres nicht zur Taufe zu bringen sich unterfängt, ohne Rat und Erlaubnis des Geistlichen, er 120 Solidi dem Fiskus zahle, so er von Adel ist; ist er aber ein Freier, so zahle er 60, und wenn er ein Lite [*ein Halbfreier*] ist, 30 Solidi. [...]

[...] 22. Wir befehlen, dass die Leichen christlicher Sachsen zu den Kirchhöfen gebracht werden und nicht zu den Begräbnisstätten der Heiden.

Quellentext Nr. 21: Capitulatio de partibus Saxoniae (Monumenta Germaniae historica II, 1,68–69). – Alfred Läpple, Kirchengeschichte in Dokumenten, Düsseldorf 1958. S. 90–91.

DER SACHSENSPIEGEL

Im „Sachsenspiegel", dem im 13. Jahrhundert verfassten altdeutschen Rechts-
buch, werden bestimmte Delikte, die mit Ketzerei zu tun haben, mit der To-
desstrafe durch Verbrennung geahndet.

Welcher Christ, Mann oder Weib, ungläubig ist oder mit Zauberei umgeht
oder mit Vergiftung und der des überführt wird, den soll man auf dem Scheiterhaufen verbrennen.

[Wortlaut im Original: *Svelk kersten man oder wif ungelovich is unde mit*
tovere umme gat, oder mit vorgiftnisse, unde des verwunnen wirt, den sal man
upper hort bernen.]

Quellentext Nr. 22: Sachsenspiegel II. Buch, Art. 13, § 7. – Michael Pfliegler, Dokumente zur
Geschichte der Kirche, Innsbruck 1938. S.131–134.

GESETZE FRIEDRICHS II. GEGEN HÄRETIKER

Kaiser Friedrich II. (1194–1250) erließ einige Gesetze, die „die Todesart des
Verbrennens für überwiesene hartnäckige Ketzer" festsetzten. Die Basis aller
späteren Erlasse Kaiser Friedrichs II. bildet die „Konstitution aus den Tagen
der Kaiserkrönung" vom 21. November 1220.

[...] Diese elenden Patarener, welche die Heilige Dreieinigkeit leugnen, be-
leidigen in ihrer Nichtswürdigkeit zugleich Gott, ihre Nächsten und sich selbst.
Gott, weil sie den Glauben an ihn und seinen Sohn verwerfen; sie täuschen ihre
Nächsten, da sie ihnen unter dem Schein der Inspiration mit den Zauberküns-
ten verderbter Ketzerei dienen; sie wüten aber noch grausamer gegen sich
selbst, da sie außer dem Schaden ihrer Seelen ihre Körper den Gefahren eines
schweren Todes aussetzen, dem sie durch Anerkennung des wahren Glaubens
entgehen könnten. Gegen diese Menschen, die gegen Gott, ihre Mitmenschen
und sich selbst feindselig handeln, müssen wir das Schwert gerechter Vergeltung handhaben und sie umso unnachsichtiger verfolgen, als sie zur offenbaren Schmach des christlichen Glaubens, im Angesicht der römischen Kirche,
welche das Haupt aller übrigen Kirchen ist, die Werke ihres Unglaubens weit
und breit üben, dergestalt, dass sie die Wurzeln ihrer Ruchlosigkeit von den
Grenzen Italiens, besonders aus den Gegenden der Lombardei, wo sie ihr We-

sen im weitesten Umfang treiben, bis in unser Königreich verbreiten, und so bestimmen wir, dass das Verbrechen der Ketzerei und jeder verdammten Sekte, unter welchem Namen immer, wie es die alten Gesetze vorschreiben, mit unter die öffentlichen Verbrechen aufgenommen werde.

Die Konstitutionen vom März 1224 sehen vor, dass „in der ganzen Lombardei" verurteilte Häretiker auf dem Scheiterhaufen hinzurichten sind, um „durch die sühnenden Flammen zugrunde zu gehen".

Durch unsere vorliegende gesetzliche Bestimmung, die in der ganzen Lombardei unverletzlich künftighin gelten soll, glaubten wir, festlegen zu müssen, dass jeder, der durch den Vorsteher einer Stadt oder der Diözese, in der er lebt, nach einer genauen Untersuchung der Häresie augenscheinlich überführt und als Häretiker verurteilt ist, durch die öffentliche Gewalt, durch den Rat (der Stadt) und durch die katholischen Männer der Stadt oder der Diözese zwecks Ergreifung durch den Vorsteher sofort gefangen werden soll. Solcher ist kraft unserer Autorität zum Feuertod zu verurteilen und zu verbrennen, damit er durch die sühnenden Flammen zugrunde gehe. Hat man es (aber) für besser gefunden, dass er zur Bändigung der anderen für ein elendes Leben bewahrt werde, dann soll man ihn der Sprache seiner Zunge berauben, mit der er gegen den kirchlichen Glauben loszugehen und den Namen Gottes zu lästern sich nicht scheute.

Ein weiteres Gesetz Kaiser Friedrichs II. – die Konstitution vom März 1232 – enthält Bestimmungen über die Verurteilung und Hinrichtung von Ketzern im „glaubenstreuen Deutschland".

1. Alle von der Kirche als Ketzer Verdammten sind von dem weltlichen Richter mit dem Tode zu bestrafen.

2. Die, welche aus Furcht vor dem Tod in den Schoß der Kirche zurückkehren, werden mit ewigem Gefängnis bestraft.

3. Während der Untersuchung werden alle Verdächtigen in strengem Gewahrsam gehalten.

4. Die Begünstiger der Ketzer verfallen derselben Strafe wie diese selbst.

5. Ketzer sind an jedem Ort zu bestrafen, auch wenn sie ausgewandert sind.

6. Rückfällige Ketzer verfallen ohne weiteres der Todesstrafe.

7. Ketzer sowohl wie ihre Begünstiger haben kein Recht auf Appellation und Proklamation, damit auf alle Weise die ketzerische Schmach aus dem glaubenstreuen Deutschland entfernt werde.

8. Die Nachkommen und Erben der Ketzer und ihrer Begünstiger sollen bis in die zweite Generation aller weltlichen Vergünstigungen und öffentlichen Ehren beraubt sein, mit Ausnahme der rechtgläubigen Kinder, welche ihre ketzerischen Eltern zur Anzeige bringen.

Quellentext Nr. 23: Michael Pfliegler, Dokumente zur Geschichte der Kirche, Innsbruck 1938. S.134–137.

Der Satan zeichnet einem Neuling ein Teufelsmal
auf die Stirn, Holzschnitt aus dem 17. Jahrhundert.

1. *Gewalt im Namen des Glaubens. „In manchen Zeiten der Geschichte",
sagte Papst Johannes Paul II. bei seinem Schuldbekenntnis im Jahr 2000,
„haben die Christen bisweilen Methoden der Intoleranz zugelassen."*

2. *Hexenwahn wird zum Massenwahn. „Fürsten, die Hexen verbrennen,
verwüsten ihre Länder mehr, als jemals ein Krieg es tun könnte", meinte der Jesuit
Friedrich von Spee (1591–1635) und appellierte an die Vernunft der Verantwortlichen.* ▷

3. Bücherverbrennung als Vorspiel zur Verbrennung von Menschen.
Der von Domingo de Guzmán gegründete Dominikanerorden wollten den Häretikern
zunächst nur mit der Macht des Wortes zu Leibe rücken.
Als das nicht fruchtete, blies man zum Kreuzzug gegen die Albigenser.

Hæc fuit effigies quondam uenerabilis Hufsi,
Dum fua pro Chrifto membra cremanda dedit.

Na Obraz Miſtra Jana Hufy/
Mučedlnika Božijho.

4. Jan Hus wurde am 6. Juli 1415 in Konstanz als Ketzer verbrannt.
Der im südböhmischen Husinec geborene Theologe geriet mit seiner Kirchenkritik
und seinen aus heutiger Sicht durchaus berechtigten Reformanliegen zwischen
die Mühlsteine kirchlicher und politischer Interessen.

5. In den Augen der Inquisitoren waren Hexen gefährlich, weil man sie
als Menschen betrachtete, die sich bewusst von Gott abgewandt und ihre Seele
dem Teufel verschrieben hatten. Im populären Verständnis galten die Hexen
als „Teufelshuren", die mit dem bösen Feind sexuellen Umgang pflegten. ▷

6. *Es ist nicht übertrieben, die Beseitigung der Templer als größten Justizmord des Mittelalters zu bezeichnen. Jacques de Molay, der letzte Großmeister der Templer, und Geoffroy de Charnay, der Präzeptor der Normandie, wurden am 18. März 1314 in Paris auf dem Scheiterhaufen verbrannt.*

Warum wir die Ketzer verfolgen
Kirchliche Maßnahmen gegen Häretiker

Warum wir die Ketzer verfolgen

Der Mönch Gratian, der in der ersten Hälfte des 12. Jahrhunderts in Bologna gewirkt hat, wird bisweilen als „Vater des Kirchenrechts" bezeichnet, weil er mit seiner „Concordia discordantium canonum" die Grundlage für das später so genannte „Decretum Gratiani" geschaffen hat, auf dessen Fundament die Kanonistik als eigener Zweig der theologischen Wissenschaft erblühte.

[Aus dem „Decretum Gratiani"] Ferner darf das Wort des Hieronymus, nach dem die Kirche niemanden verfolgt, nicht so verstanden werden, dass die Kirche generell keinen verfolgt, sondern dass sie niemanden ungerecht verfolgt. Denn nicht jede Verfolgung ist schuldhaft, sondern wir verfolgen die Häretiker mit Grund, wie auch Christus leibhaftig die verfolgt hat, die er aus dem Tempel trieb.

[…] Die Priester sollen nicht eigenhändig Waffen benutzen; aber ihnen ist es erlaubt, andere zu ihrer Benutzung zur Verteidigung gegen Unterdrücker und zur Bekämpfung der Feinde Gottes anzustacheln.

Quellentext Nr. 24: Decretum Gratiani II, Causa 23, q. 4 ad c. 37; q. 8 ad c. 7. – Gotthold Hasenhüttl/Josef Nolte, Formen kirchlicher Ketzerbewältigung, Düsseldorf 1976. S. 36–37.

Die Dekretale „Ad abolendam"

Papst Lucius III. (1181–1185) und Kaiser Friedrich I. Barbarossa (1152–1190) hatten die Ketzerbekämpfung als dringliches gemeinsames Anliegen empfunden und 1184 bei der Synode von Verona ein gemeinsames Vorgehen gegen die verschiedenen Häresien der damaligen Zeit beschlossen. Der Papst, der Kaiser sowie zahlreiche Patriarchen, Erzbischöfe und Fürsten aus den verschiedenen Teilen des Reiches waren bei den Beratungen zugegen und der Papst führte bei dieser Kirchenversammlung, die in der Zeit von Ende Oktober bis Anfang November des Jahres 1184 stattfand, persönlich den Vorsitz. Der so genannte „weltliche Arm" verpflichtete sich, die Strafe an den Ketzern zu vollziehen, wenn sie durch den Arm der kirchlichen Inquisition verurteilt waren. Die im Anschluss an diese Synode am 4. November 1184 ausgefertigte päpstliche Dekretale „Ad abolendam" kann man gleichsam als „Magna Charta der Häretikerverfolgung" betrachten, wie der Rechtshistoriker Winfried Trusen formuliert, „auch wenn ihre Verfahrensgrundsätze bereits nach mehreren Jahrzehnten ins Wanken gerieten" (vgl. Winfried Trusen, Von den Anfängen des Inquisitionsprozesses; in: Peter Segl, Die Anfänge der Inquisition im Mittelalter, Köln – Weimar – Wien 1993. S. 57).

Zur Beseitigung der Verkehrtheit verschiedener Häresien, die in den modernen Zeiten in mehreren Teilen der Welt zu wuchern begonnen hat, muss die kirchliche Stärke geweckt werden; durch sie möge – freilich mit Unterstützung der kaiserlichen Macht – sowohl die Keckheit der Ketzer in den Versuchen ihrer Falschheit zerschlagen werden, als auch die Einfachheit der katholischen Wahrheit, die in der heiligen Kirche erglänzt, sich überall von jedem Bann falscher Dogmen gereinigt erweisen.

Deswegen erheben wir uns mit dieser allgemeinen Strafbestimmung des Dekrets, gestützt durch die Gegenwart wie durch die Stärke unseres teuersten Sohnes Friedrich, des illustren und immer erhabenen römischen Kaisers, durch die gemeinsame Beratung unserer Brüder, freilich auch anderer Patriarchen, Erzbischöfe und vieler Fürsten, die von verschiedenen Teilen des Reiches zusammengekommen sind, gegen die Häretiker, durch die in verschiedenen Punkten das Bekenntnis verschiedener Irrtümer verursacht wurde.

Wir verurteilen jede Häresie, mit welchen Namen sie auch genannt werde, durch die Anordnung dieses Erlasses kraft apostolischer Autorität. Vor allem bestimmen wir, dass die Katharer und Patariner und diejenigen, die sich mit falschem Namen die Niedrigen oder Armen von Lyon nennen, die Passaginer, Josephiner und Arnaldisten, der dauernden Exkommunikation unterworfen sind. Und weil einige, die unter dem Schein der Frömmigkeit die Kraft des Apostelwortes ablcugnen und sich selbst die Autorität zu predigen zuschreiben – obwohl derselbe Apostel sagt: „Wie werden sie predigen, wenn sie nicht gesandt sind?" –, verhängen wir die gleiche Fessel der dauernden Exkommunikation: über alle, denen es verboten wurde oder die nicht gesandt wurden und die es sich herausgenommen haben, öffentlich oder privat zu predigen, ohne dass sie vom Apostolischen Stuhl oder vom Ortsbischof die Vollmacht dazu empfangen hätten, und über alle, die sich nicht scheuen, über das Sakrament des Leibes und Blutes unseres Herrn Jesus Christus oder über die Taufe oder das Bekenntnis der Sünden, die Ehe oder die übrigen kirchlichen Sakramente anders zu denken oder zu lehren, als dies die hochheilige römische Kirche predigt und beobachtet, und generell über alle, die dieselbe römische Kirche oder einzelne Bischöfe in ihren Diözesen zusammen mit dem Rat der Kleriker oder die Kleriker selbst bei Sedisvakanz mit dem Rat der Nachbarbischöfe für Häretiker halten.

Die die eben genannten Häretiker aufnehmen und verteidigen und in gleicher Weise alle, die ihnen Schutz oder ihre Gunst gewähren, um in ihnen die Verkehrtheit der Häresie zu fördern, unterliegen nach unserer Bestimmung dem gleichen Urteilsspruch – ob sie nun „Getröstete", „Gläubige", „Vollkommene" heißen oder mit welchen abergläubischen Namen immer sie bezeichnet werden. Weil es aber, wie es die Sünder fordern, manchmal vorkommt, dass die Strenge der kirchlichen Zucht von denen verachtet wird, die ihren Wert nicht einsehen, bestimmen wir durch die gegenwärtige Anordnung dennoch, dass jeder, der bei einer Häresie offen ertappt wurde – sei er nun Kleriker oder ein unechtes Ordensmitglied – von dem Privileg der ganzen kirchlichen Rangordnung entblößt werde. So in gleicher Weise jeden Amtes und jeder kirchlichen Pfründe beraubt, werde er dem Schiedsspruch des weltlichen Richters überlassen und mit der gehörigen Aufmerksamkeit bestraft, wenn er nicht sogleich nach Aufdeckung des Irrtums freiwillig zugestimmt hat, zur Einheit des katholischen Glaubens zurückzukehren, seinen Irrtum nach Ermessen des regionalen Bischofs öffentlich abzuschwören und eine entsprechende Genugtuung zu leisten.

Ein Laie aber, der mit der öffentlichen oder privaten Schuld der vorgenannten Seuchen behaftet war, werde dem Schiedsspruch des weltlichen Richters überlassen und soll je nach dem Grad des Vergehens die gebührende Strafe empfangen, es sei denn, er nehme, wie ausgeführt, nach abgeschworener Häresie und geleisteter Genugtuung unverzüglich seine Zuflucht zum rechten Glauben. Die aber allein aufgrund des Verdachts der Kirche bekannt geworden sind, sollen dem gleichen Urteil unterliegen, es sei denn, sie hätten laut Ermessen des Bischofs nach Würdigung des Verdachts und ihrer Person die eigene Unschuld durch eine entsprechende Rechtfertigung erwiesen. Auch diejenigen, die nach Abschwörung des Irrtums oder nachdem sie sich bei einer Prüfung des Bischofs gerechtfertigt haben, wie wir ausführten, beim Rückfall in die abgeschworene Häresie ertappt wurden, sollen nach unserer Festsetzung ohne jedes weitere Gehör dem weltlichen Gericht überlassen werden. Die Güter der verurteilten Kleriker sind nach den rechtmäßigen Strafbestimmungen den Kirchen zuzuwenden, denen sie gedient haben.

Wir bestimmen ferner, dass das eben genannte Exkommunikationsurteil, dem nach unserer Vorschrift alle Häretiker unterliegen, von allen Patriarchen, Erzbischöfen und Bischöfen an den wichtigsten Festtagen und wann immer sie eine Feierlichkeit oder andere Gelegenheit haben zur Ehre Gottes und zur Unterdrückung der häretischen Verkehrtheit erneut verkündet wird. Mit apostolischer Autorität setzen wir fest, dass ein Bischof für drei Jahre von der bischöflichen Würde und Verwaltung für suspendiert gehalten werde, wenn er in diesem Punkt nachlässig oder untätig erfunden wird. Auf bischöflichen Rat und auf Vorschlag des Reichshauptes und der Reichsfürsten haben wir hinzugefügt, dass jeder Erzbischof oder Bischof selbst oder durch seinen Erzdiakon oder andere ehrenhafte und geeignete Personen ein- oder zweimal jährlich in derjenigen Pfarrei nachsehe, in welcher das Gerücht entstand, dass dort Häretiker wohnten; und dort soll er drei oder vier Männer mit gutem Leumund oder auch, wenn es geeignet erscheint, die ganz Nachbarschaft zwingen, zu schwören, dass jeder sich bemühen werde, wenn er Häretiker kennt oder Leute, die geheime Zusammenkünfte feiern oder vom gemeinsamen Wandel der Gläubigen durch Leben oder Sitten abweichen, diese dem Bischof oder Erzdiakon anzuzeigen. Der Bischof oder Erzdiakon aber rufe die Angeschuldigten zu sich. Diese sollen, wenn sie sich nach deren Ermessen und nach örtlicher Gewohnheit von der vorgeworfenen Anklage nicht reinigen konnten oder wenn sie nach der Rechtfertigung in den alten Irrglauben zurückfielen, nach dem Urteil der Bischöfe bestraft werden. Wenn aber einige von ihnen aus verdammenswertem Aberglauben den Eid zurückweisen und etwa nicht schwören wollen, dann sollen sie schon deswegen als Häretiker verurteilt und mit den oben genannten Strafen zugrunde gerichtet werden.

Darüber hinaus setzen wir fest, dass die Grafen, Barone, Bürgermeister und Ratsherren der Städte und anderer Orte nach Aufforderung der Erzbischöfe und Bischöfe durch einen persönlich geleisteten Eid versprechen, dass sie der Kirche in allen Vorschriften treu und wirksam gegen die Häretiker und ihre Komplizen helfen werden, wenn es von ihnen verlangt wird, und sich guten Glaubens bemühen werden, die kirchlichen wie die weltlichen Anordnungen in Bezug auf das, was wir gesagt haben, gemäß ihres Amtes und ihres Könnens durchzuführen. Wenn sie das aber nicht einhalten wollen, sollen sie der Würde, die sie innehaben, beraubt werden, und wenn sie auch nicht zu den Häretikern gezählt werden, sind sie dennoch mit der Exkommunikation zu binden und ihre Güter durch Interdikt der Kirche zuzuschreiben. Die Stadt aber, die glaubt, diesen beschlossenen Erlassen widerstehen zu sollen, oder die es gegen die bischöfliche Mahnung versäumt, die Widerstandleistenden zu bestrafen, soll auf den Handel mit anderen Städten verzichten müssen; sie wisse, dass ihr die bischöfliche Würde zu entziehen ist.

Wir bestimmen, dass auch alle, die Häretiker begünstigen, gleichsam zur dauernden Ächtung verurteilt und von der Anwaltschaft, Zeugenschaft und anderen öffentlichen Ämtern fern zu halten sind. Wenn es aber einige gibt, die von der Jurisdiktion der Diözese ausgenommen sind und allein der Vollmacht des Apostolischen Stuhles unterstehen, sollen sie dennoch in den Punkten, die wir oben gegen die Häretiker erlassen haben, das Urteil der Erzbischöfe und Bischöfe auf sich nehmen und ihnen in diesem Bereich, gleichsam als den vom Apostolischen Stuhl Delegierten, bei Aufrechterhaltung ihrer Freiheitsprivilegien, gehorchen.

Quellentext Nr. 25: Decretal. Gregor. IX. lib. V. Tit. 7, c. 9. – Gotthold Hasenhüttl/Josef Nolte, Formen kirchlicher Ketzerbewältigung, Düsseldorf 1976. S. 37–40.

DAS 4. LATERANKONZIL

Das 4. Laterankonzil tagte vom 11. bis 30. November 1215 und beschäftigte sich in der Hauptsache mit Fragen der Kirchenreform. Im 3. Kapitel geht es um die Bekämpfung der Häresie durch die weltliche Gewalt und durch die Kirche. Der Bayreuther Historiker Peter Segl nennt die weitgehend auf „Ad abolendam" zurückgehenden Bestimmungen dieser Kirchenversammlung den „Antiketzerkanon des Laterankonzils", der die weltlichen Machthaber sowie die Bischöfe erneut verpflichtete, gegen Häretiker vorzugehen. Die Methode des Vorgehens wurde gegenüber der Praxis, die schon vorher üblich war, nicht verändert (vgl. Peter Segl, Die Anfänge der Inquisition im Mittelalter, Köln – Weimar – Wien 1993. S. 10).

[3. Über die Häretiker] Wir verwerfen und verurteilen jede Häresie, die sich gegen den heiligen, rechten und katholischen Glauben erhebt, den wir oben dargelegt haben. Wir verurteilen alle Häretiker, wie immer man sie bezeichnen mag. Sie haben zwar verschiedene Gesichter, sind aber „Schweif an Schweif gebunden" (Ri 15,4), weil sie durch ihr nichtiges Treiben zueinander passen. Die verurteilten Häretiker aber sollen den weltlichen Obrigkeiten selbst oder deren Statthaltern zur gebührenden Bestrafung übergeben werden. Klerikern soll man vorher ihre Weihegrade entziehen. Sind die aus diesen Gründen Verurteilten Laien, so sollen ihre Güter beschlagnahmt werden; sind sie aber Kleriker, so soll man die Güter den Kirchen zuweisen, von denen jene ihre Einkünfte bezogen haben. Wer sich bloßem Verdacht ausgesetzt hat, den soll, sofern er nicht gegenüber diesen Verdachtsgründen durch seine Haltung und eine angemessene Rechtfertigung seine Unschuld nachgewiesen hat, das Schwert des Kirchenbanns treffen. Bis zu ihrer völligen Entlastung sollen solche Leute von allen gemieden werden. Bleiben sie ein ganzes Jahr in der Exkommunikation, so soll man sie daraufhin als Häretiker verurteilen. Die weltlichen Obrigkeiten aber, welche Ämter immer sie verwalten, sollen ermahnt, veranlasst und notfalls durch kirchliche Zensuren gezwungen werden, wenn anders sie als Gläubige gelten und dafür gehalten werden wollen, öffentlich einen Eid für die Verteidigung des Glaubens zu leisten; darin sollen sie sich verpflichten, alle von der Kirche benannten Häretiker redlich und nach Kräften aus den ihrer Amtsgewalt unterstehenden Gebieten zu entfernen. Wenn künftig jemand in ein geistliches oder weltliches Amt berufen wird, soll er angehalten werden, diese Verpflichtung eidlich zu bekräftigen. Wenn aber ein weltlicher Herr es trotz Aufforderung und Ermahnung seitens der Kirche unterlässt, sein Land von dieser abscheulichen Ketzerei zu säubern, soll er von dem Metropoliten und dessen Suffraganbischöfen mit der Exkommunikation belegt werden. Lehnt er es ab, innerhalb Jahresfrist Genugtuung zu leisten, so soll der Fall dem Papst gemeldet werden, damit dieser die Vasallen von der Treuepflicht jenem gegenüber löst und dessen Land den Katholiken zur Inbesitznahme überlässt. Diese sollen es nach der Vertreibung der Ketzer ohne jeden Widerspruch besetzt halten dürfen und es in der Reinheit des Glaubens erhalten, vorbehaltlich der Rechte des Oberlehensherrn, wofern er in der Angelegenheit keinen Widerstand geleistet hat und kein Hindernis in den Weg legt; in der gleichen Weise soll man verfahren mit denen, die keinen Oberlehensherrn haben.

Die Katholiken, die das Kreuz nehmen und sich zum Kampf gewappnet haben, um die Ketzer zu vertreiben, sollen den gleichen Ablass und den Schutz des gleichen heiligen Privilegs genießen, wie sie denen gewährt werden, die sich zur Hilfe für das Heilige Land aufmachen. Über die Anhänger der Ketzer aber, außerdem über ihre Gönner, Verteidiger und Beschützer verhängen wir die Exkommunikation und ordnen nachdrücklich an: Wer von den Genannten von der Exkommunikation betroffen ist und es ablehnt, innerhalb Jahresfrist Genugtuung zu leisten, soll danach ipso jure infam sein und weder zu öffentlichen Ämtern oder Kollegien noch zu Wahlen für diese Ämter noch zur Zeugenaussage zugelassen werden; darüber hinaus soll er testamentsunfähig sein, sodass er weder die Fähigkeit besitzt, ein Testament zu machen, noch selbst eine Erbschaft antreten kann. Niemand soll gehalten sein, ihm in gleich welcher Angelegenheit Auskunft zu geben, er aber muss es anderen gegenüber tun. Ist er Richter, so soll sein Urteil keine Gültigkeit haben und kein Fall vor sein Gericht gebracht werden; ist er Advokat, so wird seine Verteidigung vor keinem Gericht zugelassen; ist er Notar, so haben seine Urkunden nicht den geringsten Wert; sie sollen vielmehr verworfen werden mitsamt ihrem verworfenen Verfasser; in allen ähnlichen Fällen soll man in gleicher Weise verfahren; wenn er aber Kleriker ist, soll er Amt und Pfründe verlieren; denn wessen Schuld größer ist, den soll die härtere Strafe treffen. Wer aber mit diesen Leuten, nachdem die Kirche sie öffentlich gebrandmarkt hat, weiterhin Umgang pflegt, soll der Strafe der Exkommunikation verfallen sein, bis er angemessene Genugtuung leistet. Die Kleriker dürfen diesen Unheilstiftern weder die Sakramente der Kirche reichen noch sich erdreisten, ihnen ein christliches Begräbnis zu gewähren, noch ihre Geschenke und Opfergaben annehmen. Andernfalls sollen sie ihr Amt verlieren und ohne besonderes Indult des Apostolischen Stuhles niemals wieder eingesetzt werden. Ähnlich soll es den Regularen gleich welcher Art ergehen; ihre Privilegien sollen in derjenigen Provinz nicht gelten, in der sie gewagt haben, derartige Verstöße zu begehen. Denn es gibt einige unter ihnen, die nach dem Wort des Apostels „die äußere Form der Frömmigkeit beibehalten, aber für deren Kraft verschlossen" sind (2 Tim 3,5) und sich die Vollmacht zuschreiben zu predigen, wo doch der Apostel sagt: „Wie sollen sie predigen, wenn sie nicht gesandt sind?" (Röm 10,15) Alle, denen zu predigen verboten ist oder die keine Missio haben vom Apostolischen Stuhl oder dem katholischen Ortsbischof und die doch öffentlich oder im kleinen Kreise sich das Predigeramt anzueignen wagen, sollen der Exkommunikation verfallen und, falls sie sich nicht schleunigst eines Besseren besinnen, mit einer anderen angemessenen Strafe belegt werden. Wir bestimmen ferner, dass jeder Erzbischof oder Bischof zweimal oder wenigstens einmal im Jahr eine bestimmte Gemeinde, in der Gerüchten zufolge Ketzer wohnen, persönlich visitieren oder durch seinen Erzdiakon oder andere tugendhafte Männer visitieren lassen soll; dort soll er drei oder mehr gut beleumdete Männer oder auch, wenn es ihm ratsam erscheint, die ganze Nachbarschaft schwören lassen, dem Bischof die Leute gewissenhaft anzuzeigen, die ihnen dort als Ketzer bekannt sind, oder solche, die geheime Konventikel abhalten oder in ihrer Lebensführung und ihren Sitten von dem üblichen Verhalten der Gläubigen abweichen. Der Bischof aber soll die Beschuldigten vor sich rufen und sie kanonisch bestrafen, wenn sie sich nicht von der Anschuldigung reinigen können oder wenn sie nach der Entlastung wieder in den früheren Unglauben zurückfallen. Wer aber in einem verdammenswerten Starrsinn den Eid ablehnt und sich weigert zu schwören, soll schon allein deswegen für einen Ketzer gehalten werden. Wir ordnen deshalb an, bestimmen und befehlen in der Kraft des Gehorsams mit aller Strenge, dass die Bischöfe in ihren Diözesen gewissenhaft über die wirksame Durchführung dieser Maßnahmen wachen sollen, wenn sie der kanonischen Strafe entgehen wollen. Wenn nämlich ein Bischof bei der Reinigung seiner Diözese von dem verderblichen Sauerteig der Ketzerei nachlässig oder lax gewesen ist und wenn das aus verschiedenen Anzeichen offenkundig wird, soll er seines bischöflichen Amtes enthoben und durch einen anderen ersetzt werden, der geeignet und willens und imstande ist, die verruchte Häresie zuschanden zu machen.

Quellentext Nr. 26: Raymonde Foreville, Lateran I–IV, Mainz 1970. S. 403–406.

Die Synode von Toulouse

Die Synode von Toulouse tagte im Herbst des Jahres 1229 unter Vorsitz des Kardinallegaten Romanus von Sant' Angelo. Ein paar Monate zuvor – am 12. April 1229 – hatten der französische König Ludwig VIII. und Graf Raimund VII. von Toulouse in Paris Frieden geschlossen und die Albigenserkriege gehörten somit endgültig der Vergangenheit an. Die Zusammenarbeit von kirchlichen und weltlichen Autoritäten beim Aufspüren und Bestrafen von Ketzern

*Konrad von Marburg, der seit 1227 Inquisitor für Deutschland war und
mit großer Härte und häufig rechtsverletzend vorging, wurde am 30. Juli 1233
bei Marburg erschlagen.*

*wurde nunmehr offiziell anerkannt und bestätigt. Auf dieser Linie arbeitete
die Synode von Toulouse weiter. Bemerkenswert ist, dass in Toulouse erstmals
die Zusammenstellung eines dauernden Gerichtshofes dekretiert wurde, dessen Aufgabe einzig darin bestand, Häretiker aufzuspüren und vor Gericht zu
stellen.*

Maßnahmen zur Aufspürung von Ketzern

1. Die Bischöfe müssen in jeder Pfarrei, sowohl innerhalb als auch außerhalb
einer Stadt, einen Priester und zwei oder drei oder mehrere gut beleumundete Laien, wenn nötig, eidlich verpflichten, dass sie fleißig, treu und oft den
Häretikern in diesen Parochien [*Pfarren*] nachforschen, einzelne verdächtige Häuser und unterirdische Kammern und Anbauten an Häuser und andere Schlupfwinkel, die alle zerstört werden müssen, durchsuchen. Haben sie

einige Ketzer oder Credentes [*„Gläubige"*] oder Gönner und Beschützer von Ketzern entdeckt, so müssen sie dieselben, unter Ergreifung von Vorsichtsmaßregeln, damit sie nicht fliehen, dem Bischof und dem Herrn des Orts oder seinem Balliven [*Amtmann*] schleunigst anzeigen, damit sie gebührend gestraft werden.

2. Das Gleiche (wie die Bischöfe) müssen die exemten Äbte in ihren Orten tun, die keiner bischöflichen Jurisdiktion unterstellt sind.

Kein Lehensherr darf in seinem Land einen Ketzer dulden

3. Die Herren der verschiedenen Distrikte sollen in Villen, Häusern und Wäldern den Häretikern fleißig nachforschen lassen und ihre Schlupfwinkel zerstören.

4. Wer künftig noch auf seinem Gebiet einen Häretiker weilen lässt, sei es gegen Geld oder aus sonst einem Grunde, der verliert, falls er geständig oder überwiesen ist, dies Besitztum auf immer und sein Leib ist seinem Obern zu gebührender Strafe verfallen.

5. Aber auch derjenige unterliegt den gesetzlichen Strafen, dessen Gebiet zwar nicht mit seinem Vorwissen, aber durch seine Nachlässigkeit häufiger Aufenthaltsort von Ketzern geworden ist.

Konfiskation von Gütern

6. Das Haus, in welchem man einen Häretiker findet, muss niedergerissen, der Ort oder Boden konfisziert werden.

7. Der Balliv [*Amtmann*], der an einem verdächtigen Orte wohnt und in Nachforschung gegen die Häretiker nicht fleißig ist, verliert sein Amt und darf weder da noch anderwärts mehr angestellt werden.

8. Damit aber nicht Unschuldige gestraft und niemand verleumderisch der Häresie bezichtigt werde, verordnen wir, dass keiner als Häretiker oder Credens [*„Gläubiger"*] gestraft werde, ehe er vom Bischof oder einer anderen bevollmächtigten kirchlichen Person für einen Häretiker oder Credens erklärt worden ist.

9. Es darf auch jeder im Gebiete des andern den Häretikern nachforschen, und die Balliven der betreffenden Orte müssen ihn dabei unterstützen. So kann der König im Gebiete des Grafen von Toulouse und umgekehrt Letzterer im Gebiete des Königs nach Häretikern forschen.

Wiederaufnahme von bekehrten Häretikern

10. Wenn ein Haereticus vestitus [*d. h. ein Häretiker, der als „Vollkommener"
das „Consolamentum" empfangen hat*] freiwillig von der Häresie zurücktritt,
darf er nicht mehr in der Villa [*dem Wohnort*] bleiben, wo er früher wohnte,
falls dieselbe der Häresie verdächtigt ist, sondern er muss in eine katholische,
ganz unverdächtige Villa verpflanzt werden. Zudem muss er auf seinem Kleide zwei Kreuze, eines rechts, das andere links, von anderer Farbe tragen, als die
des Kleides ist. Auch dürfen solche Leute nicht zu öffentlichen Ämtern oder zu
gesetzlichen Akten zugelassen werden, außer sie seien durch den Papst oder
seinen Legaten unter gehöriger Bußauflegung in integrum restituiert [*wieder
in den früheren Zustand versetzt*].

Jeder Katholik muss alle zwei Jahre einen Treueeid leisten

11. Wer nicht freiwillig, sondern aus Furcht vor dem Tod oder aus einem andern Grund zur Kirche zurückgekehrt ist, muss zur Vollziehung seiner Buße
durch den Bischof eingesperrt werden, damit er andere nicht verleiten kann.
Wer aber in den Besitz der Güter desselben kommt, muss nach Anordnung der
Prälaten für seine Bedürfnisse sorgen. Besitzt er nichts, so muss der Prälat für
ihn sorgen.

12. Alle Einwohner einer Pfarrei sollen dem Bischof eidlich geloben, den katholischen Glauben bewahren und die Häretiker nach Kräften verfolgen zu
wollen. Dieser Eid soll alle zwei Jahre erneuert werden.

13. Wer die Unterscheidungsjahre erreicht hat, männlich oder weiblich,
muss dreimal im Jahr seinem Priester [*seinem zuständigen Pfarrer*] oder mit
dessen Erlaubnis einem andern seine Sünden beichten und die auferlegte Buße
demütig und nach Kräften vollziehen und dreimal im Jahr das Sakrament der
Eucharistie empfangen, wer dies nicht tut, ist der Häresie verdächtig.

14. Die Laien dürfen die Bücher des Alten und Neuen Testaments nicht besitzen; nur das Psalterium und Brevier oder auch die Marianischen Tagzeiten
dürfen sie haben, und auch diese Bücher nicht in Übersetzungen in die Landessprache.

Besondere Vorschriften für Kranke und Sterbende

15. Wer der Häresie beschuldigt ist oder auch nur im Verdacht derselben steht,
darf nicht das Amt eines Arztes verwalten. Wenn ein Kranker von seinem

Priester die heilige Kommunion empfangen hat, so ist er sorgsam zu hüten, dass kein Häretiker oder der Häresie Verdächtiger ihn besuche, da durch solche Besuche schon oft Schreckliches geschehen ist.

Amtsverlust

17. Kein Prälat, Baron oder sonstiger Herr darf einem Häretiker oder Credens eine Balliven- oder Verwalterstelle übertragen, auch keinen Häretiker oder wegen Häresie Diffamierten oder Verdächtigen in seinen Diensten oder in seinem Rat behalten.

Abschließende Bestimmungen

18. Wegen Häresie diffamiert ist derjenige, den die öffentliche Stimme als Häretiker bezeichnet oder in Betreff dessen vor dem Bischof gesetzlich erwiesen ist, dass er bei den Guten und Achtungswerten in schlimmem Rufe stehe.

19. Diese Verordnungen müssen von den Pfarrern ihren Pfarreien viermal im Jahre erklärt werden.

Quellentext Nr. 27: Michael Pfliegler, Dokumente zur Geschichte der Kirche, Innsbruck 1938. S.131–134.

Predigermönche gegen die Ketzer Frankreichs

Mit den am 20. April 1233 veröffentlichten Bullen „Ille humani generis" und „Licet ad capiendos" machte Papst Gregor IX. (1227–1241) die Ketzerverfolgung zu einer Aufgabe der Dominikaner.

[Aus der Bulle „Ille humani generis"] Wir sehen euch [*die Bischöfe*] verstrickt in einen Wirrwarr von Sorgen und kaum imstande, unter dem Drucke der überwältigenden Beunruhigungen zu atmen, wir halten es deshalb für gut, eure Lasten zu teilen, damit sie leichter getragen werden können. Wir haben daher beschlossen, Predigermönche gegen die Ketzer Frankreichs und der benachbarten Provinzen auszusenden, und wir bitten, warnen, ermahnen und befehlen euch, sie im Namen der Verehrung, die ihr für den hl. Stuhl empfindet, freundlich aufzunehmen, sie gut zu behandeln und ihnen in diesem und allem anderen eure Gunst, euren Rat und eure Hilfe zuteil werden zu lassen, damit sie ihr Amt erfüllen können. [1]

[Aus der Bulle „Licet ad capiendos"] Daher also seid ihr [*d. h. die Prioren und Brüder des Predigerordens]* oder irgendeiner von euch, wo immer ihr zufällig predigen mögt, ermächtigt, den Klerikern, die auf eure Ermahnung hin von solcher Verteidigung der Ketzerei nicht ablassen, ihre Pfründen für immer zu nehmen und gegen sie und alle anderen ohne Berufung vorzugehen sowie, wenn nötig, die Hilfe des weltlichen Armes anzurufen und ihren Widerstand durch kirchliche Zensuren ohne Berufung zu brechen. [2]

Quellentext Nr. 28: [1] Gregor. PP. IX. Bulle „Ille humani generis". [2] Gregor. PP. XI. Bulle „Licet ad capiendos". – Henry Charles Lea, Geschichte der Inquisition im Mittelalter, Bd. 1, Bonn 1905. S. 368–369.

DIE BULLE „AD EXTIRPANDAM"

Die Bulle „Ad extirpandam" wurde am 15. Mai 1252 von Papst Innozenz IV. (1243–1254) erlassen und erging an die Städte in der Lombardei, der Romagna und der Mark Treviso. Der Papst stellt darin „ein detailliertes Programm zur Verfolgung der Ketzerei in Italien auf, für das auch eine Beteiligung der weltlichen Instanzen erforderlich war" (Henry Kamen, Inquisition; in: Theologische Realenzyklopädie, Bd. 16, Berlin – New York 1981. S. 190). Traurige Berühmtheit hat dieses kirchliche Dokument deswegen erlangt, weil es sich – im Kanon Nr. 25 – für die Anwendung der Folter ausspricht.

III. Derselbe behördliche Machthaber oder Rektor soll auch gehalten sein, innerhalb dreier Tage nach Beginn seiner Amtszeit zwölf erprobte katholische Männer, zwei Notare, zwei Diener oder wie viel nötig sein sollten, zu bestimmen: Diese sollen von dem Diözesanbischof, wenn er gegenwärtig ist und dabei sein will, von zwei Dominikanern und zwei Franziskanern – für diesen Zweck von ihren Vorgesetzten abgeordnet, wenn es dort ein Kloster dieser Orden gibt – gewählt werden.

IV. Die so Bestimmten und Gewählten sollen die Erlaubnis und die Pflicht haben, die männlichen und weiblichen Häretiker zu ergreifen, ihnen ihre Güter wegzunehmen oder durch andere wegnehmen zu lassen und dafür zu sorgen, dass dies in der Stadt wie auch in ihrem ganzen Jurisdiktionsbereich und Distrikt vollständig erfüllt wird, und sie in die Gewalt des Diözesanbischofs oder seiner Vikare zu überführen oder überführen zu lassen.

Anwendung der Folter

XXV. Der behördliche Machthaber oder Rektor soll außerdem gehalten sein, gegen alle Häretiker, die er gefangen hält, Zwang [*Folter*] anzuwenden, ausgenommen die Zertrümmerung der Glieder und bei Todesgefahr – gleichsam wie gegen wahre Räuber und Mörder der Seelen und Diebe der Sakramente Gottes und des christlichen Glaubens –, dass sie ihre Irrtümer ausdrücklich gestehen und die ihnen bekannten Häretiker und ihre Güter, deren Anhänger, Gastgeber und Verteidiger anzeigen, wie auch Diebe und Räuber zeitlicher Güter gezwungen [*gefoltert*] werden, ihre Komplizen anzuzeigen und die begangenen Übeltaten zu gestehen.

Quellentext Nr. 29: Innozenz IV., Bulle „Ad extirpandam" vom 15.5.1252. – Gotthold Hasenhüttl/Josef Nolte, Formen kirchlicher Ketzerbewältigung, Düsseldorf 1976. S.42–43.

„Erhebt euch gegen die Feinde des Kreuzes!"

Am 10. August 1309 griff der Inquisitor Bernard Gui zu einem nicht alltäglichen Mittel, um einen von der Inquisition gesuchten Ketzer, der bisher immer entwischen hatte können, zu fassen zu bekommen. Er wandte sich in einem Schreiben an die Bevölkerung und bat sie um Mitarbeit.

Bruder Bernhard Guidonis [*Bernard Gui*], Dominikaner, Inquisitor von Toulouse, entbietet allen Gläubigen in Christo die Belohnung und die Krone des ewigen Lebens.

Umgürtet euch, Söhne Gottes, erhebt euch mit mir, Streiter Christi, gegen die Feinde seines Kreuzes, jene Verderber der Wahrheit und Reinheit des katholischen Glaubens, gegen Peter Autier, den Erzketzer, und seine Anhänger und Mitschuldigen, Peter Sanche und Sanche Mercadier. Sie, die sich versteckt halten und in der Dunkelheit umhergehen, befehle ich im Namen Gottes zu verfolgen und zu ergreifen, wo immer man sie findet, und verspreche die ewige Belohnung Gottes und einen reichen zeitlichen Lohn denjenigen, welche die Genannten ergreifen und vorführen. Wachet daher, ihr Hirten, damit die Wölfe eure Schafe nicht fressen! Handelt mannhaft, ihr treuen Eiferer Gottes, damit die Gegner des Glaubens nicht fliehen und uns entrinnen können!

Quellentext Nr. 30: Henry Charles Lea, Geschichte der Inquisition im Mittelalter, Bd. 2, Bonn 1909. S. 115.

„TÖTET SIE, DER HERR KENNT DIE SEINEN!"

Vom Streitgespräch zum Sturmangriff

In der Hitze des Gefechts am 22. Juli 1209 beim Sturmangriff auf Béziers stellte sich für die im Kreuzzug gegen die Albigenser kämpfenden Soldaten die Frage, welche Leute in der belagerten Festung sie niedermetzeln und welche sie verschonen sollten. Deshalb fragten sie die den Abt Arnaud Amaury von Citeaux, woran sie eigentlich erkennen könnten, ob es sich um Katholiken oder um Ketzer handelt. Darauf gab der Kirchenmann eine ebenso militärisch kurze wie haarsträubende Antwort. Sinngemäß lautete sie: „Tötet ruhig alle – der liebe Gott wird schon wissen, wer zu ihm gehört und wer nicht!"

Da die Historiker für diese Episode, die vom Zisterziensermönch Cäsarius von Heisterbach (um 1180–1240) berichtet wird, außer der Stelle in dem von Cäsarius verfassten „Dialogus miraculorum" keinen anderen glaubwürdigen Beleg finden konnten, hat man bezweifelt, ob diese Ungeheuerlichkeit – schließlich und endlich handelt es sich beim Satz „Der Herr kennt die Seinen" um ein missbräuchlich verwendetes Bibelzitat! – tatsächlich in dieser Form dem Munde eines Abts entquollen sein soll, und man hat vorsichtshalber vermutet, dass es sich höchstwahrscheinlich um eine erfundene Geschichte handeln dürfte. Das mag durchaus so sein, aber Anekdoten haben es nun einmal so an sich, dass sie pointierte Aussagen über die Wirklichkeit enthalten. An dem, was damals passiert ist, ändert es leider nicht sehr viel, ob Abbas Arnoldus – wie er im lateinischen Originaltext genannt wird – diese im wahrsten Sinne des Wortes „schlagfertige" Antwort gegeben hat oder nicht. Vermutlich ist die Wahrheit viel simpler: Die christlichen Haudegen werden beim Sturmangriff auf Béziers gar nicht erst lange gefragt haben und der dem Anführer zugeschriebene Satz ist nur der Versuch einer nachträglichen „Rechtfertigung" dessen, was ablief.

Der Kampf gegen die Ketzer fand glücklicherweise nicht immer mit klirrenden Waffen statt. So berichtet uns eine andere – möglicherweise ebenfalls bloß „gut erfundene", aber dennoch zutreffende und viel sagende – Anekdote von einer geistreichen Antwort, mit der Bernhard von Clairvaux auf eine nicht minder geistreiche Bemerkung eines Häretikers erwiderte.

Das Wort war schließlich auch die wichtigste Waffe, mit der die Häretiker bzw. Kirchenkritiker gegen Missstände ankämpften. Vor dem massenweisen Auftreten von Ketzern am Ende des 12. und zu Anfang des 13. Jahrhunderts waren es in der Regel einzelne Persönlichkeiten – Peter de Bruys, Heinrich von Lausanne, Tanchelm, Eon von Stella oder Arnold von Brescia, um nur einige Beispiele zu nennen –, die die mittelalterliche Kirche durcheinander wirbelten. Die Ketzer dieses Typs waren sozusagen Einzelkämpfer mit Anhängern. Sie stellten sich ins Rampenlicht – und oft genug kamen sie auch im Rampenlicht um. Als die Häretiker allerdings zu einer Massenerscheinung wurden, veränderte sich auch ihre Einstellung zur Öffentlichkeit. Die Ketzer – formuliert Lothar Kolmer – „suchten nicht mehr, wie vordem, die Öffentlichkeit, sie wollten im Stillen ihren Glauben ausüben und vermieden Auffälligkeiten, so gut es irgend ging" (Lothar Kolmer, Ad capiendas vulpes, Bonn 1982. S. 25).

Peter de Bruys

Der aus der Diözese Embrun gebürtige Peter de Bruys wurde 1126 zu St. Gilles als Ketzer verbrannt. Er hatte den Zorn der Inquisitoren erregt, weil er „priesterfeindliche Lehren" verkündete. So hatte er zum Beispiel in der Gascogne, um seine Verachtung gegen die von Priestern verehrten Gegenstände zu beweisen, eine Menge geweihter Kreuze zu einem Scheiterhaufen zusammengeschichtet, diesen entzündet und sich an den verbrennenden Devotionalien in aller Ruhe ein Stück Fleisch gebraten. Die einzige Äußerung, die uns von ihm im Wortlaut überliefert ist, betrifft die Eucharistie.

O Leute, glaubt weder den Bischöfen noch den Priestern noch den sonstigen Klerikern, die euch, wie in so vielen anderen Dingen, auch in dem Altardienst zu täuschen suchen, indem sie lügenhafterweise behaupten, dass sie den Leib Christi machten und ihn euch zum Heile eurer Seele gäben. Ihre Lüge liegt auf der Hand; denn der Leib Christi ist nur einmal von Christus selbst bei dem Abendmahle vor seinem Leiden gemacht und nur einmal den Jüngern gegeben, seitdem aber nie wieder gemacht und nie wieder ausgeteilt worden.

Quellentext Nr. 31: Petri Venerab. Tract. contra Petrobrusianos. – Henry Charles Lea, Geschichte der Inquisition im Mittelalter, Bd. 1, Bonn 1905. S. 75.

„Die Stimme eines einzigen Ketzers ..."

Die Verkündigung der Anhänger des 1126 hingerichteten Häretikers Peter de Bruys – der nach ihm benannten „Petrobrusianer" – hatte in Südfrankreich großen Erfolg. Bernhard von Clairvaux klagt 1147 in einem Brief über die Zustände, die in den ausgedehnten Besitzungen des Grafen von Toulouse herrschten.

[Über die Folgen der Predigt der Petrobrusianer] Die Kirchen sind ohne Volk, das Volk ohne Priester, die Priester ohne die ihnen gebührende Ehrfurcht und die Christen ohne Christus. Die Kirchen werden als Synagogen betrachtet, das Heiligtum des Herrn ist nicht mehr heilig, die Sakramente werden nicht mehr gewürdigt; die Feiertage sind ohne Feierlichkeit; die Menschen sterben in ihren Sünden, und ihre Seelen eilen vor den gefürchteten Richterstuhl, weder versöhnt durch Buße noch gestärkt durch die heilige Kommunion. Die Kinder sind vom ewigen Leben ausgeschlossen, da ihnen die Taufe versagt wird. Die Stimme eines einzigen Ketzers bringt zum Schweigen alle jene apostolischen und prophetischen Stimmen, die sich vereinigt haben, um die Völker zur Kirche Christi zu führen.

Quellentext Nr. 32: S. Bernardi Epist. 241. – Henry Charles Lea, Geschichte der Inquisition im Mittelalter, Bd. 1, Bonn 1905. S. 77.

Der Hals als Beweis

Ein führender Kopf der häretischen Bewegung, welche die „petrobrusianischen" Lehren propagierte, war Heinrich von Lausanne. Vor 1116 hatte er als Mönch gelebt, später jedoch das Kloster verlassen, weil er meinte, seine Vorstellungen über die Reform außerhalb der Klostermauern besser verwirklichen zu können. Nichtsdestoweniger lebte er sittenstreng und stand deswegen in großem Ansehen beim Volk. Mit seiner überzeugenden Rhetorik gelang es ihm, begüterte Frauen dazu zu bewegen, ihre wertvollen Schmuckstücke zu veräußern, oder junge Männer auf die Idee zu bringen, Prostituierte zu heiraten, um sie von ihrem sündigen Lebenswandel abzubringen.

Heinrichs Leben und Wirken war stets eine Gratwanderung zwischen Häresie und legitimer kirchlicher Reformbemühung. 1134 vom Erzbischof von Arles festgenommen und auf dem Konzil von Pisa wegen Ketzerei zu einer Ge-

fängnisstrafe verurteilt, durfte Heinrich von Lausanne später wieder in sein Kloster zurückkehren, wo er wiederum nicht lange blieb, sondern in den bekanntermaßen strengen Zisterzienserorden des Bernhard von Clairvaux überwechselte. Er geriet allerdings später abermals wegen Verbreitung häretischer Lehren mit der kirchlichen Obrigkeit in Konflikt.

Die Prälaten in Südfrankreich waren nicht imstande, seiner erfolgreichen Predigttätigkeit Einhalt zu gebieten, und riefen den päpstlichen Legaten Alberich zu Hilfe. Dieser ahnte offenbar das Fiasko, das ihn erwartete. Als er nach Albi kam, zog ihm nämlich das Volk zum Zeichen des Spottes mit Eseln entgegen und störte mit Trommeln seine Ansprache. Jedenfalls hatte Alberich bereits fürsorglich einen Mann wie Bernhard von Clairvaux als Krisenmanager engagiert und der asketische Abt ließ sich nicht zweimal bitten, obwohl er zu dieser Zeit gerade gesundheitlich ein wenig angeschlagen war. Bernhard, von dessen glühender Beredsamkeit und fantastischer Wunderkraft man sich die tollsten Geschichten erzählte, gelang, was dem päpstlichen Legaten nicht gelungen war: Er sprach vor vollem Haus – und man hörte ihm zu.

In der Lebensbeschreibung des heiligen Bernhard wird eine Episode berichtet, die sich bei dieser Gelegenheit ereignete. Ein Anhänger des Ketzers Heinrich von Lausanne fing einen Disput mit Bernhard an, der auf einem gut genährten Pferd ritt, und der prominente Zisterzienserabt verstand es, äußerst schlagfertig zu kontern.

[…] Als er [Bernhard] zu Pferde stieg, um fortzureiten, trat ein verstockter Ketzer an ihn heran und rief ihm, um ihn zu verwirren, die Worte zu: „Mein Herr Abt, unser Ketzer, von dem ihr so schlecht denkt, hat kein so fettes und mutiges Pferd wie ihr." Der Heilige aber erwiderte: „Mein Freund, ich leugne es nicht. Das Pferd frisst und wird von selbst fett; denn es ist ein unvernünftiges Tier und von Natur seinem Gelüste ergeben, wodurch es Gott nicht beleidigt. Aber vor dem Richterstuhl Gottes werden ich und dein Meister nicht beurteilt nach dem Halse des Pferdes, sondern ein jeder nach seinem eigenen Halse. Siehe also meinen Hals an und prüfe, ob er fetter ist als der deines Herrn und ob du Recht hast, mich zu tadeln." Dabei schlug er seine Kapuze zurück und ließ seinen Hals sehen, lang, dünn und abgemagert durch strenge Kasteiungen, sodass die Ungläubigen beschämt schwiegen.

Quellentext Nr. 33: S. Bernardi Vit. Prim. Lib. VII, cap. 17. – Henry Charles Lea, Geschichte der Inquisition im Mittelalter, Bd. 1, Bonn 1905. S. 77–78.

ARNOLD VON BRESCIA

Arnold von Brescia wurde 1155 als Ketzer verurteilt und hingerichtet. Im Grunde genommen vertrat er eigentlich gar keine häretischen Anschauungen, sondern war ein „radikaler Kirchenreformer" (Lexikon für Theologie und Kirche, Bd. 1, Freiburg im Breisgau [3. Auflage] 1993. S. 1022). Arnold predigte gegen die Verweltlichung der Kleriker und gegen den Missbrauch der kirchlichen Autorität. Er „verunglimpfte die Kardinäle, deren Konvent wegen seiner Überheblichkeit und Gier und vielfacher Schändlichkeit nicht die Kirche Gottes sei, sondern das Haus der Schande und eine Räuberhöhle". Die Kardinäle, sagte er, würden „die Geschäfte der Schreiber und Pharisäer im christlichen Volk" ausüben (Jürgen Strothmann, Arnold von Brescia – Christentum als soziale Religion; in: Theologie und Glaube 87 [1997], S. 55). Papst Eugen III. (1145–1153) warnte in einem Brief vom 15. Juli 1148 vor Arnold und wies den gesamten römischen Klerus an, ihn in jeder Weise als Schismatiker zu meiden.

Der betrügerische und hinterhältige Feind des Menschengeschlechts erreichte durch den Schismatiker Arnold, wie durch ein eigenes Glied, dass einige Capellanen die Einheit der Kirche, die eine Zerstückelung nicht zulässt, soweit es an ihnen lag, teilten. Sie folgten nämlich dem Irrtum dieses Arnolds. [...] Durch die vorliegende Schrift übergeben wir euch [Arnold] und weisen euch an, dass ihr genannten Arnold gleichsam in jeder Weise als Schismatiker meiden sollt.

Quellentext Nr. 34: Eugen, Epistola 311, Migne PL 180, 1358. – Jürgen Strothmann, Arnold von Brescia. Christentum als soziale Religion; in: Theologie und Glaube 87 [1997], S. 55–80.

„TÖTET SIE, DER HERR KENNT DIE SEINEN!"

Dass die Soldaten des von Simon de Montfort angeführten Kreuzheers beim Sturmangriff auf Béziers gefragt haben, „woran sie denn bei den Belagerten die Katholiken von den Ketzern unterscheiden könnten, worauf der Abt ihnen geraten hätte: Schlagt sie tot, Gott kennt die Seinen!", diese Geschichte sei für die kritischen Ansprüche der Gelehrten „nicht hinreichend verbürgt", schreibt Emmanuel LeRoy Ladurie (Montaillou. Ein Dorf vor dem Inquisitor, Berlin 1980. S. 19), „unbestritten scheinen aber die Berichte, denen man entnimmt, dass die Eroberer von Béziers jede lebende Seele, die sie in der Stadt antrafen, niedermachten." Weder die Katholiken noch die Katharer, sondern nur der König von Frankeich sei bei diesem Krieg auf seine Rechnung gekommen: *„Als 1229 zu Meaux Frieden geschlossen wurde, war es mit der Unabhängigkeit der Grafen von Toulouse vorbei, das Languedoc de facto von Frankreich annektiert. Die politische Rolle der Albigenser, die bei der ganzen Haupt- und Staatsaktion, aus der schließlich der französische Nationalstaat hervorging, eine tragende nie gespielt hatten, war ausgespielt. Die letzten bewaffneten Verteidiger des Glaubens an die schlechteste aller Welten und die okzitanische Freiheit wurden im März 1244 nach der Kapitulation der Burg Montségur verbrannt"* (Emmanuel LeRoy Ladurie, op. cit. S. 19).

Anführer und Haupt von ihnen allen war Abt Arnold von Citeaux [*Arnaud Amaury von Citeaux* – bisweilen findet man den Namen mit *„Arnold Amalrik"* wiedergegeben], später Erzbischof von Narbonne. Sie kamen zur großen Stadt, welche „Biders" [*Béziers*] genannt wird, in welcher, wie man sagte, mehr als hunderttausend Menschen waren, und belagerten jene. Als sie ihrer ansichtig wurden, nahmen die Häretiker das Exemplar eines Buches mit dem heiligen Evangelium, pissten darauf [lateinisch: *„super volumen sacri evangelii mingentes"*], warfen es über die Mauer gegen die Christen hin, schossen mit Pfeilen hinterher und riefen: „Seht, das ist euer Gesetz, ihr Elenden!"

Christus aber, der Sämann des Evangeliums, ließ die ihm angetane Schmach nicht ungestraft. Denn einige Gefolgsleute, in Glaubenseifer entbrannt, Löwen gleich, nach dem Beispiel jener, von denen im Buch der Makkabäer berichtet wird [vgl. 2 Makk 11,11: *„Sie stürzten sich wie Löwen auf die Feinde und erschlugen elftausend von ihnen, dazu sechzehnhundert Reiter."*], legten Leitern an und erstiegen unerschrocken die Mauern. Und während die Häretiker durch göttliche Fügung erschreckt und abgelenkt waren, öffneten sie [*die Emporgestiegenen*] die Tore für die Nachfolgenden, und sie eroberten die Festung.

Als sie aber an den Worten, die jene von sich gaben, erkannten, dass die Katholiken mit den Häretikern durcheinander gemischt waren, sprachen sie zum Abt: „Herr, was sollen wir tun? Wir können nicht zwischen Guten und Bösen unterscheiden." Der Abt aber, der so wie auch die Übrigen befürchtete, dass sich welche aus Angst vor dem Tod fälschlich als Katholiken ausgeben könnten, um nach ihrem Abzug [*nach dem Abzug der Eroberer*] wieder zum Unglauben zurückzukehren, soll, so wird berichtet, gesagt haben: „Tötet sie, denn der Herr kennt die Seinen!" [2 *Tim 2,19: „Der Herr kennt die Seinen." – vgl. Num 16,5*]. Und so wurden in jener Stadt Unzählige niedergemacht.

Quellentext Nr. 35: Dialogus miraculorum, Distinctio V, c. 21. – Carl Mirbt, Quellen zur Geschichte des Papsttums und des römischen Katholizismus, Tübingen [4. Auflage] 1924. S. 178–179. – Übersetzung aus dem Lateinischen: © Josef Dirnbeck.

Drittes Kapitel

DIE INQUISITION

*Hexen können Blitz, Donner und Hagel mit einem
Hahn und einer Schlange im Kochtopf machen, aus
„De laniis et phitonicis mulieribus"
(Von den Unholden und Hexen), 1489.*

A ngesichts der sechs Millionen Juden, die während des Zweiten Weltkriegs einer generalstabsmäßig betriebenen Vernichtung durch das nationalsozialistische Regime zum Opfer fielen, und angesichts der ebenfalls in Millionenhöhe bezifferten Opfer des Kommunismus ist es nahe liegend zu fragen, wie groß eigentlich die Zahl der Menschen ist, die die Inquisition auf dem Gewissen hat. So einfach die Frage ist, so wenig einfach ist es allerdings, sie zu beantworten.

DIE ANZAHL DER OPFER

Merkwürdigerweise lässt sich die Anzahl der Menschen, die *durch* die Kirche gestorben sind, genauso wenig exakt ermitteln wie die Anzahl jener, die *für* die Kirche gestorben sind. Von Spezialisten abgesehen, dürfte wohl kaum jemandem bewusst sein, dass es sich bei der Mehrheit der von der Kirche verehrten Märtyrer um Personen handelt, von denen man nicht einmal den Namen weiß. Die verschiedenen Frauen und Männer, die in der Allerheiligenlitanei um Fürbitte angerufen werden, stellen in Relation zur Gesamtzahl aller Heiligen nicht einmal die Spitze eines Eisbergs, sondern bestenfalls den Bruchteil der Spitze eines Eisbergs dar. Im offiziellen Römischen Martyrologium macht der so genannte „Index Sanctorum nomine carentium" – das heißt das Verzeichnis jener Heiligen, die zwar einen eigenen Gedächtnistag im liturgischen Kalender haben, von denen man jedoch den Namen nicht kennt – ganze 25 Druckspalten zu je 50 Zeilen aus *(Martyrologium Romanum, Rom [4. Auflage] 1956. S. 415–427)*. Hermann Bader hat in seinem 1952 erschienenen Werk „Alle Heiligen und Seligen der römisch-katholischen Kirche" 12.688 Heilige namentlich aufgelistet, wobei jene (mittlerweile bereits mehr als 1000) christlichen Persönlichkeiten noch gar nicht berücksichtigt sind, die in den letzten 50 Jahren – vor allem aufgrund der unter Papst Johannes Paul II. geradezu sprunghaft angestiegenen Selig- und Heiligsprechungen – zur Ehre der Altäre erhoben worden sind.

Bezüglich der Gesamtzahl der Heiligen hat Hermann Bader folgende Berechnung angestellt: „Im amtlichen Martyrologium sind 4386 Heilige und Selige mit Namen angegeben und 1438 ohne Namen, die aber in anderen Büchern vorkommen. Außer den hier genannten sind dort der Zahl nach noch viele Märtyrer-Gruppen verzeichnet, deren Zahl 73.319 ergibt. Ohne diese ist dort noch an 97 Stellen die Rede von Märtyrer-Genossen, deren Zahl und Namen gänzlich unbekannt sind. Die Gesamtzahl aller Märtyrer wird auf rund

15 Millionen geschätzt" *(Hermann Bader, Alle Heiligen und Seligen der römisch-katholischen Kirche, München 1952. S. 16).*

Das Faktum, dass nicht alle Märtyrer bekannt sind, ist weder neu noch
überraschend. Schon im „Decretum Gelasianum" – einem Dokument aus dem
6. Jahrhundert, das insofern als eine Art Vorläufer des späteren „Index" betrachtet werden kann, als in ihm die aus der Sicht der Kirche „abzulehnenden
und anzunehmenden Schriften" aufgelistet sind *(Näheres im 6. Kapitel dieses
Buches: „Bücher auf dem Scheiterhaufen")* – wird ausdrücklich vermerkt, die
Anzahl der Märtyrer und deren „glorreiche Todeskämpfe" seien „Gott mehr
bekannt als den Menschen" *(Heinrich Denzinger/Peter Hünermann, Kompendium der Glaubensbekenntnisse und kirchlichen Lehrentscheidungen,
Freiburg im Breisgau [38. Auflage] 1999. S. 162).*

Natürlich kann man bedauern, dass nicht jeder Fall eines Martyriums
aktenkundig ist und dass in Ermangelung exakter Daten bei so mancher Hei-
ligengeschichte dann eher die fromme Phantasie als die für den Inhalt verant-
wortliche Redakteurin eingesprungen ist. Doch muss man auch bedenken, dass
die Christen in der Verfolgungssituation normalerweise andere Sorgen hatten,
als Protokolle zu schreiben und Dokumentationen zu erstellen. Mitarbeiter
des Internationalen Roten Kreuzes und der Gefangenenhilfsorganisation
„Amnesty International" können ein Lied davon singen, wie problematisch es
selbst im Zeitalter der Computer ist, an exakte Informationen heranzukommen,
wenn es um Kriegsverbrechen, Folter und Menschenrechtsverletzungen geht.
Aber wenn sich schon nicht genau sagen lässt, wie viele Menschen *für* die Kirche gestorben sind, können wir dann wenigstens einigermaßen exakt angeben,
wie viele Menschen *durch* die Kirche gestorben – das hieißt, wie viele Frauen
und Männer, Jugendliche und Kinder der Inquisition zum Opfer gefallen sind?

WIE VIELE MENSCHEN HAT DIE INQUISITION AUF DEM GEWISSEN?

In einem Buch mit dem viel versprechenden Titel „Die Geheimnisse der Inquisition und anderer geheimer Gesellschaften Spaniens" werden wir zumindest hinsichtlich der Opfer der *Spanischen* Inquisition mit exaktem Zahlen-
material versorgt. „Spanien konnte wohl sagen, dass die Scheiterhaufen seine
Eingeweide verzehrten, da in dem Zeitraume von 339 Jahren durch die Inquisition 34.658 Spanier lebendig und 18.049 in effigie [symbolisch, durch Ver-

brennen eines Bildes] verbrannt wurden, ungerechnet noch 288.214, die zu den Galeeren oder lebenslänglichem Gefängnis verurteilt wurden, und über 200.000, welche zu Bußen und zur Tragung des Sanbenito für einige Zeit oder für immer verurteilt und bis in ihre Nachkommenschaft entehrt wurden." – So steht es in den „historischen Anmerkungen" zu lesen, die ein gewisser Manuel de Cuendias den erwähnten „Geheimnissen der Inquisition" angefügt hat – einer im 19. Jahrhundert erschienenen, in Romanform gestalteten Schrift über die Gräuel der Inquisition *(M. V. von Féréal: Die Geheimnisse der Inquisition und anderer geheimer Gesellschaften Spaniens. Mit historischen Anmerkungen und einer Einleitung von Manuel de Cuendias. Deutsch von L. von Alvensleben, Brünn 1864),* die auch heute noch – in Form eines Reprints – auf dem Buchmarkt erhältlich ist und die schon von manch einem unbedarften Leser für eine seriöse Information über das Phänomen Inquisition gehalten wurde. „Diese Zahlen, die allzu beredten Ankläger der Inquisition, sind historisch", heißt es in den „historischen Anmerkungen" zum Féréal-Roman weiter: „Hier eine Übersicht, die wir buchstäblich der Geschichte der Inquisition von Llorente entnehmen und die auch in der ‚Geschichte der Revolution Spaniens' enthalten ist, welche von Ch. L. im Jahre 1820 in Paris erschien." Sodann folgt der Abdruck der folgenden, oft zitierten Opferbilanz:

Allgemeine Übersicht der Opfer, welche die Inquisition in Spanien von 1481–1820 unter der Regierung von 45 General-Inquisitoren vertilgt hat.

Von 1481–1498 unter der Regierung des Thomas von Torrequemada [Tomas de Torquemada], ersten General-Inquisitors: Lebendig verbrannt 10.220. In effigie verbrannt 6840. Verurteilt zu den Galeeren oder zum Gefängnis 97.371. Von 1498–1508 unter der Herrschaft Deza's, zweiten General-Inquisitors: Lebendig verbrannt 2592. In effigie verbrannt 892. Verurteilt zu den Galeeren oder zum Gefängnis 32.952. Von 1507–1517 unter der Herrschaft des Ximenes Cisneros, dritten General-Inquisitors: Lebendig verbrannt 3564. In effigie verbrannt 2232. Verurteilt zu den Galeeren oder zum Gefangnis 48.059. Von 1517–1521 unter Adrian Florencio, viertem General-Inquisitor und später Papst: Lebendig verbrannt 1620. In effigie verbrannt 560. Verurteilt zu den Galeeren oder zum Gefängnis 21.835. Von 1521–1523 Interregnum: Lebendig verbrannt 324. In effigie verbrannt 112. Verurteilt zu den Galeeren oder zum Gefängnis 4481. Von 1523–1545 unter Alphons Manriquez, fünftem General-Inquisitor: Lebendig verbrannt 2250. In effigie verbrannt 1125. Verurteilt zu den Galeeren oder zum Gefängnis 11.250. Von 1545–1546 unter Tabéra, sechstem General-Inquisitor: Lebendig verbrannt 840. In effigie verbrannt 420. Verurteilt zu den Galeeren oder zum Gefängnis 6520. Unter Loxisa, siebentem General-Inquisitor und während der Regierung Karls V.: Lebendig verbrannt 1320. In effigie verbrannt 660. Verurteilt zu den Galeeren oder zum Gefängnis 6600. Von 1550–1597 unter der Regierung Philipps II.: Lebendig verbrannt 3990. In effigie verbrannt 1845. Verurteilt zu den Galeeren oder zum Gefängnis 18.450. Von 1597–1621 unter der Regierung Philipps III.: Lebendig verbrannt 1840. In effigie verbrannt 692. Verurteilt zu den Galeeren oder zum Gefängnis 10.716. Von 1621–1665 unter Philipp IV.: Lebendig verbrannt 2852. In effigie verbrannt 1428. Verurteilt zu den Galeeren oder zum Gefängnis 14.080. Von 1665–1700 unter Karl II.: Lebendig verbrannt 1630. In effigie verbrannt 540. Verurteilt zu den Galeeren oder zum Gefängnis 6812. Von 1700–1746 unter Philipp V.: Lebendig verbrannt 1600. In effigie verbrannt 760. Verurteilt zu den Galeeren oder zum Gefängnis 9112. Von 1746–1759 unter Ferdinand VI.: Lebendig verbrannt 10. In effigie verbrannt 5. Verurteilt zu den Galeeren oder zum Gefängnis 170. Von 1759–1788 unter Karl III.: Lebendig verbrannt 4. In effigie verbrannt 0. Verurteilt zu den Galeeren oder zum Gefängnis 56. Von 1788–1808 unter Karl IV.: Lebendig verbrannt 0. In effigie verbrannt 1. Verurteilt zu den Galeeren oder zum Gefängnis 42. (M. V. von Féréal, op. cit. S. 531–532.)

Zweifellos ist eine Statistik wie diese mit ihren vielen, immer ganz exakt angegebenen Zahlen hervorragend geeignet, unser Bedürfnis nach genauer Information zu befriedigen; sie hat nur einen kleinen Schönheitsfehler: Sie stimmt nicht. Die Forschung ist aber nicht im 19. Jahrhundert stecken geblieben und heute sind viel differenziertere Beurteilungen möglich geworden, weil gerade in den letzten Jahrzehnten des 20. Jahrhunderts neue Forschungsansätze Platz gegriffen haben und neues Quellenmaterial erschlossen und ausgewertet wurde. Heute würde sich kein seriöser Forscher darauf einlassen, eine Statistik festzuschreiben, in der die Anzahl der Menschen, die von der Inquisition in der einen oder anderen Weise betroffen worden sind, gleichsam aufs i-Tüpfelchen genau anzugeben. Solche genauen Zahlen lassen sich – angesichts der alles andere als lückenlos erhaltenen Akten – in keiner Weise ermitteln. Trotzdem haben manche versucht, wenigstens Annäherungswerte anzugeben. Aber auch solche Schätzungen und unter durchaus sinnvollen Annahmen getätigte Hochrechnungen kommen zu keinem einheitlichen Ergebnis, sondern differieren in gigantischer Weise, sodass es einigermaßen sinnlos ist, sich auf eine bestimmte Zahl festzulegen.

PROBLEMATIK EINER OPFERBILANZ

Der 1910 in St. Petersburg geborene Léon Poliakov, der bereits im Kindesalter nach Frankreich auswanderte, an der Pariser Sorbonne lehrte und am „Centre National de Recherche Scientifique" tätig war, schreibt in seiner „Geschichte des Antisemitismus", einem vierbändigen Standardwerk, das auch in deutscher Übersetzung vorliegt: „Das schlechthinnige Symbol für die Inquisition bleiben ihre Scheiterhaufen. Tausende von Menschen wurden lebendig verbrannt, weil sie die Göttlichkeit Jesu leugneten oder weil sie sich an irgendeinem Punkt vom katholischen Dogma entfernten (so zum Beispiel im Blick auf das Fegfeuer). Dass die Scheiterhaufen in den Vorstädten der Städte und nicht auf dem zentralen Platz errichtet wurden, machte die Hinrichtung nicht weniger grausam, obwohl einige moderne Apologeten gerade diesen Punkt sehr stark unterstreichen. Dass die große Mehrheit der Verurteilten erdrosselt, das heißt mit der Garrotte erwürgt wurden, ehe sie verbrannt wurden, ein Gunsterweis, den sie nur einer Abschwörung in extremis verdankten, ist in einer Auseinandersetzung moralischer Art ebenfalls ein recht eigenartiges Argument – wenn man dabei nicht in Erinnerung rufen kann, dass es sich dabei für die Henker darum handelte, ihren Opfern nach den Flammen des Scheiterhaufens die Pein der ewigen Flamme in der Hölle zu ersparen, an die sie selbst von ganzem Herzen glaubten. Aber wie hoch lag in den Jahren zwischen 1480 und 1834 (dem Zeitpunkt der endgültigen Abschaffung der Inquisition) die Gesamtzahl der Verbrennungen? Llorente, der abtrünnige Inquisitor, der darüber weit mehr wissen konnte als irgendjemand sonst, denn er hatte die unversehrten Archive der Inquisition unter seiner Obhut, bezifferte die Zahl der verbrannten Opfer auf 341.021" *(Léon Poliakov, Die Geschichte des Antisemitismus, IV. Die Marranen im Schatten der Inquisition, Worms 1981. S. 69).*

Juan Antonio Llorente, ein ehemaliger Sekretär der Inquisition, der sich im Jahre 1808 den Franzosen anschloss und mit der Verwaltung der Inquisitionsarchive betraut wurde, veröffentlichte seine „Kritische Geschichte der spanischen Inquisition" *(„Histoire critique de l'Inquisition d'Espagne")* 1817 in Paris. Dieses Werk sei „auch noch in unserer Zeit wegen seiner reichen Dokumentation eine unersetzliche Quelle", konzediert Poliakov, dennoch sei diese genaue Zahlenangabe „verdächtig", führt er weiter aus; denn wie schon Ernst Schäfer *(Beiträge zur Geschichte des spanischen Protestantismus und der Inquisition im sechzehnten Jahrhundert, Bd. 1, Gütersloh 1902. S. 24–27)* gezeigt habe, handle es sich bei Llorentes Statistik um eine „oberflächliche Angabe"; nach Meinung Schäfers müsse man von dieser scheinbar so exakten Opferbilanz „zwei Drittel abziehen". Demnach wäre – so Poliakov – „die wirkliche Zahl der Hingerichteten in der Größenordnung um hunderttausend gewesen, und nach den Massenhinrichtungen am Anfang war ihre Zahl immer mehr im Abnehmen begriffen"; und der Antisemitismus-Forscher versäumt auch nicht, auf den bedenkenswerten Umstand hinzuweisen, dass der größte Teil der Opfer der Spanischen Inquisition, was auch immer deren „Verbrechen" gewesen sein mögen, „Nachkommen von schlecht oder gut getauften Juden" waren *(Léon Poliakov, op. cit. S. 69–70).*

Llorentes von Poliakov apostrophierte „Kritische Geschichte der spanischen Inquisition" sei typisch für das Denken der Aufklärung, schreibt Robert Lemm in seiner Studie „Die Spanische Inquisition – Geschichte und Legende" *(München 1996. S. 21),* in welcher der in Amsterdam lebende Autor auch sonst viel Erhellendes an Hintergrundinformationen bietet. Als Juan Antonio Llorente sein Werk schrieb, seien Ursprung und Verlauf der Inquisition in großen Linien aus den Chroniken und der Geschichtsschreibung Spaniens längst bekannt gewesen, betont Lemm, aber Llorente war der erste Spanier, der die bekannten Ereignisse kritisch ins Licht rückte. „Im westgotischen Reich Spaniens, das 711 durch die arabische Invasion unterging, waren erstmals Juden vertrieben worden; die Inquisition aber entfaltete sich erst im 13. Jahrhundert in Frankreich, als der Predigerorden, die Dominikaner, von der Kirche im Kampf gegen die Katharer eingesetzt wurde. Der Orden war 1216 durch den Spanier Domingo de Guzmán, den heiligen Dominikus, gegründet worden, der den Ketzern anfangs allein mit der Macht des Wortes zu Leibe rücken wollte. Als das nicht fruchtete, organisierte die Kirche mithilfe des Staates den ersten ‚internen' Kreuzzug. Kurz darauf wurde der Orden der Minderen Brüder, die Franziskaner, in die Inquisition einbezogen, und die Kirche ging dazu über, Ketzer der weltlichen Macht zu überstellen."

Das Königreich Aragón sei zunächst das einzige Gebiet Spaniens gewesen, wo die Inquisition funktionierte, sagt Lemm; erst über 100 Jahre später wurde die Inquisition auch in Kastilien etabliert. „Neu" an der Spanischen Inquisition, die dann begann, sei gewesen, „dass sie sich nicht mehr gegen die Katharer richtete, sondern gegen die Christen jüdischer Herkunft". Im 16. Jahrhundert – so Robert Lemm – „bekämpfte das Heilige Officium dann hauptsächlich protestantische Sekten und der Abweichung verdächtigte Intellektuelle. Im 17. Jahrhundert wurden vor allem portugiesische Finanziers, die seit dem Anschluss Portugals aus wirtschaftlichen Gründen nach Spanien gerufen worden waren, verfolgt, und das auch nur, weil sie für ‚Kryptojuden' gehalten wurden. Im 18. Jahrhundert gerieten die liberalen Intellektuellen und die Sympathisanten der Französischen Revolution ins Visier. Das sind, in wenigen Sätzen, Ursprung und Verlauf der Spanischen Inquisition" *(Robert Lemm, op. cit. S. 22–23).*

Robert Lemm hat auch penibel recherchiert, wie hoch die Zahl der Opfer von den verschiedenen Autoren, die Bücher über die Inquisition geschrieben haben, eingeschätzt wird. Dabei ist er zum höflich formulierten Ergebnis gekommen, sie seien sich „sehr uneins": „Die Zahl der Juden, die 1492 Spanien verlassen mussten, variiert nach den einzelnen Anklägern zwischen 160.000 und 1.700.000. Die höchsten Zahlen bringt die ‚Encyclopedia Britannica', das heißt deren Ausgaben von 1911 und nach 1930. Lea und Kamen bleiben an der unteren Grenze, bei 160.000, Sabatini und Simon van Adelberg (‚De marranen', 1977) geben 300.000 an, Christian Houillon (‚Torquemada, le grand-inquisiteur', 1971) 400.000 und der Larousse vom Ende des 19. Jahrhunderts 800.000. Ebenso variabel ist die Zahl der Opfer, die zulasten Torquemadas gehen in den Jahren, in denen die Inquisition unter ihm wirkte (1482–1498). Die ‚Encyclopedia Britannica' übernimmt die Zahlen von Llorente: 10.220 Verbrannte. Larousse macht daraus 80.000, ein ‚Diccionario enciclopédico hispanoamericano' 105.304. Am niedrigsten liegen die Angaben von Jouve mit 4000 und der ‚Catholic Encyclopedia' mit 2000 Opfern" *(Robert Lemm, op. cit. S. 177–178).*

Zu guter Letzt verhält es sich also, was die Zahl der Opfer der Inquisition betrifft, nicht anders als hinsichtlich der Frage nach der exakten Anzahl der Märtyrer der Christenverfolgungen: Man weiß sie nicht und wird sie nie wissen. Aber es sind die schon viel zu viele, von denen man weiß, und jeder ist zu viel, der unschuldig leiden musste.

WIE MIT KETZERN ZU VERFAHREN IST

Tipps und Tricks der Inquisitoren

Die Akten der Inquisition sind Dokumente besonderer Art. „Entsprechend dem Charakter der Inquisitionsprozesse können die betreffenden Akten nicht anders als einseitig, voreingenommen und schematisch sein", schreibt der Prager Theologe und Historiker Amedeo Molnár in seiner zuerst auf Tschechisch erschienenen Studie „Die Waldenser – Geschichte und Ausmaß einer europäischen Ketzerbewegung" (Freiburg im Breisgau 1993. S. 108). Dennoch seien es „wertvolle historische Dokumente", die man mit Umsicht verwenden müsse. „Die verschiedenen Zentren der Inquisition teilten sich gegenseitig bereitwillig die Untersuchungsergebnisse mit. Besonders Handbücher, die oftmals an ganz abgelegenen Orten angewandt wurden, führten zu einer stereotypen Einförmigkeit der Fragen bei den Verhören" (Amedeo Molnár, op. cit. S. 108–109). Auch das Aktenmaterial der Spanischen Inquisition wurde zu einer wahren „Fundgrube für Mitteilungen über Ketzer und Verdächtige und deren Sippen", wie Henry Charles Lea ausgeführt hat: „Gemäß der Prozessordnung von 1561 war der Verhaftete zunächst über seine Eltern und Großeltern, Geschwister, Onkel, Tanten, Vettern und Basen, deren Gatten und Kinder sowie darüber zu befragen, ob einer unter ihnen von der Inquisition verhaftet oder bestraft worden sei. War dem Angeklagten dann ein Bekenntnis abgerungen, so wurde es nicht eher anerkannt, bis er alles angegeben hatte, was er über andere Ketzer, Verwandte oder Fremde wusste. All dies wurde sorgfältig gebucht und entwickelte sich zu einem förmlichen Nachschlagewerk über alle Verdächtigen in ganz Spanien. Ein Jude, der in Granada verhaftet worden war, konnte zwanzig Personen bloßstellen, die zwischen Compostella und Granada lebten, diese wiederum wurden zu Angebern an anderen, und die sämtlichen Angaben tauschten die Gerichte untereinander aus. Da war ein Entkommen schwer" (Henry Charles Lea, Geschichte der Spanischen Inquisition, Bd. 1, Leipzig 1911. S. 524).

Die Inquisitionsakten „mit Umsicht verwenden" bedeutet zum einen, nicht so blauäugig zu sein und gleich alle Informationen, die sie enthalten, für bare Münze zu nehmen. Es hieße aber zum anderen das Kind mit dem Bade aus-

schütten, wollte man sie insgesamt als unglaubwürdig abtun. *Die Bewertung der Akten für die Ketzergeschichte muss davon ausgehen, dass es sich um „nichtöffentliche Protokolle", aber „nicht um Propagandaschriften" handelt, wie der Konstanzer Historiker Arno Borst betont: Die Akten der Inquisition „berichten uns noch, was die Vernehmenden fragten und was die Vernommenen sagten. Nicht immer erzählen die Zeugen alles, was sie wissen; nur selten sagen sie, unter dem Druck der Folter, mehr als sie wissen, und auch dann nur, was der Inquisitor schon weiß. Wir sehen hier nur das den Inquisitoren vertraute Bild des Tatbestandes Ketzerei, und nur, wenn die Vernommenen redselig und die Vernehmenden schreibfreudig sind, entrollen sich Sittenbilder, die für die Ketzergeschichte von Wert sind" (Arno Borst, Die Katharer, Freiburg im Breisgau 1991. S. 32 und 186).*

Regeln für das Verhör

Die Handbücher der Inquisitoren wurden von erfahrenen Ketzerbekämpfern als Studien- und Nachschlagwerke verfasst, um künftigen Kollegen die Arbeit zu erleichtern. Diese „Lehr- und Handbücher für Inquisitoren" geben, wie Herbert Grundmann in seiner „Ketzergeschichte des Mittelalters" (Göttingen 1963. S. 40–41) sagt, „gründliche, wenn auch immer einseitig polemische Aufschlüsse über die Ketzerei und die harten Methoden ihrer Bekämpfung." Das erste Handbuch dieser Art hat den Titel „De inquisitione haereticorum [Über die Untersuchung der Häretiker]" und wurde um das Jahr 1256 verfasst. Als Bernard Gui, der Inquisitor von Toulouse und spätere Bischof von Lodève, in den Jahren 1323 und 1324 seine „Practica inquisitionis" veröffentlichte, hatten bereits die letzten Katharer Südfrankreichs den Scheiterhaufen bestiegen. Bernard Gui beschreibt gleich zu Anfang seines Handbuches (Bernard Gui, Handbuch des Inquisitors, Bd. 1, Paris 1926. S. 4–8), wie ein Inquisitor beim Verhör von Ketzern, ihren Anhängern und Komplizen vorgehen soll.

Wenn also jemand von sich aus kommt oder auch, weil er vorgeladen oder gerufen wurde, da angeblich verdächtigt, genannt, verleumdet oder sogar angeklagt des Verbrechens der Ketzerei oder der Aufnahme von Ketzern oder wegen irgendwelcher anderer Delikte, welche die Aufgabe der Inquisition betreffen im Falle schlimmer Ketzerei oder auch von Dingen, die jedenfalls damit zusammenhängen, wenn er also zu verhören und zu überprüfen war und besonders vom Inquisitor oder seinem Stellvertreter freundlich und besonnen verhört und ermahnt wurde, soll er bei den heiligen Evangelien Gottes als Zeuge schwören, dass er die volle und reine Wahrheit sage über den Tatbestand der Ketzerei und die Dinge, die damit zusammenhängen oder sich auf die Aufgabe der Inquisition beziehen, unter allen Umständen ebenso zur eigenen Person wie über seinen Häresiarchen [*Anführer der Ketzer*] sowie über die anderen lebenden und toten Personen. Wenn der Schwur geleistet und akzeptiert wurde, soll er verhört und ermahnt werden, von sich aus die ganze Wahrheit zu sagen, die er über den Tatbestand der Ketzerei wisse oder gewusst beziehungsweise gehört habe. Wenn er aber um Zeit oder um eine Denkpause bittet, um erst nach reiflicher Überlegung zu antworten, kann man es ihm wohl erlauben, falls es dem Inquisitor nützlich erscheint, besonders wenn deutlich ist, dass er in guter Absicht und nicht aus List darum bittet; andernfalls ist er verpflichtet, auf eine Frage zu seiner Tat ohne Verzögerung zu antworten.

Formular eines Protokolls

Danach soll durch einen öffentlichen Schreiber der Tag dieser Untersuchung aufgeschrieben werden, nämlich so: Im Jahre soundso, an dem und dem Tag kam N. aus der und der Stadt oder dem Dorf in der und der Diözese freiwillig oder weil er vorgeladen oder gerufen wurde. Er wurde vor Gericht gestellt in Anwesenheit des frommen Mannes N., der durch den Apostolischen Stuhl zum Inquisitor [also zur Untersuchung schlimmer Ketzerei im Königreich Frankreich] bestimmt wurde. Er schwor bei den heiligen Evangelien Gottes, die volle und reine Wahrheit zu sagen über den Tatbestand oder den Vorwurf der Ketzerei und die Dinge, die damit zusammenhängen, ebenso zur eigenen Person wie auch über den Häresiarchen [*Anführer der Ketzer*] sowie die anderen lebenden und toten Personen. Er sagte als Zeuge aus und gestand etc.

Das muss aufgeschrieben werden. Denn wenn jemand offen und unmissverständlich gegen den Glauben redete und dabei die Argumente und Autoritäten, auf die sich Ketzer gewöhnlich stützen, anführte, würde ein solcher Ketzer leicht durch gläubige Gelehrte der Kirche überführt werden. Er aber würde gerade anhand der Irrlehre, mit der er sich zu verteidigen trachtet, als Ketzer eingestuft werden. Aber weil die derzeit lebenden Ketzer mit allen Mitteln versuchen, ihre Irrlehren eher zu verheimlichen als offen zu bekennen, können daher gelehrte Männer mit ihrer Kenntnis der Schriften diese nicht überführen, weil sie wegen trügerischer Worte und schlau ausgedachter Formulierungen nicht zu fassen sind. Deshalb werden gelehrte Männer durch sie eher verwirrt und die Ketzer selber brüsten sich und werden dadurch noch stärker, da sie sehen, dass sie so mit gelehrten Männern ihren Spott treiben, weil sie ihnen durch die Schlauheit, Verschlagenheit und verwickelten Ausflüchte bei ihren Antworten listig aus den Händen entschlüpfen.

Es ist nämlich sehr schwer, Ketzer zu überführen, wenn sie selbst ihre Irrlehre nicht offen bekennen, sondern sie verbergen, oder wenn nicht sichere und ausreichende Zeugnisse gegen sie vorliegen. In diesem Fall ergeben sich für den Inquisitor in jeder Hinsicht Schwierigkeiten. Denn das Gewissen bereitet [*dem Inquisitor*] Unruhe, einerseits, wenn er [*der Ketzer*] bestraft wird, ohne gestanden zu haben und ohne überführt worden zu sein, andererseits beunruhigt es das Herz des Inquisitors noch mehr, wenn sie durch ihre füchsische Schlauheit zum Schaden für den Glauben davonkommen, weil sie selber dadurch noch mehr bestärkt werden, zahlenmäßig um ein Vielfaches zunehmen und noch schlauer werden. Andererseits erhalten auch gläubige Laien daraus eine Ursache zu einem Ärgernis, weil die gegen jemanden begonnene Arbeit der Inquisition sozusagen in chaotischer Verwirrung aufgegeben wird und weil sie gewissermaßen im Glauben geschwächt werden, wenn sie sehen, dass gelehrte Männer so von ungebildeten und minderwertigen Personen verspottet werden. [...] Und deshalb ist es nicht nützlich, in einem solchen Fall gegen so schlaue Ketzer vor Laien über den Glauben zu diskutieren.

Unterschiedliche Methoden

Man muss auch auf Folgendes achten: Wie es nicht für alle Krankheiten dieselbe Medizin gibt, sondern vielmehr für die einzelnen verschiedene einzelne Heilmittel, so ist auch nicht für alle Ketzer der verschiedenen Sekten ein und dieselbe Methode der Befragung, Untersuchung und Prüfung anzuwenden, sondern für einzelne ebenso wie bei mehreren ist eine einzige, spezielle anzuwenden. Deshalb soll der Inquisitor wie ein kluger Seelenarzt gegen Personen, die er verhört oder mit denen er eine Untersuchung durchführt, ihr Wesen, ihre Situation, ihren Zustand, ihre Krankheit und die örtlichen Umstände überdenkend, bei der Untersuchung und Überprüfung dieser Aspekte vorsichtig vorgehen, nicht allen Personen in ähnlicher Form oder in derselben Reihenfolge alle folgenden Fragen stellen oder ihnen etwas einschärfen. Und bei manchen soll er auch nicht mit demselben oder ebenso vielem zufrieden sein, sondern schlaue Ketzer mit dem Zügel der Unterscheidung an der Nase herumführen, damit durch die Gnade des Herrn und mit seiner helfenden Hand die sich windende Schlange aus dem Dornbusch und dem höllischen Abgrund ihrer Irrlehren herausgezogen wird.

Diesbezüglich kann nämlich keine unfehlbare Regel aufgestellt werden, damit nicht womöglich die Söhne der Finsternis, wenn sie die allgemein übliche Methode als die einzige längere Zeit vorhersehen, dieser wie einem Fallstrick leichter entgehen oder auch Vorkehrungen treffen.

Ein weiser Inquisitor soll also darauf bedacht sein, dass er seinen Vorteil zieht aus den Antworten derer, die vor Gericht aussagen, aus den Zeugenaussagen der Ankläger, aus dem, was ihn die Erfahrung lehrte, aus dem Scharfsinn des eigenen Verstandes oder aus den folgenden Untersuchungen und Verhören, wie es der Herr gewähren wird.

Damit man aber irgendeine Vorstellung von der Untersuchung hat, wollen wir im Folgenden gegen fünf Sekten einiges der Reihe nach anführen, wobei wir bei jeder Sekte den Kern ihrer Irrlehre vorausschicken und anschließend die Form und Methode der Untersuchung behandeln, wie sich im Folgenden zeigen wird. Es handelt sich um die Sekten der Manichäer, der Waldenser beziehungsweise der Armen von Lyon, der Pseudo-Apostel, um jene, die man gemeinhin Beginen nennt, und diejenigen, die von den Juden zum Glauben an Christus konvertierten und zum Unflat des Judentums zurückkehren, auch um die Losdeuter, die Traumdeuter und die Geisterbeschwörer, deren Seuche der Reinheit des Glaubens am meisten schadet.

Quellentext Nr. 36: Bernard Gui, Manuel de l'Inquisiteur. – Petra Seifert/Manfred Pawlik, Geheime Schriften mittelalterlicher Sekten, Augsburg 1997. S. 70–73.

FRAGEN ZU DEN ARTIKELN DES GLAUBENS

In einer aus dem Kloster Tegernsee stammenden Handschrift mit dem Titel „De examinatione haereticorum" [Über die Befragung der Ketzer] ist ein ganzer Katalog von Fragen aufgelistet, die der Ketzer beim Verhör zu beantworten hat.

Beim Verhör eines Ketzers soll man ihn zuerst schwören lassen, dass er ohne jede Falschheit, Täuschung und Wortwiederholung und entsprechend dem Verständnis der Fragesteller und Zuhörer auf alle Fragen antworte. Nach dem geleisteten Schwur soll ein jeder, der gerettet werden will, wenn er gebildet ist, nach dem Glaubensbekenntnis des Athanasius gefragt werden, und zwar mittels einzelner Verse und Artikel. Danach soll er, wenn er, ob er gebildet ist oder nicht, über die folgenden Artikel befragt wird, über die Form und Art und Weise des Schwurs ausdrücklich belehrt werden:

Glaubst du, was die Kirche glaubt?

Glaubst du an Gott, den allmächtigen Vater, und den Sohn und den Heiligen Geist? Und dass in dieser Trinität ein einziger Gott sei, der Schöpfer von Himmel und Erde, der Körper und der Seelen, der sichtbaren und der unsichtbaren Dinge und aller Geschöpfe?

Glaubst du, dass die Seelen der Menschen nicht jene bösen Geister sind, die aus dem Himmel gestürzt sind?

Glaubst du, dass der Satan und alle bösen Geister vom allmächtigen Gott gerechterweise in die Hölle verdammt wurden und dass keiner von ihnen einmal erlöst werden wird, weder vor dem Jüngsten Gericht noch danach?

Glaubst du, dass der allmächtige Gott, den wir Christen verehren, geziemend und mit Recht im Himmel herrscht und dass kein böser Geist und kein Mensch, der ohne Buße in den Sünden, die wir Katholiken Todsünden nennen, stirbt, in den Himmel kommt, sondern immer und ohne Ende in der Hölle brennt?

Glaubst du, dass die Seelen, die Christus erlöste und von der Hölle in den Himmel mitnahm, und die Seelen der Apostel, Märtyrer, Bekenner und auserwählten Jungfrauen mit Christus im Himmel bis zum Tag des Gerichts herrschen und mit Christus am Tag des Gerichts kommen werden, um das zu empfangen, was ihnen gebührt, und dass sie dann mit Christus ohne Ende herrschen werden?

Glaubst du, dass jene, die aus Liebe zu Christus alles Irdische verlassen, beim Gericht mit Christus über die Lebenden und Toten zu Gericht sitzen werden?

Glaubst du, dass die Heiligen im Himmel uns Lebende und die Seelen, die sich im Fegefeuer befinden, beschützen können?

Glaubst du, dass die Gebete, Messen, Almosen und die übrigen guten Werke, ebenso Kerzen, Nachtwachen und Fasten, was wir also für gläubige Verstorbene tun, denen nützen, die ins Fegefeuer kommen, und dass sie nach ihrer Läuterung in den Himmel kommen?

Glaubst du, dass die Heilige Jungfrau Maria niemals zur Höllenpein, auch nicht ins Fegefeuer kommt und dass nicht nur sie selbst, sondern auch sehr viele Heilige sofort im Augenblick des Todes in den Himmel kommen?

Glaubst du, dass die Toten auferstehen, die Guten zum ewigen Leben und die Bösen zum ewigen Feuer?

Glaubst du, dass das Gesetz des Moses von Gott und nicht vom Teufel gegeben wurde?

Glaubst du, dass das Alte Testament durch das Neue erfüllt wurde und dass beide gut sind?

Glaubst du, dass die Seelen niemals sterben können, weder die guten noch die bösen?

Glaubst du, dass die Taufe kleine Kinder wirklich zu Christen macht und dass die Taufe der kleinen Kinder, welche mit Wasser und den richtig gesprochenen Worten vorgenommen wird, nicht wiederholt zu werden braucht und auch nicht auf andere Weise verbessert werden kann? Und dass ein kleines Kind vor den Jahren des Unterscheidungsvermögens vollständig und vollkommen getauft werden kann und dass dies im Glauben der Eltern und der Kirche geschieht?

Glaubst du, dass ohne Zerknirschung des Herzens, mündliche Beichte und tätige Wiedergutmachung Gott einem Lebenden eine Sünde nicht vergibt?

Glaubst du, dass durch die Reue, die beim Jüngsten Gericht erweckt wird, ein Mensch gerettet werden kann?

Glaubst du, dass es nicht genügt, Gott allein beziehungsweise einem Laien seine Sünden zu bekennen, sondern einem Priester?

Glaubst du, dass Eheleute, die nach dem Kirchenrecht ohne Trennung zusammenbleiben, gerettet werden können?

Glaubst du, dass niemand außer einem Priester, auch wenn er ein sehr großer Verbrecher ist, den Leib und das Blut Christi konsekrieren kann?

Glaubst du, dass das Brot sich in seinen wahren Leib und der Wein sich in sein Blut verwandeln kann?

Glaubst du, dass die Firmung, die Priesterweihe und die Letzte Ölung wirkliche und notwendige Sakramente sind?

Glaubst du, dass man in der Kirche mehr beten soll als anderswo?

Glaubst du, dass Jungfrauen und keusche Männer größeren Lohn erhalten als Menschen, die ein zügelloses, ausschweifendes Leben führen?

Glaubst du, dass ohne Sakramente keiner gerettet werden kann?

Glaubst du, dass keiner gerettet werden kann außer demjenigen, der dem Papst und den anderen kirchlichen Würdenträgern gehorsam ist?

Willst du dem Papst und unseren anderen, dir vorher genannten [*kirchlichen Würdenträgern*] gehorsam sein und nicht den gemeinen Ketzern, welche dich im Geheimen die Ketzerei lehren?

Glaubst du, dass die Ablässe, die von den kirchlichen Würdenträgern vernünftigerweise und zweckmäßig gewährt werden, Büßern nützen?

Glaubst du, dass es Strafen im Fegefeuer gibt?

Glaubst du, dass unser Herr Jesus Christus, der eingeborene Sohn Gottes, wesensgleich, gleich alt und gleich ewig wie der Vater, selber wahrer Gott ist, Fleisch und Mensch wurde unter Mitwirkung des Heiligen Geistes aus Maria, die stets Jungfrau blieb vor der Geburt, bei der Geburt und nach der Geburt und dass ihr Sohn Jesus reiner Mensch und einziger Sohn Gottes, Gott und beschnittener Mensch ist?

Quellentext Nr. 37: De examinatione haereticorum. Cod. Tegernseeens. fol. 290. – Ignaz von Döllinger, Beiträge zur Sektengeschichte des Mittelalters, Bd. 2, München 1890. S. 301–303.

Interrogatorium

Ein Fragenkatalog, das so genannte „Interrogatorium", gehörte gewissermaßen zur Standardausrüstung der Inquisitoren. Man benutzte es, um bei Massenprozessen – beispielsweise bei jenem, der in Stettin in den Jahren zwischen 1392 und 1394 gegen die Waldenser geführt wurde (Dietrich Kurze, Quellen zur Ketzergeschichte Brandenburg und Pommerns, Berlin und New York 1975. S. 17) – im Verhör möglichst schnell zu einem brauchbaren Resultat zu kommen. Den folgenden Fragenkatalog, dessen Text in einem Kodex zu finden ist, der im Archiv des niederösterreichischen Benediktinerstifts Seitenstetten aufbewahrt wird, hat der Inquisitor Peter Zwicker nicht nur bei den Prozessen in Stettin, sondern auch in der Diözese Passau verwendet.

Wo bist du geboren? Wer ist dein Vater? Wer ist deine Mutter? Waren sie ebenfalls [*als Häretiker*] bekannt? Sind sie so gestorben? Wo sind sie begraben?

Auf diesem Holzschnitt aus dem „Laienspiegel" von 1509 sieht man einen ganzen Katalog mittelalterlicher Strafen: Stäupen, Enthaupten, Rädern, Abschlagen der Hand, Blenden, Ausdärmen, Hängen, Verbrennen und Ertränken.

Wer hat dich [*in die Sekte*] eingeführt? Was hat er dir gesagt? Wie lange warst du in der Sekte? Wo hast du zum ersten Mal Kontakt mit den Anführern der Sekte gehabt? An welchem Ort befindet sich das Haus? Wie lange ist es her, dass du zum ersten Mal Kontakt hattest? Wo, wann und wie oft hattest du in der Zwischenzeit Kontakt? Wo und wann hattest du zuletzt Kontakt mit ihnen?

Was für eine Meinung hast du über sie gehabt, hast du geglaubt, es seien gute und heilige Menschen, die einen Lebenswandel führen, wie ihn die Apostel auf Erden geführt haben, [hast du geglaubt,] dass sie die Vollmacht von Gott besitzen, das Wort Gottes zu predigen, Beichten zu hören, Bußen aufzuerlegen und von Sünden loszusprechen, [und hast du geglaubt], dass sie dies besser als die Priester der Kirche tun oder gleich gut? Hast du geglaubt, dass sie Diener der Kirche sind, die von irgendeinem Papst oder irgendeinem katholischen Bischof geweiht sind, damit sie auf diese Art die Messe feiern?

Was haben sie dir als Buße auferlegt? Wie viele Vaterunser an gewöhnlichen Tagen? Wie viele an Sonn- und Feiertagen? Auch das Gegrüßet seist du

Maria und das Glaubensbekenntnis? In welcher Art und in welchem Umfang haben sie von dir verlangt, dass du fastest? Hast du die Bußwerke, die man dir auferlegt hat, nach besten Kräften verrichtet? Hast du geglaubt, dass du durch sie von deinen Sünden losgesprochen bist? Bist du auch zu Priestern der Kirche beichten gegangen? Hast du den Leib des Herrn empfangen? Hast du ihnen enthüllt, dass du der Sekte angehörst? Bist du von ihnen gehindert worden, zu enthüllen, dass du der Sekte angehörst oder nicht?

Wie oft hast du Predigten von den Anführern der Sekte gehört? Wie viele waren anwesend und wer waren diese Leute? Wo und wann haben sie gepredigt? Wie oft hast du sie besucht, mit ihnen gegessen und getrunken und sie begleitet? Wie viel Geld hast du ihnen gegeben?

Was hast du gehört und geglaubt [*was für Glaubensvorstellungen hat man dir vermittelt*] über die Anrufung der Heiligen? Können sie uns helfen, kümmern sie sich um uns, kennen sie uns? Hast du an den Vigilien der Heiligen gefastet und die Feste [*der Heiligen*] gefeiert? Wenn du es getan hast, zu wessen Ehre hast du es nach Ansicht der Häretiker getan?

Hast du einen Apostel? Wann ist sein Fest? Was wird über ihn gepredigt? Bist du auch gefirmt worden? Hast du für die Seelen der Verstorbenen gebetet? Glaubst du, dass es nach diesem Leben nur zwei Wege gibt? Was glaubst du über das Fegefeuer? Hast du Seelenmessen für das Seelenheil der Verstorbenen aufgeopfert?

Hast du geglaubt, das kirchliche Begräbnis, das Weihwasser, die Segnung von Salz, Kräutern, Palmzweigen, Asche und Kerzen, die Weihe von Kirchen, Altären, Friedhöfen, liturgischen Gewändern und bischöflichen Insignien, die Verehrung von Bildern, kirchliche Gesänge, Orgelmusik, Glockengeläute, sonntägliche Prozessionen, Gebete, Litaneien, Wallfahrten und kirchliche Ablässe, die Reliquien der Heiligen, Gebeine und Kleidungsstücke, das Kreuz des Herrn, die Dornenkrone, die Nägel, die Lanze, die Geißel, das Grab des Herrn, das Gelobte Land, das Sakrament der Firmung, die Orden, die besonderen Studien, die klerikale Tonsur, die Priesterweihe, die kirchlichen Gebete, die Ornamente, die allgemeine Beichte – hast du geglaubt, das alles seien heilige und katholische Dinge?

Hast du geglaubt, dass jede Tötung eines Menschen eine Sünde ist? Hast du geglaubt, dass jeder Eid eine Sünde ist?

Bist du schon früher einmal bei einem Inquisitor [*zum Verhör*] gewesen?

Bist du aufgrund einer gerichtlichen Vorladung gekommen oder aus eigenem Antrieb? Hast du geschworen, die Wahrheit zu sagen? Hast du gestanden, dass du ein Häretiker bist? Was ist dir vom Inquisitor als Buße auferlegt worden? Musstest du das Kreuz tragen, wo, wann, wie lange? Wie oft hast du später gestanden [*d. h. ein Geständnis abgelegt*], wo und wann? Hast du vor dem Inquisitor oder vor dem Priester deiner Sekte abgeschworen? War ein Protokollschreiber zugegen? Waren Zeugen anwesend? Hat man dir gesagt, dass du verbrannt wirst, falls du rückfällig werden solltest?

Hast du geglaubt, dass deine Sekte der wahre christliche Glaube sei und die anderen, die nicht der Sekte angehören, verdammenswert sind? Hast du andere in die Sekte eingeführt? Hast du dich und deine Gefährten als die „Bekannten" und die anderen als die „Fremden" bezeichnet? [*Im lateinischen Original werden die entsprechenden deutschen Ausdrücke zitiert:* Dixisti te cum tuis complicibus „notos" i. e. „kunden" et alios „alienos" i. e. „frömden"?]

Bist du gewillt, aus reinem Herzen und mit ungeheucheltem Glauben zur Einheit der katholischen und römischen Mutter Kirche zurückkehren? Bist du gewillt, dieses selbst zu schwören? Bist du gewillt, in Hinkunft zu keiner Versammlung der Sekte mehr zu kommen oder [*zur Sekte*] zurückzukehren? Bist du gewillt, dich öffentlicher und geheimer Buße zu unterziehen? Bist du gewillt, dich für den Fall, dass du rückfällig werden solltest, zu verpflichten, die Strafe des Feuers [*den Tod durch Verbrennen*] auf dich zu nehmen? Bist du gewillt, dich dazu zu verpflichten, weil dir deine Buße nichts nützen wird, falls du in deinem Verhör wissentlich die Unwahrheit gesagt hast? Bist du gewillt zu versprechen, dass du dich wegen dieser Sache an niemandem rächen wirst? Bist du gewillt, der Sekte der Waldenser und jeglicher gegenwärtiger und zukünftiger Häresie abzuschwören? Bist du gewillt, den katholischen Glauben unversehrt zu bewahren?

Quellentext Nr. 38: Cod. Seitenstettensis 188. – Dietrich Kurze, Quellen zur Ketzergeschichte Brandenburgs und Pommerns, (Veröffentlichungen der Historischen Kommission zu Berlin Bd. 45, Quellenwerke Bd. 6), Berlin und New York 1975. S. 73–75. – Übersetzung aus dem Lateinischen: © Josef Dirnbeck.

VEREIDIGUNG UND LOSSPRECHUNG

Anders als die im Original lateinisch verfassten Verhörschemata und Fragen-kataloge sind die Eidesformeln, die der Inquisitor Peter Zwicker in seinen Pro-zessen gegen die Waldenser verwendet hat, im Seitenstettner Codex in der Landessprache – also in dem Deutsch, das im 14. Jahrhundert gesprochen wur-de – aufgezeichnet worden.

1. [Es folgt die Formel des Eides, um vor dem Gericht der Inquisition zur Aufspürung ketzerischer Schlechtigkeit die Wahrheit zu sagen:] Ich, N., schwöre einen Eid dem allmächtigen Gott, unserem Heiligen Vater, dem Papst der heiligen römischen offenbaren Kirche, unserem Herrn, dem Bischof von Passau, und Euch an seiner statt, vor diesen gegenwärtigen Zeugen und diesem offenbaren Schreiber, dass ich sagen will die lautere Wahrheit aus meinem Herzen über alle Dinge, die mir wissend [*bekannt*] sind, über die ich gefragt werde, von mir selbst und andern Leuten, und will davon nicht lassen weder durch Liebe noch durch Leid, so mir Gott helfe und seine heilige Marter [*sein heiliges Leiden*] und sein heiliges Evangelium, das ich heute mit meiner Hand leiblich berühre, und ob ich das wissentlich nicht täte, so will ich verfallen sein aller der Pein, die ein falscher, ungetreuer Meineidiger zu Recht leiden soll, und so soll mir Gott gnädig sein nun und an meinen letzten Zeiten. Amen.

2. [Formel des Reinigungseides:] Ich, N., schwöre einen Eid dem allmächti-gen Gott, unserem Heiligen Vater, dem Papst der heiligen römischen offenbaren Kirche, unserem Herrn, dem Bischof von Passau, und Euch an seiner statt, vor diesen gegenwärtigen Zeugen und dem offenbaren Schreiber, dass ich in allem meinem Leben keinen anderen Glauben gehabt habe noch glaube als nur den ein-zigen offenbaren Christenglauben, den die heilige Kirche offenbarlich predigt, glaubt und hält, und dass ich in allem meinem Leben keinem anderen Menschen gebeichtet habe als nur den offenbaren christlichen geweihten Priestern und dass ich in allem meinem Leben keinen verdächtigen oder versprochenen [*in schlech-tem Ruf stehenden*] Prediger zu mir gelassen habe, noch wissentlich zu ihm ge-gangen bin, zu hören Lehren und Worte, die da wären wider die heilige, offen-bare Predigt, die da offenbarlich geschieht in geweihten Kirchen.

Auch gelobe ich mit meinem Eid, dass ich mich an niemand rächen will in keiner Weise, weder mit Worten noch mit Werken mit mir selber oder andern Menschen wegen dieser Sache, also mir Gott helfe und seine heilige Marter [*sein heiliges Leiden*] und sein heiliges Evangelium, das ich heute mit meiner Hand leiblich berühre, und also mir Gott helfe und gnädig sei nun und an meinen letzten Zeiten. Amen.

3. [Formel des Eides, um der Sekte der Waldenser abzuschwören:] Ich, N., beichte, bekenne und gebe mich schuldig dem allmächtigen Gott und Euch an Gottes statt, dass ich mich leider schwerlich verirrt habe von meinem Christenglauben, besonders damit, dass ich lauteren Laien [*d. h. nicht geweihten Personen, die „lediglich Laien" sind*] meine Sünden gebeichtet habe, Buße von ihnen empfangen habe und geglaubt habe, dass ich mich von meinen Sünden entledigt habe, und in vielen anderen Stücken geglaubt habe, die da sind wider den heiligen offenbaren römischen Christenglauben. Das ist mir getreulich Leid von meinem ganzen Herzen und [ich] suche Gnade und Barmherzigkeit und bitte mit ganzer Begehr [*Begierde*], dass ihr mich wieder empfangt zu der Einigung der heiligen offenbaren Kirche. [*Zwischenbemerkung in Latein:* Hier möge man zum Eid schreiten.] Damit so schwöre ich einen Eid Gott dem Allmächtigen, unserem Heiligen Vater, dem Papst der heiligen römischen offenbaren Kirche, unserem Herrn, dem Bischof von Passau, und Euch an seiner statt, vor diesen gegenwärtigen Zeugen und dem offenbaren Schreiber, dass ich fürbass mehr in allem meinem Leben [*fernerhin in meinem ganzen Leben*] nimmer kommen will zu den Waldenserketzern, die sich nennen die „Kunden" [*die „Bekannten"*], weder zu den Meistern noch Jüngern, Glaubern [*Gläubigen*] und Glauberinnen, Frauen und Männern, Jung oder Alt, Arm und Reich, mit Beichte, Predigt, Lehre, Gunst, Herberge, Beschützung, und will sie auch nicht zu mir lassen, dieweil sie also bleiben wollen, und will sie ächten offenbar [*mich in einer nach außen hin sichtbaren Weise von ihnen distanzieren*] und melden meinem Pfarrer oder ihrem Pfarrer oder den anderen ihnen Obersten in guter Treue, wo ich sie erfahre [*wenn ich erfahre, wo sie sich aufhalten*] oder jetzt für wahr weiß oder nach Dünken in aller Welt.

Auch will ich mich stellen zu der Buße bei der Pein des Feuers, wohin und wann man mich ruft, und will Buße empfangen heimlich und öffentlich, was man mir nach Gnaden aufsetzt, und will die [*Bußwerke*] gänzlich vollführen und nicht zurückwerfen ohne Erlaubnis meiner Obersten, die die Gewalt [*darüber*] haben. Auch verbinde [*verpflichte*] ich mich und verurteile mich mit meinem Mund zu der Pein des Feuers und zu aller anderen Pein, die in dem heiligen Recht geschrieben ist, ob ich wieder einfalle [*rückfällig werde*] in diesen Unglauben und verdammter Ketzerei oder in eine andere, mit was für Namen sie auch genannt ist und hernach [*in Zukunft*] genannt möchte werden. Auch soll mir meine Buße nicht helfen, wenn ich überführt werde, dass ich in meiner Verhörung nicht die lautere Wahrheit gesagt hätte. Auch gelobe ich mit meinem Eid, dass ich mich an niemandem rächen will, weder mit Worten noch mit Werken noch mit einerlei Weise, mit mir selber oder mit andern Leuten, von dieser Sache wegen. Damit so schwöre ich ab dem Irrtum der Waldenserketzer, die sich nennen die „Kunden" [*die „Bekannten"*], mit allem ihrem Unglauben, Stücken und Artikeln, Gunst und Gemeinschaft und allen anderen Unglauben, mit was für Namen er jetzt genannt ist und in zukünftigen Zeiten genannt möchte werden, und gelobe mit Kraft meines gegenwärtigen Eides, dass ich fürbass mehr in allem meinem Leben [*fernerhin in meinem ganzen Leben*] halten will ganz und unzerbrochen den einen und heiligen Christenglauben, den die heilige römische Kirche offenbarlich kündet, predigt, glaubt, lehrt und hält, also mir Gott helfe und seine heilige Marter [*sein heiliges Leiden*] und sein Evangelium, das ich heute mit meiner Hand leiblich berühre, und also mir Gott gnädig sei nun und an meinen letzten Zeiten. Amen.

Zeremonie der Lossprechung

Form der Absolution häretischer Waldenser: Zuerst wird der Psalm „Miserere mei deus" [Ps 51: *„Gott sei mir gnädig nach deiner Huld"*] gebetet oder „Deus misereatur nostri" [Ps 67: *„Gott sei uns gnädig und segne uns"*] oder „De profundis" [Ps 130: *„Aus der Tiefe rufe ich zu dir"*], der Vers „Salvum fac famulum tuum, Deus" [Ps 86,2: *„Hilf deinem Knecht, der dir vertraut"*] etc. „Mitte ei auxilium de sancto" [Ps 19,3: *„Er sende dir Hilfe vom Heiligtum"*]. „Esto ei turris fortitudinis" [Ps 61,4: *„(Sei ihm) ein fester Turm gegen die Feinde"*] etc. „Nihil proficiat inimicus in eo" [Ps 89,23: *„Kein Feind soll ihn täuschen"*] etc. „Domine, exaudi orationem meam" [*„Herr, erhöre mein Gebet"*] etc. „Dominus vobiscum" [*„Der Herr sei mit euch"*].

Oration: Lasset uns beten. Gott, dir ist es eigen, dich allzeit zu erbarmen und Schonung zu üben etc., nimm an mein Gebet, auf dass diesen deinen Diener, den die Kette der Exkommunikation zusammenschnürt, das Erbarmen deiner Güte losspreche.

Kollekte: Gewähre, wir bitten dich, du allmächtiger Gott und du Gott des Erbarmens, diesem deinem Diener die würdige Frucht der Buße, auf dass er wieder zurückgeführt werde in die Einheit deiner heiligen Kirche, von deren Unversehrtheit er abgewichen war, indem er der verabscheuungswürdigen Häresie der Sekte der Waldenser anhing und an ihr festhielt, durch Christus unseren Herrn. Amen.

Und so spreche ich dich denn mit der Vollmacht des allmächtigen Gottes und seiner heiligen Apostel Petrus und Paulus sowie mit der Vollmacht, die mir in diesem Bereich eingeräumt worden ist, von den Banden der Exkommunikation los, in welche du gefallen bist, indem du der verabscheuungswürdigen Häresie der Sekte der Waldenser anhingst und an ihr festgehalten hast oder indem du die von einer solchen Sekte erlassenen Ordnungen gutgeheißen, übernommen und verteidigt hast oder indem du in irgendeiner Weise mit ihnen verbotene Gemeinschaft gepflogen hast, und führe dich wieder zurück zu den heiligen Sakramenten der Kirche und zur Gemeinschaft der Gläubigen im Namen des Vaters und des Sohnes und des Heiligen Geistes. Amen.

Es folgt das Evangelium.

Quellentext Nr. 39: Cod. Seitenstettensis 252. – Dietrich Kurze, Quellen zur Ketzergeschichte Brandenburgs und Pommerns, (Veröffentlichungen der Historischen Kommission zu Berlin Bd. 45, Quellenwerke Bd. 6), Berlin und New York 1975. S. 75–77. – Transkription der Sprachgestalt in heutiges Deutsch sowie Übersetzung der lateinischen Teile: © Josef Dirnbeck.

Rhetorische Strategien

Häretiker waren nicht auf den Mund gefallen und gaben im Verhör Antworten, die geeignet waren, einen unerfahrenen Inquisitor in die Irre zu führen. Der Inquisitor Bernard Gui hat deshalb in seinem Inquisitoren-Handbuch bestimmte rhetorische Strategien analysiert und handfeste Gegenstrategien aufgezeigt, die der Inquisitor beim Verhör anwenden sollte.

Wenn ein Ketzer zum ersten Mal zum Verhör vorgeführt wird, so nimmt er eine zuversichtliche Miene an, als ob er sicher sei im Gefühl seiner Unschuld. Ich frage ihn, warum er vor mich gebracht sei. Lächelnd und artig erwidert er: „Herr, es würde mich freuen, von euch den Grund zu erfahren." – Ich: „Ihr seid angeklagt, ein Ketzer zu sein und anders zu glauben und zu lehren als die heilige Kirche." – Angeklagter (indem er seine Augen zum Himmel erhebt und eine Miene gläubiger Frömmigkeit annimmt): „O Gott, du weißt, dass ich dessen unschuldig bin und dass ich niemals irgendeinen anderen Glauben bekannt habe als den des wahren Christentums." – Ich: „Ihr nennt euren Glauben christlich, weil ihr unseren für falsch und ketzerisch anseht; aber ich frage euch, ob ihr jemals einen anderen Glauben für ebenso wahr gehalten habt als den, welchen die römische Kirche für wahr hält." – Angeklagter: „Ich glaube den wahren Glauben, den die römische Kirche glaubt und den ihr uns öffentlich lehrt." – Ich: „Vielleicht leben einige von eurer Sekte in Rom. Diese nennt ihr die römische Kirche. Wenn ich predige, so rede ich von vielen Dingen, von denen einige uns beiden gemeinsam sind, beispielsweise dass es einen Gott gibt, und ihr glaubt etwas von dem, was ich predige. Nichtsdestoweniger könnt ihr ein Ketzer sein, weil ihr andere Dinge glaubt als die, welche geglaubt werden müssen." – Angeklagter: „Ich glaube alles, was ein Christ glauben muss." – Ich: „Ich kenne eure Schliche. Was die Mitglieder eurer Sekte glauben, das haltet ihr für das, was ein Christ glauben muss. Aber wir verlieren Zeit bei diesem Wortstreit. Sagt einfach: Glaubt ihr an den Einen Gott, den Vater, den Sohn und den heiligen Geist?" – Angeklagter: „Ich glaube es." – Ich: „Glaubt ihr an Jesus Christus, geboren aus der Jungfrau, der gelitten hat und auferstanden und aufgefahren ist gegen Himmel?" – Angeklagter (freudig und schnell): „Ich glaube." – Ich: „Glaubt ihr, dass bei der von dem Priester zelebrierten Messe das Brot und der Wein durch göttliche Kraft in den Leib und das Blut Jesu Christi verwandelt werden?" – Angeklagter: „Sollte ich das nicht glauben?" – Ich: „Ich frage nicht, ob ihr das nicht glauben sollt, sondern ob ihr es glaubt." – Angeklagter: „Ich glaube alles, was ihr und andere gute Doktoren mir zu glauben vorstellt." – Ich: „Diese guten Doktoren sind die Lehrer eurer Sekte; wenn ich mit ihnen übereinstimme, glaubt ihr auch mir; wenn nicht, nicht." – Angeklagter: „Ich glaube gern wie ihr, wenn ihr mich lehrt, was gut für mich ist." – Ich: „Ihr haltet es für gut, wenn ich dasselbe lehre, was eure anderen Lehrer auch lehren. Sage also, glaubst du, dass der Leib unseres Herrn Jesu Christi auf dem Altare ist?" – Angeklagter (schnell): „Ich glaube es." – Ich: „Ihr wisset, dass ein Leib da ist und dass alle Leiber von unserem Herrn sind. Ich frage euch, ob der Leib, der dort ist, der Leib des Herrn ist, der geboren war von der Jungfrau Maria, der am Kreuze gehangen hat, der von den Toten auferstanden und zum Himmel aufgefahren ist usw." – Angeklagter: „Und ihr, Herr, glaubt ihr es nicht?" – Ich: „Ich glaube es durchaus." – Angeklagter: „Ich glaube es ebenso." – Ich: „Ihr glaubt, dass ich es glaube; aber ich frage euch nicht danach;

ich frage euch vielmehr, ob ihr es glaubt." – Angeklagter: „Wenn ihr alle meine Worte in anderer als in klarer und einfacher Weise auslegen wollt, dann weiß ich nicht mehr, was ich sagen soll. Ich bin ein einfacher und unwissender Mann. Ich bitte euch, mir keine Schlinge aus meinen eigenen Worten zu machen." – Ich: „Wenn ihr einfach seid, so antwortet mir einfach ohne Ausflüchte." – Angeklagter: „Gerne." – Ich: „Wollt ihr also schwören, dass ihr nie etwas gelernt habt, was dem Glauben, den wir für wahr halten, widerspricht?" – Angeklagter (erbleichend): „Wenn ich schwören muss, so schwöre ich gerne." – Ich: „Ich frage nicht, ob ihr schwören müsst, sondern ob ihr schwören wollt." – Angeklagter: „Wenn ihr mir befehlt zu schwören, will ich schwören." – Ich: „Ich will euch nicht zwingen zu schwören, weil ihr, da ihr Eide für ungesetzlich haltet, mir, der ich euch zwang, die Sünde zuschieben würdet; aber wenn ihr schwören wollt, will ich euren Eid entgegennehmen." – Angeklagter: „Warum soll ich schwören, wenn ihr es mir nicht befehlt?" – Ich: „Damit ihr den Verdacht, ein Ketzer zu sein, von euch abwälzt." – Angeklagter: „Mein Herr, ich weiß nicht, wie ich schwören soll, wenn ihr es mich nicht lehrt." – Ich: „Wenn ich zu schwören hätte, so würde ich meine Hand aufheben, meine Finger ausstrecken und sagen: So wahr mir Gott helfe, habe ich nie Ketzerei kennen gelernt, noch etwas geglaubt, was im Widerspruch steht zum wahren Glauben."

Alsdann stottert er, als ob er die Formel nicht wiederholen könnte, sodass kein förmlicher Eid herauskommt und man doch glaubt, er habe geschworen. Oder er verdreht die Worte so, dass er gleichfalls nur scheinbar schwört. Oder er verwandelt den Eid in eine Gebetsformel, beispielsweise: „Gott helfe mir, dass ich kein Ketzer bin!" Gefragt, ob er geschworen habe, wird er sagen: „Hörtet ihr mich nicht schwören?" Wird er dann weiter hart gedrängt, so fängt er an, an das Mitleid des Richters zu appellieren, indem er spricht: „Mein Herr, wenn ich in etwas Unrecht getan habe, so will ich gerne die Buße tragen; nur helft mir, von einer Anklage mich zu reinigen, der ich aus Bosheit und ohne mein Verschulden preisgegeben wurde." Aber ein energischer Inquisitor darf nicht zugeben, dass in solcher Weise auf ihn eingewirkt wird; er muss vielmehr entschlossen vorgehen, bis er solche Leute entweder zum Geständnis ihres Irrtums oder zur öffentlichen Abschwörung der Ketzerei veranlasst, sodass sie, wenn sich später herausstellt, dass sie falsch geschworen haben, ohne weiteres Verhör dem weltlichen Arme überliefert werden können. Wenn jemand darin einwilligt, zu schwören, dass er kein Ketzer ist, so sage ich zu ihm: „Wenn ihr nur schwören wollt, um dem Scheiterhaufen zu entgehen, so wird weder ein Eid noch zehn noch hundert noch tausend genügen, weil ihr euch gegenseitig von einer gewissen Zahl von Eiden, die ihr in der Zwangslage geleistet habt, dispensiert; ich werde daher unzählige Eide fordern. Außerdem werden eure Eide, wenn ich, wie ich glaube, Beweise wider euch besitze, euch nicht vor dem Feuertod bewahren. Ihr werdet nur euer Gewissen beflecken, ohne dem Tod entgehen zu können. Wenn ihr dagegen einfach euren Irrtum bekennt, könnt ihr Gnade finden." Ich habe Menschen gesehen, die, in solcher Art bedrängt, schließlich Geständnisse ablegten.

Quellentext Nr. 40: Bernard. Guidon. Practica, p. V. (ed. Douais S. 253). – Henry Charles Lea, Geschichte der Inquisition im Mittelalter, Bd. 1, Bonn 1905. S. 459–462.

DIE PROZESSORDNUNG VON NARBONNE

In dem am 20. Oktober 1244 erlassenen „Ordo processus Narbonensis" – der Prozessordnung von Narbonne – wird genau festgelegt, wie bei der Vorladung von Häretikern zu verfahren ist; in welcher Form der Verhörte, falls er dazu bereit ist, abschwören kann; in welcher Weise jenen, die zur kirchlichen Einheit zurückkehren, die Wiederversöhnung zugesprochen wird und welche Bestrafung ihnen angedroht wird, falls sie sich etwas zuschulden kommen lassen haben; welche Buße sie dafür zu leisten haben, dass sie sich des Verbrechens sündhafter Ketzerei schuldig gemacht haben; welche Form das Urteil bei denen haben muss, die dem Arm der weltlichen Gerichtsbarkeit zu übergeben sind, und wie schließlich das Urteil gegen diejenigen zu formulieren ist, die als Ketzer gestorben sind.

Die Inquisitoren entbieten [...] ihren Gruß im Herrn. Aufgrund der Autorität, die wir innehaben, erteilen wir euch die strenge Weisung und befehlen, dass ihr alle Pfarrkinder beziehungsweise Einwohner von jener Kirche oder jenem Ort, die männlichen vom vierzehnten, die weiblichen vom zwölften Lebensjahr an und darunter, falls sie sich verfehlt haben, in unserem Namen und aufgrund unserer Autorität vorladet, damit sie an dem und dem Tag und an dem und dem Ort vor euch erscheinen, um Auskunft zu geben über das, was sie gegen den Glauben begangen haben, und um der Ketzerei abzuschwören. Und wenn an diesem Orte keine andere Inquisition durchgeführt wird, gewähren wir allen aus diesem Ort, die namentlich vorgeladen wurden oder sonst keine Nachsicht verdienten, Verschonung von der Haft, wenn sie innerhalb der anberaumten Zeit von selber kommen, Buße tun und über sich sowie über andere die reine und volle Wahrheit sagen. Diese Zeit nennen wir die der Gnade oder der Nachsicht.

Die Vorladung als eine „Zeit der Gnade"

Wir lassen einen jeden, wenn er erscheint, um zu bekennen, aller Ketzerei abschwören und schwören, dass er über sich und andere Lebende und Tote die volle und reine Wahrheit sage zum Tatbestand oder zum Vorwurf der Ketzerei und der Zugehörigkeit zu den Waldensern. Das wird den katholischen Glauben retten und schützen und gewährleisten, dass man die Ketzer einer jeden beliebigen Sekte weder aufnimmt noch schützt oder sie begünstigt oder ihnen Vertrauen schenkt, sondern vielmehr sie und ihre Abgesandten mit gutem Glauben verfolgt und dingfest macht oder wenigstens der Kirche oder deren Führern und Gesandten diejenigen enthüllt, die sie festnehmen wollen und können. Es wird die Inquisition nicht behindern, sondern im Gegenteil sich denen entgegenstellen, die sie bekämpfen.

Rückkehr zur kirchlichen Einheit

Im Namen unseres Herrn Jesus Christus, Amen. Wir, die Inquisitoren etc. Aufgrund der Untersuchung, die wir bei Ketzern und Verdächtigen kraft unseres apostolischen Auftrags durchführen, kommen wir zu dem Ergebnis, dass du, N. N., wie du vor uns bei Gericht gestanden hast, viele Ketzer verehrt, aufgenommen, aufgesucht und ihren Irrlehren Glauben geschenkt hast. Daher bist du, der deshalb festgenommen wurde, wenn du jedoch guten Herzens und ungeheuchelten Glaubens, wie du versicherst, zur kirchlichen Einheit zurückkehrst und – wie oben – abschwörst und dich, wenn du dir etwas zuschulden kommen ließest, die bei Ketzern fällige Strafe freiwillig annimmst und anerkennst, dass du von der Exkommunikation, von der du für das Vorhergehende betroffen warst, unter der bindenden Bedingung befreit, dass dann, wenn man herausfindet, dass du über dich oder andere die Wahrheit unterdrückt hast und du die Buße und die Anweisungen, die wir dir auferlegen, nicht hältst und erfüllst, dir diese Absolution nichts nützt, sondern die Exkommunikation für deine Unterlassungen in vollem Umfang aufrechterhalten wird.

Buße für bekehrte Ketzer

Vor allen Christgläubigen, die das vorliegende Schreiben zu Gesicht bekommen, erlegen wir Inquisitoren etc. in Gegenwart des Zeugen N. N. demjenigen, der sich nach seinem eigenen Geständnis, das er vor uns bei Gericht abgelegt hat, sich des Verbrechens sündhafter Ketzerei schuldig gemacht hat, wenn er freiwillig und demütig in den Schoß der heiligen Mutter Kirche zurückkehrt, der Sünde der Ketzerei völlig abschwört und schließlich gemäß dem Kirchenrecht vom Band der Exkommunikation befreit ist, die Buße auf, dass er zur Sühne für sein Vergehen zwei safranfarbige Kreuze, die zwei Handbreit lang und breit und drei Finger dick sind, ständig auf seinem Obergewand trägt, das eine vorn auf der Brust und das andere hinten auf den Schultern. Das Gewand, an dem er die Kreuze trägt, darf nirgendwo safranfarbig sein.

An Sonntagen und Feiertagen nehme er zeit seines Lebens an der Messe, an den Vespern und an der Ketzerverurteilung teil, sofern diese in dem Dorf, in dem er lebt, stattfindet, außer er ist daran verhindert, aber ohne dass er dabei eine Täuschung begeht.

Jedes Jahr soll er an Prozessionen teilnehmen und dabei zwischen dem Geistlichen und dem Volk große Ruten in der Hand tragen. Wenn er an einer Prozession teilnimmt und an einer Station steht, soll er dem Volk erklären, dass er hier wegen der Sünden, die er gegen den Glauben beging, diese Buße tut.

Er soll auch jedes Jahr die Gräber der Heiligen besuchen und auf jeder dieser Pilgerfahrten soll er unser Schreiben vorzeigen, das er nach unserem Willen haben und bei sich führen soll. Er ist verpflichtet, dieses Schreiben dem Geistlichen der Kirche, die er besucht, zu zeigen und über die Pilgerfahrt, falls sie auf pflichtgemäße Weise durchgeführt wurde, eine schriftliche Bestätigung desselben Geistlichen uns als Beweis zu bringen.

Verurteilung eines der Ketzerei Überführten

Wir, die oben erwähnten Inquisitoren, haben die Schuld und die Vergehen des Genannten aufmerksam angehört und besonders auch die Umstände, die uns in besonderer Weise dazu bewegen müssen – sei es durch Bestrafung, sei es durch Vergebung –, die Sünde der Ketzerei aus dem Land zu vertilgen und den Glauben neu einzupflanzen.

Wir verurteilen in Verbindung mit den ehrwürdigen Geistlichen, die uns beraten etc., den oben Genannten, weil er an die Irrlehren der Ketzer glaubte und überführt ist, dass er jetzt noch daran glaubt, da er, obwohl er verhört und überführt wurde beziehungsweise gestanden hat, es ablehnt, sich zu bekehren und den Geboten der Kirche absoluten Gehorsam zu leisten, kraft des endgültigen Urteils als Ketzer.

Wir überlassen ihn von nun an der weltlichen Gerichtsbarkeit und verurteilen ihn so als Ketzer wie alle, die ihn in Zukunft wissentlich aufnehmen oder schützen oder ihm Rat, Hilfe oder Unterstützung gewähren, so wie wir alle, die Ketzer unterstützen, aufnehmen und schützen, kraft der Autorität, die wir besitzen, mit dem Band der Exkommunikation belegen.

Verurteilung von Personen, die als Ketzer gestorben sind

Wir Inquisitoren etc. haben die Schuld und die Vergehen der oben genannten Person gesehen und sorgfältig und aufmerksam geprüft. Nach der Begutachtung seiner Verteidigung und der Umstände, die bei den Personen und Aussagen der Zeugen sowie der anderen Aspekte gründlich durchdacht werden mussten, wobei uns diese und jene zur Seite standen und uns berieten etc., verkünden wir das unwiderrufliche Urteil, dass ebendieser etc. als Ketzer gestorben ist, und wir verurteilen ihn selbst und das Andenken an ihn mit der gleichen Strenge. Wir beschließen, dass seine Gebeine, wenn man sie von anderen unterscheiden kann, exhumiert und sodann verbrannt werden zur Sühne für ein so unsagbares Verbrechen.

Quellentext Nr. 41: Ordo processus Narbonensis. – Kurt-Victor Selge, Texte zur Inquisition. (Texte zur Kirchen- und Theologiegeschichte, Heft 4), Gütersloh 1967, S. 70–76.

„EIN ENTKOMMEN DES MISSETÄTERS WAR NICHT MÖGLICH …"

„Ein Entkommen des Missetäters war nicht möglich", konstatiert Henry Charles Lea (1825–1909). In seiner „Geschichte der Inquisition" gibt der amerikanische Inquisitionsforscher des 19. Jahrhunderts, gestützt auf Prozessakten und sonstige in den Archiven vorhandene Quellen, eine ebenso anschauliche wie ausführliche Beschreibung des Prozessverfahrens der Inquisition.

Das Prozessverfahren der bischöflichen Gerichtshöfe […] beruhte auf den Grundsätzen des römischen Rechts, und welche Missbräuche auch immer in der Praxis damit verbunden waren, so war es der Theorie nach doch ein ge-

171

rechtes, durch genau bestimmte Vorschriften geregeltes Verfahren. Anders verhielt es sich mit dem Inquisitionsverfahren.

Das Inquisitionsverfahren

Wenn wir seine Methode richtig würdigen wollen, müssen wir die Beziehungen kennen, die nach der Meinung des Inquisitors zwischen ihm selbst und dem vor seinen Richterstuhl gebrachten Missetäter bestanden. Als Richter beschützte der Inquisitor den Glauben und rächte Gott für das durch die Häresie ihm zugefügte Unrecht. Aber er war nicht nur Richter, er war auch ein Beichtvater, bemüht um die Rettung der unglücklichen Seelen, die der Irrtum ins Verderben zu ziehen drohte. In dieser doppelten Eigenschaft handelte er mit einer Amtsgewalt, die weit höher war als die eines irdischen Richters. Wenn nur seine heilige Mission erfüllt wurde, auf die Methoden, deren er sich dabei bediente, kam es wenig an. Wenn der Missetäter um Gnade für seine unverzeihlichen Verbrechen bat, so musste es geschehen aufgrund seiner rückhaltlosen Unterwerfung unter den geistlichen Vater, der ihn vor den endlosen Qualen der Hölle zu bewahren suchte. Das Erste, was man bei seinem Erscheinen vor Gericht von ihm verlangte, war die Ablegung eines Eides, durch den er gelobte, den Geboten der Kirche gehorchen, auf alle ihm vorgelegten Fragen wahrheitsgemäß antworten, alle ihm bekannten Ketzer verraten und jeglicher Buße sich unterwerfen zu wollen, die ihm auferlegt werden würde. Wer die Ablegung dieses Eides verweigerte, bekannte sich dadurch sofort als trotzigen und hartnäckigen Ketzer.

Äußeres und inneres Forum

Die Pflicht des Inquisitors unterschied sich von der des gewöhnlichen Richters auch dadurch, dass ihm die geradezu unmögliche Aufgabe gestellt war, die geheimen Gedanken und Meinungen des Gefangenen sicher festzustellen. Die äußeren Handlungen waren für ihn nur Anzeichen des Glaubens, die er annehmen oder verwerfen konnte, je nachdem, ob er sie für beweiskräftig oder für illusorisch hielt. Das Verbrechen, das er durch die Bestrafung zu unterdrücken suchte, war ja ein geistiges; Handlungen, wie verbrecherisch sie auch sein mochten, lagen außerhalb des Bereiches seiner Jurisdiktion.

Die Mörder St. Peters des Märtyrers wurden nicht als Mörder verfolgt, sondern als Begünstiger der Ketzerei und Behinderer der Inquisition. Der Wucherer gehörte nur dann vor diesen Richterstuhl, wenn er behauptete oder durch seine Handlungen bezeugte, dass er den Wucher für keine Sünde hielt; der Zauberer nur dann, wenn seine Beschwörungen bewiesen, dass er sich lieber auf die Allmacht des Teufels als auf die Gottes verließ oder dass er falsche Vorstellungen von den Sakramenten hatte. Zanchini [*Tract. de Haeres. c.11*] erzählt uns, dass er der Verurteilung eines Priesters beiwohnte, der im Konkubinat lebte, der aber nicht wegen seiner Sittenlosigkeit bestraft wurde, sondern weil er in diesem unreinen Zustande täglich die Messe zelebrierte und zu seiner Entschuldigung anführte, er habe sich durch die Anlegung der heiligen Gewänder gereinigt.

Auch der Zweifel galt schon als Ketzerei. Denn der Gläubige musste einen festen, unerschütterlichen Glauben haben. Und diesen seinen Seelenzustand festzustellen, war die Aufgabe des Inquisitors. Äußere Handlungen und wörtliche Bekenntnisse waren wertlos. Der Angeklagte konnte regelmäßig der Messe beiwohnen, er konnte freigebig in der Darbringung von Opfern sein, er konnte pünktlich beichten und kommunizieren und er konnte doch im Herzen ein Ketzer sein. Er konnte, vor Gericht gezogen, sich rückhaltlos den Beschlüssen des Heiligen Stuhles unterwerfen, er konnte laut seine Zugehörigkeit zum orthodoxen Glauben beteuern, er konnte bereit sein, alles zu unterzeichnen, was man von ihm verlangte, und er konnte doch heimlich ein Katharer oder Waldenser sein, für den allein der Scheiterhaufen passte.

In Wirklichkeit gab es wenige, die ihre Ketzerei mutig eingestanden. Darum war auch die Aufgabe des Richters, der gewissenhaft darauf bedacht war, die Füchse zu vertilgen, die den Weinberg des Herrn verwüsteten, keine leichte, und wir brauchen uns deshalb nicht zu wundern, dass er sich schleunigst von den Fesseln des regelmäßigen Prozessverfahrens befreite, das seine Mühen vereitelte, ohne ihn vor falschen Urteilen zu bewahren. Noch weniger kann es uns überraschen, dass fanatischer Eifer, willkürliche Grausamkeit und unersättliche Habgier miteinander wetteiferten, um ein über alle Begriffe grausames System aufzurichten. Allwissenheit wäre allein imstande gewesen, die Rätsel, die das tägliche Geschäft des Inquisitors mit sich brachte, zu lösen; menschliche Gebrechlichkeit, die entschlossen war, ein im Voraus abgestecktes Ziel zu erreichen, musste zu dem Schluss kommen, dass das Opfer von 100 Unschuldigen besser sei als das Entrinnen eines einzigen Schuldigen. So wurde von den drei Arten des Kriminalverfahrens, der Anklage, der Denunziation und der Inquisition, die Letztere notwendigerweise die unabänderliche Regel, anstatt die Ausnahme zu bilden. Gleichzeitig wurde sie der Garantien beraubt, durch die ihre gefährlichen Tendenzen einigermaßen ausgeglichen wurden. Wenn sich ein förmlicher Ankläger einfand, so war der Inquisitor verpflichtet, ihn zu entmutigen, indem er ihn auf die Gefahr der Talion [*der Vergeltung von Gleichem mit Gleichem*] hinwies, der sich der Betreffende aussetzte, falls die Anklage unbegründet war; mit allgemeiner Zustimmung wurde diese Form des Strafverfahrens vermieden, weil sie „ligitiös" sei, das heißt, weil sie dem Angeklagten gewisse Möglichkeiten der Verteidigung gewähre.

Dass die Anklage wirklich mit einer gewissen Gefahr für den Ankläger verbunden war und dass die Inquisition den Letzteren tatsächlich warnte, zeigte sich im Jahre 1304, als ein Inquisitor, Fra Landulfo, der Stadt Chieti eine Geldbuße von 150 Unzen Gold auferlegte, weil sie jemanden amtlich der Ketzerei angeklagt hatte, ohne den Beweis dafür erbringen zu können. Gegen die Denunziation war weniger einzuwenden, weil bei ihr der Denunziant ex officio handelte; aber dieselbe kam im Allgemeinen nur selten vor und das Inquisitionsverfahren wurde schon früh tatsächlich so gut wie allein befolgt. Hierbei wurden aber nicht nur [...] alle Garantien des Prozessverfahrens unterdrückt, sondern es wurde auch der Angeklagte von vornherein als schuldig angesehen.

Vorladung

Um 1278 stellt ein erfahrener Inquisitor die Regel auf, dass an Orten, die in starkem Verdacht der Ketzerei ständen, jeder Einwohner vorgeladen und gezwungen werden solle, der Ketzerei abzuschwören und die Wahrheit zu sagen; dann müsse er einem genauen Verhör über sich und andere unterworfen werden, wobei jeder Mangel an Offenheit ihn später der furchtbaren Strafe unterwarf, die für den Rückfall festgesetzt war. Dass das nicht bloß ein theoretischer Vorschlag blieb, ergibt sich aus den umfassenden Untersuchungen, die Bernhard von Caux und Johann von Saint-Pierre 1245 und 1246 veranstalteten, wobei 230 Verhöre von Einwohnern der kleinen Stadt Avignonet, 100 von solchen der Stadt Fanjeaux und 420 in Mas-Saintes-Puelles erwähnt werden.

Dieser Pflicht, vor dem Inquisitor zu erscheinen, konnte sich keiner entziehen, der das Alter hatte, in welchem die Kirche ihn für verantwortlich für

Das Bündnis mit dem Satan wird durch einen Lehnskuss auf den Hintern besiegelt, Holzschnitt von 1608.

seine Handlungen ansah. Welches dieses Alter war, war indessen eine strittige Frage. Die Konzilien von Toulouse, Béziers und Albi nahmen 14 Jahre für das männliche und zwölf Jahre für das weibliche Geschlecht an, als sie der ganzen Bevölkerung einen Abschwörungseid vorschrieben, und diese Festsetzung wurde von einigen Autoritäten anerkannt. Andere dagegen begnügten sich mit der Erklärung, dass das Kind alt genug sein müsse, um die Bedeutung eines Eides zu verstehen; wieder andere setzten das Alter der Verantwortlichkeit auf sieben Jahre herab oder sie bestimmten neuneinhalb Jahre für Mädchen und zehneinhalb Jahre für Knaben. Zwar durfte in den romanischen Ländern, wo die Minderjährigkeit erst im Alter von 25 Jahren aufhörte, keiner unter diesem Alter vor Gericht erscheinen, aber man half sich über diese Bestimmung mit Leichtigkeit dadurch hinweg, dass man dem Minderjährigen einen „Curator" beigab, unter dessen Schutz er gefoltert und verurteilt werden durfte. Wenn es übrigens heißt, dass keiner unter 14 Jahren gefoltert werden dürfe, so dürfen wir dies wohl als das niedrigste Alter betrachten, in welchem man im Allgemeinen wegen Ketzerei zur Verantwortung gezogen werden konnte.

Ein Entkommen des Missetäters war nicht möglich. Abwesenheit wurde als absichtlicher Ungehorsam betrachtet und erhöhte nur die Schuld, indem sie ein neues unverzeihliches Vergehen hinzufügte; außerdem kam sie in der Sache selbst einem Geständnis gleich. Übrigens war diese Anschauung, noch ehe man an die Inquisition dachte, in der kirchlichen Rechtsprechung schon dadurch herrschend geworden, dass Innozenz III. den Bischof von Chur degradierte aufgrund der Beweise, die seine Kommissare ex parte [*zum Teil*] erbracht hätten, nachdem der Bischof sich wiederholt geweigert habe, vor ihnen zu erscheinen.

Wie wichtig diese Entscheidung war, beweist die Tatsache, dass sie Raimund von Pennafort in das kanonische Recht aufnahm, um darzutun, dass in Fällen absichtlichen Ungehorsams das durch eine „inquisitio" beigebrachte Zeugnis zur Verurteilung genüge, ohne eine „litis contestatio", das heißt ohne eine Verhandlung zwischen der Anklagebehörde und der Verteidigung. Wenn daher eine Partei es unterließ zu erscheinen, nachdem die Vorladung in ihrer Pfarrkirche ordnungsgemäß veröffentlicht und der gebührende Aufschub bewilligt war, so zögerte man nicht, gegen sie vorzugehen, um sie „in absentia" [*in Abwesenheit*] zu überführen, wobei die Abwesenheit des Beschuldigten in frommer Weise durch die „Gegenwart Gottes und der Evangelien" ersetzt wurde.

Absichtliche Abwesenheit genügte in der Tat, um eine Verurteilung zu rechtfertigen. Friedrich II. hatte in seinem ersten Edikt aus dem Jahre 1220, in welchem er sich dem Laterankonzil von 1215 anschloss, erklärt, dass derjenige Verdächtige, der sich nicht binnen zwölf Monaten reinige, als Ketzer verurteilt werden sollte; diese Bestimmung wurde auch auf Abwesende ausgedehnt, die, nachdem sie ein Jahr lang exkommuniziert gewesen waren, ohne weiteres verurteilt werden sollten, mochte etwas gegen sie bewiesen sein oder nicht. Wer die Exkommunikation ein Jahr lang erduldete, ohne um eine Aufhebung derselben nachzusuchen, galt als Ketzer in Bezug auf die Sakramente und die Schlüsselgewalt, wenn nicht auch noch in Bezug auf andere Dinge. Einige Autoritäten waren in dieser Hinsicht so streng, dass das Konzil von Béziers die Bestrafung wegen Ketzerei für alle diejenigen festsetzte, die 40 Tage exkommuniziert bleiben würden. Ja, man umging sogar den Aufschub von einem Jahr dadurch, dass man die Inquisitoren anwies, wenn sie Abwesende vorluden, sie nicht nur aufzufordern zu erscheinen, sondern auch sich in einer gewissen Zeit zu reinigen, und dass man nach Verlauf dieser letzteren Frist den Angeklagten als überführt ansah. Doch wurde in diesen Fällen der Angeklagte selten als Rückfälliger bestraft und dem weltlichen Arm ausgeliefert; meistens begnügte sich der Inquisitor mit lebenslänglicher Einkerkerung bei denjenigen, denen man kein anderes Verbrechen als das des absichtlichen Ungehorsams nachweisen konnte, es sei denn, dass sie, festgenommen, sich nicht unterwerfen und abschwören wollten.

Auch der Tod bot keine Möglichkeit des Entkommens. Mochte auch der Sünder vor den Richterstuhl Gottes geladen sein, so musste doch der Glaube durch seine Verurteilung gesühnt und die Gläubigen mussten durch seine Bestrafung erbaut werden. Hatte der Verstorbene nur Einkerkerung oder eine leichtere Strafe verdient, so wurden seine Gebeine einfach ausgegraben und in alle Winde zerstreut. Stand aber auf seiner Ketzerei die Strafe des Scheiterhaufens, so wurden sie feierlich verbrannt. Den Erben und Nachkommen wurde ein Schein von Verteidigung bewilligt, da sie von der schweren Strafe der Konfiskation und der persönlichen Unfähigkeit, irgendein Amt zu bekleiden, bedroht waren. Der unerbittliche Eifer, womit diese Prozesse gegen Tote bisweilen durchgeführt wurden, tritt in dem Verfahren gegen Armanno Pongilupo von Ferrara zutage; 32 Jahre lang kämpften der Bischof und der Inquisitor von Ferrara miteinander um die Gebeine desselben, bis zuletzt der Inquisitor 1301 den Sieg behielt. Eine Beschränkung hinsichtlich der Zeit gab es hier nicht, wie die Erben und Nachkommen des Gherardo von Florenz erfahren mussten, als im Jahre 1313 der Inquisitor Fra Grimaldo einen erfolgreichen Prozess gegen ihren 1250 verstorbenen Ahnherrn begann.

Verfängliche Formalitäten

Die Gefährlichkeit des Inquisitionsverfahrens beruhte in erster Linie darin, dass bei ihm Ankläger und Richter identisch waren. Als es zuerst in das kirchliche Gerichtsverfahren eingeführt wurde, suchte man daher durch sorgfältige Vorsichtsmaßregeln die aus diesem Umstand sich ergebenden Gefahren zu beseitigen. Die Gefahr verdoppelte sich aber, wenn der betreffende Richter ein eifriger Zelot war, der nur an die Beschützung des Glaubens dachte und geneigt war, in jedem ihm vorgeführten Gefangenen einen Ketzer zu sehen, welcher auf alle Fälle überführt werden müsse. Und nicht geringer wurde diese Gefahr, wenn der Richter nur habgierig und nach Geldstrafen und Konfiskationen lüstern war. Aber die kirchliche Theorie stellte den Inquisitor als einen unparteiischen geistlichen Vater hin, dessen Amtstätigkeit bei der Rettung der Seelen durch keine Vorschriften eingeschränkt werden dürfe. Daher wurden alle Vorsichtsmaßregeln, die, wie die menschliche Erfahrung gezeigt hatte, schon bei dem gewöhnlichen Gerichtsverfahren notwendig waren, hier, wo das Leben, Ansehen und Vermögen von drei Generationen auf dem Spiele stand, absichtlich beiseite gesetzt. Jeder zweifelhafte Punkt wurde „zugunsten des Glaubens" entschieden. Immer von neuem wurde der Inquisitor angewiesen und ermächtigt, summarisch zu verfahren, die Formen unbeachtet zu lassen und nicht zu dulden, dass durch richterliche Vorschriften oder durch Kniffe der

Advokaten Hindernisse entstünden, sondern das Verfahren so viel wie möglich abzukürzen dadurch, dass man dem Angeklagten die gewöhnlichen Mittel der Verteidigung nahm und alle Berufungen und die Sache hinausziehenden Einwände verwarf. Die Rechtskräftigkeit des Urteils sollte nicht dadurch beeinträchtigt werden, dass man die Formen unbeachtet ließ, die eine jahrhundertlange Erfahrung ersonnen hatte, um Ungerechtigkeiten zu verhüten und dem Richter das Gefühl seiner Verantwortlichkeit zum Bewusstsein zu bringen.

Wäre das Inquisitionsverfahren ein öffentliches gewesen, so hätte sich auch diesem infamen System ein Riegel vorschieben lassen. So aber war die Inquisition mit dem furchtbaren Dunkel des Geheimnisses umgeben, bis das Urteil gesprochen und sie imstande war, durch die schauerliche Feier des Autodafé Eindruck auf die Volksmenge zu machen. Falls nicht wegen eines Abwesenden ein öffentlicher Aufruf nötig war, geschah selbst die Vorladung eines verdächtigen Ketzers im Geheimen. Von dem, was geschah, nachdem er sich dem Gerichte stellte, hatten nur die wenigen verschwiegenen Männer Kenntnis, die der Richter ausgewählt hatte und die unverbrüchliches Schweigen eidlich gelobt hatten. Selbst die Sachverständigen, die zusammenkamen, um über das Schicksal des Angeklagten zu entscheiden, mussten ähnliche Eide ablegen.

Die Geheimnisse dieses furchtbaren Gerichtshofes wurden mit derselben Vorsicht gehütet, und nur selten und mit äußerster Vorsicht wurden, wie wir durch Bernhard Guidonis [*Bernard Gui*] erfahren, Auszüge aus den Protokollen geliefert. Paramo, dieser seltsame Pedant, der scharfsinnig beweist, dass Gott der erste Inquisitor und die Verurteilung Adams und Evas das erste Muster des Inquisitionsverfahrens war [*Paramo, de Orig. Offic. S. Inquis. p. 32–33*], weist triumphierend darauf hin, dass Gott sie im Geheimen richtete und so der Inquisition das von ihr zu befolgende Beispiel gab, indem er auf diese Weise zugleich alle Spitzfindigkeiten umging, welche die Verbrecher zu ihrer Verteidigung geltend gemacht haben würden, zumal ihnen die listige Schlange mit ihrem Rate wurde zur Seite gestanden haben. Dass er keine Zeugen berief, erklärt sich durch das Geständnis der Angeklagten, und dafür, dass diese Geständnisse zu einer Überführung und Bestrafung ausreichten, führt Paramo eine Reihe angesehener juristischer Autoritäten an. Wenn uns dieser gotteslästerliche Unsinn zunächst lächerlich erscheint, so hat er doch auch seine traurige Seite, indem er zeigt, wie die Inquisitoren ihre Amtsgeschäfte auffassten und sich, indem sie sich mit Gott verglichen, eine verantwortungslose Macht beilegten, die ohne die Beigabe der göttlichen Allwissenheit durch menschliche Leidenschaften in ein Werkzeug der furchtbarsten Ungerechtigkeit verwandelt werden musste. Befreit von jeder Fessel der Öffentlichkeit und ungehindert durch gesetzliche Formalitäten, war das Verfahren der Inquisition, wie Zanchini selbst eingesteht, ein rein willkürliches.

Hinterlistige Prozessführung

Der gewöhnliche Verlauf eines Prozesses vor der Inquisition war folgender. Dem Inquisitor wurde Mitteilung gemacht über eine der Ketzerei verdächtige Persönlichkeit oder es wurde der Name derselben in dem Geständnis eines Gefangenen genannt. Sofort begann man geheime Nachforschungen anzustellen und alle gegen ihn aufzutreibenden Indizien zu sammeln. Alsdann wurde er heimlich aufgefordert, zu einer bestimmten Zeit zu erscheinen und gleichzeitig zur Sicherung seines Gehorsams Bürgschaft zu leisten. War er fluchtverdächtig, so wurde er plötzlich verhaftet und so lange im Gefängnis gehalten, bis der Gerichtshof bereit war, ihn zu verhören. Das Gesetz schrieb zwar drei Vorladungen vor; aber man umging es, indem man die Aufforderung „einmal für dreimal" erließ.

Wenn die Verfolgung nur auf einem allgemein verbreiteten Gerücht beruhte, so wurden die Zeugen ganz aufs Geratewohl vorgeladen; verfügte man dann über eine Masse von Vermutungen und Schwätzereien, die durch die natürliche Sorge der Zeugen, sich gegen den Verdacht der Begünstigung der Ketzer zu schützen, entsprechend übertrieben und entstellt waren, so wurde der Schlag geführt. Auf diese Weise war der Angeklagte schon im Voraus gerichtet, sonst wäre er nicht zum Verhör vorgeladen worden. War er einmal vor Gericht gezogen, dann gab es für ihn tatsächlich nur eine Möglichkeit, wieder freizukommen, nämlich die, ein Geständnis abzulegen, der Ketzerei abzuschwören und sich der in der Form der Buße ihm auferlegten Strafe zu unterziehen. Leugnete er dagegen hartnäckig seine Schuld und behauptete er trotz der gegen ihn vorliegenden Indizien seine Rechtgläubigkeit, so wurde er als unbußfertiger, hartnäckiger Ketzer dem weltlichen Arm ausgeliefert und verbrannt.

So war das Verfahren ein außerordentlich einfaches und ein Inquisitor des 15. Jahrhunderts hat es kurz und zutreffend gekennzeichnet in einer Erörterung, in der er die Freilassung des Angeklagten gegen Bürgschaft für unzulässig erklärt. Wenn ein Angeklagter, sagt er, eingesteht, dass er Ketzer sei, aber unbußfertig bleibt, so muss er dem weltlichen Arme überliefert und vom Leben zum Tode befördert werden; ist er bußfertig, so muss er auf Lebenszeit ins Gefängnis geworfen werden, kann also nicht gegen Bürgschaft auf freien Fuß gesetzt werden; leugnet er und wird er durch Zeugen überführt, so muss er als Unbußfertiger gleichfalls dem weltlichen Arm ausgeliefert und hingerichtet werden.

Geständnis

Indessen ließen es dem Inquisitor viele Gründe wünschenswert erscheinen, wenn möglich ein Geständnis zu erlangen. In zahlreichen Fällen – ja zweifellos in der Mehrzahl derselben – waren die Beweise, wenn sie auch möglicherweise einen Verdacht rechtfertigten, doch zu unzusammenhängend und unbestimmt, um eine Verurteilung zu rechtfertigen. Jedes müßige Gerede wurde aufgegriffen, jeder fadenscheinige Vorwand erlangte Bedeutung, wenn der Inquisitor sich für verpflichtet hielt, zu zeigen, dass er nicht leichtsinnig gehandelt habe, oder wenn er in Aussicht hatte, Geldstrafen oder Konfiskationen zum Besten des Glaubens verhängen zu können. Selbst wenn die Beweise ausreichten, gab es für den Inquisitor noch genug Gründe, sich um seinen Gefangenen zu bemühen in der Hoffnung, dass er sein Leugnen widerrufen und sich der Gnade des Gerichtshofes anheim geben würde. Ausgenommen von den allerdings seltenen Fällen, wo Ketzer dem Inquisitor Trotz boten, war das Geständnis in der Regel von dem Bekenntnis der Bekehrung und Reue begleitet. Auf diese Weise wurde nicht nur dem Teufel eine Seele entrissen, sondern der neu Bekehrte war auch verpflichtet, seine Aufrichtigkeit dadurch zu beweisen, dass er alle, von denen er wusste oder vermutete, dass sie Ketzer seien, dem Inquisitor anzeigte und so der Verfolgung neue Bahnen eröffnete.

Bernhard Guidonis [*Bernard Gui*] erzählt uns unter Berufung auf einen seiner Vorgänger in beredten Worten, wie sehr die Seele des Inquisitors von ängstlichen Sorgen zerrissen werde, falls die äußeren Beweise zur Verurteilung nicht ausreichten. Sein Gewissen quäle ihn, wenn er jemanden bestrafe, der weder gestanden habe noch überführt sei. Noch mehr leide er, wenn er, der durch beständige Erfahrung die Falschheit, Schlauheit und Bosheit dieser Ketzer kenne, sie infolge ihrer fuchsartigen Verschlagenheit zum Schaden des Glaubens entkommen lasse. In diesem Falle würden nicht nur die Ketzer durch ihren Erfolg gestärkt und vermehrt und kühner gemacht, sondern auch die Laien erbittert über die Ohnmacht der Inquisition, deren hochgelehrte Männer sich von ungebildeten und rohen Personen verspotten ließen, während man doch allgemein glaubte, die Inquisitoren hätten alle Argumente und Beweise für den Glauben so vollständig in Händen, dass kein Ketzer ihnen entgehen oder sie an seiner Bekehrung hindern könne.

Es ist somit leicht begreiflich, dass die Eigenliebe des Inquisitors ein großes Interesse daran hatte, die Beschuldigten zu überführen. An einer anderen Stelle weist Bernhard Guidonis darauf hin, wie wichtig die Bekehrung der Ketzer für den Glauben sei, weil sie nicht nur ihre Mitbrüder, ihre Schlupfwinkel und ihre geheimen Konventikel zu verraten verpflichtet waren, sondern auch, weil diejenigen, die bis dahin unter ihrem Einfluss gestanden waren, durch ein solches Beispiel veranlasst, sich umso eher herbeiließen, ihre Irrtümer anzuerkennen und sich zu bekehren.

Schon 1246 hatte das Konzil von Béziers auf die Nützlichkeit solcher Bekehrungen hingewiesen und die Inquisition beauftragt, keine Mühe zu scheuen, um dieselben zu erreichen. Alle späteren Autoritäten erklären dies ebenfalls für eine der ersten Pflichten des Inquisitors. Sie stimmen ferner alle darin überein, dass sie die Nennung der Mitschuldigen als einen unerlässlichen Beweis für eine wirkliche Bekehrung betrachten. Ohne sie könnte der Bußfertige keine Vergebung und Gnade erhoffen, denn die Weigerung, seine Verwandten und Freunde zu verraten, galt als ein Beweis, dass er im Herzen keine Reue empfinde, und so blieb nichts anderes übrig, als ihn dem weltlichen Arm auszuliefern, genau dem römischen Recht entsprechend, das einen bekehrten Manichäer, der noch mit ehemaligen Glaubensgenossen verkehrte, ohne sie der Behörde anzuzeigen, mit dem Tode bestrafte.

Der praktische Nutzen dieser Forderung zeigte sich deutlich in dem Falle der Saurine Rigaud, die 1254 in Toulouse ein Geständnis ablegte; demselben ist eine Liste von 169 von ihr denunzierten Personen beigefügt, deren Namen sorgfältig alphabetisch geordnet sind mit Angabe ihres Wohnortes, sodass sofort gegen sie vorgegangen werden konnte. Wie genau es ferner die Inquisition mit dieser Pflicht des versöhnten Ketzers nahm, ersieht man aus dem Schicksal des Wilhelm Sicrède aus Toulouse. Dieser hatte im Jahre 1262 abgeschworen und Verzeihung erlangt. 50 Jahre später, 1311, hatte er dann am Totenbett seines Bruders gestanden, als derselbe als Häretiker angeklagt wurde. Wilhelm hatte zwar, wenn auch vergeblich, hiergegen Einspruch erhoben, hatte aber keine Anzeige erstattet. Nach dem Grunde dieser Unterlassung gefragt, erklärte er einfach, er habe seinen Neffen nicht schädigen wollen. Dafür wurde er 1312 lebenslänglich eingekerkert.

Diese Anzeigen waren für den Inquisitor so unerlässlich, dass man sie nicht nur durch Bestrafungen, sondern auch durch Belohnungen herbeizuführen suchte. Bernhard Guidonis [*Bernard Gui*] erzählt, dass denjenigen, die freiwillig vorträten, um ihren Eifer durch ein Geständnis und durch den Verrat aller ihrer Genossen kundzutun, nicht nur verziehen, sondern auch ihr Lebensunterhalt von den Fürsten und Prälaten sichergestellt werden müsste; die Anzeige eines einzigen, „vollkommenen" Ketzers verdiene nicht nur Straflosigkeit, sondern obendrein noch eine Belohnung.

Notwendigkeit des Geständnisses

Die ängstliche Sorge des Inquisitors, ein Geständnis zu erlangen, war wohl begründet, nicht nur wegen der größeren Sicherheit, sondern auch um sein eigenes Gewissen zu beschwichtigen. Bei gewöhnlichen Verbrechen war der Richter im Allgemeinen sicher, dass die Freveltat verübt war, bevor er es unternahm, den des Mordes oder Diebstahls Beschuldigten zu verfolgen. Der Inquisitor dagegen wusste in vielen, ja in den meisten Fällen von vornherein gar nicht, ob überhaupt ein Verbrechen vorlag. Es mochte jemand mit Grund verdächtig sein; er mochte verkehrt haben mit solchen, denen später Ketzerei nachgewiesen wurde; er mochte ihnen Almosen gegeben oder Beistand geleistet, ja sogar ihre Versammlungen besucht haben und er konnte doch ebenso gut ein rechtgläubiger Christ wie ein verstockter Ketzer sein. Seine eigene Versicherung, dass er rechtgläubig sei, seine Bereitwilligkeit, den Glauben Roms durch Unterschrift anzuerkennen, bewies nichts. Denn die Erfahrung hatte gelehrt, dass die meisten Ketzer bereit waren, alles zu unterzeichnen, was man ihnen vorlegte, und dass sie durch die Verfolgung gelernt hatten, ihren Glauben unter der Maske strenger Rechtgläubigkeit zu verbergen. Es wurde somit eine Lebensfrage für die Inquisition, von dem Ketzer ein Geständnis zu erlangen, und keine Mühe wurde für zu groß, kein Mittel für zu schlecht erachtet, um ein solches herbeizuführen. Die Erpressung eines Geständnisses wurde so der Mittelpunkt des ganzen Inquisitionsverfahrens, und die Sache ist wert, dass wir ihr eine eingehendere Beachtung schenken nicht nur wegen ihrer Bedeutung für die Inquisition, sondern noch mehr wegen des beklagenswerten Einflusses, den sie fünf Jahrhunderte lang auf das ganze Rechtswesen des europäischen Kontinents ausübte.

Das erste und schnellste Mittel zur Gewinnung eines Geständnisses war natürlich das Verhör des Angeklagten. Hierauf bereitete sich der Inquisitor vor, indem er alle Schuldbeweise, die er nur erlangen konnte, sorgfältig sammelte und studierte, während man den Angeklagten in vollständiger Unkenntnis über die gegen ihn erhobenen Anklagen ließ. Geschicklichkeit im Verhör war eine hervorragende Eigenschaft des Inquisitors, und die von erfahrenen älteren Brüdern für jüngere Beamte angefertigten Handbücher sind voll von Einzelheiten, die sich darauf beziehen, und sorgfältig ausgearbeiteten, auf alle möglichen ketzerischen Sekten eingerichteten Verhörformularen. Durch beständige Übung bildete sich allmählich eine Klasse scharfsinniger, spitzfindiger Köpfe heraus, die eine große Übung darin besaßen, die Gedanken der Angeklagten zu erraten, ihnen Fallen zu stellen, sie zu verwirren, ihre zweideutigen Antworten aufzudecken und aus ihrem Stocken oder ihren Widersprüchen Nutzen zu ziehen. Als die Inquisition noch in ihren ersten Anfängen stand, beklagten sich die Konsuln von Narbonne bei denen von Nimes, dass die Inquisitoren in dem Bestreben, den Unerfahrenen Fallen zu stellen, kein Bedenken trügen, sich derselben sophistischen Dialektik zu bedienen, womit die Gelehrten bei ihren scholastischen Erörterungen sich gegenseitig zu begegnen pflegten. Man kann sich nichts Lächerlicheres denken als die Klagen dieser erfahrenen, durch keine Regel gebundenen Examinatoren über die Doppelzüngigkeit ihrer Opfer, die sich, gelegentlich mit Erfolg, bemühten, sich nicht selbst anzuklagen, nachdem boshafte und schamlose Priester ihnen gezeigt hatten, wie man sich über Glaubenspunkte zweideutig ausdrücken könne.

Quellentext Nr. 42: Henry Charles Lea, Geschichte der Inquisition im Mittelalter, Bd. 1, Bonn 1905, S. 445–451.

VORRECHTE DER INQUISITION

Heinrich von Chamay, der Inquisitor von Carcassonne, richtete im Jahre 1329 an Philipp von Valois die Bitte um Bestätigung der Vorrechte der Inquisition. Der Monarch antwortete umgehend mit einem Edikt.

[Es wird verfügt,] dass jeder und alle, Herzöge und Grafen, Barone, Seneschalle, Baillis, Polizeivorsteher, Landvögte, Burggrafen, Sergeanten und andere Vertreter der Justiz im Königreich Frankreich zum Gehorsam gegen die Befehle der Inquisitoren und ihrer Vertreter verpflichtet sind, dass sie alle Ketzer und die der Ketzerei Verdächtigen zu ergreifen, festzuhalten, zu bewachen und ins Gefängnis zu bringen, die Urteile der Inquisitoren bereitwillig auszuführen, und sobald und sooft sie dazu aufgefordert werden, den Inquisitoren, ihren Vertretern und Boten sicheres Geleit, schnelle Hilfe und Unterstützung auf allen Gebieten ihrer Jurisdiktion und in allem, was das Geschäft der Inquisition betrifft, zu liefern haben.

Quellentext Nr. 43: Arch. de l'Inq. de Carcassonne (Doat, XXVII,118). – Henry Charles Lea, Geschichte der Inquisition im Mittelalter, Bd. 1, Bonn 1905. S. 430–431.

EIN SYSTEM VON SPITZELN UND SPIONEN

Wie in der ehemaligen DDR – und in jedem anderen totalitären System – gab es auch im Spanien der Inquisition eine Fülle von „inoffiziellen Mitarbeitern", die bereit waren, den Inquisitoren die erwünschten Informationen zu beschaffen. Selbst wenn der Franzose Barthélemy Joly maßlos übertrieben hätte und auch nur die Hälfte von dem stimmen sollte, was er in seinen Reisenotizen aus dem Jahr 1603 berichtet, wäre es noch beängstigend genug.

Die Art des Vorgehens besteht darin, jedermann aufzufordern, durch das Angebot einer Belohnung oder aus Angst vor der Exkommunikation alle diejenigen anzugeben, von denen sie wussten, dass sie irgendetwas gegen den Glauben sagten. [...] Außerdem wird das flache Land mit einer Menge von Spitzeln und Spionen überzogen, die sich überall befinden und sammeln, was sie von dieser betreffenden Person hören und sehen; dies berichten sie an diese Herren, damit sie einen solchen Delinquenten festnehmen, wenn der Fall dies erforderlich macht, oder ihn auf die rote Liste setzen und seine Aktionen stören, wenn er dieselben fortsetzt. Wenn diese Person aber flüchtig geht und sie gewichtigerer Natur ist, sodass die daraus entstehenden Konsequenzen zu fürchten sind, werden Auskünfte über seine Größe, Haar, Alter, Farbe und Person durch das Land gegeben; einer der Meisterspitzel wird an seine Fußsohlen geheftet und findet ihn unfehlbar, wohin er auch gehen mag. [1]

Ähnliche Erfahrungen machte Jean-Everard Zetner im Jahr 1718 in Cádiz. Der protestantische Geschäftsmann aus Straßburg wurde in seinem Quartier von einem „verdeckt ermittelnden" Agenten der Inquisition aufgesucht und kontrolliert.

Die Zahl der Spione im Dienste der Inquisition in Cádiz ist beträchtlich; sie überwachen sehr aktiv die Fremden ebenso wie die eigenen Staatsangehörigen, und wenn sie irgendeine verdächtige Handlung oder ein solches Wort wahrnehmen, dann benachrichtigen sie sofort den Inquisitor. Einer dieser Spione hat auch mir in meinem Zimmer einen Besuch abgestattet und hat mich mit allen Arten von liebenswürdigen Worten überschüttet, ohne dass ich wusste, wen ich vor mir hatte. Er nahm mein Gebetbuch in die Hand, das ich auf die Reise mitgenommen hatte, und schickte sich an, darin zu blättern. Aber es fanden sich darin auch Karten, Reisepläne und verschiedene andere Auskünfte, die für einen aus dem Ausland kommenden Handeltreibenden nützlich sind, und da er kein Deutsch verstand [er unterhielt sich mit mir in ausgezeichnetem Französisch], sagte ich ihm, dass dies ein ‚Reiseführer' sei, und er gab sich mit dieser Antwort zufrieden. Ich erwähnte diesen Besuch meinem Hauswirt gegenüber, der mir versicherte, dass mein Gesprächspartner einer der privilegierten Agenten der Inquisition sei, und da ich mehrfach den ganzen Morgen bei mir zu Hause geblieben war, riet er mir inständig, in Zukunft alle Morgen auszugehen, da es Personen gäbe, die damit beauftragt wären, alle Fremden zu überwachen und zu prüfen, ob sie zur Messe gingen. [2]

Quellentext Nr. 44: (1) Voyage de Barthélemy Joly en Espagne (1603–1604); in: Revue hispanique 20 [1909], S. 120. – (2) Jean-Everard Zetner, Un voyage d'affaire en Europe, Straßburg 1907. S. 43. – Léon Poliakov, Die Geschichte des Antisemitismus, IV.: Die Marranen im Schatten der Inquisition, Worms 1981. S. 70–71 und 165–166.

„UNHEILVOLL FÜR DIE KIRCHE"
Die Waldenser aus dem Blickwinkel der Inquisition

Das Sammelwerk des „Passauer Anonymus" – eines namentlich nicht bekannten Klerikers, der im Bereich der Diözese Passau tätig war – ist eine erstrangige Quelle für die Ketzergeschichte im 13. und 14. Jahrhundert. Von manchen Forschern wird der anonyme Passauer Autor auch „Pseudo-Rainer" genannt, weil sein Buch auf Passagen aus den Schriften von Rainer Sacconi Bezug nimmt und von ihnen abhängig ist. Dieser „echte" Rainer kannte die Häretiker, die er bekämpfte, aus ureigenster Erfahrung. Er war nämlich selbst als Katharer aufgewachsen, wurde aber von Petrus Martyr bekehrt, trat in den Dominikanerorden ein und wurde 1254 Leiter der Inquisition in der Lombardei.

Man darf vermuten, dass auch der namentlich nicht bekannte Autor aus Passau als Inquisitor tätig gewesen ist. Tatsache ist jedenfalls, dass er nach eigener Aussage bei zahlreichen Inquisitionsprozessen zugegen war und „seine Kenntnisse nicht erst aus zweiter oder dritter Hand bezog, sondern sie dem persönlichen Gespräch mit Ketzern oder deren Anhängern verdankt" (vgl. Alexander Patschovsky, Der Passauer Anonymus. Ein Sammelwerk über Ketzer, Juden, Antichrist aus der Mitte des 13. Jahrhunderts, Stuttgart 1968. S. 79).

DIE ARMEN VON LYON

Die Ketzer, mit denen es der „Passauer Anonymus" zu tun hatte, waren Waldenser. Nach ihrem Gründer Peter Waldes nannte man sie auch „die Armen von Lyon". Die Gruppe, auf die sich die Beschreibung des namentlich nicht bekannten Dominikanermönchs bezieht, wohnte in Niederösterreich entlang der Ybbs, einem westlich von Wien in die Donau mündenden Fluss – eine Gegend, die heute zur Diözese St. Pölten gehört, damals allerdings noch im Herrschaftsgebiet des Bistums Passau lag.

Die Sekte der Armen von Lyon ist auf folgende Weise entstanden: Als einmal vornehme Bürger in Lyon versammelt waren, traf es sich, dass einer von ihnen plötzlich vor den anderen starb. Daher geriet einer der Vornehmen unter ihnen in einen so großen Schrecken, dass er sofort einen großen Schatz für die Armen spendete. Und deshalb strömte eine sehr große Menge Armer bei ihm zusammen. Er lehrte sie, in freiwilliger Armut zu leben und Nachahmer Christi und der Apostel zu sein. Da er ein wenig gebildet war, lehrte er sie den Text des Neuen Testaments in der Volkssprache. Obwohl er für diese Vermessenheit vom Bischof getadelt wurde, missachtete er dies und ließ von seiner Lehre nicht ab, wobei er zu seinen Schülern sagte, dass der Klerus neidisch sei auf ihre heilige Lebensführung und die vollkommene Lehre, da er selbst ein schlechtes Leben führe. Als aber der Papst das Urteil der Exkommunikation gegen sie verhängt hatte, missachteten sie dies hartnäckig, und so gedeiht ihre Lehre überall bis heute.

Quellentext Nr. 45: Alexander Patschovsky/Kurt Viktor Selge, Quellen zur Geschichte der Waldenser, (Texte zur Kirchen- und Theologiegeschichte Heft 18), Gütersloh 1973. S. 19.

Unheilvoll für die Kirche

Von allen Arten von Häretikern, die der „Passauer Anonymus" kennt, erscheinen ihm die „Leonisten", mit welcher Bezeichnung wiederum die Armen von Lyon – also die Waldenser – gemeint sind, am gefährlichsten und „für die Kirche Gottes am meisten unheilvoll".

Es gibt sechs Fälle von Häresie: Der erste ist der eigene Ruhm. Denn weil Lehrer in der Kirche geehrt werden wollen, streben sie also danach, wegen ihrer Gelehrsamkeit geehrt zu werden.

Der zweite ist der, dass alle, Männer und Frauen, Groß und Klein, bei Tag und Nacht nicht aufhören, zu lernen und zu lehren. Ein Arbeiter, der am Tag arbeitet, lernt und lehrt in der Nacht. Daher beten sie wegen dieser eifrigen Betätigung zu wenig. Auch lehren und lernen sie ohne Bücher. Sie lehren sogar in den Häusern von Aussätzigen. Im Rahmen ihrer Unterweisungen lehren sie, die sieben Todsünden zu meiden und noch drei, nämlich Lüge, Ungehorsam und Schwören. Das erhärten sie unter Berufung auf viele Autoritäten, und sie nennen sie die zehn Gebote. [...] Ich hörte aus dem Munde eines Gläubigen, dass ein Ketzer, den ich sogar kenne, zur Winterszeit nachts durch das Wasser, nämlich die Ybbs schwamm, nur um ihn von unserem Glauben abzubringen und zu seinem Glauben zu bringen. Da sollen doch die nachlässigen gläubigen Gelehrten erröten, die keinen solchen Eifer für die Wahrheit des katholischen

Glaubens wie die ungläubigen Leonisten für die Irrlehre ihres Unglaubens haben!

Der dritte Fall ist der, dass sie das Neue und das Alte Testament in die Volkssprache übersetzten und so lehren und lernen. Ich sah und hörte einen ungebildeten Bauern, der Wort für Wort Ijob zitierte, und viele andere, die das ganze Neue Testament vollständig kennen. Und weil es ungebildete Laien sind, erklären sie die Schrift falsch bzw. schlecht [...]. Ferner lehren und lernen sie an geheimen Orten und zu geheimen Stunden und sie lassen niemanden zu, wenn er nicht ein gläubiger Anhänger ist. Wenn sie zusammenkommen, sagen sie zuerst: „Nehmt euch in Acht, auf dass unter uns kein krummes Holz [kein Fremder] sei!" Sie schreiben auch vor, dass ihre Lehre vor den Geistlichen geheim gehalten werde. Wie manche durch Zeichen sprechen, die keiner außer ihnen selbst versteht, so verändern sie auch die Worte, die niemand außer ihnen versteht: Kirche nennen sie „Steinhaus", die Geistlichen „Schriftgelehrte", die Mönche „Pharisäer", und so ist es mit vielen anderen. Sie geben keine direkte Antwort.

Der vierte Fall ist das Ärgernis mit dem schlechten Beispiel von manchen. Daher sagen sie, wenn sie sehen, dass manche einen schlechten Lebenswandel führen: „So haben die Apostel nicht gelebt; auch nicht wir, die wir die Nachfolger der Apostel sind."

Der fünfte Fall ist die unzureichende Bildung von manchen, die predigen, was über kurz oder lang albern oder falsch ist. So verweisen sie alles, was ein Kirchenlehrer lehrt und nicht durch den Text des Neuen Testaments belegt, ganz in den Bereich der Fabel.

Der sechste Fall ist der Hass, den sie auf die Kirche haben. Ich hörte aus dem Mund von Ketzern, dass sie Geistliche und Mönche Totengräbern gleichstellen wollten wegen ihrer räuberischen Aneignung des Zehnten und von Besitz und wegen der Macht und großen Zahl ihrer Gläubigen und Anhänger. Als der Erzketzer Heinrich, Handschuhmacher in Thewin, zur Hinrichtung geführt wurde, sagte er vor allen: „Mit Recht verurteilt ihr uns, weil wir, wären wir nicht überwunden worden, die Macht über den Tod, die ihr gegen uns ausübt, gegen die Geistlichen, Mönche und Laien ausgeübt hätten."

In fast allen Städten der Lombardei, der Provence und in den anderen Reichen und Ländern gab es mehr Schulen von Ketzern als von Theologen. Und sie hatten mehr Hörer, diskutierten öffentlich und riefen das Volk zu regelmäßigen Veranstaltungen auf dem Marktplatz oder auf einem freien Feld zusammen, und sie predigten in den Häusern. Es gab niemanden, der es wagte, sie daran zu hindern, wegen der Macht und großen Zahl ihrer Anhänger.

Ich habe oft an einem Inquisitionsverfahren und dem Verhör von Ketzern teilgenommen. Es wurden in der Diözese 40 Kirchen errechnet, die von der Häresie befallen waren. Allein in der Kirchengemeinde von Kematen [*in Oberösterreich*] gab es zehn Ketzerschulen. Der Pfarrer dieser Gemeinde wurde von den Ketzern umgebracht und es folgte keine Verurteilung.

Unter all den Sekten, die es gibt oder gegeben hat, ist keine unheilvoller für die Kirche Gottes als die der Leonisten, und zwar aus drei Gründen: erstens, weil sie länger besteht. Denn man sagt, dass sie seit der Zeit von Silvester [*Papst Silvester I. (314–335)*] besteht; andere sagen, seit der Zeit der Apostel. Zweitens, weil sie allgemeiner ist. Denn es gibt fast kein Land, in dem sich die Sekte nicht ausbreitet. Drittens, weil die [*Sekte*] der Leonisten den großen Schein der Frömmigkeit besitzt, während dagegen alle anderen aufgrund der Ungeheuerlichkeit der Gotteslästerungen den Zuhörern Schrecken einflößen. Denn sie führen vor den Menschen ein gerechtes Leben und glauben alles über Gott und alle Artikel, die im Glaubensbekenntnis enthalten sind. Sie lästern nur die römische Kirche und den Klerus, dem eine große Zahl von Laien bereitwillig glaubt.

Quellentext Nr. 46: Alexander Patschovsky/Kurt Viktor Selge, Quellen zur Geschichte der Waldenser, (Texte zur Kirchen- und Theologiegeschichte Heft 18), Gütersloh 1973. S. 70–74.

Höhnisches Gelächter der Theologen

Beim dritten Laterankonzil waren Bischöfe aus Italien, Deutschland, Frankreich, Spanien, England, Irland, Sizilien, Dänemark, Ungarn und aus den Kreuzfahrerstaaten zugegen. Auch ein Vertreter der griechischen Kirche war aus Byzanz angereist. Man kann also dieses Konzil, das am 5. März 1179 eröffnet wurde, durchaus als eine repräsentative Versammlung der damaligen Weltkirche betrachten. Auch eine Gruppe Waldenser aus Lyon war nach Rom gekommen und wurde von Papst Alexander III. (1159–1181) durchaus verständnisvoll und gütig aufgenommen. Der römische Pontifex lobte ihre freiwillige Armut, gab ihnen allerdings keine Predigterlaubnis. Wie wir aus den

Aufzeichnungen des Oxforder Erzdiakons Walter Map wissen, der – zum damaligen Zeitpunkt noch als einfacher Mönch – im Auftrag des englischen Königs Heinrichs II. nach Rom gekommen war, ernteten die Waldenser einen Lacherfolg, als sie von Map über Glaubensfragen examiniert wurden und sich herausstellte, dass die radikal nach den Forderungen des Evangeliums lebenden, aber theologisch eher unbedarften Leute aus Lyon keine Ahnung hatten, dass man als rechtgläubiger Christ Maria „Mutter Gottes" nennen muss und nicht „Mutter Christi" sagen darf wie die Nestorianer.

Auf dem von Papst Alexander III. nach Rom einberufenen Konzil lernte ich Waldenser kennen, dumme und ungebildete Leute, die sich jedoch nach ihrem Anführer Waldes nennen, der früher Bürger zu Lyon war. Sie zeigten dem Herrn Papst ein in gallischer Sprache geschriebenes Buch vor, das Text und Glosse des Psalters und der meisten Bücher des Alten und Neuen Testaments enthielt. Mit großem Nachdruck forderten sie, dass man ihnen das Recht zu predigen bestätige, weil es ihnen schien, sie seien genügend erfahren, wenngleich sie kaum das Abc gelernt hatten – ähnlich wie Vögel, die der Meinung sind, sie könnten überall frei herumfliegen, und dabei nicht einmal die feinen Fäden und Maschen des Netzes sehen. Warum aber sollte man Perlen den Säuen und das Wort Ungebildeten vorwerfen, von denen wir wissen, dass sie es nicht begreifen und nicht verstehen, es weiter zu verkünden? Davor mögen wir uns ganz gewiss hüten! […] Ich, der Unbedeutendste von vielen Tausenden, die berufen worden sind, ich habe sie ausgelacht, und es tat mir Leid, dass ihr Ansuchen mit einer gewissen Verlegenheit überhaupt behandelt wurde. Als ich von einem ehrwürdigen Prälaten, dem der große Papst selbst die Sorge um die Beichtangelegenheiten anvertraut hatte, aufgefordert wurde, setzte ich mich hin, auf das Schlimmste vorbereitet. In Gegenwart gelehrter Kenner des Gesetzes wurden mir zwei Waldenser vorgeführt, wie es schien Anführer ihrer Sekte, die mit mir keineswegs aus aufrichtiger Liebe zur Wahrheit diskutieren wollten, sondern um mich zu überzeugen und zum Schweigen zu bringen, so, als ob ich die Unwahrheit redete. Ich saß, zugegeben, etwas bestürzt da und befürchtete, dass ich in einer so illustren Versammlung die Sprache verlieren könnte. Der Prälat gebot mir just in dem Augenblick mit dem Verhör zu beginnen, als ich eine Antwort vorbereitete. Ich entschloss mich also, die Prüfung mit leichtesten Fragen über Dinge zu beginnen, die nicht zu kennen niemandem ansteht, wohl wissend, dass der an Disteln gewöhnte Esel Salat nicht verschmäht: Glaubt ihr an Gott den Vater? – Sie antworteten: Wir glauben. – Und an den Sohn? Sie antworteten: Wir glauben. – Und an den Heiligen Geist? – Sie antworteten: Wir glauben. – Ich fragte von neuem: Und an die Mutter Christi? – Wiederum sagten sie: Wir glauben. – Da lachten sie [*die Theologen*] alle laut aus, und sie [*die Waldenser*] trollten sich ratlos und beschämt davon. Und das nach Gebühr, denn sie ließen sich von niemandem leiten und strebten dennoch danach, für andere Wagenlenker zu sein, wie Phaethon, der nicht einmal die Namen seiner Rosse kannte.

Quellentext Nr. 47: De nugis curialium. – Amedeo Molnár, Die Waldenser. Geschichte und Ausmaß einer europäischen Ketzerbewegung, (Herder-Spektrum, Nr. 4233), Freiburg im Breisgau, 1993. S. 23–25.

DER LEBENSWANDEL DER WALDENSER

Wenn die Inquisitoren ihre Untersuchungshäftlinge vor Beginn des Verhörs schwören ließen, konnte es sein, dass sie den der Häresie Verdächtigen bereits in der ersten Minute überführen konnten. Denn sie wussten, dass ein rechtschaffener Ketzer den Eid verweigern würde, weil er und seine Glaubensbrüder sich an dem orientieren, was Jesus in der Bergpredigt gesagt hatte: „Ihr sollt überhaupt nicht schwören" (Mt 5,34). Nicht nur den Inquisitoren, auch den anderen Leuten war bekannt, dass die so genannten Ketzer die Bibel ernst nahmen und ein „reines" Leben führen wollten. Berühmt geworden sind die Worte eines Webers namens Jean aus Toulouse (vgl. Daniela Müller, Katharer; in: Adolf Holl, Ketzer, Hamburg 1994. S. 213), der – um die Inquisitoren zu

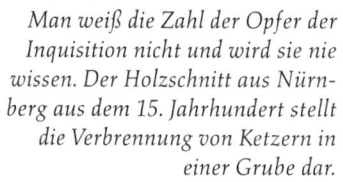

Man weiß die Zahl der Opfer der Inquisition nicht und wird sie nie wissen. Der Holzschnitt aus Nürnberg aus dem 15. Jahrhundert stellt die Verbrennung von Ketzern in einer Grube dar.

täuschen – die ganz gewöhnliche Sündhaftigkeit als Beweis dafür anführte, dass er kein Ketzer sei. „Ich bin kein Ketzer", rief er, „denn ich habe eine Frau, mit der ich schlafe und Kinder habe. Ich esse Fleisch, ich lüge und ich schwöre: Ich bin also ein treuer Christ."

Das ernsthafte Bestreben der Häretiker, zur Einfachheit des Evangeliums zurückzukehren und im Gegensatz zum vielfach verbreiteten korrupten Lebenswandel der Kleriker moralisch einwandfrei zu leben, konnten auch ihre schärfsten Gegner nicht leugnen. So liest sich die Beschreibung, die in den Handbüchern der Inquisitoren gegeben wurde, in gewissen Passagen wie ein unfreiwilliges Loblied auf die „vermaledeiten Ketzer".

Man erkennt sie [*die Ketzer*] an ihren Sitten und ihren Reden. Sie sind maßvoll und bescheiden in ihrem Auftreten, und in ihrer Kleidung, deren Stoff weder schlecht noch wiederum teuer zu sein pflegt, vermeiden sie jede Pracht. In weltliche Angelegenheiten mischen sie sich nicht ein, um nicht lügen, schwören oder täuschen zu müssen. Sie leben von ihrer Hände Arbeit wie Arbeiter. Ihre Meister pflegen Weber oder Seifensieder zu sein. Sie häufen keine Reichtümer an und begnügen sich mit wenigem. Sie achten auf Reinlichkeit, und das gilt vor allem für die Leonisten [*d. h. die „Armen von Lyon", wie die Waldenser zunächst genannt wurden*]. Sie sind genügsam im Essen, gehen nicht ins Wirtshaus, weichen Tanzvergnügen aus, jede Unzüchtigkeit ist ihnen zuwider und sie nehmen sich vor Zornausbrüchen in Acht. Obzwar sie arbeitsam sind, finden sie doch genügend Zeit zu Studium und Unterricht. Mit Gebeten beschäftigen sie sich nicht allzu sehr. Sie gehen in die Kirche, nehmen an Gottesdiensten teil, beichten, kommunizieren und hören die Predigt an, und dies alles bloß deshalb, um sich in der Überzeugung zu bestärken, dass die Prediger irren. Man erkennt sie auch an ihren Reden, die ebenso nüchtern wie unauffällig sind. Vor Verleumdungen hüten sie sich, eitle Redereien und Witzeleien sind ihnen widerwärtig wie die Lüge.

In anderen Versionen des Manuskriptes heißt es an der gleichen Stelle: Man kann sie erkennen an ihrer Bescheidenheit und ihrer sorgfältigen Sprache, sie vermeiden nämlich Gemeinheiten, Verleumdungen, leichtsinnige Reden, Lügen und Eide. Sie sprechen nicht einmal das Wort „vere" [*wirklich*] oder „certe" [*sicherlich*] aus, da diese Worte in ihren Augen einem Eide gleichkommen.

Quellentext Nr. 48: Passauer Anonymus c. 7,8. – Amedeo Molnár, Die Waldenser. Geschichte und Ausmaß einer europäischen Ketzerbewegung, (Herder-Spektrum, Nr. 4233), Freiburg im Breisgau, 1993. S. 204–205. – Vgl. Henry Charles Lea, Geschichte der Inquisition im Mittelalter, Bd. 1, Bonn 1905. S. 94.

TISCHGEMEINSCHAFT

Getreu dem urchristlichen Vorbild pflegten die Waldenser die Tischgemeinschaft, bei der nicht nur gegessen und getrunken wurde, sondern bei der man auch „geistige Speise" zu sich nahm. In den Inquisitionsprotokollen von Carcassone findet sich die folgende Beschreibung vom Segnen des Tisches.

Bevor sie sich an den Tisch setzen, segnen sie ihn mit den Worten: „Benedicite. Kyrie eleison, Christe eleison." [*Seid gesegnet. Herr, erbarme dich. Christus, erbarme dich.*] Dann sagt der Älteste von ihnen in der Muttersprache: „Gott, der für seine Apostel in der Wüste fünf Gerstenbrote und zwei Fische gesegnet hat, segne diesen Tisch und alles, was darauf steht und noch aufgetragen wird." Und sie machen dazu das Zeichen des Kreuzes, indem sie sprechen: „Im Namen des Vaters, des Sohnes und des Heiligen Geistes." Wenn sie nach dem Mittag- oder Abendessen vom Tische aufstehen, danken sie in der Weise, dass der Älteste von ihnen in der Muttersprache sagt, was in der Offenbarung geschrieben steht: „Segen und Ruhm und Weisheit und Danksagung, Ehre und Macht und Kraft unserem Gott von Ewigkeit zu Ewigkeit, Amen." Und dann fügt er hinzu: „Gott vergelte mit gutem Lohne allen, die uns wohltun und segnen. Gott, der du uns die zeitliche Nahrung gegeben hast, gib uns auch die geistige. Gott sei mit uns und wir mit ihm immerdar." Und die Übrigen antworten: „Amen."

Quellentext Nr. 49: Ignaz von Döllinger, Beiträge zur Sektengeschichte des Mittelalters. Bd. 2: Dokumente vorehmlich zur Geschichte der Valdesier und Katharer, München 1890. S. 11–12.

GEDÄCHTNISMAHL

Anders als in der Kirche gab es bei den „Armen von Lyon" keine sonntägliche Eucharistiefeier, vielmehr feierten die Waldenser – ähnlich, wie es die Glaubensgemeinschaft der Zeugen Jehovas auch heutzutage zu tun pflegt – nur einmal im Jahr, und zwar am Gründonnerstag, das Gedächtnismahl.

Die Lyoner Armen segnen Brot einmal im Jahre, und zwar am Gründonnerstag. Wenn es dunkel wird, versammelt derjenige, der den Vorsitz führt, wenn er Priester ist, sein ganzes Gesinde beiderlei Geschlechts um sich. Er lässt eine Bank oder Truhe vorbereiten, die mit einem reinen Tischtuch bedeckt wird. Obenan wird ein großes Glas lauteren Weines und ein ungesäuerter Kuchen gestellt. Dann ergreift der Priester das Wort und spricht: „Beten wir zu Gott, dass er uns in seiner Gnade unsere Sünden und Vergehen vergebe und unsere Gebete erhören möge. Sprechen wir siebenmal das Vaterunser zum Ruhme Gottes und der Heiligen Dreifaltigkeit." Nach dieser Aufforderung knien alle nieder, sprechen siebenmal hintereinander das Herrengebet und stehen dann auf. Der Konsekrierende macht das Kreuzzeichen über Brot und Kelch, bricht das Brot und reicht jedem ein Stückchen. Danach reicht er allen den Kelch. Bei dieser Zeremonie stehen alle. So sieht ihr Opfer aus. Sie glauben fest daran, dass hier Blut und Leib unseres Herrn Jesu Christi sei. Bleibt noch ein Rest übrig, so wird er bis Ostern aufbewahrt und an diesem Tage aufgegessen. Bäte sie jemand darum, auch an dem Brote teilzuhaben, so würden sie ihm das gewähren. Zu anderen Jahreszeiten geben sie ihren Kranken nur gesegnetes Brot und ebensolchen Wein.

Quellentext Nr. 50: Thesaurus novus anecdotorum, Paris 1717. – Amedeo Molnár, Die Waldenser. Geschichte und Ausmaß einer europäischen Ketzerbewegung, (Herder-Spektrum, Nr. 4233), Freiburg im Breisgau, 1993. S. 228–229.

DIE KETZERINNEN VON WITTENBERG

Wittenberg war gegen Ende des 14. Jahrhunderts ein bedeutendes Zentrum der Waldenser, wie die Listen der waldensischen „Magistri" und „Discipuli" – das heißt der Lehrer und Schüler – beweisen, die von den Inquisitoren Martin von Amberg und Peter Zwicker im Jahr 1391 in Erfurt bekehrt worden sind. Bereits 1366 wurden drei Ketzerinnen aus Wittenberg, von denen eine in der Mark geboren war, entdeckt.

Anno 1366, um die Zeit, da Wiclif [*John Wyclif*] in England sich regte, gedieh es dieser Lande auch bereits der Religion halber zum Nachdenken, indem, wie ein uraltes Manuskript meldet, selbiges Jahr zwei Jungfern zu Wittenberg, deren die eine aus der Mark, die andere um Wittenberg [ge]bürtig gewesen, welche beide Margaretha geheißen, und eines Bäcken [*eines Bäckers*] Weib in Wittenberg, Agnes genannt, welche Letztere auch nachgehends sich allhier eingefunden, insgesamt eine Sekte erregt [*Irrlehren aufgebracht*] haben, also dass sie vorgegeben haben, der Antichrist wäre geboren, man sollte an kein Fegfeuer glauben noch an die Fürbitte der Heiligen; und [*sie*] sagten, man sollte sie [*die Heiligen*] nicht ehren, es wäre Abgötterei. Sie verachteten den Papst, die Prälaten und andere Geistlichen, erwähnten, die Pfaffen wären geizig, hoffärtig und unkeusch; auch hielten sie nichts von dem geweihten Salz und Wasser. Sie gaben vor, es wären erdichtete Dinge mit der Kirche und dem Banne; auch waren sie wider die Wallfahrten und Besuchungen der heiligen Örter. Endlich wollten sie auch nicht, dass man die Übeltäter umbrächte, sondern achteten es für Todsünde. Es wurde ihnen aber respektive vom Kurfürsten zu Sachsen und [dem] Landgrafen in Thüringen [und] auch Markgrafen zu Meißen das Vornehmen zeitlich verboten.

Quellentext Nr. 51: Anton Weck, Der Chur-Fürstlichen Sächsischen weitberufenen Residenz- und Hauptfestung Dresden Beschreib- und Vorstellung, Nürnberg 1680. – Dietrich Kurze, Quellen zur Ketzergeschichte Brandenburgs und Pommerns, (Veröffentlichungen der Historischen Kommission zu Berlin Bd. 45, Quellenwerke Bd. 6), Berlin und New York 1975. S. 67. – Transkription der Sprachgestalt in heutiges Deutsch: © Josef Dirnbeck.

LA NOBLA LEYCZON

„La Nobla Leyczon" – auf Deutsch: „Die edle Lehre" – ist ein um 1400 entstandenes religiöses Lehrgedicht der Waldenser. In ihm werden biblische Inhalte wiedergegeben und die beiden Wege aufgezeigt: der zur Hölle und der zum Paradies.

Die Waldenser waren bekannt dafür, dass bei ihnen selbst einfache Handwerker große Teile der Bibel auswendig kannten, sodass sie den Inhalt der Heiligen Schrift mündlich verbreiten konnten, auch wenn sie nicht im Besitz eines Buches waren oder womöglich gar nicht lesen und schreiben konnten. Stephan von Bourbon, der in Lyon in den Dominikanerorden eintrat und ab dem Jahr 1230 als Inquisitor tätig war, berichtet, er habe mit eigenen Augen gesehen, „wie ein junger Bursch vom Lande, obzwar er nur ein einziges Jahr im Hause eines Waldenser Ketzers gelebt hatte, alle vierzig Sonntagsevangelien auswendig gelernt hat, und zwar so, dass er aufmerksam zuhörte und dann sorgfältig wiederholte, was er gehört hatte. All das lernte er Wort für Wort in der Muttersprache" (vgl. Georges G. Coultron, Medieval Panorama,

New York 1955. S. 463). In diese Tradition gehören auch die Gedichte der Waldenser. So wie „La Barca", „Lo despresczi del Mont", „Lo Novel Confort", L'oraczen", „Lo Payre Eternal", Lo Novel Sermon" oder „L'Evangeli de li quatre semencz" – war auch die „Nobla Leyczon" zur mündlichen Weitergabe bestimmt. Die sprachliche Gestaltung durch Reime und Verse entsprang nicht so sehr einem künstlerischen Bemühen, sondern hatte einen handfesten praktischen Zweck: Sie erleichterte das Auswendiglernen.

Es sagt die Heil'ge Schrift, wir können's alle sehn: / Wer da will heißen gut, soll Christus haben lieb, / nicht übel sprechen wollen und meiden Lüge, Eid. / Er wird nicht Unzucht treiben, nicht töten oder stehlen, / an seinen Feinden wird er sich nicht rächen – / nachgesagt wird ihm, dass er Waldenser sei, der Bestrafung schuldig.

[Wortlaut im Original: *Ma l'Escriptura di, e nos poen veir, / Que si n'i a alcun bon que ame e tema Crist, / Que non volha maudire ni jurar, ni mentir, / Ni avoutrar, ni aucire, ni penre de l'autrui, / Ni non volha venjarse de li seo enemis, / Ilh diczon qu'es Vaudes e degne de punir.*]

Quellentext Nr. 52: Amedeo Molnár, Die Waldenser. Geschichte und Ausmaß einer europäischen Ketzerbewegung, (Herder-Spektrum, Nr. 4233), Freiburg im Breisgau, 1993. S. 379.

DAS GLAUBENSBEKENNTNIS DES DURANDUS VON OSCA

Durandus von Osca [Huesca] stammte aus Aragonien. Er war ein Waldenser, kehrte aber im Jahr 1207 wieder zur katholischen Kirche zurück. Die Glaubensformel, die ihm und anderen zur Gemeinschaft der römischen Kirche zurückgekehrten Waldensern vorgeschrieben wurde, ist im Brief „Eius exemplo" an den Erzbischof von Tarragona überliefert.

Allen Gläubigen soll bekannt werden, dass ich, Durandus von Osca, [...] und alle unsere Brüder von Herzen glauben, im Glauben erkennen, mit dem Mund bekennen und mit einfachen Worten bekräftigen:

Der Vater und der Sohn und der Heilige Geist sind drei Personen, ein Gott, die ganze Dreifaltigkeit ist wesensgleich, substanzgleich, gleich ewig und allmächtig, und jede einzelne Person in der Dreifaltigkeit ist vollständiger Gott, so wie es im „Ich glaube an Gott" [Apostolisches Bekenntnis], in „Ich glaube an den einen Gott" [Bekenntnis von Konstantinopel] und im „Wer auch immer gerettet werden will" [Pseudo-Athanasianisches Bekenntnis] enthalten ist.

Auch glauben wir von Herzen und bekennen mit dem Mund, dass der Vater und der Sohn und der Heilige Geist, der eine Gott, von dem wir reden, der Schöpfer, Erschaffer, Leiter und Lenker ist von allem Körperlichen und Geistigen, Sichtbaren und Unsichtbaren.

Wir glauben, dass der Urheber des Neuen und Alten Testamentes ein und derselbe ist: Gott, der, wie gesagt, in der Dreifaltigkeit bleibend, alles aus nichts erschuf; und dass Johannes der Täufer von ihm gesandt wurde: heilig, gerecht und im Schoß seiner Mutter vom Heiligen Geist erfüllt.

Wir glauben von Herzen und bekennen mit dem Mund, dass die Fleischwerdung der Gottheit nicht im Vater und nicht im Heiligen Geist geschehen ist, sondern nur im Sohne, sodass er, der in der Gottheit Sohn Gottes, des Vaters, wahrer Gott aus dem Vater war, in der Menschheit Sohn des Menschen, wahrer Mensch aus der Mutter war; er hatte wahres Fleisch aus dem Schoße der Mutter und eine vernunftbegabte menschliche Seele, zugleich von beiden Naturen, das heißt Gott und Mensch, eine Person, ein Sohn, ein Christus, ein Gott mit dem Vater und dem Heiligen Geist, Urheber und Lenker von allem, geboren aus der Jungfrau Maria durch eine wahre Geburt des Fleisches; er aß und trank, schlief und ruhte, vom Weg ermüdet; er hat gelitten durch wahres Leiden seines Fleisches, ist gestorben im wahren Tod seines Leibes und ist auferstanden in der wahren Auferstehung seines Fleisches und in der wahren Wiederannahme der Seele zum Leib; in ihm [dem Fleisch] ist er, nachdem er gegessen und getrunken hatte, in den Himmel hinaufgestiegen, sitzt zur Rechten des Vaters und er wird in ihm kommen, Lebende und Tote zu richten.

Wir glauben von Herzen und bekennen mit dem Mund die eine Kirche nicht der Häretiker, sondern die heilige, römische, katholische und apostolische, außerhalb derer, wie wir glauben, niemand gerettet wird.

Wir verwerfen auch in keiner Hinsicht die Sakramente, die in ihr unter Mitwirkung der unschätzbaren und unsichtbaren Kraft des Heiligen Geistes gefeiert werden, selbst wenn sie von einem sündigen Priester gespendet werden, solange ihn die Kirche zulässt; auch verunglimpfen wir nicht die von ihm vollzogenen kirchlichen Verrichtungen bzw. Segnungen, sondern nehmen sie wie vom Gerechtesten wohlwollenden Herzens an; denn die Schlechtigkeit eines Bischofs oder Priesters schadet weder bei der Taufe eines Kindes noch bei der

Konsekration der Eucharistie, noch bei den übrigen kirchlichen Verrichtungen, die für die Untergebenen vollzogen werden.

Wir billigen also die Taufe der Kinder; wir bekennen und glauben, dass sie, wenn sie nach der Taufe sterben, bevor sie Sünden begehen, gerettet werden; wir glauben auch, dass in der Taufe alle Sünden, sowohl die zugezogene Ursünde als auch jene, die willentlich begangen wurden, vergeben werden.

Wir meinen, dass die vom Bischof vollzogene Firmung, das heißt die Auflegung der Hände, heilig ist und ehrfürchtig empfangen werden muss.

Wir glauben fest und ohne Zweifel mit reinem Herzen und bekräftigen aufrichtig mit gläubigen Worten, dass das Opfer, das heißt Brot und Wein, nach der Konsekration der wahre Leib und das wahre Blut unseres Herrn Jesus Christus ist; dabei wird, so glauben wir, von einem guten Priester nichts mehr und von einem schlechten nichts weniger vollbracht; denn nicht durch das Verdienst dessen, der konsekriert, sondern durch das Wort des Schöpfers und durch die Kraft des Heiligen Geistes wird es bewirkt. Daher glauben wir fest und bekennen, dass keiner, mag er auch noch so ehrenwert, religiös, heilig und klug sein, die Eucharistie konsekrieren oder das Opfer des Altares vollziehen kann und darf, wenn er nicht Priester ist, der von einem sichtbaren und berührbaren Bischof vorschriftsmäßig geweiht wurde. Zu dieser Amtshandlung ist, wie wir glauben, dreierlei notwendig, nämlich eine bestimmte Person, das heißt ein vom Bischof, wie wir eben sagten, eigens zu dieser Amtshandlung bestellter Priester, jene feierlichen Worte, die von den heiligen Vätern im Kanon ausgedrückt wurden, und die gläubige Absicht dessen, der [sie] vorträgt; und deshalb glauben wir fest und bekennen, dass jeder, der ohne vorhergehende Weihe durch einen Bischof, wie wir eben sagten, glaubt und behauptet, er könne das Opfer der Eucharistie vollziehen, ein Häretiker ist, Teilhaber und Mitgenosse der Verkommenheit des Korach und seiner Komplizen [*Num 16*] ist und von der ganzen heiligen römischen Kirche abgesondert werden muss.

Wir glauben, dass Sündern, die wahrhaft bereuen, von Gott Verzeihung gewährt wird, und wir pflegen mit größter Freude Gemeinschaft mit ihnen.

Die Krankensalbung mit geweihtem Öl halten wir in Ehren.

Dass fleischliche Ehen geschlossen werden dürfen, bestreiten wir gemäß dem Apostel [*vgl. 1 Kor 7*] nicht, rechtmäßig geschlossene aber zu trennen, verbieten wir strikt. Wir glauben und bekennen, dass ein Mann auch mit seiner Frau gerettet werden [kann], und wir verurteilen auch nicht zweite und weitere Ehen.

Den Genuss von Fleisch missbilligen wir nicht im Geringsten. Wir verurteilen den Schwur nicht, wir glauben im Gegenteil mit reinem Herzen, dass es erlaubt ist, entsprechend der Wahrheit, Einsicht und Gerechtigkeit zu schwören. *[Im Jahre 1210 hinzugefügt:* Was die weltliche Gewalt betrifft, so erklären wir, dass sie ohne Todsünde ein Bluturteil vollstrecken kann, solange sie zum Vollzug der Strafe nicht aufgrund von Hass, sondern aufgrund eines richterlichen Urteils, nicht unvorsichtig, sondern überlegt schreitet.]

Wir glauben, dass die Verkündigung sehr notwendig und lobenswert ist, wir glauben jedoch, dass sie im Auftrag bzw. mit Einwilligung des Papstes oder mit Erlaubnis der Vorsteher ausgeübt werden muss. An allen Orten aber, wo offensichtliche Häretiker wohnen und Gott und den Glauben der heiligen römischen Kirche verleugnen und lästern, glauben wir, dass wir diese nach dem Willen Gottes durch Gespräche und Mahnung auf alle möglichen Arten erschüttern und ihnen als Gegnern Christi und der Kirche mit dem Wort des Herrn mit freimütiger Stirn bis zum Tode entgegentreten müssen.

Die kirchlichen Weihen aber und alles, was in der heiligen römischen Kirche als festgesetzt verlesen oder gesungen wird, billigen wir demütig und verehren wir gläubig.

Wir glauben, dass der Teufel nicht durch seine Anlage, sondern durch seinen freien Willen böse wurde.

Wir glauben von Herzen und bekennen mit dem Mund die Auferstehung dieses Fleisches, das wir tragen, und nicht eines anderen.

Wir glauben fest und bekräftigen, dass es auch ein Gericht durch Jesus Christus geben wird und dass die Einzelnen für das, was sie in diesem Fleische getan haben, entweder Strafen oder Belohnungen empfangen werden.

Wir glauben, dass Almosen, das Messopfer und andere Wohltaten den verstorbenen Gläubigen nützen können.

Die in der Welt zurückbleiben und Eigentum besitzen, werden – so bekennen und glauben wir – gerettet, wenn sie Almosen und andere Wohltaten aus ihrem Vermögen geben und die Gebote des Herrn beachten. Wir glauben, dass den Klerikern nach der Vorschrift des Herrn die Zehnten, Erstlingsgaben und Spenden entrichtet werden müssen.

Quellentext Nr. 53: Brief „Eius exemplo" an den Erzbischof von Tarragona, 18. Dezember 1208. – Heinrich Denzinger/Peter Hünermann, Kompendium der Glaubensbekenntnisse und kirchlichen Lehrentscheidungen, Freiburg im Breisgau [38. Auflage] 1999. S. 351–355.

INQUISITION IN DEN PYRENÄEN

Jacques Fournier verhört ein ganzes Dorf

In den Jahren 1317–1326 war Bischof Jacques Fournier – der spätere Papst Benedikt XII. (1334–1342) – als Inquisitor tätig. Als solcher unternahm er eine Untersuchung der Rechtgläubigkeit des in seiner Diözese Pamiers gelegenen Dorfes Montaillou. Dort, in den Pyrenäen, in einem abgelegenen Landstrich der Grafschaft Foix, gab es noch Anhänger einer Häresie, die eigentlich schon seit Jahrzehnten ausgerottet waren: jene „Katharer", von deren Name das deutsche Wort „Ketzer" abgeleitet ist.

Anders als in den Städten und beim Adel war diese unorthodoxe Variante des Christentums bei den Bergbauern und bei den Hirten noch lebendig – bzw. wieder lebendig. Denn im Jahr 1299 hatte es eine neue Missionswelle gegeben. Der Katharer Pierre Authié, von Beruf Notar, der sich aus Sicherheitsgründen außer Landes begeben hatte und in der Lombardei Zuflucht gefunden hatte, war aus seinem Exil zurückgekehrt und hatte, unterstützt von seinem Bruder Guillaume und seinem Sohn Jacques, „in 125 Ortschaften dem verfolgten Glauben noch einmal über tausend neue Gläubige" gewinnen können, wie Emmanuel LeRoy Ladurie ausführt: „Ganze Dörfer, unter ihnen Montaillou, wurden ‚gläubig'. Den Inquisitoren blieb das nicht verborgen. Im Jahre 1308 ließ Geoffroy d'Ablis, der Inquisitor von Carcassonne, die gesamte Bevölkerung von Montaillou – nur die Kinder ausgenommen – verhaften. Am 9. April 1310 wurde Pierre Authié verbrannt. Sein Bruder Guillaume, sein Sohn Jacques und mehrere der ‚Vollkommenen', die er geweiht hatte, erlitten das nämliche Schicksal. Sechshundertfünfzig ‚Gläubige' wurden vor Gericht gezogen und verloren fast alle mindestens ihren ganzen Besitz" (Emmanuel LeRoy Ladurie, Montaillou. Ein Dorf vor dem Inquisitor, Berlin 1980. S. 20–21).

Auf dem Hintergrund dieser Ereignisse erfolgte die penibel betriebene inquisitorische Visitation durch Jacques Fournier, den damaligen Bischof von Pamiers. Sie erstreckte sich über volle sieben Jahre und wurde äußerst akribisch vorgenommen. Zwischen dem 15. Juli 1318 und dem 9. Oktober 1325 fanden an 370 Tagen insgesamt 578 Vernehmungen statt. Die in Reinschrift gebrachten umfangreichen Protokolle dieser Inquisitionsprozesse befinden sich in der

Vatikanischen Bibliothek, wurden von Jean Duvernoy in den Jahren zwischen 1965 und 1972 ediert und vom französischen Historiker Emmanuel LeRoy Ladurie zur Grundlage einer umfangreichen sozial- und kulturgeschichtlichen Studie gemacht, die 1975 unter dem Titel „Montaillou, village occitain de 1294 à 1324" bei Gallimard in Paris erschienen ist und fünf Jahre später in der hier zitierten, von Peter Halbrock übersetzten und bearbeiteten deutschen Fassung herauskam.

Im Anfang war das Wort

Entsprechend ihrem dualistischen Weltbild nahmen die Katharer an, dass die böse Welt nicht vom guten Gott geschaffen worden sein könne. Der Gott, der nach dem Zeugnis des Alten Testamentes die Welt geschaffen hatte, konnte nur ein „böser Gott" sein, nicht der Gott des Neuen Testamentes, auf den sich Jesus berief. Freilich gab es, wie Emmanuel LeRoy Ladurie formuliert, „auch in dem von ihnen also einzig als heilige Schrift anerkannten Neuen Testament Stellen, die sich gegen diese Auslegung sträubten. Doch war der Scharfsinn der katharischen Exegeten den Schwierigkeiten, welche die richtige Einordnung solcher Stellen verursachte, offenbar gewachsen" (Emmanuel LeRoy Ladurie, op. cit. S. 11).

Ein Musterbeispiel für eine solche ideologisch fixierte Schriftauslegung ist der Beginn des Johannesevangeliums. Jeder unbefangene Leser wird die Aussage „Alles ist durch das Wort geworden, und ohne das Wort wurde nichts, was geworden ist" (Joh 1,3) so verstehen, wie sie gemeint ist: als einen Parallelismus, bei dem ein und derselbe Sachverhalt einmal positiv und einmal negativ ausgedrückt wird. Von den Schriftauslegern der Katharerer jedoch, die ihre spezifische Sicht der Dinge in der Bibel wieder finden wollten, wurde der Text in folgender Weise auseinander dividiert: Das „alles" – lateinisch: „omnia" –, von dem gesagt wird, dass es durch das Wort Gottes geworden sei, war für sie all das, was ewig, wahr, geistig, unsichtbar, also im eigentlichen Sinn seiend ist; das „nichts" hingegen – lateinisch: „nihil" – war für sie all das, was vergänglich, körperlich, sichtbar, also in Wahrheit eigentlich nicht seiend ist, und dieses Nichts sei eben nach den Worten des Johannesevangeliums „ohne das Wort" geworden, das heißt von jemand anderem erschaffen worden.

Plötzlich sagte besagter Peter dem Zeugen: „Arnold, so heißt es im Johannesevangelium: Am Anfang war das Wort und das Wort war bei Gott. Alle Dinge sind durch dasselbe gemacht und ohne dasselbe ist nichts gemacht." Und der Zeuge antwortete, dass besagte Worte der Anfang des Johannesevangeliums wären. Und darauf fragte besagter Peter den Zeugen: „Wisst Ihr, was das sagen will: Alle Dinge sind durch dasselbe gemacht und ohne dasselbe ist nichts gemacht?" Und der Zeuge antwortete, besagte Worte wollten sagen, dass alle Dinge, die gemacht seien, von Gott seien, und dass nichts ohne ihn gemacht sei, und besagter Peter sagte, dass besagte Worte nicht bedeuteten, was der Zeuge gesagt hätte, sondern bedeuteten, dass alle Dinge durch dasselbe gemacht seien und dass auch alle Dinge ohne dasselbe gemacht seien; worauf der Zeuge antwortete: „Und wie könnt Ihr so was sagen? Versteht Ihr kein Latein, dass der Sinn, den Ihr gebt, den Worten des Evangeliums so zuwiderläuft und auch dem, was anderswo in der Schrift zu lesen ist, dass Gott Himmel, Erde und Meer schuf und alles, was in ihnen ist?" Und besagter Peter antwortete, der Sinn der Schrift sei: Ohne dasselbe ist nichts gemacht, das hieße, alles Geschaffene sei ohne dasselbe; der Sinn, den er, Peter, eben gegeben habe.

Quellentext Nr. 54: Emmanuel LeRoy Ladurie, Montaillou. Ein Dorf vor dem Inquisitor, Berlin 1980. S. 12.

DAS GLEICHNIS VOM PELIKAN

In der christlichen Tradition galt der Pelikan schon von alters her als Symbol für Christus, weil dieses Tier – wie man in der antiken Zoologie meinte – imstande ist, seine Jungen mit seinem eigenen Blut zu ernähren. In einer Version des Gleichnisses vom Pelikan, wie sie von den dualistisch orientierten Katharern erzählt wurde, ist der Pelikan ein Abbild des sich entäußernden Jesus, der dadurch, dass er in der Menschwerdung durch die Geburt aus Maria „seinen Glanz ablegt oder verbirgt", die Geschöpfe des „guten Gottes" vor den Nachstellungen des „bösen Gottes" beschützt.

Es gibt einen Vogel, heißt der Pelikan. Seine Federn scheinen wie die Sonne und der Sonne folgt er allezeit nach. Dieser Vogel nun hatte Junge. Diese ließ er im Nest, während er selbst der Sonne nachfolgte. Während seiner Abwesenheit drang ein wildes Tier in sein Nest und riss den jungen Küken die Glieder ab und schnitt ihnen die Schnäbel weg; da nun der Pelikan zurückkehrte und seine Küken so verstümmelt und ihrer Schnäbel beraubt fand, heilte er sie. Da sich aber das Gleiche mehrmals wiederholte, dachte der Pelikan bei sich, es sei wohl das Beste, wenn er seinen Glanz verberge und sich selbst im Nest verstecke, um das wilde Tier bei seinem nächsten Besuch ergreifen und töten zu können. Und so geschah es. Und die kleinen Pelikane waren nun vor den Nachstellungen jenes wilden Tiers sicher. Auf die gleiche Weise aber machte der gute Gott die Geschöpfe und der böse Gott zerstörte sie, bis Christus seinen Glanz ablegte oder verbarg, da er aus der Jungfrau Maria inkarniert ward und dann den bösen Gott ergriff und ihn in die Höllenfinsternis versetzte, sodass er hinfort nicht länger die Geschöpfe des guten Gottes zerstören konnte.

Quellentext Nr. 55: Emmanuel LeRoy Ladurie, Montaillou. Ein Dorf vor dem Inquisitor, Berlin 1980. S. 317.

Gespräch während des Entlausens

Die Bogomilen waren eine mittelalterliche Sekte der serbisch-orthodoxen Kirche, mit deren religiösem Gedankengut das der Katharer eng verwandt war. Die Bogomilen – der slawische Ausdruck bedeutet „die Gottesfreunde" – hatten ein dualistisches Weltbild, lehnten das Alte Testament ab und vertraten eine rigorose Askese. Der erste Angehörige dieser Sekte, der wegen seines Glaubens den Märtyrertod erleiden musste, hieß Alexios. Im zehnten Kapitel des 15. Buches der „Alexiade" – einer von der Prinzessin Anna Komnena verfassten Schrift zur Verherrlichung dieses Märtyrers – heißt es, dass der Bogomile Basilios, als ihn der Kaiser auf dem Hippodrom zu Konstantinopel verbrennen ließ, „der Flammen gelacht" habe, dass er einen Psalm sang und zuversichtlich gewesen sei, „dass Engel ihn aus dem Feuer holen würden" (vgl. Emmanuel LeRoy Ladurie, op. cit. S. 21). Ähnliches erzählte man sich 200 Jahre später in Montaillou. Es hieß, dass die „guten Christen" – das heißt die Ketzer – das Feuer nicht spürten, weil jenes Feuer, von dem sie verzehrt waren, dem Körper nichts anzuhaben vermochte. Auf diesem Hintergrund ist das theologische Gespräch zu sehen, das während der intimen Körperpflege des Entlausens stattfand und von dem Vuissane Testanière in ihrer Aussage vor dem Inquisitor berichtet.

Zu der Zeit, da die Häretiker in Montaillou den Ton angaben, wurden einmal Guillemette Benet und Alazaïs Rives auf den Dächern ihrer Häuser in der

Sonne von ihren Töchtern Mazais Benet und Raymonde Rives entlaust. Ich ging unten vorbei und hörte sie reden. Guillemette Benet sagte grade zu Alazais: „Wie halten die Leute nur die Schmerzen aus, wenn sie auf dem Scheiterhaufen verbrannt werden?" Und Alazais antwortete: „Sei doch nicht so dumm! Natürlich nimmt Gott die Schmerzen auf sich."

Quellentext Nr. 56: Emmanuel LeRoy Ladurie, Montaillou. Ein Dorf vor dem Inquisitor, Berlin 1980. S. 169.

„DIESE HÄRETIKER SIND GUTE MENSCHEN"

Der Name „Katharer" bedeutet auf Deutsch „die Reinen". Zum Selbstbewusstsein eines Katharers gehörte es, besser und moralisch hochstehender zu leben und sich konsequenter um sein Seelenheil zu bemühen, als dies in der korrupten Kirche der Fall war. Dieses Selbstbewusstsein wurde durch die Verfolgung noch verschärft: Je gnadenloser die Inquisitoren gegen sie vorgingen und je mehr Scheiterhaufen sie entzünden ließen, umso mehr lieferten sie den Katharern den Beweis, wie Recht sie doch hatten, wenn sie die böse Welt als eine Hölle betrachteten und die römische Kirche im Sinne der Geheimen Offenbarung des Johannes als „Synagoge Satans" (vgl. Offb 2,9) bezeichneten.

[Aussage von Raymonde Marty:] Vor fünfzehn Jahren ging ich zusammen mit Guillemette Argelliers aus Montaillou zum Brunnen. Und Guillemette sagte zu mir: „Hast du diese guten Leute [*die Häretiker*] in deines Vaters Haus gesehen?" – „Ja", sagte ich. – „Diese Häretiker", erklärte mir darauf Guillemette, sind gute Menschen und Christen. Sie haben den römischen Glauben, den die Apostel Peter, Paul, Johannes hatten." [1]

[Aussage von Alzais Azéma:] Eines Tages ging ich nach Sorgeat, um Käse einzukaufen, und sah dort Gaillarde, die Frau des Raymond Escaunier, vor der Tür ihres Hauses sitzen. Da diese Gaillarde meine Base war, setzte ich mich zu ihr. Und sie sagte mir: „Base, wusstest du, dass die Authiés wieder da sind?" Und ich antwortete ihr: „Aber wo sind sie denn gewesen?" – „In der Lombardei", sagte sie. „Sie haben dort ihren ganzen Besitz aufgegeben und sind Häretiker geworden." – „Und was sind diese Häretiker für Leute?" – „Gute und heilige Menschen sind sie." – „In Gottes Namen denn", sagte ich, „so haben sie vielleicht das Richtige gemacht." Und damit ging ich weg. [2]

[Aussage von Raymonde Marty:] Vor vierzehn Jahren ging ich zum Haus meines Schwagers Bernard Marty in Montaillou. Da saßen Guillemette Benet und Alazais Rives [die Frau des Bernard Rives] vor der Tür. Die sagten: „Setz dich einen Augenblick zu uns, Nichte!" Ich blieb aber stehen. Da sagten sie: „Du solltest den Häretikern Almosen geben. Wenn du ihnen keine Geschenke machst, [da du doch von den Gütern dieser Welt deinen Teil hast, Wolle nämlich und den anderen Reichtum deines Mannes,] versündige dich nicht! Denn die Häretiker sind gute Menschen." – „Die Häretiker werden von meinem Eigentum nichts genießen", sagte ich. – „Du bist böse! Du bist kaltherzig!", sagten sie. Ich aber wandte mich von ihnen ab. [3]

[Aussage von Guillemette Clergue über ein Gespräch, das sie mit ihrer Mutter während der Erntearbeit geführt hatte:] „Und wo ist mein Bruder Pons?" Antwort: „Er ist mit Onkel Tavernier weggegangen." – „Und was macht Onkel Prades Tavernier mit Frau Stéphanie de Chateauverdun? Warum hat er Haus und Handwerk verlassen und seinen Besitz verkauft?" Antwort: „Er ist mit Stéphanie nach Barcelona." – „Und was wollen Prades und Stéphanie in Barcelona?" Antwort: „Die guten Menschen besuchen." – „Und wer sind diese guten Menschen?" Antwort: „Sie rühren weder Frauen noch Fleisch an. Man nennt sie Häretiker." – „Und wie können sie gute Menschen sein, wenn man sie Häretiker nennt?" Antwort: „Du bist ein dummes, unwissendes Mädchen. Gute Menschen sind sie, weil sie Seelen in den Himmel bringen können." – „Und wie können Häretiker Seelen in den Himmel bringen, da doch die Priester die Beichte abnehmen und den Leib des Herrn austeilen, auf dass, wie es heißt, Seelen gerettet werden?" Antwort: „Du bist eben jung und unwissend." [4]

[Aussage von Jean Maury:] Ich war zwölf Jahre alt und hütete meines Vaters Schafe. Als ich eines Abends nach Hause kam, fand ich meinen Vater, meine Mutter, meine vier Brüder und beiden Schwestern beim Feuer sitzen. Und in Gegenwart meiner Mutter und Brüder und Schwestern sagte mein Vater zu mir: „Philippe d'Alayray und Raymond Faur sind gute Christen und gute Menschen. Sie sind Männer, auf die man sich verlassen kann. Sie lügen nicht." [5]

Quellentext Nr. 57: Emmanuel LeRoy Ladurie, Montaillou. Ein Dorf vor dem Inquisitor, Berlin 1980. – [1] S. 276. – [2] S. 275. – [3] S. 277–278. – [4] S. 279–280. – [5] S. 263.

Das Ave-Maria ist wertlos

Im Jahr 1254 ist das Ave-Maria durch das Konzil von Albi „in den Rang des Credos und des Paternosters erhoben" worden, schreibt Emmanuel LeRoy Ladurie (op. cit. S. 331), das heißt, es gehörte zu jenen Gebeten, die jedes Kind im Alter von sieben Jahren auswendig zu kennen hatte. Darauf bezieht sich der in den Inquisitionsakten festgehaltene Dialog zwischen dem Ketzer Bélibaste und Arnaud Sicre, dem Sohn eines Notars aus Tarascon und einer Dame aus Ax, in welchem der Erstere die traditionelle Art der katholischen Frömmigkeit kritisiert.

„Und wie betest du zu Gott?" – „Ich bekreuzige mich und befehle mich Gott, der für uns am Kreuz starb, und der Jungfrau Maria, ich sage das Paternoster und das Ave-Maria […] und ich faste an den Vigilien vor Mariä Himmelfahrt."

„Das Schaf blökt, weil es nicht reden kann. Lass dir sagen, dass das Ave-Maria wertlos ist. Eine Erfindung der Priester, weiter nichts. Und was dein Fasten angeht, ist's nicht mehr wert als das Fasten eines Wolfs."

Quellentext Nr. 58: Emmanuel LeRoy Ladurie, Montaillou. Ein Dorf vor dem Inquisitor, Berlin 1980. S. 331.

Das subversive Kreuzzeichen

Die Katharer lehnten das Kreuzzeichen ab. Für sie war es wertlos, „ein böses Zeichen", wie der Schuhmacher Arnaud Vital erklärte (Emmanuel LeRoy Ladurie, op. cit. S. 327). Wer das Kreuzzeichen machte, bekannte sich als Katholik; umgekehrt entlarvte sich einer, der sich weigerte, das Kreuzzeichen zu machen, schon durch diese Äußerlichkeit als ein Ketzer. Deshalb gab es einen kleinen Trick, mit dem man die anderen in die Irre führen konnte: Man machte die zu einem richtigen Kreuzzeichen gehörenden Bewegungen, murmelte aber insgeheim ganz andere Worte, die der Geste jede religiöse Sinngebung raubten.

[Statt den Namen des Vaters und des Sohnes und des Heiligen Geistes anzurufen, sagte man:] „Hier ist die Stirn, und hier ist das Kinn, und hier ist das eine Ohr und hier das andere."

[Wortlaut im Original: „*Aysi es le front, et aysi es la barba, et aysi la una aurelha et aysi l'autra.*"]

Quellentext Nr. 59: Emmanuel LeRoy Ladurie, Montaillou. Ein Dorf vor dem Inquisitor, Berlin 1980. S. 327.

„Ich bin von der Leiter gefallen"

Pierre Clergue war der Pfarrer von Montaillou. Er verstand es, wie Emmanuel LeRoy Ladurie sagt, „gelegentlich zugunsten des einen oder anderen seiner Pfarrkinder das Gesetz der Inquisition zu beugen, wiewohl er selbst der Repräsentant und Hüter dieses Gesetzes im Dorfe war" (op. cit. S. 87). Im Fall von Guillemet Benet – einer Frau, deren Familie mit dem Pfarrer verwandt war – konnte er zwar nicht verhindern, dass sie letztlich doch noch zu lebenslanger Haft bei Wasser und Brot und in Ketten verurteilt wurde, doch wusste er durch einen pfiffigen Einfall zu erreichen, dass die Verhaftung nicht schon viel früher erfolgte und Guillemet Benet noch ganze zwölf Jahre in Freiheit zubringen konnte.

Vor ungefähr zwölf Jahren [erzählte Guillemette Benet im Jahre 1321] kam Arnaud Clergue, Guillaume Clergues Bastard, welcher Guillaume ein Bruder des Priesters ist, in des Priesters Auftrag zu mir ins Haus. Und da sagte er mir: „Morgen wird der Priester zu dir kommen, um dir eine Vorladung nach Carcassonne zu überbringen, wo dir der Inquisitor deine Verurteilung zu einer Kerkerstrafe verkünden wird. Der Priester lässt dir sagen, dass du eine Ausrede haben musst, nicht nach Carcassonne zu gehen. Leg dich also morgen ins Bett und stelle dich krank. Sag, du wärst zu Hause von der Leiter gefallen. Tu so, als hättest du dir alle Knochen gebrochen; andernfalls droht dir das Gefängnis."

Und wirklich, als anderntags der Priester mit den Zeugen kam, lag ich im Bett und sagte ihm: „Ich bin von meiner Leiter gefallen. Ich habe mir alle Knochen gebrochen." Und so hatte er mir davongeholfen.

Quellentext Nr. 60: Emmanuel LeRoy Ladurie, Montaillou. Ein Dorf vor dem Inquisitor, Berlin 1980. S. 87.

„Vox in Rama"

Zeugnisse angeblicher Teufelsanbetung

Die „Stedinger" – ihr Name leitet sich von „Standingi" ab, was so viel wie „Bewohner der Gestade" bedeutet – waren friesisch-sächsische Bauern, die an der unteren Weser siedelten. Ihre Weigerung, dem Erzbischof von Bremen als ihrem zuständigen Landesherrn den vorgeschriebenen Zehnt zu entrichten, führte Anfang des 13. Jahrhunderts zu jahrelangen erbitterten Kämpfen. Diesen Stedinger Bauern wurde nicht nur ihre Aufsässigkeit zum Vorwurf gemacht, sondern man bezichtigte sie auch der Ketzerei und anderer abscheulicher Verbrechen. Unter anderem wurden sie – und werden sie immer noch – mit einer bestimmten Art von Teufelsverehrung in Verbindung gebracht, die in einer Bulle von Papst Gregor IX. (1227–1241) beschrieben wird. So kann man selbst in seriösen Werken immer wieder von dieser „angeblichen Teufelsanbetung in Norddeutschland durch die aufständischen Stedinger Bauern" lesen, wiewohl Joseph Hansen – ein exzellenter Kenner der Materie, der bekanntlich auch die deutschsprachige Edition von Leas Mammutwerk „Geschichte der Inquisition" besorgte – bereits vor 100 Jahren lapidar festgestellt hat: „Die Bulle hat nichts mit den Stedingern zu tun, auf die sie oft bezogen worden ist" (Joseph Hansen, Zauberwahn, Inquisition und Hexenprozeß im Mittelalter und die Entstehung der großen Hexenverfolgung, München und Leipzig 1900; Reprint: Frankfurt am Main 1998. S. 231). Nichtsdestoweniger ist die Bulle „Vox in Rama" ein aufschlussreiches Dokument.

Vox in Rama

„Vox in Rama" ist ein päpstliches Schreiben vom 13. Juni 1233, das an den Erzbischof von Mainz, an den Bischof von Hildesheim und an den Inquisitor Konrad von Magdeburg erging (vgl. Carl Mirbt, Quellen zur Geschichte des Papsttums und des römischen Katholizismus, Tübingen [4. Auflage] 1924. S. 194). Der Titel ist eine Anspielung auf eine Stelle beim Propheten Jeremia im Alten Testament, wo es heißt: „Ein Geschrei ist in Rama zu hören" (Jer 31,15). In diesem Schreiben von Papst Gregor IX. werden bestimmte okkulte Praktiken eines

Satanskultes beschrieben, bei denen der Teufel leibhaftig zugegen ist. Der Satan pflegte demzufolge seinen Anbeterinnen und Anbetern „als Kröte und Frosch zu erscheinen oder als schwarzer, rückwärts eine Leiter hinabsteigender Kater, als wunderbar bleicher und magerer Mann mit schwarzen blitzenden Augen, endlich auch als halb leuchtender, halb mit Tierhaaren bedeckter Mann", wie Hansen im erwähnten Werk (S. 231–232) ausführt: „... die Versammlung drängte sich zu den obszönen Küssen an die Tiergestalten heran und nach der Mahlzeit zur gröbsten, auch homosexuellen Unzucht bei ausgelöschten Lichtern."

Es ist durchaus begreiflich, wenn ein zeitgenössischer Autor wie Hans-Jürgen Wolf, dem die Christenheit als „etwa eine Milliarde von Leichtgläubigen" erscheint, die sich nach wie vor „mit diesem Märchen [sc. dem Dämonenglauben] abspeisen" lassen (Hans-Jürgen Wolf, Geschichte der Hexenprozesse, Hamburg 1998. S. 992), „Vox in Rama" als ein „merkwürdiges Dokument papistischer Einfalt" charakterisieren zu müssen meint (Hans-Jürgen Wolf, op. cit. S. 998). Allerdings wäre es nicht minder einfältig, würde man es für eine ausgemachte Sache halten, dass es sich bei dem, was Gregor IX. in „Vox in Rama" zitiert, um ein authentisches Protokoll von satanistischen Ritualen handelt, die tatsächlich stattgefunden haben. Zutreffender wäre es wohl, diese Texte als die bizarren Ausgeburten der Phantasie eines Inquisitors bzw. seiner Informanten zu betrachten (vgl. Bernd-Ulrich Hergemöller, Krötenkuß und schwarzer Kater. Ketzerei, Götzendienst und Unzucht in der inquisitorischen Phantasie des 13. Jahrhunderts, Warendorf 1996), zumal für jene Berichte, die „den Papst aufschreckten und seine den heutigen Leser befremdende Reaktion provozierten", niemand anderer „die Hauptverantwortung getragen haben dürfte" als Konrad von Marburg selber (Dietrich Kurze, Anfänge der Inquisition in Deutschland; in: Peter Segl, Die Anfänge der Inquisition im Mittelalter, Köln – Weimar – Wien 1993. S. 169) – also jener Mann, der nicht unbedingt ein Ruhmesblatt für die Kirche war und der nicht nur als päpstlicher Kreuzzugsprediger und als Beichtvater der heiligen Elisabeth von Thüringen, sondern mehr noch als ein Paranoiker und Fanatiker in die Geschichte eingegangen ist, der mit seiner wahnwitzig betriebenen Art der Inquisition die Leute so sehr gegen sich aufbrachte, dass sie ihn am 30. Juli 1233 – nur wenige Wochen nach „Vox in Rama" – totschlugen.

Konrad von Marburg hatte eine neue Sekte entdeckt, die „Luziferianer", und war gegen diese mit größter Härte vorgegangen. Allerdings kann – wie

Lothar Kolmer (Ad capiendas vulpes, Bonn 1982. S. 118–119) ausführt – „davon ausgegangen werden, dass die Annahme, es gäbe die Luziferianer, nicht auf Fakten beruhte. Vielleicht gab es einen Kreis, der schwarze Messen zelebrierte, sicher aber gab es keine weit verbreitete Sekte. Die Vorstellung von den Teufelsanhängern war eine fixe Idee Konrads. In den Verhören gelang es ihm aber scheinbar, die Existenz dieser Sekte nachzuweisen. In Wirklichkeit spiegelten sich jedoch in den Ausagen der Zeugen nur die Fragen Konrads wider. Was Konrad hören wollte, fragte er in die Zeugen hinein und hörte aus deren Antworten wiederum nur das heraus, was in seine Vorstellungen passte." Auf diese Weise also hatte Konrad die Luziferianer „entdeckt". Die „wesentlich sexuell geprägten Riten" riefen aufseiten der Kirche Abscheu hervor „sowie den Wunsch, die Sekte zu beseitigen" (vgl. Lothar Kolmer, op. cit. S. 119).

[Über die Einweihungszeremonien dieser Abscheulichkeit wird Folgendes berichtet:] Wenn ein Neuling aufgenommen wird und zuerst in die Schule der Verworfenen eintritt, so erscheint ihm eine Art Frosch, den manche auch Kröte nennen. Einige geben ihm einen schmachwürdigen Kuss auf den Hintern, andere auf das Maul und ziehen die Zunge und den Speichel des Tieres in ihren Mund. Dieses erscheint zuweilen in gehöriger Größe, manchmal auch so groß wie eine Gans oder Ente, meistens jedoch nimmt es die Größe eines Backofens an. Wenn nun der Novize weitergeht, so begegnet ihm ein Mann von wunderbarer Blässe, mit ganz schwarzen Augen, so abgezehrt und mager, dass alles Fleisch geschwunden und nur noch die Haut um die Knochen zu hangen scheint. Diesen küsst der Novize und fühlt, dass er kalt wie Eis ist, und nach dem Kuss verschwindet alle Erinnerung an den katholischen Glauben bis auf die letzte Spur aus seinem Herzen. Hierauf setzt man sich zum Mahl, und wenn man sich von ihm erhebt, steigt durch eine Statue, die in solchen Schulen zu sein pflegt, ein schwarzer Kater von der Größe eines mittelmäßigen Hundes rückwärts und mit zurückgebogenem Schwanz herab. Diesen Kater küsst zuerst der Novize auf den Hintern, dann der Meister und so fort alle Übrigen der Reihe nach, jedoch nur solche, die würdig und vollkommen sind; die Unvollkommenen aber, die sich nicht für würdig halten, empfangen von dem Meister den Frieden.

Wenn nun alle ihre Plätze eingenommen, gewisse Sprüche hergesagt und ihr Haupt gegen den Kater hingeneigt haben, so sagt der Meister: „Schone uns!", und spricht dies dem Zunächststehenden vor, worauf der Dritte antwortet und sagt: „Wir wissen es, Herr!" und ein Vierter hinzufügt: „Wir haben zu gehorchen!" Nach diesen Verhandlungen werden die Lichter ausgelöscht und man schreitet zur abscheulichsten Unzucht ohne Rücksicht auf Verwandtschaft. Findet sich nun, dass mehr Männer als Weiber zugegen sind, so befriedigen auch Männer mit Männern ihre schändliche Lust. Ebenso verwandeln auch Weiber durch solche Begehungen miteinander den natürlichen Geschlechtsverkehr in einen unnatürlichen. Wenn aber diese Ruchlosigkeiten vollbracht, die Lichter wieder entzündet und alle wieder auf ihren Plätzen sind, dann tritt aus einem dunklen Winkel der Schule, wie ihn diese Verworfensten aller Menschen haben, ein Mann hervor, oberhalb der Hüften glänzend und strahlender als die Sonne, wie man sagt, unterhalb aber rau wie ein Kater, und sein Glanz erleuchtet den ganzen Raum. Jetzt reißt der Meister etwas vom Kleide des Novizen ab und sagt zu dem Glänzenden: „Meister, dies ist mir gegeben, und ich gebe dir's wieder", worauf der Glänzende antwortet: „Du hast mir gut gedient, du wirst mir mehr und besser dienen; ich gebe in deine Verwahrung, was du mir gegeben hast", und unmittelbar nach diesen Worten ist er verschwunden.

Auch empfangen sie jährlich um Ostern den Leib des Herrn aus der Hand des Priesters, tragen ihn im Munde nach Hause und werfen ihn in den Unrat zur Schändung des Erlösers. Überdies lästern diese Unglückseligsten aller Elenden den Regierer des Himmels mit ihren Lippen und behaupten in ihrem Wahnwitz, dass der Herr der Himmel gewalttätiger-, ungerechter- und arglistigerweise den Luzifer in die Hölle hinabgestoßen habe. An diesen glauben auch die Elenden und sagen, dass er der Schöpfer der Himmelskörper sei und einst nach dem Sturz des Herrn zu seiner Glorie zurückkehren werde; durch ihn und mit ihm und nicht vor ihm erwarten sie auch ihre eigene ewige Seligkeit. Sie bekennen, dass man alles, was Gott gefällt, nicht tun solle, sondern vielmehr das, was ihm missfällt.

Quellentext Nr. 61: Gregor IX., Vox in Rama. – Gottlieb Wilhelm Soldan/Heinrich Heppe/ Max Bauer, Geschichte der Hexenprozesse, Bd. 1, Hanau 1911. S. 142–144.

INQUISITIONSVERFAHREN GEGEN LUZIFERIANER

Im Jahr 1336 fand in Angermünde ein Inquisitionsprozess statt, bei dem eine Gruppe von Leuten angeklagt war, die angeblich zur Sekte der Luziferianer gehörte. Ein Bericht darüber findet sich in den „Gesta archiepiscoporum

Magdeburgensium", genauer gesagt in deren „Continuatio prima", die den Zeitraum von 1142 bis 1371 behandelt. Der anonym gebliebene Verfasser stützt sich in seinem Bericht über das Geschehen auf einen Zeugen, der selbst in Angermünde als Inquisitor dabei gewesen war: auf den Augustinereremiten Jordan. Dieser Ordensmann wird in den „Gesta" nicht nur im Jahr 1336 erwähnt, sondern bereits im Jahr 1331 als Mitglied einer Schlichtungskommission, die nach der Ermordung Erzbischof Burchards in Magdeburg eingesetzt wurde, und er begegnet uns auch als Teilnehmer am Verhör des Erfurter Begarden Konstantin im Jahr 1350.

Im Jahre des Herrn 1336. […] Ungefähr zur selben Zeit, als die Einwohner der Stadt Angermünde in der Diözese Brandenburg durch eine Häresie große Schmach zu erdulden hatten, wurden zur Untersuchung der ketzerischen Schlechtigkeit Inquisitoren dorthin entsandt: der vorhin erwähnte Bruder Jordan, dann ein Lektor aus Magdeburg, mit ihnen verbunden durch den Herrn Ludwig [*Ludwig Schenk von Neindorf*], Bischof der Kirche von Brandenburg, Bruder Nikolaus, Guardian der Minderbrüder in Berlin, und Magister Vinianz, Vorsteher in Sehusen, mit [*Dietrich*], dem Offizial des Bischofs von Brandenburg.

Diese haben in Ausübung ihres Amtes in Angermünde mehrere verdächtige und übel beleumundete Personen beiderlei Geschlechts vorgefunden, die der Häresie der Luziferianer anhingen, und sie [*die Inquisitoren*] ordneten an, dass sich diese [*die Häretiker*] gemäß der Vorschrift des Rechts einer kanonischen Reinigung zu unterziehen hätten. Unter ihnen waren insbesondere vierzehn Personen, die in der Reinigung nicht bestanden. Diese wurden nach der Abreise der Inquisitoren durch den Vogt dem Feuer übergeben und sind verbrannt worden.

Quellentext Nr. 62: Gesta archiepiscoporum Magdeburgensium, ed. Wilhelm Schum; in: MG SS 14, Hannover 1883. S. 434–435. – Dietrich Kurze: Quellen zur Ketzergeschichte Brandenburgs und Pommerns, (Veröffentlichungen der Historischen Kommission zu Berlin Bd 45, Quellenwerke Bd. 6), Berlin und New York 1975. S. 61. – Übersetzung aus dem Lateinischen: © Josef Dirnbeck.

Der Putzkeller

In einer pommerschen Chronik aus dem 16. Jahrhundert wird von einem „Putzkeller im Land zu Bart" berichtet. Hinter diesem Namen verbirgt sich offenbar ein häretischer Geheimbund, dem man Teufelsanbetung nachsagte und der lange Zeit unauffällig blieb, jedoch schlagartig bekannt wurde, als im Jahr 1438 das plötzliche Verschwinden eines adeligen jungen Fräuleins öffentliches Aufsehen erregte.

Auch ist zu diesen Zeiten, wie man sagt, der Putzkeller im Land zu Bart gewesen, unbewusst, woher er erstanden. Das ist eine teuflische Lehre gewesen, schier auf die Art, wie die Adamiter und Gartenbrüder sind; [sie] haben dafürgehalten, dass nach dem Jüngsten Tag der Teufel Christus aus dem Himmel vertreiben solle und er samt seinen Gläubigen wieder in den Himmel kommen und so lange darin regieren werde, als Christus regiert hat. Und [sie] sind jedes Jahr einmal an einem besonderen Ort zusammengekommen, daselbst sie auf die Nacht etliche Zeremonien und Gebete getrieben haben. Und [so] hat ihr Vaterunser angefangen: „Vater use, hulder buse, zuvor warst du über uns, nun bist du unter uns etc." Und während sie alles getan haben, haben sie sich verschworen, die Zeremonien und den Glauben nicht zu übergeben, und danach hat dann der Oberste die Lichter alle ausgeschlagen und gesagt: „Wachst und vermehret euch." Und es sind also durcheinander gefallen Mann, Weib, Gesellen und Jungfrauen, wie sie ungefähr beieinander gestanden waren, und [sie] haben dafürgehalten, wer in diesem Glauben wäre, dass der nimmer könnte arm werden. Und ihr Abzeichen gegen einander war, wenn sie sonst bei anderen Christen in der Kirche wären, wenn man in der Messe das Sakrament aufhielt, dass sie sich umkehrten oder auch sonst nicht danach sahen.

Und es war diese Abgötterei unter dem Adel allein [verbreitet], und [sie] hielten es so heimlich, dass es niemand erfahren konnte, bis dass der Teufel einmal den Zehnten davon nahm und eine edle Jungfrau von dem Geschlechte der Datenberger, da sie einmal zusammen waren, wegführte. Darüber begann die Sache auszubrechen, und also wurde das Convent verstört. Und von denselbigen Ketzern sind auch viele um Neu-Angermünd in der Mark gewesen, darum heißt die Stadt auch noch Ketzer-Angermünd.

Quellentext Nr. 63: Thomas Kantzow, Chronik von Pommern, Kopenhagen, Samling Thott Nr. 644 Fol., fol. 307v. 308r. – Dietrich Kurze, Quellen zur Ketzergeschichte Brandenburgs und Pommerns, (Veröffentlichungen der Historischen Kommission zu Berlin Bd. 45, Quellenwerke Bd. 6), Berlin und New York 1975. S. 270–271. – Transkription der Sprachgestalt in heutiges Deutsch: © Josef Dirnbeck.

DIE BESEITIGUNG DER TEMPLER

Der größte Justizmord des Mittelalters

Am 22. März 1312 verfügte Papst Klemens V. (1305–1314) mit der Bulle „Vox in excelso" (vgl. Carl Mirbt, Quellen zur Geschichte des Papsttums und des römischen Katholizismus, Tübingen [4. Auflage] 1924. S. 212) die Aufhebung des Templerordens – jener berühmten Elitetruppe, die knapp zwei Jahrhunderte zuvor zum Schutz des Heiligen Grabes und der Jerusalempilger gegründet wurde. Zwei Jahre später – am 18. März 1314 – wurde Jacques de Molay, der letzte Großmeister der Templer, zusammen mit Geoffroy de Charnay, dem Präzeptor der Normandie, in Paris auf der Île de la Cité nahe von Notre Dame durch Verbrennung auf dem Scheiterhaufen hingerichtet. Das tragische Ende einer „Organisation, die als eine der stolzesten, reichsten und fruchtbarsten in Europa gegolten hatte" (Henry Charles Lea, Geschichte der Inquisition im Mittelalter, Bd. 3, Bonn 1913. S. 378), war die Frucht einer vom französischen König Philipp IV. (1285–1314) und seinen Beratern skrupellos geplanten und durchgeführten Vernichtungsaktion, welche nicht möglich gewesen wäre, „wenn nicht die bequemen Mittel vorhanden gewesen wären, die das Inquisitionsverfahren geschickten und gewissenlosen Männern in die Hand gab, um jeden gewalttätigen Zweck unter dem Schein des Gesetzes zu erreichen" (Henry Charles Lea, op. cit. S. 378).

Die beispiellose Aktion der Beseitigung der Templer kann man, da kein noch spektakulärerer Fall dieser Größenordnung bekannt ist, mit Andreas Beck getrost den „größten Justizmord des Mittelalters" nennen. In seinem Buch „Der Untergang der Templer" (Freiburg im Breisgau [6. Auflage] 2000) hat der in Konstanz tätige Mediziner und Theologe die Ergebnisse seiner jahrzehntelangen Quellenforschung vorgelegt. Der Autor möchte mit seiner ebenso kompetent informierenden wie spannend zu lesenden Studie ein Stück Vergangenheitsbewältigung leisten und dazu beitragen, dass den über 1000 zu Unrecht angeklagten und von einer staatlich manipulierten Inquisition gefolterten, verurteilten und hingerichteten Templern Gerechtigkeit widerfährt. Andreas Beck plädiert für eine Revision des Templerprozesses. So wie im Fall Galilei, wo seitens der Kirche – zwar reichlich spät, aber doch – eine offizielle

Distanzierung vom damaligen Urteil erfolgt ist, hätten auch die Templer „ein Recht auf die formelle Anerkennung, dass ihr Orden im Sinne der Anklage schuldlos war" (Andreas Beck, Der Untergang der Templer, Freiburg im Breisgau [6. Auflage] 2000. S. 8). Denn „die Anklagen gegen die Templer waren falsch, ihre Geständnisse durch die Folter erpresst und daher wertlos. Die Ritter waren nicht besser, aber auch nicht schlechter als andere Ordensleute ihrer Zeit. Nur brauchte Philipp IV. ihr Geld, ihre Ländereien und Burgen; daher erfanden seine Minister das Märchen von der Schuld des Ordens, um diesen vernichten zu können. Die Verantwortung für diesen vielleicht größten Justizmord des Mittelalters trifft vor allem den König von Frankreich. Aber auch der Papst fehlte: Er ließ sich erpressen und wurde so ebenfalls zum Verfolger des Ordens, den er eigentlich hätte verteidigen müssen" (Andreas Beck, op. cit. S. 7).

„WIR WOLLTEN SELBER DIE WAHRHEIT ERKUNDEN ..."

Am 13. Oktober 1307 wurden die Templer in Paris im Verlaufe einer von Guillaume de Nogaret, dem Berater des französischen Königs, vorbereiteten und mithilfe der königlichen Bogenschützen durchgeführten Blitzaktion verhaftet. Den im Schlaf überrumpelten Ordensrittern wurde erklärt, man komme „im Namen der Heiligen Inquisition und im Auftrag des Königs; die Templer seien eine Horde Ketzer, die man unschädlich machen müsse" (Andreas Beck, Der Untergang der Templer, Freiburg im Breisgau [6. Auflage] 2000. S. 47). König Philipp hatte den zu diesem Zeitpunkt in Poitiers residierenden Papst über die Aktion, die in seinem Auftrag erfolgt war und deren Nutznießer er war, begreiflicherweise nicht informiert. Klemens V. erfuhr davon erst, als es schon eine vollendete Tatsache war. Andreas Beck wertet es als Schwäche dieses Papstes, der sich schon früh in „bedenkliche Abhängigkeit von Philipp IV." begeben hatte (vgl. Lexikon für Theologie und Kirche, Bd. 2, Freiburg im Breisgau [3. Auflage] 1994. S. 1221), dass er erst nach gut zwei Wochen beim König protestierte: „Härter, als es sonst seine Gewohnheit war, ging er mit dem König ins Gericht. Schließlich musste er betonen, wie unverschämt er übergangen, wie frech jedes Recht missachtet worden war. Man spürt in dem Schreiben an den König die Erregung des sonst so ängstlichen Papstes" (Andreas Beck, op. cit. S. 63).

Ihr habet, geliebter Sohn, – wir sagen es mit Schmerzen – während unserer Abwesenheit die Hand auf Personen und Güter der Templer gelegt. Ihr seid so weit gegangen, sie ins Gefängnis zu werfen, und Ihr habt, was unseren Schmerz noch erhöht, sie noch nicht freigelassen. Wir hatten Euch durch unsere Schreiben mitgeteilt, dass wir selbst diese Angelegenheit in die Hand genommen haben. Wir wollten selber die Wahrheit erkunden. […] Trotzdem habt Ihr dieses Attentat gegen die Personen und Güter von Männern begangen, die uns selbst unterstellt sind. In diesem überstürzten Vorgehen kann jedermann ein verwerfliches Verachten von uns und von der Kirche erkennen. Wir können nicht daran zweifeln, dass Ihr besser heute als morgen Güter und Personen der Templer unseren Gesandten übergeben werdet.

Quellentext Nr. 64: Andreas Beck, Der Untergang der Templer, (Herder-Spektrum Nr. 4914), Freiburg im Breisgau [6. Auflage] 2000. S. 63.

Das Gutachten der Sorbonne

Aus propagandistischen Gründen hatte sich Philipp IV. bemüht, von der angesehenen Pariser Universität ein Gutachten zu erhalten, das seine Vorgangsweise rechtfertigen sollte. Ganz wurden seine Erwartungen nicht erfüllt, denn „die gelehrten Herren ließen sich gründlich Zeit, ehe sie ihr Gutachten vorlegten; es vergingen drei volle Monate, bis Philipp eine vorsichtige, mit vielen ,Wenn' und ,Aber' verklausulierte Antwort erhielt" (Andreas Beck, op. cit. S. 99).

1. Ein weltlicher Fürst darf nur dann gegen Ketzer vorgehen, wenn sie ihm von der Kirche übergeben sind. Wenn aber die Verbrechen offen zutage liegen und durch Verzug Gefahr entsteht, darf er ohne Aufforderung der Kirche die Häretiker verhaften lassen. Diese aber müssen der Kirche sobald wie möglich übergeben werden.

2. [Zur Frage der Gültigkeit von Gelübden, da die Templer Häretiker seien:] Ob die Templer ein gültiges Gelübde abgelegt haben, kann nur die Kirche entscheiden.

3. Die abgelegten Geständnisse, vor allem die der Großwürdenträger, erregen den stärksten Verdacht, dass der ganze Orden schuldig ist, und sie sind hinreichend, ein Vorgehen gegen den ganzen Orden zu rechtfertigen.

4. Angesichts der abgelegten Geständnisse liegen starke Gründe vor, dass alle Mitglieder des Ordens der Häresie verdächtig sind. Es ist richtig, dass die Brüder, deren Schuld nicht erwiesen ist, sorgfältig in Gewahrsam gehalten werden.

Quellentext Nr. 65: Andreas Beck, Der Untergang der Templer, (Herder-Spektrum Nr. 4914), Freiburg im Breisgau [6. Auflage] 2000. S. 99–100.

Die Verteidigung der Templer

Die Verbrechen, die den Templern zur Last gelegt wurden, waren im Wesentlichen die folgenden fünf: „1. Wenn ein Neophyte [Novize] aufgenommen wurde, so führte ihn der Präzeptor [Novizenmeister] hinter den Altar oder in die Sakristei oder an einen andern geheimen Platz, zeigte ihm ein Kruzifix und ließ ihn dreimal den Propheten verleugnen und auf das Kreuz spucken. – 2. Dann wurde er entblößt, und der Präzeptor küsste ihn dreimal, einmal auf die Rückseite, einmal auf den Nabel und einmal auf den Mund. – 3. Darauf wurde ihm erklärt, widernatürliche Unzucht sei erlaubt, und man fröne ihr durchweg im ganzen Orden. – 4. Der Strick, welchen die Templer Tag und Nacht als Symbol der Keuschheit über dem Hemd trugen, wurde dadurch geweiht, dass man ihn um ein Götzenbild von der Form eines menschlichen Kopfes mit einem großen Bart wickelte, und dieser Kopf wurde in den Kapiteln angebetet, obgleich ihn nur der Großmeister und die ältesten Mitglieder kannten. – 5. Die Priester des Ordens weihten die Hostie nicht, wenn sie die Messe zelebrierten" (Henry Charles Lea, Geschichte der Inquisition im Mittelalter, Bd. 3, Bonn 1913. S. 296). Am 28. März 1310 versammelten sich fünfhundertsechzig Templer in Paris, um vor dem päpstlichen Tribunal die Ehre und die Unschuld ihres Instituts zu bezeugen und insbesondere zu den gegen sie erhobenen Vorwürfen Stellung zu nehmen. Der Protest erfolgte in schriftlicher Form als Antwort auf die Liste der päpstlichen Anklagen (vgl. Andreas Beck, op. cit. S. 129).

Die Artikel des Fragebogens der päpstlichen Bulle sind sinnlos, schändlich, ehrlos und unerhört. Sie sind eine Lüge, eine enorme Lüge, eine sinnlose Lüge. Sie sind von den Feinden des Ordens und von Lügnern aus Gerüchten fabriziert.

Der Templerorden ist rein, ohne Fehl, und war es immer, möge man sagen, was man will. Diejenigen, die das Gegenteil behaupten, reden wie Ungläubige und Häretiker. Sie säen unter den Glauben die Ketzerei und schmutziges Unkraut. Wir sind hier bereit, den Orden zu verteidigen mit unserem ganzen Herzen, mit Wort und Tat, in der bestmöglichen Weise. Wir verlangen jedenfalls freie Bestimmung über unsere Personen und das Recht, auf dem Konzil persönlich anwesend zu sein. Jene, die nicht teilnehmen können, sollen die Möglichkeit haben, sich vertreten zu lassen. Kurz, wir verlangen die Freiheit und die Entlassung aus unseren Kerkern.

Alle Brüder des Tempels, die ähnliche Lügen anerkannt haben, im Ganzen oder teilweise, sagen die Unwahrheit. Sie sagten aus Angst vor dem Tode aus. Die einen gestanden unter der Folter, die anderen, weil sie sahen, wie man ihre Mitbrüder quälte. So gaben sie das, was ihre Verfolger wünschten, zu Protokoll. Man kann sie deswegen nicht tadeln, denn die Qual des einen wurde zur Angst von vielen. Sie haben gesehen, wie sie der Pein und der Todesangst entgehen konnten, durch Lügen. Andere gibt es, wer weiß, die durch Geld bestochen, durch Versprechungen und Schmeicheleien oder durch Drohungen verführt wurden.

All dies ist bekannt, und kein Sichdrehen und Sichwenden kann es verheimlichen. Wir flehen die göttliche Barmherzigkeit an, uns Gerechtigkeit widerfahren zu lassen, denn wir haben lange Zeit genug unter der ungerechten Verfolgung gelitten. Als gute und getreue Christen verlangen wir die Sakramente der Kirche.

Quellentext Nr. 66: Andreas Beck, Der Untergang der Templer, (Herder-Spektrum Nr. 4914), Freiburg im Breisgau [6. Auflage] 2000. S. 131–132.

IMMER WÄHRENDES VERBOT

Während des im Oktober 1311 eröffneten Konzils von Vienne wurde die Aufhebung des Ordens durch den Papst verkündet. In der Sitzung vom 3. April 1312 in der Kathedrale von Vienne wurde die Bulle „Vox in excelso" verlesen.

[...] Da die Großmeister und die Brüder dieses Ordens von verschiedenerlei nicht so sehr abscheulichen als vielmehr, o Schmerz, unsagbaren Schändlichkeiten, Verworfenheiten, Befleckungen und Ausschweifungen der Irrtümer und Verbrechen beschmutzt sind, die wir wegen des traurigen und besudelnden Gedenkens daran den Anwesenden verschweigen wollen, haben wir den Stand ebendieses Ordens nicht ohne Bitterkeit und Schmerz des Herzens unter Zustimmung des heiligen Konzils [...] mit unerschütterlicher und ewig gültiger Bestimmung aufgehoben und unterwerfen ihn immer währendem Verbot.

Quellentext Nr. 67: Bernd Rill, Die Inquisition und ihre Ketzer, Puchheim 1982. S. 114.

DIE LETZTEN WORTE DES GROSSMEISTERS

Am 18. März 1314 wurde den angeklagten Templern noch einmal ihr Sündenregister vorgelesen und das vom Inquisitionsgericht gefällte Urteil verkündet. Es lautete auf immer während Kerkerhaft. Da ergriff Jacques de Molay, der letzte Großmeister des Ordens, das Wort und erklärte, dass die Anklagen unwahr seien und die Geständnisse nur unter dem Druck der Folter zustande gekommen wären. Da Jacques de Molay damit den Nachweis erbracht hatte, dass er „rückfällig" geworden sei, machte König Philipp IV. kurzen Prozess. Er berief den Staatsrat ein und gab, ohne Rücksprache mit den beiden Kardinallegaten oder dem Erzbischof zu halten, den Befehl, den Großmeister der Templer und Geoffroy de Charnay noch am selben Tag auf dem Scheiterhaufen zu verbrennen.

Es ist wohl billig, dass ich an einem so schrecklichen Tag und in den letzten Augenblicken meines Lebens die Ungerechtigkeit der Lüge aufdecke und die Wahrheit triumphieren lasse. Ich erkläre im Angesicht des Himmels und der Erde zu meiner ewigen Schande, dass ich das größte aller Verbrechen begangen habe, weil ich, um dem Übermaß der Torturen zu entgehen und um jene, die mich quälten, zu beugen, gegen meinen Orden gezeugt habe. Jetzt aber verpflichtet mich die Wahrheit, zu erklären, dass der Orden unschuldig ist. Die Anklagen sind erlogen.

Quellentext Nr. 68: Bernd Rill, Die Inquisition und ihre Ketzer, Puchheim 1982. S. 115.

PLÄDOYER FÜR EINE REVISION DES PROZESSES

„Papst Paul VI. hat durch seine Bitte um Verzeihung an die evangelischen Christen den Weg geebnet, historische Schuld zu sühnen und zu begleichen. Pius VII. hob die Dekrete Clemens' XIV. auf und stellte den Jesuitenorden

wieder her", sagt Andreas Beck in seinem „Plädoyer für eine Revision des Prozesses gegen die Templer"; ein heutiger Papst könnte also „mit ähnlichen Gründen das ungerechte – und als solches auch erkannte – Urteil Clemens' V. annullieren und das Verbot zurücknehmen, den Templerorden wieder zu gründen" (Andreas Beck, Der Untergang der Templer, (Freiburg im Breisgau [6. Auflage] 2000. S. 195). Die Aufhebung des Templerordens habe zwar den geltenden Rechtsgrundsätzen entsprochen, da der Papst rein formell das Recht des Papstes zur Aufhebung eines Ordens gehabt habe, argumentiert Beck; allerdings müsse man sich fragen, „was an diesem Prozess denn überhaupt rechtens war". Denn die Begründung für diesen Verwaltungsakt sei „alles andere als stichhaltig" gewesen: „Der vorausgehende Prozess, überhaupt die ganze Affäre verstieße gegen so viele Bestimmungen des Kirchenrechts, die Templer wurden so unmenschlich behandelt, mit solch gewalttätigen Mitteln und Methoden zu ihren Geständnissen erpresst, dass die Kirche die Pflicht hat, das mit Füßen getretene Recht durch eine Revision des Verfahrens wieder herzustellen, den Orden zu rehabilitieren" (Andreas Beck, op. cit. S. 190).

[…] 1. Illegal war die Untersuchung gegen den Orden durch die königlichen Beamten und die Inquisition von Frankreich. Der Papst hatte das Verfahren selbst in die Hand genommen. Damit erlosch jede Jurisdiktion untergeordneter Organe. Der Großinquisitor hatte keinerlei Recht, sich in eine päpstliche Amtshandlung einzumischen.

2. Illegal war die Verhaftung der Templer. Der Großinquisitor von Frankreich hatte keinerlei Vollmacht, ganze Ordensprovinzen unter Anklage zu stellen und ihre Mitglieder zu verhaften. Selbst wenn die französische Inquisition einzelne Häretiker, selbst exemte Ordensleute, vor ihr Tribunal ziehen konnte, so galt dies doch niemals für einen ganzen Orden. Der Großmeister und die Regierung der Templer waren keine Untertanen des Königs, sondern Herren eines souveränen Instituts. Aus diesem Grund durften sie auf keinen Fall vom König oder vom Inquisitor in Haft genommen werden. Das Vorgehen des Königs war ein Rechtsbruch größten Ausmaßes.

3. Illegal war das erste Verhör der Ritter durch die Agenten des Königs. Die Verhaftung war im Namen der Inquisition vorgenommen worden; folglich war allein sie zuständig für die Untersuchung. Die Anwendung der Folter bei den staatlichen Verhören machte ein unparteiisches Befragen der Gefangenen, eine

unvoreingenommene spätere Untersuchung unmöglich. Durch die Tortur waren die Aussagen der Templer vor den kirchlichen Richtern beeinflusst.

4. Illegal war die Einmischung der königlichen Polizei in das kirchliche Verfahren. Durch zahlreiche Aussagen vor kirchlichen Richtern wissen wir von den skrupellosen Versuchen königlicher Beamten, die Templer auch noch zu Zeiten des päpstlichen Tribunals zu falschen Aussagen oder Geständnissen zu bewegen.

5. Illegal handelte Papst Clemens [*Klemens V.*], weil er einen Großinquisitor, der so offensichtlich die eigenen Kompetenzen überschritt, viel zu spät zur Ordnung rief und absetzte. Der Papst ließ Wilhelm Imbert monatelang gewähren.

6. Illegal war die päpstliche Duldung des Vorgehens von Nogaret. [...]

7. Illegal verfuhr Clemens [*Papst Klemens V.*], indem er Molay niemals selbst verhörte. Immer wieder betonte der Papst, dass selbst der Großmeister die Schuld des Ordens eingestanden habe. Warum aber verzichtete er auf eine

Die Hexen bereiteten angeblich eine Salbe zu, mit der sie sich einschmierten und so durch die Luft fliegen konnten (Holzschnitt aus dem „Hexenleitfaden" von Ulricus Molitor).

persönliche Befragung des so wichtigen Zeugen, obwohl er dessen Aussage nachweislich große Bedeutung zumaß?

8. Illegal war die Missachtung des Rechts der Angeklagten auf unvoreingenommene Richter. Clemens ernannte für seine Kommission erklärte Feinde des Ordens. Es konnte gar nicht im Interesse derart vorbelasteter Richter wie Aycelin von Narbonne oder dem Erzbischof von Bourges liegen, die Wahrheit objektiv zu erkunden.

9. Illegal war das Todesurteil über die vierundfünfzig Templer durch den Erzbischof von Sens. Durch diesen Massenmord wurde zudem das päpstliche Tribunal beeinflusst, da die Zeugen erkennen mussten, dass ihre Aussagen nicht geheim blieben.

10. Illegal war das päpstliche Tribunal in Paris selbst, weil sich seine Untersuchung allein auf Frankreich beschränkte, obwohl über den gesamten Orden befunden werden sollte. [...]

11. Illegal war die Einmischung der königlichen Beamten in die päpstliche Untersuchung. [...]

12. Illegal war das Abwürgen jeder Verteidigung auf dem Konzil von Vienne, ebenso die Verhaftung der sieben Templer, die sich in der Kathedrale für den Orden einsetzten. Selbst wenn Clemens längst entschlossen war, den Orden auf dem Verwaltungsweg aufzulösen, so hätte er den Templern irgendeine Form von Verteidigung zugestehen müssen – zumal er sie selbst zum Konzil geladen hatte. Die Weltkirche hatte ein Recht darauf, beide Parteien zu hören, Kläger wie Angeklagte. Audiatur et altera pars.

13. Illegal war die Koppelung der Templeraffäre mit der Androhung eines Verfahrens gegen den vormaligen Papst Bonifaz VIII. Clemens ließ sich von Philipp vor die Alternative stellen, entweder die Ritterschaft zu opfern oder das Andenken seines Vorgängers mit Schande zu bedecken.

14. Illegal war die Behandlung der Güterfrage. Die zu hohe Forderung von einer Million Pfund überschritt mit Sicherheit den Wert der übertragenen Besitzungen. Die Zuwendung von einhunderttausend Pfund, die der König dem Papst am Schluss für die gehabte Mühe schenkte, kommt einer Bestechung gleich. Dasselbe gilt für die Summe, die der Papst von den Johannitern annahm.

15. Illegal war schließlich auch die Verurteilung des Großmeisters durch den Kronrat des Königs. Wie durfte ein Gericht des Staates den Großwürden-

träger eines exemten Ordens in den Tod schicken? Der König maßte sich wieder einmal kirchliche Rechte an und überging das Oberhaupt der Kirche, den obersten Richter der Christenheit in einer Potenzierung von Rücksichtslosigkeit und Verachtung.

[...] Die Amtsträger der Kirche, allen voran Papst Clemens mit seinen französischen Kardinälen, Bischöfen und Inquisitoren, haben im Templerprozess größtes Unrecht begangen. Der größte Justizmord des Mittelalters fordert Gerechtigkeit; ein solches Verbrechen an Tausenden von Unschuldigen kann nicht verjähren.

Quellentext Nr. 69: Andreas Beck, Der Untergang der Templer, (Herder-Spektrum Nr. 4914), Freiburg im Breisgau [6. Auflage] 2000. S. 190–194.

„MODUS PROCEDENDI INQUISITORUM"
Häretiker und Häretikerbekämpfung in Böhmen

Das von dem Konstanzer Historiker Alexander Patschovsky edierte Inquisitoren-Handbuch „Modus procedendi inquisitorum" ist eine erstrangige Quelle bezüglich des Wirkens der Ketzerinquisition in Böhmen. Bereits vor dem epochalen Ereignis der hussitischen Revolution trat dieser Landstrich Europas in der ersten Hälfte des 14. Jahrhunderts „mit einer ständigen, zur Institution gewordenen Inquisition und einer nach Tausenden zählenden Schar von ihr Verfolgter in eine Reihe mit den großen europäischen Inquisitionszentren, der Lombardei und Südfrankreich" (Alexander Patschovsky, Die Anfänge einer ständigen Inquisition in Böhmen, Berlin und New York 1975. S. VIII). Zuerst wurden Inquisitoren nur sporadisch vom Prager Bischof ernannt und nach Erfüllung ihrer Aufgabe wieder entlassen, jedoch mit der im Jahre 1318 erfolgten Einsetzung des „Officium haereticae pravitatis" in Prag – eines vom Papst autorisierten Amtes zur Bekämpfung der Häresie – wurde die Inquisition zu einer dauernden Einrichtung.

DIE AFFÄRE UM RICHARDIN VON PAVIA

Den Anlass zur Errichtung dieser Institution einer ständigen Inquisition in Böhmen bildete die Affäre um Richardin von Pavia, einen philosophisch gebildeten Arzt aus der Lombardei, der sich in Prag niedergelassen hatte und in den Verdacht geraten war, gewisse Irrlehren verbreitet zu haben. So vertrat er etwa die Auffassung, dass die vom Körper getrennte Seele weder in der Hölle noch im Fegefeuer Schmerz durch ein körperliches Feuer verspüren könne; dass nicht sichergestellt sei, ob die Lehre der kirchlichen Tradition, derzufolge die Welt einmal ein Ende hat, mehr Wahrheit für sich beanspruchen könne als die philosophische Meinung, dass die Welt ewig sei; dass der Mensch eine Heilsgewissheit ohne göttliche Offenbarung haben könne und Ähnliches mehr. Obwohl 22 Thesen, die Richardin von Pavia vertrat, von der Inquisition zum Teil als irrige Ansichten, zum größeren Teil als Häresien verurteilt worden waren, hielt der Prager Bischof Johann von Draschitz zum Arzt und Philo-

sophen aus Italien und schützte und unterstützte ihn – freilich nur so lange,
bis er selbst seines Amtes verlustig ging und als Bischof abgesetzt wurde, und
zwar auf Betreiben eines persönlichen Gegners, der gern Propst von Leitme-
ritz geworden wäre, den Johann von Draschitz allerdings übergangen hatte.

Das von den beiden Inquisitoren, dem Titularbischof Walther von Sura und
dem Dekan Thomas von Alt-Bunzlau, unterzeichnete Schriftstück, in dem 22
Sätze aus der von Richardin von Pavia verfassten Schrift „Declaracio saluta-
rium mandatorum" verurteilt wurden, ist im Prager Inquisitoren-Handbuch
in einer von einem öffentlichen Notar ausgefertigten und beglaubigten Ab-
schrift überliefert.

Bruder Walther, von Gottes Gnaden [*Titular-*]Bischof von Sura, und Thomas, Dekan von Alt-Bunzlau, die durch den ehrwürdigen Vater in Christo, den
hochwürdigen Herrn Johannes, Bischof von Prag, eingesetzten Inquisitoren
der ketzerischen Verkehrtheit, grüßen in aufrichtiger Liebe alle Prälaten, Vorsteher, Dekane, Ordensleute, Plebane [*Pfarrer*] und alle Übrigen, die als Leiter
der Kirchen in der Stadt und Diözese Prag bestellt sind.

Als neulich in Gegenwart des Herrn Johannes, des erlauchten Königs von
Böhmen und Polen, der ehrwürdigen Väter, der Bischöfe von Prag, Olmütz und
Krakau, und mehrerer Sachverständiger eine Konferenz über ein gewisses
Buch mit dem Titel „Declaracio salutarium mandatorum" [*„Erklärung der*
heilsamen Weisungen"] stattfand, das von Magister Richardin, einem italienischen Arzt aus Pavia, herausgegeben worden ist, sprachen sich einige Lehrer
der Theologie wegen der in diesem Buch enthaltenen Irrtümer und Häresien
gegen das Buch aus.

Irrtümer und Häresien

[…] Die folgenden Artikel sind irrig und manche von ihnen enthalten Häresien:

1. Dass die vom Körper getrennte Seele weder in der Hölle noch im Fegefeuer ein körperliches Feuer erleiden kann.

2. Ebenso, dass die Seele, wenn der Mensch stirbt, den Körper, in dem sie
sich befand, mit sich trägt.

3. Dass der Körper das Sein, nicht das Wesen verändert.

4. Ebenso, dass der reiche Prasser, als er sich in der Hölle befand und auch
Lazarus in Abrahams Schoß mit der körperlichen Zunge sprach, die er früher

gehabt hat, und dass Lazarus die Finger hatte, die er früher gehabt hat, solange er im Körper lebte.

5. Ebenso, dass Christus mit Seele und Leib hinab in die Unterwelt gestiegen ist und dass der Glaubensartikel nichts wäre.

6. Ebenso, dass die Auferstehung unserer Körper nicht notwendig sei außer wegen der Erscheinung und dass [unser Körper] um dessentwillen aktuell existiert, was er bei seiner Trennung aufgibt.

7. Ebenso, dass der glorreiche Leib Christi im Sakrament der Eucharistie lediglich hinsichtlich des Wesens, nicht hinsichtlich des Seins aktuell existiert.

8. Ebenso, dass die konsekrierte Hostie zugleich und auf einmal wahres Brot und wahres Fleisch ist.

9. Ebenso, dass der glorreiche Leib Christi hinsichtlich des Wesens derselbe ist, im Himmel unter dem Sein des Fleisches und im Sakrament unter dem Sein des Brotes.

10. Ebenso, dass der Körper und das Fleisch, das Christus von der Jungfrau angenommen hat, im Tod von der Gottheit getrennt wurde.

11. Ebenso, dass Gott hinsichtlich seiner Gottheit und die Gottheit selbst ein formaler und konstitutiver Bestandteil des Wesens des Menschen ist.

12. Ebenso, dass beim Tod Christi die Göttlichkeit gelitten hat und dass sonst das Menschengeschlecht nicht erlöst worden wäre.

13. Ebenso, dass die Heiligen im Himmel an Leib und Seele lediglich hinsichtlich des Seins verändert sind, nicht aber hinsichtlich des Wesens.

14. Ebenso, dass die großen Lehrer der Kirche das vorhin Gesagte gelehrt und festgehalten haben und nichts anderes.

15. Ebenso, dass die Welt nach Meinung der Philosophen ewig und nach der Lehre der Kirchenväter *nicht* ewig ist und dass nicht sichergestellt sei, dass deren Lehre wahrer ist als die andere.

16. Ebenso, dass Gott die Engel nicht ohne ihr Wesen in derselben Gestalt erschaffen kann.

17. Ebenso, dass Gott die Ursache alles Bösen sowie alles Guten ist.

18. Ebenso, dass es bloß zwei Gebote gibt.

19. Ebenso, dass die Liebe, sofern sie ein Vollzug ist, allein der Heilige Geist selbst ist.

20. Ebenso, dass die Liebe nicht das Ende der Gebote und auch nicht des Evangeliums ist außer hinsichtlich dessen, was notwendig ist.

21. Ebenso, dass wir in dieser gegenwärtigen Welt in Bezug auf unser Heil sicher sein können ohne göttliche Offenbarung.

22. Ebenso, dass die Erbsünde vom Fleisch auf die Seele übergeht und nicht von der Seele auf das Fleisch.

Außerdem gibt es in demselben Buch, über das ganze Buch hin verstreut, noch viele andere Stellen, die zweifelhaft, falsch sind, der allgemeinen Lehre der Kirche widersprechen, wo der Standpunkt der Heiligen Schrift schlecht dargelegt und die ureigenste Lehre der Kirchenväter schlecht verstanden worden ist.

Verurteilung des Buches

Begierig danach, Unkraut auszujäten und den wahren und heiligen katholischen Glauben zu festigen, die reine und unverfälschte Absicht der wahrhaft Glaubenden und ganz besonders die Ehre, den Glauben und das eifrige Bestreben der Königlichen Majestät, des Herrn Bischofs, des gesamten Klerus und des gesamten Volkes zu wahren, und nach reiflicher Überlegung und aufgrund des Beschlusses der führenden Prälaten, der theologischen Lehrer und anderer Sachverständiger, verurteilen wir das Buch, das Magister Richardin, der lombardische Arzt aus Pavia unter dem Titel „Declaracio salutarium mandatorum" [*Erklärung heilsamer Weisungen*] veröffentlicht hat und in welchem wir die vorhin genannten Irrtümer und Häresien geschrieben gefunden haben. Wir, die oben genannten Inquisitoren, verdammen überdies einmütig und weisen die im vorhin genannten Buch enthaltene Lehre, die durch den Magister Richardin selbst in dem Buch vertreten worden ist, welches wir im Haus der Brüder des Predigerordens, das nach dem heiligen Klemens benannt ist, vernichtet [*d. h. verbrannt*] haben, oder in welchem Buch auch immer sich eine solche oder ähnliche Lehre finden mag, als verderblich und ungesund für die Kirche Gottes zurück. Wir verurteilen alle vorhin beschriebenen, in diesen Schriften enthaltenen Artikel als irrig und häretisch, [und zwar] die [ersten] 16 Artikel als direkt oder indirekt im Widerspruch zum Glauben stehend, die übrigen sechs Artikel als im Widerspruch zu den Lehren der Kirchenväter stehend, als irrig und für die Glaubenslehre gefährlich, verurteilen sie in diesen Schriften in ebenderselben Weise und weisen sie ganz und gar zurück. [...]

Gegeben zu Prag etc. in Gegenwart von etc. Und ich, Johannes, kraft kaiserlicher Autorität bestellter öffentlicher Notar, habe das unterschriebene und mit dem größeren Siegel Herrn Walthers, des oben genannten [*Titular-*]Bischofs, besiegelte Schriftstück gesehen und auftragsgemäß Wort für Wort hierher übertragen und mit meiner gewohnten Unterschrift versehen.

Quellentext Nr. 70: Modus procedendi inquisitorum, 104. – Alexander Patschovsky, Die Anfänge einer ständigen Inquisition in Böhmen. Ein Prager Inquisitoren-Handbuch aus der ersten Hälfte des 14. Jahrhunderts, (Beiträge zur Geschichte und Quellenkunde des Mittelalters, hrsg. von Horst Fuhrmann, Bd. 3), Berlin und New York 1975. S. 185–190. – Übersetzung aus dem Lateinischen: © Andrea M. Wanderer.

Das Prager Inquisitoren-Handbuch

Zu den bedeutendsten böhmischen Inquisitoren, deren Wirken wir in den Quellentexten begegnen, zählen der Dominikaner Colda von Colditz, der zusammen mit dem Franziskaner Hartmann von Pilsen am 1. Mai 1318 von Papst Johannes XXII. zum Inquisitor bestellt wurde, sowie Swatibor von Langendorf und Gallus von Neuhaus, die ebenfalls beide dem Orden der Dominikaner angehörten. Charakteristisch für die Situation der Inquisition in Böhmen war der Widerstand, auf den sie beim Klerus und bei der Bevölkerung stieß. So wurde beispielsweise Colda von Colditz in den Jahren 1320 und 1321 fortgesetzt daran gehindert, in Prag seines Inquisitorenamtes zu walten, der Domkanoniker Michael Folclini zettelte eine regelrechte Hetzkampagne gegen ihn an, sodass sich Colda veranlasst sah, im gesamten Herrschaftsbereich der Stadt Prag das Interdikt zu verhängen und über den Stadtrichter, den Rat der Stadt und eben auch über Michael Folclini die Exkommunikation auszusprechen. Überhaupt lehnte es der Klerus zum Teil ab, die Zuständigkeit der päpstlichen, aber auch der bischöflichen Inquisitionstribunale anzuerkennen, und flüchtete lieber ins Ausland oder verlangte zumindest die Möglichkeit, bei der höheren Instanz berufen zu können. Renitentes Verhalten gab es auch in Saaz, wo vier Frauen als Häretikerinnen auf dem Scheiterhaufen verbrannt worden waren, der Bürgermeister und die Schöffen der Stadt allerdings trotz Androhung schärfster Sanktionen nicht bereit waren, das Vermögen der Frauen dem Inquisitor auszuliefern. Johann von Schwenkenfeld, vom Papst bestellter Inquisitor für die Diözesen Breslau und Lebus, fiel sogar einem Mordanschlag zum Opfer.

Die erwähnten Ereignisse spiegeln sich auch im Prager Inquisitoren-Hand-

buch, das in einer Wolfenbüttler Handschrift erhalten geblieben ist und von Alexander Patschovsky in der von Horst Fuhrmann herausgegebenen Reihe „Beiträge zur Geschichte und Quellenkunde des Mittelalters" im Jahr 1975 ediert wurde. Der letzte Abschnitt dieses bedeutsamen Quellentextes, aus dem wir hier zitieren, ist die „Tabula" – eine Art Inhaltsverzeichnis, in welchem sämtliche Überschriften der einzelnen Stücke angeführt werden und deren Inhalt in Regestenform zusammengefasst ist. Sie gibt einen guten Einblick in den bürokratischen Alltag der Inquisitoren.

1. Der Ordo processus nach dem Handbuch „Doctrina de modo procedendi contra haereticos".

2. Begriffsbestimmungen, wer als Ketzer, Verdächtiger, Anhänger, Förderer, Unterschlupf Gewährender, Schützer, Rückfälliger usw. zu gelten habe.

3. Rechtsgutachten mit Allegationen aus den beiden Corpora iuris zu den Fragen des Schuldbeweises, der Todesstrafe und der Gütereinziehung bei Ketzern und Juden.

4. Verhörsschema.

5. Ein zweites Verhörsschema.

6. Ein drittes Verhörsschema.

7. Formular einer Bußsentenz, wenn der Delinquent bereits absolviert worden ist.

8. Anfangsformular einer Bußsentenz, wenn der Delinquent noch nicht absolviert worden ist.

9. Ritus der Ketzerabsolution.

10. Formular eines Absolutionsschreibens.

11. Der Schneider Heinrich aus Neuhaus [*Jindrichuv Hradec*], der sich nach anfänglicher Flucht dem Inquisitor Gallus freiwillig in Prag gestellt und seinem Irrtum abgeschworen hatte, wird absolviert und bis zur Festsetzung einer Buße nach Hause entlassen.

12. Abschwörformular I.

13. Abschwörformular II.

14. Formular des Notariatsinstruments auf der Grundlage der voraufgehenden Abschwörformel.

15. Abschwörformular III.

16. Allgemeine Aufforderung des päpstlichen Inquisitors Rudolf OP [*vom Orden der Dominikaner*] an die im Weichbild Brünns lebende Bevölkerung zur

Ketzerdenunziation, verbunden mit der Androhung der Exkommunikation bei Zuwiderhandlung.

17. Über den Vizepleban Fridolin und die Vikare Fridolin und Johannes von Pisek verhängt Gallus von Neuhaus die verschärfte Exkommunikation, weil sie der Vorladung des Inquisitors nicht Folge geleistet und sich um die daraufhin ausgesprochene erste Exkommunikation nicht gekümmert hatten.

18. Gallus von Neuhaus trägt dem Bechiner Dekan [Petrus] und anderen auf, den Piseker Pleban Magister Nikolaus und seine Vikare Fridolin und Johannes mit der verschärften Exkommunikation zu belegen und mit der Verwaltung der Piseker Pfarre zwei Priester zu betrauen, weil Nikolaus sich trotz mehrfach voraufgegangener Exkommunikationen in keiner Weise in der Ausübung seiner geistlichen Obliegenheiten hatte beeinträchtigen lassen.

19. Die Inquisitoren Rudolf OP [*vom Orden der Dominikaner*] und Thomas, Archidiakon von Prag, verhängen über den Vizepleban Fridolin und seine Vikare Johannes und Petrus in Pisek die verschärfte Exkommunikation, weil sie weder der Vorladung der Inquisitoren Folge geleistet noch deren Exkommunikation beachtet hatten.

20. Manifest des Inquisitors Colda.

21. Hartmann von Pilsen befiehlt dem Pfarrklerus in Stadt und Diözese Prag, in seinen Kirchen die Ernennung Swatibors von Langendorf zum Stellvertreter Coldas als Inquisitor bekannt zu machen.

22. Die Inquisitoren Gallus von Neuhaus und Thomas, Archidiakon der Prager Domkirche, verhängen über den Tschaslauer Bürger Leo verschiedene Bußen, vor allem wegen blasphemischer Äußerungen über Christus, Maria und die Heiligen.

23. Colda ruft eine nicht genannte einflussreiche Persönlichkeit um Fürsprache beim König und um Beistand gegen die Stadt Prag an, deren Widerstand den Inquisitor gezwungen hatte, seine Geschäfte ruhen zu lassen.

24. Colda bittet den Unterkämmerer des Königreichs Böhmen, Heinrich von Lipá, sowie den Richter Johannes und die Schöffen von Prag um Schutz vor dem Prager Bürger T[...] de M[...] und verlangt dessen Bestrafung, da er dem Inquisitor mit dem Tode gedroht und ihn dadurch zur Einstellung seiner Prozesse gezwungen hatte.

25. Colda befiehlt allen, die Besitztümer aus dem Nachlass Richardins von Pavia hätten, diese binnen drei Tagen dem Dominikaner Heinrich auszuliefern.

26. Colda und Hartmann ordnen an, dass die Habseligkeiten eines wegen rückfälliger Ketzerei Verurteilten dem Dominikaner-Prior und dem Franziskaner-Guardian von Znaim [*Znojmo*] binnen drei Tagen auszuhändigen seien.

27. Gallus von Neuhaus befiehlt, die Verurteilung und Verbrennung vierer Frauen, von denen drei – Margareta, Kathe und Elsa – namentlich genannt werden, als Ketzerinnen dem Richter und den Schöffen von Saaz [*Zatec*] bekannt zu machen und sie zu veranlassen, das dem Inquisitor zustehende Drittel der Habe der Frauen dem Vorsteher des Saazer Dominikanerhospizes auszuhändigen, sowie jeden, der im Besitz von Gütern der Frauen sein sollte, unter Androhung kirchlicher Sanktionen zu zwingen, diese Güter dem Stadtrichter herauszugeben.

28. Gallus von Neuhaus befiehlt dem Saazer Dekan Heinrich, erneut zu versuchen, unter Androhung des Interdikts und angemessener anderer Strafen die vom Bürgermeister und den Schöffen der Stadt verweigerte Herausgabe des dem Inquisitor zustehenden Drittels aus dem Nachlass der wegen Ketzerei verbrannten Saazer Frauen – von denen hier nur Margareta genannt wird – durchzusetzen.

29. Formular eines Mandats, einen der Häresie Beschuldigten gefangen zu setzen.

30. Weiteres Formular eines Mandats, Ketzer gefangen zu setzen.

31. Formular der Aufforderung, bei der Gefangensetzung von Häretikern Hilfe zu leisten.

32. Formular eines allgemeinen Mandats, Ketzer gefangen zu setzen.

33. Formular eines allgemeinen Mandats, bei der Gefangensetzung von Häretikern Hilfe zu leisten.

34. Formular des Mandats, bei der Gefangensetzung einer zum Judaismus Rückgefallenen Hilfe zu leisten.

35. Colda befiehlt dem wiederholt gemahnten Stadtrichter Jacobus, endlich die wegen Ketzerei verdächtigen Johannes de Nuenburg und einen gewissen Petrus – die sich freiwillig gestellt hatten – dem Inquisitor nach Prag auszuliefern.

36. Formular der Bußsentenz ewigen Kerkers für „vollendete" Ketzer.

37. Formular der Bußsentenz ewigen Kerkers über eine waldensische „Gläubige", die ertappt worden war, unter Eid falsch ausgesagt zu haben.

38. Musterbeispiel der Bußsentenz ewigen Kerkers.

39. Formular der Bußsentenz ewigen Kerkers für „Gläubige" einer Ketzersekte.

40. Formular des Notariatsinstruments über das Schuldbekenntnis einer waldensischen Anhängerin, die um Gnade bittet und sich der Buße [ewigen] Kerkers unterwirft.

41. Gallus von Neuhaus befiehlt, da seine Rückkehr nach Prag sich verzögere, dem Lektor des Prager Augustinereremiten-Klosters Augustin, einen gewissen Johannes, der wegen Ketzerei gefangen gesetzt worden war, aber seine Schuld eingestanden hatte, bis zur endgültigen Festlegung einer Buße auf freien Fuß zu setzen und ihn wie seine Frau eventuell von der Exkommunikation loszusprechen, unter der Auflage, dass Johannes Sicherheiten stellt und Prag nicht verlässt.

42. Der von Johann von Draschitz zum Inquisitor bestellte Prager Archidiakon und bischöfliche Offizial Thomas fordert alle diejenigen, die aus der bischöflichen Kurie gewaltsam Gefangene befreit hatten, auf, Genugtuung zu leisten und die Gefangenen wieder auszuliefern; desgleichen ermahnt er den eigenmächtig aus der Haft entwichenen Fritzo von Saaz, sich zu stellen.

43. Formular der Umwandlung der Kerkerstrafe in eine andere Buße.

44. Formular einer häretischen [*waldensischen*] „Gläubigen".

45. Colda lässt den Richter und einige namentlich genannte Schöffen von Budweis [*Ceske Budejovice*] nach Prag [erstmals] zum Verhör vorladen, da von ihnen sein Familiar Andreas genannt Glentzel [*bzw. Gentzel*] eingekerkert worden war, weil er sich als Ketzerankläger betätigt hatte; gleichzeitig verhängt Colda so lange das Interdikt über die Stadt, wie Andreas gefangen gehalten werde.

46. Colda lässt – nach mehrmaliger vergeblicher Aufforderung – einem Richter namens Johannes und den Bürgern einer nicht genannten Stadt unter Androhung des Interdikts befehlen, ihm zwei der Ketzerei Verdächtige – einer davon ist Rudolf genannt Spencius – binnen zwei Tagen nach Prag auszuliefern.

47. Colda erneuert das Interdikt über die Stadt Prag und befiehlt dem Dekan der Prager Domkirche Johannes mit drohenden Worten, für dessen Einhaltung Sorge zu tragen.

48. Colda verhängt das Interdikt über eine nicht genannte Stadt, deren Bürger einen wegen Ketzerei Inhaftierten gewaltsam befreit hatten.

49. Formular einer allgemeinen Vorladung, vor der Inquisition in Sachen Ketzerei auszusagen, was immer man weiß.

50. Allgemeine Vorladung des Inquisitors Gallus für alle Bewohner des Archidiakonats von Bechin [*Bechyne*] und speziell für die Stadt Pisek, sich entweder als Ketzer, Ketzeranhänger, -begünstiger und dergleichen zu stellen oder diese anzuzeigen.

51. Formular der ersten Vorladung eines Ketzers.

52. Formular der zweiten und dritten Vorladung.

53. Formular der Bestätigung, dass der Befehl zur Überbringung der zweiten Vorladung ausgeführt worden ist.

54. Formular der Bestätigung, dass der Befehl zur Überbringung der dritten Vorladung ausgeführt worden ist.

55. Formular der Bestätigung, dass der Befehl zur Überbringung der vierten Vorladung ausgeführt worden ist.

56. Formular der vierten und letzten Vorladung.

57. Formular des Notariatsinstruments über die ersten Aussagen der Beklagten, die anfänglich alles ihr zur Last Gelegte leugnet.

58. Formular des Notariatsinstruments über die entscheidende Phase des Prozesses, als die Angeklagte nach Vorlage des Belastungsmaterials ihr Leugnen aufgibt.

59. [...]

60. Colda lässt die Plebane Eudlin/Budlin von Budweis und Andreas nach Prag vorladen.

61. Gallus trägt dem Prediger Johann und Johann, Vikar in der Prager Niklaskirche, auf, einen ungenannt gebliebenen Dominus vorzuladen.

62. Stilmuster für die Formulierung verschiedener Teile eines Vorladungsschreibens.

63. Stilmuster für die Formulierung bestimmter Partien in Vorladungsschreiben auf den Namen des Inquisitors Gallus.

64. Gallus schildert den Mord am Breslauer Inquisitor Johann von Schwenkenfeld, erklärt die Mörder für exkommuniziert und fordert sie auf, sich vor seinem Tribunal zu verantworten.

65. Gallus befiehlt dem Vizepleban Jakob aus Königgrätz [*Hradec Králové*], seine Irrtümer öffentlich zu widerrufen, andernfalls er sich vor ihm, dem Inquisitor, in Prag werde verantworten müssen.

66. Gallus lässt Johann und Pe[trus], Vizeplebane in Klattau [*Klatovy*], zu sich nach Prag vorladen, weil sie in ihren Kirchen Anstoß Erregendes gepredigt hätten.

67. Formular der Vorladung von Häresieverdächtigen auf den Namen des Inquisitors Gallus.

68. Formular einer Einzelvorladung.

69. Zitationsformular für hartnäckige Fälle.

70. Gallus lässt einen Ungenannten mit dessen Frau [*oder Mutter*] vor sein Gericht nach Prag laden für den Fall, dass der Betreffende weiterhin in der Exkommunikation verharre.

71. Gallus zitiert den Pleban Petrus einer ungenannten Stadt und dessen Vikare vor sein Gericht nach Prag für den Fall, dass dieser weiterhin wie schon seit fünf Jahren trotz Exkommunikation die Divina officia vollziehe.

72. Colda befiehlt dem Prager Domkanoniker Michael Folclini, sich vor ihm in Olmütz zu verantworten.

73. Colda lässt Richter und Schöffen von Budweis, die seinen Familiar Andreas genannt Glentzel gefangen gesetzt hatten, nach Prag vorladen, weil sie sich weigerten, den Befehlen des Inquisitors Folge und dessen Familiar Andreas Genugtuung zu leisten.

74. Colda lädt den Prager Stadtnotar Johannes vor sein Gericht, der der ersten Zitation keine Folge geleistet hatte, deshalb exkommuniziert und – als er sich als bußwillig erwies – absolviert worden war und nun auf seine Buße wartete.

75. Gallus zitiert zwei außer Landes befindliche Prager Kanoniker namens Nikolaus und Petrus wegen Häresieverdachts vor sein Gericht.

76. Colda lässt die Prager Stadtnotare Johannes und Petrus durch den Dekan des Prager Kollegiatstifts St. Ägidien, Gregor, und den Offizial der Prager Kurie, Nikolaus Richardi, vor sein Tribunal nach Breslau zitieren.

77. Colda befiehlt, den Richter Johannes sowie Nikolaus, A[...] und andere Bürger einer nicht genannten Stadt zu ihm nach Prag vorzuladen, um als Zeugen im Verfahren gegen den der Häresie verdächtigen Rudolf genannt Spencius auszusagen.

78. [...]

79. Colda lässt Richter und Schöffen von Budweis zum zweiten Mal nach Prag vorladen.

80. Formular der Vorladung eines ehemaligen Ketzers, der die ihm auferlegte Buße – namentlich das Tragen des Ketzerkreuzes – nicht leistet.

81. Formular der Vorladung eines ehemaligen Ketzers, der nicht nur die ihm

auferlegte Buße, das Ketzerkreuz zu tragen, nicht leistete, sondern auch geflohen war.

82. Gallus fordert die Sattlerswitwe Ella, M[*argareta*] und andere Männer und Frauen, die wegen schweren Häresieverdachts eingekerkert waren und eigenmächtig ihr Gefängnis verlassen hatten, peremptorisch [*zwingend*] auf, in ihren Kerker zurückzukehren und das weitere Verfahren über sich ergehen zu lassen.

83. Formular der Vorladung für einen Ketzer, der seine Häresie gestanden hatte, jedoch aus seinem Kerker entwichen war, ohne noch die Auferlegung der Buße abzuwarten.

84. Formular der Vorladung eines zu Kerkerhaft verurteilten Ketzers, der geflohen und trotz Exkommunikation schon seit mehr als einem Jahr nicht wieder zurückgekehrt war.

85. Formular der peremptorischen [*zwingenden*] Vorladung eines wegen Häresie Flüchtigen, der früheren Vorladungen keine Folge geleistet hatte und in der daraufhin ausgesprochenen Exkommunikation länger als ein Jahr verharrte.

86. Formular einer Vorladung Häresieverdächtiger, bei denen Fluchtgefahr besteht.

87. Formular der zweiten Vorladung wegen Häresie Flüchtiger.

88. Formular einer allgemeinen Vorladung, vor das Tribunal des Inquisitors zu kommen.

89. Formular der Vorladung an die Söhne und Erben eines zum Judaismus Abgefallenen und darin Verstorbenen.

90. Formular der zweiten Vorladung in derselben Sache.

91. Formular der dritten Vorladung in derselben Sache.

92. Gallus gibt allen, die zugunsten eines in Exkommunikation Verstorbenen aussagen wollen, Gelegenheit, diesen zu verteidigen, da er nach Gallus' Information vor seinem Tode bußwillig war und nur bösartige Gerüchte über angebliche Verstocktheit des Toten den Inquisitor überhaupt veranlassten, den schon gefassten Entschluss noch einmal zu überprüfen, dem Verstorbenen ein christliches Begräbnis zu gewähren.

93. Gallus zitiert zum dritten und letzten Mal die Söhne und Erben eines Mannes, der viele Jahre hindurch in Häresie gelebt hatte und darin verstorben war.

94. Formular der Vorladung an die Kinder und Erben eines der Häresie Verdächtigten, diesen postum zu verteidigen.

95. Formular der Vorladung an die Kinder und Erben eines verstorbenen rückfälligen Ketzers.

96. Weiteres Formular der Vorladung an die Kinder und Erben eines verstorbenen rückfälligen Ketzers.

97. Formular der Zeugenvorladung im Verfahren gegen einen verstorbenen Ketzer.

98. Formular der Vorladung eines Geistlichen als Zeugen der Verteidigung im Verfahren gegen einen, der im Verdacht steht, in Häresie verstorben zu sein.

99. Formular der zweiten Vorladung eines Zeugen in derselben Sache.

100. Formular der Vorladung an die Kinder und Erben eines verstorbenen Ketzers, das endgültige Urteil im postumen Verfahren gegen ihn zu hören.

101. Formular der Vorladung an die Kinder und Erben eines in Häresie Verstorbenen, das Urteil des postumen Verfahrens anzuhören, das auf Exhumierung und Verbrennung des Toten lautet.

102. Gallus zitiert alle Verwandten und Freunde eines angeblich in Häresie Verstorbenen, diesen zu reinigen.

103. Formular des Mandats, die Exkommunikation eines aus der Kerkerhaft, zu der er verurteilt war, entwichenen Ketzers zu verkünden und diesen peremptorisch [*zwingend*] vorzuladen.

104. Die bischöflichen Inquisitoren Walther, Titularbischof von Sura, und Thomas, Dekan von Alt-Bunzlau [*Boleslav Stará*], verurteilen die Schrift Declaracio salutarium mandatorum Richardins von Pavia als häretisch.

105.–108. […]

109. Papst Johannes XXII. bestellt Colda von Colditz, OP [*vom Orden der Dominikaner*], und Hartmann von Pilsen, OFM [*vom Orden der Franziskaner*], zu Inquisitoren für die Diözesen Prag und Olmütz.

110. Der Prager Erzbischof Ernst von Pardubitz betraut den Dominikaner Rudolf mit dem Inquisitorenamt für die Prager Diözese.

111. Ernst von Pardubitz überträgt dem Dominikaner Rudolf die Inquisition gegen Zauberei und dergleichen in Stadt und Diözese Prag.

112. Gallus überträgt nicht genannten Personen in einer nicht genannten Stadt die Aufgabe, Nachforschungen über die Klage eines Guardians Heinrich anzustellen, es sei in öffentlicher Predigt behauptet worden, die Minoriten könnten weder Buße verhängen noch absolvieren; fänden sich tatsächlich Leute, die dergleichen gepredigt hätten, so sollten sie vor Gallus' Tribunal zitiert werden.

113. Gallus befiehlt einem nicht genannten Geistlichen, seine öffentlich verkündeten Irrtümer, die Mendikanten [*die Bettelorden*] dürften niemanden absolvieren und hätten kein Recht auf Sepultur [*d. h. kein Recht, ein kirchliches Begräbnis vorzunehmen*], von der Kanzel herab vor allem Volk zu widerrufen.

114. Colda, den dringende Geschäfte nach Avignon rufen, betraut Swatibor von Langendorf mit der Wahrnehmung seiner Inquisitionspflichten.

115. Gallus überträgt dem Minoriten-Lektor Heinrich in Jung-Bunzlau [*Boleslav Mladá*] die Inquisition im Jung-Bunzlauer Archidiakonat mit der Einschränkung, dass endgültige Urteile nicht ohne Rücksprache mit ihm gefällt werden dürften.

116. Formular eines Kommissionsschreibens des Inquisitors für Frankreich, Wilhelm von Paris, in dem dieser einem nicht näher bezeichneten Discretus vir [*einem verschwiegenen Mann*] die Untersuchung gegen jemanden, der gleichfalls ungenannt bleibt, überträgt, der behauptet haben soll, jeglicher Geschlechtsverkehr, gleich mit welcher Frau, sei erlaubt, für welche Ansicht er auch noch Anhänger zu gewinnen gesucht habe.

117. Colda trägt dem Prior und dem Pfarrer von St. Marien in einer nicht genannten Stadt auf, Reinigungseide wegen Begünstigung der Ketzerei von ebenfalls ungenannt bleibenden Personen entgegenzunehmen.

118. Colda trägt unbekannt bleibenden Pfarrern auf, in ihren Kirchen die Gläubigen zur Ketzerdenunziation aufzufordern und diejenigen zu exkommunizieren, die wider besseres Wissen dem Gebot nicht Folge leisteten.

119. [...]

120. Formular eines Schreibens, in dem jemandem vom Inquisitor gestattet wird, das Ketzerkreuz abzulegen.

121. Gallus trägt dem Dominikaner-Prior und dem Pfarrer von St. Niklas [*Busko*] in Budweis auf, Elisabeth, die Frau des Schneiders Hertlin, zu absolvieren und ihr verschiedene Bußen aufzuerlegen, falls sie bei ihrem früheren Vorsatz bliebe und dem abschwöre, was sie gestanden habe.

122. Gallus trägt gewissen, namentlich nicht genannten Religiosis viris [*Ordensmännern*] auf, jemandem die Strafe, wegen Begünstigung der Ketzerei das Ketzerkreuz tragen zu müssen, in eine andere mildere Buße umzuwandeln.

123. Gallus lässt durch Franciscus, Dekan der Stadt Prag und Pfarrer von St. Leonhard, den gesamten Prager Klerus zur Bekanntmachung päpstlicher Weisungen nach St. Clemens einberufen.

124. Colda lässt Klerus und Volk eines nicht näher bezeichneten Bezirks zur Predigt und zur Bekanntmachung apostolischer Mandate nach St. Clemens zusammenrufen.

125. Formular des Mandats, Klerus und Volk zusammenzurufen.

126. Formular eines inquisitorischen Bittschreibens an irgendjemanden, als Ratgeber bei der Urteilsfindung mitzuwirken.

127. Formular des Bittschreibens an die Professoren eines Generalstudiums, als Gutachter beim Inquisitionsprozess mitzuwirken.

128. Colda beruft den Klerus einer nicht genannten Stadt zu einer Versammlung im dortigen Dominikaner-Konvent ein.

129. Item de codem [*ebenfalls über das Gleiche*]. Colda befiehlt dem Archidiakon H[enricus], mit den Dekanen und Pfarrern seines Sprengels im Dominikaner-Konvent einer nicht genannten Stadt zusammenzukommen, um päpstliche und eigene Weisungen entgegenzunehmen.

130. Colda befiehlt einem nicht genannten Archidiakon, mit seinen Dekanen und Pfarrern in einem gleichfalls nicht namentlich bezeichneten Dominikaner-Konvent zusammenzukommen, um päpstliche und eigene Weisungen entgegenzunehmen.

131. Zur Übermittlung eigener und päpstlicher Weisungen bestellt Gallus das Prager Domkapitel zu einer Zusammenkunft.

132. Formular der Exkommunikation in einem Kontumazialverfahren [*Verfahren in einem Fall von Hartnäckigkeit*], da der der Häresie Verdächtige aus dem Kerker geflohen war und sich dem Inquisitor nicht stellte.

133. Weiteres Formular in einem Kontumazialverfahren, wenn der Gesuchte floh und den Weisungen des Inquisitors in keiner Weise Folge leistete.

134. [...]

135. Gallus verhängt die Exkommunikation über alle Bürger von Neuhaus [*Jindrichuv Hradec*], die selbst Ketzer sind oder Ketzerei in irgendeiner Form begünstigten, falls sie sich nicht zu einem festgesetzten Zeitpunkt ihm, dem Pleban oder dem Guardian des Minoriten-Konvents von Neuhaus stellten.

136. Colda fordert allgemein zur Ketzerdenunziation auf und exkommuniziert vorsorglich die Zuwiderhandelnden.

137.–138. [...]

139. Gallus verhängt die Exkommunikation über den Pleban von Pisek, Magister Nikolaus, weil er der Vorladung, sich vor Gallus wegen nicht näher be-

zeichneter Irrtümer zu verantworten, hartnäckig keine Folge geleistet, ja sogar den Papst und den Prager Bischof beschimpft hatte.

140. Gallus exkommuniziert einen Pleban [Petrus] wegen hartnäckiger Nichtbeachtung der an ihn ergangenen Vorladung.

141. Gallus verhängt die Exkommunikation über einen Pfarrer, der sich trotz zweimaliger Aufforderung hartnäckig geweigert hatte, der Vorladung des Inquisitors Folge zu leisten.

142. Gallus verhängt wegen hartnäckiger Nichtbefolgung seiner Vorladung die schwere Exkommunikation über die Mörder Johanns von Schwenkenfeld und alle ihre Helfer.

143. Gallus verhängt wegen Kontumaz [*Hartnäckigkeit*] die Exkommunikation über der Häresie verdächtige Männer und Frauen einer nicht genannten Stadt, namentlich über die Sattlerswitwe Ella, weil sie binnen einer gesetzten Achttagefrist nicht in ihre Kerker zurückgekehrt waren, die sie ohne das Einverständnis des Inquisitors verlassen hatten.

144. Gallus exkommuniziert Ketzereiverdächtige, die sich seiner Vorladung durch die Flucht entzogen hatten.

145. Allgemeine Aufforderung Coldas [in doppelter Fassung] an alle Bewohner Prags und seines gesamten Inquisitionsdistrikts, Ketzer sowie deren Helfer und Helfershelfer zu denunzieren, verbunden mit der Androhung von Exkommunikation und Interdikt bei Zuwiderhandlung.

146. Colda erklärt den Prager Domkanoniker Michael Folclini als eidbrüchig für exkommuniziert, weil er, anstatt in öffentlichem Verfahren vom Inquisitor – wie versprochen – in Gehorsam eine Buße wegen Aufstachelung zum Widerstand gegen die Inquisition entgegenzunehmen, das Tribunal Coldas abgelehnt, ein Appellationsverfahren gefordert und – nachdem ihm das verweigert worden war – den Ort des Gerichts contumaciter [*hartnäckig*] verlassen hatte; zugleich schärft Colda einem jeden in seinem Inquisitionsbezirk, namentlich den hohen Dignitären [*Würdenträgern*] des Prager Domkapitels ein, jeglichen Umgang mit Michael zu vermeiden.

147. Colda exkommuniziert alle Bürger einer nicht genannten Stadt, die sich an der gewaltsamen Befreiung eines wegen Häresie Eingekerkerten beteiligt hatten.

148. Formular der Exkommunikationssentenz gegen jemanden, der der Vorladung wegen des Verdachts rückfälliger Ketzerei keine Folge geleistet hatte.

149. Colda befiehlt dem Klerus der Olmützer Diözese, in seinen Kirchen bekannt zu machen, dass all denen die Exkommunikation drohe, die nicht binnen drei Tagen in ihrem Besitz befindliche Schriften Richardins von Pavia abgeliefert und ihre Vorwürfe gegen die Prozessführung Coldas im Verfahren gegen Richardin eingestellt hätten.

Quellentext Nr. 71: Modus procedendi inquisitorum; Tabula. – Alexander Patschovsky, Die Anfänge einer ständigen Inquisition in Böhmen. Ein Prager Inquisitoren-Handbuch aus der ersten Hälfte des 14. Jahrhunderts, (Beiträge zur Geschichte und Quellenkunde des Mittelalters, hrsg. von Horst Fuhrmann, Bd. 3), Berlin und New York 1975. S. 232–246.

Brief der märkischen Waldenser

Der in tschechischer Sprache geschriebene Brief der märkischen Waldenser an die Böhmischen Brüder aus dem Jahr 1480 ist in der ebenfalls in tschechischer Sprache verfassten Chronik der Böhmischen Brüder mit dem lateinischen Titel „Historia Fratrum Bohemicorum" in der Prager Universitätsbibliothek erhalten. In diesem Schreiben berichten die als Häretiker verfolgten Waldenser, was für Verfolgungen sie in der Mark zu erdulden hatten.

Gnade Euch und Friede in unserm Herrn Christus Jesus. Liebe Brüder, da Ihr Verlangen danach hattet zu erfahren, wie es den Brüdern in der Mark erging, wisset, dass zuvor vor einiger Zeit, als der alte Markgraf einen Krieg führte, er damals zu einer Stadt in die Nähe der Brüder kam. Und es versammelten sich vor ihm die Priester und Mönche und erhoben Klage gegen die Brüder. Dabei baten sie ihn, er möge ihnen die Erlaubnis geben zur Verurteilung der Brüder. Und der Herr sagte ihnen, sie sollten ihnen Gehör schenken, und falls sie vom rechten Weg abgewichen wären, mögen sie sie zurechtweisen, und wenn sie das aber nicht wären, von der Sünde ablassen bis zur besseren Erkundigung. Und die Priester leiteten davon ihre Vollmacht ab, als habe der Herr es ihnen erlaubt, dafür zu sorgen, sie mit einigen Bürgern gefangen zu nehmen. Und sie sprachen mit dem Bürgermeister in einer Stadt, damit er befehle, sie gefangen zu nehmen. Dieser Bürgermeister aber erlaubte es ihnen nicht. Und die Priester sagten zu ihm, dass sie die Erlaubnis vom Herrn dazu hätten, „und da du es nicht erlauben willst, so werden wir dem Herrn schreiben, dass du bei diesen Ketzern bist und mit ihnen hältst". Und der Bürgermeister fuhr aus und suchte den Herrn; aber der alte Herr war in sein Land fortgereist. Und unterdessen luden die Priester einige Brüder vor, um sie selbst zu hören, und sie fragten sie nur mit mannigfaltigen Fragen, was sie über schlechte Priester glaubten, um einen Grund gegen sie zu haben, aber über den Glauben befragten sie sie nicht. Und unterdessen waren einige Brüder zum Herrn, dem jungen Markgrafen, gegangen. Und er, der junge Herr, gab ihnen Geleitbriefe an die höheren Priester, an die Pröpste und die Offizialen, dass sie sie bis zu seiner Ankunft in Ruhe lassen sollten. Nachdem aber die Priester diese Briefe durchgelesen hatten, wurden sie davon noch wütender auf die Brüder. Und so nahmen sie einige gefangen; andere Brüder aber, als sie das sahen, entflohen.

Das ereignete sich während der ersten Verfolgung. Danach kamen dann zwei Brüder und verlangten Geleit von den Herren bis zur Zeit der Vorladung und des Verhörs. Und sie gaben ihnen das Geleit, aber auch dieses konnte ihnen nicht genügen, als sie über sie herfielen, als sie sie suchten; aber die entkamen ihnen mit Gottes Hilfe. Und dabei entkam auch ich zu ihnen, liebe Brüder, wie Ihr wisst, mit jenem Brief, der über den Glauben geschrieben ist. Ich zeigte jenen Brief den Brüdern und sagte ihnen, sie sollten ihn mit Eifer hüten, damit der Brief nicht in die Hände der Priester oder unvernünftiger Menschen gelange. Und die Brüder verlangten, dass der Brief einem Herrn gezeigt werde, und ich erlaubte es ihnen gemäß ihrer Regel. Und er gefiel jenem Herrn sehr gut, und deshalb sagte er: Die Brüder haben die wahre Grundlage der ersten heiligen Christen gefunden. Dann ersuchte ebenso der Rat einer Stadt, dieses Schreiben zu erhalten, und als mir das die Brüder vortrugen, erlaubte ich es ihnen ihrer Regel gemäß, wobei ich ihnen die gleiche Vorsicht vorschlug wie zuvor. Und jene Herren gaben ihn einem Schreiber zum Abschreiben, der schon zum Priestertum geweiht war und die erste Messe gefeiert hatte. Und er war zuvor Stadtschreiber. Und dieser Schreiber übergab ihn heimlich den Priestern oder schrieb ihn ab. Und als ihn die Herren wegen der Abschrift des Briefes mahnten, sagte er ihnen, es schicke sich nicht für ihn wegen seines Priestertums, ihn abzuschreiben. Dann haben die Priester diesen Brief nach ihrem Gutdünken gefälscht und übergaben ihn dem Bischof. Der Bischof gab ihn dem Markgrafen, und das schützten sie als Grund vor, der Markgraf habe ihnen erlaubt, die Brüder zu quälen.

So überfielen sie sie eines Tages morgens und nahmen sie gefangen und verbrannten von ihnen sechs Männer und vier Frauen. Dann führten sie den Peter und mit ihm einen anderen Bruder zur Stadt zurück, weil er sich auf den Markgrafen berufen hatte und ihnen nicht erlaubte, zum Herrn zu gelangen. Welcher

Herr aber auch immer sich um seine Leute kümmerte oder womit welche sich für sie einsetzten, von denen schrieben sie, sie seien in demselben Streit mit den Brüdern wie Ketzer, damit man sie verabscheue. Dann aber übergaben sie den Peter einem Doktor, einem Mönch, der sich Doktor der sieben Künste nennt. Dieser hörte ihn aus und sagte dann in der Predigt, dass diese Leute irren gegen die heilige römische Kirche, gegen die Priester und gegen die Sakramente, das bezeugte er vor den Leuten und dann auch vor dem Markgrafen. Dann sagten sie dem Peter, ob er widerrufen und zu den Leuten gehen wolle, welche er gelehrt hat, und sie davon abbringen wolle, dann wollten sie ihn freilassen. Und der Bruder Peter sagte ihnen: Bevor ich das machen würde, ließe ich mich lieber in Stücke zerreißen. Und als sie ihn zum Tode führen sollten, fragten sie ihn, ob er verlange, den Leib des Herrn zu empfangen. Peter aber sagte: Ihr habt ihn nicht und könnt ihn mir nicht geben. Und als man beim Scheiterhaufen war, sagten sie ihm, er möge nur gute Dinge sagen. Als er aber zum Volke zu reden begann, da fingen die Priester und Mönche an zu singen, damit die Leute ihn nicht hören könnten.

Dann aber nahmen sie jenen Frauen der Brüder, deren Männer geflüchtet waren, unter Eid das Versprechen ab, wenn die Männer zu ihnen kommen würden, sie den Priestern zu verraten. Und wo sie auch auf sie trafen, sprangen sie herbei, um, wenn sie aus dem Lande zögen, sie gefangen zu nehmen. Und so mussten sie sich in großen Ängsten den ganzen Winter hindurch in den Waldgebieten verbergen und in den Wäldern liegen, und [müssen es] noch. Aber sie ertrugen das mit Gottes Hilfe. Ehe sie ihnen nachgeben und gegen Gott den Herrn etwas tun würden, wollten sie lieber erdulden, was Gott der Herr zulässt. Und unterdessen ersuchen sie um Euren Rat und Hilfe. Wenn sie nicht geduldet werden können, wollen sie, dass sie wenigstens aus diesem Lande gelassen werden könnten, und wo ihnen mit Eurem Rat gezeigt würde, oder wie sie sich verhalten sollten, dass sie das gern machen wollten, dafür bitten sie in ihren großen Ängsten.

Deswegen, liebe Brüder, falls Ihr ihnen etwas schreiben wollt, so schreibt ihnen zum Verständnis in deutscher Sprache, denn bei uns ist niemand, der Böhmisches ins Deutsche übersetzen könnte.

Quellentext Nr. 72: Historia Fratrum Bohemicorum; Prager Universitätsbibliothek, XVII. F. 51a, S. 83–90. – Dietrich Kurze, Quellen zur Ketzergeschichte Brandenburgs und Pommerns, (Veröffentlichungen der Historischen Kommission zu Berlin Bd. 45, Quellenwerke Bd. 6), Berlin und New York 1975. S. 315–319.

FLUCHT ZU DEN BÖHMISCHEN BRÜDERN

Eine erstrangige Quelle über die Beziehungen zwischen den Böhmischen Brü-
dern und den deutschen Protestanten sind die „Briefe und Verhandlungen der
Brüder mit den Lutheranern", die Nikolaus von Schlan [Slanský], der in sei-
ner Jugend in den Jahren 1457 und 1458 noch die Anfänge der Brüderunität
miterlebt hatte, als alter Mann zusammenstellte. In ihnen finden sich weitere
Einzelheiten über die Verfolgung der märkischen Waldenser.

Außer diesen zwei Verfolgungen [gegen die Brüder] erging noch eine dritte,
durch welche aus der Mark nicht wenig Leute um desselben Glaubens und der
göttlichen Wahrheit willen bedrängt und vertrieben wurden. Denn nachdem
zuvor einige von den dortigen Waldensern von den Brüdern gehört hatten,
kamen von dort zwei Abgesandte zu den Brüdern nach Böhmen, um die Lehre und den Gottesdienst der Brüder zu sehen, aufzuschreiben und kennen zu
lernen. Nachdem sie hier unter ihnen einige Zeit verweilt und alles sich aufgeschrieben und auch untersucht hatten, wollten sie sehr gern den Sinn und
Gottesdienst der Brüder annehmen und bezeugten, dass er nach der Wahrheit
der Heiligen Schrift wäre. Und sie baten die Brüder um einen Bruder, welcher
zwar gut Böhmisch verstand, aber doch ein geborener Deutscher war, und kehrten mit diesem in die Mark zurück. Als sie dann dort waren und anfingen
öffentlichere Zusammenkünfte zu halten und in denselben zu predigen,
wandte sich viel Volks, das nach dem Worte der Wahrheit durstig war, von den
Irrtümern der Götzen ab und bekehrte sich zu dem Herrn Christus, nachdem
es das Wort des Evangeliums gehört hatte. Darüber erzürnte sich der Teufel
und erweckte ihnen viele Gegner, welche, als sie das sahen und hörten, sich
unmäßig ereiferten und Lärm schlugen. Gegen sie und gegen dieses ganze Volk
richteten sie ihre listigen Angriffe, nahmen viele gefangen, mordeten, verbrannten, ertränkten, enthaupteten usw.

Durch Anstiftung und Aufhetzung der boshaften Geistlichkeit, sodann
durch diese übermäßige Tyrannei verscheuchten und vertrieben sie dieselben,
sodass einige hundert von ihnen aus der Mark nach Böhmen und Mähren
kamen und sich den Brüdern anschlossen, von denen noch jetzt eine ziemliche
Anzahl schon hoch Betagter am Leben ist und dies bezeugen kann.

Quellentext Nr. 73: Nikolaus von Schlan [Slanský], Listové a jednáni Bratri s Lutterem/
Luteryany („Briefe und Verhandlungen der Brüder mit den Lutheranern"); Herrnhut,

Archiv der Brüderunität, AB II R 1. 8, fol. 3v. – Dietrich Kurze, Quellen zur Ketzergeschichte Brandenburgs und Pommerns, (Veröffentlichungen der Historischen Kommission zu Berlin Bd. 45, Quellenwerke Bd. 6), Berlin und New York 1975. S. 319–320.

Schädliche Streitigkeiten

Auch in der Schrift „Die Stimme des Wächters" [Hlas strázného], die ein gewisser Bruder Jafet zwischen 1605 und 1607 verfasst hat, wird die Verfolgung der märkischen Waldenser und ihre Aufnahme bei den Böhmischen Brüdern beschrieben. Darin erfahren wir unter anderem, dass die der Verfolgung durch die katholischen Inquisitoren entronnenen Waldenser von den Böhmischen Brüdern zwar mit offenen Armen aufgenommen wurden, dass sie aber auf der anderen Seite nicht einfach in allem und jedem ein Herz und eine Seele waren, sondern mit ihnen auch so manches Hühnchen zu rupfen hatten. Die böhmischen Glaubensbrüder machten den Einwanderern aus der Mark eine unzulässige Kompromissbereitschaft mit den „Papisten" – also den römischen Katholiken – zum Vorwurf und kritisierten ihre Ältesten als habsüchtig; die Waldenser signalisierten Bereitschaft zur Besserung und das Bemühen, „schädliche Streitigkeiten" zu vermeiden.

Die Überreste von ihnen (das heißt der durch die grausame römische Tyrannei weitgehend ausgerotteten Waldenser), die irgendwo in der Nähe dieser Gegenden waren – eine nicht geringe Menge aus dem gemeinen Volk und auch einige Priester –, vereinigten sich mit den Brüdern und ihrer Unität. Und auch aus der Mark machten sie sich damals auf, begaben sich nach Mähren und ließen sich dort hauptsächlich in der Stadt Fulnek und in deren Umgebung sowie in Landskron nieder, da sie Deutsche waren. Ihre Nachkommen sind da bis auf den heutigen Tag. Denn die Brüder waren ihnen zugeneigt und sie hatten zu ihnen in die Mark eine Gesandtschaft geschickt, bestehend aus vielen Personen mit einem ihrer Priester, dem Bruder Thomas, einem Landskroner Deutschen, welcher die Waldenser kannte. Und der gewann viele von ihnen und bewog sie, die Mark zu verlassen, sich nach Mähren zu begeben und sich mit der Brüderunität zu vereinigen.

Und diese Abgesandten verhandelten anstelle aller Brüder mit ihnen darüber, dass sie sich mit den Brüdern vereinigten, doch unter diesem bedeutenden Vorbehalt: nämlich dass sie schädliche Streitigkeiten unterließen, was ihnen die Brüder aus guter christlicher Liebe durch ihre Boten zur Besserung vorlegten:

1. dass sie schon damals, von Angst gequält, ihre Lehre und das klare Bekenntnis ihres Glaubens vor den Papisten verbargen, dass sie vielmehr um der Ruhe des Leibes und um der Sicherheit willen zu den papistischen Kirchen gingen und dass sie bei denen (nämlich den Papisten) alle ekelhaften Dinge als christliche Frömmigkeiten angesehen haben. Und gar schädlich ist es zu hinken [*Anspielung auf 1 Kön 18,21: „Wie lange noch wollt ihr nach zwei Seiten hinken?"*], weil man – zwecks Gerechtigkeit – mit dem Herzen glaubt und – zwecks Rettung – mit den Lippen ein Bekenntnis ablegt.

2. dass ihre Ältesten Reichtümer anhäuften und sich Schätze zusammenlegten von den Pfennigen, welche ihnen das Volk als Almosen zur Bewahrung und Pflege der Armen zu geben pflegte; weil eine solche Verkehrtheit die Wurzel der Pflanze eines tödlichen Giftes, nämlich der habsüchtigen Gier, ist.

Als die Waldenser diese Dinge gehört und das ihnen in der Botschaft der Brüder Vorgetragene aufgenommen hatten, antworteten sie, dass der Wille der Brüder – was ihre Verbindung und Vereinigung mit ihnen betreffe – ihnen sehr angenehm sei und dass sie dies den Ihren einmütig mitteilen wollten, weiterhin, dass die schädlichen Streitigkeiten, die ihnen von den Brüdern vorgetragen worden waren, ihnen nicht unbekannt seien und dass sie sich vielmehr dazu bekennen, sich von der Ganzheit und Reinheit der apostolischen Lehre und von dem guten Beispiel ihrer Vorfahren entfernt zu haben; dass sie jedoch auf Besserung – gemäß Anleitung – bedacht seien.

Demgemäß begannen die Brüder über sie gute Hoffnung zu haben, und sie verlangten nach Vereinigung mit ihnen. Aber bevor es dazu kam, offenbarten einige Waldenser ihr Vorhaben den papistischen Priestern. Von diesen durch Gefahr und Drohungen eingeschüchtert, ließen sie [*die Waldenser*] von ihrem Vorhaben ab, wobei sie durch ihre Schuld sogar die Brüder in große Gefahr brachten. [...] Die Frömmeren von ihnen schlossen sich dann den Brüdern an, und diejenigen, die noch hier und da in den deutschen Landen verblieben, schlossen sich, als Luther auftrat, diesem an, und schon seit der Zeit wurden sie nicht Waldenser, sondern Lutheraner genannt.

Quellentext Nr. 74: Jafet, Hlas strázného („Die Stimme des Wächters"); Prag, Nationalmuseum IV. A. 6. – Dietrich Kurze, Quellen zur Ketzergeschichte Brandenburgs und Pommerns, (Veröffentlichungen der Historischen Kommission zu Berlin Bd. 45, Quellenwerke Bd. 6), Berlin und New York 1975. S. 326–328.

Gegen Juden und gegen Muslime

Spanien auf dem Weg zum einen Glauben

Ernst Schäfer, der sich zu Anfang des 20. Jahrhunderts, gestützt auf um-
fangreiches Aktenmaterial, der Erforschung der Geschichte der Spanischen
Inquisition gewidmet hat, stellt den Anlass zur Gründung der Spanischen
Inquisition folgendermaßen dar: „Gegen Ende des 15. Jahrhunderts war die
Judenfrage brennend geworden. Seit hundert Jahren war eine große Menge
von Juden teils wegen blutiger Verfolgung, teils durch friedliche Bekehrung
zum Christentum übergetreten, hing aber großenteils noch heimlich ihren
alten Gebräuchen an und betrieb dabei eine eifrige Proselytenmacherei, so-
dass gerade diese Conversos oder Marranos allmählich zu einer bedenklichen
Gefahr für die nationale und kirchliche Einheit Kastiliens wurden. Da schär-
fere Betonung der älteren Judengesetze gegen sie als Namenchristen nicht viel
half, ließen sich im Jahre 1477 die katholischen Könige Dona Isabel und Don
Fernando bestimmen, beim Papste Sixtus IV. eine Bulle zu erwirken, die ihnen
gestattete, zwei oder drei Prälaten mit der Ausübung der Inquisition gegen die
Ketzer in allen ihren Ländern zu betrauen" (Ernst Schäfer, Die spanische In-
quisition; in: Mitteilungen aus Spanien, zusammengestellt vom Iberoameri-
kanischen Institut in Hamburg 2 [1918], S. 259).

Die Motive der verantwortlichen Politiker zu verstehen, heißt allerdings
noch lange nicht, dass man sie auch richtig finden müsste. José Amador de los
Ríos war einer der ersten Spanier, der das Vorgehen seines Landes gegen die
Juden beklagte, und zwar vor allem aus ökonomischen Gründen (vgl. Robert
Lemm, Die Spanische Inquisition, München 1996. S. 153). In seiner „Historia
social, política y religiosa de los judíos de Espana y Portugal", die 1848 erst-
mals erschien, zeigte er die sozialen Bedingungen und die politischen Mecha-
nismen der geschichtlichen Entwicklung auf, die ein regelrechter Teufelskreis
waren. Die Juden, die im mittelalterlichen Spanien mit dem Finanzwesen
betraut waren, leisteten einen unentbehrlichen Beitrag zur Entwicklung des
ökonomisch rückständigen Landes. Ihre Verbundenheit mit Geldgeschäften
machte sie allerdings bei den Leuten verhasst, man betrachtete sie als Blut-
sauger und Wucherer. Andererseits konnten sich die Juden als Finanzberater

„... So ist es unser Wille, dass die Juden dieser Stadt alsbald aus ihr und dem ganzen Erzbistum Saragossa und dem Bistum von Santa Maria de Albarracin vertrieben werden, sowie es auch durch den frommen Pater Prior von Santa Cruz geschrieben und befohlen wird", König Ferdinand am 12. Mai 1486 an die Inquisitoren von Saragossa. Das Banner der Inquisition in Spanien.

der Könige Freunde in adeligen Kreisen schaffen und in die so genannten „besseren Kreise" einheiraten, wodurch sie zusätzlich Neid und Eifersucht auf sich zogen. „Im Allgemeinen hatten die Juden ein Interesse an einer starken königlichen Autorität. Schwache Könige wurden bald zum Spielball der Demagogen aufgrund der sie umringenden Favoriten und Höflinge, und dann erhielten sie freie Hand zur Aufwiegelung der Meute. Dann wurden Judenviertel überfallen, ohne dass der König und die Kirche viel dagegen tun konnten oder wollten" (Robert Lemm, op. cit. S. 154).

So war es auch im Jahre 1391 der Fall, bei der großen Plünderung des Judenviertels von Sevilla – einer Stadt, die gegen Ende des Mittelalters die wohlhabendste Stadt Spaniens mit den meisten Einwohnern geworden war. In den 100 Jahren zwischen diesem Ereignis und der Judenvertreibung von 1492 fanden massenweise Bekehrungen von Juden zum Christentum statt, doch blieb das Verhältnis der bekehrten Juden zu den Christen – der „conversos" oder „marranos" zu den „Altchristen" – durchaus problematisch. Und es ist auch nicht uninteressant zu erfahren, dass laut José Amador de los Rios gerade jene Inquisitoren, welche die Juden am heftigsten verfolgten – unter ihnen auch der berüchtigte Tomás de Torquemada – selbst jüdischer Abstammung waren.

FERDINANDS SCHREIBEN ZUR JUDENVERTREIBUNG

Rein theoretisch betrachtet, befand sich die Inquisition den Juden gegenüber in einer verzwickten Situation. Denn als Nichtgetaufte waren die Juden im Prinzip gar nicht jener Ketzerei fähig, gegen die die Inquisition zu kämpfen hatte. Henry Charles Lea kommentiert denn auch einigermaßen sarkastisch, wenn er in seiner „Geschichte der Spanischen Inquisition" (Bd. 1, Leipzig 1911. S. 76) schreibt: „Gegründet zu dem Zweck der Glaubenseinheit, sah die Inquisition ihre Hoffnung an den Juden vereitelt. Hatten bislang unmenschliche Gesetze den Juden das Leben außerhalb der Kirche so unerträglich gemacht, dass nur die Taufe Schutz vor namenlosem Unrecht gab, so wurden sie nun durch das grässliche Schauspiel der Autodafés und des Jammers, den die Einziehung von Hab und Gut bedeutete, dahin gebracht, treuer als je zum Glauben der Väter zu halten, der sie vor den Schrecken des Heiligen Offiziums und dem jederzeit über den Conversos schwebenden Schicksal zu retten vermoch-

248

te. Auf ihre Bekehrung war nicht zu rechnen, solange sie jedoch in Spanien blieben, waren sie ein Gegenstand des Anstoßes für die Gläubigen, eine Gefahr für die Conversos. Es gab keine andere Lösung; sie mussten weg."

In dem Schreiben zur Judenvertreibung, das Ferdinand am 12. Mai 1486 an die Inquisitoren von Saragossa gerichtet hat, wird die Maßnahme damit begründet, dass es „kein einfacheres Mittel" gegen den von den Juden angerichteten „Schaden" gebe, als Christen und Juden voneinander zu trennen. Die Juden sollten in den aragonischen Sprengeln Saragossa und Albarricin auf dieselbe Weise vertrieben („desterrados") werden, wie dies bereits in Sevilla, Córdoba und Jaen praktiziert worden war.

[Schreiben Ferdinands vom 12. Mai 1486 an die Inquisitoren von Saragossa.]

Fromme Väter! Da sich aus der Erfahrung ergibt, dass jeglicher Schaden, der unter den Christen durch das Vergehen der Ketzerei angerichtet worden ist, seinen Ursprung in dem Gespräch und Verkehr hat, den mit den Juden die Angehörigen ihrer Sippe gepflogen haben, so gibt es kein einfacheres Mittel dagegen, als sie voneinander zu trennen in der Weise, wie es im Erzbistum Sevilla und in den Bistümern Córdoba und Jaen geschehen ist, und sintemal der Schaden, den sie angerichtet haben, in dieser Stadt so groß ist wie in keiner anderen, so ist es unser Wille, dass die Juden dieser Stadt alsbald aus ihr und dem ganzen Erzbistum Saragossa und dem Bistum von Santa Maria de Albarracin vertrieben werden, sowie es auch durch den frommen Pater Prior von Santa Cruz geschrieben und befohlen werden wird.

Quellentext Nr. 75: Archivo gen. de la Corona de Aragon, Regist. 3684, S. 96. – Henry Charles Lea, Geschichte der Spanischen Inquisition. Bd. 1, Leipzig 1911. S. 77.

„DAS EINZIG WIRKSAME MITTEL ...“

Am 2. Januar 1492 hielten die katholischen Könige Ferdinand und Isabella ihren feierlichen Einzug in Granada; am 31. März des gleichen Jahres unterzeichneten sie das Edikt zur Austreibung der Juden aus Spanien, in dem die Vertreibung als „das einzig wirksame Mittel" bezeichnet wird.

[...] Wir sind von den Inquisitoren und von anderen Personen davon unterrichtet worden, dass der Verkehr der Juden mit den Christen allerschlimmstes Unheil nach sich zieht. Die Juden bemühen sich nach bestem Vermögen, die [neuen] Christen zu verführen; dies geschieht dadurch, dass sie ihnen jüdische Gebetbücher zukommen lassen, dass sie sie auf jüdische Festtage aufmerksam machen, dass sie ihnen an Pesach [*zum jüdischen Osterfest*] ungesäuertes Brot beschaffen, dass sie sie über die verbotenen Speisen unterrichten und dass sie sie überreden, dem Gesetze Moses zu folgen. Daraus geht hervor, dass unser heiliger katholischer Glaube dadurch herabgesetzt und gedemütigt wird. Wir sind darum zu dem Schluss gelangt, dass das einzig wirksame Mittel zur Abstellung dieses Unheils in dem endgültigen Abbruch jeder Beziehung zwischen Juden und Christen besteht. Dies kann nur durch ihre Austreibung aus unserem Königreich erreicht werden.

Quellentext Nr. 76: Léon Poliakov, Die Geschichte des Antisemitismus, IV.: Die Marranen im Schatten der Inquisition, Worms 1981. S. 57

Woran man Juden erkennt

Die in Sevilla errichtete und von den beiden Dominikanern Juan de San Martín und Miguel Morillo geleitete Inquisition erließ am 2. Januar 1481 ein Edikt, in welchem eine Reihe von Merkmalen aufgelistet waren, an welchen man erkennen kann, ob Juden, die zum Christentum übergetreten waren, dies nur nach außen hin getan hatten, insgeheim aber Juden geblieben waren.

I. Ob sie den Messias erwarten oder sagen, dass er noch nicht gekommen sei und dass er kommen würde, sie von der Knechtschaft, in der sie sich befinden, zu erlösen und sie in das Gelobte Land zu führen.

II. Ob er einmal, nachdem er getauft wurde, sich von neuem ausdrücklich zur jüdischen Religion bekannt hat.

III. Ob er gesagt hat, dass das Gesetz des Mose genauso gut sei wie das Gesetz Jesu Christi, um die Menschen zu erlösen.

IV. Ob er den Sabbat als Feiertag beibehalten hat aus Ehrfurcht vor dem Gesetz des Mose. Ein Beweis dafür ist, wenn er ein sauberes Hemd anzieht, wenn er eine bessere Kleidung trägt als an den anderen Tagen, wenn die Tischdecken sauber sind, wenn kein Feuer im Haus angezündet wird und wenn man sich vom voraufgehenden Freitagabend an jeglicher Arbeit enthält.

V. Ob er den Talg oder das Fett des Fleisches, das er isst, entfernt und das Fleisch in Wasser gereinigt hat, indem er es ausbluten ließ. Oder ob er die [früher so genannten] „landres" oder „landrecilla", die heute „Drüsen" heißen, von der Hammelkeule oder von irgendeinem anderen zum Essen bestimmten Tier beseitigt hat.

VI. Ob er dieses oder das Geflügel, das gegessen werden soll, geköpft hat, indem er vorher das Messer am Fingernagel prüfte, ob es Scharten hat. Ob er das Blut mit Erde zudeckte und dabei Worte sprach, die die Juden zu sagen pflegen.

VII. Ob er an Fasttagen Fleisch gegessen hat oder andere durch die Heilige Mutter Kirche verbotene Speisen, ohne dass eine Notwendigkeit dazu bestand, sondern nur weil er glaubte, das tun zu können, ohne zu sündigen.

VIII. Ob er das große Fasten der Juden gehalten hat, das unter verschiedenen Namen bekannt ist. […] Als Beweis dafür ist anzusehen, dass er während des Fastens barfuß gegangen ist, denn so pflegen es die Juden zu machen; oder dass er ihre Gebete gebetet hat oder dass nachts einer den andern um Verzeihung gebeten hat oder dass die Eltern die Hand auf das Haupt ihrer Kinder gelegt haben, ohne das Kreuzzeichen zu machen und ohne dabei etwas zu sagen oder indem sie sagten: „Sei gesegnet von Gott und von mir", denn all das entspricht den Zeremonien, wie sie das Gesetz des Mose vorschreibt.

IX./X. Ob er das Fasten der Königin Esther gehalten hat, das die Juden im Monat Adar begehen zur Erinnerung und zur Nachahmung des Fastens, das die Hebräer während der babylonischen Gefangenschaft zu halten pflegten. Oder das Fasten der Rebekka.

XI. Ob er anderes Fasten gehalten hat, das die Juden während der Woche zu halten pflegen, beispielsweise montags und donnerstags. Ein Beweis dafür ist, an diesem Tag nicht zu essen, bevor nicht der Abendstern aufgegangen ist, auf Fleisch zu verzichten, sich am Tag vorher zu waschen oder die Nägel zu schneiden oder die Haarspitzen zu kürzen und diese aufzubewahren oder zu verbrennen; bestimmte jüdische Gebete mit dem Gesicht zur Wand zu sprechen und dabei den Kopf zu heben und zu neigen, nachdem man sich die Hände mit Wasser oder mit Erde gereinigt hat. Sich mit Wollstoff, Garntuch oder Leinen zu kleiden und die Gewänder mit einer Schnur aus Leinen oder mit einem Lederband zusammenzuhalten.

XII./XIII./XIV. Ob er das Fest der Ungesäuerten Brote gefeiert hat. Ein Beweis dafür ist, an diesen Tagen das Essen mit Sellerie, Salaten oder verschiedenen Arten von Gemüse zu beginnen. Auch ob er das Laubhüttenfest begangen hat. Ein Beweis dafür ist, dass man grüne Zweige aufgestellt und sich [jeman-

den] zum Essen eingeladen hat oder anderen an diesen Tagen Speisen als Geschenk zukommen lässt. Ob er das Chanukka-Fest in Erinnerung an die Wiederherstellung des Tempels zur Zeit der Makkabäer gefeiert hat. Ein Beweis dafür ist, dass man an diesen Tagen ein bis zehn Kerzen anzündet und sie, verschiedene Gebete sprechend, anschließend wieder löscht, wie es bei den Juden Brauch ist.

XV./XVI./XVII./XVIII./XIX. Ob man die jüdischen Tischgepflogenheiten beachtet. Ob man die Speisen nach Art der Juden segnet. Ob man „koscheren" [„*cazer*"] Wein trinkt, welches Wort aus dem Hebräischen kommt und „gesetzmäßig" bedeutet. Ob man Juden gesetzmäßigen Wein empfohlen hat, der von Personen hergestellt wurde, die das Gesetz des Mose beachten. Ob sie Fleisch von Tieren essen, die von Juden getötet wurden. Ob man Speisen isst, die Juden zu essen pflegen, und am gleichen Tisch mit ihnen isst.

XX. Ob er die Psalmen Davids gebetet hat, ohne am Ende den Vers „Gloria Patri et Filio et Spiritui Sancto" hinzuzufügen.

XXI. Ob eine Frau nach einer Niederkunft 40 Tage lang davon absieht, in die Kirche zu gehen, aus Achtung vor dem Gesetz des Mose.

XXII./XXIII./XXIV./XXV./XXVI. Ob sich jemand hat beschneiden lassen oder seinen Sohn zur Beschneidung gab. Ob er ihm einen hebräischen Namen gab, der von denen, die sich zum Gesetz des Mose bekennen, gebraucht wird. Ob er, nachdem er seine Kinder taufen ließ, diese an der Stelle, an welcher man das Öl oder das Chrisma [*den Chrisam*] aufgelegt hatte, den Kopf abrasieren oder waschen ließ. Ob er seine Kinder am siebenten Tag nach ihrer Geburt in ein Becken zum Waschen gab, in dem man außer Wasser auch noch Gold, Silber, Perlen, Korn, Gerste und andere Dinge gegeben hatte und dabei gewisse Worte sprach, welche die Juden zu sprechen pflegen.

XXVII. Ob sie sich nach Art der Juden verheiratet haben.

XXVIII. Ob jemand einen Tag vor einer großen Reise seine Freunde und Verwandten zum Essen eingeladen hat.

XXIX./XXX. Ob sie jüdische Reliquien tragen. Oder Brot als Opfergabe verbrennen.

XXXI. Ob jemand, der im Sterben liegt, den Kopf zur Wand dreht oder drehen lässt, um in dieser Position zu sterben.

XXXII. Ob jemand verfügt hat, dass der Leichnam eines gerade Verstorbenen mit warmem Wasser abgewaschen wird. Ob sie ihm die Barthaare, die

Haare unterm Arm und die an anderen Körperteilen rasiert haben. Ob man ihn in frisches Leinen gewickelt hat. Oder ob man eine Hose, ein Hemd und einen zusammengefalteten Umhang auf ihn gelegt hat. Ob man ihm ein Kissen als Kopfstütze gegeben hat, das mit Erde von einem unbearbeitetem Land gefüllt ist. Oder ob man ihm in den Mund ein Geldstück, eine Perle oder dergleichen steckte.

XXXIII./XXXIV./XXXV./XXXVI. Ob sie die jüdischen Beerdigungsgepflogenheiten einhalten, beispielsweise auf Fleisch zu verzichten. Ob jemand im Haus des Verstorbenen oder in den anderen Häusern des Viertels nach jüdischem Zeremoniell Wasser aus Krügen oder Bottichen versprengt hat.

XXXVII. Ob jemand den Verstorbenen in Neuland oder in einem jüdischen Friedhof beerdigt hat.

Quellentext Nr. 77: Juan Antonio Llorente, Historica critica de la Inquisición espanola, Madrid 1822. – Vgl. Pierre Dominique, Inquisición, Barcelona [2. Auflage] 1997. S. 318–320. – Übersetzung aus dem Spanischen: © Franziska Moser.

GEFÄLSCHTE BRIEFE

Zur Taktik des Kampfes gegen die Juden gehörte es, Nachrichten über die Vorkommnisse in Umlauf zu setzen, die zur Anklage bei der Inquisition geführt hatten. Diese Geschichten gingen von Mund zu Mund, sie wurden gedruckt und den erschreckten Leuten vorgelesen. Aber es wurden auch falsche Geschichten verbreitet. Um Beweismittel gegen die bei der Inquisition angeklagten Juden in Händen zu halten, scheute man auch nicht vor Fälschungen zurück. Ein Musterbeispiel dafür ist der angebliche Briefwechsel zwischen den spanischen Juden und den Juden von Konstantinopel, in dem die Ersteren berichten, dass sie vom König gezwungen werden sollen, sich zum Christentum zu bekehren, und die Letzteren bestimmte Mittel empfehlen, sich dagegen zu wehren. Zwar hätte einem unvoreingenommenen Leser bereits der gesunde Hausverstand sagen müssen, dass der vorgezeigte Brief keineswegs echt sein könne; denn wenn die spanischen Juden einen Brief nach Konstantinopel geschrieben hätten, müsste sich dieser Brief doch in Konstantinopel befinden, und es liegt keinerlei Grund vor, wieso er die Rückreise nach Spanien angetreten haben sollte. Aber solche Details beachtete man für gewöhnlich nicht, und so war es kein Wunder, dass die Fälschung ihren Zweck erfüllte: Beim einfa-

253

chen Volk verstärkte sich die Überzeugung, dass die Juden die Absicht hätten,
die Menschen in Spanien zu beherrschen, sie zu ruinieren, zu vergiften und zu
Sklaven zu machen.

[Die Juden von Spanien an die Juden von Konstantinopel.] An die ehrenwerten Juden, Gruß und Heil. Ihr sollt wissen, dass uns der König von Spani-
en zwingt, uns zum Christentum zu bekehren. Er beraubt uns unserer Güter
und des Lebens, zerstört unsere Synagogen und unterdrückt uns dermaßen,
dass wir nicht mehr ein noch aus wissen. Um des Gesetzes des Mose willen bitten wir euch, versammelt euch und lasst uns so schnell wie möglich die Beschlüsse, die ihr in eurer Versammlung gefällt habt, zukommen. Chamarro,
Prinz der Juden in Spanien.

[Die Juden von Konstantinopel an die Juden in Spanien.] Geliebte Brüder in
Mose. Wir haben euren Brief erhalten, in dem ihr von den Leiden und Schmerzen sprecht, die ihr zu erdulden habt. […] Die Meinung der Rabbiner ist, dass
ihr, da der König von Spanien beabsichtigt, dass ihr Christen werdet, konvertieren sollt; und weil man euch eurer Waren und eures Eigentums beraubt, soll-
tet ihr aus euren Kindern Kaufleute machen, damit sie den Christen ihre Güter
wegnehmen. Ihr sagt, dass man euch eures Lebens beraubt, und wir antworten,
dass ihr aus euren Kindern Apotheker und Ärzte machen sollt, damit sie den
Christen ihr Leben wegnehmen. Da sie eure Synagogen zerstören, sollet ihr
aus euren Söhnen Priester machen, damit sie die christlichen Kirchen zerstören.
Und da ihr, wie ihr sagt, noch andere harte Prüfungen ertragen müsst, sollet
ihr zusehen, dass eure Kinder Zugang zu öffentlichen Ämtern bekommen, damit sie ihre Autorität über die Christen ausüben können. Tragt diesen Instruktionen Rechnung, und ihr werdet sehen, wie aus euch Unterdrückten angese-
hene Leute werden. Auseo, Prinz der Juden von Konstantinopel.

Quellentext Nr. 78: Juan Antonio Llorente, Historica critica de la Inquisición espanola, Madrid
1822; in: Pierre Dominique, Inquisición, Barcelona [2. Auflage] 1997. S. 112–113. – Übersetzung aus dem Spanischen: © Franziska Moser.

DIE FOLTERUNG DER ELVIRA DEL CAMPO

„Ist die spanische Inquisition die Inkarnation einer Grausamkeit ohne Maß
und Ziel?", fragt Léon Poliakov im Kapitel „Die Marranen im Schatten der
Inquisition" in seiner zuerst auf Französisch publizierten „Geschichte des

*Antisemitismus" und gibt eine differenzierende Antwort. Man müsse fest-
stellen, dass die Gefängnisse der Inquisition weit davon entfernt waren,
Verliese für ewig Verurteilte zu sein. „Die reichen Gefangenen konnten sich
dorthin von ihren Dienern begleiten lassen und die armen Gefangenen konnten sich selbst kochen, und manchmal konnten sie am Tag sogar auf den Feldern arbeiten. Reich und Arm konnten Besuche empfangen und auch lesen
und schreiben, wenn sie gebildet waren. Wenn im Gefängnis für die Gefangenen eine zu bedrückende Enge herrschte, mieteten die Inquisitoren in der Stadt
ein Haus für ihre Unterkunft. Wenn es sich bei den zu lebenslänglicher Haft
Verurteilten um Angehörige des geistlichen Standes handelte, so wurden sie
meistens in Klöstern eingesperrt; bei Laien kam es gelegentlich vor, dass sie
ihre Strafe zu Hause verbüßen konnten. Jedoch war die Art der Strafe und Behandlung in weitem Umfang von der Schwere der Anklage oder des Delikts
abhängig, und die ‚Judaisierenden' mussten sich auf das Schlimmste gefasst
machen – ganz wie die Juden im 20. Jahrhundert in den Gefängnissen und
Lagern der Nazis" (Léon Poliakov, Die Geschichte des Antisemitismus, IV.: Die
Marranen im Schatten der Inquisition, Worms 1981. S. 67). Nicht alle Beschuldigten seien gefoltert worden, sagt Poliakov, jedoch treffe es zu, „dass bei
einer Folterung die Qual der Unschuldigen schlimmer war als die der Schuldigen, da das ganze System der Inquisition auf freien und spontanen Geständnissen beruhte; daher rührte auch das Elend der Unschuldigen, da sie ja
nichts gestehen konnten" (Léon Poliakov, op. cit. S. 67).*

*Ein typisches und in seiner Grausamkeit überaus erschütterndes Beispiel
ist der Fall Elvira del Campo. Die Frau dieses Namens, laut Aussage aller
Zeugen eine gute Christin, wurde im Jahr 1567 in Toledo bei der Inquisition
angezeigt, weil sie es vermied, Schweinefleisch zu essen, und weil sie an
Samstagen die Wäsche zu wechseln pflegte. Beide „Delikte" machten sie verdächtig, eine verkappte Jüdin zu sein. Sie wurde einer Folter unterzogen, über
die ein ausführliches Protokoll existiert. Dabei gestand sie, die Handlungen,
die ihr zur Last gelegt wurden, tatsächlich begangen zu haben, sie bestritt jedoch, diese Dinge in ketzerischer Absicht getan zu haben.*

*Elvira del Campo wurde vier Tage nach ihrer ersten „peinlichen Befragung",
wie die Inquisitoren ein Verhör unter Anwendung der Folter zu nennen pflegten, ein zweites Mal gefoltert. Die Frist von vier Tagen hatte einen tieferen Sinn.
Man wusste aus Erfahrung, dass in dieser Zeit die malträtierten Körperteile*

255

steif wurden und die neuerliche Tortur deshalb umso schmerzhafter sein würde. Die nochmalige Folterung verstieß freilich eklatant gegen das geltende Recht, denn es gab das Prinzip, dass jeder nur einmal gefoltert werden durfte. Nichtsdestoweniger konnte der Inquisitor, obwohl die Aussagen, die Elvira del Campo in der Panik der Peinigung machte, immer verworrener wurden, am Ende das gewünschte Ergebnis der Prozedur ins Protokoll schreiben lassen: ein Geständnis des heimlichen Judaismus und die Bitte um Gnade und Buße.

Sie wurde in die Folterkammer gebracht, wo ihr eröffnet wurde, dass sie die Wahrheit sagen müsse, worauf sie erwiderte, dass sie nichts zu sagen habe. Es wurde befohlen, sie auszukleiden, sie wurde abermals ermahnt und schwieg. Nachdem sie entkleidet war, sagte sie: „Ihr Herren, ich habe alles getan, was man von mir sagt, und ich zeuge falsch gegen mich selbst, denn ich mag mich nicht in diesem Zustand sehen; bei Gott, ich habe nichts getan." Es wurde bedeutet, sie dürfe nichts Falsches über sich sagen, sondern nur die Wahrheit. Es wurde mit dem Binden der Arme begonnen und sie sagte: „Ich habe die Wahrheit gesagt; was muss ich sagen?" Ein Strick wurde um die Arme gezogen und sie wurde ermahnt, die Wahrheit zu sagen, allein sie erklärte, sie habe nichts zu sagen. Dann schrie sie und sprach: „Ich habe alles getan, was man sagt." Aufgefordert, im Einzelnen anzugeben, was sie getan hätte, erwiderte sie: „Ich habe die Wahrheit schon gesagt." Dann schrie sie und sagte: „Sagt mir, was ihr wissen wollt, denn ich weiß nicht, was ich sagen soll." Es wurde ihr bedeutet, sie solle sagen, was sie getan habe, denn sie werde gefoltert, weil sie nichts gesagt habe, und eine weitere Drehung des Seiles wurde angeordnet. Sie schrie: „Lasst mich los, ihr Herren, und sagt mir, was ich sagen soll; ich weiß nicht, was ich getan habe; o Herr, habe Mitleid mit mir Sünderin." Nach einer weiteren Drehung sagte sie: „Lasst mich ein wenig los, damit ich mich besinne, was ich zu sagen habe, ich weiß nicht, was ich getan habe; ich aß kein Schweinefleisch, weil es mich krank machte; ich habe alles getan: Lasst mich los und ich will die Wahrheit sagen." Es wurde wieder eine Drehung befohlen und sie sprach: „Lasst mich los und ich will die Wahrheit sagen; ich weiß nicht, was ich zu sagen habe – lasst mich los um Gottes willen – sagt mir, was ich sagen soll – ich habe es getan, ich habe es getan – sie tun mir weh, Herr – lasst mich los, lasst mich los und ich sage es euch." Es wurde ihr bedeutet, sie solle es sagen, und sie antwortete: „Ich weiß nicht, was ich sagen soll – ich habe es getan, Herr – ich habe nichts zu sagen – o meine Arme, lasst mich los und ich will es sagen." Auf die Frage, was sie getan habe, antwortete sie: „Ich habe es nicht gegessen, weil ich es nicht mochte." Befragt, warum sie es nicht mochte, sagte sie: „Ach, lasst mich los, lasst mich los – nehmt mich hier weg und ich will es euch sagen, wenn ich hier weg bin – ich sage, dass ich es nicht aß." Es wurde ihr gesagt, sie solle reden, und sie sprach: „Ich aß es nicht, ich weiß nicht warum." Es wurde eine weitere Drehung befohlen und sie sagte: „Herr, ich aß keines, weil ich es nicht mochte, lasst mich frei und ich will es euch sagen." Sie wurde aufgefordert zu sagen, was sie unserem katholischen Glauben zuwider getan habe. Sie sagte: „Nehmt mich hier weg und sagt mir, was ich zu sagen habe – sie tun mir weh – o meine Arme, meine Arme", was sie oftmals wiederholte. Und sie fuhr fort: „Ich entsinne mich nicht – sagt mir, was ich zu sagen habe – o ich Unglückliche – ich will alles sagen, was man will, ihr Herren – sie brechen mir den Arm – lasst mich ein wenig los – ich habe alles getan, was man von mir sagt." Es wurde ihr bedeutet, im Einzelnen wahr zu berichten, was sie getan habe. Sie sagte: „Was verlangt man, dass ich sagen soll? Ich habe alles getan – lasst mich los, denn ich erinnere mich nicht, was ich sagen soll – seht ihr nicht, was für eine schwache Frau ich bin? – O, o meine Arme brechen." Es wurden weitere Drehungen befohlen und darüber sagte sie: „O, o lasst mich los, ich weiß ja nicht, was ich sagen soll – o meine Arme – ich weiß nicht, was ich sagen soll – wenn ich es getan hätte, würde ich es sagen." Die Stricke wurden enger angezogen und sie sagte: „Ihr Herren, habt ihr denn kein Mitleid mit einer sündigen Frau?" Es wurde ihr bedeutet, ja doch, wenn sie die Wahrheit sagte. Sie sprach: „Herr, sagt es mir, sagt es mir." Wieder wurden die Stricke angezogen und sie sagte: „Ich habe schon gesagt, dass ich es getan habe." Es wurde ihr befohlen, Einzelheiten anzugeben, worauf sie erwiderte: „Ich weiß nicht, wie ich es sagen soll, Herr, ich weiß es nicht." Darauf wurden die Stricke gelöst und gezählt, und es gab sechzehn Drehungen, und bei der letzten riss der Strick.

Es wurde nun befohlen, sie auf den Potro [*die Folterbank*] zu legen. Sie sagte: „Ihr Herren, wollt ihr mir nicht sagen, was ich zu sagen habe? Herr, legt mich auf den Boden – habe ich nicht gesagt, dass ich alles getan habe?" Sie wurde geheißen, es zu sagen. Sie sagte: „Ich erinnere mich nicht – nehmt mich weg – ich habe getan, was die Zeugen sagen." Sie wurde geheißen, im Einzelnen zu sagen, was die Zeugen gesagt hätten. Sie sprach: „Herr, wie ich es euch gesagt habe, ich weiß es nicht gewiss. Ich habe gesagt, dass ich alles getan habe, was die Zeugen sagen. Ihr Herren, lasst mich los, ich erinnere mich ja nicht."

Es wurde ihr geboten, es zu sagen. Sie sagte: „Ich weiß nicht. O, o sie reißen mich in Stücke – ich habe gesagt, dass ich es getan habe – lasst mich gehen." Sie wurde geheißen, es zu sagen. Sie sagte: „Ihr Herren, es hilft mir nichts, wenn ich sage, dass ich es getan habe, und ich habe zugegeben, dass, was ich getan habe, diese Qual über mich gebracht hat – Herr, ihr kennt die Wahrheit – ihr Herren, um Gottes willen habt Mitleid mit mir, ihr Herren, nehmt mir diese Dinge von den Armen – ihr Herren, lasst mich los, sie töten mich." Sie wurde mit den Stricken auf den Potro gebunden und ermahnt, die Wahrheit zu sagen, und die Garrotes [*Nebenstricke*] wurden angezogen. Sie sprach: „Herr, seht ihr nicht, dass diese Leute mich töten? Herr, ich habe es getan – um Gottes willen, lasst mich gehen." Sie wurde aufgefordert, es zu sagen, und sprach: „Herr, erinnert mich an das, was ich nicht weiß – Herr, habt Mitleid mit mir – lasst mich in Gottes Namen gehen – sie haben kein Mitleid mit mir. – Ich habe es getan – nehmt mich hier weg und ich will mich besinnen, hier kann ich es nicht." Sie wurde ermahnt, die Wahrheit zu sagen, oder die Stricke würden fester angezogen. Sie sprach: „Erinnert mich an das, was ich zu sagen habe, denn ich weiß es ja nicht – ich habe gesagt, dass ich es nicht essen mochte –", und dies wiederholte sie oftmals. Befragt, warum sie es nicht essen mochte, antwortete sie: „Aus der Ursache, wie die Zeugen sagen – ich weiß nicht, wie ich das sagen soll – ich Ärmste weiß nicht, wie ich es sagen soll – ich habe gesagt, dass ich es getan habe, und ich weiß nicht, mein Gott, wie ich es sagen soll." Dann sagte sie, wie könne sie es sagen, da sie es nicht wisse – „Sie wollen nicht auf mich hören – diese Leute wollen mich töten – lasst mich los und ich will die Wahrheit sagen." Abermals ermahnt, die Wahrheit zu sagen, erwiderte sie: „Ich habe es getan, ich weiß nicht, wie ich es getan habe – ich habe es getan aus der Ursache, wie die Zeugen sagen – lasst mich los und ich will die Wahrheit sagen." Dann sagte sie: „Ihr Herren, ich habe es getan, ich weiß nicht, wie ich es sagen kann, aber ich sage es, wie die Zeugen sagen. – Ich will es sagen – nehmt mich hier weg – Herr, wie die Zeugen sagen, so sage und bekenne ich." Sie wurde geheißen, es zu erklären, und antwortete: „Ich weiß nicht, wie ich es sagen soll – ich habe kein Gedächtnis – Herr, du bist Zeuge, dass, wenn ich mehr wüsste, ich es sagen würde. Ich weiß nicht mehr zu sagen, als dass ich es getan habe, und Gott weiß es." Sie sagte mehrmals: „Ihr Herren, ihr Herren, nichts hilft mir. Du, Herr, hörst, dass ich die Wahrheit sage und nicht mehr sagen kann – sie reißen mir die Seele aus – befehlt, dass sie mich loslassen." Dann sagte sie: „Ich sage nicht, dass ich es getan habe – ich habe nicht mehr gesagt." Dann sagte sie: „Ich habe es getan, um jenes Gesetz zu beobachten." Auf die Frage, welches Gesetz, antwortete sie: „Das Gesetz, das die Zeugen sagen – ich erkläre ja alles, Herr, und erinnere mich nicht, welches Gesetz es war – o, unglücklich die Mutter, die mich geboren hat." Befragt, welches Gesetz sie meine und welches Gesetz es sei, das die Zeugen, wie sie sagte, meinten, erwiderte sie nichts, obschon die Frage mehrmals wiederholt wurde, und schließlich sagte sie, sie wisse es nicht. Sie wurde aufgefordert, die Wahrheit zu sagen, oder die Stricke würden fester angezogen, allein sie schwieg. Es wurde eine weitere Drehung der Stricke befohlen und sie wurde ermahnt zu sagen, welches Gesetz es sei. Sie sagte: „Wenn ich wüsste, was ich sagen soll, so würde ich es sagen. O Herr, ich weiß nicht, wie ich es sagen soll – o, o sie bringen mich um – wenn sie mir nur sagten, was – o ihr Herren, o mein Herz!" Dann fragte sie, warum sie verlangten, dass sie sagen solle, was sie nicht wissen könne, und schrie mehrmals; „Ach, ich Elende!" Dann sagte sie: „Herr, sei mein Zeuge, dass sie mich töten, ohne dass ich imstande bin, zu bekennen." Es wurde ihr gesagt, dass, wenn sie die Wahrheit sagen wolle, bevor das Wasser in ihre Gurgel eingelassen würde, könne sie das tun und ihr Gewissen reinigen. Sie sagte, sie könne nicht reden und sei eine Sünderin. Darauf wurde die leinene Toca angebracht [*ein Stück Stoff, das über den gewaltsam geöffneten Mund gelegt wurde und über welches Wasser geschüttet wurde, bis die gefolterte Person zu ersticken drohte*], und sie sagte: „Nehmt das weg, ich erwürge [*es würgt mich, sodass ich ersticke*] und habe Weh im Magen." Darauf wurde ein Krug Wasser eingelassen und es wurde ihr bedeutet, die Wahrheit zu sagen. Sie schrie, sie wolle beichten, denn sie sei am Sterben. Es wurde ihr erklärt, die Folter würde fortgesetzt, bis sie die Wahrheit gesagt habe, und sie wurde ermahnt, sie zu sagen, allein trotz mehrfacher Fragen schwieg sie. Da der Inquisitor sie durch die Folter erschöpft fand, befahl er, diese zu unterbrechen. [1]

Da das Folterprotokoll lediglich eine Momentaufnahme des Falls Elvira del Campo bietet, muss zum besseren Verständnis des Schicksals dieser Frau auch die Vor- und Nachgeschichte ihrer Folterung beachtet werden. Henry Charles Lea hat sie anhand der erhaltenen Akten (Arch. hist. nac., Inq. de Toledo, Leg 128) in folgender Weise dargestellt.

Elvira del Campo, die 1567 in Toledo abgeurteilt wurde, war von Conversoabkunft. Sie heiratete Alonso de Moya, einen Schreiber aus Madridejos, anscheinend aus altchristlicher Familie. Laut Zeugnissen von früheren Dienern oder nächsten Nachbarn ging sie zur Messe und Beichte und benahm sich äußerlich wie eine gute Christin, war auch gut und mildtätig, wollte aber kein Schweinefleisch essen, und wenn sie solches für die Familie kochte, fasste sie es nur mit einem Tuch an, um es nicht zu berühren, weil es ihr ein Kratzen in der Gurgel verursache und ihre Hand nach einer unmittelbaren Berührung danach rieche. Es wurde auch vorgebracht, dass sie an Samstagen frische Körperwäsche anlegte und nicht arbeitete, doch dies wurde als unerheblich abgetan und die Anklage beschränkte sich auf die Abneigung gegen Schweinefleisch.

Die Hauptzeugen waren zwei Gehilfen ihres Mannes, Pedro de Liano und Alonso Collados, Hausgenossen, und deren Aussagen enthielten viele Einzelheiten aus Schnüffeleien in der Küche und den Schränken und über alle Vorgänge im Haushalt. Liano sagte aus, er und Collados hätten sich einmal darüber unterhalten, dass eine Hammelkeule eine Nacht hindurch im Wasser geweicht worden sei, wobei Collados den Gedanken geäußert habe, ob das wohl mit einer jüdischen Zeremonie zusammenhänge, in welchem Falle er sie gerne bei der Inquisition anzeigen würde, da er nicht gut mit ihr stehe. Dennoch sagte Collados am Schluss seines Verhörs vor Gericht, er wolle ihr wohl, weil sie ihn gut behandelt habe, er habe sie auch für eine gute Christin gehalten, die zur Messe gehe, keine üble Nachrede führe, sehr zurückhaltend sei, ihr Haus selten verlasse und nur mit wenigen rede.

Elvira wurde im Juli verhaftet und ihr Prozess wurde, da sie schwanger ging, zuerst rasch geführt, dann wegen ihrer Niederkunft [am 31. August] drei Monate unterbrochen. Sie gab zu, dass sie kein Schweinefleisch esse, aber auf ärztlichen Rat, wegen eines Übels, das ihr Mann ihr mitgeteilt habe und das sie zu verbergen wünsche. Auf die übrigen Anschuldigungen wurde kein Gewicht gelegt. Ihre Rechtgläubigkeit betonte sie nachdrücklich. Von den zwölf Belastungszeugen ermittelte sie sechs, es gelang ihr jedoch nicht, sie wegen Feindschaft ablehnen zu lassen, mit Ausnahme von Collados und einem andern, die auch die gefährlichsten waren. Von dreizehn Leumundzeugen, Geistlichen und Nachbarn, gaben zwölf an, dass sie sie als eine gute Christin kännten, die ihren religiösen Pflichten und den kirchlichen Vorschriften nach lebe und keinen Grund zu Verdacht biete; einer erklärte, nichts zu wissen. Es blieb also nichts übrig, als sie auf die Folter zu spannen, was zweimal geschah, mit dem Ergebnis, dass sie bekannte, als sie elf Jahre alt war, habe ihre Mutter ihr gesagt, kein

Schweinefleisch zu essen und den Sabbat zu halten, was, wie sie gewusst habe, gegen das christliche Gesetz verstoße. Da sie ihre Mutter jedoch in demselben Alter verlor, dürfen wir wohl die Richtigkeit des Geständnisses bezweifeln. Am andern Tag bestätigte sie es in der Weise, dass das Vermeiden von Schweinefleisch, das Wechseln des Hemdes und das Halten des Sabbats dem mosaischen Gesetz gemäß geschehen sei, wie ihre Mutter sie es gelehrt habe; das habe sie niemand gegenüber erwähnt, weil ihr Vater sie getötet hätte und sie ihren Gatten gefürchtet habe.

Daraufhin fand sich in der Consulta de fe tatsächlich ein Fanatiker, der für „Relaxation" stimmte, die übrigen Mitglieder waren für Aussöhnung mit allen Unfähigkeiten und Güterverlust sowie drei Jahren Gefängnis und Sanbenito [Büßergewand für Ketzer]. Das wurde ihr am 13. Juni 1568 in einem Auto de fe verkündigt, indes wurde nach Ablauf von sechs Monaten das Gefängnis in geistige Strafen umgewandelt, und sie durfte gehen, wohin sie wollte. So hatte sie nicht nur die Qualen des Prozesses durchgemacht, sie war auch an den Bettelstab gebracht, und ihre Verwandten und Nachkommen hatten ein unauslöschliches Kainszeichen. Was aus dem im Gefängnis geborenen Kinde geworden ist, ist nicht bekannt; wahrscheinlich wollte es dessen Glück, dass es bald starb. [2]

Quellentext Nr. 79: Henry Charles Lea, Geschichte der Spanischen Inquisition. Bd. 2, Leipzig 1912. [1] S. 173–176. – [2] 297–299.

Klage eines Morisken

Zur Zeit des Kalifats von Córdoba war der Islam die größte Religion in Spanien gewesen, im 14. Jahrhundert war nur noch ein Zehntel der spanischen Bevölkerung muslimisch, und 1492, als die Juden vertrieben wurden, nur noch fünf Prozent. „Diese Menge kam etwa der Zahl der ‚mudéjares', das heißt der loyalen Mauren, gleich", die durchaus friedlich „vor allem im Königreich Valencia lebten, dessen adelige Herren aus der Arbeit dieser geschickten Bauern den größten Teil ihrer Einkünfte bezogen" (Léon Poliakov, Die Geschichte des Antisemitismus, IV.: Die Marranen im Schatten der Inquisition, Worms 1981. S. 177). Die Inquisition ging mit den „Morisken", wie dieses letzte Aufgebot der ehemaligen muslimischen Mehrheit in Spanien bezeichnet wurde, nicht in gleicher Weise um wie mit den Juden. Man begnügte sich mit einer Art von „religiösen

Razzien", indem man von Zeit zu Zeit Kontrollen veranstaltete (vgl. Poliakov, op. cit. S. 183). Unter Philipp II. wurden die Zeiten für die „neuen Christen" moriskischer Prägung allerdings spürbar härter. Am 1. Januar 1567 wurde eine Verordnung erlassen, durch die gewisse Einzelheiten des täglichen Lebens streng geregelt wurden. So mussten die Morisken „ihre orientalischen Badeanstalten zerstören, die Kleidungen und Schleier ihrer Frauen vernichten, drei Tage in der Woche die Türen ihrer Häuser offen stehen lassen und in einer Frist von drei Jahren die arabische Sprache vergessen und verlernen, um sich einzig und allein des Kastilischen zu bedienen" (Poliakov, op. cit. S. 184). Gleichzeitig wurden die Leute in verstärktem Ausmaß kontrolliert und bekamen eine spezielle Art von religiöser Unterweisung verordnet. Auf die damit verbundenen Maßnahmen bezieht sich der erste Teil eines Abschnitts aus einem Brief eines namentlich nicht bekannten Morisken. Im zweiten Teil dieses Schreibens, das von der Inquisition abgefangen wurde und daher erhalten geblieben ist, weiß der Briefschreiber allerdings auch von härtester Folter zu berichten. Politisch gefährlich erschienen die Morisken, weil sie einerseits in Verdacht standen, mit den islamischen Feinden Spaniens zu konspirieren und für die Türken zu spionieren, und weil sich die Verfemten immer wieder zu Piratenbanden zusammenschlossen und mit berberischen Seeräubern gemeinsame Sache machten.

Die 1582 getroffene politische Entscheidung, sich der Morisken durch Ausweisung zu entledigen und dabei in Valencia den Anfang zu machen, war auch flankiert von radikalen, religiös motivierten Überlegungen, die in ihrer Konsequenz eine beängstigende Parallele zur berüchtigten „Endlösung der Judenfrage" darstellen, wie sie ein paar Jahrhunderte später den Nationalsozialisten vorschwebte. So machte der damalige Kardinal von Toledo allen Ernstes den Vorschlag, „dass Seine Majestät ausgedehnte, gerichtlich angeordnete Hinrichtungen bei ihnen [d. h. den Morisken] durchführen lässt und dazu Beamte des Heiligen Offiziums ernennt, die sich nur mit ihnen befassen sollten. Von der Art und Weise, mit der sie in ihrer Häresie verharren, wissen wir, dass ihre Schuld so offenkundig ist, dass sie alle hingerichtet werden können, ohne dass es irgendeines anderen Beweises bedürfte" (zit. in: P. Boronat y Barrachina, Los Moriscos espanoles y su expulsión, Bd. 1, Valencia 1901. S. 366).

[Aus der Klageschrift eines unbekannten Morisken.] Sie rufen uns mit einer Glocke zur Anbetung des Götzen und sie befehlen uns, uns sofort zu ihrer teuflischen Kirchenversammlung zu begeben. Sobald wir uns in der Kirche versammelt haben, erhebt sich ein Priester mit der Stimme einer Eule und macht auf den Wein und das Schweinefleisch aufmerksam; denn dieser Gottesdienst spielt sich mit Wein ab. Alle vier Monate geht der Priester, unser Feind, in die Häuser, die er verdächtigt, um dort nach Personalausweisen zu fragen. Er geht von einer Stelle zur anderen mit seinem Papier, seiner Feder und seiner Tinte; wer keinen Personalausweis hat, zahlt ihm einen Dirhem [*eine Münze*] als Bußgeld. Die Feinde haben beschlossen, dass die Lebenden für die Toten zahlen. Gott möge mit dem sein, der nicht zahlen kann! […]

Sie [*die Inquisitoren*] stecken [den Angeklagten] in ein schreckliches Gerichtsgebäude, in dem er lange Zeit bleiben muss; sie öffnen vor ihm tausend Abgründe, aus denen kein noch so guter Schwimmer sich wieder herausbegeben kann; denn es ist ein Meer, das man nicht durchqueren kann. Von hier führen sie ihn in die Folterkammer und binden ihn, um ihn der Folter zu unterwerfen; sie foltern ihn so sehr, bis sie ihm förmlich die Knochen verbrannt haben. Dann versammeln sie sich an Ort und Stelle und richten dort ein Gerüst auf. Sie selbst vergleichen diesen Tag mit dem des Jüngsten Gerichts. Wer hierbei noch davonkommt, wird mit einer gelben Robe bekleidet; die anderen werfen sie zusammen mit schrecklichen Standbildern und Figuren ins Feuer. Der Feind hat uns zutiefst auf jede nur erdenkliche Art und Weise gefoltert, er hat uns mit einem Kreis aus Feuer umgeben; wir stehen unter einer Unterdrückung, die wir nicht ertragen können.

Quellentext Nr. 80: Léon Poliakov, Die Geschichte des Antisemitismus, IV.: Die Marranen im Schatten der Inquisition, Worms 1981. S. 184–185

Brief des Mufti von Oran

Zehn Jahre nach der Eroberung Granadas gab es in Kastilien nach außen hin nur noch Christen. Die Morisken passten sich der ihnen aufgezwungenen Situation an und machten es wie die Juden: Sie praktizierten ihre Religion im Geheimen. Dabei waren sie insofern besser dran, „weil die Inquisition sie im Allgemeinen in Ruhe ließ", sei es, „weil diese Leute weniger reich waren oder weil man ihnen Straffreiheit zugesichert hatte" (Léon Poliakov, Die Geschichte des Antisemitismus, IV.: Die Marranen im Schatten der Inquisition, Worms 1981. S. 179).

In dieser Situation erbauten sich die heimlichen Anhänger Mohammeds an einem Text, der sie in ihrem Bemühen bestärkte, im Widerstand gegen die katholische Staatsmacht ihren ureigenen Glauben zu bewahren. Dieser Text hatte den Titel „Brief des Mufti von Oran an die Muselmanen von Andalusien" und war in spanischer Sprache abgefasst, jedoch mit arabischen Buchstaben geschrieben. Léon Poliakov nennt diesen Brief ein „seltsames Dokument", das zeigt, wie die zwangsevangelisierten Muslime „ihr Verhalten mit ihrem Gewissen in Einklang brachten und wie sie sich mit der Kunst des inneren Vorbehalts vertraut machten" (Poliakov, op. cit. S. 179). Der Brief des Mufti ist als Antwort auf eine Anfrage der im katholischen Spanien lebenden Muslime formuliert, die ihren religiösen Führer in Algerien gebeten hatten, ihnen zu raten, wie sie sich verhalten sollen; und die Botschaft des gelehrten islamischen Seelsorgers besteht darin, seine Glaubensbrüder zu ermutigen, in ihrer Überzeugung standhaft zu bleiben und ihre Unterdrücker zu täuschen.

Ihr sollt wissen, dass die Götzen nur vergoldetes Holz und bearbeitete Steine sind; sie dienen euch zu nichts und sind für euch unnütz. Die Königsherrschaft ist allein Gottes Sache; er zeugt keine Söhne und hat keine Gemahlin. [...] Wenn man euch mit Gewalt dazu zwingt, ein Wort der Verleugnung zu sagen, so sprecht dieses, wenn es möglich ist, mit geheimen Worten im gegenteiligen Sinn aus; sonst sagt es so, wie sie es euch vorsagen, doch so, dass euere Herzen nur noch fester auf dem Grund der Religion des Islams stehen, indem ihr von Herzen all das ablehnt und leugnet, was sie euch sagen lassen. [...] Wenn sie euch sagen, dass Jesus am Kreuz gestorben ist – wie sie doch lügen! –, dann sagt euch in eurem Innern, dass dies dazu geschah, um ihm mehr Vollkommenheit und Ehre zu verleihen und dass der Allerhöchste ihn in die Höhen des Himmels entrückte, um ihn zu verherrlichen und ihn aus der Mitte eines verkehrten Volkes wegzunehmen.

[...] Was mich anlangt, so werde ich den Allerhöchsten bitten, er möge den Lauf des Schicksals zugunsten des Islam wenden, bis ihr Gott öffentlich ohne Missbilligung und ohne Furcht dank des Bündnisses mit den Türken anbeten könnt.

Quellentext Nr. 81: J. Cantineau, Lettre du Mufti d'Oran aux Musulmans d'Andalousie; in: Journal Asiatique, vol. 110, I–III, 1927. – Léon Poliakov, Die Geschichte des Antisemitismus, IV.: Die Marranen im Schatten der Inquisition, Worms 1981. S. 179.

Bannfluch und Autodafé

Markenzeichen der Spanischen Inquisition

Beim so genannten „Glaubensedikt" – einer alljährlich, meist in der Fasten-
zeit stattfindenden Veranstaltung – wurde die Bevölkerung eindringlich auf-
gefordert, der Inquisition Anzeige zu erstatten. Alle Männer und Frauen, die
das zwölfte bzw. 14. Lebensjahr vollendet hatten, wurden verpflichtet, inner-
halb von sechs Tagen dem Gericht die Namen aller Personen – egal, ob es sich
um lebende oder bereits tote handelte – bekannt zu geben, von denen sie wuss-
ten oder gehört hatten, dass sie sich in irgendeiner Weise der Ketzerei ver-
dächtig gemacht hätten. Wer zum Geständnis oder zur Anzeige verpflichtet
war und es unterließ, verfiel dem Bannfluch, der in einer Furcht einflößenden
feierlichen Zeremonie verkündet wurde.

Der Bannfluch

In schweigender Prozession schritten die Priester zum Altar, auf dem zwei
Fackeln brannten. Das Kreuz war schwarz verhüllt. Sodann verlas ein Priester
den Wortlaut des Fluchs.

Wir sprechen Bann und Anathema [*Verfluchung*] aus im Namen des Vaters
und des Sohnes und des Heiligen Geistes in der Form des Gesetzes über alle
Ketzer, die von unserem heiligen katholischen Glauben abgefallen sind, über
deren Begünstiger und Verhehler, die sie nicht angeben wollen, und wir verfluchen sie, auf dass sie verflucht seien als Glieder des Teufels und ausgestoßen
aus dem Schoß und der Einheit unserer heiligen Mutter der Kirche. Und wir
gebieten allen Gläubigen, sie dafür anzusehen und sie zu verfluchen, damit sie
der Rache und Erbitterung des allmächtigen Gottes anheim fallen.

Alles Unglück und alle Plagen Ägyptens, die den König Pharao heimsuch-
ten, sollen über sie kommen, weil sie Gottes Geboten nicht gehorcht haben.

Verflucht seien sie, wo sie gehen und stehen, in Stadt und Land, essend und
trinkend, wachend und schlafend, im Leben und im Tode. Verflucht seien die
Früchte ihres Landes und ihr Vieh darauf.

Möge Gott ihnen Hunger und Pestilenz senden, sie zu verzehren. Mögen

265

sie der Verachtung ihrer Feinde und dem Abscheu aller Menschen anheim fallen. Möge der Teufel zu ihrer Rechten sein. Mögen sie verurteilt werden, wenn sie vor Gericht erscheinen. Mögen sie von Haus und Hof vertrieben werden. Mögen ihre Feinde ihr Gut nehmen und über sie siegen. Mögen ihre Frauen und Kinder sich gegen sie erheben und Waisen und Bettler werden, denen niemand Hilfe in der Not leistet. Möge man immerdar ihrer Verruchtheit in Gegenwart Gottes gedenken.

Verflucht seien sie mit allen Flüchen des Alten und des Neuen Bundes. Es soll sie der Fluch Sodoms und Gomorras ereilen und sein Feuer sie verzehren. Es soll sie die Erde lebendig verschlingen wie Datan und Abiram für die Sünde des Ungehorsams. Verflucht sollen sie sein wie Luzifer, mit allen Teufeln der Hölle, wo sie verbleiben sollen mit Judas und den Verdammten auf ewig, wenn sie ihre Sünden nicht erkennen, um Gnade bitten und ihren Lebenswandel bessern.

Auf die Verlesung des Fluchs hatte das Volk mit „Amen" zu antworten, die Priester sangen den Psalm „Deus laudem meam" und das „Miserere". Unter Glockengeläute entfernte sich die Prozession aus dem Altarraum und die Fackelträger löschten ihre Fackeln im Weihwasser, wobei sie sprachen: So wie diese Fackeln im Wasser wird ihre Seele im Feuer ersterben.

Quellentext Nr. 82: Henry Charles Lea, Geschichte der Spanischen Inquisition, Bd. 1, Leipzig 1911. S. 412–413.

DAS AUTODAFÉ

Der an der Universität Salzburg lehrende Historiker Lothar Kolmer hat darauf aufmerksam gemacht, dass sich die Inquisitoren einer Art Sondersprache bedienten. „Die Ketzerbekämpfer verwandten Wörter mit einem festen Bedeutungsinhalt nicht nur im Wortsinne, sondern sie unterlegten ihnen einen anderen, selbst geschaffenen", heißt es in seiner 1982 erschienenen Studie „Ad capiendas vulpes": „Dadurch ergab sich dann, dass die Taten der Ketzer abgewertet und als Delikte strafbar gemacht wurden, weil man die Handlungen der Ketzer mit Worten wiedergab, mit denen gemeinhin Delikte bezeichnet wurden." (Lothar Kolmer, Ad capiendas vulpes. Die Ketzerbekämpfung in Südfrankreich in der ersten Hälfte des 13. Jahrhunderts und die Ausbildung des Inquisitionsverfahrens, (Pariser Historische Studien, Bd. 19), Bonn 1982.

„Zu gegebener Zeit zogen berittene Vertraute und Notare mit Trommel und Trompeten und dem Inquisitionsbanner durch die Straßen, und an bestimmten Plätzen wurde geschellt und der Stadtrufer verkündigte: ‚Allen Anwohnern dieser Stadt kund und zu wissen, dass das heilige Offizium der Inquisition zum Ruhme und zur Ehre Gottes und der Erhebung unseres heiligen katholischen Glaubens ein öffentliches Auto(dafé) feiern wird.'" Aus einer Schilderung aus dem 17. Jahrhundert. Prozession der Inquisitoren und ihrer Opfer in Goa auf dem Weg zu einem Autodafé.

S. 125). Auf der anderen Seite konnte auf diese Weise – übrigens nicht unähnlich wie bei der „redefinierten" Sprache der „Scientology"-Organisation, wo beispielsweise „Ethik" etwas anderes bedeutet als das, was man üblicherweise unter Ethik versteht (vgl. Renate Hartwig, Scientology – Ich klage an, Augsburg 1994. S. 160) – die eigene Praxis verharmlost werden, „indem für eigene Handlungen neutrale oder positiv verstandene, also ‚euphemistische' Bezeichnungen gewählt wurden" (Lothar Kolmer, op. cit. S. 125). Als Paradebeispiel für eine solche verharmlosende Ausdrucksweise nennt der Autor das „Autodafé", das von „actus fidei" – „Glaubensakt" – abgeleitet ist, aber durchaus nicht den Akt des Glaubens, sondern die Verbrennung von Ketzern bezeichnet.

Die folgende Schilderung eines Autodafés, wie es in Toledo üblich war, stammt aus einer im 17. Jahrhundert erschienenen Schrift, deren Zweck es war, Inquisitoren einzuschulen. Dass der Gebrauchswert des Textes im Vordergrund stand, merkt man an der mangelnden stilistischen Glätte. So wechselt der Verfasser in der Schilderung des Autodafés von der anfänglich gebrauchten Erzählform der Mitvergangenheit zum beschreibenden Präsens – eine stilistische Eigentümlichkeit, welche signalisiert, dass hier einer von einem konkreten Geschehen ausging, das er gesehen und miterlebt hatte, um dann mehr oder weniger unvermittelt zu beschreiben, wie ein solches „Auto" nach allen Regeln der Kunst abzulaufen habe.

War ein Auto beschlossen, so wurde es der Vorbereitungen wegen einen Monat im Voraus angesetzt. Auf Ansage bei dem Corregidor und dem Kapiteldekan versammelten diese am andern Morgen 9 Uhr ihre Körperschaften und einige höhere Beamte mit Vertrauten und kündigten dann ihnen sowie dem Bischof die bevorstehende Feier an.

Zur gegebenen Zeit zogen berittene Vertraute und Notare mit Trommeln und Trompeten und dem Inquisitionsbanner durch die Straßen, und an bestimmten Plätzen wurde geschellt und der Stadtrufer verkündigte: „Allen Bewohnern dieser Stadt kund und zu wissen, dass das Heilige Offizium der Inquisition zum Ruhme und zur Ehre Gottes und der Erhebung unseres heiligen katholischen Glaubens ein öffentliches Auto feiern wird."

Die Vorbereitungen folgten alsbald. Kommissare wurden für Errichtung und Ausschmückung der Bühnen bestellt, Wachs für die Vorabendprozession des Grünen Kreuzes bereitgestellt, Einladungen an die Bettelorden und die Pfarren zur Teilnahme an der Prozession und dem Auto erlassen, desgleichen bei Strafe für das Ausbleiben an die Vertrauten, Notare, Kommissare, Konsultoren und Qualifikatoren im ganzen Gerichtssprengel, die Mönche bezeichnet, die den Todgeweihten in ihrer letzten Nacht beizustehen hatten, Corozas [*Ketzerhüte in Mitrenform*] eine dreiviertel Elle hoch, mit Flammen für die Hinzurichtenden, in der gewöhnlichen Form für die übrigen Vorzuführenden hergerichtet, dann Sanbenitos [*Büßergewänder für Ketzer*] mit Flammen für die Todesopfer, mit zwei Aspas [*Streifen*] für die Auszusöhnenden und je einem vorn und hinten für die Abschwörenden, sowie Stricke für die Hinzurichtenden und die zu Stäupenden. Bildnisse zum Verbrennen hatten halbe Körperlänge, um auf Stangen getragen zu werden; ausgegrabene Gebeine kamen in schwarzen Särgen unter die Bildnisse; Letztere hatten Mitren auf, und auf den Sanbenitos auf einer Seite Flammen, auf der anderen Name, Wohnort und Verbrechen des Nachgerichteten. Grüne Kreuze, welche die Todgeweihten, gelbe Wachskerzen, welche die Büßenden trugen, sowie Weidenruten für die Aussöhnungsfeier wurden beschafft. Bereit war ein mit rotem Samt und Goldfransen bezogener, mit goldenem Schloss und Schlüssel versehener Kasten für die Urteile, eine Liste der Opfer und Bildnisse für die zur Hinrichtung befugten Behörden, die demnach ihre Urteile fertig halten konnten. Zu alldem gehörte noch ein großes grünes Kreuz, das der Dominikanerprior in der Prozession, und ein weißes, das der Mayordomo der Cofradía in der Vorabendprozession trug, dann das vom Fiskal zu tragende Banner aus karmesinrotem Damast mit reicher Stickerei, auf der Vorderseite das königliche Wappen mit einem grünen Kreuz auf der Krone, zur Rechten ein Schwert, zur Linken ein Ölzweig, auf der Rückseite das Wappenschild des heiligen Peter Martyr, die Stange vergoldet, ein Kreuz an der Spitze, und von den Armen herabhängend Quasten von Gold und Silber; ferner ausgesuchter Schmuck für die Maultiere der Beamten und versilberte Stäbe für die als Festordner tätigen Vertrauten. Während dies in der Inquisition besorgt wird, beschafft die Pfarrei Teppiche, Behänge und sonstigen Schmuck für die Bühnen und stellt die Sänger für die Vorabendprozession und die Aussöhnungsfeier. Der Prediger wird bestellt, gewöhnlich ein Dominikaner, in Galicien ein Bischof, in Madrid der königliche Beichtvater. Am Vorabend wird der Altar auf dem Platz geschmückt, Fackeln und Leuchter rund um die Stätte für das grüne Kreuz aufgestellt. Die Inquisitoren verfügen über die nach dem Platz gehenden Fenster, bestimmen, wo Schranken anzubringen sind, untersagen den Wagenverkehr; die Stadtbehörde gibt ihre Gewalt an sie ab und befolgt ihre Befehle.

In der höchst feierlichen Prozession des Grünen Kreuzes wird das Banner inmitten einer Schar von Vertrauten und Edelleuten getragen; es folgt das weiße Kreuz mit den Orden, das Kreuz der Pfarre mit der Geistlichkeit, das grüne Kreuz, von fackeltragenden Mönchen umgeben, die das „Miserere" singen. Das weiße Kreuz wird am Scheiterhaufen aufgestellt und von einer Wache, die in einigen Städten unter dem Namen Zarza besteht, der die Gestellung des Holzes für den Brandstapel obliegt, die Inquisition selbst während der Nacht von Soldaten bewacht, die vor Tagesanbruch durch Trommelschlag wecken. Im Gebäude wird alles nach der Reihe bereitgestellt, sogar etwaige

Tragbahren für Gebeine oder für Verurteilte, die sich nicht bewegen können. Um 9 Uhr abends sucht der dienstältere Inquisitor die Zellen der Auszuliefernden auf, teilt ihnen ihr Los mit und lässt bei jedem zwei Mönche zurück. Anordnungen für die Entgegennahme von Bekenntnissen Verstockter und Leugnender sind in der Inquisition wie am Scheiterhaufen getroffen.

Vor Tagesanbruch wird im Sitzungssaal und am grünen Kreuz die Messe gelesen. Wenn es Tag ist, erhalten alle Vorzuführenden sowie die den Auszuliefernden beigegebenen Mönche ein Frühstück. Die Zellen verlassen die Verurteilten erst kurz vor dem Aufbruch, wo sie in Mitra und Sanbenito für die Prozession gereiht werden.

Diese eröffnet die Zarza, es folgt das Kreuz der Pfarre, verhüllt, von einem Akolyten mit einer Schelle begleitet, der Trauer läutet, darauf die Büßer, jeder für sich mit zwei Vertrauten: zuerst die Betrüger, dann diejenigen, die sich als Inquisitionsbeamte ausgegeben haben, die Gotteslästerer, Bigamisten, Judaisten, Protestanten, die Puppen und Särge, dann die Auszuliefernden mit je zwei Mönchen. Berittene Beamte schließen sich an, dann die Vertrauten paarweise, das Banner, zuletzt die Inquisitoren. Es geht durch bestimmte, dicht gedrängte, durch Geländer freigehaltene Straßen nach dem Platze, wo die Schuldigen in derselben Ordnung gesetzt werden, die schwersten Verbrecher oben.

Auf dem Podium erheben sich zwei Kanzeln, von denen die Urteile abwechselnd verlesen werden. Dazwischen befindet sich eine Erhöhung mit zwei Stufen, auf der die Verurteilten sitzend das Urteil anhören; ein Geländer ist um sie angebracht, für den Fall einer Ohnmacht, denn noch weiß außer den Auszuliefernden keiner sein genaues Schicksal. Unter den Sitzen des Gerichts ist ein schön ausgestatteter Erfrischungsraum, dem die Inquisitoren, Behörden und Geistlichen fortlaufend zusprechen, ein anderer dient für die Vertrauten und vornehmen Personen. In Ersterem werden die Bekenntnisse entgegengenommen und wird entschieden, ob der Verurteilte in einem Wagen oder Sänfte nach der Inquisition oder auf die Bühne zurückgebracht wird. Stirbt auf dem Auto ein Auszuliefernder, so wird sein Urteil verlesen und der Leichnam ausgeliefert; stirbt ein Auszusöhnender, so wird er losgesprochen und von seiner Pfarre in geweihter Erde begraben; ist es ein nur Gebüßter, so wird er ad cautelam [*sicherheitshalber*] losgesprochen und ebenfalls kirchlich begraben.

Nach der Predigt besteigt ein Sekretär die Kanzel und verliest mit lauter Stimme den üblichen Eid, wodurch die Beamten und das Volk der Inquisition

Gehorsam und die rege Verfolgung von Ketzern und Ketzerei geloben, wozu alle Amen sagen. Ist der König anwesend, so begibt sich der erste Inquisitor zu dessen Altan und nimmt ihm auf Kreuz und Evangelium den Eid ab, dass er den Glauben verteidigen, die Ketzer verfolgen und der Inquisition die nötige Gunst bezeugen werde.

Darauf folgt die Verlesung der Urteile, zu der der Oberalguazil jeden Verurteilten einzeln vorführt. Die Handlung leidet keine Unterbrechung, und wenn sie bis zum Eintritt der Dunkelheit nicht zu Ende ist, sind Kerzen und Fackelträger bereit. Gewöhnlich kommen die Auslieferungsurteile zuletzt, wenn jedoch das Auto bis in die Nacht dauert, werden sie früher verlesen, damit die Verbrennung am hellen Tage stattfinden kann. Nach der Verlesung werden die Puppen und Gebeine auf die eine, die lebenden Opfer auf die andere Seite gereiht. Nach der Auslieferung spricht der Richter das Todesurteil entweder auf der Bühne oder daneben an einem Tisch. Ist eine Kompagnie der Zarza zur Stelle, so tritt sie nach den Urteilen vor und gibt eine Salve ab; dann umringt sie die Opfer und geleitet sie zum Scheiterhaufen, zum Schutz gegen den Pöbel, der sie misshandeln oder gar totschlagen möchte, wogegen es besondere Vorschriften der Inquisitoren gibt. Der Magistrat stellt den Todgeweihten Reitesel, wie er auch für den Holzstoß sorgt.

Die öffentliche Feier schließt mit den Abschwörungen und Aussöhnungen, worauf der Oberalguazil und Vertraute die Büßer nach der Inquisition zurückbringen; sie erhalten ein Abendessen und werden zu drei oder vier in eine Zelle gesperrt. Die Pfarrgeistlichen entschleiern ihr Kreuz und tragen es zurück, die Dominikaner, Psalmen singend und von den städtischen Beamten geleitet, tragen das grüne Kreuz nach der Inquisition. Am anderen Morgen erfahren die Ausgesöhnten ihre Strafe, und wie die übrigen Verurteilten schwören sie Geheimhaltung. Um 10 Uhr wird der Geißelungszug veranstaltet, an dem der Oberalguazil mit einem Notar und einer Anzahl Vertrauter, alle beritten, teilnehmen.

Quellentext Nr. 83: Henry Charles Lea, Geschichte der Spanischen Inquisition, Bd. 2, Leipzig 1912. S. 285–289.

Eidesformel für den König

Falls bei einem Autodafé der Monarch zugegen war, gehörte es zum Zeremoniell, dass er vor dem Großinquisitor einen feierlichen Eid ablegte. Er schwor, den Glauben zu verteidigen, die Ketzer zu verfolgen und der Inquisition die nötige Gunst zu erweisen. Der Infant Don Carlos hat am 21. Mai 1559 in Valladolid einen solchen Eid geleistet, Philipp II. am 8. Oktober 1559, Philipp III. am 6. März 1600 in Toledo und Philipp IV. in Madrid im Jahre 1632.

Die folgende Eidesformel stammt aus dem Jahr 1680. Der Großinquisitor las dem jungen Karl II. den Text vor, der König legte eine Hand auf das Kreuz und die andere auf das Evangelienbuch und antwortete mit der abschließenden Bekräftigungsformel.

Eure Majestät schwört und verspricht auf Ihren Glauben und Königswort, dass Sie als wahrer und katholischer, von Gottes Hand eingesetzter König mit aller Ihrer Gewalt den katholischen Glauben verteidigen wird, der unserer heiligen Mutter, der apostolischen Kirche von Rom, eignet und den sie glaubt, und diesen Glauben erhalten und mehren wird, sowie dass Sie die ihm zuwiderhandelnden Ketzer und die Ketzereien verfolgen und verfolgen lassen wird, ferner, dass Sie befehlen wird, dem Heiligen Offizium der Inquisition und dessen Dienern die nötige Gunst und Förderung angedeihen zu lassen, damit die unsere christliche Religion störenden Ketzer ergriffen und gezüchtigt werden gemäß dem Recht und den heiligen Canones, ohne Unterlassung seitens Eurer Majestät noch Ausnahme zugunsten irgendeiner Person, wessen Standes sie auch sei.

[*Antwort des Königs:*] Also schwöre und verspreche ich auf meinen Glauben und mein Königswort.

Quellentext Nr. 84: Henry Charles Lea, Geschichte der Spanischen Inquisition, Bd. 2, Leipzig 1912. S. 288.

PROZESSE GEGEN „ERLEUCHTETE"
Die Spanische Inquisition und die „Alumbrados"

„Als im 16. Jahrhundert Europa durch die lutherische Reformation zerrissen und dadurch die religiöse Einheit des Abendlandes zerstört wurde, musste die Inquisition darüber wachen, dass Spanien nicht mit hineingezogen wurde." Mit diesen Worten brachte Fernand Hayward in einem massiv apologetisch orientierten Buch (Was muß man über die Inquisition wissen, Aschaffenburg 1959. S. 131) den vom Geist christlichen Ökumene noch meilenweit entfernten Standpunkt der katholischen Kirche in der Ära vor dem Zweiten Vatikanischen Konzil zum Ausdruck: „Seit 1523 beobachteten die Inquisitoren die Versuche, Luthers Irrlehre durch Verbreitung seiner Schriften in Spanien einzuführen. Im Laufe der Jahre wurde diese Gefahr immer größer. In Holland lagerte eine Menge Propagandamaterial, Bücher und Schriften in kastilischer Sprache, die schlagartig in die Iberische Halbinsel eingeschmuggelt werden sollten. Ebenso hatte man in London Bibeln in der spanischen Landessprache gedruckt, die, sorgsam in Warenballen versteckt, auf englischen Handelsschiffen eingeführt und in den verschiedenen Provinzen des spanischen Königreiches verbreitet werden sollten. Die wachsamen Inquisitoren bekamen Wind von diesem Plan, und als ein englisches Schiff in einem spanischen Hafen festmachte, bestiegen sie als Erste das Schiff, nachdem sie jedem anderen das Betreten vor ihnen verboten hatten. Dann durchsuchten sie aufs Genaueste die Ladung und beschlagnahmten alles, was sich als häretisches Propagandamaterial erwies"* (Fernand Hayward, op. cit. S. 131–132).

Wie ein bisweilen zu hörendes Aperçu besagt, sei die dominante Präsenz der Inquisition daran schuld, dass es in Spanien keine Reformation gegeben hat. Daran ist zweifellos richtig, dass eine so mächtige Institution wie die Spanische Inquisition von vornherein zu verhindern wusste, dass sich in den von ihr beherrschten Ländern irgendeine institutionelle Form einer Organisation reformatisch gesinnter Christen etablieren konnte. Es wäre aber falsch, zu meinen, protestantisches Gedankengut habe es in Spanien schlichtweg nicht gegeben oder Luthers Thesen hätten auf der Iberischen Halbinsel keine Sympathisanten gehabt.

Das spanische Pendant zu den Protestanten sind die „Alumbrados". Ihr Name bedeutet „die Erleuchteten" – auf Lateinisch hießen sie „Illuminati". Es handelte sich bei ihnen um eine schwärmerische mystische Erweckungsbewegung, die das Ideal der Vollkommenheit durch „innere Erleuchtung" erreichen wollte, durch ein Leben nach den evangelischen Räten in Demut und Liebe, durch Schriftlesung und durch das „innere Gebet". Den Inquisitionsgerichten „fielen etwa 130 Menschen zum Opfer" (Karl Suso Frank, Alumbrados; Lexikon für Theologie und Kirche, Bd. 1, Freiburg im Breisgau [3. Auflage] 1993. S. 476).

Der in Spanien geborene Kirchengeschichtler Bernardino Llorca hat in seiner im Jahr 1934 in Buchform erschienenen „Inaugural-Dissertation zur Erlangung der Doktorwürde der Philosophischen Fakultät der Ludwig-Maximilians-Universität zu München" das Thema „Die spanische Inquisition und die Alumbrados" anhand der Originalakten in Madrid und anderen Archiven aufgearbeitet. Wie Llorca ausführt, galten vor allem die folgenden Punkte als untrügliche Zeichen eines „Alumbrado": „1. Wenn der betreffende Mystiker auf irgendeine Weise ungehorsam gegen seine Obern ist und einen gewissen Geist von Unabhängigkeit und Hartnäckigkeit in seinen Andachtsübungen zeigt trotz des ausdrücklichen Verbotes der zuständigen Obrigkeit. – 2. Wenn der Betreffende aus einer Art Selbstzufriedenheit und Selbsthochschätzung sowie aus der Überzeugung eigener Vollkommenheit heraus glaubt, keine Buße tun zu müssen, und seiner Freude und Genugtuung Ausdruck dadurch verleiht, dass er immer gute, ja sogar reiche Kleider gebraucht, gut isst und trinkt und überhaupt seinen Leib gut behandelt. – 3. Wenn er sich explicite oder implicite, in Wort oder in Tat als unfähig zur Sünde betrachtet, besonders aber zur fleischlichen Sünde, und sich ohne Bedenken in alle Versuchungen und Gefahren begibt. Ferner wenn er einige Handlungen, wie Berührungen, Küsse usw., ausführt, die bereits an der Grenze des Erlaubten stehen, ja sogar behauptet, man dürfe alle diese Handlungen verrichten, um einander zu trösten, vorausgesetzt, dass es mit guter Absicht geschieht. – 4. Wenn solche Leute allerlei Weissagungen und Prophezeiungen und andere ähnliche Erscheinungen gern veröffentlichen, ganz besonders aber wenn die Voraussagungen sich als falsch erweisen. – 5. Endlich, und das spielte bei den Alumbrados eine wichtige Rolle, wenn sie sich als ungebunden betrachten gegenüber den positiven Einrichtungen und Anordnungen der Kirche mit der Begründung, dass ihre hohe Betrachtung und Vereinigung mit Gott diese äußeren Übungen übertreffe und unnötig mache" (Bernardino Llorca, Die spanische Inquisition und die „Alumbrados", Berlin und Bonn 1933. S. 13).

FRANCISCA HERNÁNDEZ

Seit dem Jahr 1515 hatten sich in den Städten Guadalajara, Pastrana und Cifuentes mehrere Gruppen von „Erleuchteten" gebildet, die von Isabel de la Cruz inspiriert waren, einer schriftkundigen Schneiderin, die bereits 1512 eine neue Art der Betrachtung und Schrifterklärung lehrte. In hohem Ansehen stand auch Francisca Hernández (vgl. Bernardino Llorca, op. cit. S. 17). Sie gehörte zur Gruppe der Alumbrados von Toledo. Dies war die erste organisierte Alumbradosgruppe und naturgemäß auch die erste, gegen die die Inquisition aktiv wurde.

Der sich um Francisca Hernández scharende Jüngerkreis neigte zu einer schwärmerischen Verehrung seiner Lehrerin, zu einer Art „Verhimmelung", bei der diese Personen „als wunderbare Geschöpfe betrachtet wurden, bei denen keine Sünde mehr möglich sei" (Bernardino Llorca, op. cit. S. 22).

[Aus den Aufzeichnungen, die Francisco Ortiz im Gefängnis während seines Prozesses über Francisca Hernández geschrieben hat.] Wie einst Gott den heiligen Franziskus aus dem Geräusch der Welt rief, damit man einen Menschen sehe, der gering schätzte, was alle Welt liebt, und ganz arm einherginge und viele zur Buße führte, so geschah es durch eine besondere Fügung Gottes, dass jetzt in seiner Kirche seine treue Dienerin Franziska lebte, die ohne alle jene zur Heiligkeit nicht notwendigen Äußerlichkeiten voller Gottesliebe war und uns belehrte.

„Nicht Paris, sondern das Paradies ..."

[...] Nicht scholastische Lehre lernte ich bei ihr, vielmehr bekam ich bei ihr einen innerlichen Geschmack der wahren Freiheit. Nachdem ich das erste Mal etwa zwanzig Tage mit ihr verkehrt hatte, da konnte ich sagen, ich habe mehr Weisheit in Valladolid gelernt, als wenn ich zwanzig Jahre in Paris studiert hätte, denn nicht Paris, sondern das Paradies vermochte jene Weisheit zu lehren.

Quellentext Nr. 85: Hs. Yc. 20. II, Universitätsbibliothek Halle. – Eduard Böhmer, Francisca Hernández und Francisco Ortiz. Anfänge reformatorischer Bewegung in Spanien unter Karl V. Aus Originalakten des Inquisitionstribunals zu Toledo, Leipzig 1865. S. 15 und 37.

PROTESTANTISCHES GEDANKENGUT

Was die Inquisition in erster Linie interessierte, war das mutmaßliche häreti-sche Gedankengut der Alumbrados. In einem Verhör am 27. Juli 1530 wurde Francisca Hernández über die Anschauungen befragt, die der zu ihrem Schüler-kreis zählende Bernardino de Tovar vertrat. In diesen Aussagen geht es auch um Parallelen oder direkte Bezüge zu Lehren Luthers. Der Jesuit Bernardino Llorca, dem wir eine grundlegende Bearbeitung des Aktenmaterials verdanken, stellt zwar fest, „dass wir in den Prozessen der Alumbrados, die nach 1525, besonders aber nach 1530 verhandelt wurden, entweder die eigentliche protes-tantische Lehre zusammen mit jener der Alumbrados antreffen oder die An-klage des Protestantismus zusammen mit der Hauptanklage des Illuminaten-tums", will aber – mit dem Argument, dass die Inquisition bereits 1519 gegen die Alumbrados eingegriffen habe und Antonio Medrano schon vor dem Thesenanschlag Luthers Bekanntschaft mit Francisca Hernández gemacht habe – dennoch daran festhalten, dass die Lehre der Alumbrados als solche „verschieden und unabhängig" vom Protestantismus sei, gibt allerdings zu, dass einige Alumbrados „dieselben oder ähnliche Sätze wie die Protestanten verteidigt" hätten (vgl. Bernardino Llorca, Die spanische Inquisition und die „Alumbrados", Berlin und Bonn 1933. S. 29–30).

In der Stadt Toledo, am 27. Tag des Monats Juli 1530, ordnete der hoch-würdige Lizenziat Vaguer, Inquisitor des Gerichtssaals, an, dass ihm die Ge-fangene Fr[ancisca] H[ernández] vorzuführen sei, und er ließ sie nach der ge-bräuchlichen rechtlichen Form vereidigen. Durch diesen Schwur und unter Androhung der großen Exkommunikation forderte er sie auf, dass sie alle Din-ge sage und erkläre, an die sie sich erinnere, von denen sie glaube, dass sie ge-gen den heiligen katholischen Glauben seien, und die sie machen hätte sehen oder sagen hätte hören von irgendjemanden oder irgendwelchen Personen, gleich welchen Ranges oder Standes sie seien.

„Törichtes Zeug ..."

Besagte Fr[ancisca] H[ernández] sagte, dass die Dinge, an die sie sich jetzt er-innere und die sie für törichtes Zeug gehalten hätte, die folgenden seien: dass sie wisse und sah und hörte, dass Bernardino de Tovar, als er mit dieser Zeugin und mit anderen Personen sprach, sagte, dass er durch Gebet nichts geheilt hätte und Messe halten würde, ohne zu beten, und dass er sagen würde, dass es nicht notwendig sei zu beten und ihm das Beten nichts bedeuten würde.

Ebenso sagte sie, dass gleicherweise besagter Tovar eine sehr bestimmte Meinung vertrat – und diese Zeugin hörte das mit eigenen Ohren –, dass das mündliche Gebet nicht notwendig sei und das geistige genügen würde, was er des Öfteren gesagt hätte und diese Zeugin mitbekommen hätte. Und sie hätte ihn darauf aufmerksam gemacht und ihn einen Dummkopf genannt, denn es schien ihr eine verrückte Sache zu sein, geistig zu beten, aber trotz ihres Hinweises wäre besagter Tovar immer bei seiner Meinung verblieben.

Ebenso sagte sie, dass neben anderen Äußerungen und Meinungen des Bernardino de Tovar, die dieser Zeugin schlecht schienen, sie auch noch manchmal hörte, dass es nicht nötig sei, schlechte Gedanken zu beichten, und dass diese Zeugin ihn deshalb viele Male gerügt und ihn auf die Autorität des Evangeliums verwiesen hätte.

Sympathie für Ideen Luthers

Ebenso sagte sie, eine andere Sache, die sie besagten Bernardino de Tovar habe sagen hören, wäre ihr sehr schlecht und gegen unseren heiligen Glauben erschienen, und sie meine, dass es so sei, dass er die Sachen Luthers für gut hielte oder zumindest die Mehrzahl davon. Und vor allem habe sie gehört, dass das, was Luther über die Bullen [*über die Ablässe*] sage, die unser Heiligster Vater den gläubigen Christen, den Lebenden wie den Toten, aus dem Schatz der Kirche gewährt –, seine Richtigkeit hätte und dass es sich um eine Posse handeln würde. Und indem er das sagte, lachte er lautstark und spottete über die Bullen und sagte: „Wer möchte mich glauben machen, dass, wenn ich einen Real [*eine Münze*] fallen höre [*Anspielung auf den bekannten Spruch: „Wenn der Heller in dem Kasten klingt"*], eine Seele aus dem Fegefeuer springt oder den gläubigen Christen diese Ablässe nützlich seien?" Er habe diese Ansichten in seinen Reden vertreten und habe mit der Person Luthers und einigen von dessen Ideen sympathisiert. Diese Zeugin habe ihn deswegen gescholten und ihn sehr getadelt und trotz dieses Hinweises blieb besagter Tovar bei seiner Meinung.

Gefragt, wie lange besagter Tovar ihrer Meinung nach diese Anschauungen vertreten habe, antwortete diese Zeugin: von da an, als sie ihn kennen gelernt habe, bis zum letzten Gespräch, was ungefähr einem Zeitraum von drei Jahren gleichkommen würde. Und immer habe sie ihn mit großer Beharrlichkeit diese Ideen vertreten sehen.

Zum vierten Punkt sagte sie, dass besagter Bakkalaureus Bernardino de Tovar es für sicher und wahr hielte, denn sie hätte ihn das oft sagen hören, dass Gott vollkommener und ganzer, als er in der Hostie wäre, in die Seele des Menschen komme und dass ihn diese Zeugin deshalb getadelt hätte.

Zum dreizehnten Punkt sagte sie, dass sie besagten Tovar habe sagen hören, dass die äußeren Akte des Gebetes keinen Wert hätten und nicht notwendig seien und dass es unvollkommen wäre, wenn man sie machen würde, und dass es ihr schiene, dass er auch gesagt hätte, dass er nicht besonders viel bete, wenn er etwas anderes zu tun hätte, und dass er gleicherweise zufrieden gewesen wäre, ob er die Messe gefeiert hätte oder nicht.

Zum achtundzwanzigsten Punkt sagte sie, sie hätte bereits gesagt, wie besagter Tovar und sein Bruder, Doktor Vergara, über die Bullen und den Ablass spotteten und sich über sie lustig machten. Gefragt, ob sie besagten Bernardino de Tovar habe sagen hören, dass er einige Werke Luthers hätte, sagte sie, dass es ihr schiene, dass sie gehört hätte, dass der Besagte und sein Bruder, der Doktor, gewisse Werke von ihm hätten und dass besagter Tovar, so meine sie, ein Buch gehabt hätte, das „Ramon" hieß.

Gefragt, ob sie besagten Tovar noch andere Sachen habe sagen hören als die, die sie schon erwähnt hätte, sagte sie, dass es ihr scheine, dass besagter Bernardino de Tovar die Existenz des Fegefeuers infrage stelle.

Gefragt, ob sie wisse, dass besagter Bernardino de Tovar zu irgendjemandem gesagt habe, sie sollten die gleichen Anschauungen wie er haben und an sie glauben, sagte sie, dass sie sich erinnere, dass einige Personen dieser Zeugin sagten, dass besagter Bernardino de Tovar sie angehalten hätte, nicht zu beten, und dass die, die das dieser Zeugin gesagt hätten, Personen gewesen wären, die besagter Tovar von Alcala geschickt hätte, damit sie mit dieser Zeugin sprächen, und jetzt würde sie sich nur noch daran erinnern, dass einer von ihnen Castillo hieß, und sie meine, dass man Meister Castillo zu ihm sagte.

Quellentext Nr. 86: Arch. hist. nac. Madrid, Inq. leg. 102, n. 3, f. 77. – Bernardino Llorca, Die spanische Inquisition und die „Alumbrados", Berlin und Bonn 1933. S. 131–132. – Übersetzung aus dem Spanischen: © Franziska Moser.

FOLTERPROTOKOLL

*Antonio Medrano wurde bereits 1526 bei der Inquisition von Logrono ange-
klagt und ein Jahr später verurteilt. 1530 steckte ihn die Inquisition von
Toledo ins Gefängnis. Ihm wurde vorgeworfen, er habe behauptet, dass
„nachdem er Francisca Hernández kennen gelernt hatte, er die Gnade von
Gott empfangen habe, nie fleischliche Begierden zu fühlen, und dass er infolgedessen in demselben Bette mit einer Frau schlafen könne ohne Schaden
für seine Seele", dass Francisca Hernández „eine vollständige Unfähigkeit
zur Sünde besäße" und „dass sich küssen und fleischlich berühren keine
Sünde sei" (Bernardino Llorca, Die spanische Inquisition und die „Alumbrados", Berlin und Bonn 1933. S. 20). Die Anklage sah als erwiesen an, dass er
„einer Anzahl unkeuscher Handlungen schuldig" sei, die er mit seiner See-
lenfreundin Francisca Hernández „unter dem Deckmantel seiner guten Absichten begangen" hätte (Bernardino Llorca, op. cit. S. 33). Da Medrano leugnete und seine Unschuld beteuerte, wurde er gefoltert, bis er schließlich ein
Geständnis ablegte.*

[Den 24. Mai 1531.] Und hernach sagte man ihm, dass sie ihn wissen lassen, dass sein Prozess von gelehrten Personen bis in Einzelheiten gewissenhaft
verfolgt werde und dass sie angeordnet hätten, ihn zu foltern, damit er die
Wahrheit sage und bekenne über das, was man ihn gefragt hatte, und über die
Absicht, die ihn bei seinem Gespräch mit Francisca Hernández leitete. Deshalb
würden sie ihn ermahnen und hätten ihn ermahnt im Namen Gottes unseres
Herrn und seiner gebenedeiten Mutter, unserer Lieben Frau, der Jungfrau Maria, dass er die ganze Wahrheit über das, was man gegen ihn vorbringt, sage
und bekenne, denn wenn er dies tue, handle er, wie es seiner Person und seinem Gewissen entspreche, und man würde ihm gegenüber alle Barmherzigkeit im Rahmen des Rechts walten lassen. Wenn nicht, wären sie gezwungen,
ihm das anzutun, für das die besagten Gelehrten gestimmt hätten.

Der besagte Bakkalaureus Medrano sagte, dass man eine Person mit gewisser Herkunft und Bildung, noch dazu einen Priester und Seelenhirten, nicht
der Folter unterwerfen dürfe, und sie sollten gut darauf achten, denn sie seien
Gebildete. Er warf sich auf die Knie, faltete die Hände und sagte: „O mein Gott,
du weißt, dass meine Absicht war, dich zu suchen und dir zu dienen, und meine Taten haben dies bewiesen. Ich habe die Gelehrsamkeit und den Prunk hin-

ter mir gelassen und habe mich auf dieses Benefizium zurückgezogen, wo ich die Untröstlichen tröstete und den Betrübten Rat und Mut gab."

Danach wurde er wieder von den besagten Herren Inquisitoren und dem Vertreter des Ordinarius ermahnt. Jeder einzelne Seiner Gnaden riet ihm eingehendst, was er zu tun hätte; [...] und auf diese Weise ermahnt und beraten, sagte besagter Medrano, dass seine Absicht in Bezug auf das, worüber man ihn ermahnt habe betreffs seines Gesprächs mit Fr[ancisca] H[ernández] immer gut gewesen sei und dem Willen Gottes entsprochen hätte; niemals habe er eine andere Absicht gehabt, weder zu Beginn noch während des Verlaufs oder am Ende der erwähnten Konversation mit Fr[ancisca] H[ernández]. Dann wurde er zum dritten Mal ermahnt, die Wahrheit zu sagen; er sagte, dass er sage, was er schon gesagt habe.

Die Folterung wird beschlossen

Daraufhin verkündeten die besagten Herren Inquisitoren und der Vertreter des Ordinarius den folgenden Urteilsspruch:

In Anbetracht dieses gegenwärtigen Prozesses und der Tatsachen und Verdienste, auf die wir Bezug nehmen, fällen wir folgendes Urteil, dass wir besagten Bakkalaureus Medrano foltern lassen müssen und foltern lassen. Die Art und Weise, wie unserem Schiedsspruch Rechnung getragen wird, entspricht dem Votum der Gelehrten, die diesen Prozess begleitet haben: den Angeklagten so lange zu foltern, bis er die Wahrheit sagt und dabei bleibt. Wir beteuern feierlich, dass, wenn der Angeklagte bei dieser Folterung stirbt oder ihm ein Glied gebrochen wird oder wenn er Blut verliert oder sonst irgendeinen Schaden erleidet, es seine Schuld ist und nicht unsere. Das erklären und ordnen wir durch diesen unseren Schiedsspruch in diesem Schriftstück an und durch die unterzeichnenden Personen: Lizenziat A. Mexia, Lizenziat J[oannes] Janez, Lizenziat Vaguer, Lizenziat Ortiz.

Die Berufung des Angeklagten wird abgelehnt

Nachdem besagtes Schriftstück gegeben und vorgetragen war durch die Herren, die es namentlich unterzeichnet hatten, sagte besagter Bakkalaureus Medrano, dass er sich ungerecht behandelt fühle, dass der Schiedsspruch ungerecht und gegen das Recht sei, dass darin nichts sei, für das das Heilige Offizium zuständig wäre, und deshalb Ihre Gnaden nicht seine Richter seien. Darauf sagten die Herren Inquisitoren und der Vertreter des Ordinarius, dass sie ihm kein Unrecht zugefügt hätten und wenn es kein Unrecht gäbe, könne man auch keine Berufung einlegen. Deshalb würden sie befehlen, was sie schon befohlen hatten, und sie würden befehlen, den besagten Schiedsspruch auszuführen.

Sie befahlen dem Bakkalaureus Medrano, in die Folterkammer hinunterzusteigen. Bevor dieser den Gerichtssaal verließ, sagte er mehrmals, sie sollen genau überlegen, was sie täten, denn darüber müssten sie Gott genau Rechenschaft ablegen, und er beklagte sich bei Gott über diese große Ungerechtigkeit, und selbst wenn sie ihn in tausend Stücke reißen würden, würde er nicht mehr sagen, als er schon gesagt habe, und deshalb sollten sie genau zusehen, was sie tun.

Antonio Medrano wird gefoltert

Dann wurde er in die Folterkammer gebracht. Dort wurde er wieder von den Herren Inquisitoren ermahnt, die Wahrheit zu sagen und zu bekennen über das, was man ihn gefragt hatte. Er sagte, er habe es schon gesagt. Man begann ihn auszuziehen und er sagte: „O mein Gott, du hast dich für mich ausgezogen und ich habe für dich alles aufgegeben. Du erweist mir eine Gnade, gelobt seist du, o Gott, du lässt zu, dass ich dies erleide, um dir zu dienen." Bis auf das Hemd entblößt, fiel er auf die Knie und sagte wiederholt: „O gebenedeit seist du, Gott, dass du zulässt, dass einem Priester solche Dinge geschehen. Dich habe ich gesucht, o Gott – wie lässt du das zu?"

Sie fesselten ihm die Hände, indem sie die Gelenke mit Stricken zusammenbanden, und er sagte immer wieder: „O mein Gott, auch dich hat man für mich gefesselt. Mein Herr, verteidige mich in all dieser Trübsal. Warum hast du das geschehen lassen, o mein Gott? Wo ich doch aus Liebe zu dir alles, was ich hatte, aufgegeben habe?"

Er wurde auf die Folterleiter gelegt und dabei immer wieder ermahnt, die Wahrheit zu sagen. Er sagte: „Niemals habe ich mich dieser Frau genähert außer im Dienste Gottes." Und er begann zu sagen: „In manus tuas, Domine, commendo spiritum meum." [In deine Hände, Herr, befehle ich meinen Geist.] Und er begann Gott um Erbarmen anzuflehen.

Sie fingen an, seine Arme an der Leiter mit anderen Stricken anzubinden, und wieder wurde er ermahnt, die Wahrheit zu sagen. Und er sagte: „Wie kannst du das sehen und zulassen, Gott, warum hilfst du mir nicht, Herr?" Diese und ähnliche Dinge sagte er oftmals. Sie fingen an, ihm die Beine festzubinden, von den Oberschenkeln bis zu den Knöcheln, und wieder ermahnten sie ihn, die Wahrheit zu sagen. Und er sagte wiederholt: „Wie können sich Christen so etwas gegenseitig antun? Habe Erbarmen mit mir, mein Gott."

Sie fingen an, die Stricke an den Armen und Beinen zusammenzuziehen, und ermahnten ihn immer wieder, die Wahrheit zu sagen. Und er sagte: „O mein Gott, warum hast du das zugelassen, mein Gott, und warum zerreißt du diese Fesseln nicht? Und warum bringen sie mich um?"

Sie banden seinen Kopf mit einem weiteren Strick an der Leiter fest und er sagte: „Auch dir hat man die Dornenkrone aufgesetzt, mein Gott" und dass Gott der Sache Einhalt gebieten möge und dass er immer nur gute Absichten gehabt hätte, und er sagte: „O mein Gott, warum lässt du mich ohne Trost?"

Wieder ermahnten sie ihn, die Wahrheit zu sagen, und fuhren fort, den Strick am rechten Arm und um rechten Bein fester zusammenzuziehen. Und er sagte: „Ach, mein Gott, sie töten mich."

Man befahl, Wasser aus einem Krug, der etwa ein halbes Azumbre [*knapp ein Liter*] fasste, über ihn zu gießen und ein Seidentuch auf sein Gesicht zu legen. Wieder ermahnten sie ihn, die Wahrheit zu sagen. Und sie begannen, ihm Wasser in die Nase zu gießen. Und als sie aufhörten, Wasser aus dem ersten Krug zu gießen, stieß er laute Schreie aus und sagte: „Bringt mich nicht um!" Und als man ihn wieder ermahnte, sagte er: „Mein Gott, wie kannst du das zulassen" und dass er nie schlechte Absichten gehabt hätte.

Sie fuhren fort, wieder Wasser aus besagtem Krug über ihn zu gießen und er sagte: „Ich habe die Wahrheit gesagt." Und als man mit dem Schütten aufhörte, sagte er: „Herr, nimm die Seele, die du geschaffen hast, auf, und ihr, meine Herren, wenn ihr sagt, meine Absicht sei schlecht gewesen, dann sei es so, aber ich hatte niemals eine schlechte Absicht."

Sie fuhren fort, wieder Wasser über ihn zu gießen, und fragten ihn, welche Absicht er gehabt hätte. Er antwortete, er habe das schon gesagt. Sie fingen an, einen weiteren Krug Wasser über ihn zu gießen, und er sagte: „Ich werde die Wahrheit sagen."

Sie hielten mit dem Wasserschütten inne und er bat, das Tuch wegzunehmen. Nachdem sie es entfernt hatten, sagte er: „Wenn sie sagen, dass meine Absicht schlecht war, akzeptiere ich das" und er denke, dass er zu Maria de Villareal sagte, was er schon gesagt habe, und dass er glaube, dass es so sei, obgleich er sich nicht genau entsinnen könne.

Sie fuhren fort, Wasser aus dem besagten zweiten Krug über ihn zu gießen, und fragten ihn, ob er die Wahrheit sagen möchte. Und er sagte: „Weg damit! Weg damit!" Und als das Wasser aus dem zweiten Krug zu Ende war, sagte er, er denke, dass er wüsste, was er zu Maria de Villareal gesagt habe. Sie fragten ihn, was er gesagt habe. Er sagte, er wisse es nicht ganz genau, aber er denke, dass sie es war und dass er ihr gesagt habe, dass, wenn sie die Inquisitoren fragen würden, sie nichts sagen sollte, und dass er denke, dass es so gewesen sei. Sie banden ihm den linken Arm und das linke Bein fester und er sagte: „Bringt mich endlich um."

Sie fragten ihn, welche Absicht er in seinem Verkehr mit Fr[ancisca] H[ernández] gehabt hätte. Er sagte, seine Absicht sei gut gewesen. Sie schlugen mit einem Knüppel auf den rechten Oberschenkel und wieder ermahnten sie ihn, die Wahrheit zu sagen. Er sagte: „Ach, sie bringen mich um!" Sie ordneten an, einen weiteren Krug Wasser über ihn zu gießen. Er sagte: „Weg damit, weg damit; ich werde sprechen!"

Sie hörten mit dem Gießen auf und fragten ihn. Er antwortete, wenn sie wollten, dass seine Absicht schlecht sei, so sei es so, und er bat, dass sie das Tuch abnehmen. Sie entfernten es und sagten, er solle die Wahrheit sagen. Und er sagte, dass er, wenn er jetzt wieder mit Fr[ancisca] H[ernández] in Verbindung treten würde, das auf eine andere Weise machen würde. Sie fragten ihn, auf welche andere Weise. Er antwortete: auf eine klügere Weise und dass er sich belustigen würde, wenn man ihn und auch Fr[ancisca] H[ernández] für gut hielte.

Sie fragten ihn, ob er lobend über Fr[ancisca] H[ernández] gesprochen hätte, weil er sie für gut hielt. Er sagte, wenn der Zeuge, der das behauptet, hier in der Art und Weise, sie zu loben, übertrieben hätte, so könne er sich nicht erinnern, dass er sie über die Maßen gelobt hätte.

Sie schütteten Wasser aus dem dritten Krug über ihn und er sagte oft: „Ach, sie bringen mich um." Als das Wasser aus dem dritten Krug zu Ende ging, sagte er: „Nehmt das Tuch weg." Und als man es entfernte, sagte er: „O Herr [*Inquisitor*], was willst du, dass ich bekenne?" Und er fügte hinzu: „Alles ist wahr, weil du es sagst, und auch dass ich schlechte Absichten gehabt hätte, weil du es sagst" und dass man die Märtyrer nicht so grausam gefoltert hätte.

Der Gefolterte ist bereit zu gestehen

Und sie fragten ihn: „Und was für Sachen sagte der Zeuge über Fr[ancisca] H[ernández], die nicht der Wahrheit entsprechen, damit man sie für eine Heilige hielt?" Er sagte, dass er es sagen würde, wenn sie ihm das Tuch abnehmen würden. Und er sagte: „O mein Gott, warum lässt du so etwas zu?" Und er sagte: „Holt mich von hier weg und Gott wird mir helfen, die Wahrheit zu sagen als Ehrenmann und Priester, der ich bin, und ich glaube, dass ich von Fr[ancisca] H[ernández] gesagt habe, sie sei mehr als der heilige Paulus, und dass sie wüsste, wer ins Paradies komme und in die Hölle" und dass er, wenn man ihn hier wegbrächte, die Wahrheit sagen und die Aussage mit seinem Namen unterzeichnen werde.

Quellentext Nr. 87: Arch. hist. nac. Madrid, Inq. leg. 104, n. 15. – Bernardino Llorca, Die spanische Inquisition und die „Alumbrados", Berlin und Bonn 1933. S. 127–129. – Übersetzung aus dem Spanischen: © Franziska Moser.

Das Geständnis des Antonio Medrano

Die Folterung, in deren Folge Antonio Medrano ein Geständnis ablegte, fand am 24. Mai 1531 statt. Zwei Tage später fand eine weitere Einvernahme statt. Es verging noch fast ein ganzes Jahr, bis schließlich am 24. April 1532 das endgültige Urteil über Medrano gefällt wurde. Der Angeklagte wurde „zu immer während dem Gefängnis und zu mehreren leichteren Strafen" verurteilt (Bernardino Llorca, Die spanische Inquisition und die „Alumbrados", Berlin und Bonn 1933. S. 33).

[Den 24. Mai 1531.] Es wurde das erste Kapitel der Anklagepunkte verlesen. Er sagte: „Löst mir die Fesseln hier, ich sterbe vor Brustschmerzen, und ich werde aussagen und alle Fragen mit meinem Namen unterzeichnen, und ich werde sagen, dass sie alle wahr sind." Und er sagte noch weiter, dass die ganze Beziehung zu Fr[ancisca] H[ernández] fleischlicher Art war.

Sie fragten ihn, ob es aus fleischlicher Wollust und des Ansehens und Besitzes wegen geschehen sei, und er sagte, dass er ihre Hände und Brüste berührt hätte. Und er wurde gefragt, ob es aus fleischlicher Lust geschehen sei. Und er sagte, dass sein Wille schlecht gewesen sei und dass die Absicht schlecht und fleischlich gewesen sei, obgleich es nicht zum Letzten gekommen sei, und dass dieser Zeuge hier sich belustigen würde, wenn man sie beide für Heilige hielte. Sie fragten ihn, ob sie sich versteckt hätten und ob sie andere Personen, mit denen sie über diese Dinge gesprochen haben, um Verzeihung gebeten hätten. Er sagte, dass sie beide das getan hätten und dass er ja schon gesagt hätte, dass seine Absicht fleischlicher Art war.

Dann löste man die Fesseln an seinen Armen und fragte ihn, ob sich der Zeuge hier und besagte Fr[ancisca] H[ernández] einig darüber gewesen wären, nicht die Wahrheit über diese Dinge zu sagen, und auf welche Weise sie in Villa Vaquerin gesprochen hätten. Er sagte, dass sie sich einig gewesen wären und dass er ganz verrenkt sei.

Dann wurde ihm das Kapitel vorgelesen, das folgendermaßen beginnt: „Küssen und sich berühren war keine Sünde." Er sagte, es sei wahr, dass er das gesagt habe, denn er hielt es nicht für Sünde, Fr[ancisca] H[ernández] zu küssen und sie zu berühren. Sie fragten ihn, warum er das gedacht und warum er das gemacht hätte. Er sagte, dass er eine Sünde begangen hätte. Man fragte ihn, ob er sie berührte und küsste. Er antwortete: „Ja." Sie fragten ihn, ob er mit ihr den Beischlaf vollzogen habe. Er sagte, der Blitz möge ihn treffen, wenn es so gewesen sei. Sie fragten ihn, wo er sie küsste und berührte. Er sagte: „In Salamanca und Valladolid im Haus des Lizenziaten Bernaldino und des Pedro de Cacalla" und dass er in den Nächten, in denen er im gleichen Bett geschlafen habe, angezogen gewesen wäre, und dass er sie geküsst und überall unzüchtig berührt hätte, mit Ausnahme, dass er sie nicht besessen hätte. Und auf die entsprechende Frage antwortete er, dass es ihr Lust bereitet hätte. [...]

Weitere Einvernahme

Nach alldem Gesagten, am 26. Tag des besagten Monats Mai des besagten Jahres, als alle im Gerichtssaal versammelt waren, befahl man, den Bakkalaureus Medrano vor die Versammlung zu bringen. Und sie sagten ihm, die Versammlung wüsste schon, was er bei der Folterung gesagt und erklärt hätte, und deshalb würden sie ihn jetzt, da er nicht mehr unter der Folter stünde, ermahnen und hätten ihn ermahnt, die ganze Wahrheit zu sagen und zu erklären, ohne etwas zu verheimlichen, und dass er keinerlei Angst vor einer anderen Sache haben solle, sondern nur seine Seele von der Last befreit fühlen solle. Medrano sagte, dass er drei oder vier Dinge bedacht hätte und eines sei, dass zu Beginn, als dieser Zeuge hier mit besagter Fr[ancisca] H[ernández] gesprochen habe, er es in redlicher Absicht getan habe, dass aber, nachdem er Fr[ancisca] H[ernández] gehabt habe, die gute Absieht dieses Zeugen zugrunde gegangen sei.

Quellentext Nr. 88: Arch. hist. nac. Madrid, Inq. leg. 104, n. 15. – Bernardino Llorca, Die spanische Inquisition und die „Alumbrados", Berlin und Bonn 1933. S. 129–130. – Übersetzung aus dem Spanischen: © Franziska Moser.

ZEUGENAUSSAGE VON FRANCISCA HERNÁNDEZ

Am 2. Juni 1531 wurde Francisca Hernández einvernommen und über ihre Absichten befragt.

Und nach dem Gesagten, am zweiten Tag des Monats Juni des besagten Jahres, als man im Gerichtssaal versammelt war, befahl man, besagte Fr[ancisca] H[ernández] vorführen zu lassen, und sie sagten zu ihr, dass sie bereits wüssten, dass sie schon oftmals vorgeladen und ermahnt worden sei, die Wahrheit zu sagen über das, was man sie gefragt habe, und dass sie es nicht getan hätte, und sie wisse auch, dass jetzt wieder das Protokoll mit den Aussagen bekannt gemacht würde, welches sie sich geweigert habe anzuerkennen. Schließlich würde man trotz der zahlreichen Ermahnungen, die man ihr erteilt habe, damit sie die Wahrheit sage und in keiner Weise verberge, nochmals darauf drängen und sie ermahnen, die Wahrheit zu sagen im Namen Gottes und seiner Mutter, unserer Lieben Frau, der Jungfrau Maria, dass sie die Wahrheit sage und sie nicht verheimliche; im anderen Falle würde man sie fortschaffen, damit sie antworte und ihr Recht verteidige.

Über das Zusammentreffen mit Antonio Medrano

Besagte Fr[ancisca] H[ernández] sagte, dass es wahr sei und dass, nachdem man Medrano verboten hatte, mit dieser Zeugin hier zu sprechen und sich nicht in einem Umkreis von fünf Leguas [*etwa 25 Kilometern*], wo sie sich befinde, aufzuhalten, Medrano nach Salamanca gegangen sei und diese Zeugin schon lange Zeit in Villa Vaquerin lebte und besagter Medrano dort vorbeigekommen sei und Pedro Cacalla zu dieser Zeugin geschickt hätte und diese Zeugin zu Pedro Cacalla gesagt hätte, er solle ihm sagen, dass sie ihn nicht mehr sehen möchte, und dass besagter Pedro Cacalla zu dieser Zeugin zurückgekommen sei und sie glaube, dass er einen Brief des besagten Medrano mitgebracht hätte, worin dieser sie gebeten hätte, sie noch einmal zu sehen, und dass, nachdem alle sie gedrängt hätten, als sie sagte, sie möchte ihn nicht wieder sehen, diese Zeugin nachgab und sagte, er solle kommen, um sich zu verabschieden, aber hernach würde man sich nicht wieder sehen. Und so kam besagter Medrano und sprach mit ihr, und diese Zeugin sagte ihm nichts anderes, als dass er nicht eingehalten hätte, mit ihr zu sprechen und sie zu sehen.

Fortsetzung des Verhörs

[Den 3. Juli.] Nach dem Gesagten fragte man am folgenden Tag im Gerichtssaal besagte Fr[ancisca] H[ernández], ob sie sich noch an mehr als an das bereits Gesagte erinnern könne; ob außer dem Treffen und Gespräch, das besagter Medrano mit der Zeugin in Villa Vaquerin hatte, nach dem [*Annäherungs-*] Verbot, das man Medrano auferlegt hatte, noch andere Treffen stattgefunden hätten. Sie sagte, dass, bevor Medrano nach Salamanca ging, also nach dem Verbot, besagter Medrano und Tovar und Villarcal einige Male ins Haus des Pedro de Cacalla gekommen wären und im Gästezimmer, das neben dem Zimmer lag, in dem die Zeugin schlief, geschlafen hätten. [...]

Man fragte sie, in welchem Teil des Hauses sie geschlafen hätten. Sie sagte, im Zimmer dieser Zeugin. Neben ihrer Schlafstelle wäre ein Altar gewesen. Einer hätte sich auf den Altartisch gelegt, der andere auf das Altarpodest.

Man fragte sie, ob besagter Medrano oder ein anderer während der Nacht in das Bett der Zeugin gestiegen sei. Sie entgegnete, dass in Valladolid so etwas nie vorgekommen sei, aber in Salamanca schon, wie sie schon gesagt hätte, da wäre Medrano einige Male in ihr Bett gekommen.

Man fragte sie, ob von den anderen Erwähnten einer in der Herberge der Dona Leonor geblieben wäre. Sie sagte, sie wüsste das nicht, aber sie seien oft mit dieser zusammen gewesen, und wenn deren Ehemann nicht anwesend war, besagter Tovar und Medrano oft mit ihr zu Abend gegessen hätten, und sie hätte einige Male gesehen, wie besagte Dona Leonor besagten Medrano umarmte und dass sie ihn „mein Vater" genannt hätte.

Man fragte sie, ob die Beziehung des besagten Medrano und besagter Personen der Zeugin unschicklich erschienen wären. Sie sagte, das könne sie nicht sagen, nur hätte diese Zeugin die Form, wie sie miteinander sprachen, bedauert, und weil sie bemerkt hätte, wie sie hinter besagtem Medrano her gewesen seien, und dass besagte Ines López keine vertrauenswürdige Person sei.

Quellentext Nr. 89: Arch. hist. nac. Madrid, Inq. leg. 104, n. 15, f. 250. – Bernardino Llorca, Die spanische Inquisition und die „Alumbrados", Berlin und Bonn 1933. S. 130–131. – Übersetzung aus dem Spanischen: © Franziska Moser.

DIE ALUMBRADOS VON LLERENA

Anders als im Fall der Alumbrados von Toledo sind die Inquisitionsakten über die Prozesse gegen die Gruppe der Alumbrados von Llerena nicht erhalten geblieben. Es gibt nur vereinzelt fragmentarische Nachrichten oder Beschreibungen der Autodafés. Dafür ist ein Bericht von Alonso Fernández erhalten, den er in seiner „Historia y Anales de la ciudad y obispado de Plasencia" (Madrid 1627) über die Anfänge dieser Gruppierung gegeben hat.

Zur Zeit des Bischof Martin von Córdoba entstand eine Gesellschaft von Leuten in der Estremadura, in der Stadt Llerena und in den benachbarten Dörfern, die, von fleischlichen Leidenschaften verführt, viele Leute überzeugten [...], ihr Geist sei der wahre, um die Seelen zu retten. Darum hießen sie Alumbrados und ihr eigentlicher Zweck war, dem Befehl des Fleisches zu folgen. Mit verstellter Abtötung, Fasten und Kasteiungen fingen sie an, ihre Torheiten auszustreuen; denn es ist eine neue Kunst, aus den Blumen Gift herauszuholen. Die Führer dieser Täuschung waren acht Kleriker und der Hauptleiter hieß Hernando Alvarez, der zweite P. Chamizo. Nachdem sie auf diese Weise ihren eigenen Stand vergessen hatten, verursachten sie auch das Unglück vieler junger Seelen, die wenig zu tun hatten und deshalb diesen neuen Lehren Gehör schenkten. Die Sache kam eines Tages öffentlich durch eine Predigt des Alonso de la Fuente aus dem Dominikanerorden ans Tageslicht. Er sagte, dass er von seinen Leuten Mitteilung erhalten habe über Leute, deren Leben nur dem Schein nach religiös sei. [...] Eine Zuhörerin, die vom selben Gift angesteckt war, konnte sich nicht zurückhalten und wollte die Gründe und die Ratschläge des gelehrten Paters nicht annehmen. So stand sie mitten unter der Zuhörerschaft auf und sprach zum Prediger: „Pater, die Lebensweise dieser Leute ist besser und ihre Lehren sind gesünder als die euren." Sie wurde sofort durch das Heilige Offizium verhaftet, und bei der Untersuchung stellte sich heraus, dass der angestiftete Schaden bereits so groß war, dass er, wenn er nicht rechtzeitig gutgemacht worden wäre, nicht leicht zu heilen gewesen sein würde. [1]

Die Grundsätze der Alumbrados von Llerena sind in einem handschriftlichen Verzeichnis festgehalten, das erst zu Anfang des 20. Jahrhunderts entdeckt und von Bernardino Llorca ediert wurde.

1. Die Alumbrados von Estremadura waren Priester und einige sogar Prediger. Sie hatten weder Pfründe noch Einkünfte, sondern nur das, was ihnen von den Frauen gegeben wurde, die mit ihnen verkehrten.

2. Sie gaben diesen Frauen den Befehl, bei ihnen eine Generalbeichte abzulegen.

3. Sie bemühten sich aus all ihren Kräften, ihre Beichtkinder zu überzeugen, ledig zu bleiben und in keinen Orden einzutreten; sie sollten vielmehr als Beaten [„*Selige*"] leben, denn das sei der beste Stand. Ferner sollten sie ihre Haare schneiden lassen und allen Frauenschmuck ablegen, ein braunes Kleid anziehen [...] und überhaupt schmucklos und ungepflegt gehen und das Gelübde der Keuschheit ablegen.

4. Sie befahlen ihnen, bei keinem anderen zu beichten, keinesfalls aber bei Ordensleuten.

5. Am Anfang befahlen sie ihnen, oft zu fasten und sich zu geißeln, Bußhemden zu tragen und öfters, ja alle acht Tage, zu kommunizieren. Wenn sie aber Fortschritte gemacht hätten, dürften sie alle drei Tage und schließlich täglich die heilige Kommunion empfangen. Und wenn sie innere Erlebnisse hätten, würde ihnen jede Kasteiung, Fasten etc. erlassen.

6. Sie unterrichteten sie, sich morgens und abends im Gebet und in der Beschauung zu sammeln. [...] Das lehrten sie mit besonderem Nachdruck, indem sie behaupteten, dass darin gerade die Vollkommenheit und die Hauptsache ihrer Lehre bestehe und dass dies für das Seelenheil nötig sei.

7. Wenn sie wieder beichteten, würden sie gefragt, ob sie die Beschauung geübt hätten und ob sie etwas erlebt, gesehen oder gehört hätten.

8. Diejenigen, die das Gebet übten, empfänden in ihm eine gewisse Wärme, Feuer und Schmerzen an bestimmten Leibesteilen, am Herzen, an der Brust, [...] an den Wundmalen; sie erlebten Ohnmachten, Verzückungen, Müdigkeit und andere Folgen, und sie behaupteten, das käme von Gott und vom Heiligen Geist. Es seien einige unter diesen Beaten, die während des Gebetes himmlische Erscheinungen sähen, gewisse Geräusche wahrnähmen und große Furcht und Schrecken verspürten, sodass sie beteuerten, sie könnten keine Bilder sehen noch in die Kirche gehen; denn sie seien so voll von Gott, dass sie nichts mehr

von ihm empfangen könnten. Christus, den sie in ihrer Beschauung betrachteten, erscheine ihnen in der Form eines Mannes, und mit ihm erlebten sie viele fleischliche Versuchungen und unkeusche Berührungen. [...] Anlass dazu biete, was ihnen ihre Lehrer beibrächten: Sie sollten Christus betrachten als Gottmenschen und sich ihm anschmiegen. [...]

9. Nachdem einige dieser Frauen zu vielen inneren Erlebnissen gekommen seien, das heißt zu einem Zustand, der als vollkommen zu bezeichnen wäre, erhielten sie den Befehl, sich nicht mehr zu geißeln, nicht mehr zu fasten, obschon es sich um gebotene Fasten handle; an den verbotenen Tagen Fleisch zu essen. Das Gegenteil hieße, das Wenige für das Bessere hergeben, worunter sie diese Betrachtung verstünden, und um sie gut zu halten, sei es notwendig, gut zu essen.

10. Nachdem einige der Frauen bei den Beichtvätern gebeichtet hätten, empfänden sie eine solche Zuneigung zu ihnen, dass sie für sie sterben würden, [...] und es würde ihnen gesagt, dass die Berührungen, die sie miteinander verübten, keine Sünde seien. Denn ihr Zweck sei, sie zu trösten und ihnen zu helfen, damit sie die Erlebnisse ertragen könnten. Mit dieser Versicherung erhielten die Frauen eine große Erleichterung und Trost. Und einige behaupten, sie täten all das, um sich abzutöten; denn sie empfänden dabei keine fleischliche Begierde.

13. Einige von den Frauen sagten ferner, dass, wenn sie sich in ihren Zimmern befänden, und ihr Lehrer auf der Straße vorbeiginge, sie ihn empfänden, ohne ihn zu sehen.

14. Ferner nähmen sie mit dem Geruch wahr, ob in der Kirche das Allerheiligste sei oder nicht, auch behaupteten sie, dass das Allerheiligste einen süßen Duft verbreite.

15. Die genannten Lehrer lobten und hielten diejenigen für heilig, die die meisten derartigen Erlebnisse hätten.

23. Wenn ihre Lehrer ihnen die Kommunion austeilten, überreichten sie ihnen mehrere oder größere Hostien.

24. [...] Sie gäben ihnen zu verstehen, es sei besser, mehr Quantität vom Sakramente zu empfangen, und sie seien so weit gegangen, dass sie zweimal oder dreimal kommuniziert hätten.

26. Diese Lehrer redeten von den Orden übel, indem sie diesen Stand in Misskredit zu bringen suchten.

27. Sie redeten auch viel gegen die Ehe, indem sie sie als sehr schwierig darstellten und das Seelenheil in ihr unmöglich machten.

28. Sie hätten weibliche Beichtkinder so gebunden, und diese seien ihren Lehrern so gewogen, dass sie nichts ohne ihre Erlaubnis täten, auch befählen stillschweigend oder ausdrücklich die Lehrer ihren Beichtkindern, Gehorsam zu versprechen und, wenn sie nicht gehorchen, so bestraften sie dieselben.

29. Sagten sie ihnen, sie sollten ihren Eltern nicht gehorchen, wenn diese die Beschauung verhinderten, und somit erregten sie Zorn in den Häusern [...].

30. Befählen sie ihnen, alles in die Tat umzusetzen, was ihnen in solchem Gebet geoffenbart wäre [...], und sie hielten es für Sünde, wenn sie nicht ausführten, was sie als Offenbarung betrachteten.

31. Gebrauchten sie viele Ausdrücke, um das mündliche Gebet herabzusetzen.

40. Einige Vollkommene schauten das Wesen Gottes.

41. Die Vollkommenen, die solche Erlebnisse hätten, würden von den göttlichen Geboten, vom Fasten, Messehören usw. dispensiert.

44. Wollten sie ihre unkeuschen Handlungen mit dem heiligen Paulus rechtfertigen, der den Friedenskuss gebrauchte, und mit dem, was im Evangelium stehe: *„super aegrotos manus imponent"* [*vgl. Mk 6,5: „Er legte den Kranken die Hände auf und heilte sie"*], und mit dem Benehmen des Propheten Elisäus [*Elischa*] gegen das Kind [*vgl. 1 Kön 17,21: „Hierauf streckte er sich dreimal über den Knaben hin..."*].

47. Gäben sie zu verstehen, dass es für das Seelenheil nicht genüge, die Gebote zu halten, und einige hätten es auch offen ausgesprochen. [2]

Quellentext Nr. 90: [1] Alonso Fernández, Historia y Anales de la ciudad y obispado de Plasencia, Madrid 1627. S. 253–254. – [2] Bibl. nac. Madrid, Ms. n. 2440, f. 143ss. – Bernardino Llorca, Die spanische Inquisition und die „Alumbrados", Berlin und Bonn 1933. S. 54–56.

Hernando Alvarez auf der Folter

Der Bakkalaureus Hernando Alvarez, ein Kleriker, wurde zusammen mit 18 weiteren Personen, unter ihnen neun Frauen, von der Inquisition verhaftet. In einem der erst zu Anfang des 20. Jahrhunderts aufgefundenen Berichte, die Bernardino Llorca ediert hat, ist die Folterung dokumentiert, die er zu erleiden hatte.

Er [*Hernando Alvarez*] war Priester und Prediger, aus Villanueva de Varea Rora gebürtig. 1573 wurde er verhaftet, und damals erklärte er, er sei 50 Jahre alt. Viele Zeugen haben gegen ihn ausgesagt: Er habe beim Predigen und Beichthören viele Ketzereien gelehrt, viele Irrtümer und abergläubische Handlungen der Alumbrados begangen gegen das, was die katholische Kirche von Rom hält und lehrt. Ferner habe er mit den Beaten, seinen Beichtkindern, obwohl er ihnen oft die Kommunion austeilte, viele schwere unkeusche Handlungen verübt mit Küssen, Umarmungen und Berührungen der Schamteile und ihnen dabei zu verstehen gegeben, das sei keine Sünde, sodass sie es glaubten und infolgedessen die Kommunion empfingen, ohne Gewissensbisse zu erfahren. Er gestand ein, solche unkeuschen Handlungen mit den Frauen vorgenommen zu haben. Ferner habe er behauptet, dass es keine Sünde sei, wenn jene Berührungen vorgenommen würden, um ihnen in den Arbeiten und Mühseligkeiten der religiösen Übungen zu helfen, die er ihnen dozierte.

Er [*Hernando Alvarez*] wurde über das Bezeugte gefoltert, und obschon man bis zu fünf Strickwendungen an den Armen schritt, gab er kein weiteres Geständnis. Der Ordinarius legte Protest ein, man solle nicht weiter gehen, weil der Gefolterte alt sei und die Beine angeschwollen schienen. Es wurde entschieden [...], er solle degradiert werden, auf dem Autodafé erscheinen und de levi [*in der milderen Form*] abschwören, ferner vier Jahre lang auf den Galeeren Seiner Majestät dienen.

Quellentext Nr. 91: Arch. hist. nac. Madrid, Inq. leg. 1988. – Bernardino Llorca, Die spanische Inquisition und die „Alumbrados", Berlin und Bonn 1933. S. 49–50.

AM SCHEITERHAUFEN UND AM SCHREIBTISCH
Inquisition im Wandel der Zeiten

Das, was jahrhundertelang „Inquisition" genannt wurde, war nicht jahrhundertelang dasselbe. Die Inquisition war ein Kind ihrer Zeit – und sie blieb dies auch insofern, als sie sich eben wandelte, wenn sich auch die Zeit wandelte. Um sich den Wandlungsprozess, den die Inquisition im Lauf der Zeit durchmachte, drastisch vor Augen zu führen, braucht man bloß das, was nach den Worten eines deutschen Erzbischofs und Inquisitors aus dem 13. Jahrhundert mit Häretikern zu geschehen hatte, mit dem zu vergleichen, was 400 Jahre später vom römischen Amt, das hernach für Inquisition zuständig war, an Maßnahmen zur „Behandlung der Häretiker" empfohlen wurde. „Wer vom Bischof seiner Diözese als Häretiker überführt worden ist, soll auf dessen Bitte von der weltlichen Gerichtsbarkeit alsbald ergriffen und dem Scheiterhaufen überliefert werden", erklärte Erzbischof Albert von Magdeburg (1170–1232) – ganz im Sinne der Ketzergesetzgebung Kaiser Friedrichs II.: „Falls die Richter in ihrer Barmherzigkeit ihm das Leben schenken, soll man ihm wenigstens die Zunge, mit der er den katholischen Glauben gelästert hat, herausreißen" (vgl. Hansjakob Stehle, Frommer Massenterror, Die Zeit Nr. 5, 22. Januar 1998). Aber 1616 – also in dem Jahr, in welchem William Shakespeare und Miguel Cervantes die Augen für immer schlossen und zwischen den Niederlanden und Japan ein Handelsvertrag unterzeichnet wurde – wollte die „Sacra Congregatio Romanae et Universalis Inquisitionis" Häretikern nicht nur nicht mehr die Zunge herausreißen, sondern gestattete ihnen sogar unter bestimmten Bedingungen, bei einem Romaufenthalt den Fuß des Apostelfürsten zu küssen, falls sie dies wünschten (vgl. Carl Mirbt, Quellen zur Geschichte des Papsttums und des römischen Katholizismus, Tübingen [4. Auflage] 1924. S. 364). Man kann Robert Lemm nur zustimmen, wenn er sagt, die Inquisition des 18. Jahrhunderts sei nur noch „die Fassade der Inquisition des 15. und 16. Jahrhunderts" gewesen, „ein Körper ohne Seele" (vgl. Robert Lemm, Die Spanische Inquisition, München 1996. S. 24).

Die letzte Aktivität der Spanischen Inquisition – „die letzte Handlung des gefürchteten Gerichts nach einer Laufbahn von dreieinhalb Jahrhunderten"

(Henry Charles Lea, Geschichte der Spanischen Inquisition, Bd. 3, Leipzig 1912. S. 318) – erfolgte am 10. Februar 1830, und zwar nicht auf dem Scheiterhaufen, sondern auf dem Schreibtisch des Inquisitionssekretärs Domingo Sanchez Fijon in Toledo. Es war die Bestätigung eines zwei Wochen zuvor ergangenen Urteils.

Der Fall Marguerite Porète

Kurt Marti hat in einem seiner Aphorismen geschrieben: „Ich könnte mir einen Dokumentarfilm denken, dessen Thema seinen Titel ergibt: ‚Sachzwang frisst Menschenfleisch'" (Kurt Marti, Zärtlichkeit und Schmerz, Darmstadt und Neuwied 1979. S. 72). *Der Schweizer Theologe und Schriftsteller hat dabei natürlich an aktuellere Phänomene gedacht als die Inquisition. Aber was von der menschenvernichtenden Mechanik moderner Sachzwänge gilt, gilt mutatis mutandis auch von der Eigendynamik der Ketzerbekämpfung. Blind gemacht von ihren ideologischen Vorgaben waren auch die gutwilligsten Inquisitoren oft nicht imstande, eine „Unterscheidung der Geister" zu leisten. Nicht nur so profunde Gestalten wie Ignatius von Loyola und Teresa von Avila – um nur die beiden prominentesten Beispiele zu erwähnen – wurden von der Inquisition belästigt und misstrauisch beobachtet, auch im Fall von Jeanne d'Arc wurde das Charisma der jugendlichen Visionärin missachtet, die Echtheit ihrer religiösen Inspirationen in Abrede gestellt und sie selber als Ketzerin verurteilt und hingerichtet.*

Nicht minder tragisch ist der Fall einer Mystikerin, die im Jahrhundert vor Jeanne d'Arc lebte. Sie hieß Marguerite Porète und wurde am 1. Juni 1310 in Paris auf dem Scheiterhaufen verbrannt. Marguerites Delikt: eine die Schubladen bürokratischer Dogmatiker sprengende Form von Aszetik, wie sie allen ekstatischen Mystikern eigen ist. Den Wert dieser spirituellen Energie für die Kirche wahrzunehmen, waren die Richter Marguerite Porètes nicht imstande. Der Dominikanermönch, der den Prozess führte, war im Übrigen der gleiche Wilhelm Imbert, der auch den beschämend ungerechten Prozess gegen die Templer durchgeführt hatte. Die Vertreter der Amtskirche sahen nur, dass die von leidenschaftlichen Gottesliebhaberinnen und Gottesliebhabern propagierte Gottesunmittelbarkeit einer von allem Besitz ledigen, zunichte gewordenen Seele relativ wenig Wert auf Sakramente, Werke der Tugend und

*„Unglückliche, was hast du gehofft? Warum hast du dich nicht gleich beim
ersten Betreten des Kerkers für unschuldig erklärt?", fragte der Jesuit
Friedrich von Spee, der die Qualen der Angeklagten aus ersten
Hand kannte. „Peinliche Frage", ein Holzschnitt aus der
„Bambergischen Halsgerichtsordnung" von 1508.*

andere Formen der Heilsvermittlung legte, wie sie durch die Institution Kirche
geschieht und folglich ketzerisch sein musste. Konsequenterweise wurden
denn auch die in die gleiche Richtung gehenden Anschauungen der „Brüder
und Schwestern des freien Geistes" – einer religiösen Bewegung, die auch unter den Beginen verbreitet war, in deren Umfeld Marguerite Porète stand – von
Papst Klemens V. (1305–1314) für häretisch erklärt.

Im „Spiegel der einfachen Seelen" konnte man jene für die Kirche angeblich so gefährlichen Anschauungen nachlesen. Diese von Marguerite Porète
verfasste Schrift war bereits vor ihr auf dem Scheiterhaufen gelandet; der
Bischof von Cambrai hatte sie auf dem Marktplatz von Valenciennes verbrennen lassen. Zwar hatte sich die in ebenjenem Valeciennes im Hennegau
geborene Mystikerin nach Kräften bemüht, ihr Buch von drei berühmten
Theologen überprüfen zu lassen, die in der Tat bereit waren, diese „kühne

295

Theologie" zu verteidigen (vgl. Lexikon für Theologie und Kirche, Bd. 6, Freiburg im Breisgau [3. Auflage] 1997. S. 1314), doch es half nichts: Ideologiezwang fraß auch in diesem Fall Menschenfleisch. Die Mystikerin wurde nach eineinhalb Jahren Kerkerhaft als verurteilte Ketzerin von ihren kirchlichen Richtern dem so genannten weltlichen Arm übergeben, auf den Place de Greve geführt und verbrannt.

Damit hatte man zwar Marguerite Porètes, „aber nicht ihre Einsichten verbrannt", wie Ursula Baatz schreibt: „Gut hundert Jahre nach Marguerites Tod gab es zwei altitalienische, zwei lateinische und eine mittelenglische Übersetzung des ‚Spiegels'. In England etwa waren es Kartäuser, die den Text übersetzten. Die Wege, auf denen sich das Buch verbreitete, lassen sich nur mehr schwer verfolgen. jedenfalls erfreute sich der ‚Spiegel' großer Beliebtheit. Heimlich lasen Ordensleute das Buch, um den Weg zur mystischen Vereinigung mit Gott zu finden" (Ursula Baatz, Marguerite Porète; in: Adolf Holl, Ketzer, Hamburg 1994. S. 63).

[Aus dem „Spiegel der einfachen Seelen".] Mein Herz wünschte sich einst, beständig aus der Liebe im Sehnen aus gutem Willen zu leben. Jetzt aber sind diese beiden Dinge in mir ans Ziel gelangt. Sie haben mich aus der Kindheit heraustreten lassen, […] mein Geist war ein Greis geworden. […] Denn das Ausgießen der göttlichen Liebe, das sich mir durch göttliches Licht in einem von oben herabfahrenden Blitz gezeigt hatte, zeigte mir unversehens ihn und mich. Ihn nämlich sehr hoch oben und mich so tief unten, dass ich mich von da nicht mehr zu erheben vermag, noch kann ich mir selber aufhelfen. So aber wurde mein Bestes geboren.

Quellentext Nr. 92: Margareta Porète, Le mirouer des simples ames ancientes. – Ursula Baatz, Marguerite Porète; in: Adolf Holl, Ketzer, Hamburg 1994. S. 66.

DIE KIRCHENMÄUSE UND DER LEIB CHRISTI

Die Sakramentshäuschen aus Stein, die man in mittelalterlichen Kirchen bisweilen sehen kann, und erst recht die frei schwebenden, an Ketten aufgehängten Behälter, in denen die konsekrierten Hostien aufbewahrt wurden, entsprangen keineswegs der unbändigen Phantasie kreativer Architekten, sondern hatten einen ganz nüchternen praktischen Grund. Das heilige Brot wurde auf diese Weise für Nagetiere unerreichbar gemacht. Denn dass die sprichwörtlichen Kirchenmäuse die Eucharistie zum Zwecke der Nahrungsaufnahme anknabberten oder auffraßen, war keineswegs bloß eine theoretische Möglichkeit. Darum war es nahe liegend, dass sich Theologen Gedanken darüber machten, wie es eigentlich aus dogmatischer Sicht zu beurteilen ist, wenn eine konsekrierte Hostie von einer Maus zernagt oder in sonst einer Weise verunreinigt wird.

Der Brief der Inquisitionskardinäle an die Erzbischöfe von Tarragona und Saragossa vom 8. August 1371 ist die Reaktion auf eine konkrete Anzeige. Die Theologen Petrus de Bonageta und Johannes de Latone hatten bestimmte Ansichten geäußert, die zwar früher unter anderem auch von Petrus Lombardus (Sententiae, I. IV, dist. 13), Innozenz III. (De mysterio Missae III,11) und Bonaventura (Sententiae, I. IV. dist. 13, a. 2) vertreten worden waren, später aber fast völlig aufgegeben wurden (vgl. Heinrich Denzinger/Peter Hünermann, Kompendium der Glaubensbekenntnisse und kirchlichen Lehrentscheidungen, Freiburg im Breisgau [38. Auflage] 1999. S. 423). Nun wird mitgeteilt, dass es bei Strafe der Exkommunikation verboten ist, die folgenden Sätze öffentlich zu lehren.

[Irrtümer des Petrus de Bonageta und des Johannes de Latone über die Eucharistie.]

1. Wenn eine geweihte Hostie in eine Kloake, in Kot oder irgendeinen schändlichen Ort fällt oder geworfen wird, so hört, auch wenn die Gestalten verbleiben, der Leib Christi auf, unter ihnen zu sein, und es kehrt die Substanz des Brotes zurück.

2. Wenn eine geweihte Hostie von einer Maus zernagt oder von einem Tier gefressen wird, so hört, auch wenn die erwähnten Gestalten verbleiben, der Leib Christi auf, unter ihnen zu sein, und es kehrt die Substanz des Brotes zurück.

3. Wenn eine geweihte Hostie von einem Gerechten oder von einem Sünder gegessen wird, so wird Christus, wenn die Gestalt mit den Zähnen zerrieben wird, zum Himmel entführt, und er wird nicht in den Magen des Menschen befördert.

Quellentext Nr. 93: Brief der Inquisitionskardinäle an die Erzbischöfe von Tarragona und Saragossa, 8. August 1371. – Heinrich Denzinger/Peter Hünermann, Kompendium der Glaubensbekenntnisse und kirchlichen Lehrentscheidungen, Freiburg im Breisgau [38. Auflage] 1999. S. 423.

Busse für einen reuigen Ketzer

Der in den Akten des Gründers des Dominikanerordens überlieferte Fall eines verurteilten und wieder aufgenommenen Ketzers namens Robert Ponce gibt Aufschluss darüber, was einen Häretiker erwartete, der es vorzog, sich mit der Kirche zu versöhnen, statt hartnäckig zu bleiben und auf dem Scheiterhaufen zu landen.

An alle Christgläubigen, um sie in Kenntnis zu setzen von den vorliegenden Briefen, Bruder Dominikus, Chorherr in Osma, von den Predigern, Gruß in Christus.

Kraft der Autorität des Herrn Abts von Císter, Legat des Heiligen Apostolischen Stuhls [den wir repräsentieren] haben wir den Überbringer dieser Briefe, Robert Ponce, der durch Gottes Gnade sich von der Sekte der Häretiker losgesagt hat, losgesprochen und haben ihm, nachdem er uns unter Eid zugesichert hatte, unsere Anordnungen zu befolgen, befohlen, dass er sich, seiner Kleider beraubt, an drei aufeinander folgenden Sonntagen von einem Priester, der ihn mit Ruten züchtigt, vom Stadttor bis zur Kirchentür geleiten lässt.

Gleicherweise haben wir ihm als Buße auferlegt, weder Fleisch noch Eier, noch Käse, noch irgendein Nahrungsmittel, das aus dem Tierreich stammt, zu essen, und das während seines ganzen Lebens, mit Ausnahme von Ostern, Pfingsten, Geburt des Herrn und der Tage, die wir ihm zu essen befehlen, als Zeichen der Abscheu gegenüber seiner alten Häresie. Außerdem hat er drei Fastenzeiten pro Jahr zu halten, während derer er keinen Fisch essen darf. Außerdem haben wir ihm auferlegt, den Rest seines Lebens drei Tage die Woche zu fasten, an denen er keinen Fisch, kein Öl und keinen Wein zu sich nehmen darf, wenn es nicht krankheitsbedingt notwendig ist oder durch jahreszeitlich bedingte Arbeiten.

Er hat außerdem eine religiöse Tracht zu tragen, sowohl was die Form als auch die Farbe betrifft, mit zwei kleinen, auf jeder Brustseite aufgenähten Kreuzen. Er muss täglich zur Messe gehen, soweit es ihm möglich ist, und am Sonntag und an den Feiertagen an den Vespern teilnehmen. Er muss sorgfältig das Brevier lesen sowie das Vaterunser siebenmal während des Tages, zehnmal während der Nacht und zwanzigmal um Mitternacht beten. Er hat keusch zu leben und diesen Brief hier einmal im Monat dem Pfarrer von Cercri, seiner [*d. h. der für ihn zuständigen*] Pfarrei, vorzuzeigen, welchen wir anweisen, ihn als Wortbrüchigen, als Häretiker und als Exkommunizierten zu betrachten, ihn aus der Gemeinschaft der Gläubigen auszuschließen etc., wenn er das hier Verordnete nicht einhält.

Quellentext Nr. 94: Actas de Santo Domingo. – Pierre Dominique, Inquisición, Barcelona [2. Auflage] 1997. S. 316. – Übersetzung aus dem Spanischen: © Franziska Moser.

EIN KETZERMEISTER AUS FRANKEN

Die Geständnisse des Bartholomäus Rautenstock, eines „Ketzermeisters" aus Franken, stammen aus der Zeit zwischen 1450 und 1460. Das in einem urwüchsigen Deutsch des 15. Jahrhunderts abgefasste Protokoll, das im Münchner Reichsarchiv (Religionsakte T. III. Supplem. 7) aufbewahrt wird, ist ein Zeugnis dafür, dass bereits Jahrzehnte vor Luther reformatorisches Gedankengut durch hussitisch geprägte Christen in Deutschland Verbreitung fand.

Dies hernach geschrieben [*Das Folgende*] hat Bartholomäus Rautenstock, Ketzermeister, bekannt.

Item: Er hat sich etliche Zeit zu Tirschenreut aufgehalten und ist bei einem gelegen [*hat bei jemandem gewohnt*], genannt Hans Mendel. Item: Am Dienstag nach Judica [*d. h. am Dienstag nach dem Passionssonntag*] hat er sich von Tirschenreut erhoben und ist gangen gen Kemnat. Item: Von Kemnat ist er gangen gen Castel, unter Kemnat gelegen. Da ist er die erste Nacht bei einem offenen Wirt gelegen, dess[en] er nicht nennen konnte oder wollte. Demselben Wirt hat er zu Wahrzeichen gesagt, sein Gewerb nämlich, dass er Rohr allda zu Castel in Blätter zu setzen zu dem Wirken gehorend gesucht hätte, die gefielen ihm nicht, und er wollte der nicht mehr suchen. Item: Am Mittwoch zu Nacht ist er zu Pegnitz gelegen, bei einem Wirt, ist ein Schmied und schenkt Bier. Item: Am Donnerstag zu Nacht ist er in einem Markt zwischen Pegnitz und Nürnberg gelegen und den will er nicht nennen [*zu Eschnau*]. Item: Am Freitag zu Nacht ist er zu Nürnberg gelegen bei dem Regensburger Tor. Am Freitag gen der Linden. Item: Am Samstag ist er gen Burgbernheim gangen und die Nacht allda blieben. Item: Am Sonntag ist er gen Eiffelstadt gangen zu Herrn Ulrich, seinem Vettern, dem Pfarrer. Item: Am Montag ist er wieder gen Burgbernheim gangen und aber die Nacht da blieben. Item: Am Dienstag hat er wieder gen Nürnberg und gen Beheim wollen gehen, allda ist er zu Gefängnis kommen.

Item: Er hat auf dem Rathaus bekannt, er sei vor einem Jahr auch hie außen gewest, in dem Herbst, hat sein Schwager Heinz Weingartmann gelebt, und als er jetzo wieder kommen, ist er gestorben.

Item: Es ist bei zwölf Jahr, dass der Ketzermeister Heinzen Weingarten, seinem Schwager, gelehrt hat den Unglauben. Item: Am ersten, dass er Maria nicht anbeten sollte, und da sie gegenwärtig stund [*d. h. selbst wenn sie ihm leibhaftig gegenübertreten würde*], so wollte er sie doch nicht anbeten, denn man allein Gott anbeten soll, und halten die zehn Gebot. Item: Desgleichen von den Zwölfboten [*den Aposteln*] und den Heiligen, die sollte man nicht anbeten noch bitten. Item: Er hat dabei gesagt, die Heiligen zeichen nicht [*d. h. sie vollbringen keine Wunder*], sondern sie tun das durch den Teufel. Item: Es sei kein Fegfeuer, und stürbe einer in Todsünden, so führe er von Stund in die Hölle. Vergebe ihm aber Gott die Todsünd, so wären ihm die täglichen Sünden vorhin vergeben und [*er*] führe von Stund in das ewige Leben. Item: Von dem Sakrament [*sagte er*], dass die Priester uns das Sakrament nicht geben, als sie es nießen [*genießen*], denn sie fälschen es und geben uns nicht das in dem Wein, als sie es nehmen. Item: Man soll kein Gleichnis oder Bild machen weder von Gott noch den Heiligen. Item: Nach dem Krieg zuhand in demselben Jahr ist er auch mit seinem Sohn hinaußen gewest. Item: Er ist vor und nach dem Krieg, dieweil sein Schwager sein Weib gehabt, zu fünfmalen hinaußen gewest. Jörg Pöll, Schneider von Rotenburg, Heussner Schusters Frau sind seine Freund. Zu Ilessheim hat sein Sohn einen Schwäher, heißt Hans Kuppler. Item: Von der offenen Beichte sagt er: Man sage Lügen daran und sage zu Zeiten Sünden in der offenen Beichte, die keiner nie getan hat. Item: Von dem Ablass, dass die Päpste und Bischöfe irdische Dinge suchen, und den Ablass um Geld geben und verkaufen.

Item: Dies hernach geschrieben [*Das Folgende*] hat Bartholomäus Rautenstock, Ketzermeister, in dem Gefängnis unbezwungenlich [*ungezwungen, ohne Anwendung der Folter*] bekannt und gesagt.

Item: Des Ersten, wie dass er zu Prag in die Schule gegangen sei, aber nicht in das Collegium, sondern in einen Hof dabei; da sei Meister Peter von Dressen und einer, Meister Niklas genannt, ein halber Meister, Schulmeister und Lehrer gewest, von denen er den Unglauben und [*die*] Ketzerei gelernt habe. Item: In Beheim ist ein Schloss, genannt Lippnitz, darauf haben die Beheimen und Ungläubigen einen Münchner gefangen gehabt, derselbe ist ein Weihbischof gewesen, den haben sie dazu genötigt und gedrungen, dass er in ihrem Glauben Priester geweiht hat. Item: Als nun etliche aus dem Hof zu Prag, darin er gelernt hat, dazu gefordert und gegeben worden sind, sich zu Priestern weihen zu lassen, habe man ihn auch für einen genommen. Item: Als er also auf das Schloss, sich weihen zu lassen, gekommen sei, habe der gefangene Weihbischof also geweiht und ihn sonderlich gefordert und gefragt, von wannen er sei; [und] er habe ihm geantwortet, er sei von Franken. Also habe der Bischof ein Mitleiden mit ihm gehabt, ihn gestraft und gesagt, dass seine Weihe keine Kraft habe noch göttlich sein möge, da er dazu gezwungen werde. Also habe man ihm ein Format und Brief geschrieben und Geld von ihm wollen haben, auch ihn angemutet zu schwören. Das habe er nicht wollen tun und habe solches den Gewaltigen vorgebracht, die haben ihm aufgetragen, und einer, der ein Doktor sein sollte, das Geld selbst für ihn ausgegeben. Also sei er darauf zu vier Quatembern geweiht worden zum Priester. Item: Zum See hat er Messe gehalten, der Ketzer Glauben gepredigt, Beichte gehört und die Leute gekommuniziert unter beiderlei Gestalt, das hat er ein Jahr getrieben, als er bekannt hat. Item: Danach, als ihn sein Gewissen ermahnt hat, dass solches nicht göttlich und [er] unrecht zum Priester geweiht worden sei, habe er ein Weib in Beheim genommen und sei mit ihr heraus gen Bernheim gezogen und sei bei zehn Jahre [*etwa zehn Jahre lang*] allda gesessen, bis ihm das Weib starb. Darnach sei er wieder gen Beheim gezogen und habe sich zu Tirschenreut und überall allda aufgehalten, bis er jetzund wieder herausgekommen sei.

Quellentext Nr. 95. Münchner Reichsarchiv. Religionsakte T. III. Supplem. 7. – Gotthold Hasenhüttl/Josef Nolte, Formen kirchlicher Ketzerbewältigung. Düsseldorf 1976. – Transkription der Sprachgestalt in heutiges Deutsch: © Josef Dirnbeck.

FREISPRUCH FÜR IPPOLITO CHIZZUOLA

Zum Alltag der Inquisitionsgerichte gehörte es, Theologen zu überprüfen, die wegen des Verdachts angeklagt waren, in ihren Schriften oder in öffentlichen Auftritten häretische Ansichten geäußert zu haben. Es vermag keineswegs zu überraschen, dass viele dieser Verfahren durchaus auch mit Freisprüchen endeten, vor allem, wenn der Betreffende von missgünstigen Kollegen oder Konkurrenten bei der Inquisition angezeigt worden war. Um einen solchen Fall handelt es sich bei Ippolito Chizzuola, einem aus Brescia gebürtigen Ordens-mann.

Chizzuola hielt im Jahr 1549 im „tempio della Carità" in Venedig Predig-ten, bei denen er unter anderem auch zur Frage Stellung nahm, ob der Mensch sicher sein könne, im Stande der Gnade zu sein. Seine Ausführungen zu die-ser – damals auf dem Hintergrund von Luthers Rechtfertigungslehre natür-lich besonders heiß diskutierten Frage – brachten Ippolito Chizzuola in den Verdacht, Häresien – in diesem Fall: „protestantische Irrlehren" – zu ver-breiten. Der päpstliche Nuntius und Inquisitor Giovanni della Casa, leitete deswegen ein Inquisitionsverfahren ein, das in Rom stattfand und in dessen Verlauf sich der damals knapp 28 Jahre alte laterensische Chorherr zu recht-fertigen hatte.

Die Akten des Prozesses sind in der Stadtbibliothek von Brescia erhalten, wo sie im Jahr 1909 vom Würzburger Historiker Joseph Hefner entdeckt und ediert wurden. Eine Eigentümlichkeit des an und für sich wie üblich in latei-nischer Sprache abgefassten Verhörprotokolls vom 14. Juli 1549 ist es, dass die Antworten des Angeklagten in italienischer Sprache notiert wurden.

Am 14. Juli 1549. [...] Auf diese Frage erwidert der Angeklagte: Zudem könnte es sein, dass er sich an den Vorgang nicht genau erinnere, wie oben ge-sagt worden ist; noch weniger erinnere ich mich, in welcher Weise diese mei-ne Beweisführung vor sich ging; nur daran erinnere ich mich, dass ich, eines Tages und vielleicht mehrmals Erwägungen anstellend über das vom Bischof Catharinus gegen Soto geschriebene Werk [*die 1548 erschienene „Expurgatio F. Ambrosii Catharini adversus apologiam fratris Dominici Soto"*], zugunsten seiner Meinung Verschiedenes sagte, das diesem Buch des Catharinus ent-nommen war, und ich erinnere mich, dass ich unter anderem meine Beweis-führung auf den Grund, den er beibringt, stützte, nämlich dass bei der Recht-fertigung der freie Wille mitwirkt; wegen dieses Zusammenwirkens müssen wir es wissen, wann Gott mit seiner Gnade rechtfertigt. Dann fügte ich den Grund von Scotus bei, dass, wenn die Beichte – vorausgesetzt, dass wir ihm [*Gott*] kein Hindernis entgegenstellen – uns von Sünden befreit und wir es wis-sen, wir folglich über unseren Gnadenstand Gewissheit haben. Diese und an-dere Gründe, die zu diesem Thema gut passten, erinnere ich mich bei der Dis-putation vorgebracht zu haben.

Er wurde gefragt, ob er sich erinnere, welche Feststellungen das heilige

Konzil von Trient hinsichtlich der Gnade und der Gewissheit getroffen habe, und ob die vorhin erwähnte Meinung tatsächlich in irgendeinem Punkt zu den Feststellungen des besagten Konzils in Widerspruch stünde.

Er antwortet: Ich habe nicht im Sinn, alles aus diesen heiligen Canones Wort für Wort anzuführen, da ich schon seit vielen Monaten und vielleicht Jahren diese Materie nicht mehr gesehen habe, aber ich erinnere mich gut, dass die Entscheidung gegen das eitle Vertrauen der Lutheraner gerichtet ist, welche wollen, dass jeder wahre Christ seines Heiles sicher sei; ohne die Sakramente oder etwas anderes zu erwähnen, wie die Theologen sagen, wollen sie nur, dass Gott es sei durch den Heiligen Geist, welcher Zeugnis gibt unserem Geiste, und darin machen sie keinen Unterschied zwischen Paulus und irgendeinem einfachen Christen. Das ist, soviel ich mich erinnere, der Hauptgedanke dieser heiligen Canones, und wenn man so von der Meinung des Catharinus redet, wie die Theologen sprechen, wie er in seinem Buche bezeugt, dann sehe ich keinen Widerspruch zwischen dieser Meinung und dem heiligen Konzil. Wie sie [*die Meinung*] mir jetzt sehr gefällt, so würde sie mir ohne weiteres im höchsten Grade missfallen, wenn ich ihn [*den Widerspruch*] gesehen hätte.

Er wurde gefragt, ob er sich irgendwann öffentlich oder privat lobend über das Buch mit dem Titel „Beneficium Christi" [*„Die Wohltat Christi" – eine von Benedetto da Mantova und Marcantonio Flaminio verfasste Schrift, die bei fast allen Inquisitionsprozessen dieser Zeit eine Rolle spielte*] geäußert habe.

Er antwortet: Ich habe nicht nur nichts zu seinem Lob gesagt, sondern ich erinnere mich auch nicht, jemals darüber gesprochen zu haben, außer ein einziges Mal, wo ich im Zimmer sagte, dieses Buch habe, soviel ich hörte, einen großen Gönner gehabt; es war Flaminio, von dem ich hörte, dass er sich erbot und erboten hatte, dem Bischof Catharinus zu zeigen, wie viel aus dem heiligen Bernhard in dem genannten Buche enthalten wäre, und schon hatte er sich angeschickt, gegen Catharinus zu schreiben, der eine Gegenschrift verfasst hatte, und wenn Catharinus auf dem Konzil nicht die Meinung von der Gnadengewissheit verteidigt hätte, so hätte Flaminio sein Buch herausgegeben. Das ist es, was ich im Zimmer sagte, wo einige unserer Brüder zugegen waren, und ich wurde auf dieses Gespräch geführt, weil mir wegen des auf der Kanzel gebrauchten Ausdrucks „Wohltat Christi" [*„Beneficium Christi"*] gesagt wurde, ich würde dafür angesehen, als ob ich ein verdächtiges Buch anführte, worüber ich sehr lachte, weil ich von den durch Christus zu unserem

Heile getanen Werken sprach mit dem Beifügen, dass wir für eine solche Wohltat erkenntlich sein müssten, und jene verstanden meine Worte von dem angeführten Buche.

Quellentext Nr. 96: Legato Martinengo II. Miscell. tom. 11. Cod. chart. miscell. saec. XVI., Fol. 28r–32r. – Joseph Hefner, Zur Geschichte der römischen Inquisition; in: Theologie und Glaube 2 [1910], S. 283–286.

FOLTER FÜR NICCOLÒ FRANCO

Der italienische Publizist und Dichter Niccolò Franco geriet in die Folterkammer der römischen Inquisition, weil er ein kritisches Pamphlet über die Missstände während des Pontifikats Papst Pauls IV. verfasst hatte. Zweck der „peinlichen Befragung" war es, Informationen über Mitschuldige zu erhalten, um belastendes Material gegen einige hoch gestellte Personen, vor allem gegen Kardinal Morone, in die Hände zu bekommen.

Das erste Verhör auf der Folter fand am 1. Februar 1570 statt. Der Schriftsteller wurde ungefähr eine Stunde lang an gebundenen Händen aufgehängt, machte allerdings keine Aussagen. Obwohl es offiziell das Verbot gab, Gefangene ein zweites Mal zu foltern, wurde Niccolò Franco am nächsten Tag und im Laufe des Februar noch zwei weitere Male auf der Folter verhört. Franco blieb standhaft und legte kein Geständnis ab, sodass ihn die Inquisition schließlich als verstockten Häretiker der weltlichen Macht übergab.

[Verhörprotokoll vom 1. Februar 1580.] Nicolaus Francus [*Niccolò Franco*] wurde in die Folterkammer im Palast des Sanctum Officium in Anwesenheit meiner Person, des Notarius, usw. gebracht, und als er geschworen hatte, die Wahrheit zu sagen, wurde er von dem Herrn [*d. h. dem Inquisitor*] befragt und ermahnt, er solle sich entscheiden, die ganze und volle Wahrheit zu sagen, und nicht erst die nächste Folter abwarten.

Er antwortete: „Ich sage und werde auch weiterhin sagen, dass ich die volle Wahrheit gesagt habe, obgleich dies nicht glaubwürdig zu sein scheint, nämlich dass das Buch nur diese Kopie hatte, dass diese niemand anderes als diejenigen zu sehen bekommen haben, die ich bereits angab, und dass ich nicht die Absicht hatte, es zu drucken. Und mehr will ich nicht sagen, und macht was ihr wollt, etwas anderes kann ich nicht sagen."

Und als ihm der Herr sagte, dass gemäß den Aussagen gegen ihn und laut dem besagten Buch der Pasquille es unwahrscheinlich und nicht zu glauben sei, dass er schon die ganze Wahrheit gesagt habe, und ihn deshalb ermahnte, sie zu sagen und nicht äußerste Foltern abzuwarten, erwiderte er: „Was ich gesagt habe, habe ich gesagt."

Und nach diesen Worten begann er sich auszukleiden, und während er sich auszog, wurden die Wächter gerufen, die ihn völlig entkleideten und ihn banden. Als er so entkleidet und gebunden war, bekam er viele gnädige Ermahnungen vom Herrn zu hören, er solle die volle und ganze Wahrheit sagen. Er aber sprach auch weiterhin nur: „Ich weiß nicht, was ich anderes sagen soll." Daraufhin befahl der Herr […], ihn in die Höhe zu ziehen, damit man mit dem Foltern fortfahre, auf welches der […] Procurator fiscale [Schatzmeister] bestand.

Als er so hochgezogen war, sprach er: „O Christus, du kennst die Wahrheit", was er zweimal wiederholte, ehe er schwieg.

Als der Procurator fiscale zu ihm sprach: „Eh, Messer Niccolò, lasst euch nicht quälen und sagt geradewegs die Wahrheit", antwortete er nicht, und nach einer gewissen Pause sprach er: „Christus, du kennst die Wahrheit", worauf er in Schweigen verfiel. Und als er so schweigend zehn Minuten verharrte, als ob er schliefe, sagte der Procurator fiscale zu ihm: „Schlaft ihr, Messer Niccolò?" Er antwortete: „Eh, Herr, eh", und dann schwieg er.

Als so weitere zehn Minuten verstrichen waren, begann er zu klagen und sprach: „Hoimé, hoimé", und als ihm vom selben Herrn Procurator fiscale gesagt wurde: „Wohlan, Messer Niccolò, entschließt euch, die Wahrheit zu sagen, und ihr werdet sogleich zu Boden gelassen", antwortete er: „Ich habe sie gesagt, bei der Heiligen Jungfrau, ich habe sie gesagt."

Darauf schwieg er, und als er einige Zeit schweigend zugebracht hatte, begann er zu brechen und sprach: „O Dio […] hoimé, hoimé, o gloriosa vergine Maria, hu, hu, hu."

Dann schwieg er und etwas später hub er an: „O mein Gott, wird denn das kein Ende haben?" Er klagte und fügte hinzu: „Dio, hu, hu, hai", und dann schwieg er.

Als er eine längere Zeit geschwiegen hatte, befragte ihn der Herr und ermahnte ihn, sich endlich zu entscheiden, die volle und ganze Wahrheit zu sagen. Er antwortete: „Ich weiß nichts anderes, mein Herr, nichts anderes" und schwieg abermals.

Und als er so schweigend verharrte und nichts anderes sagte, gab der Herr

Anweisung, ihn herunterzulassen, da er so anderthalb Stunden gehangen hätte.

Als man ihn heruntergelassen hatte, begann er „O Dio, o Dio, hoimé, hoimé" zu sagen und jammerte. Er setzte sich auf eine Holzbank und wurde auf Weisung des Herrn losgebunden, angekleidet und in seine Zelle gebracht.

Quellentext Nr. 97: Miroslav Hroch/Anna Skýbová, Die Inquisition im Zeitalter der Gegenreformation. Aus dem Tschechischen übersetzt von Wolf B. Oerter, Stuttgart 1985. S. 156–157.

BESCHLÜSSE ÜBER DIE BEHANDLUNG VON HÄRETIKERN

Wenn die römische Inquisitionsbehörde in der Zeit nach dem Tridentinischen Konzil von „Häretikern" spricht, dann meint sie damit nicht mehr Katharer, Waldenser oder dergleichen, sondern die Protestanten. Die Entscheidungen des Heiligen Offiziums hinsichtlich des Umgangs mit Protestanten lassen erkennen, dass hier weniger der ideologische Eifer, sondern eher der Geist diplomatischer Pragmatik die Feder führte. Die Scheiterhaufen der Inquisition brennen nicht mehr, stattdessen hat so etwas wie die Ära des „Kalten Kriegs" der christlichen Konfessionen begonnen.

Die „Resolutiones Sancti Officii" aus den Jahren 1598 bis 1648, aus denen hier nur Entscheidungen zitiert werden, die sich auf die „Behandlung der Häretiker" beziehen, sind in den „Analecta ecclesiastica" (Revue Romaine, Rom 1893) veröffentlicht.

544. Häretikern soll man keine Briefe schreiben, es sei denn zuweilen aus gebotener Höflichkeit.

548. Die Leichen von Häretikern sollen aus katholischen Kirchen ausgegraben werden, wenn es geschehen kann, ohne Verdruss und Ärger zu verursachen, sonst soll übliche Gewohnheit gelten.

549. Auch die Beisetzung von Häretikern auf katholischen Friedhöfen soll durchaus verweigert werden, wenn das möglich ist, sonst halte man sich an die übliche Gewohnheit.

554. An Versammlungen und Gottesdiensten von Häretikern teilzunehmen, ist nicht erlaubt, besonders an ihren Trauungen und Taufen dürfen Katholiken sich nicht beteiligen.

556. Häretiker können nicht Paten bei Taufen von Katholiken sein.

571. Das Heilige Offizium kann gegen Gedächtnisfeiern für verstorbene Häretiker grundsätzlich keine Einwände erheben, wohl aber gegen ihre Ehrung als überzeugte Häretiker.

592. Wenn ein Häretiker sich mit seiner ganzen Familie zur Lehre des Tridentinums bekehrt, erhalten sie von der heiligen Kongregation eine Unterstützung von 200 Skudi [*italienischen Silbertalern*] bei der Heirat einer Tochter.

601. Wenn die Leichen von Häretikern ohne Verdruss und gefährlichen Streit aus Kirchen, in denen die heilige Eucharistie gefeiert werden soll, nicht exhumiert werden können, mögen sie aus Gewohnheitsrecht geduldet werden, sodass die Messen gefeiert werden können, aber nichts soll schriftlich zugestanden werden.

606. Häretikern ist nicht die Erlaubnis zu geben, sich in katholischen Orten aufzuhalten, außer bei dringender Notwendigkeit, aber auch dann nur mündlich.

612. Wenn ein häretischer Fürst durch Rom reist, soll man ihm nach Möglichkeit keine Aufmerksamkeit schenken. Ungezwungen und feierlich möge er vom Heiligen Vater empfangen werden, aber unter einem Pseudonamen. Wenn er darauf besteht, kann er geheim zum Fußkuss des Apostelfürsten zugelassen werden.

615. In Deutschland müssen Häretiker, die sich zum katholischen Glauben bekehren, der Häresie abschwören. Ein bloßes Glaubensbekenntnis genügt nicht.

617. Kinder von Häretikern können gegen den Willen ihrer Eltern getauft werden, aber schwierig sind Folgen in der Praxis.

Quellentext Nr. 98: Resolutiones Sancti Officii 1598–1649. – Carl Mirbt, Quellen zur Geschichte des Papsttums und des römischen Katholizismus, Tübingen [4. Auflage] 1924. S. 364. – Übersetzung aus dem Lateinischen. © Albert van Gansewinkel.

Das letzte Urteil

Die historisch letzte Amtshandlung der Spanischen Inquisition – „die letzte Handlung des gefürchteten Gerichts nach einer Laufbahn von dreieinhalb Jahrhunderten", wie Henry Charles Lea formulierte – fand am 10. Februar 1830 statt. Es handelte sich um den Routineakt der Bestätigung eines Urteils, das zwei Wochen zuvor gegen Manuel de la Pena Palacios ergangen war –

einen Priester aus Ontaba, der sich wegen „Verbreitung gefährlicher und dem Empfinden der Kirche zuwiderlaufenden Lehren" verantworten musste und der mit einer Verwarnung und einigen geistlichen Übungen, die ihm als Buße auferlegt wurden, einigermaßen glimpflich davonkam.

Toledo. – Don Manuel de la Pena Palacios. – Im Rate, am 10. Februar 1830. Die Herren Hevia, Ettenhard, Amarilla, Galarza, Martinez, Beramendi, Prado – lassen Recht ergehen, so wie sie vereinbart haben.

Beschluss des Gerichtes. Im Heiligen Offizium von Toledo am 29. Tage des Monats Januar 1820 hat in seiner Morgensitzung der Herr Inquisitor Doktor Don José Francisco Bordujo y Rivas [allein zugegen] nach Einsicht des Prozesses gegen Don Manuel de la Pena Palacios, ehemaliger Pfarrer des Dorfes Ontaba und gegenwärtig von Torrejos del Rey in diesem erzbischöflichen Sprengel wegen Vergehen durch Propositionen und Verbreitung gefährlicher und dem Empfinden der Kirche zuwiderlaufenden Lehren – befunden wie folgt: Nach seinem Beschluss und Meinung soll dieser Angeklagte bei geschlossenen Türen im Gerichtssaal und in Gegenwart des in der Sache tätigen Gerichtsschreibers ermahnt und bedroht werden wegen der in seinen Predigten oder in zwanglosen Gesprächen vorgebrachten Propositionen; er soll ad cautelam [*sicherheitshalber*] losgesprochen werden und während fünfzehn Tagen in dem Kloster der barfüßigen Karmeliterväter in dieser Stadt unter der Leitung des ihm zu bezeichnenden Seelenführers geistliche Übungen verrichten und gewarnt werden, dass das Gericht ihn gegenwärtig mit allem Mitleid und Milde behandelt, weil er in den Sitzungen darum gebeten und sich demgemäß verhalten hat und Hoffnung vorhanden ist, dass er sich völlig bessert in der unordentlichen Art seines bisherigen Verkehrs mit seinen Pfarrkindern, dieweil seine Führung und Handlungen beobachtet werden sollen. Und vor der Vollstreckung wird E. H. alles auf den Fall und die Verhandlungen Bezügliche zur Genehmigung unterbreitet; was ich hiermit zur Bescheinigung unterschreibe. [*„Esta rubricado."*] D. Domingo Sanchez Fijon, Sekretär.

Quellentext Nr. 99: Henry Charles Lea, Geschichte der Spanischen Inquisition, Bd. 3, Leipzig 1912. S. 318.

Die Nachfolgeorganisation

Im Zuge der durch das Zweite Vatikanische Konzil eingeleiteten Reform der römischen Kurie wurde die bis dahin bestehende Nachfolgeorganisation der im Mittelalter gegründeten Inquisition – die „Sacra Congregatio Sancti Officii" – in die „Congregatio pro doctrina fidei", die auch heute noch bestehende Glaubenskongregation, umgewandelt. Das Apostolische Schreiben „Integrae servandae", mit welchem Papst Paul VI. (1963–1978) seine Kurienreform einleitete, wurde am 7. Dezember 1965 veröffentlicht.

[…] Ohne Zweifel ist der Anfang zu machen bei der Kongregation des Heiligen Offiziums, da ihr ja die wichtigsten unter den Angelegenheiten der römischen Kurie übertragen sind, nämlich die Glaubens- und Sittenlehre und die Sachen, die mit dieser Lehre zusammenhängen.

1. Sie, die bisher „Sacra Congregatio Sancti Officii" genannt wurde, heißt in Zukunft „Congregatio pro doctrina fidei". Ihre Aufgabe ist es, die Glaubens- und Sittenlehre zu überwachen.

2. Ihr steht vor der Papst, sie leitet der Kardinal-Sekretär, unterstützt von einem Assessor, einem Substitut und einem Kirchenanwalt [*„promotor iustitiae"*].

3. Vor sie gehören alle Fragen, welche die Glaubens- und Sittenlehre berühren oder mit dem Glauben selbst verbunden sind.

4. Sie überprüft neue Lehren und Meinungen, wie immer sie publiziert worden sind, und fördert die Studien darüber, unterstützt Gelehrtenkongresse. Was aber sicher entgegengesetzt ist den Prinzipien des Glaubens, verwirft sie nach Anhörung der Bischöfe der betreffenden Gegenden, wenn ihnen daran gelegen ist.

5. Ihr zugeleitete Bücher prüft sie sorgfältig und verwirft sie notfalls, nachdem der Autor gehört wurde und ihm Gelegenheit gegeben wurde, sich auch schriftlich zu verteidigen, und nicht ohne vorausgehende Information des Ordinarius, wie es schon festgelegt ist in der Konstituion „Sollicita ac provida" Benedikts XIV.

6. Ihr obliegt die Entscheidung über Rechts- und Tatsachenfragen, die das Privilegium fidei betreffen.

7. Ihr kommt es zu, über Delikte gegen den Glauben zu richten gemäß dem allgemeinen Prozessrecht.

8. Um die Würde des Bußsakramentes zu schützen, wird sie tätig nach verbesserten und erprobten Regeln. Dies wird aber den Ortsordinarien bekannt gegeben werden, nachdem dem Angeklagten die Möglichkeit zur Verteidigung und zur Wahl eines bei der Kongregation zugelassenen Anwalts gegeben wurde.

9. Sie fördert geeignete Überlegungen mit der päpstlichen Bibelkommission.

10. Dieser Kongregation ist ein Kreis von Beratern [*„consultores"*] beigegeben, die vom Papst aus Männern aus dem ganzen Erdkreis erwählt werden, welche hervorragen durch Lehre und Klugheit. Den Beratern können, wenn die Materie das erfordert, Periti [*Experten*] beigegeben werden, besonders aus den Universitätslehrern.

11. Die Kongregation wird tätig auf zweifache Weise: verwaltungsmäßig oder gerichtlich, je nach der Natur der zu behandelnden Gegenstände.

12. Die Regeln, welche die innere Ordnung der Kongregation betreffen, sollen in einer besonderen Instruktion erlassen und öffentliches Recht werden.

Quellentext Nr. 100: Paul VI., Apostolisches Schreiben „Integrae servandae" vom 7. Dezember 1965; AAS 57 [1965], S. 953–955. – Werner Böckenförde, Glaube unter Kontrolle. Aus der Geschichte der römischen Kongregation für die Glaubenslehre; in: Leo Waltermann, Rom – Platz des Heiligen Offiziums Nr. 11, Graz 1970. S. 195–197.

Viertes Kapitel

DIE PROMINENTESTEN OPFER

*Der Rechtsgelehrte Benedikt Carpzov beschrieb in seinem 1635
in Leipzig erschienenen Kriminalhandbuch „Practica rerum criminalium"
drei Grade der Folter: „Diese und andere Torturen sind
den Henkern ganz vertraut."*

Das Schicksal der Jeanne d'Arc, der wundersame Aufstieg und das schmähliche Ende jener Visionärin aus Lothringen, die noch keine 20 Jahre alt war, als sie auf einem in Rouen entzündeten Scheiterhaufen ihr Leben beendete, hat sich in zahlreichen künstlerischen Gestaltungen niedergeschlagen – von Friedrich Schillers „Jungfrau von Orléans" bis zu Stücken aus den Federn so unterschiedlicher Autoren wie George Bernard Shaw, Paul Claudel oder Jean Anouilh und Filmen von Regisseuren wie Carl Theodor Dreyer oder Jacques Rivette.

IM GEDÄCHTNIS PRÄSENT

Jeanne d'Arc ist durchaus nicht das einzige Opfer der Inquisition, dessen Gedächtnis auf Bühne und Bildschirm in Erinnerung gehalten wird. Wer in irgendeine der vielen Suchmaschinen des Internets den Namen „Galilei" eintippt, bekommt schier mehr Seiten angezeigt, die sich auf Bertolt Brechts Theaterstück „Leben des Galilei" beziehen als Seiten mit historischen Informationen über den Entdecker der Jupitermonde. Nikolaus Lenaus Epos über Girolamo Savonarola ist zwar schon mehr als eineinhalb Jahrhunderte alt, aber die abenteuerliche Lebensgeschichte Giordano Brunos ist erst 1992 von niemand Geringerem als Eugen Drewermann einem breiteren Leserpublikum nahe gebracht worden *(Eugen Drewermann, Giordano Bruno oder Der Spiegel des Unendlichen, München 1992)*. Darüber hinaus begegnen uns die prominentesten Opfer der Inquisition immer wieder auch auf den Seiten der Tageszeitungen und in den Headlines der elektronischen Medien.

„Der Prager Erzbischof, Kardinal Miloslav Vlk, hat die Rehabilitierung des Kirchenreformers Jan Hus eingeleitet", berichtete „Radio Vatikan" in seiner Nachrichtensendung vom 8. Juli 1996: „Hus war am 6. Juli 1415 in Konstanz hingerichtet worden. Kardinal Vlk sagte am Samstag, das Urteil gegen den Reformator müsse widerrufen werden, Hus sei das Opfer eines politischen Kalküls des römischen Kaisers Sigismund geworden. Die Neubewertung der Gestalt des tschechischen Reformators durch die katholische Kirche hatte Johannes Paul II. bei seinem ersten Pastoralbesuch kurz nach der Wende eingeleitet." Ähnliche „Neubewertungen" stünden auch in anderen Fällen von Opfern der Inquisition an, wusste die „Süddeutsche Zeitung" am 26. September 1998 zu vermelden. Unter der Überschrift „Die Kirche stellt sich ihrer

Schuld – Theologen beraten in Rom über Rehabilitierung der Ketzer" berichtete das in München erscheinende Blatt über die Diskussionen einer internationalen Theologenkommission des Vatikans zum Thema „Beziehung zwischen der Kirche und den Vergehen der Vergangenheit". Der aus Neapel stammende Theologe Bruno Forte habe ein Arbeitspapier zusammengestellt, ein so genanntes „instrumentum laboris", auf welchem unter anderem auch die Hinrichtung dreier bekannter „Ketzer" aufgelistet sei: „des tschechischen Reformators Jan Hus, der während des Konstanzer Konzils 1415 auf dem Scheiterhaufen endete, des in Ferrara geborenen Bußpredigers Girolamo Savonarola, der 1498 in Florenz gefoltert und erhängt wurde, und des 1600 in Rom verbrannten Giordano Bruno." Allerdings – so schrieb die „Süddeutsche" unter Berufung auf die in Vatikanfragen gut unterrichtete italienische Tageszeitung „La Repubblica" – werde vermutlich „nicht allen Dissidenten das gleiche Maß an Rehabilitation" zuteil werden. Während Savonarola vielleicht sogar die Seligsprechung blühe und der Papst Jan Hus als „großen Geist" gewürdigt habe, werde die Kirche die Theologie Giordano Brunos nicht anerkennen, wohl aber die Hinrichtung „bereuen".

DIE FORDERUNG NACH REHABILITIERUNG

Bereits bereut und rehabilitiert wurde seitens der Kirche in den Fällen Jeanne d'Arc und Galileo Galilei, wobei Letzterem bekanntlich das Schicksal des Scheiterhaufens erspart geblieben war, da er es angesichts der drohenden Folter für zielführender erachtete, den von ihm verlangten Widerruf zu leisten. Doch blieb die Verurteilung seiner wissenschaftlichen Lehren durch die Kirche eine unaufgearbeitete Altlast, für deren längst überfällige Entsorgung sich kein Geringerer als der Wiener Kardinal Franz König einsetzte, und zwar bereits in den Jahren des Aufbruchs nach dem Zweiten Vatikanischen Konzil. In einer Rede, die der ranghohe Kirchenmann am 1. Juli 1968 auf der Nobelpreisträgertagung in Lindau am Bodensee hielt und die damals großes Aufsehen erregte, sagte Franz König: „Vielleicht das größte Hindernis, das das Zusammenfinden von Religion und Naturwissenschaft jahrhundertelang versperrt hat, war der Prozess Galilei. Der Schweizer Professor J. M. Jauch hat in seiner ‚Lecture delivered at CERN' eine ausgezeichnete geschichtliche Untersuchung vorgelegt über die Prozessführung und Verurteilung Galileis. Am Schluss fasste er seine eigene Meinung und die Meinung vieler Naturwissenschaftler in folgendem Satz zusammen: Galileis Zusammenstoß mit dem Heiligen Offizium hat dazu beigetragen, dass unglückseligerweise ein Gefühl von einem grundlegenden und einem unwiderleglichen Gegensatz zwischen Glauben und Wissen sich festsetzte, was bis zum heutigen Tage fortgedauert hat. Wie lange wird es dauern, bis die Unrechtmäßigkeit jenes Urteilsspruches festgestellt wird?"

Nicht zuletzt in seiner Eigenschaft als Präsident des vatikanischen Sekretariats für Nichtglaubende wolle er auf diese „bewegende Frage" von Professor Jauch „eine ehrliche Antwort geben", sagte der Wiener Kardinal damals in Lindau. Für die katholische Kirche, die sich im Zweiten Vatikanum in ihrer Zuwendung zur Welt auch als Anwalt der legitimen Rechte und der Freiheit des menschlichen Geistes verstanden habe, scheine nunmehr die Zeit gekommen zu sein, so gründlich wie möglich jenen Zustand des Unbehagens und des Misstrauens zu beenden, der mit der Verurteilung Galileis im Jahre 1633 begonnen habe. „Die wissenschaftliche Welt hatte es seit über drei Jahrhunderten mit Recht als eine schmerzende, als nicht vernarbte Wunde empfunden, dass einer jener Männer, die am Anfang ihres Weges standen, von der Kirche zu Unrecht verurteilt wurde. Die Verurteilung Galileis wird heute umso schmerzhafter empfunden, als alle denkenden Menschen innerhalb und außerhalb der Kirche der Überzeugung sind, dass der Wissenschaftler Galilei Recht hatte und dass gerade sein wissenschaftliches Werk der modernen Mechanik und Physik die ersten festen Grundlagen geliefert hat. Durch seine Erkenntnisse war es der menschlichen Vernunft möglich, ein neues Verständnis von Natur und Weltall zu finden und damit die von der Antike ererbten Vorstellungen zu ersetzen. Eine offene und ehrliche Bereinigung des Falles Galilei scheint heute umso notwendiger, soll der Anspruch der Kirche, für Wahrheit, Gerechtigkeit und Freiheit einzutreten, nicht unglaubwürdig werden, sollen jene Menschen, die in Vergangenheit und Gegenwart den verschiedenen Totalitarismen und einer so genannten Staatsräson gegenüber das Recht des Denkens und der Freiheit verteidigt haben, nicht an der Kirche irre werden."

Manche hätten – so König weiter – durch den Fall Galilei den Eindruck gewonnen, als ob in der Kirche Wahrheit und Gerechtigkeit zeitbedingten Interessen geopfert würden, deren Brüchigkeit die Geschichte bewiesen habe. Doch sei die katholische Kirche heute „ohne Zweifel bereit, das Urteil im Prozess Galilei einer Revision zu unterziehen", erklärte der Kardinal vor den Nobelpreisträgern. „Die gläubige Vernunft hat mühsam um die Wahrheit gerungen und hat durch Erfahrung und Diskussionen, die mit Leidenschaft geführt wurden, allmählich den richtigen Weg gefunden. Sie hat gelernt, dem wissenschaftlichen Denken mit Offenheit und Anerkennung zu begegnen. Sie weiß, dass zwischen dem wissenschaftlichen Weltbild, dem Denken des modernen Menschen einerseits und dem religiösen Glauben andererseits ein harmonisches Verhältnis möglich ist. Der scheinbare Widerspruch zwischen der kopernikanischen Lehre, oder besser gesagt der beginnenden Mechanik der modernen Physik, und dem biblischen Schöpfungsbericht ist allmählich verschwunden. Die Theologie unterscheidet heute schärfer, was inhaltlich göttliche Offenbarung und dem, was philosophische Konstruktion oder spontan naive Auffassung der Wirklichkeit ist. Was für die Zeitgenossen Galileis noch ein unüberwindbares Hindernis war, existiert für den heutigen gebildeten Gläubigen nicht mehr. Von diesem Gesichtspunkt erscheint Galilei daher nicht bloß als Begründer einer neuen Wissenschaft, sondern ebenfalls auch als hervorragender Vertreter eines gläubigen Denkens. Auch hierin ist Galilei ein in mancher Hinsicht vorbildlicher Pionier gewesen. Die katholische Kirche hat im Gefolge Galileis und im Geiste seines Wollens durch manche Läuterung hindurch die Möglichkeit eines harmonischen Zusammenwirkens von freier Forschung, freiem Denken einerseits und absoluter Treue gegen das Wort Gottes andererseits anerkannt. Heute kommt es darauf an, aus diesen Erfahrungen die Lehren zu ziehen."

Was ein Gericht einmal beschlossen habe, könne auch die päpstliche Autorität nicht ungeschehen machen, betonte Kardinal König. Wohl aber könne der Papst „eine gründliche Untersuchung aufgrund aller zur Verfügung stehenden Dokumente" anordnen. „Die Argumente beider Seiten wären gründlich zu prüfen, um in offener und öffentlich geführter Debatte zu einem gerechten Urteil zu gelangen. In diesem Urteil werden die katholische Kirche und die Welt, in der sie lebt, die Gemeinschaft der Gläubigen und die Gemeinschaft der Wissenschaftler gemeinsam und friedlich den Gerichtsspruch des Geistes anerkennen. Die ehrliche und offene Bereinigung des Falles Galilei wird, so ist zu hoffen, die schmerzende Wunde schließen" *(Franz König, Der Fall Galilei, Vortrag auf der Nobelpreisträgertagung in Lindau; in: Johannes Kunz, Kardinal Franz König. Ansichten eines engagierten Kirchenmannes, Wien 1991. S. 63–76).*

FÜR ODER DURCH DIE KIRCHE ZUM MÄRTYRER GEWORDEN

Es hat zwar noch fast ein Vierteljahrhundert lang gedauert, aber spätestens seit 1992 darf Galilei als rehabilitiert betrachtet werden. Papst Johannes Paul II. hat in seiner berühmten Rede vor der Päpstlichen Akademie der Wissenschaften genau das getan, was Kardinal König 1968 – 335 Jahre nach Galileis Verurteilung durch den Spruch des Heiligen Offiziums – gefordert hatte. Im Fall von Jeanne d'Arc ging es wesentlich schneller. Sie wurde bereits ein Vierteljahrhundert nach ihrer *Verbrennung* von der gleichen Institution, die sie zuerst verurteilt hatte, rehabilitiert. Dem amerikanischen Pionier der Inquisitionsforschung, Henry Charles Lea, erschien der Fall der Johanna von Orléans geradezu ein Musterbeispiel dafür zu sein, „mit welcher Leichtigkeit das Inquisitionsverfahren zu politischen Zwecken angewandt wurde" *(Henry Charles Lea, Geschichte der Inquisition im Mittelalter, Bd. 3, Bonn 1913. S. 383).* Auch die Erhebung von Jeanne d'Arc zur Ehre der Altäre geschah nicht jenseits oder abseits von politischen Motiven. George Bernard Shaw (1856–1950) hat die groteske Komik dieser kirchlichen Rehabilitation der zuerst schmählich erniedrigten und dann himmelhoch erhobenen Heiligen mit sarkastischem Humor auf die Bühne gebracht, wenn er einen klerikal aussehenden Herr in schwarzem Gehrock und mit Zylinder in den Traum Karl VII. platzen lässt, wo dieser Johanna und all den anderen bunt kostümierten Personen begegnet, die in der einen oder anderen Weise an diesem Fall beteiligt waren, um ihnen die salbungsvoll formulierte Botschaft von Johannas Heiligsprechung zu überbringen: „Verzeihen Sie, ich komme in einer ernsten Angelegenheit und kann mich hier nicht auf ihr frivoles Geplauder einlassen. Ich bin hierher gesandt, um Ihnen zu melden, dass Johanna von Arc, einst bekannt als ‚das Mädchen', zum Gegenstand einer vom Bischof von Orléans angeordneten Untersuchung gemacht wurde, deren Ziel es war, den Anspruch auf Heiligsprechung der so genannten Johanna von Arc zu prüfen; dass fernerhin die Kirche diesen Anspruch auf die übliche Art geprüft und die genannte Johanna in der üblichen Reihenfolge als ehrwürdig erklärt, sodann selig gesprochen hat und somit zum Schluss kommt, dass Johanna mit der Tugend des Heldenmutes ausgestattet und mit göttlichen Offenbarungen gesegnet war, und damit die genannte als ehrwürdig erklärte und selig gesprochene Johanna in die Gemeinschaft der triumphierenden Kirche beruft, als die ‚heilige Johanna'. An jedem Dreißigsten des Monats Mai, dem Jahrestage des Todes der genannten, überaus gesegneten Tochter Gottes, soll zu ihrem Gedenken in jeder katholischen Kirche eine besondere Messe gelesen werden, bis ans Ende aller Tage. Weiterhin sei es gesetzlich gestattet, ihr eigene Kapellen zu weihen und auf den Altären solcher Kapellen ihr Bildnis zu errichten. Den Gläubigen sei es demnach erlaubt und sogar empfohlen, niederzuknien und ihre Gebete durch die Heilige zum Sitz des Allbarmherzigen emporsteigen zu lassen. So niederlegt in der Basilica Vaticana, am 16. Mai des Jahres 1920."

Shaw lässt den Mann aus dem 20. Jahrhundert den Personen aus dem 14. Jahrhundert im Wesentlichen also den originalen Wortlaut der Heiligsprechung von Jeanne d'Arc mitteilen und kommentiert diese in den Ohren der mittelalterlichen Figuren eher seltsam erscheinende frohe Botschaft durch Dunois, den Bastard von Orléans, der ebenso knapp wie treffend sagen darf: „Eine halbe Stunde, um dich zu verbrennen, meine liebe Heilige. Und vier Jahrhunderte, um die Wahrheit über dich zu erkennen" *(George Bernard Shaw, Die heilige Johanna. Dramatische Chronik in sechs Szenen und einem Epilog, Frankfurt am Main 1965. S. 141–142).*

Auch in Edward Albees 1964 – zwei Jahre nach dem Welterfolg „Wer hat Angst vor Virginia Woolf?" – uraufgeführten Theaterstück „Winzige Alice" [*Tiny Alice*] wird Jeanne d'Arc erwähnt; allerdings finden wir sie dort, in diesem ungewöhnlich eindrucksvollen, in der Nachfolge von August Strindberg stehenden metaphysischen Spiel, bei dem es um Illusion und Wirklichkeit und um die Wahrheit hinter allen religiösen Lebenslügen geht, in eine Reihe mit all jenen „Todsuchern und Hysterikern" gestellt, die das „Blutbad zur Unsterblichkeit" begehrten. „Die Geschichte der Kirche," lässt der amerikanische Dramatiker seine Hauptfigur in einem Dialog mit dem Laienbruder Julian sagen, „die Geschichte der Kirche lehrt, dass die Hälfte ihrer Heiligen Märtyrer waren, die entweder *für* oder *durch* die Kirche den Märtyrertod starben" *(Edward Albee, Winzige Alice; in: Empfindliches Gleichgewicht. Zwei Stücke, Frankfurt am Main 1967. S. 138).* – Im Fall der Johanna von Orléans treffen *beide* Alternativen dieser sarkastischen Diagnose zu: Jeanne d'Arc starb *sowohl* durch die Kirche *als auch* für die Kirche. Dieselbe Kirche, die sie unter ganz bestimmten politischen Bedingungen als Ketzerin aburteilte und dem „weltlichen Arm" zur Hinrichtung übergab, hat sie später unter anderen politischen Bedingungen auch zur Ehre der Altäre erhoben.

DAS TRAGISCHE AN DER INQUISITION

Dass eine Revolution dazu neigt, wie ein mythologisches Ungeheurer ihre Kinder zu „fressen", wurde in der Geschichte schon oft beobachtet. Über kurz oder lang stellte sich heraus, dass die Verfolgten nicht besser waren als ihre Verfolger. Auch ein stets für Gewaltlosigkeit eintretender Mann wie Mahatma Gandhi (1869–1948), der dem Attentat eines hinduistischen Fanatikers zum Opfer fiel, machte sich diesbezüglich keinerlei Illusionen. Als die Engländer das Land verließen, sagte er: „Jetzt werden wir ebenso viel Mist machen wie die Engländer, aber es wird unser eigener Mist sein!" Auf dieses Wort Bezug nehmend hat der Salzburger Kirchengeschichtler Gerhard B. Winkler die Tragik der Inquisition auf den Punkt gebracht. „Das Tragische an der Inquisition und ihren geistigen Grundlagen ist nicht die Anzahl der Todesopfer", sagt Winkler in seinem Aufsatz „Die Inquisition zwischen politischer Vernunft und missbrauchter Religion" *(Theologisch-Praktische Quartalschrift 136 [1988], S. 233)*: „Was sind 10.000 oder 15.000 gegen sechs Millionen Tote des Holocaust? Es ist nicht einmal das unmenschliche Leid, das durch Bespitzelung und Terror, durch Konfiskation und Verfemung, durch Ächtung und Zensur angerichtet wurde. Das Schlimmste war auch nicht die Folter, die ja die Inquisitoren nicht erfunden haben und die zudem bei den Inquisitionsprozessen maßvoller als sonst angewendet wurde. Die Tragik von geradezu erbsündlichen Dimensionen bestand vielmehr darin, dass man theoretisch keine Formel fand, die die Duldung der Ketzer und Heterodeoxen als das kleinere Übel hätte erscheinen lassen. Gandhis Kategorie der Freiheit, so einmalig sie das Verhältnis des Vaters zum Verlorenen Sohn umschreibt (Lk 15,11–32), hat man zu Beginn der Neuzeit erst langsam zu verstehen begonnen. Unser Jahrhundert macht es ohne Inquisition nicht besser, aber der heilsgeschichtliche Fortschritt besteht gegenüber früheren Jahrhunderten meines Erachtens darin, dass unsere Zeitgenossen die Freiheit haben, ihren ‚eigenen Mist' selber zu machen."

VERURTEILUNG EINES REFORMATORS
Die Tragik des Jan Hus

Unter den Sätzen, die auf dem Konzil von Konstanz als „Irrtümer des Jan Hus"
verurteilt wurden, bezieht sich einer – der Satz Nr. 14 – ausdrücklich auf die
Verurteilung von Häretikern. Der böhmische Reformator vergleicht darin die
Repräsentanten der Amtskirche, die Aufmüpfige und Abweichler dem weltli-
chen Arm zur Tötung auszuliefern pflegen, mit den Hohenpriestern, Schrift-
gelehrten und Pharisäern, die seinerzeit auch einen Jesus von Nazareth mit
dem Argument, es sei ihnen „nicht erlaubt, jemanden zu töten" (Joh 18,3), an
Pilatus ausgeliefert haben, und sieht in ihnen „schlimmere Mörder als Pila-
tus" (vgl. Heinrich Denzinger/Peter Hünermann, Kompendium der Glau-
bensbekenntnisse und kirchlichen Lehrentscheidungen, Freiburg im Breisgau
[38. Auflage] 1999. S. 438–443).

Die Tragik des um das Jahr 1370 im südböhmischen Husinec geborenen Jo-
hannes Hus, der am 6. Juli 1415 als Ketzer verbrannt wurde, bestand darin,
dass er selber in genau diesen Konflikt hineingeriet und von ihm zerrieben
wurde. Obwohl man ihn – nachdem er mit seiner Kirchenkritik und seinen Re-
formanliegen zwischen die Mühlsteine kirchlicher und politischer Interessen
geraten war – durchaus nicht um jeden Preis zum Märtyrer machen wollte,
sondern ihm bis zuletzt goldene Brücken zu bauen versuchte, hat Johannes
Hus mit seiner rigorosen Art letztlich selbst dafür gesorgt, die Vertreter der
Kirche und den König in die keineswegs erfreuliche Rolle hineinzudrängen,
„schlimmere Mörder als Pilatus" zu sein.

„Schuld und Tragik, eigenes und fremdes Versagen, sind in sein Schicksal
hineinverflochten", schrieb der katholische Kirchenhistoriker August Franzen
(Kleine Kirchengeschichte, Freiburg im Breisgau 1965. S. 233): „Nachdem die
Kardinäle d'Ailly und Zabarella ihn noch am 15. Juli auf ausdrücklichen
Wunsch König Sigismunds hin im Gefängnis besucht und ihm vergebens zum
Widerruf zugeredet hatten, kam es am 6. Juli 1415 vor dem versammelten
Konzil im Konstanzer Dom zum Schlussurteil; es lautete auf Tod, weil Hus die
Irrlehren Wyclifs in seinen Schriften ‚dogmatisiert, verteidigt und gepredigt'
habe. Noch am gleichen Tage wurde er auf dem Richtplatz dem Feuertode

überantwortet. Während er bereits auf dem Scheiterhaufen stand, ließ König Sigismund ihm abermals Gnade gegen Widerruf anbieten. Er lehnte ab und starb, indem er seinen Feinden verzieh, Christus anrief und das Glaubensbekenntnis betete."

GELEITBRIEF DES KÖNIGS

König Sigismund hatte Jan Hus veranlasst, nach Konstanz zu kommen, um sich vor dem Konzil zu rechtfertigen. Er konnte es sich nicht leisten, den Anschein zu erwecken, als würde er wissentlich einen Ketzer in seinem Reich dulden. Außerdem lag im Interesse des Königs, „dass in Böhmen, dem Königreich seines schwachen und untätigen Bruders Wenzel, wieder Ruhe herrsche" (Josef Holzer, Die Geschichte der Kirche in hundert Reportagen, St. Pölten 1979. S. 190). Hus wiederum hoffte, das Konzil für seine Lehre gewinnen zu können.

Den ehrwürdigen Magister Johannes Hus, der heiligen Theologie Bakkalaureus und Meister der freien Künste, der mit diesem Schreiben aus dem Königreich Böhmen zum Allgemeinen Konzil nach Konstanz in Bälde reist und den wir in unsern und des heiligen Reiches Schutz und Schirm aufnehmen, empfehlen wir euch allen und jedem insbesondere aus ganzem Herzen und wünschen, dass ihr ihn, wenn er zu euch kommt, geneigt aufnehmt, liebenswürdig behandelt und ihn zur Förderung und Sicherheit seiner Reise zu Wasser und zu Lande behilflich und zu Willen seid. Lasst ihn mit seinen Dienern, Pferden, mit seinem Gepäck und seiner sonstigen Habe auf allen Wegen, Höfen, Brücken, Ländereien, Domänen, Amts- und Gerichtsbezirken, Staaten, Städten, Burgen, Meierhöfen und Ortschaften ohne irgendwelche Abgabe, Wegegeld, Zoll und sonstige Belästigung unter Beseitigung aller Hindernisse passieren, stehen, sich aufhalten und frei zurückpassieren.

Quellentext Nr. 101: Josef Holzer, Die Geschichte der Kirche in hundert Reportagen, St. Pölten 1979. S. 190.

DER LETZTE BRIEF

Hus kam am 3. November 1414 in Konstanz an. Zunächst konnte er sich frei bewegen, ein paar Wochen später – am 6. Dezember 1414 – wurde er einge-

sperrt. Zu den Schriften, die der böhmische Reformator im Gefängnis verfasste, zählt unter anderem auch eine Betrachtung über die Ehe. Hus schrieb sie für seinen Kerkermeister, einen Italiener namens Roberto, der zu heiraten beabsichtigte und den Prager Theologen um „Ratschläge für Freuden und Klippen des ehelichen Zusammenlebens" (Amedeo Molnár, Die Waldenser, Freiburg im Breisgau, 1993. S. 315) gebeten hatte. Diese am 4. März 1415 vollendete Schrift hat den Titel „De matrimonio ad Robertum" [„Über die Ehe, an Roberto"] und fand in einer Übersetzung der Waldenser große Verbreitung (vgl. Amedeo Molnár, op. cit. S. 384).

In seinem letzten Brief, den Jan Hus in Konstanz schrieb, als er bereits den Tod vor Augen hatte, gibt der Reformator „allen treuen Böhmen" Bescheid, dass man ihn „durch keine Schrift und durch keinen Beweis" widerlegen habe können, sondern nur „durch List und durch Drohungen" versucht habe, ihn zum Widerruf zu zwingen.

Magister Johann Hus [...] entbietet allen treuen Böhmen [...] seinen Wunsch und sein unwürdiges Gebet, dass sie in der göttlichen Gnade verbleiben mögen.

[...] Eben fällt mir ein, dass ihr wissen müsst, wie das stolze, neidische, schandvolle Konzil meine böhmischen Bücher verdammt hat, ohne sie gesehen oder gelesen zu haben, und hätte es dieselben auch gelesen, es würde sie doch nicht verstanden haben, denn im Konzil saßen Welsche, Franzosen, Engländer, Spanier, Deutsche und andere fremder Zungen. Nur der Bischof von Leitomischl, welcher mit zugegen war, dürfte dieselben verstanden haben, und andere aufhetzerische Böhmen, wie die vom Prager und Wyschehrader Domkapitel, von denen ausgegangen ist die Beschimpfung der göttlichen Wahrheit und unseres böhmischen Landes, welches ich in der Hoffnung Gottes für das Land des besten Glaubens halte.

O könntet ihr doch dieses Konzil sehen, welches sich das heiligste und ein unfehlbares nennt, ihr würdet gewiss ein großes Scheusal erblicken! Ich habe häufig Deutsche sagen hören, dass ihre Stadt Constantia oder Kostnitz in dreißig Jahren die Sünden nicht los wird, welche das Konzil in ihren Mauern verübt hat, ja ich versichere euch, dass sie alle Ärgernis genommen ob dem Konzil, und viele haben ausgespuckt, weil sie gar zu schändliche Sachen gesehen. Ich sage euch, dass ich, das erste Mal vor dem Konzil stehend, gleich bemerkt habe, dass gar keine Ordnung herrsche, darum sprach ich, als sie alle still geworden waren, mit lauter Stimme: „Ich dachte, dass es mit mehr Ehrbarkeit und Güte und mit einer bessern Ordnung im Konzil zugehe, als ich hier finde." Darauf entgegnete der oberste Kardinal: „In welchem Tone sprichst du?" [...] Lasst euch nicht schrecken! [...] Sie werden nach dem Konzil auseinander flattern wie Schmetterlinge und ihre Beschlüsse werden sein wie Spinnweben. Mich wollten sie einschüchtern, aber sie vermochten nicht Gottes Beistand, der in mir ist, zu überwältigen. Schriftlich wollten sie sich mit mir nicht einlassen, wie dies die günstigen Herren wissen, welche bei der Wahrheit standen, [...] die Herren aus Böhmen, Mähren und Polen, vor allem aber Herr Wenzel von Duba und Herr Johann von Chlum. Diese nämlich – der Kaiser Siegmund selbst hatte sie zu mir in das Konzil gelassen – waren dabei und hörten, wie ich sprach: „Ich verlange Belehrung von euch. Wenn ich etwas Schlimmes geschrieben habe, will ich darüber belehrt sein" – worauf der oberste Kardinal erwiderte: „Wenn du belehrt sein willst, musst du zuvor deine Lehren widerrufen."

[...] Dies schreibe ich euch, damit ihr es wisst, dass sie mich durch keine Schrift, durch keinen Beweis überführt haben, nur durch List und durch Drohungen versuchten sie mich zu Widerruf und Abschwur zu bringen. Aber der gnädige Gott, dessen Gesetz ich verherrliche, war und ist mit mir und wird mit mir sein. [...] Dieser Brief ist geschrieben am Mittwoch nach dem Feste Sankt Johann des Täufers im Kerker und in Ketten, in Erwartung des Todes.

Quellentext Nr. 102: Briefe des Johann Hus, Leipzig 1849, Nr. VII. – Alfred Läpple, Kirchengeschichte in Dokumenten, Düsseldorf 1958. S. 166–167.

DIE „IRRTÜMER DES JAN HUS"

Das Konzil von Konstanz hat in seiner Sitzung vom 6. Juli 1415 bestimmte Sätze von Jan Hus als häretisch verurteilt. Der böhmische Reformator wurde noch am gleichen Tag, an dem diese Sitzung stattfand, auf dem Scheiterhaufen verbrannt. Etliche der Sätze von Jan Hus stimmen mit Aussagen von John Wyclif (1330–1384) überein, den Hus bekanntlich rezipiert und propagiert hat. Im Dekret „Inter cunctas" vom 22. Februar 1418 hat Papst Martin V. auch eine Reihe von Sätzen John Wyclifs – die „Articuli Ioannis Wyclif" – als häretisch verurteilt und die beim Konzil von Konstanz erfolgte Verurteilung der „Irrtümer des Jan Hus" seinerseits bestätigt.

Aus heutiger Sicht ist nicht immer leicht zu erkennen, was eigentlich das Häretische an diesen Sätzen ausmacht. Peter Hünermann merkt in der von ihm erarbeiteten Neuauflage des „Denzinger" ausdrücklich an: „Die Texte lassen, im Zusammenhang gelesen, öfter eine positive Auslegung zu" (Heinrich Denzinger/Peter Hünermann, Kompendium der Glaubensbekenntnisse und kirchlichen Lehrentscheidungen, Freiburg im Breisgau [38. Auflage] 1999. S. 438).

1. Eine einzige ist die heilige allgemeine Kirche, die die Gesamtheit der Vorherbestimmten ist. Und weiter unten folgt: Die allgemeine heilige Kirche ist nur *eine*, sowie die Zahl aller Vorherbestimmten nur eine ist.

2. Paulus war niemals ein Glied des Teufels, auch wenn er manche Taten beging, die den Taten der Kirche der Bösen ganz ähnlich waren.

3. Die [von Gott als verloren] Vorhergewussten sind nicht Teile der Kirche, da kein Teil derselben am Ende aus ihr herausfällt; denn die Liebe der Vorherbestimmung, die sie verbindet, hört nicht auf [*vgl. 1 Kor 13,8*].

4. Die zwei Naturen, Gottheit und Menschheit, sind der eine Christus.

5. Auch wenn der [von Gott als verloren] Vorhergewusste zuweilen nach der gegenwärtigen Gerechtigkeit in der Gnade ist, so ist er dennoch niemals ein Teil der heiligen Kirche; und der Vorherbestimmte bleibt stets ein Glied der Kirche: auch wenn er zuweilen aus der zukommenden Gnade herausfällt, so doch nicht aus der Gnade der Vorherbestimmung.

6. Sofern man die Kirche als Versammlung der Vorherbestimmten auffasst, ob sie nun nach der gegenwärtigen Gerechtigkeit in der Gnade sein mögen oder nicht, ist die Kirche ein Glaubensartikel.

7. Petrus ist nicht und war nicht das Haupt der heiligen katholischen Kirche.

8. Priester, die in irgendeiner Weise lasterhaft leben, beflecken die Vollmacht des Priestertums, und wie ungläubige Söhne denken sie ungläubig über die sieben Sakramente der Kirche, über die Schlüssel, Ämter, Zensuren, Sitten, Zeremonien und heiligen Dinge der Kirche, Reliquienverehrung, Ablässe und Weihen.

9. Die päpstliche Würde erwuchs vom Kaiser, und der Vorrang und die Einsetzung des Papstes entsprang der Vollmacht des Kaisers.

10. Keiner würde ohne eine Offenbarung vernünftigerweise von sich oder einem anderen behaupten, dass er das Haupt einer Teilkirche sei; auch der römische Bischof ist nicht das Haupt der römischen Kirche.

11. Man darf nicht glauben, dass derjenige, der gerade römischer Bischof ist, das Haupt irgendeiner heiligen Teilkirche sei, wenn Gott ihn nicht vorherbestimmt hat.

12. Niemand vertritt die Stelle Christi oder Petri, wenn er ihm nicht in den Sitten nachfolgt; denn keine andere Nachfolge ist angemessener, und nicht anders empfängt er von Gott die stellvertretende Vollmacht; denn zu diesem Stellvertreteramt wird sowohl die Gleichförmigkeit der Sitten als auch die Autorität des Einsetzenden erfordert.

13. Der Papst ist nicht der wahre und offenbare Nachfolger des Apostelfürsten Petrus, wenn er in Sitten lebt, die Petrus entgegengesetzt sind: Und wenn er auf Habsucht sinnt, dann ist er der Stellvertreter des Judas Iskariot. Und in gleicher Offensichtlichkeit sind die Kardinäle nicht die wahren und offenbaren Nachfolger des Kollegiums der anderen Apostel Christi, wenn sie nicht nach Art der Apostel leben und die Gebote und Ratschläge unseres Herrn Jesus Christus beachten.

14. Doktoren, die behaupten, dass ein durch eine kirchliche Zensur zu Bessernder, wenn er sich nicht berichtigen lassen will, dem weltlichen Gericht zu übergeben sei, folgen darin gewiss den Hohen Priestern, Schriftgelehrten und Pharisäern, die Christus, weil er ihnen nicht in allem gehorchen wollte, mit den Worten „Uns ist es nicht erlaubt, jemanden zu töten" [*Joh 18,3*] dem weltlichen Gericht übergaben; und solche sind schlimmere Mörder als Pilatus.

15. Der kirchliche Gehorsam ist ein Gehorsam gemäß der Erfindung der Priester der Kirche, jenseits der ausdrücklichen Autorität der Schrift.

16. Die unmittelbare Einteilung der menschlichen Werke ist, dass sie entweder tugendhaft oder lasterhaft sind; denn wenn der Mensch lasterhaft ist und etwas tut, dann handelt er lasterhaft; und wenn er tugendhaft ist und etwas tut, dann handelt er tugendhaft; denn so wie das Laster, das Vergehen oder Todsünde genannt wird, die Handlungen des lasterhaften Menschen allgemein vergiftet, so belebt die Tugend alle Handlungen des tugendhaften Menschen.

17. Die Priester Christi, die nach seinem Gesetz leben und Kenntnis der Schrift und das Verlangen haben, das Volk zu erbauen, müssen predigen, ungeachtet einer angeblichen Exkommunikation. Und weiter unten: Wenn aber der Papst oder irgendein Vorsteher einem so eingestellten Priester gebietet, nicht zu predigen, so darf der Untergebene nicht gehorchen.

18. Jeder, der das Priestertum übernimmt, empfängt durch Auftrag das Amt

des Predigers; und dieser Auftrag muss ausgeführt werden, ungeachtet einer angeblichen Exkommunikation.

19. Durch die kirchlichen Zensuren der Exkommunikation, der Suspension und des Interdikts unterwirft sich der Klerus das Laienvolk zu seiner eigenen Erhöhung, vermehrt die Habsucht, beschützt die Schlechtigkeit und bereitet dem Antichristen den Weg. Es ist aber ein offensichtliches Zeichen, dass

Der Teufel näherte sich als attraktiver Mann und konnte Frauen verführen, was man als „incubus" bezeichnete.

vom Antichristen solche Zensuren hervorgehen, die sie in ihren Prozessen [Bann-]Strahlen nennen, mit denen der Klerus hauptsächlich gegen jene vorgeht, die die Bosheit des Antichristen bloßstellen, die der Klerus vor allem für sich in Anspruch nahm.

20. Wenn der Papst schlecht ist und vor allem wenn er ein [von Gott als verloren] Vorhergewusster ist, dann ist er wie der Apostel Judas ein Teufel, Dieb

und Sohn des Verderbens, und er ist nicht das Haupt der heiligen streitenden Kirche, da er auch kein Glied derselben ist.

21. Die Gnade der Vorherbestimmung ist das Band, durch das der Leib der Kirche und jedwedes Glied derselben mit Christus, dem Haupte, unlösbar verbunden wird.

22. Ein schlechter und [von Gott als verloren] vorhergewusster Papst oder Vorsteher ist nur dem Namen nach Hirte und in Wahrheit ein Dieb und Räuber.

23. Der Papst darf nicht „Heiligster" genannt werden, auch [nicht] dem Amt nach; denn andernfalls müsste auch der König dem Amt nach „Heiligster" genannt werden, und Folterknechte und Herolde würden „heilig" genannt, ja sogar der Teufel müsste „heilig" genannt werden, da er ein Amtsinhaber Gottes ist.

24. Wenn ein Papst Christus zuwider lebt, dann würde er, auch wenn er durch eine ordnungsgemäße und rechtmäßige Wahl nach allgemein verbreiteter menschlicher Satzung aufstiege, dennoch anderswoher aufsteigen als durch Christus, auch gesetzt den Fall, dass er aufgrund einer ursprünglich von Gott getroffenen Wahl [in seine Stellung] einträte; denn Judas Iskariot wurde von Gott Christus Jesus ordnungsgemäß und rechtmäßig zum Bischofsamt erwählt und dennoch stieg er anderswoher in die Hürde der Schafe ein.

25. Die durch die Doktoren erfolgte Verurteilung der 45 Artikel John Wyclifs ist unvernünftig, unbillig und übel geschehen: Erdichtet ist der von ihnen angeführte Grund, nämlich dass „keiner von ihnen katholisch sei, sondern ein jeder von ihnen entweder häretisch oder irrig oder anstößig sei".

26. Nicht schon dadurch, dass die Wähler oder ein größerer Teil von ihnen sich mündlich gemäß dem Brauch der Menschen auf eine Person geeinigt haben, ist jene Person rechtmäßig gewählt oder ist sie ein wahrer und offenbarer Nachfolger oder Stellvertreter des Apostels Petrus oder eines anderen Apostels in einem kirchlichen Amt: Ob daher die Wähler gut oder schlecht gewählt haben, den Werken des Gewählten müssen wir glauben: Denn je mehr einer verdienstvoll zum Nutzen der Kirche wirkt, desto mehr hat er von Gott die Ermächtigung dazu.

27. Es gibt keinen Funken von Einsichtigkeit, dass es *ein* die Kirche in geistlichen Dingen leitendes Haupt geben müsse, das stets mit der streitenden Kirche selbst zusammenlebt und erhalten wird.

28. Christus würde seine Kirche ohne solche ungeheuerlichen Häupter durch seine über den Erdkreis hin verstreuten wahren Jünger besser leiten.

29. Die Apostel und gläubigen Priester des Herrn leiteten die Kirche tatkräftig in den heilsnotwendigen Dingen, bevor das Amt des Papstes eingeführt wurde: Sie würden es, wenn es – was höchst möglich ist – keinen Papst gäbe, bis zum Tage des Gerichts tun.

30. Keiner ist ein weltlicher Herr, keiner ist Vorsteher, keiner ist Bischof, solange er sich in einer Todsünde befindet.

Quellentext Nr. 103: Konzil von Konstanz, 15. Sitzung. – Heinrich Denzinger/Peter Hünermann, Kompendium der Glaubensbekenntnisse und kirchlichen Lehrentscheidungen, Freiburg im Breisgau [38. Auflage] 1999. S. 438–443.

DIE VERBRENNUNG

Der Historiograf Johann Stumpf (1500–1578) hat in seiner Beschreibung des Konzils von Konstanz einen anhand überlieferter Augenzeugenberichte gestalteten „Bericht über die Verbrennung des Hus" gegeben.

Von der Degradierung und Entweihung Hussens, wie er seines Kirchenschmucks beraubt, mit einer papiernen Krone, ungefähr einen Ellenbogen hoch, mit drei grausamen Teufeln bemalt, fast einer Bischofsmütze ähnlich und mit der Aufschrift „Haeresiarcha" [„*Erzketzer*"] geschmückt wurde. Wie der Kaiser von den sieben Bischöfen, die den Hus entweihten, gebeten worden, Hus nicht zu töten, sondern in lebenslänglichem Gefängnis zu halten, Sigismund ihn aber dem Pfalzgraf Ludwig, dem Beschirmer des Konzils, als einen Ketzer zur Bestrafung überantwortete, welcher ihn wieder dem Reichsvogt oder Stadtvogt, und diese den Stadtknechten und dem Scharfrichter mit den Worten übergeben: „Nehmt hin M[agister] Joh[annes] Hus und verbrennt ihn als einen Ketzer" mit dem Beisatz, dass sie ihm seine Kleider nicht ausziehen, weder Gürtel, Messer, Säckel, Geld noch sonst etwas, das er an sich trüge, abnehmen sollten, sondern alles mit ihm verbrennen, obwohl er zwei gute schwarze Röcke, einen Gürtel mit vergoldetem Silber beschlagen, zwei gute Messer und viel Geld im Säckel hatte. [...] Von dem Bauern, welcher Holz herbeitrug, über den Hus sich lächelnd äußerte: „Sancta simplicitas" [„*Heilige Einfalt*"]. Über die Verbrennung seiner Bücher, welche Hus bei seinem Austritt aus dem Münster auf der Gasse vor sich gehen sah, lachte er. Aber alle Menschen, an denen er vorübergeführt wurde, ermahnte er, dass sie nicht glauben oder denken sollten, dass er wegen Ketzerei, sondern wegen der Bosheit seiner Feinde sterben müsse.

Hus wird zur Hinrichtung geführt

Das Gedränge war so stark, dass die Tore geschlossen und die Menge nur teilweise herausgelassen wurde, weil man den Einsturz der Brücke befürchtete. Er wurde vor die Stadt auf das innere Feld, nach Gottlieben zu geführt, wobei er fleißig betete, und als er den Holzstoß sah, auf seine Knie fiel und etliche Psalmen sprach, besonders: „Herr, in deine Hand befehle ich meinen Geist …"

Die Umstehenden, besonders die Gewappneten, bewunderten seine Frömmigkeit und wollten einen Priester, der als Zuschauer zugegen war, überreden, dem Hus die Beichte abzunehmen, welcher es ihm aber als einem Ketzer verweigerte, worauf Hus erwiderte: „Es ist nicht vonnöten."

Hus wollte in deutscher Sprache zu dem Volk reden, das wurde aber von dem Pfalzgrafen verboten, worauf Hus die Augen zum Himmel hob und Gott anrief, wobei ihm seine Mütze entfiel, die ihm aber sogleich wieder aufgesetzt wurde.

Die Henker ergriffen ihn, stellten ihn auf den Holzstoß und banden seine Hände mit nassen Stricken nach hinten an den Pfahl, den Hals schmiedeten sie mit einer rußigen großen Kette an und kehrten sein Gesicht nach Sonnenuntergang, weil ein Ketzer nicht gen Aufgang [*in östliche Richtung*] sehen darf. Danach wurde Hus mit Holz umlegt, von den Füßen bis zum Kopf. Währenddessen sprach er aber doch zu dem Volk von der Ursache seines Leidens.

Ehe das Feuer angezündet wurde, kam des Pfalzgrafen Marschall und noch einer, um Hus zum Widerruf seiner Irrtümer zu mahnen, Hus aber sagte: „Was soll ich widerrufen? Ich habe mich keines Irrtums schuldig gemacht." Da gingen die zwei hinweg und schlugen die Hände zusammen mit kläglicher Gebärde.

Der Scheiterhaufen wird entzündet

Als aber der Scharfrichter das Feuer angezündet hatte, fing Hus mit lauter Stimme an zu singen: „Jesu Christe, fili dei vivi, qui passus es pro nobis, miserere mei …" [*„Jesus Christus, Sohn des lebendigen Gottes, der du für uns gelitten hast, erbarme dich meiner …"*], und als er das zum dritten Mal sang, hat ihm der Wind die Flamme und den Rauch in sein Angesicht getrieben, die ihn erstickten. Doch regte und bewegte er sich noch so lange, bis einer zum dritten Mal etwa hätte das Paternoster sprechen mögen. So endete er durch diese Marter des Feuers sein Leben.

Hus stirbt in den Flammen

Als das Holz verbrannt war, hing der obere Teil des Leichnams noch an den Ketten, deshalb warfen sie ihn mitsamt dem Pfahl nieder und verbrannten den Rest in einem neuen Feuer. Das Haupt haben sie ein wenig zerspalten, damit es schneller zu Asche würde. Das Herz aber fanden sie unter dem Eingeweide noch heil, sie schlugen es mit Kolben und Knüppeln, dann steckten sie es an einen Spieß und warfen es wieder ins Feuer, bis es verbrannte. Die Asche des verbrannten Hus haben sie sorgsam gesammelt und in den Rhein geschüttet, damit auch nicht ein Stäublein übrig bliebe von diesem Mann. Manche meinen, es sei deshalb geschehen, damit die Vögel die Asche nicht als eine Reliquie nach Böhmen führten.

Dieses ist geschehen am Samstag, dem 6. Juli 1415. Am folgenden Tag wurde eine feierliche Prozession gehalten, bei der 2 Patriarchen, 18 Kardinäle, 9 Erzbischöfe, 64 Bischöfe, viele Weihbischöfe, alle in weißem Gewand, ferner Doktoren, Pfarrer, Ordensmönche, das heißt der ganze geistliche Stand, mitgingen. Auch der römische König samt allen Fürsten und Herren. Dieser Kreuzgang zog von einer Kirche zur andern, Gott um Gnade betend, dass er seinen christlichen Glauben wiederum wolle aufrichten.

Quellentext Nr. 104: „Bericht über die Verbrennung des Hus"; in: Johann Stumpf, Beschreibung des [Konstanzer] Konzils, Zürich 1541. – Alfred Läpple, Kirchengeschichte in Dokumenten, Düsseldorf 1958. S. 167–169.

DIE HEILIGE AUF DEM SCHEITERHAUFEN
Jeanne d'Arc wird verurteilt und rehabilitiert

Am Dreikönigstag des Jahres 1412 wurde sie geboren, am 30. Mai 1431 hat man sie – nachdem sie von Richtern der Inquisition schuldig gesprochen worden war – als „rückfällige Ketzerin" auf dem Scheiterhaufen verbrannt. Am 7. Juli 1456 wurde sie in einem neuerlichen kirchlichen Verfahren rehabilitiert. Im 20. Jahrhundert ist sie zur Ehre der Altäre erhoben worden. Seit 1909 darf Jeanne d'Arc von den Gläubigen als Selige, seit 1920 als Heilige verehrt werden.

Aufgrund einer inneren Vision, die sie als Stimmen von Engeln und Heiligen interpretierte, fühlte sich die Tochter wohlhabender Bauern aus Domrémy an der Maas berufen, den französischen König Karl VII. in Reims krönen zu lassen und Frankreich von den Engländern zu befreien. Nachdem es ihr tatsächlich gelungen war, die Belagerung von Orléans zu beenden, eine Reihe von Siegen zu erringen und den König nach Reims zur Krönung zu führen, wurde sie am 24. Mai 1430 bei Compiègne gefangen genommen, den Engländern ausgeliefert und im Februar 1431 vor ein kirchliches Gericht gestellt. Ein Vierteljahr später wurde Jeanne d'Arc dem „weltlichen Arm" zur Hinrichtung übergeben.

In der Anklageschrift hat man sie als „Hexe und Zauberin" bezeichnet, als „Wahrsagerin und falsche Prophetin, die böse Geister beschwört und mit ihnen im Bunde ist", als „abergläubisch", „die Schwarze Kunst betreibend", „in Sachen unseres katholischen Glaubens falsch denkend", „schismatisch", „am Artikel ‚Unam Sanctam' und vielen anderen Glaubensartikeln zweifelnd", als „Lästerin Gottes und seiner Heiligen", „Ärgernis erregend", „aufsässig", „den Frieden störend und ihn verhindernd", als „Kriegshetzerin, die grausam nach Menschenblut dürstet und zu seinem Vergießen anspornt", als „die Ehrbarkeit und Schicklichkeit ihres Geschlechts verletzend und unehrerbietig und unpassend Kleid und Beruf der Krieger annehmend" und deswegen als „vor Gott und den Menschen verabscheuungswürdig", als „Verächterin göttlicher und natürlicher Ordnung und der kirchlichen Disziplin", als „Verführerin von Volk und Fürsten zur Schmähung Gottes", weil sie es „zulässt, dass man sie verehrt und anbetet und ihre Hände und Gewänder zum Kuss

darbietet" und sich so „göttliche Verehrung und göttlichen Kult anmaßt", als
„ketzerisch oder wenigstens der Ketzerei äußerst verdächtig". Ruth Schirmer-
Imhoff, die die Akten und Protokolle des Prozesses ins Deutsche übersetzt hat,
weist darauf hin, dass es sich beim Prozess, der am Mittwoch, dem 21. Febru-
ar 1431 mit der ersten Einvernahme begann und gut ein Vierteljahr später –
am 30. Mai desselben Jahres – mit Jeanne d'Arcs Verurteilung endete, um einen
„klassischen Inquisitionsprozess" handelt, bei dem das Verfahren in allen Ein-
zelheiten seinen vorgeschriebenen Gang nahm (Ruth Schirmer-Imhoff, Der
Prozeß Jeanne d'Arc, München 1961, 2001. S.11).

Rein formal waren die Richter also durchaus um „Correctness" bemüht.
Dennoch sei man, wenn man den Verlauf des Prozesses Schritt für Schritt ver-
folgt, „einigermaßen peinlich berührt" – urteilt die französische Historikerin
Régine Pernoud –, denn diesem Gericht, das im Grunde „nur für Urteile in Fäl-
len von Ketzerei qualifiziert" ist, „steht nun auf dessen eigenes Betreiben hin
eine Angeklagte gegenüber, die eigentlich eine Kriegsgefangene ist und auch
als solche verwahrt wird, also keine der Ketzerei verdächtige Person; eine sol-
che hätte im kirchlichen Gefängnis, das heißt auch innerhalb des Erzbistums,
untergebracht und von Frauen bewacht werden müssen und nicht von engli-
schen Soldaten" (Régine Pernoud, Jeanne d'Arc. Glaube – Kraft – Vision,
München 1995. S.120). Vor allem aber habe das Wichtigste gefehlt: „... ein
Anklagepunkt", sagt Régine Pernoud: „Nie erklärt man Jeanne, wessen sie
eigentlich schuldig ist. Und so endet der Prozess schließlich mit einer Vorhal-
tung, deren Lächerlichkeit wir heute besonders gut nachempfinden können:
mit der Vorhaltung nämlich, dass Jeanne Männerkleidung trug" (Régine Per-
noud, op. cit. S.119).

„Ich habe nie etwas gegen Gott oder den Glauben getan", erklärte Jeanne
d'Arc beim Widerruf ihres Widerrufs am 28. Mai 1431: „Wenn ihr wollt, wer-
de ich die Frauenkleider wieder anziehen. Aber was das Übrige angeht, so wer-
de ich nichts ändern." Zwei Tage später – es war der Mittwoch nach dem Fest
der Allerheiligsten Dreifaltigkeit – fand die Hinrichtung der ehemals umju-
belten Powerfrau von Orléans statt. „Man setzte ihr eine hohe Papierkrone
auf den Kopf mit der Inschrift ,Ketzerin, Rückfällige, Abtrünnige, Götzendie-
nerin' und brachte sie zum Scheiterhaufen", schreibt Henry Charles Lea im
dritten Band seiner „Geschichte der Inquisition im Mittelalter" (Bonn 1913.
S.422–423): „Ein Bericht erzählt, dass ihr durchdringendes Geschrei und ihre

Klagen die Menge zu Tränen des Mitleids gerührt hätten; ein anderer, dass sie in ihr Schicksal ergeben und ruhig war und ihr letzter Seufzer ein Gebet gewesen sei."

KEIN VATERUNSER FÜR DEN INQUISITOR

Die Akten des Prozesses wurden ursprünglich in französischer Sprache abgefasst und anschließend ins Lateinische übersetzt. Dabei hat man die in den Protokollen in indirekter Rede wiedergegebenen Aussagen in die direkte Rede zurückübersetzt. Diese Eigentümlichkeit verleiht den Texten geradezu den Reiz eines Drehbuchs; und in der Tat haben Dramatiker und Filmemacher, die den Prozess gegen Jeanne d'Arc für Bühne oder Bildschirm bearbeiteten, immer wieder auf die originalen Dokumente dieser „Geschichte, die das Leben schrieb" zurückgegriffen.

Am Mittwoch, dem 21. Februar 1431, wurde die Angeklagte zum ersten Mal vernommen. Die öffentliche Sitzung fand in der königlichen Kapelle des Schlosses zu Rouen statt. Dabei forderte der Richter, der die Verhandlung führte, Jeanne d'Arc unter anderem auf, das Vaterunser aufzusagen. Die Angeklagte weigerte sich, es zu tun. Im zweiten Sonderverhör am 12. März gab sie ihr Motiv bekannt: „Ich hätte es schon gern gesagt. Als ich mich weigerte, es zu tun, wollte ich, dass mich Monseigneur de Beauvais in der Beichte anhörte."

Monseigneur Cauchon: Dieses Mädchen, das ihr hier seht, Johanna, ist im Bereich unserer Diözese Beauvais gefangen genommen worden; sie ist verschiedener Vergehen gegen den rechten Glauben angeklagt, die sie innerhalb unserer Diözese und anderorts begangen und wovon die ganze Christenheit Kenntnis hat. Der allerchristlichste Fürst und Herrscher, unser König Heinrich, hat sie uns übergeben, um einen Prozess gegen sie in Sachen des Glaubens anzustrengen. So haben wir Johanna heute zu erscheinen geladen. – Johanna, nun leistet den Eid auf die Evangelien, dass Ihr alle Fragen, die wir Euch stellen, wahrheitsgemäß beantworten wollt. – Johanna: Ich weiß nicht, worüber Ihr mich befragen wollt. Es gibt vielleicht Fragen, auf die ich nicht antworten werde.

Monseigneur Cauchon: Ihr sollt schwören, die Wahrheit zu sagen auf Fragen, die den Glauben angehen. – Johanna: Ich schwöre, die Wahrheit zu sagen auf Fragen nach meiner Herkunft und nach allem, was ich tat, seit ich nach Frankreich kam. Was aber meine göttlichen Offenbarungen angeht, so habe ich darüber nie gesprochen noch sie irgendjemandem, außer Charles, meinem König, anvertraut. Und wollt Ihr mir den Kopf abschlagen, so würde ich nicht davon reden können, denn meine geheimen Ratgeber, meine Stimmen, haben es mir untersagt. Doch werde ich noch vor Ablauf einer Woche wissen, ob ich sie Euch kundtun darf.

[…] Monseigneur Cauchon: Euer Name und Vorname? – Johanna: Zu Hause nannte man mich Jeannette. Seit ich nach Frankreich kam, Johanna. Zunamen habe ich keinen. – Monseigneur Cauchon: Euer Geburtsort? – Johanna: Domrémy. Die Ortschaft hängt mit dem Nachbardorf Greux zusammen. In Greux ist die Hauptkirche. – Monseigneur Cauchon: Der Name Eures Vaters, Eurer Mutter? – Johanna: Mein Vater hieß Jacques d'Arc. Meine Mutter Isabelle. – Monseigneur Cauchon: Wo seid Ihr getauft worden? – Johanna: In der Kirche von Domrémy. – Monseigneur Cauchon: Eure Paten und Patinnen? – Johanna: Eine meiner Patinnen hieß Agnes, eine andere Johanna und eine Sibylle. Einer meiner Paten hieß Jean Lingué, ein anderer Jean Barrey. Ich hatte noch mehr Patinnen, nach dem, was meine Mutter mir erzählte. – Monseigneur Cauchon: Wer war der Priester, der Euch getauft hat? – Johanna: Ich glaube, Hochwürden Jean Minet. – Monseigneur Cauchon: Lebt er noch? – Johanna: Ich denke, ja. – Monseigneur Cauchon: Gut. Euer Alter? – Johanna: Ich war unlängst neunzehn Jahre.

[Monseigneur Cauchon: Was hat man Euch gelehrt?] – Johanna: Ich habe von meiner Mutter das Vaterunser gelernt, das Ave-Maria und das Credo. Und nur meine Mutter hat mich im Glauben unterwiesen. – Monseigneur Cauchon: Sagt uns das Vaterunser auf. – Johanna: Nehmt mir die Beichte ab und ich will es Euch gerne aufsagen. – Monseigneur Cauchon: Ihr sollt mir das Vaterunser sogleich aufsagen. – Johanna: Wenn Ihr mich in der Beichte hört, will ich es sagen. Monseigneur Cauchon: Ich fordere Euch noch einmal auf, das Vaterunser aufzusagen. Würdet Ihr es vor ein oder zwei Würdenträgern von Eurer Partei tun? – Johanna: Nein, es sei denn, sie hörten mich in der Beichte an.

Monseigneur Cauchon: Nun wisst wohl, Johanna: es ist Euch verboten, ohne unsere Erlaubnis das Gefängnis, das Euch im Schloss von Rouen angewiesen ist, zu verlassen. – Johanna: Ich erkenne das Verbot nicht an. Wenn ich entkäme, so könnte mir niemand vorwerfen, dass ich mein Wort gebrochen hätte. Und ich erhebe Einspruch gegen die Fesseln und Fußeisen, die man mir angelegt hat. – Monseigneur Cauchon: Ja, Johanna, aber Ihr habt schon mehrere Male aus anderen Gefängnissen zu fliehen versucht; so haben wir Euch die Eisenfesseln angelegt, um Euch in sicherem Gewahrsam zu halten. – Johanna: Es ist wahr, ich habe anderswo zu entkommen versucht, und jetzt noch täte ich es wohl. Jeder Gefangene hat ein Recht zu fliehen.

Quellentext Nr. 105: Ruth Schirmer-Imhoff, Der Prozeß Jeanne d'Arc. Akten und Protokolle 1431–1456, (dtv-Dokumente Nr. 24), München 1961, 2001. S. 17–19.

DIE VISIONEN

In der fünften öffentlichen Sitzung, die am Donnerstag, dem 1. März 1431 in der Rüstkammer stattfand, ging es um die Visionen, die Jeanne d'Arc hatte. Im Verlauf des Verhörs stellte der Richter jene berühmt gewordene Frage über das Aussehen des heiligen Michael: „War er nackt?" – auf die Jeanne d'Arc überaus schlagfertig mit der Gegenfrage antwortete: „Meint Ihr, Gott habe nichts, ihn zu kleiden?" Der „mit allen Wassern gewaschene Richter", kommentiert Régine Pernoud, „möchte gern von ihr hören, ob sie glaube, dass Gott diese Engel und Heiligen wirklich so geformt hat, wie Jeanne sie sah", doch „Jeanne lässt sich nicht in diese Spitzfindigkeiten verstricken und weist den so hartnäckig Fragenden mit Festigkeit zurück" (Régine Pernoud, Jeanne d'Arc. Glaube – Kraft – Vision, München 1995. S.66).

[…] Der Richter: Durch wen wisst Ihr, was geschehen wird? Johanna: Durch die heilige Katharina und die heilige Margareta. – Der Richter: Begleitet der heilige Gabriel den heiligen Michael, wenn dieser Euch erscheint? – Johanna: Ich erinnere mich nicht. – Der Richter: Habt Ihr seit letztem Dienstag mit der heiligen Katharina und der heiligen Margareta gesprochen? – Johanna: Ja. Aber ich weiß nicht mehr die Stunde. – Der Richter: An welchem Tag? – Johanna: Gestern und heute. Es vergeht kein Tag, an dem ich sie nicht vernehme. – Der Richter: Seht Ihr sie immer in derselben Gewandung? – Johanna: Immer in derselben Gestalt. Ihre Häupter sind mit reichen Kronen geziert. Über ihre Gewänder weiß ich nichts zu sagen. – Der Richter: Wie unterscheidet Ihr, was Euch erscheint, als Mann oder Frau? – Johanna: Ja, ich erkenne sie doch an ihren Stimmen und an ihren Offenbarungen! Ich weiß nichts anderes, als dass alles durch Offenbarung und Befehl Gottes geschieht. – Der Richter: Wie ist die Gestalt beschaffen, die Ihr seht? – Johanna: Ich sehe ihr Gesicht. – Der Richter: Haben die Heiligen, die Euch erscheinen, Haare? – Johanna: Das will ich wohl meinen! – Der Richter: Ist noch etwas zwischen den Kronen und dem Haar? – Johanna: Nein. – Der Richter: Haben sie lang herabhängendes Haar? – Johanna: Davon weiß ich nichts. Ich weiß auch nicht, ob die Arme oder andere Glieder sichtbar sind. Sie sprachen sehr schön und deutlich; und ich habe sie völlig verstanden. – Der Richter: Wie konnten sie sprechen, wenn sie keine Glieder hatten? – Johanna: Ich halte mich an Gott. Die Stimme ist schön, innig und demütig. Sie spricht die Sprache Frankreichs. – Der Richter: Spricht die heilige Margareta nicht Englisch? – Johanna: Warum sollte sie Englisch sprechen, da sie nicht auf der Seite der Engländer ist? – Der Richter: Trugen sie außer den Kronen goldene Reifen oder anderes auf ihren Häuptern? – Johanna: Davon weiß ich nichts.

[…] Der Richter: Welches Aussehen hatte der heilige Michael, als er Euch erschien? – Johanna: Ich habe ihn nicht mit der Krone gesehen. Von seinen Gewändern weiß ich nichts. – Der Richter: War er nackt? – Johanna: Meint Ihr, Gott habe nichts, ihn zu kleiden? – Der Richter: Hatte er Haare? – Johanna: Warum sollte man sie ihm abgeschnitten haben? Den Heiligen Michael habe ich nicht gesehen, seit ich das Schloss von Crotoy verließ; ich sehe ihn nicht sehr oft. Nein, ich weiß nicht, ob er Haare hat. – Der Richter: Hatte er eine Waage? – Johanna: Ich weiß es nicht. Ich habe eine große Freude, wenn ich ihn sehe. Es scheint mir, wenn ich ihn sehe, so bin ich nicht im Stande der Todsünde. Die heilige Katharina und die heilige Margareta veranlassen mich, von Zeit zu Zeit zu beichten. Wenn ich im Stande der Todsünde bin, so weiß ich nichts davon. – Der Richter: Wenn Ihr beichtet, vermeint Ihr Euch dann nicht im Stande der Todsünde? – Johanna: Ich weiß nicht, ob ich darin gewesen bin. Aber ich glaube nicht, dass ich eine Todsünde begangen habe. Gott gebe, dass ich nie darein gefallen bin. Er gebe, dass ich nie etwas vollbringe oder vollbrachte, was meine Seele so schwer belasten würde.

Quellentext Nr. 106: Ruth Schirmer-Imhoff, Der Prozeß Jeanne d'Arc. Akten und Protokolle 1431–1456, (dtv-Dokumente Nr. 24), München 1961, 2001. S. 33–34 und S. 37.

„Ich muss Gott zuerst gehorchen …"

Am 31. März 1431 – dem Karsamstag – wurde Jeanne d'Arc gefragt, ob sie sich dem Urteil der Kirche unterwerfen wolle.

Ein Mitglied des Tribunals: Wollt Ihr Euch dem Urteil der Kirche auf Erden unterwerfen in allem, was Ihr gesagt und getan habt, sei es gut, sei es böse, besonders für die Fälle, Verbrechen und Vergehen, deren man Euch angeklagt hat, und in allem, was den Prozess angeht? – Johanna: Ich berufe mich auf die streitende Kirche, vorausgesetzt, dass sie von mir nichts Unmögliches zu tun verlangt. Das, was ich unmöglich nenne, hieße, alles Gesagte und Getane, in diesem Prozess Erklärte, ableugnen – dass ich die Erscheinungen widerrufe und die Offenbarungen, zu denen ich mich bekannt und die ich von Gott empfangen habe, abstreite. Aber ich werde sie um nichts in der Welt widerrufen. Das, was mir unser Herr zu tun aufgetragen hat, das werde ich für niemanden auf der Welt widerrufen. Es wäre mir unmöglich. Wenn mir die Kirche gebieten wollte, das Gegenteil von dem zu tun, was Gott mir aufgetragen, so könnte ich niemals gehorchen. – Der Verhörende: Wenn Euch die streitende Kirche sagt: Eure Offenbarungen sind Trugbilder und teuflisches Blendwerk, unterwerft Ihr Euch dann der Kirche? – Johanna: Ich werde mich auf unseren Herrn berufen, dessen Gebot ich immer befolgen will. Ich weiß wohl, dass das, was in meinem Prozess niedergelegt ist, mir durch Gottes Auftrag geschehen ist; und von dem, was ich in dem Prozess bekannte, auf Gottes Befehl vollbracht zu haben, das Gegenteil zu tun, wird mir unmöglich sein. Falls die streitende Kirche es mich hieße, würde ich mich auf keinen Menschen der Welt berufen, sondern auf Gott allein, dessen Willen ich immer getan habe. – Der Verhörende: Glaubt Ihr nicht, dass Ihr Euch der Kirche auf Erden unterwerfen müsst, nämlich unserem Heiligen Vater, dem Papst, den Kardinälen, Erzbischöfen, Bischöfen und anderen Prälaten der Kirche? – Johanna: Ja. Aber ich muss Gott zuerst gehorchen.

Quellentext Nr. 107: Ruth Schirmer-Imhoff, Der Prozeß Jeanne d'Arc. Akten und Protokolle 1431–1456, (dtv-Dokumente Nr. 24), München 1961, 2001. S. 72.

DAS GUTACHTEN DER THEOLOGEN

Bei der Sitzung, die am 23. Mai 1431 in einem Saal des Schlosses von Rouen nahe dem Gefängnis stattfand, erklärte Monseigneur Cauchon der Angeklagten: „Johanna, wir werden Euch bestimmte Punkte darlegen lassen, in denen Ihr nach dem Urteil der Theologischen Fakultät und der Fakultät des Kanonischen Rechts der Universität Paris geirrt und versagt habt. Wir ermahnen und beschwören Euch, abzulassen von den Freveln und Irrtümern, Euch zu bessern und zu ändern und Euch der Korrektur und dem Urteil unserer heiligen

Mutter, der Kirche, zu unterwerfen." Das in lateinischer Sprache abgefasste Gutachten wurde im Original verlesen und für Jeanne d'Arc passagenweise übersetzt und erläutert, damit sichergestellt war, dass die Angeklagte auch verstand, was die Herren von der Sorbonne über sie geschrieben hatten.

I. Du hast gesagt und behauptet, Johanna, dass du etwa seit deinem dreizehnten Lebensjahr Offenbarungen und Erscheinungen von Engeln, dem heiligen Michael, dem heiligen Gabriel, der heiligen Katharina und der heiligen Margareta gehabt und dass du sie mit deinen leiblichen Augen häufig gesehen habest; dass jene oft mit dir gesprochen und sprechen und dir mehrfach Weisungen gegeben, die in deinem Prozess niedergelegt sind. Was diesen Artikel angeht, so haben die Gelehrten der Universität Paris und andere die Art der Offenbarungen, den Zweck der Erscheinungen erwogen sowie den Inhalt der geoffenbarten Dinge und deine Person. Sie sind der Meinung, dass diese Dinge Lügen, Verführungen und Missetaten, dass diese Offenbarungen und Erscheinungen Aberglaube, Sinnestäuschungen sind, böse und vom Teufel.

II. Du hast gesagt, dass dein König ein Zeichen erhielt, woran er erkannte, dass du von Gott gesandt seist, nämlich, dass der heilige Michael, begleitet von einer Schar von Engeln – wovon einige Flügel hatten, andere Kronen, unter denen auch die heilige Katharina und die heilige Margareta waren –, mit dir ins Schloss Chinon kam; dass alle mit dir zusammen die Stufen des Schlosses erklommen bis zu dem Gemach deines Königs. Und der Engel überreichte dem König die kostbarste Krone aus reinstem Gold. Und der Engel verneigte sich vor dem König und erwies ihm seine Reverenz. Und einmal hast du gesagt, als der König das Zeichen erhielt, war er allein. Ein andermal hast du gesagt, dass die Krone, die du das Zeichen nennst, dem Erzbischof von Reims übergeben wurde, der sie deinem König in Gegenwart zahlreicher Fürsten und Herren, deren Namen du genannt, weiterreichte. Was diesen Artikel angeht, so halten ihn die Gelehrten für unwahrscheinlich, verlogen, verführerisch, vermessen und die Würde der Engel beleidigend.

III. Du hast gesagt, dass du die Engel und die Heiligen an dem guten Rat, dem Trost und den Weisungen, die sie dir gegeben haben, erkennen würdest – auch daran, dass sie sich dir genannt und die Heiligen dich gegrüßt haben. Du glaubst auch, dass es der heilige Michael gewesen sei, der dir erschienen ist; dass seine Worte und Werke gut sind. Du glaubst es ebenso fest, wie du glaubst, dass Christus der Herr gelitten hat und gestorben ist um unserer Erlösung willen. Was diesen Artikel angeht, so sind die Gelehrten der Meinung, dass dies nicht ausreichende Zeichen sind, um die Engel und die oben genannten Heiligen zu erkennen; dass du leichtgläubig warst und es freventlich behauptet hast und darüber hinaus in dem angestellten Vergleich im Glauben irrst.

IV. Du hast gesagt, dass du sicher seist über kommende Geschehnisse und dass du Geheimnisse kennen würdest; ebenso, dass du Personen erkannt habest, ohne sie je vorher gesehen zu haben, und das, dank der Stimmen der heiligen Katharina und der heiligen Margareta. Was diesen Artikel angeht, so sind die Gelehrten der Meinung, das sei Aberglaube, Wahrsagerei, anmaßende Behauptung, eitle Großsprecherei.

V. Du hast gesagt, dass du auf Geheiß Gottes und nach seinem Willen Mannskleider trugst und fortfährst, sie zu tragen. Und unter dem Vorwand, dass du auf den Befehl Gottes diese Kleidung trägst, hast du wieder ein kurzes Wams angelegt und Beinkleider, mit Schnürbändern zusammengehalten; du trägst darüber hinaus die Haare kurz geschnitten über den Ohren, was nichts mehr an dir lässt, das zeigt, dass du weiblichen Geschlechts bist außer dem, was die Natur selbst dir verliehen hat; und in diesem Anzug hast du häufig das Sakrament der Eucharistie empfangen. Und obwohl man dich mehrfach aufgefordert hat, das zu lassen, hast du nichts dergleichen tun wollen, hast im Gegenteil versichert, dass du lieber sterben wolltest als diese Kleidung aufgeben, es sei denn auf das Gebot Gottes hin; und du hast gesagt, wenn du weiterhin in dieser Kleidung mit denen deiner Partei wärst, so wäre das eine große Wohltat für Frankreich. Und du sagst auch, dass du um nichts in der Welt einen Eid leisten willst, diese Gewandung und die Waffen nicht mehr zu tragen. Und in allem behauptest du, gut zu tun und nach dem Willen Gottes. Was diesen Artikel angeht, so sind die Gelehrten der Meinung, dass du Gott lästerst und ihn höhnst in seinen Sakramenten, das göttliche Gesetz übertrittst, die Heilige Schrift und die kanonischen Verordnungen, dass du falsch denkst und im Glauben irrst; dich eitel brüstest und dich der Abgötterei verdächtig machst und der Entweihung deiner selbst und deiner Kleidung, indem du den Brauch der Heiden nachahmst.

VI. Du hast gesagt, dass du in deinen Briefen oft die Namen Jesus-Maria und das Zeichen des Kreuzes gesetzt hast, was bedeuten soll, dass die, welchen du schreiben ließest, nicht tun sollten, was die Briefe enthielten. In anderen hast du geprahlt, die, welche dir nicht gehorchen wollten, töten zu lassen und dass man an den Schlägen sähe, wer das größere Recht habe vor Gott. Was diesen Artikel angeht, so sind die Gelehrten der Meinung, dass du eine Verräterin bist, unredlich, grausam, nach Menschenblut dürstest, verführerisch, aufrührerisch bist, zur Tyrannei aufhetzend und Gott in seinen Befehlen und Offenbarungen lästerst.

VII. Du sagst, dass du aufgrund der Offenbarungen, die dir im Alter von siebzehn Jahren widerfuhren, die Wohnung deiner Eltern gegen deren Willen verlassen hast, worüber sie außer sich gerieten; und du bist zu Robert de Baudricourt gegangen, der auf dein Ansuchen hin dir Mannskleider gab,

Die Rechtsprechung der damaligen Zeit vertraute bei den so genannten Hexenproben auf ein göttliches Zeichen. Bei der Wasserprobe band man die Angeklagte an Händen und Füßen zusammen und warf sie ins Wasser. Ging sie unter, war sie unschuldig, sank sie nicht, so galt sie als schuldig.

Schwert und Begleiter, um dich zu dem zu führen, den du deinen König nennst; und als du vor ihn kamst, sagtest du ihm, du seist gekommen, seine Feinde zu strafen, und du hast ihm versprochen, ihn zum Herrn einzusetzen und dass er den Sieg über seine Gegner davontrüge, da Gott dich dazu gesandt hätte. Du behauptest, dass du damit Recht getan, gehorsam gegen Gott und deinen Offenbarungen gemäß gehandelt hast. Was diesen Artikel angeht, so sind die Gelehrten der Meinung, dass du ruchlos gegen deine Eltern gehandelt, ungetreu dem Gebot Gottes betreffs der den Eltern gebührenden Ehrerbietung, dass du schändlich und gotteslästerlich im Glauben geirrt und anmaßende und voreilige Versprechungen gegeben hast.

VIII. Du hast gesagt, dass du aus freiem Entschluss von dem Turm in Beaurevoir gesprungen bist, da du lieber sterben als den Engländern ausgeliefert sein und das Verderben von Compiègne überleben wolltest; und auch, dass die heilige Katharina und die heilige Margareta dir verboten hätten, herunterzuspringen; du hast trotzdem nicht an dich halten können; und obgleich dies eine große Sünde war, diese Heiligen zu kränken, so hast du dennoch durch deine Stimmen gewusst, dass Gott dir verziehen hat, nachdem du gebeichtet hattest. Was diesen Artikel angeht, so sind die Gelehrten der Meinung, dass Kleinmut und Verzagtheit zur Verzweiflung führte und deinen Selbstmordversuch erklärt. Was die Vergebung deiner Sünde, die du vorgibst, erhalten zu haben, angeht, so ist diese Versicherung anmaßend und verwegen. Du hast eine falsche Auffassung von der Freiheit des menschlichen Willens.

IX. Du hast gesagt, dass die heilige Katharina und die heilige Margareta dir versprachen, dich ins Paradies zu führen, vorausgesetzt, dass du deine Jungfräulichkeit deinem Gelübde und Versprechen gemäß bewahrtest; und du bist dessen so gewiss, als seist du bereits in der Glorie der Seligen, und glaubst nicht, Werke der Todsünde vollbracht zu haben; und du meinst, die Heiligen würden dich nicht täglich aufsuchen, so wie sie es tun, wenn du in schwerer Sünde lebtest. Was diesen Artikel angeht, so sind die Gelehrten der Meinung, dass es sich dabei um anmaßende und leichtfertige Behauptungen, gefährliche Lügen handelt, die deinen früheren Behauptungen widersprechen, und darüber hinaus, dass du in Bezug auf den Glauben eine irrige Meinung vertrittst.

X. Du hast gesagt, du wüsstest wohl, dass Gott bestimmte lebende Personen mehr liebe als dich; und du wüsstest es durch die Offenbarung der heiligen Katharina und der heiligen Margareta; diese Heiligen sprächen Französisch und nicht Englisch, da sie nicht von der Partei der Engländer seien; und, nachdem du verstanden hättest, dass die Stimmen für jenen waren, den du deinen König nennst, hättest du die Burgunder abgelehnt. Was diesen Artikel angeht, so sind die Gelehrten der Meinung, dass es sich hier um anmaßende Behauptung, abergläubische Wahrsagerei, Lästerung der heiligen Katharina und der heiligen Margareta handelt und um Übertretung des Gebotes, den Nächsten zu lieben.

XI. Du hast gesagt, dass du denen, die du den heiligen Michael, die heilige Katharina und die heilige Margareta nennst, wiederholt deine Ehrerbietung erwiesen habest, indem du niederknietest, deine Kopfbedeckung abnahmst, die Erde küsstest, worüber sie gegangen, und ihnen Jungfräulichkeit gelobt hast, dass du diese Heiligen küsstest, umarmtest und sie anriefst, dass du ihren Befehlen seit ihrer ersten Erscheinung Glauben geschenkt hättest, ohne den Pfarrer um Rat zu fragen noch einen anderen Geistlichen. Was diesen Artikel angeht, so sind die Gelehrten folgender Meinung: Angenommen, du habest die Offenbarungen und Erscheinungen, deren du dich rühmst, in der angegebenen Weise empfangen, so bist du eine Götzendienerin, Beschwörerin der bösen Geister und irrgläubig. Du hast unbesonnene Behauptungen aufgestellt und hast einen unerlaubten Eid geleistet.

XII. Du hast gesagt, wenn dich die Kirche das Gegenteil von dem tun heiße, was du angeblich auf Gottes Befehl hin getan, so wolltest du ihr um nichts auf der Welt gehorchen; und dass du wohl wüsstest, dass das, was in deinem Prozess enthalten ist, von Gott kommt. Und du wolltest dich nicht auf das Urteil der Kirche auf Erden verlassen noch auf sonst einen Menschen in der Welt, sondern auf Gott allein. Du hast ferner gesagt, diese und andere Antworten seien nicht aus dir selbst gekommen, sondern auf Befehl deiner Stimmen und Offenbarungen, obwohl dir der Glaubensartikel, welcher lautet „eine heilige katholische Kirche …" von deinen Richtern und anderen öfter erklärt und dir dargelegt wurde, dass jeder Gläubige seine Worte und Werke, besonders wenn sie den Glauben und die heilige Lehre angehen, der streitenden Kirche unterwerfen muss. Was diesen Artikel angeht, so sind die Gelehrten der Meinung, dass du abtrünnig, irrgläubig über die Einheit und Autorität der Kirche denkst und bis auf diesen Tag ketzerisch und hartnäckig verstockt bist.

Quellentext Nr. 108: Ruth Schirmer-Imhoff, Der Prozeß Jeanne d'Arc. Akten und Protokolle 1431–1456, (dtv-Dokumente Nr. 24), München 1961, 2001. S. 81–85.

WIDERRUF UND WIDERRUF DES WIDERRUFS

Am Donnerstag nach Pfingsten, dem 24. Mai, ließ sich Jeanne d'Arc zu einem eigenhändig unterzeichneten Widerruf bewegen.

Ich, Jehanne, die Jungfrau genannt, armselige Sünderin, bekenne, dass ich abtrünnig war und irrgläubig; nachdem ich die Fallstricke der Irrtümer, in denen ich befangen war, erkannt habe, bin ich durch die Gnade Gottes zu unserer heiligen Mutter, der Kirche, zurückgekehrt; damit man sehe, dass ich nicht nur scheinbar, sondern aufrichtigen Herzens und guten Willens zurückgekehrt bin, bekenne ich, dass ich schwer gesündigt habe, indem ich lügnerisch vorgab, Offenbarungen und Erscheinungen von Gott, durch die Engel, die heilige Katharina und die heilige Margareta gehabt zu haben, andere verführte, und, indem ich leichtfertig und töricht glaubte, abergläubisch wahrsagte, Gott und seine Heiligen lästerte, das göttliche Gesetz, die Heilige Schrift und die kanonischen Verordnungen übertrat, unanständige Kleider trug, die Haare nach Männerart geschnitten gegen alle Schicklichkeit des weiblichen Geschlechtes, dass ich auch Rüstung trug in großer Anmaßung, auf grausames Blutvergießen aus war und sagte, ich hätte alles auf Befehl Gottes, der Engel und der oben genannten Heiligen getan, und ich hätte darin recht gehandelt und nicht gefehlt; dass ich Gott und seine Sakramente verächtlich gemacht habe, dass ich Aufruhr erregt und Götzendienerei getrieben, indem ich die bösen Geister verehrte und anrief. Ich bekenne auch, dass ich abtrünnig gewesen bin und auf mancherlei Weise im Glauben geirrt habe. Diesen Vergehen und Irrtümern schwöre ich aufrichtigen Herzens und ohne Verstellung ab, verabscheue sie, verleugne sie und wende mich ab von ihnen. Durch die Gnade unseres Herrn und durch die heilige Lehre und Euren und der Doktoren und der Magister guten Rat bin ich auf den Weg der Wahrheit zurückgekehrt. In allen genannten Dingen unterwerfe ich mich der Züchtigung, der Besserung und der vollkommenen Entscheidung unserer heiligen Mutter, der Kirche, und Eurer großen Gerechtigkeit. Auch schwöre und verspreche ich meinem Herrn, dem heiligen Petrus, dem Fürsten der Apostel und seinem Statthalter, unserem Heiligen Vater, dem Papst in Rom, und seinen Nachfolgern und Euch, ihr Herren, Monseigneur Herr Bischof von Beauvais, Euch, geistlicher Herr, Bruder Jean le Maistre, Stellvertreter des Herrn Inquisitors in Sachen des Glaubens, als meinen Richtern, dass ich nie mehr, weder auf Überredung noch sonst wie zu den oben genannten Irrtümern zurückkehren werde, von denen es unserem Herrn gefallen hat, mich zu befreien und zu erretten; sondern für immer in der Einheit unserer heiligen Mutter, der Kirche, und im Gehorsam unseres Heiligen Vaters, des Papstes in Rom, bleiben werde. Und dieses sage ich, versichere und beschwöre ich bei Gott dem Allmächtigen und bei seinen heiligen Evangelien.

Und zum Zeichen dessen habe ich dieses Schriftstück mit meiner Unterschrift versehen. [1]

Der Widerruf hatte zur Folge, dass die Angeklagte der drohenden Hinrichtung entging. Stattdessen wurde allerdings ein anderes Urteil gefällt. Es lautete auf lebenslänglichen Kerker bei Wasser und Brot.

[...] Endlich, nach häufiger, liebevoller Ermahnung und langem Harren bist du durch Gottes Beistand in den Schoß der heiligen Mutter, der Kirche, zurückgekehrt und hast, wie wir annehmen, mit reuigem Herzen und ehrlichem Glauben widerrufen und deinen in öffentlicher Predigt verworfenen Irrtümern, samt aller Ketzerei, mit eigener Stimme und in mündlicher Rede abgeschworen. Den kirchlichen Vorschriften gemäß sprechen wir dich hiermit von den Banden des Kirchenbannes, durch welche du gefesselt warst, los, vorausgesetzt, dass du wirklich reuigen Herzens und ehrlichen Glaubens zurückkehrst und befolgst, was wir dir auferlegen. Weil du dich jedoch gegen Gott und die heilige Kirche freventlich vergangen hast, verurteilen wir dich endgültig und unwiderruflich – unter Vorbehalt unserer Begnadigung und Strafermäßigung – zur Übung heilsamer Buße zu dauerndem Kerker beim Brot der Schmerzen und beim Wasser der Traurigkeit, damit du dort das Begangene beweinst und das Beweinte fürder nicht mehr begehst. [2]

Am Montag, dem 28. Mai besann sich Jeanne d'Arc wieder anders. Pierre Cauchon, der Bischof von Beauvais, merkte sofort, dass etwas nicht stimmte, weil die Angeklagte, als sie zum Verhör erschien, plötzlich wieder die Hose anhatte.

Monseigneur Cauchon: Was soll das heißen? – Johanna: Ja, ich habe die Mannskleider wieder angenommen und die Frauenkleider abgelegt. – Monseigneur Cauchon: Warum? Wer hat sie Euch annehmen heißen? – Johanna: Ich selbst. Freiwillig. Ich trage sie lieber als Frauenkleider. – Monseigneur Cauchon: Ihr hattet versprochen und geschworen, sie nicht wieder zu tragen. – Johanna: Es war schicklicher, da ich in der Umgebung von Männern bin. Ich habe sie wieder angezogen, weil Ihr nicht Euer Wort gehalten habt. Ich sollte die Messe hören und den Leib des Herrn empfangen dürfen und Ihr verspracht, mich aus den Eisenfesseln zu lassen. – Monseigneur Cauchon: Habt Ihr nicht abgeschworen und versprochen, diese Kleidung nicht wieder anzulegen? – Johanna: Ich will lieber sterben als in Fesseln sein. Aber wenn man mich zur Messe gehen lässt, mir die Fesseln abnimmt und mich in ein anständiges Gefängnis bringt und eine Frau bei mir lässt, dann will ich mich fügen und tun, was die Kirche mich heißt. – Monseigneur Cauchon: Habt Ihr Eure Stimmen seit Donnerstag gehört? – Johanna: Ja. – Monseigneur Cauchon: Was haben sie Euch gesagt? – Johanna: Gott hat mir durch die heilige Katharina und die heilige Margareta den großen Jammer meines Verrats zu wissen getan, in den ich gewilligt habe mit meiner Abschwörung, um mein Leben zu retten. Vor diesem Donnerstag hatten meine Stimmen mir angekündigt, was ich tun würde, und das habe ich an jenem Tage auch getan. Sie sagten mir auf dem Gerüst, auf dem ich stand, ich sollte dem Prediger unerschrocken antworten. Aber ich nenne diesen Prediger einen falschen Prediger, denn er hat gesagt, ich hätte Dinge getan, die ich nicht begangen habe. Wenn ich sagen würde, Gott hätte mich nicht gesandt, so würde ich mich selbst verdammen. Es ist die Wahrheit, dass Gott mich geschickt hat. Meine Stimmen haben mir seither gesagt, dass ich eine große Schlechtigkeit begangen, als ich gestand, ich hätte nicht mit gutem Recht gehandelt. Es war aus Angst vor dem Feuer, dass ich das gesagt habe. – Monseigneur Cauchon: Ihr glaubt, dass Eure Stimmen von der heiligen Katharina und von der heiligen Margareta kommen? – Johanna: Ja, und von Gott. – Monseigneur Cauchon: Und die Krone? – Johanna: Ich habe Euch darüber alles nach bestem Wissen im Prozess gesagt. – Monseigneur Cauchon: Auf dem Gerüst habt Ihr bekannt, Ihr hättet lügnerisch geprahlt, dass Eure Erscheinungen die der heiligen Katharina und der heiligen Margareta gewesen seien. – Johanna: Ich habe es nicht so verstanden. Ich habe nicht vermeint, meinen Erscheinungen, das heißt der heiligen Katharina und der heiligen Margareta, abzuschwören. Alles, was ich getan habe, war aus Angst vor dem Feuer. Was ich widerrufen habe, war wider die Wahrheit. Ich will lieber meine Buße auf einmal tun und sterben, als noch länger die Leiden des Gefängnisses ertragen. Ich habe nie etwas gegen Gott oder den Glauben getan, obwohl Ihr mich gezwungen habt zu widerrufen. Von dem, was in der Abschwörungsurkunde stand, habe ich nichts verstanden. Ich hatte nicht im Sinn, etwas zu widerrufen, außer wenn es Gott gefalle. Wenn Ihr es wollt, werde ich die Frauenkleider wieder anziehen. Aber was das Übrige angeht, so werde ich nichts ändern. [3]

Quellentext Nr. 109: Ruth Schirmer-Imhoff, Der Prozeß Jeanne d'Arc. Akten und Protokolle 1431–1456, (dtv-Dokumente Nr. 24), München 1961, 2001. [1] S. 87–88. – [2] S. 89. – [3] S. 90–91.

DAS URTEIL

Am Tag der Hinrichtung hatte sich auf dem alten Marktplatz zu Rouen in der Nähe der Erlöserkirche eine zahlreiche Menschenmenge eingefunden. Zuerst hörte man eine feierliche Predigt über die Bibelstelle „Wenn ein Glied leidet, leiden die anderen Glieder mit" (1 Kor 12,26). Dann wurde die Angeklagte ein letztes Mal ermahnt und das Urteil verkündet.

Im Namen des Herrn. Amen. Wann immer der Irrglaube mit seinem verpestenden Gift ein Glied der Kirche ansteckt und in ein Glied des Satans verwandelt, so muss man mit brennendem Eifer verhindern, dass die gefährliche Ansteckung auch auf die anderen Teile des mystischen Leibes Christi übergreife. So haben die Verordnungen der Kirchenväter vorgeschrieben, dass die hartnäckigen Häretiker besser aus der Mitte der Gerechten ausgeschieden werden, als dass – zur großen Gefährdung der Gläubigen – das Gift der Schlange im Schoß unserer heiligen Mutter, der Kirche, gehegt werde. Darum erklären wir, Pierre, durch Gottes Barmherzigkeit Bischof von Beauvais, und Bruder Jean le Maistre, besonders mit dem Prozess beauftragter Stellvertreter des erlauchten Doktors Jean Graverent, des Inquisitors für ketzerische Verkehrtheit, Euch, Johanna, gemeinhin die Jungfrau genannt, als Abtrünnige, Götzendienerin, Teufelsbeschwörerin. Da aber die Kirche dem, der zurückkehrt, ihren Schoß niemals verschließt, haben wir geglaubt, dass Ihr Euch wahrhaft abgewendet habt von Euren Irrtümern und Vergehen, als Ihr sie an jenem Tage öffentlich widerrieft und gelobtet, nicht rückfällig zu werden. Dennoch seid Ihr auf Betreiben des Urhebers aller Abtrünnigkeit und Ketzerei, der über Euer Herz hergefallen ist, um es zu verführen – o Schmerz! –, dahin zurückgekehrt, so wie der Hund zu seinem Auswurf zurückkehrt. Ihr habt statt in aufrichtiger und rechtgläubiger Gesinnung mit heuchlerischem Herzen Euren verlogenen Erfindungen nur mit Worten abgeschworen, was aufgrund klarster Urteile erwiesen ist. So erklärten wir Euch erneut der Exkommunikation verfallen, die Ihr mit der Rückfälligkeit in Eure früheren Irrtümer und Ketzerei auf Euch geladen habt. Mit diesem Urteil erklären wir, die wir über Euch zu richten haben, dass Ihr wie ein brandiges Glied aus der Einheit der Kirche ausgestoßen und von ihrem Leibe weggerissen werdet, damit Ihr die anderen Glieder nicht ansteckt – und dass Ihr dem weltlichen Arm ausgeliefert werdet. Wir bitten die weltliche Gerichtsbarkeit, ihr Urteil über Euch zu mäßigen ohne Tötung und

Verstümmelung der Glieder. Und wenn ein Zeichen echter Reue bei Euch offenbar wird, soll Euch das Sakrament der Buße gespendet werden.

Die Übereinstimmung mit dem Original wird beglaubigt von: G. Boisguillaume, G. Manchon, N. Taquel, Notare.

Quellentext Nr. 110: Ruth Schirmer-Imhoff, Der Prozeß Jeanne d'Arc. Akten und Protokolle 1431–1456, (dtv-Dokumente Nr. 24), München 1961, 2001. S. 94–95.

JEANNE D'ARC WIRD REHABILITIERT

18 Jahre nach der Hinrichtung Jeanne d'Arcs wurde vom französischen König ein Rehabilitationsprozess angestrengt, der auch durch ein Schreiben des Papstes an Johannas Mutter unterstützt wurde. Die Akten dieses Rehabilitationsverfahrens sind in einem in rotes Saffianleder gebundenen Manuskript überliefert, das in der Pariser Nationalbibliothek unter der Nummer 5970 aufbewahrt wird.

Am 7. Juli 1456 verkündete Jean Juvénal des Ursins, Erzbischof von Reims, im großen Saal des erzbischöflichen Palais von Rouen feierlich das Urteil. Unter den zahlreich erschienenen Zuhörern befand sich auch Jean d'Arc, einer der Brüder der nunmehr rehabilitierten Jeanne.

Im Namen der heiligen und ungeteilten Dreifaltigkeit, des Vaters, des Sohnes und des Heiligen Geistes, Amen.

Wir, Jean, durch Gottes Erbarmen Erzbischof von Reims; Guillaume, Bischof von Paris, Richard, Bischof von Coutances; Jean Bréhal, Dominikanerbruder, Professor der heiligen Theologie und einer der Inquisitoren im Königreich Frankreich, durch unseren Heiligsten Vater, den Papst, als Richter besonders beauftragt, erklären in Anbetracht des von uns feierlich geführten Prozesses, kraft des apostolischen Auftrags, der durch die ehrbare Witwe, Isabelle d'Arc und des Pierre und Jean d'Arc, einst Mutter und leibliche, natürliche und rechtmäßige Brüder der Jeanne d'Arc, guten Angedenkens, gemeinhin die Jungfrau genannt, im Namen ihrer Familie, der Kläger, an uns ergangen ist gegen die Beklagten: den stellvertretenden Inquisitor in Sachen des Glaubens in der Diözese Beauvais, gegen den Promotor der bischöflichen Kurie sowie gegen den hochwürdigsten Vater in Christo, Herrn Guillaume de Hellande, Bischof von Beauvais und gegen alle Übrigen einzeln oder insgesamt, die sich an dieser Partei für beteiligt halten, nach Einsicht in die von den Klägern eingereichten Forderungen, Tatbestände, Schlussfolgerungen, die in schriftlich niedergelegten schlussfolgernden Artikeln auf Erklärung der Nichtigkeit, Ungerechtigkeit und Erschlichenheit jenes angemassten Glaubensprozesses hinzielen, der seinerzeit in dieser Stadt gegen die genannte Verschiedene durch die verstorbenen Herren Pierre Cauchon, damals Bischof von Beauvais, Jean Le Maistre, angemaßter stellvertretender Inquisitor in ebender Diözese Beauvais, und Jean d'Estivet, den Promotor, angestrengt wurde, in Anbetracht der gebührend studierten Originalakten, Beweisführungen, Aussagen, Protokolle des besagten Prozesses und der durch die Notare vorgelegten Briefe und Schriftstücke, in Anbetracht der verschiedenen Abhandlungen von besonders angesehenen Prälaten, Doktoren, Rechtsgelehrten, die nach sorgfältiger Prüfung der Bücher und Handhaben des besagten Prozesses die Erhellung zweifelhafter Punkte erlaubten, die entsprechend der Anordnung unseres Heiligsten Vaters zusammengestellt wurden, nach gebührender Betrachtung der den Beweis erbringenden Vernehmungen, in Anbetracht der Zeugenaussagen über die Sitten und Herkunft Johannas – die bereits die Untersuchung in Poitiers erbrachte, und zwar in Gegenwart zahlreicher Prälaten, Doktoren und Sachverständiger, besonders des hochwürdigsten Vaters Renaud, zu seinen Lebzeiten Erzbischof von Reims und Metropolitan des Bischofs von Beauvais – wie über die wunderbare Befreiung der Stadt Orléans, den Marsch auf Reims und die Königskrönung, über die Umstände des Prozesses selbst, seine Artung und Verfahrensweise, in Anbetracht und nach reiflicher Überlegung nach allen Seiten aller und jeder Fakten und der oben erwähnten Dokumente sowie jener Artikel, die beginnen „quaedam foemina", welche die Richter als Auszüge aus den Erklärungen der genannten Verstorbenen ausgaben und dem Rat einer Anzahl erlauchter Gelehrter unterwarfen,

erstens diese Artikel in dem angemaßten Prozess als Unterlage des gegen die genannte Verstorbene gefällten Urteils als einen trügerischen, fälschlichen, verleumderischen, listigen, bösartigen Auszug des vorgegebenen Prozesses, denn sie verschweigen die Wahrheit und weisen Falsches in mehreren wesentlichen Punkten auf, wodurch die Richter und Beisitzer in die Irre gingen, diese Artikel für ungültig, heben sie auf und annullieren sie und verfügen, dass der Text dieser Artikel, den wir aus der genannten Prozessakte herausreißen ließen, von Gerichts wegen zerrissen werden soll. [...]

Wir erklären *zweitens* nach sorgfältiger Prüfung anderer Stücke und besonders der in der Akte enthaltenen beiden vorgegebenen Urteile, die von den Richtern Fall und Rückfall genannt werden, in Anbetracht der Einwände, Unterwerfungen, Berufungen und mehrfachen Gesuchen der genannten Johanna, sie selbst, ihre Worte und Werke sowie den Prozess vor den heiligen Apostolischen Stuhl und unseren heiligsten Herrn, den Papst, zu bringen, in Anbetracht der angeblichen Abschwörung, die falsch und erschlichen ist, und durch Gewalt und Furcht in Gegenwart des Folterknechts und durch die Drohung mit dem Feuertod erzwungen und von der genannten Verstorbenen keineswegs vorausgesehen und verstanden wurde, nach sorgfältiger Erwägung alles Übrigen und Einzelnen und was sonst noch in diesem Fall zu beachten und bedenken ist, als Angehörige des Tribunals, die wir allein Gott vor Augen haben, mit dieser Akte unser endgültiges Urteil:

Wir erklären, verkünden, verordnen, verfügen, *dass besagter Prozess und seine Urteile* befleckt von Arglist, falscher Beschuldigung, Unrecht, Lüge ein öffentlich kundgetaner Rechtsirrtum ebenso wie der besagte Widerruf und alle Vollziehungen und Folgen rechtlos und ungültig, *null und nichtig waren, sind und sein werden.*

Was aber Johanna, deren Verteidiger und Verwandte betrifft, so haben sie bei Gelegenheit des Vorgenannten keinerlei Schimpf noch Makel auf sich geladen und sollen frei und ledig davon sein.

Wir verfügen, dass die feierliche Bekanntgabe dieses Urteils unverzüglich an zwei Stätten dieser Stadt vorgenommen wird: die eine sogleich auf dem Platz von Saint-Ouen, nach vorausgegangener Prozession und feierlicher Predigt. Die andere morgen auf dem Altmarkt, an der nämlichen Stelle, an der Johanna grausam und schrecklich im Feuer erstickte; und dort soll eine feierliche Predigt gehalten und der Jungfrau zu ewigem Gedächtnis ein ehrenvolles Kreuz errichtet werden und Johannas und der anderen Verstorbenen Heil erfleht werden.

Den anwesenden Richtern vorgelegt, verlesen und zur Kenntnis gebracht. So geschehen im erzbischöflichen Palais im Jahre des Herrn 1456, am 7. Tag des Monats Juli. D. Comitis – F. Ferrebouc.

Quellentext Nr. 111: Ruth Schirmer-Imhoff, Der Prozeß Jeanne d'Arc. Akten und Protokolle 1431–1456, (dtv-Dokumente Nr. 24), München 1961, 2001. S. 225–227.

In den Kalender der Heiligen eingetragen

Seit 1920 wird Jeanne d'Arc in der katholischen Kirche als Heilige verehrt. Im offiziellen „Römischen Martyrologium" findet sich zu ihrem Festtag, dem 30. Mai, der folgende Vermerk.

Zu Rouen [wird verehrt] die heilige Jungfrau Johanna von Arc mit dem Beinamen „Mädchen von Orléans", welche, nachdem sie tapfer für das Vaterland gekämpft hatte, zuletzt in die Gewalt der Feinde geriet, in einem ungerechten Gerichtsverfahren schuldig gesprochen und auf dem Scheiterhaufen verbrannt, von Papst Benedikt XV. jedoch in den Kalender der Heiligen eingetragen wurde.

Quellentext Nr. 112: Martyrologium Romanum, Rom [4. Auflage] 1956. S. 131. – Übersetzung aus dem Lateinischen: © Josef Dirnbeck.

Girolamo Savonarola
Der Fundamentalist und die Macht

Girolamo Savonarola wurde am 21. September 1452 in Ferrara geboren. Wie sein Großvater wollte er zunächst Medizin studieren, entschloss sich jedoch 1474 – im Alter von 22 Jahren – Mönch zu werden. Schon im Abschiedsbrief an seinen Vater, dessen Haus er heimlich bei Nacht verließ, hatte der spätere Bußprediger „das entsetzliche Elend in der Welt, die Bosheit der Menschen, die Unzucht, die Ehebrüche, Räubereien, den Hochmut, Götzendienst und die rohen Gotteslästerungen" beschworen, die ihn in seinem Entschluss bestärkt hätten, „nicht wie ein Tier unter Schweinen" zu leben (vgl. Georg Denzler, Savonarola – Fanatiker? Ketzer? Heiliger?; in: Kirche Intern 5/1998. S. 46), und ebenfalls schon in den ersten Schriften, die der literarisch begabte junge Novize im Dominikanerkloster von Bologna schrieb, hatte Savonarola den „Verfall der Kirche" beklagt (vgl. Arnold Guillet, Editorial; in: Timor Domini 2/1998). „O ihr, die ihr blind seid, sitzt heute über euch zu Gericht und urteilt selbst, ob nicht das Ende der Welt gekommen ist", heißt es in einem seiner Gedichte, die in ihrer Intention das große Vorbild erkennen lassen, dem sie nacheifern: die prophetische Kritik, die Jesus an den Schriftgelehrten und Pharisäern seiner Zeit geübt hat.

Savonarola stellte sein Leben in den Dienst der Buße und der Reform. Als Prior von San Marco in Florenz gründete er eine Reformkongregation seines Ordens und machte mit Mahn- und Drohpredigten von sich reden. Savonarola war Kirchenkritiker, nicht Häretiker. Er kritisierte den Papst, nicht die Institution des Papsttums als solche. Allerdings forderte ein Pontifex maximus wie jener, der in jenem Jahr, als Kolumbus Amerika entdeckte, den Stuhl Petri erklommen hatte, eine solche Kritik geradezu heraus. Denn der aus einem spanischen Adelsgeschlecht stammende Alexander VI. (1492–1503), der das höchste Amt der Kirche mit Geld erkauft hatte und das Leben eines Renaissancefürsten führte, dessen Konkubinen und uneheliche Kinder im Papstpalast aus und ein gingen (vgl. Georg Denzler, op. cit. S. 46), entsprach in denkbar schlechtester Weise dem Anforderungsprofil eines würdigen Papstes. Gäbe es eine Hitliste jener Heiliger Väter, die es am schlimmsten trieben, würde dieser Borja-Papst zweifellos auf einem der ersten drei Plätze zu finden sein.

Was Savonarola letztlich zu Fall brachte, war die unselige Verquickung von Religion und Machtpolitik. Im Grunde machte er, wie der Basler Historiker Jakob Burckhardt (Die Kultur der Renaissance in Italien, Berlin 1928) meint, genau den gleichen Fehler wie später der Genfer Reformator Jean Calvin, der die Bürger von Genf mit staatlichen Druckmitteln bekehren wollte und ebenfalls eine Theokratie anstrebte.

„Zum einen ist in dem Fall Savonarola gewiss die Personifikation des Unmuts der zu der Familie der Medici in Kontroverse und Dissidenz stehenden Florentiner zu verstehen, die dieser Familie zwar genug zu verdanken haben, freilich in ihrer persönlichen Freiheit und vor allem in der Freiheit, politische Entscheidungen unbeeinflusst zu treffen, auch empfindlich eingeschränkt worden sind", heißt es in Helmut Stefan Milletichs Analyse „Savonarola – die Gottesdiktatur als Reformation" (Pannonia 4/1997. S. 11): „Nach dem Tod des wohl bedeutendsten Medici, Lorenzos des Prächtigen, am 7. April 1492 herrschte vorerst ein Machtvakuum, und vermutlich hätte Lorenzos Nachfolger Piero (‚lo Sfortunato', der Pechvogel) die Macht nach und nach an sich gezogen, hätte nicht ‚der Frate' Savonarola, der Dominikaner von San Marco, eine erfolgreiche Kampagne gegen die Medici gestartet." Er, ein im Grunde völlig „anachronistischer" Mönch, der sich als „eiserner Besen" verstand, übernahm in der offensten und aufgeschlossensten Stadt Italiens die Macht und fand bei den Leuten Zulauf und Gefolgschaft – und zwar „nicht nur bei den Verlierern, den Ausgebeuteten, sondern auch bei jenen, die zu den Protagonisten der neuen Epoche zählen" (Helmut Stefan Milletich, op. cit. S. 12–13). Nicht zuletzt stand auch Michelangelo unter dem Eindruck der Bußpredigten von Savonarola, als er seine Bilder vom Jüngsten Gericht auf die Wände der Sixtinischen Kapelle malte.

Wie schwer es ist, Savonarola, der in religiöser wie in politischer Hinsicht ein glühender Fanatiker war, angemessen einzuschätzen, hat der Bamberger Kirchenhistoriker Georg Denzler durch einen Blick auf parallele Erscheinungen unserer Zeit verdeutlicht: „Lebte Savonarola heute, wäre er vermutlich ein ‚Traditionalist' wie der französische Erzbischof Marcel Lefebvre, der zwar die Tradition der Kirche mit eiserner Strenge festhielt, aber dennoch nicht zögerte, dem Papst den Gehorsam aufzukündigen, wenn ihm dies sein Gewissen *gebot, und der deshalb von Papst Johannes Paul II. exkommuniziert wurde. Vielleicht wäre Savonarola aber auch ein ,Fundamentalist' nach Art des spanischen Priesters Josemaria Escriva de Balaguer, gestorben 1975, des Gründers des Opus Dei, den derselbe Papst Johannes Paul II. heilig gesprochen hat"* (Georg Denzler, op. cit. S. 47).

„ICH BIN HEUTE MORGEN EIN NARR GEWORDEN ..."

Am 13. Januar 1495 hielt Savonarola im Dom zu Florenz eine Predigt, in der er alles wiederholen und zusammenfassen wollte, was er in den letzten Jahren über die Erneuerung der Kirche in Florenz gesagt hatte.

[Aus der Predigt Savonarolas vom 13. Januar 1495 im Dom zu Florenz:] Es ist heute Morgen unsere Absicht, alles zu wiederholen, was wir in diesen letzten Jahren über die Erneuerung der Kirche in Florenz gesagt und gepredigt haben. Sie wird nämlich unbedingt bald eintreten. […] Einige von den Beweisen beruhen auf Wahrscheinlichkeit, sodass man eine andere Ansicht haben kann. Andere sind durchschlagend, sodass sie keinen Widerspruch zulassen, weil sie in der Heiligen Schrift begründet sind. Ich werde nur solche Argumente anführen, die beweiskräftig, weil in der Heiligen Schrift begründet sind: Der erste Grund ist die Verderbnis der Praelati [*der Prälaten*]. Der zweite Grund liegt in der Hinwegnahme der Guten und Rechtschaffenen. Der dritte Grund besteht in der gewaltsamen Entfernung der Rechtschaffenen. Der vierte Grund in der Sehnsucht der Gerechten, der fünfte in der Verstockung der Sünder. Darum, Florenz, mach dich gefasst auf die Geißel – und du, Rom, auch zu dir kam der Ruf und du bleibst doch in der Verhärtung. Der sechste Grund ist die Menge der Sünden; der siebte das Wegwerfen der ersten Tugenden, der Liebe und des Glaubens; der achte die Verleugnung der ewigen Wahrheiten; der neunte die Verwahrlosung des Gottesdienstes. […] O Geistlichkeit, o Geistlichkeit, deinetwegen ist diese Verwüstung gekommen, du bist die Ursache von allem Übel! Der zehnte Grund ist die allgemeine Überzeugung; denn sieh dich nur um: Du findest, ein jeder spricht von der Geißel und sagt sich, es ist gerecht. Der Abt Joachim und viele andere haben es angekündigt. […] Ich habe dir gesagt: „Das Schwert des Herrn kommt rasch und eilends über die Erde." Glaube mir, es wird kommen, und zwar bald!

[…] Ich komme zum Schluss. Ich bin heute Morgen ein Narr geworden.

Gott hat es so gewollt. O Italien, ihr Fürsten des Landes, ihr Prälaten der Kirche, der Zorn Gottes ist über euch, und ihr habt keinen Ausweg, als euch zu bekehren, und „bei meinem Heiligtum will ich den Anfang machen".

Quellentext Nr. 113: Predigt vom 13. Januar 1495 im Dom zu Florenz. – Alfred Läpple, Kirchengeschichte in Dokumenten, Düsseldorf 1958. S. 201–202.

Im Gefängnis

Aufgrund einer inneren Eingebung war Savonarola davon überzeugt, dass der französische König Karl VIII., der nach Italien vorrückte, um das Königreich Neapel zurückzuerobern, auserwählt sei, die Menschen zur Buße zu führen, und geriet damit naturgemäß in einen politischen Interessenkonflikt mit dem Papst, der die von Venedig angeführte Liga gegen Frankreich unterstützte. Savonarola sah im König von Frankreich „einen neuen Kyros, der Florenz, Rom und ganz Italien von der Tyrannei der päpstlichen Kurie befreien werde" (Georg Denzler, op. cit. S. 46). Alexander VI., der von Savonarola auch direkt attackiert und so schwer wiegender Dinge wie der Simonie und Ketzerei beschuldigt wurde, versuchte den unbequemen „Frate" mundtot zu machen – zunächst durch das Angebot, ihn zum Kardinal zu ernennen, und als das nichts half, durch ein im Jahr 1495 verhängtes Predigtverbot, an das sich der Prior von San Marco tatsächlich eine Zeit lang hielt, bis er erkannte, dass er Gott mehr gehorchen musste als den Menschen.

Als Savonarola so weit ging, die Einberufung eines allgemeinen Konzils zu fordern, das über den Papst zu Gericht sitzen und ihn absetzen sollte, waren die Würfel gefallen. Alexander VI. verlangte von der Signoria von Florenz unter Androhung des Interdikts für die ganze Republik Savonarolas Einkerkerung, die Stimmung in der Bevölkerung schlug um und „die Gegner Savonarolas bekamen die Oberhand, stürmten San Marco und stellten den Prior mit zwei Brüdern vor Gericht", wie August Franzen (Kleine Kirchengeschichte, Freiburg im Breisgau 1965. S. 241) formuliert: „Kerker, Folter, Verhöre ohne Unterlass, falsche Ankläger und Fälschung der Protokolle führten zum Justizmord."

Dem penibel geführten Tagebuch des Johannes Burkard – jenes aus dem Elsass stammenden päpstlichen Zeremonienmeisters, der unter mehreren

Päpsten in verschiedenen Ämtern an der Kurie tätig war – entstammt die folgende Notiz:

Nachdem Bruder Girolamo siebenmal peinlich verhört [*d. h. gefoltert*] worden ist, bittet er um Erbarmen und erbietet sich, alle seine Verbrechen zu bekennen und niederzuschreiben. Er wird aus der Folter entlassen und wieder in das Gefängnis geworfen. Dort erhält er Tinte, Feder und Papier und schreibt – angeblich – seine Verbrechen und Vergehen auf über achtzig Seiten nieder.

Quellentext Nr. 114: Liber notarum ab anno 1483 usque ad annum 1506. – Otto Zierer, Bild der Jahrhunderte, Bd. 25/26, Murnau – München – Innsbruck 1954. S. 264.

Die Hinrichtung

Am 23. Mai 1498, dem Tag vor dem Fest Christi Himmelfahrt, wurde der Dominikanermönch Girolamo Savonarola mit zwei weiteren Ordensleuten in Florenz gefoltert, in aller Form degradiert, gehängt und verbrannt.

Man führte die drei Mönche aus dem Palast heraus und ließ sie auf die Holztribüne bringen. Hier befanden sich die Acht, die Kollegien, die Bevollmächtigten des Papstes, der General der Dominikaner und viele Domherren, Priester und Ordensbrüder und der Bischof de Pagagliotti, dem es aufgetragen war, die drei Mönche zu degradieren. [...] Sie wurden mit allen Paramenten bekleidet und dann wurde ihnen eines nach dem andern abgenommen, wobei Bruder Girolamo immerfort als Ketzer und Schismatiker und als deshalb zum Tod verurteilt bezeichnet wurde; wobei man ihm Kopf und Hände rasierte, wie es bei Degradierten Brauch ist. Und als dieses geschehen, überließen sie die drei Mönche den Händen der Acht, die augenblicklich Abstimmung machten, dass sie gehängt und verbrannt werden sollten. Gleich darauf wurden sie auf dem Gerüst zum Pflock des Kreuzes geführt. Der Erste war Bruder Silvestro, er wurde auf dem Pflock an eine der Ecken des Kreuzes geknüpft. Weil er nicht festgebunden war, quälte er sich eine Weile, viele Male „Jesus" sagend, während er hing, weil der Strick weder stark zusammenschnürte noch gut lief. Der Zweite war Bruder Domenico aus Pescia [...] und der Dritte der Frate, welcher nicht laut sprach, sondern nur leise, und so wurde er gehängt.

Und als alle drei gehängt waren, gegen den Palast gewendet und in ihrer Mitte Bruder Girolamo, da erhoben sich die Würdenträger vom Podium auf

*Handschriftlicher anonymer Nachsatz zu einem Folterprotokoll, der 138 Jahre
nach den Ereignissen geschrieben wurde: „Der Herr nehme die arme zu Tode
Gequälte an und helfe ihr zu einer fröhlichen Auferstehung. Er erbarme sich
ihrer Ankläger, Richter und Peiniger und bewahre diese, um seines Blutes willen,
am Kreuz vergossen, vor der ewigen Verdammnis."*

dem Holzgerüst. Auf dem Rund war ein Reisighaufen geschichtet, auf dem sich
Bombardenpulver befand, das jetzt entzündet wurde. So entzündete sich der
Reisighaufen mit dem Krachen von Raketen und Büchsenschüssen und in wenigen Stunden waren sie verbrannt, sodass ihnen Beine und Arme nach und
nach abfielen: Teile des Rumpfes blieben an den Ketten hängen; deshalb wur-

den viele Steine nach ihnen geworfen, damit sie herabfielen, sodass man Angst hatte, es würden Stücke vom Volk genommen werden. Deshalb ließen der Henker und wer sonst damit zu tun hatte den Pfahl umfallen und auf dem Boden verbrennen. Sie brachten genug Holz, und indem sie das Feuer über den Körpern schürten, erreichten sie, dass alles und jede Reliquie verzehrt wurde. Hierauf ließen sie die Karren kommen und auch den kleinsten Aschenrest zum Arno führen, damit nichts von den dreien gefunden würde.

Quellentext Nr. 115: Luca Landucci, Ein Florentinisches Tagebuch 1450–1516, übersetzt von Marie Herzfeld, Bd. 1, Jena 1912. S. 240–241.

DEGRADIERT, AUSGESTOSSEN, VERBRANNT

Der Philosoph Giordano Bruno

So wie Jeanne d'Arc – das Mädchen aus Lothringen, das so sehr vom Bewusst-sein der Richtigkeit ihrer Sendung erfüllt war, dass es ihren Richtern mehr als einmal erklärte: „Ich würde lieber sterben als zu widerrufen, was Gott mir auf-getragen hat zu tun" – hätte es auch der als Freigeist und „hartnäckige Ket-zer" zum Tod verurteilte Giordano Bruno als einen Verrat an seinen heiligsten Prinzipien betrachtet, wenn er den Menschen mehr gehorcht hätte als dem, worin sich ihm Gott erschloss. Der 1548 in Nola bei Neapel geborene Giorda-no Bruno wurde auf den Namen Filippo getauft; den Namen „Giordano", eine Reverenz vor Jordan von Sachsen, erhielt er erst bei seinem Eintritt in den Dominikanerorden. Der hochintelligente Mönch, der auch eine ausgesprochen dichterische Ader besaß, geriet schon in jungen Jahren in den Verdacht der Häresie, verließ das Kloster und zog lernend und lehrend quer durch Europa. Wichtige Stationen waren Genf, Toulouse, Paris, Oxford, London, Wittenberg, Prag, Frankfurt, Zürich und zuletzt Venedig, wo er im Palast des reichen Gio-vanni Mocenigo wohnte, der seinen Unterricht wünschte und der ihn schließ-lich bei der Inquisition denunzierte.

„Ich glaube an ein unendliches Universum als an die Schöpfung der un-endlichen Allmacht, da ich es der göttlichen Güte und Macht für unwürdig er-achte, wenn sie unzählige Welten schaffen kann, nur eine endlich begrenzte Welt geschaffen zu haben. Daher habe ich stets behauptet, dass unzählige, andere Welten ähnlich dieser Erde existieren, welch Letztere ich mit Pythago-ras nur für einen Stern halte wie die zahllosen anderen Planeten und Gestir-ne. Alle diese unzähligen Welten machen eine unendliche Gesamtheit aus im unendlichen Raume, und dieser heißt das unendliche All, sodass eine doppelte Unendlichkeit anzunehmen ist, nach Größe des Universums und nach Zahl der Weltkörper", heißt es in einem wichtigen Schlüsseltext, den Eugen Drewermann als Giordano Brunos „Glaubensbekenntnis" bezeichnet hat (Eugen Drewermann, Giordano Bruno oder Der Spiegel des Unendlichen, München 1992. S. 136). Giordano Bruno war ein Mann, der den Paradigmen-wechsel begriffen hatte, den die mit Nikolaus Kopernikus (1473–1543) einge-

leitete Veränderung des naturwissenschaftlichen Weltbilds für das Denken be-
deutet, und der sogleich versuchte, diesen neuen Ansatz für die Philosophie
und die Theologie fruchtbar zu machen. Insofern war er seiner Zeit weit vo-
raus. Er war „einer der bedeutendsten Pioniere der modernen Weltansicht, der
Freiheit des Geistes, der unzerstörbaren Menschenwürde und der Unermess-
lichkeit Gottes. Er war weder ein Spötter noch ein Atheist. Aber er war auch
kein Christ im üblichen Sinne des Wortes und alles andere als ein treuer
Katholik und demütiger Predigerbruder. Er nahm sich vielmehr heraus, die
Dogmen zu reflektieren und zu kritisieren, und er durchschaute glasklar die
Schwächen nicht nur des römisch-katholischen Kirchensystems, sondern auch
der Reformation in allen ihren Ausformungen, die er in Genf, London und
Wittenberg kennen gelernt hatte. Er stieß die Tore zur Erneuerung des Geistes
weit auf, knüpfte dabei an die beste Tradition sowohl der Antike wie des Mit-
telalters und der beginnenden Neuzeit an und war eine Leuchte der Sprache,
des sprühenden Dialogs und der europäischen Philosophie" (Gottfried Hier-
zenberger; in: Adolf Holl, Die Ketzer, Hamburg 1994. S. 172).

Berühmt ist Giordano Brunos Lehre von der Unendlichkeit und Vielzahl
der Welten, die er in den Schriften „De la causa, principio et uno" und „De
l'infinito universo et mondi" darlegte. Seine Sicht der Dinge bedeutete eine
klare Absage an die Philosophie des Aristoteles und die auf sie gegründete
Theologie, wie Paul Richard Blum ausführt: „… die Materie hat aktive Eigen-
schaften und die Seele wird als nach Art der Allgegenwart Gottes in den Din-
gen wirkend (Pantheismus) beschrieben. Folglich bestreitet Bruno die Trinität
und die zwei Naturen Christi; dies wurden Anklagepunkte im Häresieprozess"
(Lexikon für Theologie und Kirche, Bd. 2, Freiburg im Breisgau [3. Auflage]
1994. S. 735).

Eugen Drewermann hat in Form einer fiktiven Autobiografie ein ein-
fuhlsames Porträt des von der Inquisition verfolgten Denkers und Dichters
gezeichnet, der nach achtjähriger Kerkerhaft in Rom als Ketzer verbrannt
wurde – und mit dem sich die katholische Kirche offensichtlich immer noch
schwer tut. Selbst ein so progressiver Papst wie Leo XIII. (1878–1903), dessen
erklärtes Ziel es war, „die Kirche so weit nach vorne zu verpflanzen, dass mein
Nachfolger verhindert sein wird, sie wieder umzukehren", habe es – so
Drewermann – anlässlich der 300. Wiederkehr der Hinrichtung Brunos nicht
über sich gebracht, einfach zu sagen: „Vergib uns, Bruder Filippo, du warst uns

voraus um Jahrhunderte; du stelltest Fragen, die uns schaudern ließen, weil wir bis heute keine Antworten darauf kennen, und du gabst uns Antworten, die uns erschienen wie eine Infragestellung von allem, was wir zu kennen glaubten; vergib uns unseren Kleinmut und unsere Eitelkeit, dass wir die Wahrheit besitzen wollten, statt sie zu suchen ... ", sondern habe es richtig gefunden, „den Tag der Ehrung des Ketzers von Nola im Gebet vor dem Allerheiligsten zu verbringen und ein Mahn- und Warnschreiben an die Gläubigen der katholischen Kirche zu richten, von denen die allermeisten gewiss nicht einmal den Namen, geschweige denn die Schriften und Gedanken des verfemten Dominikaners gekannt haben dürften. In diesem Schreiben, das auf allen Kanzeln der Welt pflichtgemäß verlesen wurde, beschuldigte er den Hingerichteten eines sittenwidrigen Lebens, der Feindschaft gegen die Kirche, der Häresie und der zweifachen Glaubensabtrünnigkeit; er nannte ihn einen Materialisten und Atheisten ohne besondere menschliche oder geistige Eigenschaften und er fügte hinzu: Er (Bruno) hat weder irgendwelche wissenschaftlichen Leistungen aufzuweisen, noch hat er sich irgendwelche Verdienste um die Förderung des öffentlichen Lebens erworben. Seine Handlungsweise war unaufrichtig, verlogen und vollkommen selbstsüchtig, intolerant gegen jede gegenteilige Meinung, ausgesprochen bösartig und voll von einer die Wahrheit verzerrenden Lobhudelei" (Eugen Drewermann, op. cit. S. 394).

Anzeige

Am 23. Mai 1592 wurde Giordano Bruno von Giovanni Mocenigo bei der Inquisition angezeigt.

Ich, Juan Mocenigo [*Giovanni Mocenigo*], denunziere Ihnen, hochwürdiger Vater, gezwungen von meinem Gewissen und auf Befehl meines Beichtvaters, dass ich den Giordano Bruno aus Nola bei verschiedenen Gelegenheiten, indem er sich mit mir in meinem Hause unterhielt, sagen hörte, es sei ein großer Blödsinn seitens der Katholiken, zu behaupten, das Brot verwandle sich in Fleisch; er sei ein Feind der Messe; ihm gefalle keine Religion; [...] es gebe nicht mehrere unterschiedliche Personen in Gott, das würde eine Unvollkommenheit in Gott sein; die Welt sei ewig und es gebe unzählige Welten [...]; Christus habe nur scheinbare Wunder verrichtet und sei ein Magier gewesen ebenso wie die Apostel, und er selbst könne ebenso viele und größere Wunder verrichten; Christus habe gezeigt, dass er den Tod fürchtete, und sei vor ihm geflohen, solange er konnte; es gebe keine Strafen für die Sünden, und die Seelen, die von der Natur geschaffen wurden, wanderten von einem Tier zum anderen und entstünden, wie die niederen Tiere, aus der Verwesung, so entstünden auch die Menschen, so oft sie nach den Fluten ins Leben zurückkehrten. Er bezeugte die Absicht, eine neue Sekte zu begründen unter dem Namen „Neue Philosophie", er hat gesagt, die Jungfrau habe nicht gebären können und unser katholischer Glaube sei voll von Lästerungen gegen die Majestät Gottes, man müsse den Brüdern die Lehrfähigkeit und überhaupt den Eintritt versagen, da sie die Welt verdummen und alle Esel seien, und unsere Ansichten seien die Ansichten von Eseln, wir hätten keinen Beweis, dass unser Glaube bei Gott verdienstlich sei; einem andern nicht zu tun, was man selber nicht wolle, das uns getan werde, genüge, um ehrlich zu leben. [...] Ich hatte die Absicht, wie ich ihm gesagt hatte, von ihm unterrichtet zu werden, da ich nicht wusste, wie schlecht er ist, und habe mir diese Sachen vermerkt, um Eurer Hochwürden Rechenschaft darüber zu geben; als ich fürchtete, er könnte abreisen, wie er sagte, dass er es wolle, habe ich ihn in einem Zimmer eingeschlossen, und weil ich ihn für einen Besessenen halte, so bitte ich baldmöglichst Entscheidung über ihn zu treffen.

Konform wird aussagen können vor dem heiligen Amt der Buchhändler Ciotto und Herr Giacomo Bertano, auch Buchhändler. [...] Ich übersende Euer Hochwürden auch drei Druckschriften desselben, in denen von mir einige Sachen angestrichen sind, und ein kleines Werk von seiner Hand über Gott, zum Beweise seiner allgemeinen Eigenschaften, woraus Sie sich ein Urteil bilden können. Er hat auch in einer Akademie des Herrn Andrea Morosino [...] verkehrt, wo viele Edelleute verkehren, die zufällig ihn von mancherlei Dingen dürften sprechen gehört haben. Alle Ärgernisse, die er mir angetan, die übrigens nicht von Belang sind, werde ich gern Eurer Zensur unterwerfen, da ich wünsche, in jedem Betracht ein gehorsamer echter Sohn der heiligen Kirche zu sein. Und zum Schluss küsse ich Eurer Hochwürdigkeit verehrungsvoll die Hände.

Quellentext Nr. 116: Giordano Bruno, Gesammelte Werke, Bd. 6, Jena 1909. S. 146–148.

Jehanne d'Arc
Enluminure du XVᵉ siècle

7. Zuerst als Powerfrau von Orléans umjubelt, dann als Ketzerin hingerichtet.
Die 19jährige Jeanne d'Arc (1412–1431) ist das wohl prominenteste Opfer
der Inquisition. Von derselben Kirche, die sie hingerichtet hat, wurde sie später
rehabilitiert und als Heilige verehrt.

8. *Der Hexenwahn wird zum Hammer, der nicht nur in der Phantasie zuschlägt.*
1487 erschien in Straßburg die erste Ausgabe des „Hexenhammers",

*eines von den Inquisitoren Institoris und Sprenger in die Welt
gesetzten Handbuches zur Hexenverfolgung.*

9.
Girolamo Savonarola (1452–1498) verstand sich als Kirchenreformer, nicht als Ketzer. Was ihn letztlich zu Fall brachte, war die unselige Verquickung von Religion und Machtpolitik. ▷

Jordanus Brunus Nolanus.

11. Als die Inquisitoren Giordano Bruno (1548–1600)
als „hartnäckigen Ketzer" zum Tod verurteilten, sagte er:
„Mit größerer Furcht verkündet ihr das Urteil, als ich es hinnehme."

◁ 10. Die Spanische Inquisition zelebrierte die Ketzerverbrennung als
theatralisches Schauspiel. Die „Autodafés" – abgeleitet von „actus fidei" –
beanspruchten dem Namen nach, als „Akte des Glaubens" verstanden zu werden.

ZEUGENAUSSAGEN

„Kurze Darlegung der Untersuchungssache gegen Giordano Bruno darüber, was Bruder Giordano Bruno über den heiligen katholischen Glauben dachte, dass er ihn und seine Diener verurteilte" ist der Titel einer Schrift mit Zeugenaussagen, die auf Veranlassung der Inquisition zusammengestellt wurde.
[...]

82. Giovanni Mocenigo, Berichterstatter: „Ich hörte einige Male in meinem Hause von Giordano Bruno, dass unendliche Welten existieren und dass Gott ständig unendliche Welten erschafft, denn es heißt, dass er alles, was er will, auch kann."

83. Der Gleiche, befragt: „Er behauptete oft, dass die Welt ewig sei und dass eine Vielzahl von Welten existiere. Auch sagte er, dass alle Sterne Welten seien und dass das in den von ihm herausgegebenen Büchern bestätigt wird. Eines Tages, als er über diesen Gegenstand sich ausließ, sagte er, dass Gott der Welt so sehr bedürfe wie die Welt Gottes und dass Gott nichts wäre, wenn nicht die Welt existiere, und dass Gott nur deshalb neue Welten schaffe."

84. Bruder Celestino, Nachbar Giordanos in der Zelle in Venedig, berichtete: „Giordano sagte, dass es eine Vielzahl von Welten gebe, dass alle Sterne Welten seien und dass es die größte Unwissenheit wäre, zu glauben, dass nur diese Welt existiere." Er berief sich auf Zeugen, nämlich die Zellennachbarn Giulio de Saló, Francesco Vaia und Matteo Orio.

85. Der Gleiche, befragt, sagt aus: „Er behauptete, dass eine gewaltige Vielzahl von Welten existiere und dass alle Sterne, so viel ihrer sichtbar sind, Welten seien."

86. Bruder Giulio, von dem oben die Rede war: „Ich hörte von ihm, dass alles Welt sei, dass jeder Stern eine Welt wäre und dass oben und unten viele Welten existierten." Ein zweites Mal wurde er nicht befragt.

87. Francesco Vaia, Neapolitaner: „Er sagte, dass eine Vielzahl von Welten existiere und eine große Vermischung von Welten und dass alle Sterne Welten seien." Ein zweites Mal wurde er nicht mehr befragt; er starb.

88. Francesco Graziano, Zellennachbar in Venedig: „In seinen Gesprächen behauptete er, dass viele Welten existieren; dass diese Welt ein Stern sei und anderen Welten als solcher erscheine, ähnlich wie die Gestirne, die Welten sind, uns als Sterne erschienen. Als ich ihm widersprach, antwortete er, dass er als

Philosoph urteile, denn außer ihm gebe es keine anderen Philosophen, und in Deutschland würde man außer seiner Philosophie keine andere anerkennen."

89. Derselbe, befragt: „Eines Abends führte er den Francesco aus Neapel ans Fenster, zeigte ihm einen Stern und sagte, das sei eine Welt und dass alle Sterne Welten seien."

90. Matteo de Solvestris, Zellennachbar: „Weiter sagte er, dass die Welt ewig sei und dass tausend Welten existieren; alle Sterne, so viel man sehe, seien Welten."

91. Der Gleiche, ein zweites Mal befragt: „Er lehrte mich viele Male, dass alle Sterne, wie sie zu sehen seien, Welten darstellten."

92. Der Angeklagte beim dritten Verhör: „In meinen Büchern kann man Anschauungen finden, die insgesamt auf Folgendes hinauslaufen: Ich nehme an, dass das Weltall unendlich ist, dass es eine Schöpfung der unbegrenzten göttlichen Macht darstellt. Denn ich halte es für der göttlichen Gnade und Macht unwürdig, dass Gott, der die Macht besitzt, außer dieser Welt noch eine andere und viele andere unendliche Welten zu schaffen, nur eine endliche Welt geschaffen habe. So erklärte ich, dass unendliche Welten existieren, Welten ähnlich unserer Erde, die ich zusammen mit Pythagoras für einen Stern halte, ähnlich dem Monde, den Planeten und anderen Sternen, deren Zahl unendlich ist. Ich bin der Ansicht, dass alle diese Himmelskörper Welten darstellen ohne Zahl, die eine endlose Gesamtheit im unbegrenzten Raume bilden, der sich unendliches Weltall nennt und in dem sich endlose Welten befinden. Daraus folgt unmittelbar, dass die Wahrheit sich im Widerspruch zum Glauben befindet. In diesem Weltall sehe ich eine göttliche Vorsehung, dank derer jedes Ding lebt, wächst, sich bewegt und vollendet in dieser Welt. Sie befindet sich in der Welt ähnlich wie die Seele im Körper, alles in allem und alles in jedem beliebigen Teil, und das nenne ich Natur, den Schatten und das Gewand der Gottheit. Das verstehe ich so, dass Gott sich seinem Wesen nach, seiner Anwesenheit und seiner Macht nach auf unaussprechliche Weise in allem und über allem befindet: nicht wie ein Teil, nicht als Seele, sondern auf unerklärliche Weise."

93. Beim zwölften Verhör: „Aus allen meinen Werken und Äußerungen, die von kundigen und vertrauenswürdigen Personen mitgeteilt worden sein könnten, ist Folgendes ersichtlich: Ich bin der Ansicht, dass diese Welt und die Gesamtheit der Welten entstehen und vergehen. Auch diese Welt, das heißt die Erdkugel, hatte einen Anfang und kann ein Ende haben, ähnlich den übrigen

Sternen, die ebensolche Welten sind wie diese Welt, möglicherweise bessere oder aber schlechtere; sie sind ebensolche Sterne wie diese Welt. Sie alle werden geboren und sterben, wie die Lebewesen, die aus widersprüchlichen Elementen bestehen. Das ist meine Meinung bezüglich der allgemeinen und der Teilschöpfungen und ich bin der Ansicht, dass sie in ihrem ganzen Sein von Gott abhängen."

94. Beim vierzehnten Verhör antwortete er im Wesentlichen in der gleichen Art bezüglich der Vielzahl der Welten und sagte, dass unendliche Welten existierten in einem unendlichen leeren Raum, und er führte Beweise an.

95. Der Befragte antwortete: „Ich sage, dass in jeder Welt mit Notwendigkeit vier Elemente existieren, wie auch auf der Erde, dass es dort Meere, Flüsse, Berge, Täler, Feuer, Tiere und Pflanzen gibt. Was die Menschen betrifft, das heißt vernünftige Geschöpfe, so stelle ich es anheim, darüber zu urteilen, ob man sie so nennen soll. Aber man muss annehmen, dass es dort vernunftbegabte Lebewesen gibt. Was ferner deren Körper betrifft, so sind sie sterblich wie die unseren oder nicht sterblich; die Wissenschaft gibt darauf keine Antwort. Die Rabbiner und die Heiligen des Neuen Testaments glaubten, dass Lebewesen existieren, die durch die Gnade Gottes unsterblich sind. Sie hat man im Auge, wenn man von dem Land der Lebenden und dem Orte der Seligen spricht im Psalm: ,Ich glaube, dass ich die Gnade Gottes im Lande der Lebenden sehen werde' (vgl. Ps 27,13), von wo die Engel in Form des Lichtes und der Flammen ausgehen. So interpretierte der heilige Basilius auch folgende Verse: ,Du schaffst durch deine Engel, deine Diener, die Geister – das flammende Feuer', indem er annahm, dass die Engel körperlich seien; und der heilige Thomas sagte, dass es keine Frage des Glaubens sei, ob die Engel körperlich wären oder nicht. Darauf gestützt, halte ich meinerseits die Meinung für zulässig, dass in diesen Welten vernünftige Lebewesen existieren, lebende und unsterbliche, die man infolgedessen eher Engel nennen könnte als Menschen. Wie die Plato folgenden Philosophen, so bestimmen auch die christlichen Denker, die durch die Lehre Platos erzogen worden sind, sie als vernünftige Lebewesen, die sich in höchstem Maße von uns Menschen unterscheiden."

96. Befragt, antwortete er: „Es ist nicht ausgeschlossen, dass sie sich ähnlich den Tieren ernähren, essen und trinken auf eine ihrer Natur entsprechende Weise; aber wenn sie nicht sterben, so werden sie sich wahrscheinlich auch nicht vermehren."

97. Befragt, ob er den Unterschied darin sehe, dass die Lebewesen dieser Welt sterblich sind, die Lebewesen anderer Welten aber unsterblich, antwortete er: „Ich gehe von der Autorität der Heiligen Schrift aus, die keine sterblichen Menschen in den Himmel und um die Erde herum setzt, sondern vom Land der Lebenden spricht. Außerdem würde es auch in dieser Welt noch menschenähnliche Lebewesen geben, die die Unsterblichkeit besäßen, unabhängig davon, dass sie essen und sich ernähren, wenn es keine Erbsünde gegeben hätte. Die Ursache dieser Unsterblichkeit läge nicht in der Natur, denn diese Wesen würden auch aus entgegengesetzten Elementen bestehen, sondern in der Gnade Gottes. So hat Gott unseren Stammvater von Haus aus unsterblich geschaffen, der, indem er vom Baum des Lebens sich nährte, die Möglichkeit besaß, sich nicht nur zu ernähren, sondern auch sein ganzes Wesen zu restaurieren und seine Naturelemente und Bestandteile voll und ganz zu bewahren."

Quellentext Nr. 117: Inquisitionsakten über Giordano Bruno, hrsg. und kommentiert von A. Ch. Gorfunkel. – Josif R. Grigulevic, Ketzer, Hexen, Inquisitoren, Bd. 2, Berlin [2. Auflage] 1987. S. 428–431.

Nicht zum Widerruf bereit

[Entwurf eines Protokolls vom 21. Oktober 1599.] Bruder Giordano, Sohn des Giovanni Bruno von Nola, Priester des Predigerordens, Magister der heiligen Theologie, ist besucht worden. Er hat erklärt, dass er nichts zu bereuen hat und nichts bereuen will und nichts hat, was er widerrufen könne, und keinen Anlass zum Widerruf habe und nichts weiß, worüber er einen Widerruf und ein reuiges Bekenntnis abgeben kann. Die hochwürdigen Herren haben verfügt, dass der hochwürdige Vater […] ihm seine Verblendung und die Falschheit seiner Lehre klarmachen soll.

Quellentext Nr. 118: Giordano Bruno, Gesammelte Werke, Bd. 6, Jena 1909. S. 226.

Beschluss des Inquisitionsgerichts

Am 20. Januar 1600 versammelte sich das Inquisitionsgericht, um in Sachen Giordano Bruno einen endgültigen Beschluss zu fassen.
In der Sache dieses Apostaten [*Abtrünnigen*] wurde sodann durch den Ge-

neral seines Ordens, Hippolytus Maria, Bericht erstattet, dass jener Jordanus von ihm befragt sei, wieweit er die von ihm in Schriften und Protokollen aufgestellten Behauptungen als ketzerisch erkenne und abschwöre, dass derselbe aber behauptet habe, er habe nie ketzerische Sätze aufgestellt, sondern seine Lehren seien von den Beamten des heiligen Amtes falsch aufgefasst worden. Der Heilige Vater entschied nach Anhörung der Kongregation, dass man jetzt in dieser Sache die letzten Schritte tun und unter Wahrung aller Förmlichkeiten das Urteil sprechen und den Bruder Jordanus der weltlichen Gewalt übergeben soll.

Quellentext Nr. 119: Giordano Bruno, Gesammelte Werke, Bd. 6, Jena 1909. S. 227.

DAS URTEIL

Das Urteil – hier in der Übersetzung von Eugen Drewermann wiedergegeben – wurde am 8. Februar 1600 in der Kirche der heiligen Agnes verkündet. Giordano Bruno antwortete seinen Richtern mit den berühmt gewordenen Worten: „Mit größerer Furcht verkündet ihr das Urteil, als ich es hinnehme."

Mit diesem Akte veröffentlichen, verkündigen, sprechen aus und fällen wir das Urteil gegen den Bruder Giordano Bruno und erklären ihn als einen verstockten und hartnäckigen Häretiker, nachdem wir alle kirchlichen Maßnahmen und Bestimmungen des heiligen Kanons, des Rechts und der Kirchenverfassung, in allgemeiner und in individueller Hinsicht, herangezogen haben, die sich mit der Behandlung solcher überführten, unbußfertigen, hartnäckigen und widerspenstigen Ketzer befassen.

Deshalb entziehen wir dir hiermit alle deine Ämter und Titel und erklären, dass sie dir genommen werden sollen und dass du abgesetzt werden sollst von allen deinen kirchlichen Befugnissen, hoch oder niedrig, welche dir verliehen worden sind und zu denen du geweiht worden bist kraft unseres heiligen kanonischen Rechtes. Von nun an sollst du ausgestoßen sein aus unserer priesterlichen Gemeinschaft und aus unserer heiligen und unbefleckten Kirche, deren Gnade du nicht mehr würdig bist. Und wir verfügen hiermit und ordnen an, dass du hiermit der Gerichtsbarkeit des hier anwesenden Gouverneurs von Rom übergeben wirst, auf dass die Strafe an dir vollzogen wird, die du verdienst, obgleich wir aufrichtig beten, dass er die Härte des Gesetzes, soweit es dein persönliches Ergehen anbetrifft, mildern möge, damit du nicht in Gefahr von Leib und Leben geratest.

Weiterhin verdammen wir, verwerfen wir und verbieten wir alle deine vorher erwähnten sowie deine anderen Bücher und Schriften als ketzerisch und irrig, insofern sie viele häretische Irrtümer enthalten, und wir bestimmen, dass alle, welche entweder bereits im Besitze oder in Zukunft zu Händen des Heiligen Offiziums kommen werden, öffentlich vernichtet und auf den Stufen von Sankt Peter verbrannt werden mögen. Auch sollen diese Bücher auf den Index der verbotenen Bücher gesetzt werden und es soll so geschehen, wie wir befohlen haben.

Und so erheben wir denn unsere Stimme und verkünden es, dass wir dich verurteilen und degradieren und dass wir befohlen haben und angeordnet, dass du von nun an ausgestoßen seist und den weltlichen Mächten überliefert, und wir verharren im Gebete in dieser und jeder anderen besseren Form, deren wir mächtig und fähig sind.

Quellentext Nr. 120: Urteil der Inquisitionskongregation vom 8. Februar 1600. – Eugen Drewermann, Giordano Bruno oder Der Spiegel des Unendlichen, München 1992. S. 388–389.

DIE HINRICHTUNG

Die „Congregatione di San Giovanni Decollato" – die Bruderschaft des heiligen Johannes des Enthaupteten – hatte es sich zur Aufgabe gemacht, Todeskandidaten auf ihrem letzten Weg zur Hinrichtung beizustehen. Von einem Mitglied dieser Bruderschaft stammt der folgende Augenzeugenbericht über den Tod von Giordano Bruno.

Um zwei Uhr nachts wurde die Bruderschaft benachrichtigt, dass am nächsten Morgen die Hinrichtung eines armen Dulders stattfinden werde. Um sechs Uhr abends versammelten sich die Trostspender und der Kaplan in San Orsola und gingen zu dem Gefängnis im Turm von Nona. Dort betraten sie die Kapelle und sprachen die üblichen Gebete für den zum Tode verurteilten Giordano Bruno [Sohn des verstorbenen Giovanni Bruno], ein abtrünniger Bruder aus Nola [im Königreich], ein verstockter Ketzer. Er wurde von unseren Brüdern mit aller Liebe ermahnt. Auch riefen wir zwei Patres der Dominikaner, zwei von den Jesuiten, zwei von der Neuen Kirche und zwei von der Kirche des heiligen Hieronymus. Sie zeigten ihm mit großem Eifer und mit großer Gelehrsamkeit seinen Irrtum. Er jedoch beharrte bis zum Ende immer in seiner verdammten Widerspenstigkeit und verdrehte sich sein Gehirn und seinen Verstand mit tausend Irrtümern; ja, er ließ nicht nach in seiner Halsstarrigkeit, nicht einmal, als er von den Gerichtsdienern abgeführt wurde nach dem Campo dei Fiori. Dort wurde er entkleidet, an einen Pfahl gebunden und lebendig verbrannt. In all dieser Zeit wurde er von unserer Bruderschaft begleitet, die ständig ihre Litaneien sangen, während die Trostspender bis zum letzten Augenblick versuchten, seinen hartnäckigen Widerstand zu brechen, bis er schließlich sein elendes und unglückseliges Leben aufgab.

Quellentext Nr. 121: Eugen Drewermann, Giordano Bruno oder Der Spiegel des Unendlichen, München 1992. S. 392–393.

Zum Widerruf gezwungen
Der Fall Galilei

Der Name Galilei steht für das neuzeitliche naturwissenschaftliche Weltbild. Der am 15. Februar 1564 geborene Mathematiker, Physiker, Astronom und Philosoph hatte in seiner Heimatstadt Pisa und an der Universität Padua unterrichtet, ehe ihn der Großherzog von Toskana als Hofmathematiker nach Florenz holte. Der experimentierfreudige Wissenschaftler, der davon überzeugt war, dass es ohne genaues Messen und Wägen keine Naturwissenschaft geben könne, hatte die Gesetze des freien Falles berechnet und sich nach niederländischem Vorbild ein Fernrohr konstruiert, mit dessen Hilfe er als erster Mensch die Jupitermonde sah. „Sidereus nuncius" – Sternenbotschaft – ist der Titel eines 1610 in Venedig verlegten Buches, in dem Galileo Galilei zum ersten Mal die Beobachtungen beschrieb, die er mithilfe seines selbst gebauten Fernrohrs am Sternenhimmel gemacht hatte. Der Titel von Galileis Aufsehen erregender Schrift, die er in lateinischer Sprache verfasst und Cosimo II., dem Großherzog von Toskana, gewidmet hatte, lautet in voller Länge: „Sternenbotschaft, die große und höchst staunenswerte Erscheinungen offenbart und jedem, besonders aber den Philosophen und Astronomen, zum Beschauen darbietet. Beobachtet mithilfe des kürzlich von ihm erfundenen Fernrohrs von Galileo Galilei, Bürger zu Florenz und Mathematikprofessor zu Padua, am Antlitz des Mondes, an zahllosen Fixsternen, an der Milchstraße, an Nebelsternen, vor allem aber an den vier in verschiedenen Abständen und Perioden in wunderbarer Schnelligkeit den Jupiter umkreisenden Monden; diese – bislang niemandem bekannt – hat der Autor in jüngster Zeit als Erster entdeckt und ihnen den Namen Mediceische Sterne gegeben."

Die Beobachtungen, die er gemacht hatte, nämlich dass die Mondoberfläche nicht glatt ist, sondern Berge und Täler zeigt; dass der Gürtel und das Schwert des Orion nicht bloß aus neun, sondern aus 80 weiteren Sternen bestehen; dass die Plejaden ebenfalls aus mindestens sechsmal so vielen Sternen bestehen, als man mit freiem Auge sieht; dass die scheinbaren Nebel am Firmament und die so genannte Milchstraße eine Anhäufung unzähliger Himmelskörper darstellen; und dass schließlich der Jupiter von vier „Wandelsternen" umkreist wird –

alle diese Beobachtungen und Wahrnehmungen ließen sich in keiner Weise mit dem bis dahin gültigen naturwissenschaftlichen Weltbild vereinbaren, sondern lieferten einen stichhaltigen empirischen Beweis dafür, dass die Wirklichkeit durch die heliozentrische Theorie des deutschen Astronomen Nikolaus Kopernikus (1473–1543) zutreffender beschrieben werde als durch Claudius Ptolemäus (um 100–160 n. Chr.), jenen antiken Mathematiker und Geografen aus Alexandria, der in seinem Hauptwerk „Almagest" davon ausgegangen war, dass die Erde der Mittelpunkt der Welt sei, um den alles kreist.

Als man Galilei davon in Kenntnis setzte, dass in Rom mit Berufung auf die Heilige Schrift Widerspruch gegen seine Sicht der Dinge angemeldet worden war, verteidigte er sich mit dem Argument, dass die Ausdrucksweise der Heiligen Schrift volkstümlich sei und keinen wissenschaftlichen Charakter habe und dass die Bibel bloß in den Sachen des Heils, nicht jedoch in naturwissenschaftlichen Dingen Autorität besitze. Wegen dieser Grundsätze, die er in Form eines Briefs an die Großherzogin von Toskana darlegte, wurde er in Rom angezeigt. Der 1615 begonnene erste Prozess gegen Galilei endete 1616 mit dem Urteil, dass zwei seiner Sätze über die Sonne als dem Mittelpunkt der Welt und die Bewegung der Erde der Heiligen Schrift widersprechen. Das Urteil wurde nicht öffentlich ausgesprochen, sondern Galilei privat mitgeteilt. Ein Widerruf wurde nicht verlangt, dem Wissenschaftler wurde lediglich ein Stillschweigen über seine Thesen auferlegt, was Galilei auch akzeptierte.

Nicht mehr in gelehrtem Latein, sondern in der Volkssprache, die alle verstehen konnten, war der „Dialogo sopra i due massimi sistemi" verfasst, in dem Galilei die Theorie, dass die Erde um die Sonne kreist, nicht – wie er es im Sinne der römischen Glaubensbehörde hätte tun sollen – bloß als Hypothese diskutierte. Dieser „Dialog, wo auf vier Tage währenden Sitzungen über die beiden hauptsächlichsten Weltsysteme, das ptolemäische und das kopernikanische, disputiert wird, wobei die philosophischen und naturwissenschaftlichen Gründe für beide Teile vorgebracht werden, ohne dass eine Entscheidung fällt" löste den zweiten Inquisitionsprozess aus. Als besonderer Affront wurde es verstanden, dass Galilei in diesem Dialog einen der Gesprächspartner – und zwar den einfältigen und geistig eher schwerfälligen „Simplicio" – die Ansicht einer „hoch gestellten Persönlichkeit" wiedergeben ließ, hinter der man kaum jemand anderen vermuten konnte als Papst Urban VIII. (1623–1644) höchstpersönlich.

GALILEIS SELBSTVERTEIDIGUNG

Das Heilige Offizium gab Galilei die Möglichkeit, eine Verteidigungsschrift zu verfassen. Der Angeklagte machte von dieser Möglichkeit am 15. Januar 1633 Gebrauch.

[Florenz, 15.Januar 1633.] Wenn ich frage, wessen Werk die Sonne, der Mond, die Erde, die Sterne, ihre Bewegungen und Anlagen seien, so wird man mir vermutlich antworten: Werke Gottes. Wenn ich weiter frage, von wem die Heilige Schrift sei, wird man mir bestimmt antworten, sie sei ein Werk des Heiligen Geistes, das heißt gleichfalls Gottes Werk. Wenn ich nun frage, ob der Heilige Geist Worte gebrauche, die deutlich im Widerspruch zur Wahrheit stehen, um sich dem Verständnis der – meistens ungebildeten – Menge anzupassen, so bin ich gewiss, dass man mir, unter Berufung auf sämtliche heiligen Schriftsteller, antworten wird, dies sei die Gepflogenheit der Heiligen Schrift, die an hundert Stellen Sätze enthält, die wörtlich genommen reine Häresie und Lästerung darstellen, da in ihnen Gott als Wesen voller Hass, Reue, Vergesslichkeit erscheine. Wenn ich aber fragen werde, ob Gott, um sich dem Verstand der Menge anzupassen, jemals seine Werke verändert hätte oder ob die an sich unveränderliche und menschlichen Wünschen unerreichbare Natur immer die gleiche Art Bewegungen, Gestalten und Aufteilungen des Universums beibehalten habe, so bin ich gewiss, dass man mir antworten wird, der Mond werde immer rund sein, auch wenn man ihn für lange Zeit flach gehalten habe. Um dies alles in einem Satz zusammenzufassen: Man wird niemals behaupten, die Natur habe sich verändert, um ihre Werke der Meinung der Menschen anzupassen. Wenn das so ist, so frage ich, warum sollen wir, um zur Erkenntnis der verschiedenen Teile der Welt zu gelangen, mit unseren Untersuchungen an den Worten statt an den Werken Gottes ansetzen? Ist vielleicht das Werk weniger erhaben als das Wort? Wenn irgendjemand behauptet hätte, es sei Ketzerei, zu sagen, die Erde bewege sich, und wenn dann der Beweis und die Beobachtung uns zeigen, dass sie sich tatsächlich bewegt, in welche Schwierigkeit würde die Kirche geraten! Betrachtet man dagegen umgekehrt, wo die Werke sich notwendig als mit den Worten nicht übereinstimmend zeigen, die Heilige Schrift als sekundär, so wird ihr dies nicht schaden; sie hat sich oft der Meinung der Menge angepasst und hat sehr oft Gott ganz falsche Eigenschaften zugesprochen. Daher frage ich, warum wünschen wir, dass sie sich, wenn sie von der Sonne, von der Erde spricht, so zutreffend geäußert habe?

Quellentext Nr. 122: Alfred Läpple, Kirchengeschichte in Dokumenten, Düsseldorf 1958. S. 258–259.

Die Sentenz der Inquisition

Das Urteil der Inquisition (vgl. Carl Mirbt, Quellen zur Geschichte des Papsttums und des römischen Katholizismus, Tübingen [4. Auflage] 1924. S. 372–374), an dessen Spitze zehn Kardinäle als Richter genannt werden, rekapituliert zunächst den Tatbestand der früheren Verhandlungen, berichtet sodann über die neue Anklage gegen Galilei wegen der Veröffentlichung seines „Dialogo" und über die mit ihm angestellten Verhöre, um schließlich die „sententia definitiva" zu verkünden.

Da du, Galilei, Sohn des Vincenzo Galilei aus Florenz, 70 Jahre alt, im Jahre 1615 bei diesem Heiligen Offizium angezeigt wurdest, dass du die falsche, von vielen verbreitete Lehre als eine wahre festhaltest: nämlich die Sonne sei im Zentrum der Welt und unbeweglich und die Erde drehe sich auch in täglicher Umdrehung; ferner dass du einige Schüler habest, welche du in dieser Lehre unterrichtest; ferner, dass du mit einigen Mathematikern Deutschlands über dieselbe eine Korrespondenz unterhaltest; ferner, dass du einige Briefe erscheinen ließest mit dem Titel ‚Über die Sonnenflecken', in welchen du diese Lehre als wahr erklärtest; und weil du auf die Einwände, die dir zu wiederholten Malen aus der Heiligen Schrift gemacht wurden, durch Erklärung der Heiligen Schrift nach deinem Sinne antwortetest; und da eine Kopie eines in Briefform verfassten Schriftstückes vorgelegt wurde, welches sich als ein von dir an einen deiner ehemaligen Schüler geschriebenes herausstellte, und du darin, der Hypothese des Kopernikus anhängend, einige Sätze gegen den wahren Sinn und die Autorität der Heiligen Schrift aufnimmst; wollte infolgedessen das heilige Tribunal gegen die Unzukömmlichkeiten und Nachteile, welche daraus entspringen und zum Schaden des heiligen Glaubens überhand nehmen, Fürsorge treffen, und es wurden im Auftrage unseres Herren und Ihrer Eminenzen, der Herren Kardinäle dieses höchsten und allgemeinen Inquisitionsgerichtes, von den Qualifikationstheologen die Behauptung von dem Stillstehen der Sonne und der Bewegung der Erde folgendermaßen begutachtet: Der Satz, die Sonne sei im Zentrum der Welt und ohne örtliche Bewegung, ist absurd und philosophisch falsch und formell ketzerisch, weil er ausdrücklich der Heiligen Schrift widerspricht. Der Satz, die Erde sei nicht das Zentrum der Welt und nicht unbeweglich, sondern bewege sich, und zwar auch in täglicher Umdrehung, ist ebenfalls absurd und philosophisch wie theologisch falsch und zumindest irrig im Glauben.

Da es uns indessen gefiel, mit Milde gegen dich zu verfahren, so wurde in der am 25. Februar 1616 in Gegenwart unseres Herrn gehaltenen Kongregation beschlossen: Seine Eminenz, der Herr Kardinal Bellarmin soll dir auftragen, die erwähnte falsche Lehre ganz aufzugeben, und im Weigerungsfalle sollte dir vom Kommissar des Heiligen Offiziums der Befehl erteilt werden, diese Lehre aufzugeben, weder andere darin zu unterrichten, noch dieselbe zu verteidigen oder zu erörtern, und falls du dich bei diesem Befehl nicht beruhigen würdest, solle man dich einkerkern. Behufs Ausführung dieses Dekretes wurde dir tags darauf im Palaste seiner Eminenz, des genannten Kardinals Bellarmin, nachdem du von ihm sanft ermahnt worden warst, von dem damals fungierenden Herrn Kommissar des Heiligen Offiziums in Gegenwart eines Notars und vor Zeugen der Befehl erteilt, dass du von der erwähnten falschen Meinung gänzlich abstehen mögest und dass es dir in Zukunft nicht erlaubt sei, sie zu verteidigen oder in irgendeiner Weise zu lehren, weder mündlich noch schriftlich; und als du Gehorsam versprochen hattest, wurdest du entlassen.

Und damit eine so verderbliche Lehre gänzlich ausgerottet werde und nicht weiter zum großen Schaden der katholischen Wahrheit um sich greife, erschien von der heiligen Kongregation des Index ein Dekret, durch welches jene Bücher verboten wurden, die von der obigen Lehre handeln, und sie selbst wurde für falsch und der heiligen und göttlichen Schrift als ganz widersprechend erklärt. Und als endlich im letztverflossenen Jahre in Florenz dieses Buch erschien, dessen Titel zeigte, dass du der Verfasser desselben seiest, da nämlich der Titel lautete: „Dialogo di Galileo Galilei …", da zugleich die heilige Kongregation erfahren hatte, dass durch den Druck des obigen Buches die falsche Lehre von der Bewegung der Erde und dem Stillstand der Sonne täglich mehr Boden gewinne, so wurde dieses Buch sorgfältig untersucht und in demselben offenbar eine Übertretung des obigen Befehls, welcher dir erteilt worden war, gefunden, weil du in demselben Buche die erwähnte, schon verdammte und in deiner Gegenwart als solche erklärte Lehre verteidigt hattest, wenn du gleich in diesem Buche dich bemühst, durch verschiedene Wendungen zu überzeugen, sie sei von dir als unentschieden und ausdrücklich nur als wahrscheinlich zugelassen worden, was gleichfalls ein grober Irrtum ist, da eine Lehre auf keine Weise wahrscheinlich sein kann, die bereits als der Heiligen Schrift widersprechend befunden und erklärt wurde.

Deshalb wurdest du auf unseren Befehl vor dieses Heilige Offizium berufen, wo du verhört unter deinem Eide bekanntest, das Buch sei von dir geschrieben und in den Druck gegeben worden. Ferner bekanntest du, dass du beiläufig vor zehn oder zwölf Jahren, nachdem dir der obige Befehl erteilt worden war, das genannte Buch zu schreiben angefangen habest; ferner dass du um die Erlaubnis nachgesucht, dasselbe zu veröffentlichen, ohne denjenigen, die dir dazu die Ermächtigung gaben, anzuzeigen, dass dir befohlen worden sei, diese Lehre weder in irgendeiner Weise festzuhalten, zu verteidigen noch zu lehren. Du bekanntest gleichfalls, der Inhalt des genannten Buches sei an vielen Stellen so verfasst, dass der Leser sich die Meinung bilden könne, die für den falschen Teil vorgebrachten Argumente wären derart ausgedrückt, dass sie vermöge ihrer Kraft den Verstand eher umstricken könnten als leicht zu widerlegen seien; zu deiner Entschuldigung bringst du vor, du seiest darum in einen Irrtum geraten, der, wie du behauptest, deiner wirklichen Absicht so ganz ferne liege, weil du das Buch in Form von Dialogen abgefasst habest, und auch wegen des natürlichen Wohlgefallens, das jeder über seine scharfsinnigen Erfindungen empfindet, wie auch um sich in dem Erdenken von sinnreichen und wahrscheinlich klingenden Reden, selbst zugunsten von falschen Behauptungen, geistreicher zu zeigen, als es die Leute gemeiniglich sind.

Und da dir ein angemessener Termin zur Abfassung deiner Verteidigungsschrift ausgesetzt worden war, brachtest du ein handschriftliches Zeugnis Seiner Eminenz, des Herrn Kardinals Bellarmin, vor, das du, wie du sagtest, dir verschafft hast, um dich gegen die Verleumdungen deiner Feinde zu verteidigen, welche behaupteten, du habest abgeschworen und seiest von dem Heiligen Offizium mit einer Strafe belegt worden. In diesem Zeugnis wird nun gesagt, dass du weder abgeschworen habest noch bestraft, sondern nur von der Erklärung in Kenntnis gesetzt worden seiest, die von unserem Herrn gegeben und von der Kongregation des Index veröffentlicht wurde, des Inhalts, dass die Lehre von der Bewegung der Erde und dem Stillstand der Sonne der Heiligen

Schrift zuwiderlaufe und deswegen nicht verteidigt und nicht festgehalten werden dürfe. Weil darin somit keine Erwähnung der zwei Bestimmungen des Befehls geschieht, nämlich „zu lehren" und „auf irgendeine Weise", so müsse man annehmen, dass sie dir im Verlaufe von vierzehn oder sechzehn Jahren entfallen seien und du infolgedessen diesen Befehl verschwiegen habest, als du um die Erlaubnis, das Buch drucken lassen zu dürfen, einkamst; und dies werde von dir nicht vorgebracht, um deinen Irrtum zu entschuldigen, sondern damit er eitlem Ehrgeiz und nicht bösem Willen zugeschrieben werde. Aber gerade dieses Zeugnis, welches du zu deiner Verteidigung beibrachtest, hat deine Sache noch verschlimmert, insofern darin gesagt wird, die vorerwähnte Meinung sei der Heiligen Schrift zuwider, und du es dennoch wagtest, dieselbe zu erörtern, sie zu verteidigen und als wahrscheinlich darzustellen. Dabei spricht die von dir mit Künsten und Listen herausgelockte Erlaubnis keineswegs zu deinen Gunsten, da du den dir auferlegten Befehl nicht mitteiltest.

Weil es uns aber schien, dass du in Betreff deiner Intention nicht die volle Wahrheit gesagt habest, so erachteten wir es für nötig, zur strengen Untersuchung gegen dich zu schreiten, in welcher du katholisch geantwortet. Deshalb sind wir nach Betrachtung und reiflicher Erwägung des Meritorischen dieser deiner Sache sowie deiner oben angeführten Bekenntnisse und Entschuldigungen und alles dessen, was nach dem Rechtswege zu untersuchen und zu erwägen kam, zu folgender definitiven Sentenz gelangt: […] dass du, wegen dessen, was sich im Prozesse ergab und du selbst wie oben gestandest, dich bei diesem Heiligen Offizium der Häresie sehr verdächtig gemacht habest; das heißt, dass du eine Lehre geglaubt und festgehalten hast, welche falsch und der heiligen und göttlichen Schrift zuwider ist, nämlich, die Sonne sei das Zentrum des Erdkreises und dieselbe gehe nicht von Osten nach Westen, die Erde bewege sich und sei nicht das Zentrum der Welt, und es könne diese Meinung für wahrscheinlich gehalten und verteidigt werden, nachdem sie doch als der Heiligen Schrift zuwiderlaufend befunden und erklärt worden war; dass du infolgedessen in alle Zensuren und Strafen verfallen seiest, welche durch die heiligen Canones und andere allgemeine und besondere Konstitutionen gegen derartig Fehlende bestimmt und über sie verhängt sind. Von diesen wollen wir dich freisprechen, sobald du mit aufrichtigem Herzen und nicht erheucheltem Glauben abschwörst, verfluchest und verwünschest die obengenannten Irrtümer und Ketzereien und jeden anderen Irrtum, welcher der katholischen und apostolischen Kirche zuwiderläuft nach der Formel, wie sie dir von uns wird vorgelegt werden. Damit aber dieser dein schwerer und verderblicher Irrtum und Ungehorsam nicht ganz ungestraft bleibe und du in Zukunft vorsichtiger verfahrest, auch anderen zum Beispiel dienest, dass sie sich von dergleichen Vergehen enthalten, so bestimmen wir, dass das Buch „Dialog von Galileo Galilei …" durch eine öffentliche Verordnung verboten werde; dich aber verurteilen wir zum förmlichen Kerker bei diesem Heiligen Offizium für eine nach unserem Ermessen zu bestimmende Zeitdauer und tragen dir als heilsame Buße auf, in den drei folgenden Jahren wöchentlich einmal die sieben Bußpsalmen zu sprechen, uns vorbehaltend, die genannten Strafen und Bußen zu ermäßigen, umzuändern, ganz oder teilweise aufzuheben. So sagen, verkünden und erklären wir durch Sentenz, bestimmen und verurteilen und behalten uns vor, in dieser und jeder anderen besseren Weise und Form, wie wir von Rechts wegen können und müssen. So verkünden wir endesunterzeichneten Kardinäle.

Quellentext Nr. 123: Riccioli, Almagestum novum t. I p. II 497. – Galileo Galilei und die Römische Curie, Bd. 2: Die Acten des Galileischen Prozesses, nach der Vatikanischen Handschrift, Stuttgart 1877. S. 422–426.

Abschwörungsurkunde

Der 1632 eingeleitete zweite Prozess gegen Galilei endete am 22. Juni 1633 mit der disziplinarischen Verurteilung Galileis und der Abschwörung von seinem angeblichen Irrtum.

Ich, Galileo Galilei, Sohn des verstorbenen Vincenzo Galilei aus Florenz, 70 Jahre alt, personlich vor Gericht gestellt, kniee hier vor Euren Eminenzen, den hochwürdigsten Herren Kardinälen, Generalinquisitoren gegen die ketzerische Bosheit in der ganzen christlichen Welt, habe die heiligen Evangelien vor Augen und berühre sie mit meinen Händen, während ich schwöre: Ich habe immer geglaubt, glaube auch jetzt und werde mit Gottes Hilfe auch in Zukunft glauben an alles, was die römische Kirche für wahr hält, verkündet und lehrt. Das Heilige Offizium hatte mir gerichtlich befohlen, ich solle die falsche Meinung aufgeben, nach der die Sonne der Mittelpunkt der Welt und unbeweglich, die Erde aber nicht der Mittelpunkt der Welt und beweglich ist; ich dürfe auch diese Irrlehre nicht für wahr halten, auch nicht in irgendeiner Weise verteidigen oder lehren, weder mündlich noch schriftlich. Außerdem wurde mir eröffnet, die Lehre sei der Heiligen Schrift entgegen. Trotz alledem schrieb ich ein Buch und ließ es drucken, in welchem ich diese bereits verdammte Lehre erörtere und sehr gewichtige Gründe für sie vorbringe, ohne irgendeine Lösung beizubringen. Ich wurde deshalb als der Ketzerei stark verdächtig erachtet, nämlich [...] geglaubt zu haben, die Sonne sei der Mittelpunkt der Welt und unbeweglich, die Erde aber sei nicht der Mittelpunkt der Welt und beweglich. Da ich [...] jedem katholischen Christen diesen starken, mit Recht gegen mich gehegten Verdacht nehmen möchte, schwöre ich ab, verwünsche und verfluche ich mit aufrichtigem Herzen und ungeheucheltem Glauben die angeführten Irrtümer und Ketzereien sowie überhaupt jeden anderen Irrtum und jede andere sektiererische Meinung, die der Kirche zuwiderläuft. Ich schwöre, niemals mehr künftighin etwas zu sagen oder mündlich oder schriftlich etwas zu behaupten, das mich in einen ähnlichen Verdacht bringen könnte. Lerne ich einen [...] der Ketzerei Verdächtigen kennen, so werde ich ihn anzeigen. Außerdem schwöre ich, alle Bußen pünktlich zu erfüllen. [...] Zur Beglaubigung habe ich vorliegende Abschwörungsurkunde, die ich Wort für Wort verlesen habe, eigenhändig unterschrieben.

Rom, im Kloster der Minerva, am heutigen Tage, den 22. Juni 1633. Ich, Galileo Galilei, habe wie oben abgeschworen mit eigener Hand.

Quellentext Nr. 124: Alfred Läpple, Kirchengeschichte in Dokumenten, Düsseldorf 1958. S. 259–260.

Die letzten acht Jahre seines Lebens verbrachte Galilei in kirchlichem Gewahrsam in seinem Landhaus bei Arvetri, wo er im Kreis seiner Schüler die „Discorsi" – sein in methodischer Hinsicht wichtigstes Werk – schrieb. Für die Beurteilung des Prozesses gegen Galilei ist es „von ausschlaggebender Bedeutung, die astronomische Kontroverse im Kontext der metaphysisch-naturphilosophischen zu sehen: Im Zentrum der Anklage stand Galileis Ablehnung der aristotelischen, in der tridentinischen Eucharistielehre rezipierten Unterscheidung zwischen Substanz und Akzidentien" (Lexikon für Theologie und Kirche, Bd. 4, Freiburg im Breisgau [3. Auflage] 1995. S. 271). Wichtige Aktenstücke des Galilei-Prozesses haben sich im „Archivio Segreto Vaticano", im „Archivio della S. Congregazione per la Dottrina della Fede" sowie in anderen Archiven erhalten und sind von Sergio M. Pagano im Jahr 1984 zugänglich gemacht worden (vgl. Peter Segl, Inquisition im Mittelalter, Köln 1993. S. 2, Fußnote 5 mit genaueren Angaben). In der Frage, wie die Hintergründe des Prozesses gegen Galilei zu bewerten sind, stehen sich allerdings – wie Hermann H. Schwedt in einem Vortrag in der Cusanus-Akademie Brixen im Mai 1993 festgestellt hat – „immer noch unversöhnt die gegensätzlichen Postionen gegenüber. Während einige Jesuiten und Ludwig von Pastor Papst Urban VIII. in Schutz nehmen und den Ausgang des Galilei-Prozesses der Inquisition oder Galilei anlasten durch Theologisierung der Frage, betonen andere den politischen Aspekt: Die Verurteilung Galileis richtete sich gegen das Reich und die diesem aliierten Häuser Medici und Piccolomini, zu deren Klientel Galilei gehörte. Betrieben wurde dieses Manöver von der antikaiserlichen, französischen Partei der Barberini. Inzwischen trug Pietro Redondis Erfolgsbuch [Galilei der Ketzer, München 1989] wieder zur Aufwertung des Barberini-Papstes bei. ‚Rettete der Papst Galilei vor der Inquisition?' lautete die bezeichnende Werbeaufschrift auf dem roten Streifband der deutschen Ausgabe" (Herman H. Schwedt, Die römischen Kongregationen der Inquisition und des Index und die Kirche im Reich; in: Römische Quartalsschrift 90 [1995] Heft 1/2, S. 56–57).

Die Rückständigkeit der Kirche in Fragen der Wissenschaft war lange Zeit eine offene Wunde. Mochten führende Köpfe in der Kirche auch noch so sehr der Ansicht gewesen sein, die Verurteilung Galileis sei ein bedauerlicher Missgriff gewesen – zu einer eigentlichen Rehabilitierung des Naturwissenschaftlers ist es erst im letzten Jahrzehnt des 20. Jahrhunderts gekommen, als Papst Johannes Paul II. aus Anlass der 350. Wiederkehr seines Todestages – Galileo Galilei starb am 8. Januar 1642 in Arcetri bei Florenz – in seiner Ansprache an die Päpstliche Akademie der Wissenschaften (vgl. das 7. Kapitel dieses Buches. „Der Versuch eines Schlussstrichs") unmissverständliche Worte sagte, hinter die es kein Zurück mehr gibt.

Fünftes Kapitel

DER HEXENWAHN

*Friedrich von Spee (1591–1635) prangerte in seiner zunächst
anonym publizierten Schrift „Cautio criminalis" die Methoden
der Prozessführung und das fanatische Wüten der Hexenrichter an.*

Wenn es einen gütigen und gerechten Gott gibt, wie kann er all diese „Scheußlichkeiten zulassen?" So lautet die Grundfrage der so genannten „Theodizee". Dieses aus den griechischen Worten für „Gott" und „Recht" gebildete Kunstwort schließt an ein Wort aus dem Römerbrief an: „Ist Gott nicht ungerecht, wenn er seinen Zorn walten lässt? Keineswegs! Denn wie könnte Gott die Welt sonst richten?" (Röm 3,5–6) Die Theodizee ist ein spezielles Kapitel der Theologie: Es geht dabei um die „Rechtfertigung Gottes betreffs der Übel in der Welt" – so die klassische Formel, und das Ziel ist es, einen Gottesbegriff zu gewinnen, der nicht vom Widerspruch zwischen Theorie und Erfahrung getrübt ist. Mit anderen Worten: Die Theodizee bemüht sich, durch bestimmte philosophische Schlussfolgerungen einsichtig zu machen, dass es nicht unsinnig ist, auch angesichts des Leidens, aller möglicher Schicksalsschläge und einer schier grenzenlosen menschlichen Bosheit an einen guten, gerechten, allwissenden und allmächtigen Gott zu glauben.

DAS WETTERLEUCHTEN DER SCHEITERHAUFEN

Gottfried Wilhelm von Leibniz (1646–1716) war der Erste, der mit dem Stichwort „Theodizee" operierte. Seine zunächst in französischer Sprache publizierten „Essais de théodicée sur la bonté de Dieu, la liberté de l'homme et l'origine du mal" sind die Frucht von Diskussionen eines aufgeklärten Philosophen mit einer aufgeklärten Monarchin. Königin Charlotte von Preußen war es, mit der Leibniz Fragen dieser Art teils mündlich teils schriftlich erörterte. Und so wenig wie heutzutage die Gottes- oder die Sinnfrage gestellt werden kann, ohne dass die Shoah – also die mit dem Kürzel „Auschwitz" umschriebene Vernichtung von sechs Millionen europäischer Juden – in den Blick kommt, genauso wenig konnte man zur Zeit der europäischen Aufklärung von der Güte Gottes, von der Freiheit des Menschen und vom Ursprung des Übels in der Welt reden, ohne dass die Scheiterhaufen der Hexenverfolgung in die Debatte hinein wetterleuchteten.

In seiner 1710 erschienenen „Theodizee" kommt Leibniz nicht nur auf den Hexenwahn zu sprechen, sondern auch auf Friedrich von Spee (1591–1635), den prominenten Kämpfer gegen den Hexenwahn: „Wer der Verfasser des mit Recht berühmten ‚Cautio criminalis in processu contra sagas' betitelten Buches gewesen ist, habe ich aus dem Munde des Hochwürdigsten Kurfürsten Johann

Philipp von Mainz erfahren. Es war Friedrich Spee, Priester der Gesellschaft Jesu, aus einer adligen Familie Westfalens und ein Mann von besonderer Frömmigkeit und Gelehrsamkeit. Dieser große Mann versah im Fränkischen das Amt des Beichtvaters gerade damals, als im Würzburger und Bamberger Gebiet viele Angeklagte unter der Beschuldigung, verbrecherische Hexerei getrieben zu haben, verbrannt wurden. Johann Philipp von Schönborn, später Bischof von Würzburg und nachmals Kurfürst von Mainz, wurde als junger Mensch gelegentlich mit ihm bekannt, und als der Jüngling fragte, woher der gute Pater graueres Haar habe, als es seinem Alter zukomme, da sagte jener, das habe er von den Hexen bekommen, die er zum Scheiterhaufen geleitet habe. Da Schönborn sich verwunderte, löste Spee ihm das Rätsel. Er habe mit vielem Eifer nachgeforscht, auch Macht und Einfluss der Beichte aufgeboten und doch bei keinem von all denen, die er zum Holzstoß begleitet habe, irgendetwas entdeckt, das ihn davon hätte überzeugen können, dass sie zu Recht der Hexerei beschuldigt waren. Die Einfältigeren von ihnen hätten sich, wenn er sie in der Beichte ausgefragt habe, zuerst aus Furcht, erneuten Folterqualen ausgeliefert zu werden, als Zauberer bezeichnet; nachdem sie aber Vertrauen gefasst hätten, da sie merkten, dass sie von ihrem Beichtiger nichts Derartiges zu fürchten brauchten, hätten sie dann alles ganz anders geschildert. Alle hätten sie mit schrecklichem Wehklagen entweder die Unwissenheit oder die Bosheit der Richter sowie ihr eigenes Elend bejammert und hätten noch sterbend Gott zum Zeugen ihrer Unschuld angerufen. Dies jammervolle, so viele Male wiederholte Schauspiel habe ihn so sehr erschüttert, dass er vor der Zeit gealtert sei."

Für die Geschichte vom frühzeitig ergrauten Spee, die der Philosoph laut eigener Aussage aus dem Mund des Mainzer Erzbischofs Johann Philipp von Schönborn gehört hat, gibt es außer der Notiz von Leibniz keinerlei historischen Beleg. Das ist der Grund, weshalb die Begegnung, bei welcher der Autor der „Cautio criminalis" einen jungen Chorherren, der später Bischof wurde, über die Unmenschlichkeit der Hexenprozesse aufgeklärt hat, meist mit skeptischem Vorzeichen „angeblich" versehen wird. Aber selbst wenn die von Leibniz berichtete Anekdote nicht historisch wahr, sondern bloß gut erfunden sein sollte, Tatsache ist, dass Schönborn in Sachen Hexen nicht anders dachte als Spee. Denn aufgrund neuer Forschungen *(vgl. Herbert Pohl, Hexenglaube und Hexenverfolgung im Kurfürstentum Mainz, Stuttgart 1988)* kann an der

„moderaten Haltung Schönborns in dieser heiklen Frage" *(Rainer Decker, Die Hexen und ihre Henker, Freiburg im Breisgau 1994. S. 98)* kein Zweifel bestehen.

Die „Hexe" – ein Sammelbegriff

Die Hexen, „das sind die bösen Teufelshuren, die da Milch stehlen, Wetter machen, auf Böcken und Besen reiten, auf Mänteln fahren, die Leute schießen, lähmen, verdorren, die Kinder in der Wiege martern, die ehelichen Gliedmaßen bezaubern"; es sind die, „die da können Dingen eine andere Gestalt geben, dass eine Kuh oder Ochs scheinet, was in der Wahrheit ein Mensch ist, und die Leute zur Liebe und Buhlschaft zwingen und des Teufels Dinge viel." – Wenn Martin Luther 1522 solche Dinge äußerte, dann war dies keine theologische Definition, vielmehr gab der deutsche Reformator bloß wieder, was zu seiner Zeit gängige Volksmeinung war *(vgl. Nikolaus Paulus, Hexenwahn und Hexenprozeß, vornehmlich im 16. Jahrhundert, Freiburg im Breisgau 1910. S. 26).* Der Ausdruck Hexen deckte ein breites Spektrum verschiedener Erscheinungen ab. Melchior Goldast von Haiminsfeld (1578–1635) hat – vielleicht ohne Ehrgeiz auf Vollständigkeit, aber sicherlich mit deutscher Gründlichkeit – ganze Listen von Wörtern zusammengestellt, die alle mehr oder weniger das Gleiche bedeuten. „Hexen", das waren nach dem Wissensstand des hoch gelehrten Polyhistors der frühen Neuzeit die, „die man böse Zauberer, böse Leute, auf Latein Maleficos, Veneficos und Sortilegos, auf Deutsch Nigromanten, das heißt Schwarzkünstler, Hexenmeister, Losleger, Sortzieher, böse Männer, Giftköche, Mantelfahrer, Bockreiter, Wettermacher, Nachthosen, Gabelträger, Nachtwanderer etc. nennt". Hexen sind hier also – entgegen allen Klischees – zunächst einmal Männer; doch das weibliche Geschlecht kommt in Goldasts Liste ebenfalls nicht zu kurz: „Die Weiber dieser Art heißt man Lamias, Stryges, Sortiarias, Hexen, Alraunen, Feen, Druden, Sägen, böse Weiber, Zaubersche, Nachtfrauen, Nebelhexen, Galsterweiber, Feldfrauen, Menschendiebinnen, Milchdiebinnen, Gabelreiterinnen, Schmiervögel, Besenreiterinnen, Schmalzflügel, Bockreiterinnen, Teufelsbuhlen, Teufelsbräute und allgemein Unholden – darum, weil sie niemandem hold, sondern Gottes, der Menschen und aller Geschöpfe Gottes abhold und geschworene Feinde sind" *(Melchior Goldast von Haiminsfeld, Rechtliches Bedenken von Konfiskation der Zauberer- und Hexengüter", Bremen 1661. – Transkription der Sprach-gestalt in heutiges Deutsch: © Josef Dirnbeck).*

Hexen – und das machte sie in den Augen der Inquisitoren zur schlimms-ten Art von Kirchen- und Glaubensfeinden – betrachtete man als Menschen, die mit dem Bösen im Bund standen; als absolut verwerfliche Geschöpfe, die sich bewusst von Gott abgewandt hatten und ihre Seele dem Teufel verschrie-ben. Im populären Verständnis galten die Hexen als „Teufelshuren", weil sie mit dem bösen Feind sexuellen Umgang pflegten. Das allein war schon geeig-net, heimlichen Neid bei anderen Frauen und unheimliche Wut bei den in ihrem Selbstwertgefühl getroffenen Männern zu erregen, denn – wie die Inquisitoren zu wissen glaubten – war die körperliche Vereinigung mit dem Leibhaftigen für die Frau um etliches lustvoller und befriedigender als das Zusammensein mit einem normalsterblichen Mannsbild. Hexen waren aber nach gängiger Überzeugung auch noch ganz anderer körperlichen Ekstasen fähig. Sobald sie sich mit ihrer „Hexensalbe" eingeschmiert hatten – einem sagenumwobenen Kosmetikum, dessen Herstellungsrezept mindestens ge-nauso streng gehütet wurde wie das Rezept für Coca-Cola –, waren sie im-stande, sich mühelos in die Luft zu schwingen und mittels eines Besenstiels oder einer Heugabel zum so genannten „Hexensabbat" zu reiten – einem kon-spirativen Meeting, bei dem man sich nicht nur deshalb mit seinesgleichen traf, um fröhlich zu feiern und sich zu vergnügen, sondern bei dem auch – ganz im Stil der Mafia – die für die nächste Zeit anstehenden operativen Angriffe ge-plant wurden: Attacken auf die Großwetterlage, auf die Gesundheit des Viehs und sonstige Schadens- und Unglücksfälle. Gleichzeitig waren die Hexen aber auch die „weisen Frauen", die mit ihrem Wissen um Heilkräuter, Gifte und Gegengifte kranken Menschen helfen konnten – und dadurch zusätzlich noch den Zorn der etablierten Mediziner auf sich zogen.

Der Ausdruck „Hexe" ist „ein Sammelbegriff, der zum Teil auf sehr altem Zauber- und Gespensterglauben beruht", konstatiert Waltraut Jilg *(Hexe und Hexerei als kultur- und religionsgeschichtliches Phänomen; in: Georg Schwai-ger, Teufelsglaube und Hexenprozesse, München [4. Auflage] 1999. S. 37);* die Entwicklung dieses Begriffs in seiner besonderen Bedeutung als Grundlage der großen Hexenverfolgungen der Neuzeit sei allerdings erst durch die Theo-logie der mittelalterlichen Kirche erfolgt: „Bis zum 13. Jahrhundert bekämpf-ten Kirche und Staat das Maleficium in seiner älteren, einfachen Form. Etwa seit 1230 ermittelte die Scholastik theoretisch die Möglichkeiten für die Verbindung von Menschen und Dämonen, die dann die zur gleichen Zeit begründete Ketzerinquisition unter päpstlicher Oberaufsicht praktisch mit der von ihr als Ketzerei gekennzeichneten Zauberei in Beziehung setzte. Auf diesem Wege wurde der verhängnisvolle Sammelbegriff des Hexenwesens aus den ursprünglich verstreuten Elementen ins Leben gerufen. Dieser Prozess war um 1430 abgeschlossen. Die Auffassung von der Zauberer- und Hexensekte gewann nun an Boden. Zugleich wurde der Wahn in dieser Ausgestaltung auf das weibliche Geschlecht zugespitzt. Eine besondere theologische und kanonistische Hexenliteratur verteidigte vom 15. Jahrhundert an den entstandenen Kollektivbegriff der ‚Hexe'; auf dieser Grundlage nahm die systematische Verfolgung ihren Anfang" *(Waltraud Jilg, op. cit. S. 55).*

Das folgenschwerste Werk dieser Art von theologischer Hexenliteratur wurde von den beiden Inquisitoren Institoris und Sprenger in die Welt gesetzt: der „Malleus maleficarum", besser bekannt unter dem deutschen Titel „Der Hexenhammer" – ein Buch, dessen erste Ausgabe 1487 in Straßburg gedruckt wurde und das man durchaus als einen Bestseller der damaligen Zeit bezeichnen darf. Allein im 16. Jahrhundert wurden nicht weniger als 29 Ausgaben des „Malleus" ausgeliefert. Das heißt, es gab durchschnittlich alle dreieinhalb Jahre eine Neuauflage.

Ein Buch wird zum Hammer

Heinrich Institoris – der Name ist eine latinisierte Form von „Krämer" – wurde um 1430 in Schlettstadt geboren. Er gehörte dem Dominikanerorden an und wurde 1479, im Jahr seiner Promotion zum Doktor der Theologie in Rom, von Papst Sixtus IV. zum Inquisitor für Oberdeutschland ernannt. Später wurde er auch Generalinquisitor und „Censor fidei", also ein von der Amtskirche offiziell bestätigter Glaubenswächter. In den Vorlesungen über die Auslegung der Heiligen Schrift, die Heinrich Institoris im Rahmen seiner Lehrtätigkeit in Salzburg, Venedig und Regensburg hielt, kämpfte er gegen das „Hexen- und Zauberwesen" an. Er ist der maßgebliche Autor des „Hexenhammers", jener berühmt-berüchtigten Schrift, die sogar einem so nüchternen Historiker wie Joseph Hansen einen Superlativ der Verachtung abnötigte. In seinem 1900 erschienenen Werk „Zauberwahn, Inquisition und Hexenprozeß im Mittelalter" zählt Hansen den „Hexenhammer" ganz entschieden „zu den verderblichsten Erzeugnissen der gesamten Weltliteratur".

Institoris gestaltete seine Schrift – der Anteil Jakob Sprengers am „Hexenhammer" ist eine Größenordnung, die man getrost vernachlässigen kann – nach dem Vorbild des „Directorium inquisitorum", jenes viel beachteten und gerne gelesenen Handbuchs für Inquisitoren, das 1376 erschienen war und den Inquisitor Nikolaus Eymericus von Gerona (1320–1399) zum Autor hatte. Institoris und Sprenger wussten, was sie wollten, und sie wussten auch, wie sie vorgehen mussten, um so vorgehen zu können, wie sie wollten. Der Züricher evangelische Kirchenhistoriker und Biograf zahlreicher katholischer Heiliger, Walter Nigg (1903–1988), gibt eine ungeschminkte Darstellung der Dinge, wenn er schreibt: „Ein Unheil ohnegleichen bedeutet es, dass die beiden Dominikaner Jakob Sprenger und Heinrich Institoris mit der Inquisition in Deutschland betraut wurden. Beide waren begeisterte Marienverehrer, doch von anormaler Veranlagung und zudem blinde Fanatiker. Sie reisten nach Rom und erbaten vom damaligen Papst eine Bulle gegen das Hexenwesen. An sich war Innozenz VIII. (1483–1494) nicht sonderlich an der Hexenfrage interessiert. Ihm lag vielmehr daran, seine Kinder in vornehme Familien zu verheiraten und ihre Hochzeiten in seinem Palast mit allem Pomp zu feiern. Zudem befand sich der Papst dauernd in finanziellen Schwierigkeiten, die er, mithilfe der eingegangenen Verbindung mit dem Sultan, zu überwinden suchte. Auch war er den Streitigkeiten mit dem italienischen Staat nicht gewachsen. Innozenz VIII. war unselbstständig, leicht beeinflussbar und entbehrte der religiösen Gesinnung. Er entsprach dem Verlangen der beiden Inquisitoren und unterschrieb die Bulle, ohne sich die Konsequenzen überlegt zu haben. Die beiden Inquisitoren eilten mit der Bulle nach Deutschland und machten sich sofort an die Arbeit, den Hexenhammer zusammenzustellen, ein Buch des finstersten Aberglaubens. Zum großen Teil besteht es aus willkürlich aus dem Zusammenhang gerissenen Zitaten früherer Schriftsteller, denen die Verfasser zur Illustration abgeschmackte Anekdoten beifügten. Es ist ein Machwerk schlimmster Sorte. Für den Leser bedeuten die seltsamen Argumente eine Zumutung, auch wenn die beiden Autoren von ihren albernen Geschichten überzeugt waren. Der Hexenhammer stieß zunächst auf heftigen Widerstand. Da er jedoch durch die vorangestellte päpstliche Bulle kirchlich legalisiert war, vermochte er sich durchzusetzen und trat einen wahren Siegeszug an. Die

Bischöfe wurden angehalten, den Inquisitoren jede Unterstützung zu gewähren. Die beiden Verfasser erbaten sich auch die Approbation von der Universität Köln, und als sie diese nicht erhielten, fälschten sie skrupellos ein entsprechendes Schriftstück. Sie schreckten vor keinem Mittel zurück, um ihr Ziel zu erreichen" *(Walter Nigg, Friedrich von Spee – Ein Jesuit kämpft gegen den Hexenwahn, Paderborn 1991. S. 45–47).*

DER HEXENWAHN

Mit dem „Hexenhammer" erfolgte eine bedeutsame Wende in der Geschichte der Ketzerverfolgung, und zwar in doppelter Hinsicht. Zum einen gab es strafrechtlich etwas Neues. Das so genannte „Malefizium", das Verbrechen der Hexerei, bestand nicht mehr in der Ketzerei allein, für deren Ahndung nur die kirchlichen Gerichte zuständig waren, vielmehr wurden die von den der Hexerei angeklagten Personen begangenen Verbrechen als Delikte „mixti fori" – als „gemischte Verbrechen" – betrachtet, sodass zu deren strafrechtlichen Verfolgung hinfort nicht nur der Inquisitor, sondern auch die staatliche Justiz einschreiten konnte; und dies wurde auch ausgiebig getan.

Die zweite Wende zeichnete sich in geistiger Hinsicht ab. Hatte sich die Ketzerverfolgung früher auf einem zwar dogmatisch genau festgelegten, aber letztlich doch rational fassbaren Terrain bewegt, so gaben nun vor allem die Emotionen den Ton an. Was ausbrach, war der pure Hexenwahn. Der Diskurs im „Hexenhammer" – sofern man dergleichen überhaupt noch mit Fug und Recht „Diskurs" nennen darf – ist von einer Frauenfeindlichkeit geprägt, die schier unfassbar ist. „Auf jeder Seite werden Heimtücke, Minderwertigkeit und vor allem der zutiefst teuflische Charakter der dem Aberglauben und der Hexerei ergebenen Frau beklagt", schreibt Colette Piat *(Als man die Hexen verbrannte, Freiburg im Breisgau 1998. S. 15):* „Arme Inquisitoren, armer Institoris, armer Sprenger … Sie sind wirklich zu bedauern in ihrer offenkundigen Besessenheit von Körper und Sexus der Frau. Empfehlen sie nicht sogar den Richtern, die ‚Hexe' in den Gerichtssaal oder in die Folterkammer rückwärts eintreten zu lassen, nur um nicht ihrem Blick zu begegnen!"

Der Hexenwahn ist ein Phänomen für sich. Wirklich befriedigend zu erklären, wieso er eigentlich entstehen konnte, und warum er gerade in deutschen Landen so extrem gewütet hat, wo ein paar Jahrhunderte später der arische

Rassenwahn zum Massenwahn wurde, ist bisher noch niemandem gelungen. Der Hexenwahn sei eine ganz schwere „Erkrankung der christlichen Seele" gewesen, meint Walter Nigg; eine rational einleuchtende Erklärung für ihn gebe es nicht, verdrängte Sexualität, sadistische Veranlagung, pathologischer Frauenhass seien nur Teilaspekte *(Walter Nigg, op. cit. S. 51)*. Für das aufgeklärte Denken war jedenfalls eines unmissverständlich klar: dass die Hexenbekämpfung das Übel war, für dessen Heilung sie sich hielt. Die Inquisitoren produzierten durch ihre Untersuchungen angeblicher Hexerei immer neue Fälle von Hexerei, die sie untersuchen mussten. „Der Hexenwahn war im Wesentlichen eine Krankheit der Einbildung und wurde durch die Hexenverfolgung hervorgerufen und unterhalten", urteilt Henry Charles Lea *(Geschichte der Spanischen Inquisition, Bd. 3, Leipzig 1912. S. 167)*, und diese Einschätzung des Phänomens hat eine frappante Ähnlichkeit mit einem sarkastischen Diktum von Karl Kraus. „Die Psychoanalyse", sagte der bissige Kulturkritiker in einem viel zitierten Bonmot, das auf die in den Wiener Salons seiner Zeit zum Volkssport gewordene Mode gemünzt war, alles und jedes unter dem Blickwinkel markanter Aussprüche von Sigmund Freud zu betrachten –: „… die Psychoanalyse ist die Krankheit, für deren Therapie sie sich hält."

Henry Charles Lea formulierte nicht minder sarkastisch: „Wo immer ein Inquisitor oder weltlicher Richter den Wahn durch Feuer zu vernichten glaubte, entsprang aus seinen Fußstapfen eine ganze Saat von Hexen. Wenn ein altes Weib eine schlechte Behandlung mit einer Verwünschung heimzahlte und die Kuh desjenigen, der ihr wehgetan, einging oder sein Kind krank wurde, dann war sie als Hexe gezeichnet; dem Richter war es ein Leichtes, das Geständnis zu erpressen, das er verlangte, mitsamt einer reichlichen Liste von Mitschuldigen, denn wer immer ein Missgeschick gehabt, eilte herbei, um seinen Verdacht und seine Anschuldigungen vorzubringen. Bei jeder Verfolgung erweiterte sich der Kreis, bis fast die ganze Einwohnerschaft betroffen war und die Hinrichtungen nicht nach zehn und zwanzig, sondern nach Hunderten zählten, denn es steht geschrieben: Du sollst keine Hexe am Leben lassen, und diese Vorschrift fand blinden Gehorsam. Alle elementaren Störungen, Dürre oder Überschwemmung, Sturm und Hagel, Hunger und Pestilenz, wurden der Hexerei zugeschrieben und es wurden Opfer gesucht, als ob man den höllischen Gottheiten versöhnende Brandopfer oder dem Schöpfer Sühneopfer darbringen wollte" *(Lea, op. cit. S. 167)*.

Es ist zwar ein beliebtes Klischee, aber es ist dennoch verkehrt, im neuzeitlichen Hexenwahn, der – wie gesagt – vor allem in Deutschland und in den angrenzenden Staaten gespenstisch aufloderte, ausschließlich den Ausdruck einer im finsteren Mittelalter stecken gebliebenen Kirche zu sehen. In anderen Ländern gingen die Uhren nämlich völlig anders als in Deutschland. In Rom beispielsweise dachte man sehr viel nüchterner über Phänomene wie Hexerei und Teufelsbuhlschaft als nördlich der Alpen. Nicht erst Henry Charles Lea, dem großen Inquisitionsforscher des 19. Jahrhunderts, ist es als eine „sehr merkwürdige Tatsache" aufgefallen, dass sowohl in Spanien als auch in Italien das Heilige Offizium in Bezug auf den Hexensabbat eine dezidiert skeptische Haltung einnahm, die diese Länder vor dem andernorts herrschenden Wahnsinn bewahrte. Schon Friedrich von Spee wusste, dass man in anderen Ländern „vorsichtiger" sei als in Deutschland. „Wir sollten uns schämen, ihnen hierin nachzustehen", mahnte er in seiner „Cautio criminalis"; denn – so argumentiert er – während im hexenbesessenen Deutschland sämtliche Schadensfälle, die eintreten, sofort auf magische Wirkungen zurückgeführt würden, würde man in den südlichen Ländern, wenn dort ein Kind oder ein Haustier krank werde, ein Blitz in einen Baum einschlage, ein Unwetter große Schäden verursache oder die Ernte von Schädlingen aufgefressen werde, „des ganzen Unglücks Ursprung bei Gott oder in der Natur" suchen und dann lediglich das, „was unverkennbar und nach dem Urteil der Wissenschaft den Gesetzen der Natur widerspricht", auf Zauberei zurückführen *(Friedrich von Spee, Cautio criminalis oder Rechtliches Bedenken wegen der Hexenprozesse, München 1982. S. 9)*: „Jedenfalls sehen die Italiener und Spanier, die anscheinend von Natur aus mehr dazu veranlagt sind, diese Dinge zu bedenken und zu überlegen, welch unzählbare Menge Unschuldiger sie hinrichten müssten, wenn sie die Deutschen nachahmen wollten. Darum lassen sie es mit Recht sein und überlassen dies Geschäft, Hexen zu verbrennen, uns allein, die wir ja lieber unserm Eifer nachgeben als bei dem Gebot des Meisters Christus, uns zu beruhigen."

Was Spee leider nicht wusste: Es gab zu seiner Zeit bereits ein römisches Dokument, auf das er sich in seiner Argumentation hätte berufen können – nämlich die „Instructio pro formandis processibus in causis strigum, sortilegiorum et maleficiorum", die „Ordnung zur Führung von Prozessen gegen Hexen, Wahrsager und Zauberer". Diese in verschiedenen Fassungen vorliegende römische Hexenprozessordnung von 1635 *(vgl. Wolfgang Behringer,*

Hexen und Hexenprozesse in Deutschland, München 1988. S. 394–396) zielte in vielen Punkten in die gleiche Richtung wie Spees Streitschrift. Dies merkt man schon an den Worten, mit denen sie beginnt: „Die Erfahrung, Lehrmeisterin der Dinge, zeigt deutlich, dass verschiedene Bischöfe, Vikare [*d. h. die Vertreter des Ortsbischofs im Inquisitionsgericht*] und Inquisitoren, besonders aber weltliche Richter jeden Tag in der Durchführung der Prozesse gegen Hexen, Unholde und Zauberinnen schwere Irrtümer begehen."

DER SIEG DER VERNUNFT

„Die Spitze der katholischen Kirche war in der Blütezeit der Hexenprozesse, im 16. und 17. Jahrhundert, in dieser Hinsicht sehr viel vorsichtiger, wenn man so will: aufgeklärter als die meisten ihrer deutschen Vertreter", schreibt Rainer Decker in seiner Studie „Die Cautio criminalis und die Hexenprozessordnung der römischen Inquisition im Vergleich" *(Beitrag zur Festschrift für Dr. Theo G. M. van Oorschot, Trier 1996. S. 89–100)*. Die Bedeutung der römischen Hexenprozessordnung, so Decker weiter, „wurde schon vor 100 Jahren von dem liberalen Juristen Paul Hinschius treffend charakterisiert: ‚Zweifellos ist die Instruktion von einem gerechten und verständigen Sinne eingegeben und zeigt das ernste Bemühen, gerade die schwersten Missstände, welche sich bei der Hexenverfolgung gebildet hatten, durch möglichste Beseitigung der von den Richtern geübten Ungerechtigkeiten und Grausamkeiten abzustellen.‘ Dies gilt neben einigen formalrechtlichen Bestimmungen wie der Einführung eines Verteidigers für die Angeklagten in materieller Hinsicht insbesondere für die Vorstellung des Hexensabbats, neben dem Schadenzauber, dem Teufelspakt und dem Hexenflug eines der Elemente des klassischen Hexenglaubens seit dem 15. Jahrhundert. Anders als bei dem alten Schadenzauber-Delikt, das auch und gerade Einzeltätern zugeschrieben wurde, führte die Rezeption der Hexensabbat-Vorstellung zu den grauenhaften Massenprozessen, weil man sich eine Hexe immer im Bunde mit anderen Teilnehmerinnen und Teilnehmern des Hexensabbats vorstellte. Dieses Element des Hexen-Begriffs wurde von den frühneuzeitlichen Inquisitoren, im Gegensatz zu den weltlichen Juristen in Mitteleuropa, nicht übernommen."

Deckers Resümee lautet: „Sowohl Spee als auch das Sanctum Officium schlossen nicht grundsätzlich die Wirkungen von magischen Praktiken und

Schadenzauber aus; sie lehnten aber die weiteren, das heißt die besonders verhängnisvollen Elemente des Hexenglaubens, Hexenflug und Hexensabbat, ab. Auch ihre Vorschläge bzw. Anweisungen zum Prozessablauf waren zukunftweisend, indem sie dem Angeklagten nicht geringe Chancen zum Nachweis ihrer Unschuld boten, wenngleich die Folter noch nicht völlig abgeschafft wurde. [...] Die Skepsis der römischen (und der spanischen) Inquisitoren in Bezug auf das Hexerei-Delikt hatte zur Folge, dass in ihren Ländern, wenigstens im 16. und 17. Jahrhundert, kaum jemand wegen dieses ‚Verbrechens' von der Inquisition zum Tode verurteilt wurde."

Anna Göldi, eine arme Schweizer Dienstmagd, die 1782 in Glarus verurteilt und hingerichtet wurde, weil sie angeblich das Kind des Arztes Doktor Tschudi, ihres Dienstherrn, behext hatte, und zwei alte Frauen, die 1793 in Posen verbrannt wurden, weil sie rot entzündete Augen gehabt hätten und das Vieh ihres Nachbarn ständig krank gewesen sei, waren die letzten tödlich endenden Fälle des neuzeitlichen Hexenwahns. Die Humanisierung des Strafrechtes und des Strafvollzuges und vor allem die Abschaffung der Folter als Mittel zur Wahrheitsfindung im Strafprozess waren – um mit dem Münchner Kirchenhistoriker Georg Schwaiger *(Teufelsglaube und Hexenprozesse, München [4. Auflage] 1999. 178)* zu reden – ein „Sieg der Vernunft". In einem höheren Sinn waren sie vielleicht auch ein Sieg der Liebe – jener Liebe, die einen Mann wie Friedrich von Spee bewegte *(Cautio criminalis oder Rechtliches Bedenken wegen der Hexenprozesse, München 1982. S. 135)* und sagen ließ: „Die Nächstenliebe verzehrt mich und brennt wie Feuer in meinem Herzen".

Die Kirche und die Hexen
Ein Zweikampf zwischen Fanatismus und Vernunft

Reuegebet für Hexen

*Das erbauliche „Reuegebet für Hexen", das Personen, die der Hexerei ange-
klagt waren, nach Ablegung einer Beichte zu sprechen hatten, war nicht nur
für vermeintliche Hexen bestimmt, sondern ebenso sehr auch zur frommen
Lektüre für das gläubige Volk gedacht. Wie bei der rituellen Wiederholung der
bei der Taufe gesprochenen Abschwörungsformel „Widersagst du dem Teufel?" – „Ich widersage!" war mit dem Aussprechen der Verfehlung, dem
Abschwören und der feierlichen Vergebungsbitte eine Beschwichtigung von
Ängsten vor der Macht des Bösen verbunden.*

Ich arme elendige Sünderin bekenne vor Gott, meinem heiligen Schöpfer,
seinem Sohn Jesu Christ, meinem Heiland und Erlöser Jesu Christ, dass ich
mich schwerlich an der Heiligen Dreifaltigkeit versündigt habe, durch Überredung des bösen Feindes; [dass] ich von dem Bunde, so in meiner heiligen Taufe die Heilige Dreifaltigkeit aufgerichtet hat, ich auch in dieselbige eingewilliget, so schändlich abgewichen bin und dem bösen Feind zugesagt, desselben
hinfürder zu sein und ihm in zauberisch verboten[en] Dingen und anderen
schändlichen Sünden zu dienen und Gehorsam zu leisten, durch welchen
schweren Abfall und begangene Zaubereien denn ich leider in Gottes Zorn und
Ungnade gefallen bin, auch heimliche und ewige Strafe, den Tod und ewige
Verdammnis damit wohl verdient habe. Es ist mir aber solches alles von Grund
meines Herzens leid und ich will zur Anzeige meiner ernsthaftigen Reue und
Leid meines Herzens solche dem bösen Feind getane Zusagung und Gelöbnis
vor Euch Dienern Gottes aufgekündigt und mich derselben gänzlichen verziehen und begeben haben und nehme hiergegen meinen Trost und Zuflucht allein zu der grundlosen Güte und Barmherzigkeit Gottes, meines himmlischen
Vaters, und bitte denselben vom Grund meines Herzens und um seines Sohnes Leidens und Sterbens willen, [dass] er mich arme Sünderin bußfertig wiederum wolle zu Gnaden annehmen und mir meine Missetat und begangenen
Fall und Sünden aus lauterer Gnaden [wolle] verzeihen. O Gott, bist einer

armen Sünderin gnädig um meinen lieben Herrn und Erlösers Jesu Christ willen. Amen.

Quellentext Nr. 125: Hans-Jürgen Wolf, Geschichte der Hexenprozesse, Hamburg 1998. S. 465. – Transkription der Sprachgestalt in heutiges Deutsch: © Josef Dirnbeck.

DIE HEXENBULLE VON INNOZENZ VIII.

„Summis desiderantes affectibus" ist der Titel der ominösen Hexenbulle, die Papst Innozenz VIII. (1484–1492) im Interesse der deutschen Inquisitoren Heinrich Institoris und Jakob Sprenger am 5. Dezember 1484 im ersten Jahr seines Pontifikats erließ. Zweck dieses offiziellen kirchenamtlichen Dokuments war es, angesichts des Widerstands, auf den der Verfolgungseifer der Autoren des „Hexenhammers" bei zahlreichen weltlichen und kirchlichen Landesherren gestoßen war, einer wirkungsvollen Hexenverfolgung die Wege zu ebnen. Da der Text des päpstlichen Dokuments in den zahlreichen Ausgaben des „Hexenhammers" abgedruckt wurde, fand die „Hexenbulle" ebenso große Verbreitung wie das Buch von Institoris und Sprenger. Der Umstand, dass die Hexenbulle ausgerechnet am Vorabend des Festes des heiligen Nikolaus – am so genannten „Krampus-Tag" – erlassen wurde, wo gemäß altem Brauchtum der Teufel mit der Zuchtrute unterwegs ist, um Kinder, die nicht brav waren, zu bestrafen, ist eine zusätzliche ironische Pointe.

Indem wir mit der höchsten Begierde verlangen, wie es die Sorge unseres Hirtenamtes erfordert, dass der katholische Glaube vornehmlich zu unseren Zeiten allenthalben vermehrt werden und blühen möge, und alle ketzerische Bosheit von den Grenzen der Gläubigen weit hinweg getrieben werde, erklären wir gerne dasjenige und setzen es auch von neuem, wodurch solches unser gottseliges Verlangen die erwünschte Wirkung erlangen mag. Und dannenhero indem durch den Dienst unserer Arbeit wie durch die Reuthaue [*Werkzeug zum Entfernen von Unkraut*] eines vorsichtigen Arbeiters alle Irrtümer gänzlich ausgerottet werden, der Eifer und die Beobachtung ebendesselben Glaubens in die Herzen der Gläubigen umso stärker eingedrückt werde.

Gewisslich ist es neulich nicht ohne große Beschwörung zu unseren Ohren gekommen, dass in einigen Teilen Oberdeutschlands, wie auch in den mainzischen, kölnischen, trierischen, salzburgischen [und Bremer] Erzbistümern,

„Peinliche Befragung" oder „peinliches Verhör" lautete der Fachausdruck für eine Einvernahme unter Anwendung der Folter. Im 14. Abschnitt des dritten Teils ihres „Hexenhammers" erörtern Heinrich Institoris und Jakob Sprenger ausführlich, wie die Androhung und Durchführung der Folter ordnungsgemäß zu erfolgen hat.

Städten, Ländern, Orten und Bistümern sehr viele Personen beiderlei Geschlechts ihrer eigenen Seligkeit vergessend und von dem katholischen Glauben abfallend mit den Teufeln, die sich als Männer oder Weiber mit ihnen vermischen, Missbrauch machen und mit ihren Bezauberungen, Liedern und Beschwörungen und anderen abscheulichen Aberglauben und zauberischen Übertretungen, Lastern und Verbrechen die Geburten der Weiber, die Jungen der Tiere, die Früchte der Erde, die Weintrauben und die Baumfrüchte wie auch die Menschen [*d. h. die Männer*], die Frauen, die Tiere, das Vieh und andere verschiedene Arten Tiere, auch die Weinberge, Obstgärten, Wiesen, Weiden, Getreide, Korn und anderen Erdfrüchte verderben, ersticken und umkommen machen und verursachen und selbst die Menschen [*d. h. die Männer*], die Weiber, allerhand groß und klein Vieh und Tiere mit grausamen sowohl innerlichen als äußerlichen Schmerzen und Plagen belegen und peinigen und ebendieselben Menschen [*d. h. die Männer*], dass sie nicht zeugen, und die Frauen, dass sie nicht empfangen, und die Männer [*d. h. die Ehemänner*], dass sie den Weibern [*d. h. den Ehefrauen*], und die Weiber [*d. h. die Ehefrauen*], dass sie den Männern [*d. h. den Ehemännern*] die eheliche Werke nicht leisten können, verhindern. Über dieses den Glauben selbst, welchen sie bei Empfangung der heiligen Taufe angenommen haben, mit eidbrüchigen Munde verleugnen. Und andere überaus viele Leichtfertigkeiten, Sünden und Laster durch Anstiftung des Feindes des menschlichen Geschlechts zu begehen und zu vollbringen sich nicht fürchten, zu der Gefahr ihrer Seelen, der Beleidigung der göttlichen Majestät und sehr vieler schädlicher Exempel und Ärgernisse. Und dass, obschon die geliebten Söhne Henricus [*Heinrich*] Institoris in den obgenannten Teilen Oberdeutschlands, in welchen auch solche Erzbistümer, Städte, Länder, Bistümer und andere Orte begriffen zu sein gehalten werden, wie auch Jacobus [*Jakob*] Sprenger durch gewisse Striche des Rheinstroms des Predigerordens und Professores Theologiae [*Professoren der Theologie*] zu Inquisitoren des ketzerischen Unwesens durch Apostolische Briefe bestellt worden, wie sie auch noch sind, dann noch einige Geistliche und Gemeine derselben Länder, welche mehr verstehen wollen, als nötig wäre, deswegen weil in den Briefen ihrer Bestellung solcherlei Erzbistümer, Städte, Bistümer, Länder und andere obgenannte Orte und deren Personen und solche Laster nicht namentlich und in Sonderheit ausgedrückt worden, daher solche auch gar nicht darunter begriffen, und also den so genannten Inquisitoren in solchen Erzbistümern, Städten, Bistümern, Ländern und Orten, vorher genannt, solches Amt der Inquisition zu verrichten nicht erlaubt sein, und dieselbe zu Bestrafung, Inhaftnehmung und Besserung solcher Personen, über den vorgenannten Verbrechen und Lastern nicht müssen zugelassen werden, halsstarrig zu bejahen sich nicht schämen. Deswegen dann in den Erzbistümern, Städten, Bistümern, Ländern und Orten, vorher genannt, solcherlei Verbrechen und Laster nicht ohne offenbaren Verlust solcher Seelen und ewiger Seelengefahr ungestraft bleiben.

Derohalben wir, indem wir alle und jede Hindernisse, durch welche die Verrichtung des Amts derer Inquisitoren auf irgendeine Weise verzögert werden könnte, aus dem Wege räumen, und damit nicht die Seuche des ketzerischen

Unwesens und anderer solcher Verbrechen ihr Gift zu dem Verderben anderer Unschuldigen ausbreiten möge, durch taugliche Hilfsmittel, wie solches unserem Amt obliegt, vorsorgen wollen, da der Eifer des Glaubens uns vornehmlich hierzu antreibt, damit nicht daher geschehen möge, dass die Erzbistümer, Städte, Bistümer, Länder und obgenannte Orte in denselben Teilen Oberdeutschlands ohne das nötige Amt der Inquisition seien, so setzen wir aus Apostolischer Hoheit, dass den Inquisitoren das Amt solcher Inquisition darinnen zu verrichten erlaubt sei und sie zu der Besserung, Inhaftnehmung und Bestrafung solcher Personen über den vorgenannten Verbrechen und Lastern hinzugelassen werden sollen, durchgehends und in allem eben so, als wenn in den vorgenannten Briefen solche Erzbistümer, Städte, Bistümer, Länder und Orte und Personen und Verbrechen namentlich und in Sonderheit ausgedrückt wären, kraft dieses unseres Briefs. Und indem wir um mehrerer Sorgfalt willen vorgemeldete Briefe und Bestellung auf solche Erzbistümer, Städte, Bistümer, Länder und Orte desgleichen solche Personen und Laster ausstrecken, so geben wir den vorgenannten Inquisitoren, dass sie und einer derselben, wann sie den geliebten Sohn Johannes Gremper, einen Geistlichen des Konstanzer Bistums, Meister in den Künsten, ihrer dermaligen oder einen jeden anderen Notarium publicum zu sich gerufen haben, der von ihnen und einem jeglichen derselben zu der Zeit wird verordnet werden, in den vorgenannten Erzbistümern, Städten, Bistümern, Ländern und Orten wider alle und jede Personen, wes Standes und Vorzuges sie sein mögen, solches Amt der Inquisition vollziehen und die Personen selbst, welche sie in vorgemeldeten werden schuldig befunden haben, nach ihrem Verbrechen züchtigen, in Haft nehmen, am Leib und am Vermögen strafen, nicht weniger in allen und jeden Pfarrkirchen solcher Länder das Wort Gottes dem gläubigen Volke, so oft als es nützlich sein und ihnen gut dünken wird, vortragen und predigen auch alles und jedes, was zu und in obigen Dingen nötig und nützlich sein wird, frei und ungehindert tun und also vollziehen mögen, aus ebenderselben Hoheit, von neuen völlige und freie Gewalt.

Und befehlen nicht weniger unserem ehrwürdigen Bruder, dem Bischof zu Straßburg, durch Apostolische Briefe, dass er durch sich selbst oder durch einen andern oder etliche andere das Vorgemeldete wo, wann und so oft er es für nützlich erkennen wird und er vonseiten solcher Inquisitoren oder eines derselben gebührend wird ersucht sein, öffentlich kundtun und nicht gestatten

solle, dass sie oder einer derselben über diesem, wider den Inhalt derer ge-
dachten und derer gegenwärtigen Briefe, durch keinerlei Gewalt beeinträchtigt
oder sonst auf irgendeine Weise gehindert werden, alle diejenige, so ihnen Eintracht tun [*sie beeinträchtigen*] und sie verhindern und widersprechen und
rebellieren werden, von was für Würden, Ämtern, Ehren, Vorzügen, Adel und
Hoheit oder Standes und mit was für Privilegien der Befreiung sie versehen
sein mögen, durch den Bann, die Aufhebung und Verbot und andere noch
schrecklichere Urteile, Ahndungen und Strafen, welche ihm belieben werden,
mit Hintansetzung aller Appellation [*Berufung*] bezaumen und nach den von
ihm zu haltenden rechtlichen Prozessen die Urteile, so oft es nötig sein wird,
durch unser Ansehen ein und abermal schärfen lasse und dazu, wann es vonnöten sein wird, die Hilfe des weltlichen Arms anrufe. Ungeachtet aller und jeder vorigen und diesem zuwider seienden Apostolischen Rechtschlüssen und
Verordnungen. Oder wann einigen insgemein oder in Sonderheit von dem
Apostolischen Stuhl nachgegeben worden, dass wider sie kein Verbot, Aufhebung oder Bann solle ergehen können, durch Apostolische Briefe, in welchen
solcher Nachgebung nicht völlige und ausdrückliche Meldung geschieht, desgleichen alle andere oder besondere Indulgenzien [*Nachsichten von gesetzlichen Verpflichtungen*] des bemeldeten Stuhls von was für Inhalt sie seien,
durch welchen und wann sie in diesen gegenwärtigen nicht ausgedrückt oder
nicht ganz einverleibt werden, die Wirkung dieser Gnade auf einige Weise
verhindert oder aufgeschoben werden möchte, und von einer jeglichen davon
geschieht nach dem ganzen Inhalt in unserem Brief besondere Meldung. Es
solle also gar keinem Menschen erlaubt sein, dieses Blatt unserer Verordnung,
Ausdehnung, Bewilligung und Befehls zu übertreten oder derselben aus ver-
wegener Kühnheit entgegenzuhandeln. Wann aber jemand sich dieses zu er-
kühnen unternehmen würde, der soll wissen, dass er den Zorn des allmächtigen
Gottes und seiner heiligen Aposteln Petrus und Paulus auf sich laden werde.

Gegeben in Rom zu Sankt Peter, im Jahr der Menschwerdung des Herrn
1484, den 5. Dezember, im ersten Jahr unserer päpstlichen Regierung.

Quellentext Nr. 126: Innozenz VIII., Bulle „Summis desiderantes affectibus" vom 5. Dezember 1484. – Jakob Sprenger/Heinrich Institoris, Der Hexenhammer. Malleus maleficarum. Zum ersten Mal ins Deutsche übertragen und eingeleitet von J. W. R. Schmidt,
Berlin 1920. S. XX–XXIV. – Transkription der Sprachgestalt in heutiges Deutsch: © Josef
Dirnbeck.

SCHUTZ GEGEN HEXEN

Begreiflicherweise hatten Inquisitoren – vor allem wenn sie selbst an Hexen glaubten oder zumindest davon überzeugt waren, dass der Teufel unter Zulassung Gottes durch die der Hexerei angeklagten Personen schädliche Wirkungen hervorzurufen imstande sei – eine panische Angst, durch den Nahkontakt mit Hexen selbst behext zu werden. Mehr noch als die Richter plagte diese Angst in der Regel auch die Henker, die Folterknechte und das übrige Dienstpersonal in den Gefängnissen. Im „Hexenhammer" wird daher ausführlich erörtert, an welchen Zeichen man eine Hexe erkennen kann und mit welchen erlaubten und bewährten Mitteln man sich gegen ihre Behexungen schützen kann. Zu den „bewährten" Mitteln zählte es beispielsweise, der mutmaßlichen Hexe „einen Tropfen geweihtes Wachs" mit einem „Becher Weihwasser" zu mischen und „drei Tage lang unter der Anrufung der Heiligsten Dreieinigkeit bei nüchternem Magen im Tranke" zu reichen.

Eine Hexe kann nicht weinen

Wenn er [*der Richter*] nämlich erforschen will, ob die Hexe in die Hexenkunst der Verschwiegenheit [*d. h. trotz der Folter kein Geständnis abzulegen*] gehüllt sei, beachte er, ob sie weinen kann, wenn sie vor ihm steht oder er sie der Folter aussetzt. Dies ist nämlich als das sicherste Zeichen aufgrund der alten Überlieferung von glaubwürdigen Männern und indem die eigene Erfahrung es lehrt, so sehr befunden worden, dass, auch wenn er sie zum Weinen unter Beschwörungen ermahnt und antreibt, sie das, nämlich Tränen vergießen, nicht kann, wenn sie eine Hexe ist. Sie wird freilich weinerliche Laute von sich geben und versuchen, Wangen und Augen mit Speichel zu bestreichen, als wenn sie weinte, bezüglich dessen die Umstehenden vorsichtig aufpassen müssen. Die Art aber, sie zur [Vergießung von] wahren Tränen, falls sie unschuldig ist, zu beschwören und dass sie [falls schuldig], falsche Tränen zurückhält, kann so [wie folgt] oder ähnlich vom Richter oder Presbyter [*d. h. vom geistlichen Richter*] in dem Spruche ausgeführt werden, unter Auflegung der Hand auf das Haupt des oder der Angezeigten: „Ich beschwöre dich bei den bittersten Tränen, die unser Heiland und Herr Jesus Christus am Kreuze zum Heile der Welt vergossen hat, und bei den brennendsten Tränen der glorreichsten Jungfrau, seiner Mutter selbst, die sie über seine Wunden zur Abendstunde hat fließen lassen, und bei allen Tränen, welche hier in der Welt alle Heiligen und Auserwählten Gottes vergossen haben, von deren Augen [Gott] jetzt jede Träne abgewischt hat, dass du, sofern du unschuldig bist, Tränen vergiesst; wenn schuldig, keinesfalls. Im Namen des Vaters und des Sohnes und des Heiligen Geistes. [*Kreuzzeichen.*] Amen."

Die Erfahrung hat gelehrt, je mehr sie beschworen wurden, desto weniger konnten sie weinen, während sie sich doch heftig zum Weinen anstachelten und die Wangen mit Speichel anfeuchteten. Möglich jedoch, dass sie später, in Abwesenheit des Richters und außerhalb des Ortes und der Zeit, der Tortur vor den Wächtern zu weinen imstande sind.

Fragt man nach der Ursache der Verhinderung des Weinens bei den Hexen, so kann man sagen: weil die Gnade der Tränen bei Bußfertigen den hervorragenden Gaben zugezählt wird, indem Bernardus [*der heilige Bernhard von Clairvaux*] behauptet, dass eine demütige Träne in den Himmel steige und einen Unbesieglichen besiege, so ist es niemandem zweifelhaft, dass sie auch dem Feinde des Heiles ersichtlich gar sehr missfällt: daher auch niemand zweifelt, dass er sie mit den äußersten Bemühungen zu verhindern sucht, damit vielmehr am Ende Unbußfertigkeit erzielt werde.

Aber wie, wenn es durch die Schlauheit des Teufels mit Gottes Zulassung geschähe, dass auch eine Hexe weinte, da ja weinen, spinnen und betrügen zur Eigenart der Weiber gehören soll? Es kann geantwortet werden: Da Gottes Ratschlüsse verborgen sind, so wäre sie natürlich freizusprechen, wenn sie auf andere Weise, durch gesetzmäßige Zeugen betreffs irgendwelcher Indizien der Tat, nicht überführt werden kann, noch auch schwer oder heftig verdächtig ist, und hätte wegen des leichten Verdachtes, in dem sie sich um der Bescholtenheit willen, die die Zeugen ausgesagt haben, befindet, die Ketzerei der Hexen abzuschwören, wie bei der zweiten Art, das Urteil zu fällen, erörtert werden wird.

Körperliche Berührung und Blicke vermeiden

Die zweite Vorsichtsmaßregel ist nicht nur nach dieser ersten zu beobachten, sondern auch zu jeder Zeit vom Richter und allen Beisitzern zu beachten: dass sie sich von ihr körperlich nicht berühren lassen, besonders an der nackten Verbindungsstelle der Hände und Arme; sondern sie sollen auf jeden Fall am Palmensonntag geweihtes Salz und geweihte Kräuter bei sich tragen. Diese Dinge nämlich, zusammen mit geweihtem Wachs eingewickelt und am Halse getragen, haben, wie sich oben im zweiten Teile des Werkes [im Kapitel] über die Heilmittel gegen angehexte Krankheiten und Mängel ergeben hat, eine wunderbare vorbeugende Wirksamkeit, nicht nur nach den Zeugnissen von Hexen, sondern auch infolge der Praxis und Gepflogenheit der Kirche, die zu diesem Ende derlei exorzisiert und weiht, wie es sich in deren Exorzismen ergibt, wenn es heißt: „Zur Verscheuchung aller Macht des Feindes" etc.

Es möge auch nicht fremdartig erscheinen, [was] bezüglich der Berührung der Gelenke oder Glieder [gesagt ist], weil sie mit Zulassung Gottes bisweilen durch die Berührung, manchmal durch den Blick oder durch das Anhören der von ihnen ausgestoßenen Worte mithilfe der Dämonen behexen können; besonders in der Zeit, wo sie dem peinlichen Verhör ausgesetzt werden, wie es uns die Erfahrung lehrt. Wir kennen gewisse in Zitadellen festgehaltene [Hexen], die mit den inständigsten Bitten die Kastellane um nichts weiter baten, als dass ihnen bei der Ankunft des Richters oder eines anderen Vorsitzenden gestattet würde, den ersten Blick des Auges auf den Richter selbst richten zu können, bevor sie von ihm oder anderen gesehen würden, infolge welches Blickes sie es auch erreichten, dass ein solcher Richter oder die anderen, seine Beisitzer, in ihren Herzen so entfremdet wurden, dass sie allen Unwillen, wenn sie welchen gehabt hatten, verloren und sie selbst auf keine Weise zu belästigen unternahmen, sondern sie frei weggehen ließen. Wer es weiß und erfahren hat, legt ein wahres Zeugnis ab. O wenn sie doch derlei nicht bewirken könnten!

Schutz durch geweihte Gegenstände

Die Richter mögen solche Winke und Mittel nicht gering schätzen, da ihnen die Geringachtung derartiger [Belehrungen] nach so ernsten Ermahnungen zur ewigen Verdammnis ausschlagen wird, nach dem Worte des Heilandes: „Wenn ich nicht gekommen wäre und zu ihnen geredet hätte, hätten sie die Sünde nicht; jetzt aber haben sie keine Entschuldigung für die Sünde" (Joh 15,22). Sie mögen sich also mit den vorerwähnten [Mitteln] aufgrund der Einrichtung der Kirche schützen, und wenn es bequem geschehen kann, werde sie von hinten hereingeführt, indem sie den Richtern und Beisitzern den Rücken zudreht; und nicht nur in diesem Akte, sondern auch in allen vorhergehenden und folgenden schütze man sich mit dem Zeichen des Kreuzes und greife mannhaft an, wodurch die

Kräfte der alten Schlange [*d. h. des Teufels*] mit Gottes Hilfe gebrochen werden. Es möge das auch niemand für etwas Abergläubiges ansehen, dass sie rückwärts hereingebracht werden soll, da die Kanonisten [*die Lehrer des Kirchenrechtes*], wie oft berührt worden ist, zur Behebung und Hinderung der Behexungen noch Größeres zulassen und sagen, Eitles mit Eitlem zu zerstoßen sei immer erlaubt.

Abrasieren der Körperbehaarung

Als dritte Vorsichtsmaßregel im gegenwärtigen elften Akte ist zu beobachten, dass die Haare von jedem Teile des Körpers abrasiert werden; und dabei gilt derselbe Grund wie oben für das Ausziehen der Kleider. Sie haben nämlich bisweilen zur [Erzielung der] Hexenkunst der Verschwiegenheit irgendwelche abergläubische Amulette von gewissen Dingen, sei es in den Kleidern, sei es in den Haaren des Körpers und bisweilen an den geheimsten, nicht namhaft zu machenden Orten.

Wenn jemand entgegenhalten sollte, ob denn der Teufel ohne derartige Amulette den Sinn der Hexen verhärten könne, dass sie nicht imstande seien, ihre Verbrechen zu gestehen, wie man auch andere Verbrecher häufiger findet, [die] unter noch so großen Folterungen jeder Art, so sehr sie auch durch die Indizien der Tat oder durch Zeugen überführt sind [nichts gestehen], so wird geantwortet: Es ist durchaus wahr, dass der Dämon ohne irgendwelche Dinge solche Verschwiegenheit bewirken kann; er bedient sich jedoch jener Dinge zum Verderben der Seele und zu größerer Beleidigung der göttlichen Majestät.

Das Mittel der Hexe von Hagenau

Damit dies noch klarer sich ergebe [sei an Folgendes erinnert]: Eine gewisse Hexe in Hagenau, von der auch oben, im zweiten Teile des Werkes die Rede gewesen ist, wusste solche Hexenkunst der Verschwiegenheit dadurch zu bewirken, dass ein eben geborenes Kind männlichen Geschlechts, nicht getauft und dazu ein erstgeborenes, getötet, im Ofen gebraten und mit anderen Dingen, die ausdrücklich zu nennen nicht frommt, eingeäschert und pulverisiert wurde. Wenn eine Hexe oder ein Verbrecher davon etwas bei sich trug, konnte sie auf keinen Fall ihre Verbrechen gestehen. Hier ist es klar: Wenn hunderttausend Knaben verwendet würden, könnten sie aus ihrer natürlichen Neigung heraus niemals eine solche Wirkung [in Gestalt] der Verschwiegenheit verursachen;

[der Teufel] bedient sich jedoch [dieses Mittels], wie jedem Einsichtigen klar ist, zum Verderben der Seelen und zur Beleidigung der göttlichen Majestät.

Gründe für die „Verschwiegenheit"

Aber auch das, wenn gesagt wird, dass häufig Verbrecher und keine Hexe eine solche Verschwiegenheit [*mangelnde Bereitschaft zu einem Geständnis*] bei sich behalten, [ist zu besprechen, und zwar] ist zu sagen, dass eine solche Verschwiegenheit aus einer dreifachen Ursache hervorgehen kann: erstens aus einer gewissen natürlichen Härte des Geistes; weil, wie manche weich von Herzen oder verzagt sind, dass sie auf eine leichte Folterung alles gestünden, auch alles beliebige Falsche, manche so hart sind, dass sie noch so sehr bearbeitet werden können – die Wahrheit bekommt man von ihnen nicht; und besonders sind das solche, die schon anderwärts peinlich verhört worden sind. Deren Arme beugen sich ebenso schnell wieder, wie sie ausgezogen werden. Zweitens kommt sie aus einem bei sich behaltenen Hexenmittel, wie gesagt ist, sei es in den Kleidern, sei es in den Körperhaaren versteckt; drittens: Mögen sie auch bisweilen keine Hexenmittel bei sich eingenäht oder angebunden haben, so werden sie doch von anderen Hexen, wenn diese auch noch so weit entfernt sind, behext; wie sich eine gewisse Hexe in Innsbruck zu rühmen pflegte, dass, wenn sie nur wenigstens einen Faden von den Kleidern irgendeines Gefangenen hätte, sie doch bewirken könnte, dass, wie sehr er auch gefoltert würde, selbst bis zum Tode, er nichts gestehen könnte. Daher ist die Antwort auf den Einwurf klar.

Wenn der Hexe Feuer oder Wasser nichts anhaben kann

Aber wie ist es mit dem Falle in der Diözese Regensburg, der sich in der Weise ereignet haben soll, dass, als gewisse Ketzer, aufgrund ihres eigenen Geständnisses überführt, nicht nur als unbußfertig, sondern sogar als Verteidiger jenes Unglaubens zum Tode verurteilt worden waren, es sich traf, dass sie im Feuer unversehrt blieben? Als sie endlich durch einen anderen Spruch zur Untertauchung verurteilt worden waren, konnte man mit ihnen auch nicht fertig werden, zum Staunen aller, während manche schon versuchten, ihren Glauben als den rechten zu verteidigen. In Aufregung versetzt, sagte der Kirchenvorstand der Gemeinde ein dreitägiges Fasten an, nach dessen frommer Abhaltung jemandem bekannt gegeben wurde, dass jene an einer bestimmten Stelle des

Körpers, nämlich unter dem einen Arme, ein bestimmtes Hexenmittel zwischen Haut und Fleisch eingenäht hätten. Als man das gefunden und beseitigt hatte, wurden sie sofort vom Brande verzehrt.

Andere meinen freilich, ein gewisser Nigromantiker [*Schwarzkünstler*] habe es nach Befragung des Dämons, der ihm das angegeben hatte, verraten. Aber auf welche Weise auch immer es geschehen sein mag – es ist wahrscheinlich, dass der Dämon, von göttlicher Kraft gezwungen, dies offenbart habe, während er immer auf den Umsturz des Glaubens hinarbeitet.

Ähnlich kann ein Richter, wenn ihm ein solcher Fall vorkommt, erschließen, was er tun muss: nämlich zum göttlichen Schutz seine Zuflucht nehmen, damit durch Fasten und Gebete frommer Personen diese Art von Dämonen von den Hexen in dem Falle ausgetrieben werde, wo sie weder durch Änderung der Bekleidung noch durch Abscheren der Haare zum Geständnis der Wahrheit auf der Folter gebracht werden können.

Unterschiedliche Praxis in Deutschland und südlich der Alpen

Mag nun auch in den deutschen Landen ein solches Abscheren, besonders an den geheimen Stellen, für durchaus unanständig erachtet werden, aus welchem Grunde auch wir Inquisitoren keinen Gebrauch davon gemacht, sondern mit Gottes Gnade von den meisten die Hexenkunst der Verschwiegenheit entfernt haben, indem wir ihnen nach Abscherung der Kopfhaare einen Tropfen geweihtes Wachs mit einem Becher oder Pokale Weihwasser mischten und drei Tage lang unter der Anrufung der Heiligsten Dreieinigkeit bei nüchternem Magen im Tranke reichten, so befehlen doch in anderen Ländern die Inquisitoren ein solches Abscheren am ganzen Körper. Daher hat auch der Inquisitor von Como uns wissen lassen, dass er im verflossenen Jahre, welches 1485 war, einundvierzig Hexen habe einäschern lassen, nachdem am ganzen Körper die Haare abrasiert worden waren; und zwar im Bezirk und in der Grafschaft Burbia, im Volksmunde Wormserbad, in der Nachbarschaft des Erzherzogs von Österreich, gegen Mailand zu.

Erlaubte und unerlaubte Mittel

Wenn gefragt wird, ob es erlaubt sei, zur Zeit der Not, da durch keine entsprechenden Mittel das Hexenwerk, wie vorausgeschickt ist, entfernt werden kann, Wahrsagerinnen wegen der Beseitigung eines solchen Hexenwerkes um Rat zu fragen, die auch Behexungen zu heilen und zu beheben pflegen, so lautet die Antwort: Was es auch immer mit dem in Regensburg ausgeführten Geschäfte sei, wir ermahnen im Herrn, dass in keinem noch so dringenden Falle zum Besten des Staates Wahrsagerinnen befragt werden, und zwar wegen der großen Beleidigung der göttlichen Majestät, da uns so viele andere Mittel gestattet sind, durch die wir auf jeden Fall erreichen können, sei es in der eigentlichen, sei es in einer gleichwertigen Form des Gewünschten, sodass auf jeden Fall die Wahrheit erfahren wird, sei es aus ihrem Munde, dass sie eingeäschert [*d. h. auf dem Scheiterhaufen verbrannt*] werden kann, sei es, dass sie Gott aus dem Wege schafft, indem er einen anderen Tod bei ihr zulässt.

Folgende Mittel aber werden uns vorgelegt: Erstens, dass der Mensch das tut, was er aus eigenem Fleiße und aufgrund der Übung seiner Kräfte vermag, indem man die oben berührten Weisen mehrmals und besonders an bestimmten Tagen befolgt, wie sich schon in der folgenden Frage ergeben wird; Korinther: „Dass ihr reich seid an allerlei guten Werken" (1 Kor 1,5).

Zweitens, dass, wenn dies versagt, man um Rat zu holen, sich an andere Leute wendet, die ihm vielleicht ein Heilmittel zuteil werden lassen, an das er niemals gedacht hatte, darum dass es verschiedene Mittel zur Behebung von Behexungen gibt.

Drittens, wenn das Vorerwähnte versagt, nehme man seine Zuflucht zu frommen Personen, nach jenem Worte Ecclesiasticus: „Sei beständig mit einem heiligen Manne zusammen, wer es auch sei, von dem du weißt, dass er die Furcht vor Gott beachtet" (Jes Sir 37,12). Desgleichen sollen die Heiligen im Lande angerufen werden. Wenn das alles versagt, nehme der Richter und das ganze Volk seine Zuflucht unmittelbar zu Gott mit Fasten und Gebeten, damit durch seine Liebe eine solche Hexenkunst beseitigt werde; so, wie Josaphat [*Joschafat*] es tat: „Da wir nicht wissen, was wir tun sollen, haben wir allein die Zuflucht, dass wir unsere Augen auf dich richten. Denn Gott wird uns ohne Zweifel in unseren Nöten nicht im Stich lassen" (vgl. 2 Chr 20,1–30). Daher [sagt] auch Augustinus: „Wollt ihr nicht aufmerken? Wer diese und sonst welche Weissagungen oder Schicksalsfügungen oder Vogelzeichen beobachtet oder beachtet oder denen, die sie beobachten, beistimmt oder solchen glaubt, indem er nämlich mit der Tat sich danach richtet, oder in ihr Haus geht oder sie in sein Haus führt oder sie befragt, der wisse, dass er gegen den christlichen Glauben und die Taufe gefrevelt hat und als Heide und Apostat und Gottes Feind den Zorn Gottes auf ewig schwer auf sich zieht, wenn er nicht, durch kirchliche Buße gebessert, mit Gott versöhnt wird."

Ein Richter versäume also nicht, nach dem Vorausgeschickten sich immer der erlaubten Mittel und schließlich der unten aufgezeichneten Vorsichtsmaßregeln zu bedienen.

Quellentext Nr. 127: Jakob Sprenger/Heinrich Institoris, Der Hexenhammer. Malleus maleficarum. Zum ersten Mal ins Deutsche übertragen und eingeleitet von J. W. R. Schmidt, Berlin 1920. S. 69–77.

Hirngespinste

Der Humanist Agrippa von Nettesheim (1486–1535) hatte in verschiedenen europäischen Städten studiert und sich eine umfassende Bildung angeeignet. Er trat nicht nur als Verfasser philosophischer Schriften in Erscheinung, sondern war auch als Mediziner tätig. So wirkte er eine Zeit lang als Leibarzt von Louise von Savoyen, der Mutter des französischen Königs. In der Freien Reichsstadt Metz bekleidete er auch das Amt eines Syndikus, allerdings nicht sehr lange, denn nachdem er mit der Inquisition in Konflikt geraten war, zog er es vor, die Stadt zu verlassen. Agrippa von Nettesheim hatte es gewagt, eine Frau, die wegen Hexerei angeklagt war, vor der Inquisition zu verteidigen und wurde in der Folge schnell selbst beschuldigt, ein Ketzer zu sein. Einer autobiografischen Notiz, in der Agrippa den Vorfall erwähnt, kann man entnehmen, wie geschickt der theologisch geschulte Syndikus argumentierte, indem er die der Anklage zugrunde liegende These als in sich widersprüchlich und unsinnig – als reines „Hirngespinst" – entlarvte. Anzunehmen, dass eine Mutter ihr Kind dem Teufel „geweiht" haben könnte, würde bedeuten, die Gnade der Taufe zu leugnen, gab Agrippa von Nettesheim zu bedenken, denn wie sollte, wenn doch nach christlichem Glauben durch die Taufe die Macht des Bösen gebrochen ist, der Teufel Macht über die Seele eines unschuldigen Kindes gewinnen können!

Als Syndikus zu Metz hatte ich einen harten Kampf mit einem Inquisitor, der ein Bauernweib um der abgeschmacktesten Verleumdungen willen mehr zur Abschlachtung als zur Untersuchung vor sein nichtswürdiges Forum gezogen hatte. Als ich ihm in der Verteidigung der Angeklagten bewies, dass in den Akten kein genügendes Indizium vorliege, sagte er mir ins Gesicht: Allerdings liegt ein sehr genügendes vor, denn ihre Mutter ist als Zauberin verbrannt worden. Ich verwarf ihm dies als ungehörig; er aber berief sich auf den Malleus malleficarum [*auf den „Hexenhammer"*] und die peripatetische Theologie und behauptete, das Indizium müsse gelten, weil Zauberinnen nicht nur ihre Kinder sogleich nach der Geburt den Dämonen zu weihen, sondern sogar selbst aus ihrem Umgang mit den Inkuben Kinder zu zeugen und so das Zauberwesen in den Familien zu vererben pflegten. Ich erwiderte ihm: Hast du eine so verkehrte Theologie, Herr Pater? Mit solchen Hirngespinsten willst du unschuldige Weiber zur Folter schleppen und mit solchen Sophismen Ketzer verurteilen, während du selbst mit deinem Satze kein geringerer Ketzer bist als Faustus und Donatus [*gemeint sind der Manichäer Faustus von Mileve und der Donatist Donatus von Karthago, zwei prominente Häretiker aus dem 4. Jahrhundert*]? Angenommen, es wäre, wie du sagst: Wäre damit nicht die Gnade der Taufe vernichtet? Der Priester würde ja vergeblich sagen: Ziehe aus, unsauberer Geist, und mache Platz dem Heiligen Geiste, wenn wegen des Opfers einer gottlosen Mutter das Kind dem Teufel verfallen wäre.

Quellentext Nr. 128: Agrippa von Nettesheim, De vanitate scientiarum, Köln 1531, Kapitel 96. – Gottlieb Wilhelm Soldan/Heinrich Heppe/Max Bauer, Geschichte der Hexenprozesse, Bd. 1, Hanau 1911. S. 486–487.

Wider den Hexenwahn

Der Inquisitor Alonso de Salazar Frias unternahm in den Jahren 1611 und 1612 eine neun Monate dauernde Visitationsreise, in deren Verlauf er zu ermitteln suchte, ob es sich bei den Tatbeständen, die in den Hexenprozessen eine Rolle spielten, bloß um Einbildungen und Sinnestäuschungen der Angeklagten bzw. der angeklagten Personen handelte oder ob die Dinge, die man von den Hexen und ihren geheimnisvollen Versammlungen, den so genannten „Aquelarres", erzählte, ein „fundamentum in re" – einen Anhaltspunkt in der Wirklichkeit – hätten. Nachdem er über 1800 Personen verhört und sich ein Aktenmaterial von 5000 Seiten angehäuft hatte, verfasste Salazar einen Bericht, in dem er das nüchterne und ernüchternde Ergebnis seiner Erkundigungen zusammenfasste.

Wenn ich das alles mit der mir möglichen christlichen Aufmerksamkeit erwäge, so habe ich nicht einmal Anzeichen gefunden, aus denen sich das Vorkommen einer einzigen Hexentat ergeben würde, sei es eine Sabbatfahrt, das Verweilen beim Sabbat, ein Bosheitszauber oder sonst eine der angeblichen

Tatsachen. Diese Erkenntnis hat meinen früheren Verdacht wesentlich gestärkt, dass die Aussagen von Mitschuldigen ohne äußerliche Beweise von anderer Seite zur Rechtfertigung auch nur einer Verhaftung nicht ausreichen. Zudem gewinne ich aus meinen Beobachtungen die Überzeugung, dass wenigstens drei Viertel von denen, die das Gnadenedikt ausnutzten, sich und ihre Mitschuldigen falsch ziehen. Ferner glaube ich, dass sie ungescheut zur Inquisition kommen würden, um ihre Bekenntnisse zurückzunehmen, wenn sie einer gütigen Aufnahme ohne Strafe sicher wären, denn ich befürchte, dass meine Bemühungen, sie dahin zu bringen, nicht gehörig bekannt geworden sind, sowie ich auch befürchte, dass in meiner Abwesenheit die Kommissare, denen ich ihren Weisungen gemäß befohlen hatte, ebenso zu handeln, dies nicht aufrecht genug tun, sondern in zunehmendem Eifer stündlich neue Hexen und Aquelarres [*Hexenversammlungen*] entdecken, genau wie früher. Auch bin ich gewiss, dass unter den gegenwärtigen Umständen kein Bedürfnis für neue Edikte oder die Verlängerung der früheren vorliegt, sondern vielmehr bei dem gegenwärtigen Zustand der Volksmeinung jede Aufregung in dieser Sache schädlich wäre und das Übel vergrößern würde. Das Gebot des Schweigens und der Zurückhaltung leite ich daraus her, dass es weder Hexen noch Behexte gab, bis man davon redete und schrieb. Diesen Eindruck empfing ich kürzlich in Olague bei Pamplona, wo die Bekennenden erklärten, dass die Sache begonnen habe, nachdem Bruder Domingo de Sardo darüber predigen gekommen war. Ebenso nachdem ich in Valderro bei Roncesvalles gewesen war, um einige Bekennende auszusöhnen, baten mich auf dem Rückwege die Alkalden [*die Bürgermeister*], ich möchte nach dem Ahoescatal gehen, zwei Meilen davon, nicht etwa weil dort Hexen entdeckt worden seien, sondern damit das Tal ebenso geehrt werde wie jenes. Ich begnügte mich damit, das Gnadenedikt hinzusenden, und acht Tage nach dessen Verkündigung erfuhr ich, dass schon zwei Knaben geständen. Nachdem ich den Bericht des Kommissars empfangen hatte, den ich dorthin gesandt hatte, ließ ich von Azpeitia aus den Prior von San Sebastian in Urdax dorthin gehen, mit dem Sekretär Peralta, um sie loszusprechen. Dies wirkte beruhigend, seit meiner Rückkehr nach Logrono jedoch ist das Gericht darum angegangen worden, der Heimsuchung neuer Übel und Hexereien zu steuern, die sich allesamt aus jener Sache ergäben.

Quellentext Nr. 129: Henry Charles Lea, Geschichte der Spanischen Inquisition, Bd. 3, Leipzig 1912. S. 188–189.

ALEXANDER VII. WUNDERT SICH ÜBER DIE IGNORANZ

Der Paderborner Historiker Rainer Decker ist in der Erforschung bisher unbekannter Quellen einem Briefwechsel auf die Spur gekommen, den der Fürstbischof von Paderborn – Dietrich Adolf von der Recke (1650–1661) – mit der Inquisition in Rom führte. In diesem Briefwechsel ging es um Fälle angeblicher Besessenheit, die im Herrschaftsgebiet des Fürstbischofs damals massenhaft auftraten und die im Zusammenhang mit der Hexenverfolgung standen. Das Besondere daran ist, dass sich der oberste Chef der Kirche – Papst Alexander VII. (1655–1667) – höchstpersönlich für die Fälle interessierte; was insofern wieder auch nicht ganz so verwunderlich ist, als Ferdinand Freiherr von Fürstenberg – einer der Verbindungsmänner, die der Paderborner Bischof in Rom hatte – ein Paderborner Domherr war und als päpstlicher Kämmerer tagtäglich beim römischen Pontifex ein und aus ging. Rainer Decker hat in seinem Buch „Die Hexen und ihre Henker" die zentralen Passagen der lateinisch geführten Korrespondenz in deutscher Übersetzung publiziert. Am 23. Januar 1657 schrieb Herr von Donneux, der zweite Verbindungsmann des Paderborner Bischofs zum „Sanctum Officium" in Rom, unter anderem Folgendes an Bischof Dietrich Adolf nach Paderborn:

Am vergangenen Samstag schrieb ich Euer Exzellenz, dass ich mit Baron von Fürstenberg Verbindung aufgenommen hatte wegen des Problems der Besessenen, über das er schon durch verschiedene Briefe zum größeren Teil unterrichtet war. Wir beschlossen, in Eurem Namen an die Kongregation des Heiligen Offiziums heranzutreten, um jenes Gutachten bestätigen zu lassen, das die Universität Köln bezüglich der Frage erteilt hatte, ob der Teufel durch die Kraft der Exorzismen gezwungen werden könne, die Wahrheit zu sagen. Wir haben die Sache mit einem Dominikanerpater besprochen, einem Mann von heiligmäßigem Ruf, einem hochgerühmten Diener Gottes, in Exorzismusangelegenheiten erfahren, der Unzählige vom Teufel befreit hat und noch täglich befreit. Er nahm sich einige Tage Zeit, um die Informationen Eurer Exzellenz sowie die Erörterung und das Gutachten der genannten Universität zu studieren. Er gab dann die beigefügte Anweisung zur Verwendung durch Eure Exzellenz und wird bei Bedarf noch Weiteres hinzufügen. [1]

Der Brief des päpstlichen Kämmerers und Paderborner Domherrs Ferdinand von Fürstenberg an Fürstbischof Dietrich Adolf von der Recke datiert vom 18. August 1657. Dass in ihm festgehalten ist, was Alexander VII. mit dem Kir-

chenmann aus Deutschland besprach, macht ihn zum wohl einzigen „Quellendokument aus der frühen Neuzeit, in dem sich ein Papst persönlich zu Fällen angeblicher teuflischer Besessenheit äußerte" (Rainer Decker, op. cit. S. 73).

Hochwürdigster und gnädigster Fürst! Euren Brief vom 26. Juli mit den Dokumenten, die den Fall der Paderborner Besessenen betreffen, habe ich erhalten. Und da neulich im Kolloquium bei Seiner Heiligkeit das Elend in Paderborn zur Sprache gekommen war, ordnete Seine Heiligkeit an, dass ich den Band mit den Dokumenten gestern zu ihm brachte. Er las darin, in meinem Beisein und unter den Augen anderer, mit großem Eifer und schien sich nicht wenig wundern zu können, und zwar über die Einfalt der Leichtgläubigen auf der einen und die Bosheit und Verstellung auf der anderen Seite, schließlich auch über die Ignoranz derjenigen, die solche Akten, die in vieler Hinsicht unbrauchbar und ohne vernünftige Kenntnis des Rechts angelegt seien, geschrieben hätten. Denn überall fehlten rechtmäßige Beweise und notwendige Tatsachenfeststellungen, wenn nämlich meistens das vorausgesetzt werde, was strittig sei, beispielsweise wenn einmal gesagt werde: „Der Teufel hat die Glocke geläutet, die Kerze gelöscht, er hat dieses oder jenes getan." Dem werde eine Handlung des Teufels zugrunde gelegt, obwohl noch gar nicht sicher sei, dass der Teufel dahinter stecke; denn es sei weder von der Kenntnis fremder Sprachen noch anderer Zeichen die Rede, sondern immer nur von Nicken und Gestikulieren, was auch von einer Person, die den Teufel in sich simuliert, getan werden kann. Ferner wird dort immer behauptet, der Teufel habe dem Exorzisten gehorcht, aber es fehlten Angaben, denen man entnehmen kann, dass ihm eher der Teufel als der Besessene, der den Teufel vorspiegelt, gehorcht hat und das getan hat, was man ihm befahl. Ich hielt es für wichtig, dies Euer Gnaden mitzuteilen, sodass man demgemäß eine Lösung findet. [2]

Quellentext Nr. 130: (1) Brief des Herrn von Donneux vom 23. Januar 1657. – (2) Brief des päpstlichen Kämmerers Ferdinand von Fürstenberg vom 18. August 1657. – Rainer Decker, Die Hexen und ihre Henker. Ein Fallbericht, Freiburg im Breisgau 1994. S. 64–65 und 73–74.

Friedrich von Spee plädiert für Vernunft

„Cautio criminalis oder Rechtliches Bedenken wegen der Hexenprozesse für die Obrigkeiten Deutschlands gegenwärtig notwendig. Aber auch für die Ratgeber und Beichtväter der Fürsten, für Inquisitoren, Richter, Advokaten, Beichtiger der

Angeklagten, Prediger und andere sehr nützlich zu lesen" – so lautet der volle Titel der zunächst anonym publizierten Schrift des Jesuiten Friedrich von Spee von Langenfeld (1591–1635). Spee, den Walter Nigg als einen Mann bezeichnet hat, „der zu den unvergänglichen Wohltätern der Menschheit gehört" (Walter Nigg, Friedrich von Spee – Ein Jesuit kämpft gegen den Hexenwahn, Paderborn 1991. S. 9), war nicht der Erste und nicht der Einzige, der seine Stimme erhob. Nicht vergessen sei etwa auch ein Mann wie Michael Stappert (1590–1663), ein einfacher Pfarrer, den der Paderborner Historiker Decker „den Friedrich Spee des Sauerlandes" genannt hat, weil er mit ganz ähnlichen Argumenten wie Spee die Methoden der Prozessführung anprangerte und gegen das fanatische Wüten eines Hexenrichters wie Heinrich von Schultheiß ins Feld zog.

Schon vor Friedrich von Spee gab es Juristen, Ärzte und Theologen – Männer wie Petrus von Ravenna, Agrippa von Nettesheim, Johannes Weyer, Johannes G. Gödelmann usw. –, die es wagten, das Unrecht und Elend der Hexenverfolgung und die damit verbundene Folter anzuprangern. Doch sie drangen nicht durch. Das 1563 erschienene Buch „Über die Blendwerke der Dämonen, Zaubereien und Giftmischereien", das der Arzt Johannes Weyer (1516–1588) verfasst hatte, wurde beispielsweise sofort auf den Index gesetzt. Der Theologieprofessor Cornelius Loos, der in Trier gegen die Verbrennung von Hexen aufgetreten war, wurde auf Veranlassung des päpstlichen Vertreters in Deutschland eingesperrt und zum Widerruf gezwungen. Auch Adam Tanner (1572–1632) – Professor an der Universität Ingolstadt und Mitbruder Spees im Jesuitenorden –, auf dessen Argumente gegen die ungerechtfertigten Hexenprozesse sich der Autor der „Cautio criminalis" ausdrücklich beruft, wurde massiv angefeindet. Als Tanner sich gegen die Anwendung der Folter aussprach, attestierten ihm zwei Inquisitoren postwendend, er selbst verdiene die Folter. Erst Friedrich Spees aufrüttelnde Schrift „leitete allmählich einen Durchbruch ein und veranlasste einige katholische und evangelische Fürsten zur Einschränkung der Hexenprozesse" (Georg Schwaiger, Teufelsglaube und Hexenprozesse, München [4. Auflage] 1999. S. 174).

So viel die Fürsten auch noch verbrennen mögen, sie werden es doch nicht ausbrennen, sofern sie nicht alles verbrennen. Sie verwüsten ihre Länder mehr, als jemals ein Krieg es tun könnte, und richten doch nicht das Allergeringste damit aus: Es ist, um blutige Tränen darüber zu vergießen! Nun gibt es aber Gelehrte, die gelindere Mittel empfehlen. Unter ihnen hat sich – das ist von jeher meine Meinung gewesen – der hervorragende Theologe Tanner SJ [*Mitglied des Jesuitenordens*] an Urteilskraft und Besonnenheit hervorgetan. Sicherlich würde es dem Staate von Nutzen sein, wenn die Fürsten darauf hören wollten, welche Maßnahmen er vorschlägt. Um aufrichtig von mir selbst zu reden: Ich habe viel darüber nachgedacht und es zu ergründen versucht und ich weiß auch, wie viele andere Menschen Seufzer und Gebete zu Gott hinaufgeschickt haben, auf dass er einen Lichtstrahl herabsende und uns zeige, wie das Dunkel zerstreut werden könnte. Aber ich sehe, so ist der Geist der Zeit: Falls sich etwas fände, das zu diesem Ziele hinführen könnte, so würde sich doch in Deutschland keine Obrigkeit finden, die es der Beachtung wert hielte. Darum habe ich mich bisher auch nicht entschließen können, öffentlich etwas auszusprechen, von dem ich nicht weiß, wie die Machthaber es aufnehmen werden. Fände sich aber doch eine hohe Obrigkeit, die Mut und Wissbegier genug besitzt, ein neues Verfahren kennen zu lernen und als Erste zu erproben, mit dem sie in etwa Jahresfrist ihr ganzes Land von dieser allgemeinen Plage so gründlich reinigen könnte, dass dann die Hexerei das seltenste Verbrechen in ihren Grenzen sein sollte – fände sich, wie gesagt, eine Obrigkeit, die ernstlich lernen und ausprobieren will und meint, es könnte solcher Versuch zur Erleichterung ihres Gewissens und für ihr Land gut sein, so weiß ich einen Freund, einen Geistlichen, der sie ein solches von ihm erdachtes Verfahren lehren könnte und sein Leben dafür einsetzen wollte, dass es nicht versagte. Ich habe es durchgesehen und geprüft und habe nach bestem Wissen keinen Fehler entdecken können. Vielmehr würde es ganz gewiss zu dem ersehnten Ziele führen können und ich habe mich nicht wenig gewundert, dass noch nicht mehrere darauf verfallen sind. [1]

Schamlose Richter

Häufig sind die Richter, denen die Hexenprozesse anvertraut werden, schamlose, niederträchtige Menschen; die Folter wird oft übermäßig und grausam angewandt; viele Indizien sind unzuverlässig und gefährlich und das Verfahren nicht selten gegen Gesetz und Vernunft, wie ich unten an seiner Stelle darlegen will. Da wäre es freilich erstaunlich, wenn die Justiz trotzdem immer den rechten Weg nehmen und so niemals auf eine Klippe stoßen sollte. Tanner erzählt, dass in früheren Jahren in Deutschland zwei Blutrichter, die die Hexenfälle zu bearbeiten gehabt hatten, durch Urteil der Ingolstädter Juristenfakultät zum Tode verurteilt und dann hingerichtet worden sind, weil sie rechtswidrige Prozesse durchgeführt hatten, bei denen Unschuldige in Gefahr waren. Und ich selbst weiß einen Fürsten, der mehrere Richter aus dem gleichen Grund hat enthaupten lassen. Wer will da noch bezweifeln, dass unter diesen Richtern viele Unschuldige verbrannt worden sind? [2]

Köpfe sind keine Spielbälle

[…] Und vor allem will ich den Fürsten klarmachen, dass das eine Gewissenspflicht ist, um derentwillen nicht nur sie selbst, sondern auch ihre Ratgeber und Beichtväter vor dem höchsten Richter werden Rechenschaft ablegen müssen, wenn sie mit Nichtachtung und Stillschweigen darüber hinweggehen. Ich verlange gar nicht, dass sie *mir* Glauben schenken. Sie sollen nur ihre Theologen zurate ziehen, da werden sie finden, dass man mit Menschenblut nicht Kurzweil treiben darf und dass unsere Köpfe keine Spielbälle sind, mit denen man so ohne weiteres zum Vergnügen leichtfertig um sich werfen darf, wie es jetzt vielleicht gar manches trefflichen Fürsten schlechter Inquisitor tut. [3]

Quellentext Nr. 131: Friedrich von Spee, Cautio criminalis oder Rechtliches Bedenken wegen der Hexenprozesse. Übertragen und eingeleitet von Joachim-Friedrich Ritter, Verlag Hermann Böhlaus Nachfolger Weimar. – [1] S. 9–10. – [2] S. 32. – [3] S. 134.

UNKRAUT UND WEIZEN

Mit Blick auf die Hexenverbrennungen der Neuzeit und angesichts der Blutschuld, die die Kirche durch Ketzerverfolgung auf sich geladen hat, lässt Friedrich von Spee ganz andere Töne anklingen als jene Theologen, die die Bibel missbrauchten, um das Gegenteil zu beweisen. Er hält ausdrücklich dafür, dass „ein für alle Mal die Inquisition und die Ausrottung der Verbrecher unterbleiben müsste", und beruft sich dabei auf das Gleichnis vom Unkraut im Weizenacker im Matthäusevangelium (Mt 13,24–30).

Es muss gezeigt werden, wie unser Gott nicht ist wie die Götzen der Heiden, die von ihrem Zorn nicht lassen können. Dass er ein für alle Mal von unbegreiflicher Liebe zum Menschengeschlecht erfüllt ist, die zu tief ist, als dass er nun noch das Versprechen seiner Zuneigung widerrufen könnte. Dass Gott in der Heiligen Schrift einen ewigen Bund unwiderruflich bei sich selbst beschworen hat: „Wenn unsere Sünden gleich rot wären wie Scharlach, so sollten sie doch weiß werden wie Schnee" (Jes 1,18). Dass wir aber auch seinen eingeborenen Sohn als Fürsprecher bei ihm haben, den Gekreuzigten, der unsere Schwäche kennt und gewisslich unsere Sache. [1]

Im Neuen Testament gebietet es so unser Meister Christus ausdrücklich im Gleichnis vom Unkraut im Weizenacker. Dort fragten die Knechte des Hausvaters: „Willst du, dass wir hingehen und es aufsammeln?" Und er antwortet: „Nein! Damit ihr nicht etwa, wenn ihr das Unkraut aufsammelt, mit demselben zugleich auch den Weizen ausreißet." Dabei ist zu beachten, dass er nicht nur sagt: „Damit ihr nicht ausreißet", sondern noch ein Wörtchen hinzusetzt: „damit ihr nicht *etwa* ausreißet", um deutlich zu machen, dass er zweierlei lehren will. In erster Linie natürlich, dass man das Unkraut nicht ausjäten soll, wenn dazu auch der Weizen mit herausgerissen werden muss; das wollen die Worte „auf dass ihr ausreißet" sagen. Hernach aber, dass man das Unkraut auch dann nicht ausjäten soll, wenn nur schon eine Gefahr besteht, dass zugleich der Weizen mit ausgerissen werden könnte; das will das hinzugesetzte Wörtchen »damit ihr nicht *etwa* ausreißet" besagen. Hier macht jedoch der Heiland keinen Unterschied, ob diese Gefahr auf einem Verschulden der Knechte, die das Unkraut vertilgen wollen, beruht oder nicht, sondern er sagt ganz einfach und unbedingt, man dürfe wegen dieser Gefahr das Unkraut nicht ausjäten. Und das ist es, was ich beweisen wollte. [2]

Quellentext Nr. 132: Friedrich von Spee, Cautio criminalis oder Rechtliches Bedenken wegen der Hexenprozesse. Übertragen und eingeleitet von Joachim-Friedrich Ritter, Verlag Hermann Böhlaus Nachfolger Weimar. – [1] S. 138. – [2] S. 38–41.

REGELN FÜR EINEN KORREKTEN PROZESS
Der Kriminalkodex des „Malleus maleficarum"

Der dritte und letzte Teil des „Hexenhammers" hat den Titel „Kriminalkodex – Über die Arten der Ausrottung oder wenigstens Bestrafung durch die gebührende Gerechtigkeit vor dem geistlichen oder weltlichen Gericht". In ihm wird in 35 Kapiteln dargelegt, wie ein ordnungsgemäßer Hexenprozess zu führen ist. Der Ausdruck „ordnungsgemäß" ist hier mitnichten ironisch gemeint. Denn der „Hexenhammer" wäre nur unzulänglich bewertet, wollte man ihn lediglich als das sehen, was er zweifellos ist: ein frauenfeindliches, abergläubisches, die Menschenwürde mit Füßen tretendes und vom Hexenwahn umnachtetes Machwerk. Man darf nicht übersehen, dass das Bemühen von Institoris und Sprenger, einen formaljuristisch korrekten Prozessverlauf zu erreichen, ein prinzipiell positives und durchaus fortschrittliches Unterfangen ist. So wird beispielsweise niemand etwa ernsthaft bestreiten wollen, dass es eine vernünftige und begrüßenswerte Regelung ist, wenn verfügt wird, dass Todfeinde oder Todfeindinnen der Angeklagten nicht als Zeugen zugelassen werden dürfen. Das Eintreten des „Hexenhammers" für die Erlaubtheit der Folter steht freilich wieder auf einem anderen Blatt.

DIE EINLEITUNG DES PROZESSES

Erste Frage. Über die Art, den Prozess zu beginnen. – Es wird also zuerst gefragt, welches die zum Beginnen eines Glaubensprozesses gegen die Hexen zutreffende Weise sei, und geantwortet: Unter den drei Arten [*Anklage, Denunziation und Inquisition*] ist die erste, wenn jemand jemanden des Verbrechens der Ketzerei oder der Begünstigung vor dem Richter anklagt, indem er sich erbietet, es beweisen zu wollen, und sich zur Strafe der Wiedervergeltung einschreibt, falls er es nicht beweist. Die zweite Art, wenn jemand jemanden denunziert, jedoch so, dass er sich nicht erbietet, es beweisen zu wollen, noch Teil an der Strafe haben will; sondern er sagt, er denunziere aus Glaubenseifer oder mit Rücksicht auf das Urteil der Exkommunikation, die der Ordinarius oder sein Vikar verhängt oder mit Rücksicht auf die zeitliche Strafe, die der weltliche Richter gegen die verhängt, die nicht denunzieren. Die dritte Art ist die durch Inquisition, das heißt, wenn kein Ankläger oder Denunziant da ist, sondern das Gerücht in irgendeiner Stadt oder einem Orte geschäftig ist [zu erzählen], dass da Hexen seien; und dann hat der Richter nicht auf Betreiben einer Partei, sondern sogar von Amts wegen vorzugehen.

Dazu ist zu bemerken, dass der Richter die erste Art zu prozessieren nicht gern zulässt; einmal, weil sie in einer Glaubenssache nicht gebräuchlich ist, noch auch in einer Sache der Hexen, die ihre Behexungen im Geheimen ausführen: dann auch, weil sie für den Ankläger wegen der Strafe der Wiedervergeltung sehr gefährlich ist, mit der er gebüßt würde, wenn er im Beweisen versagte; dann auch, weil sie viele Streitigkeiten im Gefolge hat.

Vorladung

[Der Richter] beginne den Prozess durch eine allgemeine Vorladung in der Weise wie folgt, indem er sie an den Türen der Parochialkirche [*Pfarrkirche*] oder des Rathauses anheftet:

„Da wir, der Vikar des und des Ordinarius [oder der Richter des und des Herrn] mit allen unseren Neigungen erstreben und aus vollem Herzen ersehnen, dass das uns anvertraute christliche Volk in der Einheit und Klarheit des katholischen Glaubens eifrig gepflegt und von aller Pest der ketzerischen Verkehrtheit fern gehalten werde, daher wir, der vorgenannte Richter, dem dies aus auferlegtem Amte zusteht, zum Ruhme und zur Ehre des verehrungswürdigen Namens Jesu Christi und zur Erhöhung des heiligen, orthodoxen Glaubens, auch zur Erdrückung der ketzerischen Verkehrtheit besonders in den Hexen, allen und jeden, welcher Stellung, Standes [hier merke: Wenn es ein geistlicher Richter ist, der inquiriert, füge er hinzu: Ordens, Religion oder Würde] sie seien, soweit sie innerhalb der Grenzen dieser Stadt oder dieses Ortes oder um sie herum bis zu zwei Meilen wohnen, zu ihrer Kenntnis dieser Befehle gelangt [der geistliche Richter füge hinzu: kraft der Hoheit, die wir in diesem Lande genießen], in der Tugend heiligen Gehorsams und unter der Strafe der Exkommunikation vorschreiben, befehlen, befehlend verlangen und ermahnen, innerhalb der zwölf zunächst zu rechnenden Tage [der weltliche Richter wird hier in seiner Weise und mit Androhung der bei ihm gewöhnlichen Strafen befehlen], deren erste vier als erster, die anderen vier, die den ersten unmittelbar folgen, als zweiter und die letzten vier als dritter Termin gerechnet werden, und geben in je drei kanonischen Ermahnungen Anweisung, man möge uns enthüllen, wenn jemand weiß, gesehen oder gehört hat, dass irgendeine Person als Ketzerin oder Hexe übel beleumdet oder verdächtig sei und dass sie im Besonderen so etwas betreibe, was zur Schädigung der Menschen, der Haustiere oder der Feldfrüchte und zum Schaden des Staatswesens auszuschlagen vermag. Wenn jemand unseren vorgenannten Ermahnungen und Befehlen nicht gehorcht mit der Wirkung, dass er das Vorausgeschickte innerhalb des veranschlagten Termins nicht enthüllt, wisse er, dass er [der geistliche Richter füge hinzu: mit dem Dolche der Exkommunikation durchbohrt sei. Der weltliche Richter füge weltliche Strafen hinzu]. Dieses Urteil der Exkommunikation verhängen wir gegen alle und jeden, die so, wie gesagt, verstockt sind, unter Voraufgang unserer vorerwähnten kanonischen Ermahnung, die ihren Gehorsam fordert, jetzt wie dann und dann wie jetzt in diesem Schriftstück, indem wir die Absolution von diesen Urteilssprüchen bloß uns vorbehalten. [Der weltliche Richter schließt in seiner Weise.] Gegeben" etc.

Bemerke außerdem bezüglich der zweiten Art: Da, wie gesagt, die zweite Art, zu prozessieren und den Glaubensprozess anzufangen, in der Weise der Denunzierung geschieht, wobei der Denunziant sich nicht erbietet, es beweisen zu wollen, noch Teil [an der Strafe] haben will, sondern [nur] sagt, er denunziere mit Rücksicht auf das verhängte Urteil der Exkommunikation oder aus Glaubenseifer und zum Besten des Staatswappens – so muss der weltliche Richter in seiner allgemeinen Vorladung oder vorerwähnten Ermahnung besonders bemerken, dass niemand meinen solle, er mache sich strafbar, auch wenn er bei der Beweisführung versagt habe; denn er bietet sich nicht als Ankläger, sondern als Denunziant an. Und dann, weil mehrere vor dem Richter zum Denunzieren erscheinen werden, muss sie der Richter notieren, um in der folgenden Weise vorzugehen: Zunächst habe er einen Notar und zwei ehrenwerte Personen, seien es nun Kleriker oder Laien; oder wenn man keinen Notar bekommen kann, seien es anstelle des Notars zwei geeignete Männer. […]

Beginn des Prozesses

Merke also, dass der Richter unter Hinzuziehung dieser Personen dem Denunzianten befiehlt, schriftlich oder wenigstens mündlich auszusagen; und dann beginne der Notar respektive der Richter den Prozess in der Weise wie folgt:

„Im Namen des Herrn, Amen. Im Jahre von der Geburt des Herrn an etc., an dem und dem Tage des und des Monats, in meiner, des Notars und der unterschriebenen Zeugen Gegenwart, erschien der und der aus dem und dem Orte der und der Diözese, wie oben, persönlich an dem und dem Orte vor dem ehrenwerten Richter und brachte ihm ein Blatt Papier folgenden Wortlautes. [Werde ganz eingeschaltet!] Wenn es aber nicht mit einem Blatt Papier, sondern mündlich geschieht, dann werde so gesetzt: Erschien etc. und denunzierte ihm, dass der und der aus dem und dem Orte der und der Diözese behauptet und gesagt habe, er wisse das oder habe die und die Schädigungen ihm oder anderen Personen angetan."

Vereidigung und Befragung des Denunzianten

Wenn dies geschehen ist, lässt er den Denunzianten unverzüglich in der gewöhnlichen Weise schwören, oder auf die vier Evangelien Gottes, oder auf das Kreuz, mit drei erhobenen und zwei niedergehaltenen Fingern, zum Zeugnis der Heiligen Dreieinigkeit und Verdammnis von Leib und Seele, die Wahrheit bezüglich dessen zu sagen, was er als Denunziant ausgesagt hat.

Nach Leistung des Eides soll er ihn fragen, woher er weiß, dass das wahr sei, was er denunziert hat, und ob er es gesehen oder gehört hat. Wenn er sagt, er habe etwas gesehen, beispielsweise dass [der Verdächtige] dort zu der und der Stunde des Gewitters betroffen ist oder dass er das Vieh berührt hat oder in den Stall getreten ist, dann soll der Richter fragen, wo er jenen gesehen hat, wann, wie oft und auf welche Weise und wer dabei gewesen ist. Wenn er sagt, er habe es nicht gesehen, sondern gehört, so soll er ihn fragen, von wem er es gehört hat, wo, wann, wie oft und in wessen Gegenwart; wobei er über jedwede Aussage einzeln und getrennt Artikel formuliert, und der Notar oder der Schreiber soll alles in den Akten oder im Prozess unmittelbar nach der vorerwähnten Denunzierung niederlegen und so fortfahren:

„Als diese Denunzierung nun wie vorausgeschickt geschehen war, ließ der Inquisitor unverzüglich den Denunzianten selbst auf die vier Evangelien etc. wie oben schwören, dass er bezüglich dessen, was er durch Denunzierung ausgesagt hatte, die Wahrheit gesagt habe, und fragte ebendenselben, woher und auf welche Weise er das, was er denunziert, erfahren hätte oder Verdacht hegte, dass es wahr sei. Er antwortete, dass er es gesehen oder gehört hätte. Er fragte, wo er es gesehen oder wo er es gehört hätte, und er sagte, an dem und dem

Tage des und des Monats des und des Jahres in dem und dem Orte. Er fragte, wie oft er es gesehen oder gehört hätte etc.;" – und es sollen, wie gesagt ist, Artikel formuliert und alles zu den Prozess[akten] gelegt werden. Im Besonderen wird er befragt, wer seine Mitwisser in der und der Sache sind und wie sie es wissen können. Nachdem das alles so vollendet ist, wird er zum Letzten gefragt, ob er aus bösem Willen, Hass oder Groll denunziert oder aus Begünstigung und Liebe etwas auslässt oder ob er auf Ersuchen oder als Untergebener denunziert; und schließlich wird ihm kraft des geleisteten Eides auferlegt, was immer er dort gesagt hat oder ihm durch den Richter gesagt worden ist, geheim zu halten.

Alles wird in den Prozess und in die Akten gelegt, und wenn alles erfüllt ist, soll kurz darunter gesetzt werden: „Das ist verhandelt worden an dem und dem Orte, an dem und dem Tage, des und des Monats in dem und dem Jahre in Gegenwart meiner, des Notars oder Schreibers, unter Hinzuziehung eines anderen zur Stärkung des Amtes des Schriftführers und der und der hierzu gerufenen und gebetenen Zeugen."

Die dritte Art

Die dritte Art, den Prozess zu beginnen, die auch die gewöhnliche und gebräuchliche Art ist. Weil sie dadurch geheim ist, weil kein Ankläger oder Denunziant sich anbietet, sondern das Gerücht in irgendeiner Stadt oder einem Orte geschäftig ist, von irgendeiner Hexe und auch dieser oder jener [Person Übles zu verbreiten], und wenn der Richter um des Gerüchtes willen ohne allgemeine Vorladung, worüber oben, oder Ermahnung kraft seines Amtes vorgehen will, darum dass die und die Kunde häufig zu seinen Ohren gekommen ist, dann kann er wiederum den Prozess in Gegenwart der Personen wie oben beginnen:

„Im Namen des Herrn, Amen. Im Jahre von der Geburt des Herrn, an dem und dem Tage, in dem und dem Monat oder den und den Monaten ist mehrmals zu den Ohren des und des Offizials oder Richters des und des Ortes gekommen, indem das öffentliche Gerücht berichtet und die laute Mitteilung bekundet, dass der und der aus dem und dem Orte das und das zur Behexung Gehörende gegen den Glauben und den gemeinen Nutzen des Staatswesens gesagt oder getan hat. [Und es werde alles niedergelegt, wie das Gerücht es angibt; und kurz darunter:] Verhandelt ist dieses an dem und dem Tage des und des Monats in dem und dem Jahre in Gegenwart der und der gerufenen und gebetenen Zeugen und unter meiner, des Notars so und so, Hoheit oder der Hurtigkeit des und des Schreibers."

Aber bevor der zweite Teil begonnen wird, nämlich wie ein derartiger Prozess fortzusetzen sei, ist noch einiges über die Prüfung der Zeugen vorauszuschicken, wie viele an Zahl es sein müssen und von welcher Beschaffenheit.

Quellentext Nr. 133: Jakob Sprenger/Heinrich Institoris, Der Hexenhammer. Malleus maleficarum. Zum ersten Mal ins Deutsche übertragen und eingeleitet von J. W. R. Schmidt, Berlin 1920. S. 25–29.

DIE ZEUGEN

Anzahl und Beschaffenheit der Zeugen

Zweite Frage. Von der Anzahl der Zeugen. – Weil in der zweiten Art [den Prozess zu beginnen] die Rede gewesen ist von den Aussagen der Zeugen, wie sie hingeschrieben werden sollen, ist es nötig, ihre Zahl und Beschaffenheit zu wissen. Es wird gefragt, ob der Richter [aufgrund der Aussagen] zweier gesetzlicher, nicht singulärer Zeugen erlaubterweise eine Frau wegen Hexenketzerei verurteilen könne oder ob notwendig mehr als zwei erfordert werden; und zwar heißen singuläre Zeugen solche, wenn sie in den Aussagen auseinander gehen, jedoch im Wesen oder in der Wirkung der Sache übereinstimmen; beispielsweise wenn der eine sagt, sie hat mir die Kuh behext, der andere, das Kind, so würden sie bezüglich der Behexung übereinstimmen. Hier aber wird gefragt, ob die Zeugen nicht teilweise, sondern durchaus übereinstimmen; und es wird geantwortet: Wiewohl streng nach dem Gesetz zwei Zeugen zu genügen scheinen, weil die Regel lautet, dass im Munde zweier oder dreier jedes Wort stehe, so scheinen doch nach Recht und Billigkeit in diesem Verbrechen zwei nicht zu genügen. Einmal wegen der Ungeheuerlichkeit des Verbrechens. In den Verbrechen nämlich müssen die Beweise klarer als der Tag sein; und die Ketzerei, besonders eine solche, wird unter die größeren Verbrechen gerechnet; und wenn gesagt wird, dass in diesem Verbrechen leichtere Beweise genügen, weil durch ein leichtes Argument jemand entdeckt wird [*cap. de haeret. 1,II*]: „Durch ein leichtes Argument, [nämlich] durch Abweichen vom Urteil und Pfade der katholischen Religion, macht man sich zum Ketzer", so wird geantwortet: Das ist richtig zum Verdachtschöpfen, aber nicht zum Ver-

Hexen, „das sind die bösen Teufelshuren, die da Milch stehlen, Wetter machen, auf Böcken und Besen reiten, auf Mänteln fahren, die Leute schießen, lähmen, verdorren, die Kinder in der Wiege martern, die ehelichen Gliedmaßen bezaubern ... und des Teufels Dinge viel". Martin Luther, 1522. Ein Holzschnitt von Geilers von Kayersberg, der darstellt, wie die Teufel eines Menschen Leib an sich nehmen.

urteilen. Dann [genügen zwei Zeugen nicht] wegen der Verstümmelung der gesetzlichen Ordnung in diesem Verbrechen. Hierbei nämlich wird die gesetzliche Ordnung zugunsten des Glaubens verstümmelt, dass weder der Angeklagte die Zeugen schwören sieht, noch auch ihm schwere Gefahr drohen könnte, dass deshalb der Angeklagte sie nicht ahnen kann. Aber der Richter selbst ist gehalten, für sich und von Amts wegen, bezüglich der Feindschaft der Zeugen [mit dem Angeklagten] zu inquirieren, weil sie [dann], wie sich unten ergeben wird, ausgeschlossen werden; auch sie immer wieder zu fragen, wenn sie in Sachen des Gewissens verwirrte Aussagen gemacht haben. Denn je mehr der Weg der Verteidigung dem Angeklagten entzogen wird, desto mehr liegt dem Richter die Sorge um eifriges Inquirieren ob.

Wenn sich also zwei übereinstimmende und gesetzmäßige Zeugen gegen irgendjemand fänden, möchte ich infolgedessen ihn wegen eines so großen Verbrechens nicht verurteilen, sondern ihm, wenn er übel beleumundet wäre, die Reinigung zuschieben oder wegen heftigen Verdachtes, der aus den Aussagen zweier Zeugen entsteht, ihn abschwören lassen oder [weiter] verhören, respektive das Urteil aufschieben. Denn es scheint nicht sicher, auf das Wort zweier Zeugen hin einen Menschen von gutem Rufe wegen eines so großen Verbrechens zu verurteilen. Anders wäre es, wenn er von schlechtem Rufe wäre. [...] Ebenso wenn gefragt wird, ob der Richter durch singuläre Zeugen allein oder wenigstens im Zusammentreffen mit Infamie gerechterweise jemanden wegen solcher Ketzerei verurteilen könne, so wird geantwortet, nein; weder durch singuläre Zeugen allein noch auch im Zusammentreffen mit Infamie; besonders da in Verbrechen die Beweise, wie sich oben ergeben hat, klarer als der Tag sein müssen und in diesem Verbrechen niemand aufgrund einer Annahme zu verdammen ist. Daher wird einem solchen die Reinigung bezüglich der Infamie und das Abschwören bezüglich des heftigen Verdachtes, der sich aufgrund der Zeugenaussagen erhebt, zugeschoben. Aber wo es singuläre Zeugen sind, jedoch im Wesen der Tat übereinstimmen und in der Evidenz der Tat konkurrieren, da wird dann das Gewissen des Richters belastet. Mittelbar hat man die Frage, wie oft die Zeugen verhört werden können.

Dritte Frage. Über den Zeugniszwang und das wiederholte Befragen der Zeugen. – Wenn gefragt wird, ob der Richter die Zeugen zum Eide treiben könnte, ihm in einer Glaubenssache respektive einem Hexenprozess die Wahrheit zu sagen, und ob er sie auch mehrmals verhören könne, so wird mit Ja geantwortet; besonders der geistliche Richter, wie sich oben gezeigt hat; und dass die Zeugen zu zwingen sind, in geistlichen Sachen die Wahrheit auszusagen unter dem Mittel des Eides; andernfalls das Zeugnis nicht gelten wird. Und ferner [*extra de haer. c. excommunicamus itaque, paragr. addicimus*] heißt es, der Erzbischof oder Bischof gehe in der Parochie [*Pfarrei*], in welcher dem Gerüchte zufolge Ketzer wohnen sollen, herum und bringe dort drei oder mehr Männer von gutem Zeugnis zum Schwören. Weiterhin steht: „Wenn aber vielleicht welche von diesen die Eidesverpflichtung in verdammungswürdiger Hartnäckigkeit verachtend nicht schwören wollen, sollen sie schon deshalb als Ketzer erachtet werden." [...]

Wer darf gegen wen aussagen?

Vierte Frage. Von der Beschaffenheit der Zeugen. – Frage nach den Verhältnissen der Zeugen. Merke, dass Exkommunizierte, ebenso Teilhaber und Genossen des Verbrechens, ebenso Infame und Verbrecher, Sklaven gegen ihre Herren zur Verhandlung und zum Zeugnis in jedweder Glaubenssache zugelassen werden; ebenso wie Ketzer gegen Ketzer zum Zeugnis zugelassen wird, so auch Hexer gegen Hexer, jedoch nur mangels anderer Beweise und immer gegen und nicht für; auch Gattin, Söhne und Angehörige gegen und nicht für; und zwar deshalb, weil deren Zeugnis zum Beweise wirksamer ist. Bezüglich der Ersten ergibt sich Klarheit [*cap. in fidei, de haer.*]: „Zugunsten des Glaubens gestatten wir, dass im Amte der Inquisition der ketzerischen Verkehrtheit Exkommunizierte und Teilhaber oder Genossen des Verbrechens zum Zeugnis mangels anderer Beweise gegen die Ketzer, gegen die, die an sie glauben, sie beherbergen, begünstigen und verteidigen, zugelassen werden, wenn man aus wahrscheinlichen Vermutungen und aus der Zahl der Zeugen oder der Beschaffenheit der Personen, sowohl derer, die aussagen, als auch derer, gegen welche verhandelt und ausgesagt wird, schließt, dass die also Zeugnis Ablegenden nichts Falsches sagen."

Bezüglich der Meineidigen [die als Zeugen zugelassen werden], wenn angenommen wird, dass sie aus Glaubenseifer aussagen, ergibt sich Klarheit [*cap. accusatus, paragr. licet*], wo es heißt: „Mögen aber Meineidige, auch nachdem sie Buße getan haben, zurückgewiesen werden, so werden sie doch" etc. und weiterhin: „Wenn es aus offenkundigen Anzeichen klar geworden ist, dass solche nicht aus Leichtfertigkeit der Seele oder wegen des Zündstoffes des Hasses oder infolge Bestechung mit Geld, sondern aus Eifer um den orthodoxen Glauben ihre Aussage verbessern und jetzt, was sie früher verschwiegen hatten, zugunsten des Glaubens enthüllen wollen, so muss man, wenn nichts weiter entgegensteht, sowohl gegen sie als auch gegen die Übrigen bei ihren Bekundungen stehen bleiben." Und dass Infame und Verbrecher und Knechte gegen ihre Herren zugelassen werden, darüber sagt Archidiaconus [*cap. accusatus, paragr. licet*] bei dem Worte „exceptum" Folgendes: „So groß ist der Schandfleck des Verbrechens der Ketzerei, dass zu dessen Verhandlung auch Knechte gegen ihre Herren und jedwede Verbrecher und auch Infame gegen jedweden zugelassen werden.

Dürfen Todfeinde Zeugenaussagen machen?

Fünfte Frage. Ob Todfeinde zum Zeugnis zugelassen werden. – Wenn aber gefragt wird, ob der Richter Todfeinde eines Angeklagten in einem solchen Falle zum Zeugnis oder zum Verhandeln gegen ihn zulassen könne, so wird mit Nein geantwortet. Daher Archidiaconus [a. a. O.]: „Man möge es jedoch nicht so verstehen, dass in diesem Verbrechen ein Todfeind zur Verhandlung zugelassen wird" [*III, qu. 5, c. 2 und de simon. licet Hel. am Ende*]. Darüber bemerkt auch Hostiensis [*in summa de accus, paragr. quis possit*] genug.

Wer wird aber Todfeind genannt? Beachte, dass, weil nur hinsichtlich der Feindschaft jemand zurückgewiesen wird und nicht jede beliebige zurückweist, sondern [nur] eine tödliche verstanden wird: weil der Tod entweder tatsächlich zwischen die Betreffenden gebracht worden ist oder beabsichtigt worden ist, ihn zwischen sie zu bringen, oder dasjenige, was zum Tode führt oder der Weg dazu ist; oder schwere und tödliche Wunden gefolgt sind und Ähnliches, welches auf die Verkehrtheit und Bosheit des Handelnden gegenüber dem Leidenden offenkundig schließen lässt, um dessentwillen man annimmt, dass, so wie er beabsichtigt hat, ihm auf jene Art, nämlich durch Verwunden, den leiblichen Tod anzutun, er es auch dadurch versuchen würde, dass er ihm dieses Verbrechen der Ketzerei zur Last legte; und wie er ihm das Leben nehmen wollte, könnte er ihm auch seinen guten Ruf nehmen wollen. Daher sind solche Todfeinde gesetzlich vom Zeugnis fern zu halten.

Andere besonders schwere Feindschaften aber, so wie auch die Weiber leicht zu [solchen] Feindschaften erregt werden, schließen zwar nicht gänzlich vom Zeugnis aus, schwächen aber ihre Aussagen einigermaßen, sodass man ihren Bekundungen nicht vollen Glauben schenken darf; in Verbindung mit anderen Stützen und den Aussagen anderer Zeugen können sie einen vollen Beweis ausmachen, besonders wenn der Richter den Angeklagten fragt, ob er nicht glaube, einen Feind zu haben, der ihm aus Feindschaft ein solches tödliches Verbrechen aufzuhalsen wage. Wenn er mit Ja antwortet, soll er ihn fragen, wer jene Person sei; und dann soll der Richter aufpassen, ob er die Person bezeichnet hat, bezüglich der der Verdacht besteht, dass sie aus Feindschaft ausgesagt habe. In einem solchen Falle nämlich, wo der Richter auch durch andere ehrbare Männer von dem Feindschaftsverhältnis unterrichtet wird und andere Hilfsmittel, auch die Aussagen anderer Zeugen, nicht entgegenstehen, wird er mit Sicherheit einen solchen Zeugen zurückweisen können. Wenn aber die angeklagte Person sagt: „Ich hoffe nicht, einen solchen Feind zu haben, wenn ich auch bisweilen Zänkereien mit Weibern gehabt habe", oder wenn sie sagt, ich habe einen Feind, aber sich nicht gehörig ausdrückt, sondern irgendjemand anders nennt, der vielleicht nicht ausgesagt hat, dann darf der Richter die Aussagen eines solchen Zeugen nicht zurückweisen, auch wenn andere sagen sollten, dass er infolge seines Feindschaftsverhältnisses ausgesagt habe; sondern muss sie zu einem vollen Beweise zusammen mit anderen Stützen aufheben.

Es finden sich sehr viele weniger Vorsichtige und Umsichtige, die derartige Aussagen von Weibern zurückweisen und für nichts zu achten suchen, indem sie sagen, dabei dürfe man darum nicht stehen bleiben, weil sehr häufig [die Weiber], da sie zänkisch sind, aus Neid auszusagen pflegen. Weil jene die Kniffe und Vorsichtsmaßregeln der Richter nicht kennen, reden und urteilen sie wie die Blinden von den Farben. Über jene Kniffe wird sich in der elften und zwölften Frage Klarheit ergeben.

Quellentext Nr. 134: Jakob Sprenger/Heinrich Institoris, Der Hexenhammer. Malleus maleficarum. Zum ersten Mal ins Deutsche übertragen und eingeleitet von J. W. R. Schmidt, Berlin 1920. S. 30–35.

DIE FORTSETZUNG DES PROZESSES

Sechste Frage. Wie die Zeugen in Gegenwart von vier anderen Personen zu verhören sind und wie die Angeklagte zweifach zu befragen ist. – Jetzt wird nun sechstens gefragt, wie ein derartiger Prozess gegen die Hexen in einer Glaubenssache fortzusetzen sei. Zu erwägen ist erstens, dass man in einer Glaubenssache summarisch, einfach und ohne Umstände, ohne viel Aufhebens seitens der Advokaten und Richter und ohne Formalitäten vorgeht. Wie auch diese Worte zu verstehen sind, ergibt sich [*extra de verb. sign. c. saepe contingit*] bei Clemens, wo es heißt: „Oft trifft es sich, dass wir Sachen überlassen und in einigen derselben einfach und ohne viel Aufhebens und Formalitäten seitens des Gerichtes vorzugehen auftragen. Über die Bedeutung dieser Worte wird von vielen gestritten und man hat Zweifel, wie man vorgehen solle. In dem Wunsche, ein derartiges Bedenken, soweit es uns möglich ist, zu entscheiden, bestimmen wir aber mit der Festsetzung, die für immer Gültigkeit besitzen soll, dass der Richter, dem wir in dieser Weise eine Sache überlassen, nicht notwendig eine Klageschrift fordert, keine förmliche Einleitung verlangt, zur Zeit der um der Notdurft der Menschen wegen bewilligten Ferien rechtskräftig vorgehen kann, die Dilation abschneidet, den Stoff des Streites, soweit er kann, verkürzt, indem er hinhaltende Exzeptionen, Appellationen und Dilationen zurückweist und die Streitereien und Zänkereien der Parteien, Advokaten und Anwälte sowie die überflüssige Menge der Zeugen beschränkt. Der Richter

423

stelle jedoch den Streit nicht in der Weise in den Hintergrund, dass notwendige Beweise nicht zugelassen würden. Dass aber die Vorladung und eidliche Bezeugung, die Aussage geschehe nicht aus Ränkesucht, sondern um die Wahrheit zu sagen, damit die Wahrheit nicht verborgen bleibe, nicht ausgeschlossen werden, wollen wir durch Übertragung dieses verstanden wissen." So weit dort.

Weil nun ein Prozess, wie man oben gesehen hat, in dreifacher Weise anzufangen ist, nämlich entweder auf Veranlassung eines Anklägers oder um des Eifers eines Denunzianten willen oder wegen des Geschreis des sich darum kümmernden Geredes, und weil der Richter einen Prozess, der auf Betreiben der Anklagepartei geführt wird, in dieser [Hexen-]Materie nicht annehmen soll, da die Werke der Hexen mithilfe der Dämonen verborgen gehalten werden und der Ankläger nicht wie in anderen Kriminalfällen mit der Evidenz der Tat vorgehen und sich verteidigen kann, so muss er im Gegenteil dem Ankläger raten, das Wort der Anklage zurückzunehmen und das der Denunzierung zu hinterlegen; und zwar wegen der schwersten Gefahr für den Ankläger. Daher [ist] nach der zweiten Weise, die auch gebräuchlich ist, und ähnlich nach der dritten [vorzugehen], in denen man auch nicht auf Betreiben einer Partei vorgeht.

Es ist zu bemerken, dass, weil im Vorhergehenden gesagt ist, der Richter müsse den Denunzianten besonders fragen, wer in dem und dem Falle Mitwisser von ihm sei und etwas wissen könnte, der Richter deshalb jene als Zeugen vorladen lässt, die der Denunziant angegeben hat und die mehr in der Sache zu wissen scheinen. Der Schreiber wird den Prozess fortsetzen, indem er folgendermaßen schreibt: „Nach welchem beachtend, dass das ihm denunzierte, vorgenannte Ketzerische seiner Natur nach derartig und so schwer sei, dass man es nicht unter Zudrücken der Augen hingehen lassen könne noch dürfe, da es zur Schmach der göttlichen Majestät und zum Schaden sowohl des katholischen Glaubens als auch des Staatswesens ausschlage, hat der Richter selbst sich herabgelassen, sich zu unterrichten und die Zeugen in der Weise wie folgt zu verhören.

Fragen an die Zeugen

Der und der Zeuge aus dem und dem Orte, vorgeladen, vereidigt und befragt, ob er den und den kenne [wobei der Name des Angeklagten ausgesprochen wird], sagte Ja. Desgleichen befragt nach der Ursache der Bekanntschaft, sagte er, dadurch, dass er ihn gesehen und er mehrmals mit ihm gesprochen habe. Entweder so oder sonst wie, dass sie [beispielsweise] Gefährten gewesen seien, sollen die Gründe der Bekanntschaft zum Ausdruck gebracht werden. Desgleichen nach der Zeit der Bekanntschaft befragt, sagte er, es sind zehn Jahre her oder so und so viele. Desgleichen befragt nach jenes Leumund, und zwar besonders bezüglich dessen, was des Glaubens ist, sagte er, dass er hinsichtlich der Moral ein Mensch von gutem [oder schlechtem] Rufe sei. Bezüglich dessen aber, was des Glaubens ist, sagte er, es gehe an dem und dem Orte das Gerücht, dass er etwas gegen den Glauben als Hexer betreibe. Desgleichen befragt, wie das Gerücht sei, sagte er: [*Aussage des Zeugen.*] Desgleichen befragt, ob er den oder den derlei habe machen sehen oder hören, sagte er: [*Aussage des Zeugen.*] Desgleichen befragt, wo er das oben Erwähnte habe sagen hören, sagte er, an dem und dem Orte. Desgleichen befragt, in wessen Gegenwart, sagte er, in jener. Desgleichen befragt, ob aus seiner Blutsverwandtschaft schon einmal einige wegen Behexungen eingeäschert [*d. h. auf dem Scheiterhaufen verbrannt*] worden wären oder für verdächtig gehalten würden, sagte er: [*Aussage des Zeugen.*] Desgleichen befragt, ob er mit verdächtigen Hexen vertrauten Umgang gehabt habe, sagte er: [*Aussage des Zeugen.*] Desgleichen befragt nach der Weise [wie] und dem Grunde, weshalb das gesagt worden wäre, sagte er, aus dem Grunde und auf die und die Weise. Desgleichen befragt, ob es ihm schiene, als ob der und der das im Ulk oder deklamatorisch oder mit überlegtem Geiste gesagt und getan habe, sagte er, er glaube, er habe das oben Erwähnte zum Scherz und im Ulk oder deklamatorisch und nicht im Sinne der Glaubwürdigkeit oder bejahend getan. Desgleichen befragt nach dem Grunde eines derartigen Glaubens, sagte er, er glaube es deshalb, weil jener, der es sagte, es ihm unter Lachen sagte.

Über diese Punkte ist sehr eifrig nachzuforschen, weil bisweilen manche aussagen, indem sie anderer Worte deklamieren, sei es im Ulk, sei es vermengend, um andere anzulocken und zu reizen; bisweilen freilich auch im Sinne der Behauptung und Versicherung.

Desgleichen befragt, ob er das aus Hass oder Ränkesucht aussagt oder aus Liebe und Begünstigung [etwas] auslässt, sagte er: [*Aussage des Zeugen.*]

Dann folgt: Es wurde ihm auferlegt, das geheim zu halten. Verhandelt ist dies an dem und dem Orte, an dem und dem Tage, in Gegenwart der und der berufenen und gebetenen Zeugen und meiner, des Notars oder Schreibers.

Hierbei ist immer zu beachten, dass bei einem solchen Verhör zum Mindesten fünf Personen anwesend sein müssen; nämlich der Untersuchungsrichter, der Zeuge oder Denunziant, welcher antwortet, oder der Angeklagte selbst, der später erscheint; der Dritte ist der Notar oder, wenn der Notar fehlt, der Schreiber, der sich dann einen anderen ehrenwerten Mann zugesellt, welche beide die Rolle des Notars ausfüllen werden, wie oben berührt worden ist, und zwar aus apostolischer Hoheit, deren sie dann in jenem Akte teilhaftig sind, wie sich oben ergeben hat [*c. ut officium, de haer. 1,VI*]; und zwei ehrenwerte Männer als Zeugen dessen, was ausgesagt wird.

Desgleichen ist zu beachten, dass der vorgeladene Zeuge auch vereidigt sein muss, das heißt, dass er den Eid wie oben, die Wahrheit sagen zu wollen, leistet; sonst würde fälschlich „vorgeladen und vereidigt" eingetragen werden. – In ähnlicher Weise sollen die anderen Zeugen verhört werden.

Wenn nach deren Verhör der Richter sieht, dass die Tat voll bewiesen ist, oder wenn sie nicht voll bewiesen ist, doch die größten Anzeichen und heftige Verdachtsgründe vorliegen – und merke: Wir sprechen nicht von einem leichten Verdachte, der aus leichten Vermutungen entsteht, sondern dass [die Betreffende] sehr in üblem Rufe steht wegen Behexungen von Kindern, Haustieren etc. –, dann soll der Richter, wenn er bezüglich der Flucht des oder der Angeklagten Befürchtungen hegt, ihn verhaften, wenn er eben bezüglich der Flucht keine Befürchtungen hegt, ihn vorladen lassen. Mag er nun verhaftet werden oder nicht – vorher lasse der Richter sein Haus unversehens durchforschen, alle Schreine öffnen und in den Ecken die Büchsen und alle Instrumente wegnehmen, soweit sich welche finden.

Nachdem dies abgemacht ist, formuliere der Richter unter Zusammenstellung dessen, darum jener angeklagt ist, und dessen, bezüglich dessen er durch die Zeugen überführt oder für verdächtig gehalten wird, Fragen über jene und führe die Untersuchung, indem er bei sich einen Notar hat etc. wie oben; nachdem [der Angeklagte] zuvor einen körperlichen Eid auf die vier Evangelien Gottes geleistet hat, sowohl für sich als auch für andere die Wahrheit zu sagen; und zwar [geschieht die Untersuchung] auf die Weise, wie folgt. Es werden auch die einzelnen Punkte aufgeschrieben.

Allgemeine und besondere Fragen an die Angeklagten

Allgemeine Fragen an die Hexe oder den Hexer. [Erster Akt.] Der und der Angeklagte aus dem und dem Orte, vereidigt auf die vier körperlich berührten Evangelien Gottes, sowohl für sich als auch für andere die Wahrheit zu sagen, und befragt, woher er sei oder woher er seinen Ursprung genommen habe, antwortet, an dem und dem Orte der und der Diözese.

Desgleichen befragt, wer seine Eltern seien, antwortete [*er oder sie*], sie seien am Leben in dem und dem Orte oder gestorben an dem und dem Orte. Desgleichen befragt, ob eines natürlichen Todes oder eingeäschert [*d. h. auf dem Scheiterhaufen verbrannt*], sagte er, so und so. Hier merke, dass dies geschieht, weil, wie sich im zweiten Teile des Werkes ergeben hat, die Hexen meistens die eigenen Kinder den Dämonen darbringen oder sie unterrichten und gewöhnlich die ganze Nachkommenschaft infiziert ist; und wenn die Aussagenden es bejaht hätten und [die Angeklagte] selbst es leugnete, wäre sie schon verdächtig.

Desgleichen befragt, wo er erzogen sei und mit wem er am meisten verkehrt habe, antwortete er, an dem und dem Orte oder mit dem und dem. Und wenn der Richter sieht, dass er den Ort geändert hat, weil die Mutter vielleicht nicht verdächtig war noch sonst jemand aus der Verwandtschaft und er sich doch an einem fremden Orte aufgehalten hat und besonders an Orten, wo die Hexen zu gedeihen pflegen, wird er so gefragt werden.

Desgleichen befragt, warum er den Ort seiner Geburt geändert und sich zum Aufenthalt an den und den Ort oder an die und die Orte begeben habe, sagte er, aus dem und dem Grunde. Desgleichen befragt, ob er an den genannten Orten oder woanders vom Hexenstoff habe sprechen hören, beispielsweise dass Gewitter erregt oder das Vieh behext und die Kühe der Milchflüssigkeit beraubt worden seien etc. von dem und dem Stoffe, um dessentwillen sie angeklagt ist [*zu dieser Stelle merkt J. W. R. Schmidt, der Herausgeber und Übersetzer des „Hexenhammers", in einer Fußnote an: „Hier steht das Femininum, während vorher und unmittelbar nachher das Maskulinum* interrogatus *steht. Schrecklicher, teuflischer Stil!"*]; und wenn sie sagt Ja, werde sie darüber befragt.

Desgleichen befragt, was er habe sprechen hören, und es sollen die einzelnen Aussagen aufgeschrieben werden. Wenn er aber leugnet und sagt, er habe nichts gehört, dann so.

Desgleichen befragt, ob er glaube, dass es Hexen gebe und solches geschehen könne, was berichtet wird, wie Gewitter erregen, Vieh und Menschen infizieren, sagte er . . . Merke, dass die Hexen meistens beim ersten Verhör leugnen, woher mehr Verdacht entsteht, als wenn sie antworteten: „Ob es [Hexen] gibt oder ob es keine gibt, überlasse ich Höheren." Wenn sie also leugnen, dann sollen sie [weiter] befragt werden. Desgleichen befragt, was dann, wenn sie verbrannt werden, ob die dann unschuldig verdammt werden, sagte er: [*Aussage der angeklagten Person.*]

[Besondere Fragen an ebendieselben.] Der Richter beachte, dass er die folgenden Fragen nicht hinausschiebt, sondern unverzüglich vorlegt.

Desgleichen befragt, warum das gewöhnliche Volk sie fürchte, sagte sie: [*Aussage der angeklagten Person.*]

Desgleichen befragt, ob sie wüsste, dass sie in üblem Rufe stehe und dass sie verhasst sei, sagte sie: [*Aussage der angeklagten Person.*]

Desgleichen befragt, warum sie jener Person die Worte entgegengeschleudert habe: „Du wirst nicht ungestraft davonkommen", sagte sie: [*Aussage der angeklagten Person.*]

Desgleichen befragt, was jene Person ihr Übles getan hätte, dass sie solche Worte zu ihrem Schaden ausgestoßen hätte, sagte sie: [*Aussage der angeklagten Person.*] Merke, dass diese Frage notwendig ist, um zur Grundursache der Feindschaft zu gelangen, weil schließlich die Angeklagte Feindschaft angeben wird; wenn es aber keine Todfeindschaft ist, sondern [nur] eine nach Weiberart erregte, so hindert das nicht. Das ist nämlich die Eigenart der Hexen, dass sie [Feindschaft] gegen sich erregen, sei es mit unnützen Worten oder Taten, beispielsweise dass sie bittet, man möchte ihr etwas gewähren, oder sie tut ihm irgendeinen Schaden am Garten oder Ähnliches zu dem Zwecke, dass sie eine Gelegenheit gewinnen und sich mit Worten oder Werken offenbaren, welche Offenbarungen sie auf Betreiben der Dämonen zu vollbringen haben, damit so die Sünden der Richter verschlimmert werden, wenn jene unbestraft bleiben. Merke auch, dass sie solches nicht in anderer Gegenwart tun, beispielsweise wenn der Aussagende Zeugen vorführen wollte und keine hätte. Merke auch, dass sie auch von den Dämonen angespornt werden, wie wir von vielen, später eingeäscherten [*d. h. auf dem Scheiterhaufen verbrannten*] Hexen erfahren haben, sodass sie gegen ihren Willen zu reizen und zu behexen haben.

Desgleichen befragt, wieso die Wirkung auf Drohungen folgen konnte, dass der Knabe oder das Vieh so schnell behext wurde, sagte sie: [*Aussage der angeklagten Person.*]

Desgleichen wiederum befragt, warum sie gesagt habe, dass die [Behexte] niemals mehr einen gesunden Tag haben solle, und es so geschehen sei, sagte sie: [*Aussage der angeklagten Person.*]

Desgleichen, wenn sie alles leugnet, werde sie wegen anderer, anderen Zeugen angetanen Behexungen befragt, beispielsweise am Vieh oder an den Kindern.

Desgleichen befragt, warum sie auf dem Felde oder im Stalle beim Vieh gesehen worden sei, indem sie es berührte, wie sie es zuweilen zu tun pflegen, sagte sie: [*Aussage der angeklagten Person.*]

Desgleichen befragt, warum sie den Knaben berührt habe, der sich danach schlecht befunden habe, sagte sie: [*Aussage der angeklagten Person.*]

Desgleichen befragt, was sie auf dem Felde zur Zeit des Gewitters gemacht habe, und so betreffs vieler anderer Dinge; desgleichen, woher es käme, dass, während sie nur eine oder zwei Kühe hätte, sie doch reicher an Milch wäre als ihre Nachbarinnen, die vier oder sechs hätten.

Desgleichen, warum sie im Stande des Ehebruchs oder Beischläferin bleibe. Mag das auch nicht der Sache dienen, so erzeugt das doch mehr Verdacht als bei rechtschaffenen und ehrbaren Angeklagten. Merke auch, dass [die Angeklagte] öfters nach den gegen sie vorgebrachten Artikeln zu befragen ist, [um zu sehen,] ob sie bei demselben Vorsatz bleibt oder nicht.

Nachdem das Bekenntnis vollendet und aufgeschrieben ist, mag es nun nach der verneinenden oder bejahenden Seite hin [sehen] oder schwankend sein, so soll danach geschrieben werden: „Verhandelt ist dies an dem und dem Orte etc." wie oben.

Quellentext Nr. 135: Jakob Sprenger/Heinrich Institoris, Der Hexenhammer. Malleus maleficarum. Zum ersten Mal ins Deutsche übertragen und eingeleitet von J. W. R. Schmidt, Berlin 1920. S. 36–42.

Das Ende des Prozesses

Die restlichen Fragen im Kriminalkodex des „Malleus maleficarum" beschäftigen sich in kasuistischer Weise mit der Urteilsfindung in einer Vielzahl von denkbaren Fällen.

Es folgt das dritte Stück dieses letzten Teiles des Werkes. – Wie dieser Glaubensprozess vermittels des endgültigen Urteilsspruch es mit dem gebührenden Ende zu beschließen sei.

Nachdem dies durch Gottes Gnade erledigt ist, was zur Erkenntnis der Eigenheiten betreffs der Hexenketzerei dient, zugleich auch, wie der Glaubensprozess gegen jene zu beginnen und fortzusetzen ist, bleibt jetzt noch zu erörtern, wie ein solcher Prozess vermittels des gebührenden Urteilsspruches mit dem passenden Ende zu beschließen sei; wobei erstens zu beachten ist, dass, da diese Ketzerei, wie im Anfang dieses letzten Teiles berührt worden ist, dies vor anderen einfachen Ketzereien voraus hat, dass sie nicht rein, sondern gemischt aus einem geistlichen und einem weltlichen Verbrechen ist, wie an sich klar ist – dass deshalb, wenn von den Arten, das Urteil zu fällen, die Rede ist, erstens zu handeln ist von einem gewissen Urteilsspruch, an den die Hexen zu appellieren pflegen, worüber der weltliche Richter für sich, ohne Hinzuziehung des Ordinarius, handelt; zweitens darüber, wobei er ohne Ordinarius nicht handeln kann; und also wird sich drittens ergeben, in welcher Weise sich die Ordinarien entlasten können.

Siebzehnte bis fünfunddreißigste Frage

Siebzehnte Frage. Über die gewöhnliche Reinigung und besonders über die Probe mit dem glühenden Eisen, an welche die Hexen appellieren.

Achtzehnte Frage. Von dem endgültigen Urteilsspruch an sich und wie er zu fällen ist.

Neunzehnte Frage. Auf wie viele Weisen Verdacht geschöpft wird, um einen Urteilsspruch fällen zu können.

Zwanzigste Frage. Über die erste Art, das Urteil zu fällen.

Einundzwanzigste Frage. Über die zweite Art, über eine Angezeigte, und zwar eine nur übel beleumdete, das Urteil zu fällen.

Zweiundzwanzigste Frage. Über die dritte Art, das Urteil zu fällen, [und zwar] über eine übel beleumdete und dem peinlichen Verhör auszusetzende [Person].

Dreiundzwanzigste Frage. Über die vierte Art, über eine Angezeigte, und zwar eine leicht verdächtige, das Urteil zu fällen.

Vierundzwanzigste Frage. Über die fünfte Art, das Urteil zu fällen, und zwar über eine heftig Verdächtige.

Fünfundzwanzigste Frage. Über die sechste Art, das Urteil zu fällen über eine Angezeigte, und zwar über eine ungestüm verdächtige.

Sechsundzwanzigste Frage. Über die Art, das Urteil über eine Angezeigte zu fällen, die verdächtig und übel beleumdet ist.

Siebenundzwanzigste Frage. Über die Art, das Urteil über eine zu fällen, die gestanden hat, aber bußfertig ist.

Achtundzwanzigste Frage. Über die Art, über eine [Angeklagte] das Urteil zu fällen, die gestanden hat, aber, wenn auch bußfertig, doch rückfällig ist.

Neunundzwanzigste Frage. Über die Art, über eine [Angeklagte] das Urteil zu fällen, die die Ketzerei gestanden hat, aber unbußfertig, jedoch nicht rückfällig ist.

Dreißigste Frage. Über [die Art, das Urteil zu fällen über] eine, die die Ketzerei eingestanden hat, rückfällig und unbußfertig ist.

Einunddreißigste Frage. Über [die Art, das Urteil zu fällen über] einen, der überführt und ertappt ist, jedoch alles leugnet.

Zweiunddreißigste Frage. Über [die Art, das Urteil zu fällen über] einen Überführten, der aber flüchtig ist oder sich hartnäckig abwesend hält.

Dreiunddreißigste Frage. Über eine von einer anderen, eingeäscherten [*d. h. auf dem Scheiterhaufen verbrannten*] oder einzuäschernden [*d. h. zur Verbrennung auf dem Scheiterhaufen bestimmten*] Hexe angezeigte Person, wie über sie das Urteil zu fällen sei.

Vierunddreißigste Frage. Über die Art, über eine Hexe, welche Behexungen behebt, außerdem auch über Hexen-Hebammen und Hexen-Bogenschützen das Urteil zu fällen.

Fünfunddreißigste Frage dieses letzten Teiles. Über die Arten, jedwede Hexen abzuurteilen, die in frivoler Weise oder auch berechtigt appellieren.

Quellentext Nr. 136: Jakob Sprenger/Heinrich Institoris, Der Hexenhammer. Malleus maleficarum. Zum ersten Mal ins Deutsche übertragen und eingeleitet von J. W. R. Schmidt, Berlin 1920. S. 82–176 (Kapitelüberschriften).

Abschwörung

Formular für den Wortlaut eines Urteils nach erfolgter Abschwörung einer Delinquentin, die „ungestüm verdächtigt" wurde.

„Wir N. N., Bischof der und der Stadt, und, falls einer dabei ist, Richter N. N. in den Ländern des und des Herrn, in Beachtung, dass du N. N. aus dem und dem Orte der und der Diözese uns wegen der und der, den heiligen Glauben berührenden [Punkte] angezeigt worden bist [sie werden ausdrücklich genannt] und dass wir zu unserer Belehrung darüber verschritten sind, wie die Gerechtigkeit es uns riet, haben wir nach sorgfältiger Prüfung der Werte des Prozesses und aller Verhandlungen und Ausführungen in gegenwärtiger Sache gefunden, dass du das und das begangen hast [es werde ausdrücklich namhaft gemacht]. Daher haben wir dich, und zwar nicht unverdientermaßen, weil wir dich für der und der Ketzerei [es werde ausdrücklich namhaft gemacht] ungestüm verdächtig halten, als einen so Verdächtigen alle Ketzerei im Allgemeinen öffentlich abschwören lassen, so wie es uns die kanonischen Satzungen befehlen. Freilich, da nach ebendiesen kanonischen Bestimmungen ein jeder solcher Ketzer zu verurteilen ist und du, dem gesunderen Rate folgend und zum Schoße der heiligen Mutter Kirche zurückkehrend, aller ketzerischen Verkehrtheit, wie vorausgeschickt, abgeschworen hast, weshalb wir dich von dem Spruche der Exkommunikation, durch welche du als Gott und der Kirche gegenüber schuldig verdientermaßen gebunden gehalten wurdest, lossprechen, wenn du nur aus aufrichtigem Herzen und in nicht geheucheltem Glauben zur Einheit der Kirche zurückgekehrt bist – daher wirst du von jetzt an unter die Bußfertigen gerechnet werden, indem dich die hochheilige Kirche gegenwärtig wieder an den Busen der Barmherzigkeit aufnimmt. Aber weil es sehr unwürdig ist, mit geschlossenen Augen an ungestraften Beleidigungen gegen Gott vorüberzugehen und dabei Beleidigungen gegen Menschen zu ahnden, da es schlimmer ist, die göttliche Majestät zu verletzen als die menschliche, und damit deine Verbrechen keinen Ansporn für andere zu Vergehungen bilden und dass du für die Zukunft vorsichtiger gemacht und für später weniger zur Begehung der vorgenannten oder ähnlicher [Taten] geneigt würdest und damit du im künftigen Zeitalter leichter bestraft werdest, verurteilen oder vielmehr büßen wir, der vorgenannte Bischof und Richter, dich in unserer Gegenwart persönlich erschienenen N. N., an diesem Tage und zu dieser Stunde, die dir vorher bestimmt worden sind, urteilskräftig in der Weise, welche folgt, nachdem wir in und über diesem den gesunden und reifen Rat Erfahrener eingeholt haben, sitzend vor dem Tribunal nach der Weise urteilender Richter, indem wir Gott allein und die unzerbrechliche Wahrheit des heiligen Glaubens vor Augen haben, während die hochheiligen Evangelien vor uns liegen, damit im Angesicht Gottes unser Urteil ergehe und unsere Augen die Billigkeit sehen: erstens, dass du sogleich über alle Kleider, die du trägst, ein nach Art eines Mönchs-Skapuliers ohne Kapuze verfertigtes bleifarbiges Gewand ziehst, welches vorn und hinten Kreuze aus gelbem Zeug in der Länge von drei und in der Breite von zwei Handbreiten trägt, welches Kleid du über allen anderen Kleidern so und so lange Zeit [sie werde ausdrücklich bezeichnet: ein Jahr oder zwei oder mehr oder weniger, je nachdem die Schuld des Delinquenten es verlangt] tragen sollst; und nichtsdestoweniger sollst du mit dem genannten Kleide und den Kreuzen an der Tür der und der Kirche stehen, zu der und der Zeit und so und so lange, nämlich an den vier Hauptfesten der glorreichen Jungfrau oder an den und den [anderen] Festen an den Flügeltüren der und der Kirche oder Kirchen; und verurteilen dich rechtskräftig zu dem und dem Gefängnis auf Lebenszeit oder so und so lange Zeit. [Es werde niedergeschrieben, was recht sehr zur Ehre des Glaubens zu dienen scheint, beispielsweise ‚wegen der Größe der Schuld' oder ‚wegen der Geringfügigkeit der Schuld' oder ‚wegen der Hartnäckigkeit des Delinquenten'. Dann geht es weiter:] Wir behalten uns aufgrund unseres Wissens und ausdrücklich, wie es uns die kanonischen Bestimmungen gestatten, das Recht vor, dass wir die genannte Pönitenz [*Buße*] so oft mildern, verschärfen, ändern und im Ganzen oder zum Teil aufheben können, sooft es uns tunlich erscheint. Gefällt ist dieser Urteilsspruch" etc.

Nachdem er verlesen ist, werde [der Delinquent] alsbald der gebührenden Vollstreckung überantwortet und mit dem vorgenannten, derartige Kreuze enthaltenden Gewande bekleidet.

Quellentext Nr. 137: Jakob Sprenger/Heinrich Institoris, Der Hexenhammer. Malleus maleficarum. Zum ersten Mal ins Deutsche übertragen und eingeleitet von J. W. R. Schmidt, Berlin 1920. S. 119–120.

WENN EINE HEXE INS GEFÄNGNIS KOMMT
Alltag und Bürokratie der Hexenverfolgung

HEXENPROBE

Im Staatsarchiv Nürnberg ist das Protokoll einer Aussage erhalten, die ein Scharfrichtergehilfe über die Eichstätter Hexenprozesse im Jahr 1590 gemacht hat. Seine Worte bestätigen, dass die vom „Hexenhammer" empfohlenen Maßnahmen tagtäglich praktizierte Routine waren.

Denn wenn ein Trudt [*eine Hexe*] in das Gefängnis kommt, so muss sie sich nackend ausziehen, alsdann [tue] sein Meister [*d. h. der Scharfrichter*] ihr des geweihten Salz in den Mund, so viel, als er zwischen zwei Fingern halten kann, und einen Trunk geweihten Wassers und einen Trunk Taufwassers. Hernach suche er ihr das Zeichen, welches ein Flecklein ist, als wann es geritzt wäre, wenn er's dann gefunden, so sticht er mit einer schneidenden Nadel hinein, da es dann ein Trudt [*eine Hexe*] ist, so gibt es kaum Blut, auch verregt sie sich nicht. Das Salz und Wasser aber solle dazu helfen, das sie in dem Verhör desto eher bekennen [*ein Geständnis ablegen*] solle, aber doch muss manche auch sehr gemartert werden, bis man etwas aus ihr bringe.

Quellentext Nr. 138: Staatsarchiv Nürnberg, Amts- und Standbuch Nr. 211, fol. 112a–b. – Hartmut Heinrich Kunstmann, Zauberwahn und Hexenprozeß in der Reichsstadt Nürnberg, Nürnberg 1970. S. 75. – Transkription der Sprachgestalt in heutiges Deutsch: © Josef Dirnbeck.

HAFTVERPFLEGUNG

Wie es mit Einziehung und der Unkosten halber mit den zauberischen Personen gehalten werden solle, von neuem aufgerichtet zu Aschaffenburg, den zwölften März, Anno 1612.

1. Da eine oder mehr der Zauberei verdächtige Personen zu gefänglichen Haften [ge]bracht, solle denselben dieses Tags mehr nicht als auf eine Person für 12 d [Weißpfennig] Brot und der Wasserkrug dazu gereicht werden.

Man nahm im Mittelalter an, dass man Hexen daran erkennen könne,
dass sie Milch aus einem Axtstiel zu melken verstünden.

2. Über den dritten Tag aber soll den Verhafteten auf eine Person eine warme Brühe und Fleisch oder, da es ein Fasttag [ist], eine Suppe, und Gemüse dazu, jedoch über einen Batzen nicht wert, dann auch für 12 d [Weißpfennig] Brot und ein Achtmaß [*ein Viertelliter*] Wein, und darüber ferner nichts gegeben werden.

3. Da nun die verhaftete Person gütlich oder peinlich bekannt hat [*d. h. ein freiwilliges oder unter der Folter erzwungenes Geständnis abgelegt hat*], soll dieselbe außer[halb] des Gefängnisses in eine besondere Stube oder Gemach gesetzt [und] ihr zwei Hüter zugeordnet werden und weiters derselben Person bis auf die heilige Kommunion jeden Tags eine Brühe und Fleisch oder, da es ein Fasttag ist, wie vor[her] gemeldet, eine Suppe und Gemüse in dem vorigen Wert, an ebenmäßig für 13 d [Weißpfennig] Brot und ein Achtmaß Wein gereicht werden.

4. Da nun die verhaftete Person durch den Herrn Pfarrherren kommuniziert worden [ist], soll man ihr täglich ein Halbmaß Wein, für 12 d [Weißpfennig] Brot und ein warmes Essen oder zwei, welche doch über zwei Batzen nicht wert sein sollen, geben lassen.

5. Auf den peinlichen Halsgerichtstag soll der malefizischen Person vormittag um 7 Uhr ein geringer Imbiss gegeben und dabei ein Übermaß nicht gebraucht werden.

6. Würde es sich aber begeben, dass eine oder die andere verhaftete Person zu dieser Zeit, worauf denn die Stadtknechte mit allem Fleiß besonders Acht geben wollen, schwach oder sonsten altershalber kraftlos werden sollte, sollen sie dasselbe förderlich anzeigen, damit die Gebühr [*das, was diesen Personen gebührt*] jederzeit nach Gelegenheit der Personen anbefohlen werden möge.

7. Diesem nach [*Dementsprechend*] soll sich der Atzungswirt [*der für die Verpflegung zuständige Mann*] wie auch die Stadtknechte allerdings gemäß verhalten.

Quellentext Nr. 139: Mainzer Stadtarchiv LVO 1612 März 12. – Hans-Jürgen Wolf, Geschichte der Hexenprozesse, Hamburg 1998. S. 534. – Transkription der Sprachgestalt in heutiges Deutsch: © Josef Dirnbeck.

HINRICHTUNGSSTATISTIK

Aus Würzburg ist ein Dokument erhalten, in dem für einen Zeitraum von drei Jahren genau protokolliert ist, wie viele und welche Personen bei den einzelnen „Bränden" lebendig oder tot auf dem Scheiterhaufen gelandet sind. Man könnte meinen, ein Dokument, in dem lediglich Namen von Menschen aufgezählt werden, die wegen angeblicher Hexerei vom Leben zum Tod befördert worden sind, sei – abgesehen von der Ungeheuerlichkeit des Hexenwahns, von dem es Zeugnis gibt – wenig aussagekräftig. Doch wenn man die Litanei der Namen dieser zwischen 1627 und 1629 hingerichteten Männer und Frauen – unter ihnen auch Kleriker und Jugendliche – Revue passieren lässt, dann kann man erkennen, dass der anonyme Protokollant kein seelenloser Automat war, der bloß nüchtern irgendwelche Fakten festhielt, die ihn weiter nichts angingen. Gerade seine erklärenden Anmerkungen, zu denen er nicht verpflichtet gewesen wäre, zeigen, welchen Respekt er den Opfern entgegenbrachte – beispielsweise wenn er vermerkt, dass ein Mädchen namens Barbara Göbel „die schönste Jungfrau in Würzburg" gewesen sei, oder wenn er das Ableben eines Studenten beklagt, der mehrere Sprachen beherrschte und vortrefflich zu singen und musizieren verstand.

Verzeichnis der Hexen-Leut, so zu Würzburg mit dem Schwert gerichtet und hernach verbrannt worden.

1. Im ersten Brand vier Personen: Die Lieblerin. Die alte Anckers Witwe. Die Gutbrodtin. Die dicke Höckerin.

2. Im andern [*zweiten*] Brand vier Personen: Die alte Beutlerin. Zwei fremde Weiber. Die alte Schenckin.

3. Im dritten Brand fünf Personen: Der Tungersleber, ein Spielmann. Die Kulerin. Die Stierin, eine Procuratorin. Die Bürstenbinderin. Die Goldschmiedin.

4. Im vierten Brand fünf Personen: Die Siegmund Glaserin, eine Bürgermeisterin. Die Birckmannin. Die Schickelte Amfrau [*Hebamme*]. Nota bene [*Merke wohl*]: Von der kommt das ganze Unwesen her. Die alte Rumin. Ein fremder Mann.

5. Im fünften Brand acht Personen: Der Lutz, ein vornehmer Kramer [*Kaufmann*]. Der Rutscher, ein Kramer. Des Herrn Dompropst Vögtin. Die alte Hof-Seilerin. Des Jo[…] Steinbacks Vögtin. Die Baunachin, eine Rathsherrnfrau. Die Znickel Babel. Ein altes Weib.

6. Im sechsten Brand sechs Personen: Der Ratvogt, Gering genannt. Die alte Kanzlerin. Die dicke Schneiderin. Des Herrn Mengerdörfers Köchin. Ein fremder Mann. Ein fremdes Weib.

7. Im siebenten Brand sieben Personen: Ein fremdes Mägdlein von zwölf Jahren. Ein fremder Mann. Ein fremdes Weib. Ein fremder Schultheiß. Drei fremde Weiber. Nota bene: Damals ist ein Wächter, so teils Herren ausgelassen [*d. h. einige Herren aus dem Gefängnis entkommen ließ*], auf dem Markt gerichtet worden.

8. Im achten Brand sieben Personen: Der Baunach, ein Ratsherr und der dickste Bürger zu Würzburg. Des Herrn Dompropst Vogt. Ein fremder Mann. Der Schleipner. Die Visirerin. Zwei fremde Weiber.

9. Im neunten Brand fünf Personen: Der Wagner Wunth. Ein fremder Mann. Der Bentzen Tochter. Die Bentzin selbst. Die Eyeringin.

10. Im zehnten Brand drei Personen: Der Steinacher, ein gar reicher Mann. Ein fremdes Weib. Ein fremder Mann.

11. Im elften Brand vier Personen: Der Schwerdt, Vicarius am Dom. Die Vögtin von Rensacker. Die Stiecherin. Der Silberhans, ein Spielmann.

12. Im zwölften Brand zwei Personen: Zwei fremde Weiber.

13. Im dreizehnten Brand vier Personen: Der alte Hofschmidt. Ein altes

Weib. Ein kleines Mägdlein von neun oder zehn Jahren. Ein geringeres, ihr Schwesterlein.

14. Im vierzehnten Brand zwei Personen: Der erstgemeldeten zwei Mägdlein Mutter. Der Lieblerin Tochter von vierundzwanzig Jahren.

15. Im fünfzehnten Brand zwei Personen: Ein Knabe von zwölf Jahren in der ersten Schule. Eine Metzgerin.

16. Im sechzehnten Brand sechs Personen: Ein Edelknabe von Ratzenstein ist morgens um 6 Uhr auf dem Kanzleihof gerichtet worden und den ganzen Tag auf der Bahre stehen blieben, dann hernach den andern Tag mit den hierbei Geschriebenen verbrannt worden. Ein Knabe von zehn Jahren. Des obgedachten Ratsvogts zwei Töchter und seine Magd. Die dicke Seilerin.

17. Im siebenzehnten Brand vier Personen: Der Wirt zum Baumgarten. Ein Knabe von elf Jahren. Eine Apothekerin zum Hirsch und ihre Tochter. Nota bene: Eine Harfnerin hat sich selbst erhängt.

18. Im achtzehnten Brand sechs Personen: Der Batsch, ein Rotgerber. Ein Knabe von zwölf Jahren, noch ein Knabe von zwölf Jahren. Des D[…] Jungen Tochter. Ein Mägdlein von fünfzehn Jahren. Ein fremdes Weib.

19. Im neunzehnten Brand sechs Personen: Ein Edelknabe von Rotenhan, ist um 6 Uhr auf dem Kanzleihof gerichtet und den andern Tag verbrannt worden. Die Sekretärin Schellharin. Noch ein Weib. Ein Knabe von zehn Jahren. Noch ein Knabe von zwölf Jahren. Die Brüglerin, eine Bäckin, ist lebendig verbrannt worden.

20. Im zwanzigsten Brand sechs Personen: Das Göbel Babelin, die schönste Jungfrau in Würzburg. Ein Student in der fünften Schule, so viel Sprachen gekonnt und ein vortrefflicher Musikus vocaliter und instrumentaliter [*im Gesang und auf den Instrumenten*]. Zwei Knaben aus dem neuen Münster von zwölf Jahren. Der Steppers Babel Tochter. Die Huterin auf der Brücken.

21. Im einundzwanzigsten Brand sechs Personen: Der Spitalmeister im Dietericher Spital, ein sehr gelehrter Mann. Der Stoffel Holtzmann. Ein Knabe von vierzehn Jahren. Des Stoltzenbergers Ratsherrn Söhnlein, zwei Alumni [*Studenten im Priesterseminar*].

22. Im zweiundzwanzigsten Brand sechs Personen: Der Stürmer, ein reicher Büttner. Ein fremder Knabe. Des Stoltzenbergers Ratsherrn große Tochter. Die Stoltzenbergerin selbst. Die Wäscherin im neuen Bau. Ein fremdes Weib.

23. Im dreiundzwanzigsten Brand neun Personen: Des David Croten Knabe

von zwölf Jahren in der andern Schule. Des Fürsten Kochs zwei Söhnlein, einer von vierzehn Jahren, der andere von zehn Jahren aus der ersten Schule. Der Melchior Hammelmann, Vicarius zu Hach. Der Nicodemus Hirsch, Chorherr im neuen Münster. Der Christophorus Barger, Vicarius im neuen Münster. Ein Alumnus [*Student im Priesterseminar*]. Nota bene: Der Vogt im Brembacher Hof und ein Alumnus sind lebendig verbrannt worden.

24. Im vierundzwanzigsten Brand sieben Personen: Zwei Knaben im Spital. Ein reicher Büttner. Der Lorenz Stüber, Vicarius im neuen Münster. Der Betz, Vicarius im neuen Münster. Der Lorenz Roth, Vicarius im neuen Münster. Die Rossleins Martien.

25. Im fünfundzwanzigsten Brand sechs Personen: Der Friedrich Basser, Vicarius im Domstift. Der Stab, Vicarius zu Hach. Der Lambrecht, Chorherr im neuen Münster. Des Gallus Hausen Weib. Ein fremder Knabe, die Schelmerei Kramerin.

26. Im sechsundzwanzigsten Brand sieben Personen: Der David Hans, Chorherr im neuen Münster. Der Weidenbusch, ein Ratsherr. Die Wirtin zum Baumgarten. Ein altes Weib. Des Valckenbergers Töchterlein ist heimlich gerichtet und mit der Laden verbrannt worden. Des Ratsvogts kleines Söhnlein. Der Herr Wagner, Vicarius im Domstift, ist lebendig verbrannt worden.

27. Im siebenundzwanzigsten Brand sieben Personen: Ein Metzger, Kilian Hans genannt. Ein Hüter auf der Brücken. Ein fremder Knabe. Ein fremdes Weib. Der Hafnerin Sohn, Vicarius zu Hach. Der Michel Wagner, Vicarius zu Hach. Der Knor, Vicarius zu Hach.

28. Im achtundzwanzigsten Brand, nach Lichtmess anno 1629 sechs Personen: Die Knertzin, eine Metzgerin. Der D[...] Schützen Babel. Ein blindes Mägdlein. Nota bene: Der Schwart, Chorherr zu Hach. Der Ehling, Vicarius. Nota bene: Der Bernhard Mark, Vicarius am Domstift, ist lebendig verbrannt worden.

29. Im neunundzwanzigsten Brand sieben Personen: Der Viertel Beck. Der Klingen Wirt. Der Vogt zu Mergelsheim. Die Beckin bei dem Ochsentor. Die dicke Edelfrau. Nota bene: Ein geistlicher Doktor, Meyer genannt, zu Hach und ein Chorherr ist früh um 5 Uhr gerichtet und mit der Bahre verbrannt worden. Ein guter vom Adel, Junker Fischbaum genannt. Ein Chorherr zu Hach ist auch mit dem Doktor eben um die Stunde heimlich gerichtet, und mit der Bahre verbrannt worden. Paulus Vaecker zum Breiten Huet.

Seither sind noch zwei Brände getan worden. Datum, den 16. Februar 1629. Bisher aber noch viel unterschiedliche Brände getan worden.

Quellentext Nr. 140: Wolfgang Behringer, Hexen und Hexenprozesse in Deutschland, München 1988. S. 251–257. – Transkription der Sprachgestalt in heutiges Deutsch: © Josef Dirnbeck.

Staatliche Verordnungen

Der Geist der Aufklärung, der den noch im 18. Jahrhundert andauernden Hexenwahn letztlich besiegte, schlug sich auch in staatlichen Verordnungen nieder. Die in einem Edikt aus dem Jahre 1714 zur Einschränkung der Hexenprozesse in Preußen ausgesprochene Regelung, dass in Hexensachen gefällte Urteile vor der Vollstreckung von einer zentralen Stelle überprüft und bestätigt zu werden hätten, erwies sich als eine ebenso kluge wie wirksame Maßnahme.

[Aufgrund von glaubwürdigen Berichten], dass unter den Missbräuchen, so bei den Kriminalsachen sich zuweilen finden, einer der gefährlichsten sei, welcher sich vielfältig bei den Hexenprozessen zeigt, da [...] mancher in unschuldiger Weise auf die Tortur oder gar um Leib und Leben und dadurch Blutschulden auf das Land gebracht werden, [...] haben wir uns entschlossen, den bisherigen Prozess in Hexensachen genau untersuchen zu lassen, [...] befehlen aber [einstweilen], dass alle Urteile uns zur Konfirmation [*Bekräftigung*] eingesandt werden sollen, auch dass alle Gerichte, Fakultäten und Schöffenstühle ihre Gedanken wegen der Einrichtung dieser Prozesse zusammentragen [...] und einsenden. [1]

Die österreichische Kaiserin und ungarische Königin Maria Theresia bestätigte in einer Verordnung mit dem Titel „Seiner Kaiserlichen-königlich Apostolischen Majestät allergnädigste Landesordnung, wie es mit den Hexenprozessen zu halten sei", dass in der Zeit ihrer Regierung „bisher kein wahrer Zauberer, Hexenmeister oder Hexe entdeckt worden" sei. Sämtliche Gerichtsstellen und Obrigkeiten in den kaiserlichen Erblanden wurden angewiesen, diese Verordnung vom 5. November 1766 bis zur Publikation des vorbereiteten neuen Strafgesetzes als bindendes Gesetz zu beachten.

Wir haben gleich bei Anfang Unserer Regierung auf Bemerkung, dass bei diesem so genannten Zauber- und Hexenprozesse aus ungegründeten Vorurteilen viel Unordentliches sich mit einmenge, in Unseren Erblanden allgemein verordnet, dass solche vorkommende Prozesse vor Kundmachung eines Urteils zu Unserer höchsten Einsicht und Entschließung eingeschickt werden sollen; welche Unsere höchste Verordnung die heilsame Wirkung hervorgebracht, dass derlei Inquisitionen mit sorgfältigster Behutsamkeit abgeführt und in Unserer Regierung bisher kein wahrer Zauberer, Hexenmeister oder Hexe entdeckt worden, sondern derlei Prozesse allemal auf eine boshafte Betrügerei oder eine Dummheit und Wahnwitzigkeit des Inquisiten [*Angeklagten*] oder auf ein anderes Laster hinausgelaufen seien und sich mit empfindlicher Bestrafung des Betrügers oder sonstigen Übeltäters oder mit Einsperrung des Wahnwitzigen geendet haben. Gleichwie Wir nun gerechtest beeifert sind, die Ehre Gottes nach allen Unseren Kräften aufrechtzuerhalten und dagegen alles, was zu derselben Abbruch gereicht, besonders aber die Unternehmung zauberischer Handlungen, auszurotten, so können Wir keinerdings gestatten, dass die Anschuldigung dieses Lasters aus eitlem altem Wahne, bloßer Besagung und leeren Argwöhnigkeiten wider Unsere Untertanen was Peinliches [*d. h. eine Folterung*] vorgenommen werde; sondern Wir wollen, dass gegen Personen, die der Zauberei oder Hexerei verdächtig werden, allemal aus rechtserheblichen Einsichten und überhaupt mit Grunde und rechtlichem Beweise verfahren werden solle und hierinfalls hauptsächlich aus folgenden Unterscheid das Augenmerk zu halten sei: ob die der bezichtigten Person zur Last gehenden den Anschein einer Zauberei oder Hexerei und dergleichen auf sich habenden Anmaßungen, Handlungen und Unternehmungen entweder 1) aus einer falschen Verstellung und Erdichtung und Betruge oder 2) aus einer Melancholie, Verwirrung der Sinnen und Wahnwitz oder aus einer besonderen Krankheit herrühren oder 3) ob eine Gottes und ihres Seelenheils vergessene Person solcher Sachen, die auf ein Bündnis mit dem Teufel abzielen, sich zwar ihres Ortes ernsthaft, jedoch ohne Erfolg und Wirkung unterzogen habe oder ob endlich 4) untrügliche Kennzeichen eines wahren, zauberischen, von teuflischer Zutuung herkommen sollenden Unwesens vorhanden zu sein erachtet werden. [2]

Quellentext Nr. 141: (1) Edikt zur Einschränkung der Hexenprozesse in Preußen, 1714; in: Hans-Peter Kneubühler, Die Überwindung von Hexenwahn und Hexenprozeß, Zürich 1977. S. 234–235. – (2) Verordnung Maria Theresias, 1766; in: Gottlieb Wilhelm Soldan/ Heinrich Heppe/Max Bauer, Geschichte der Hexenprozesse, Bd. 2, Hanau 1911. S. 278–279. – Transkription der Sprachgestalt in heutiges Deutsch: © Josef Dirnbeck

Seit wann bist du eine Hexe?

Fragen beim Verhör

„Seit wann bist du eine Hexe?"

Wenn es galt, Frauen zu verhören, die der Hexerei angeklagt waren, nahmen Inquisitoren einen Katalog von Standardfragen zu Hilfe, um schneller zu einem Ergebnis zu kommen. Da es sich dabei zum größten Teil um Suggestivfragen handelte, war das „Ergebnis" so gut wie vorprogrammiert.

Seit wann bist du eine Hexe? Warum bist du eine Hexe geworden? Wie bist du Hexe geworden und was ist damals geschehen? Wen hast du dir zum Begleiter gewählt? Wie heißt er? Wie heißt dein Gebieter bei den bösen Geistern? Welchen Schwur musstest du ihm leisten? Wie und mit welchen Worten hast du das gemacht? Welche Finger musstest du dabei heben? Wo habt ihr eure Hochzeiten gefeiert? Welche Dämonen und welche Personen haben daran teilgenommen? Welche Speisen habt ihr gegessen? Wie war der Tisch gedeckt? Welche Musik spielte man? Welchen Tanz tanzte man? Hast du getanzt? Wen gab man dir als Begleiter bei der Zeremonie? Welches Kennzeichen machte dir dein Begleiter auf den Körper?

Welche Übeltaten hast du verursacht, an wem und wie? Warum hast du diese Übeltat verursacht? Wie könnte man sie wieder gutmachen? Welche Kräuter oder welche anderen Hilfsmittel kann man anwenden, um diese Hexerei zu heilen? Auf welche Kinder hast du den bösen Blick geworfen und warum hast du das getan? Welche Tiere hast du getötet oder der Zauberei unterworfen und warum hast du das gemacht? Wer sind deine Verbündeten bei den schlechten Taten? Warum schlägt dich der Teufel nachts?

Wie mischst du deine Salben? Wie gelingt es dir, durch die Lüfte zu fliegen? Welche Worte sagst du, wenn du fliegst? Fliegst du sehr schnell? Wer hat dir das Fliegen beigebracht? Welche Würmer und welche Raupen hast du gemacht? Aus was machst du diese schädlichen Tiere und wie machst du sie?

Hat der Teufel deiner Hexerei keine Frist gesetzt?

Quellentext Nr. 142: Pierre Dominique, Inquisición, Barcelona [2. Auflage] 1997. S. 320. – Übersetzung aus dem Spanischen: © Franziska Moser.

SPEZIELLE FRAGENKATALOGE

*Die Fragenkataloge, die beim Verhör angeblicher Hexen benutzt wurden, wa-
ren entsprechend den jeweiligen Bedürfnissen gestaltet und nutzten die Erfahrungen bereits erfolgreich geführter Verhöre. Im folgenden Ausschnitt aus
einem Fragenkatalog aus dem Jahr 1588, der im Landrecht von Baden-Baden
enthalten ist, interessiert sich der Richter nicht nur für Praktiken der Giftmi-
scherei, des Wettermachens und sonstigen Schadenzaubers, sondern er möchte von der Angeklagten auch spezielle Details über den körperlichen Umgang
mit dem Teufel erfahren – beispielsweise ob ihr der Beischlaf mit dem Teufel
„größere Lust bereitet habe als der mit einem natürlichen Mann".*

[Sodann] soll und muss man ferner nachfragen, ob sie auch etliche Stücklein, sie seien so gering sie wollen, gelernt, als den Kühen die Milch zu nehmen oder Raupen zu machen, auch Nebel und dergleichen. Item, von wem und
bei was für einer Gelegenheit solches geschehen und gelernt [wurde], wann
und wie lange, durch was für Mittel, ob sie kein Bündnis mit dem bösen Feind
[eingegangen], ob es allein ein schlecht Zusagen oder ein Schwur und ein Eid
[*d. h. eine einfache Zusage oder ein feierlicher Schwur*]? Wie derselbe laute?
Ob sie Gott verleugnet und mit was für Worten? In wessen Beisein, mit was
für Zeremonien, an was für Orten, zu was für Zeiten und mit oder ohne Charakter?

Ob er [*der Teufel*] keine Verschreibung von ihr habe, ob dieselbe mit Blut
und was für Blut oder mit Tinte geschrieben? Wann er ihr erschienen? Ob er
auch Heirat oder allein Buhlschaft von ihr begehrt? Wie er sich genannt, was
er für Kleider [getragen], wie auch seine Füße ausgesehen? Ob sie nichts Teuflisches an ihm gesehen und wisse?

Ob der Teufel nach dem Pakt mit der Angeklagten geschlafen habe? Auf
welche Weise der Teufel ihr die Jungfräulichkeit geraubt habe? Wie der Penis
des Teufels sei und wie sein Samen? Ob der Koitus mit dem Teufel der Angeklagten bessere und größere Lust bereitet habe als der mit einem natürlichen
Mann? Ob der Teufel mit der Angeklagten es mehrfach in der Nacht getrieben
habe und ob immer mit Ausspritzen von Samen? Ob er den Koitus immer in
der natürlichen Weise ausgeführt habe oder auch an anderen Teilen des Körpers? Ob sie von anderen Männern auf natürliche Weise geschwängert worden sei? Was sie mit dem Säugling getan habe? Ob das Kind gelebt habe? Auf

welche Weise sie es getötet habe? Wer sie es gelernt, wer ihr dazu geholfen, was sie sonsten für böse Stücke als mit Stehlen, Brennen, Kinder vertun, Morden und dergleichen in der Welt begangen? Ob sie sich auch wider die Natur versündigt habe? Auf welche Weise mit Männern, mit Frauen, mit sich selbst, mit Tieren? Mit Holz, Wachs, Gewächs, Kräutern?

Ob sie auch Leuten in Kraft ihres Schwurs und wem geschadet mit Gift, Anrühren, Beschwören, Salben? Wie viele Männer sie gar getötet, Weiber, Kinder? Wie viele sie nur verletzt? Wie viele schwangere Weiber? Wie viel Vieh? Wie viel Hagel und was dieselbe gewirkt? Wie sie die eigentlich gemacht und was sie dazu gebraucht?

Ob sie auch fahren könne und worauf sie gefahren? Wie sie das zuwege bringe, wie oft dies geschehe, wohin zu allen Zeiten und Fristen? Wer in diesem allen ihre Gesellen so noch leben?

Quellentext Nr. 143: Wolfgang Behringer, Hexen und Hexenprozesse in Deutschland, München 1988. S. 201–203. – Transkription der Sprachgestalt in heutiges Deutsch: © Josef Dirnbeck.

Tricks beim Verhör

Das 16. Kapitel des dritten Teils des „Hexenhammers" spricht in seiner Überschrift von „Vorsichtsmaßregeln", die der Richter beim Verhör von Frauen, die der Hexerei angeklagt sind, zu beobachten hat. Im Anschluss an die „Kautelen" und die Zeichen, an denen man eine Hexe erkennen kann, könnte man meinen, nun würde das Inquisitorenduo Institoris und Sprenger dem in seine Tätigkeit einzuschulenden Neuling weitere Tipps verraten, wie er sich gegen „Behexungen" schützen könne; Tipps übrigens, die – wie leicht zu sehen ist – nur zu einem geringen Teil auf dem Boden solider christlicher Frömmigkeit stehen und zum größeren Teil selbst vom Ungeist jenes Aberglaubens infiziert sind, gegen welchen eigentlich gekämpft werden sollte. Doch der harmlose Ausdruck „Vorsichtsmaßregeln, die der Richter beobachten muss" täuscht. Es handelt sich, wie dem Leser bald klar wird, um einen plumpen Etikettenschwindel. Statt des euphemistischen Ausdrucks „Vorsichtsmaßregeln" „üble Tricks" zu sagen, käme der Wahrheit wesentlich näher. Denn schon im ersten Absatz wird freimütig zugegeben, dass es bei den geschilderten Maßnahmen weniger um den Schutz des Richters geht, sondern vielmehr darum, dass die eingekerkerten Angeklagten „durch diese Dinge auf wunderbare Weise belästigt werden".

Sechzehnte Frage. Von der Zeit und zweiten Art des Verhöres. [Zwölfter Akt.] Über die schließlichen Vorsichtsmaßregeln, die der Richter beobachten muss.

Verwendung von geweihten Gegenständen bei der Folter

Außer dem Vorausgeschickten ist noch einiges zu bemerken. Erstens, dass [die Hexen] an besonders heiligen Tagen und während der Feier der Messe zu verhören sind, sodass auch das Volk ermahnt wird, die göttliche Hilfe im Allgemeinen anzuflehen, ohne besondere Angaben, außer dass die Heiligen gegen gewisse Beunruhigungen durch die Dämonen angerufen werden. Zweitens, dass das, was oben vom Salze und anderen geweihten Dingen berührt worden ist, samt den sieben Worten, die Christus am Kreuze aussprach, auf einen Zettel geschrieben und zusammengebunden ihr an den Hals gebunden werde. Die Länge Christi [„*Länge Christi"*: *ein als Amulett verwendeter, den „wahren" Körpermaßen Jesu entsprechen sollender 142 bis 175 Zentimeter langer Streifen*] werde ihr aus geweihtem Wachs auf den bloßen Leib gegürtet, wenn man die Länge selbst bequem haben kann. Die Erfahrung hat gelehrt, dass sie durch diese Dinge auf wunderbare Weise belästigt werden und kaum an sich halten; besonders aber gilt dies von den Reliquien der Heiligen.

Wenn dies so angeordnet und Weihwasser im Tranke gereicht ist, werden wiederum Vorbereitungen zum peinlichen Verhör getroffen, unter fortwährender Ermahnung wie vorher. Während sie aber vom Fußboden hochgehoben wird, wenn sie in solcher Weise gefoltert wird, lese der Richter die Aussagen der Zeugen mit Angabe der Namen vor oder lasse sie vorlesen; indem er sagt: „Siehe, durch die Zeugen bist du überführt!" Desgleichen wenn die Zeugen sich Auge in Auge vorstellen wollen, frage der Richter, ob sie gestehen wolle, wenn die Zeugen sich ihr ins Gesicht zeigten? Wenn sie zusagt, dann wären die Zeugen hereinzuführen und vor ihr aufzustellen, ob sie vielleicht in Schamröte oder aus Ehrfurcht etwas gestehen möchte. Schließlich, wenn er sieht, dass sie ihre Schandtaten nicht enthüllen will, wird er sie fragen, ob sie sich zum Beweise ihrer Unschuld dem [Gottes-]Urteil des glühenden Eisens unterziehen wolle; und weil dies alle wünschen, da sie wissen, dass sie durch die Dämonen vor einer Verletzung bewahrt werden, woher man auch erkennt, dass sie wirklich Hexen sind, so wird der Rich-

ter erwidern, mit welcher Frechheit sie sich so großen Gefahren aussetzen könne; und alles werde aufgeschrieben. Dass aber jenes [Gottes-]Urteil mit dem
glühenden Eisen ihnen nicht zu gestatten sei, wird sich weiter unten ergeben.

Der Richter möge auch beachten, dass sie beim Verhör am sechsten Feiertage [*d. h. am Karfreitag*], besonders so lange, bis das Läuten um des Verschei-
dens unseres Heilandes willen geschieht, oft gestanden haben.

Wie bei vollständigem Leugnen vorzugehen ist

Aber weil es nötig ist, dass wir bezüglich des Äußersten, das heißt eines voll-
ständigen Leugnens vorgehen, so soll der Richter, wenn sie darin beharrt, sie
losbinden [lassen] und sich noch der folgenden Vorsichtsmaßregeln bedienen:
Beim Hinausführen aus dem Strafgefängnis in ein anderes, jedoch gut gesi-
chertes zur Bewachung hüte er sich durchaus, sie auf irgendeine Weise gegen
Kaution oder Bürgschaft oder sonst wie ein Gutsagen für sie freizugeben, weil
von solchen gegen Bürgschaft freigegebenen die Wahrheit niemals erlangt
wird, im Gegenteil sie immer schlechter werden.

Aber dafür sorge er zuerst, dass sie menschlich mit Speise und Trank
bedacht wird und bisweilen ehrenwerte, nicht verdächtige [Männer zu ihr]
hineinkommen, die sich auch häufig über verschiedene Dinge von dem, was sie
angeht, mit ihr unterhalten und endlich im Vertrauen raten sollen, sie möchte die Wahrheit gestehen, wobei sie ihr versprechen, dass der Richter ihr Gnade
angedeihen lassen werde und sie gleichsam Vermittler sein wollen. Zu diesem
Ende soll der Richter eintreten und ihr versprechen, Gnade walten zu lassen,
wobei er entweder an sie oder aber an das Gemeinwesen denkt, zu dessen Erhaltung alles, was geschieht, dankenswert ist. Wenn er ihr aber bezüglich des
Lebens Versprechungen macht, was oben in der vierzehnten Frage über die drei
Weisen berührt worden ist, so werden die Einzelheiten vom Notar aufgeschrieben, und zwar unter welcher Form und Absicht der Worte die Gnade versprochen worden ist. Und wenn die Angezeigte auf diese Weise um Gnade gebeten und Tatsachen enthüllt hat, sollen allgemeine Redensarten gemacht
werden, [wie beispielsweise] es werde ihr mehr werden, als sie selbst erbeten
habe; zu dem Ende, dass sie mit größerer Vertrauensseligkeit rede.

Die zweite Vorsichtsmaßregel in diesem Akte ist, dass, wenn sie die Wahrheit durchaus nicht hat entdecken wollen, der Richter ihre Mitschuldigen ohne
ihr Wissen verhört, und wenn sie etwas Derartiges ausgesagt haben, wodurch

sie überführt werden könnte, so lege der Richter das vor und untersuche eifrig wegen der einzelnen Punkte. Zu demselben Zwecke sollen ihr die Werkzeuge oder Salben und Büchsen, die sich etwa im Hause gefunden haben sollten, gezeigt [und sie gefragt werden,y wozu sie sie gebraucht habe etc.].

Einen vermeintlichen Gönner einschleusen und die Gespräche mit Mitgefangenen abhören

Die dritte Vorsichtsmaßregel: Wenn sie immer noch in ihrer Verstocktheit verharrt und er ihre Mitschuldigen verhört hat, die gegen und nicht für sie ausgesagt haben, oder auch wenn er dies nicht getan hat, dann besorge er einen anderen vertrauenswürdigen Mann, von dem er weiß, dass er der in Haft Gehaltenen nicht unangenehm ist, sondern gleichsam ihr Freund und Gönner, der an irgendeinem Spätabend bei der Hexe eintritt, die Gespräche hinzieht und schließlich, wenn er nicht zu den Mitschuldigen gehört, vorgibt, es sei viel zu spät zur Rückkehr, und im Gefängnis bei ihr bleibt, wo sie dann in der Nacht in gleicher Weise miteinander sprechen. Wenn er aber zu den Mitschuldigen gehört, dann besprechen sie sich auch unter Essen und Trinken über die begangenen Dinge; und dann sei angeordnet, dass außerhalb des Gefängnisses an einer geeigneten Stelle Aufpasser stehen, die sie aushorchen und ihre Worte sammeln; und wenn es nötig sein sollte, sei ein Schreiber bei ihnen.

Keine Pausen beim Verhör einlegen

Die vierte Vorsichtsmaßregel besteht darin, dass, wenn sie beginnt, die Wahrheit zu sagen, der Richter auf keinen Fall die Entgegennahme ihres Bekenntnisses halbiert, selbst mitten in der Nacht, sondern so viel er kann damit fortfährt; und wenn es am Tage geschieht, so kümmere er sich darum, selbst wenn er das Frühstück oder das Mittagsbrot hinausschieben muss, und bleibe dabei, bis sie die Wahrheit gesagt hat, wenigstens in den Hauptsachen. Denn durch die Teilungen und Unterbrechungen hat es sich häufiger gezeigt, dass sie zum Leugnen zurückkehren und die Wahrheit nicht enthüllen, welche sie zu entdecken begonnen hatten, nach Abhaltung einer gar schlechten Beratung.

Spezielle Nachfragen

Der Richter beachte auch, dass er nach dem Geständnis der Menschen oder Tieren angetanenen Schädigungen nachforsche, seit wie viel Jahren sie einen Incubus-Dämon gehabt und seit wie langer Zeit sie den Glauben abgeleugnet habe, weil sie ebenso auf jeden Fall auch am Ende darüber zu befragen sind, wie sie über diese Punkte niemals ein Geständnis ablegen, wenn sie nicht erst das andere gestanden haben.

Bewährte Hinterlist

Die fünfte Vorsichtsmaßregel: Wenn alles Vorgenannte versagt, dann werde sie, wenn es geschehen kann, nach einer Zitadelle gebracht, und wenn sie dort einige Tage zur Bewachung überwiesen ist, stelle sich der Kastellan, als wollte er nach fernen Gegenden reisen, und inzwischen sollen einige Freunde oder auch ehrbare Frauen sie besuchen und ihr versprechen, sie wollten sie gänzlich frei abziehen lassen, wenn sie sie nur über gewisse Experimente belehren wollte. Der Richter beachte, dass sie sehr oft auf diese Weise gestanden haben und überführt worden sind.

Ganz kürzlich war eine Hexe in der Diözese Straßburg, nahe bei der Stadt Schlettstadt, im Schlosse Königsheim festgehalten, die durch keine Folterungen und peinlichen Verhöre dazu gebracht werden konnte, ihr Verbrechen zu gestehen. Endlich, als der Kastellan die oben erwähnte Weise befolgte, also freilich im Schlosse anwesend war, während ihn die Hexe jedoch abwesend wähnte, traten drei Freunde bei ihr ein und versprachen ihr freie Loslassung, wenn sie sie nur über gewisse Experimente belehrte. Wiewohl sie es beim ersten Male abschlug und ihnen vorwarf, dass sie hinterlistig mit ihr umgingen, fragte sie doch endlich, worüber sie belehrt sein wollten. Da sagte der eine, über die Erregung von Hagelschlag, der andere, über fleischliche Taten; und als sie schließlich jenen über den Hagel belehren wollte und die Hexe, nachdem eine mit Wasser gefüllte Schüssel herbeigebracht worden war, sich angeschickt hatte, dass sie mit dem Finger das Wasser ein wenig umrührte, und sie selbst gewisse Worte ausgestoßen hatte, erfüllte den Ort, den der Neugierige genannt hatte, nämlich den am Schlosse anliegenden Wald, ein solcher Sturm und Hagel, wie es seit vielen Jahren nicht gesehen worden war.

Was in dem Falle jedoch, wo alles versagt, oder auch in dem Falle, wo sie die

MALLEVS

MALEFICARVM,

MALEFICAS ET EARVM

hæresim frameâ conterens,

EX VARIIS AVCTORIBVS COMPILATVS,

& in quatuor Tomos iuftè diftributus,

QVORVM DVO PRIORES VANAS DÆMONVM
verſutias, praſtigioſas eorum deluſiones, ſuperſtitioſas Strigimagarum
cæremonias, horrendos etiam cum illis congreſſus; exaſtam denique
tam peſtifera ſeſta diſquiſitionem, & punitionem complectuntur.
Tertius praxim Exorciſtarum ad Dæmonum, & Strigimagarum male-
ficia de Chriſti fidelibus pellenda; Quartus verò Artem Doſtrinalem,
Benedictionalem, & Exorciſmalem continent.

TOMVS PRIMVS.

Indices Auſtorum, capitum, rerúmque non deſunt.

Editio nouiſſima, infinitis penè mendis expurgata; cuique acceſſit Fuga
Dæmonum & Complementum artis exorciſticæ.

Vir ſiue mulier, in quibus Pythonicus, vel diuinationis fuerit ſpiritus, morte moriatur
Leuſtici cap. 10.

LVGDVNI,

Sumptibus CLAVDII BOVRGEAT, ſub ſigno Mercurij Galli.

M. DC. LXIX.

CVM PRIVILEGIO REGIS.

Titelblatt des „Hexenhammers" – ein Buch, das 1487 das erste Mal gedruckt
wurde und das man durchaus als Bestseller der damaligen Zeit bezeichnen darf.
Allein im 16. Jahrhundert wurden nicht weniger als 29 Ausgaben ausgeliefert.

Verbrechen gesteht, der Richter weiterhin zu tun habe, damit der Prozess durch den Urteilsspruch beendigt werde, worin der letzte Teil dieses Werkes beschlossen wird, ist noch zu erklären übrig.

Quellentext Nr. 144: Jakob Sprenger/Heinrich Institoris, Der Hexenhammer. Malleus maleficarum. Zum ersten Mal ins Deutsche übertragen und eingeleitet von J. W. R. Schmidt, Berlin 1920. S. 78–81.

Folterprotokolle
Dokumente der „peinlichen Befragung"

Verhör unter Folter

„Peinliche Befragung" oder „peinliches Verhör" lautete der Fachausdruck für eine Einvernahme unter Anwendung der Folter. Im 14. Abschnitt des dritten Teils ihres „Hexenhammers" erörtern Heinrich Institoris und Jakob Sprenger ausführlich, wie die Androhung und Durchführung der Folter ordnungsgemäß zu erfolgen hat.

Was hat endlich der Richter an zweiter Stelle zu bedenken? Es besteht der Akt danach darin, dass er in der Weise, wie folgt, das Urteil fällt: „Wir, Richter und Beisitzer, die wir auf die Ergebnisse dieses von uns geführten Prozesses gegen dich, den und den, von dem und dem Orte der und der Diözese achten oder seine Ergebnisse erwägen, finden nach sorgfältiger Prüfung aller Punkte, dass du in deinen Aussagen veränderlich bist, weil du nämlich sagst, du habest die und die Drohungen ausgestoßen, aber nicht in jener Absicht. Und doch sind nichtsdestoweniger verschiedene Indizien vorhanden, welche genügen, dich den peinlichen Fragen und Foltern auszusetzen. Deswegen erklären, urteilen und erkennen wir, dass du am gegenwärtigen Tage und zu der und der Stunde den peinlichen Fragen und Foltern ausgesetzt werden sollst. Gefällt ist dieses Urteil" etc.

Zweitens besteht der Akt darin, dass, wie vorausgeschickt worden ist, [der Richter] auch jetzt noch nicht zum peinlichen Verhör bereit ist, sondern [der Angeklagte] im Gefängnis zur Strafe und nicht mehr bloß zur Bewachung, wie bisher, festgehalten wird. Dann lässt [der Richter] jene Freunde herbeiholen und stellt ihnen vor, dass er der Bestrafung entginge und vielleicht dem Tode nicht überantwortet würde, wenn er die Wahrheit gesteht, während er sonst bestraft wird; und ermahnt sie, dass sie den Angezeigten dazu bringen möchten. Denn das häufige Nachdenken, das Elend des Kerkers und die wiederholte Belehrung seitens rechtschaffener Männer machen ihn geneigt, die Wahrheit zu bekennen. Wir haben gefunden, dass die Hexen durch solche Belehrungen dermaßen stark gemacht worden waren, dass sie zum Zeichen des Widerstandes [gegen den Teufel] auf die Erde spien, gleichsam dem Teufel ins Gesicht, und sagten: „Geh weg, verfluchter Teufel! Ich werde tun, was recht ist" und in der Folge ihre Verbrechen gestanden.

Wenn man aber auf den Angezeigten in passender Weise gewartet, ihm angemessene Zeit gewährt und ihn vielfach belehrt hat und der Richter im guten Glauben meint, dass der Angezeigte die Wahrheit leugne, so verhöre man ihn peinlich in mäßiger Weise, nämlich ohne Blutvergießen, da man weiß, dass die peinlichen Verhöre trügerisch und, wie berührt worden ist, öfters unwirksam sind.

Beginn der Folter

Die Art aber, damit zu beginnen, ist diese: Während die Büttel sich zum peinlichen Verhör bereitmachen, entkleiden sie ihn danach; oder wenn es eine Frau ist, soll sie, bevor sie in das Strafgefängnis geführt wird, von anderen ehrbaren Frauen von gutem Rufe entkleidet werden, aus dem Grunde, damit [entdeckt werde], ob vielleicht irgendein Hexenwerkzeug in die Kleider eingenäht ist, wie sie es häufig auf die Belehrung der Dämonen hin aus den Gliedern eines ungetauften Knaben herstellen; zu dem Zwecke, dass sie des beglückenden Auges des Kindes beraubt werden. Während die Werkzeuge aufgestellt werden, soll der Richter für sich und durch andere gute Männer und Glaubenseiferer den peinlich zu Verhörenden bewegen, die Wahrheit frei zu gestehen; und wenn er nicht gestehen will, übergeben sie ihn den Bütteln, dass er ans Seil gebunden werde oder andere Werkzeuge zu spüren bekomme; und dabei sollen sie sogleich gehorchen, aber nicht fröhlich, sondern gleichsam erschrocken. Danach wird er wieder auf die Bitten einiger losgelassen, auf die Seite gezogen und wiederum zu bewegen gesucht und bei dem Bewegen belehrt, dass er dem Tode nicht übergeben wird [wenn er gesteht].

Im Folgenden geht es um die verzwickte moralische Frage, ob der Richter, um vom Delinquenten ein Geständnis zu erhalten, dem Betreffenden zusichern darf, dass er am Leben bleiben werde, wiewohl er, wenn er gesteht, zur Todesstrafe verurteilt werden muss.

Hier wird gefragt, ob der Richter bei einem bescholtenen und durch Zeugen und Indizien der Tat gesetzmäßig überführten Angezeigten, da nichts fehlt, als dass er mit eigenem Munde das Verbrechen gesteht, erlaubterweise die Er-

haltung des Lebens versprechen könne, da er doch, wenn er das Verbrechen gesteht, mit der Todesstrafe bestraft wird. Es wird geantwortet: Von verschiedenen werden verschiedene Ansichten gehegt. Einige nämlich meinen, dass,
wenn die Angezeigte sehr übel beleumundet und aufgrund der Indizien der Tat
heftig verdächtig und sie selbst zum großen Schaden gleichsam die Lehrerin
der anderen Hexen ist, sie auch dann noch unter diesen Umständen bezüglich
ihres Lebens beruhigt werden könne, dass sie zu lebenslänglichem Kerker bei
Wasser und Brot verurteilt wird, wenn sie nur die anderen Hexen an sicheren
und durchaus wahren Zeichen bekannt geben wolle. Jedoch ist diese Gefängnisstrafe, so wie sie verhängt wird, ihr nicht bekannt zu geben, sondern nur
Zusicherung des Lebens ist ihr zu versprechen und mit irgendeiner Sühne, beispielsweise durch Verbannung oder auf eine andere Weise, ist sie zu bestrafen.
Ohne Zweifel dürften sie um berüchtigter Hexen willen, und zwar besonders
solche, die den [anderen] Hexen mit Heilmitteln zusetzen und Behexte mit
abergläubischen Handlungen heilen, in der Weise zu erhalten sein, dass sie entweder den Behexten zu Hilfe kämen oder die Hexen verrieten. Jedoch sollte
man sich bei ihrem Verrate deshalb nicht beruhigen, weil der Teufel lügnerisch
ist, außer wenn gleichermaßen noch andere Indizien der Tat samt Zeugen zu-
sammenwirkten.

Anderen scheint es mit Bezug eben darauf, dass, im Falle sie in dieser Weise dem Gefängnis überantwortet sei, man ihr eine Zeit lang das Versprechen
halten müsse und sie dann nach einem Zeitraume einzuäschern [*d. h. auf dem
Scheiterhaufen zu verbrennen*] sei.

Es gibt eine dritte Art von Leuten, welche sagen, der Richter könne ihr
getrost die Erhaltung des Lebens zusichern, jedoch so, dass er sich danach
von der Fällung des Urteils entlastete und an seine Stelle einen anderen einsetzte.

Unter diesen Arten mag zwar die erste wegen der Heilung von Behexten
nützlich scheinen; aber weil es nicht erlaubt ist, Hexenwerk durch Hexenwerk
oder unerlaubte Taten zu beheben, wenn es auch, wie sich in der ersten, und
zwar einleitenden Frage dieses dritten Teiles ergeben hat, die Meinung sehr
vieler ist, dass es erlaubt sei, Behexungen durch eitle und abergläubische Werke zu beheben; aber weil hierbei die Erfahrung, die Praxis und die abwechs-
lungsreichen Geschäfte die Richter mehr belehren als irgendjemandes Kunst
oder Lehre, so wird das den Richtern überlassen. Gewiss ist aber, wie es die Er-

fahrung mehrmals gelehrt hat: Es würden viele die Wahrheit gestehen, wenn sie nicht durch die Furcht vor dem Tode zurückgezogen würden.

Das „peinliche Verhör"

Drittens besteht der [gegenwärtige] Akt darin, dass, wenn sie weder auf Drohungen noch auf solche Versprechungen hin die Wahrheit hat gestehen wollen, die Büttel das gefällte Urteil vollstrecken und sie dem peinlichen Verhöre nach den gewohnten und nicht neuen noch auch ausgesuchten Weisen leichter oder stärker ausgesetzt wird, je nachdem es das Verbrechen der Delinquentin verlangt; und während sie gefoltert wird, werde sie über gewisse Artikel befragt, wegen derer sie gefoltert wird, und zwar oft und häufig, mit den leichteren beginnend, weil sie das Leichte schneller zugeben wird als das Schwerere. Während dies geschieht, schreibe der Notar alles im Protokoll auf: wie sie gefoltert und wonach sie befragt und wie geantwortet wird. Beachte: Wenn sie infolge der Folterungen gesteht, dann werde sie nach einem anderen Orte geführt, damit [der Richter] von neuem ihr Geständnis vernehme und [wisse,] dass er es nicht nur mittels der Macht der Folterungen vernommen habe.

Viertens besteht der Akt darin, dass, wenn der in mäßiger Weise peinlich Verhörte die Wahrheit nicht hat gestehen wollen, vor ihm andere Arten von Folterwerkzeugen mit den Worten hingelegt werden, dass er sie aushalten müsse, wenn er die Wahrheit nicht gestehe. Wenn er auch so nicht in Furcht [gesetzt] oder zur [Bekennung der] Wahrheit gebracht werden kann, dann wird in seiner Gegenwart das Urteil auf Fortsetzung des peinlichen Verhörs auf der Folter für den zweiten oder dritten Tag, nicht auf Wiederholung, da nicht wiederholt werden darf, wenn nicht neue Indizien dazugekommen sind – in folgender Weise vorgetragen: „Wir Vorgenannten, Richter etc., wie oben, bestimmen für dich N. N. den und den Tag zur Fortsetzung des peinlichen Verhörs, damit aus deinem eigenen Munde die Wahrheit herauskomme"; und alles werde vom Notar in das Protokoll gesetzt. Innerhalb der bezeichneten Zeit bewege ihn der Richter für sich oder durch andere rechtschaffene Männer dazu, die Wahrheit zu gestehen, in der vorausgeschickten Weise mit Zusicherung des Lebens, wenn es so zu frommen scheint. Es beachte der Richter auch, dass innerhalb jener Zeit beständig Wachen bei ihr sind, damit sie nämlich nicht allein gelassen wird, weil sie vom Teufel versucht werden wird, dass sie sich selbst den Tod antue, sei es, insofern der Teufel sie selbst zu verlassen strebt, oder sei es, dass er von Gott aus gezwungen wird, sie zu verlassen. Denn gerade das kann der Teufel besser wissen, als es jemand in Büchern berichten kann.

Quellentext Nr. 145: Jakob Sprenger/Heinrich Institoris, Der Hexenhammer. Malleus maleficarum. Zum ersten Mal ins Deutsche übertragen und eingeleitet von J. W. R. Schmidt, Berlin 1920. S. 64–68.

DIE VERSCHIEDENEN FOLTERGRADE

Der Rechtsgelehrte Benedikt Carpzov (1595–1666), der sich als Schriftsteller auch Ludovicus de Montesperato nannte, beschrieb in seinem 1635 in Leipzig erschienenen Kriminalhandbuch „Practica rerum criminalium" drei Grade der Folter.

Beim untersten Grade der Tortur werden die Glieder an der Hand mit Stricken fest bis auf die Knochen zusammengeschnürt. Die Folgen davon sind unerträgliche Schmerzen, sodass dieser Grad rücksichtlich der Qual und des Schmerzes dem zweiten Grade ziemlich gleichsteht. Denn die Henker sagen, wenn der Delinquent dieses Schnüren überstehe, könne er leicht an den Schmerzen der härteren Tortur Widerstand leisten.

Der zweite, schon stärkere Grad gilt dann als angewendet, wenn der Inquisit [*der Angeklagte*] auf die Leiter gezogen und [*ihm*] durch gewaltsame Ausspannung oder Dehnung die Gelenke aller Glieder auseinander gezogen und zerrissen werden. Diese Art der Tortur ist die gewöhnlichste und wird verstanden, wenn man von Tortur einfachhin spricht.

Der dritte und höchste Grad besteht darin, dass die Henker der Ausspannung auf der Leiter noch härtere Martern anwenden und mit brennenden Spänen oder mit Schwefel und Feuer die Haut versengen oder unter die Fingernägel Keile Fichtenholz stecken, diese dann anzünden und so die Fingerspitzen der Wirkung des Feuers aussetzen. Oder sie legen den Angeklagten auf einen Stier oder Esel von Metall, der durch Feuer im Inneren allmählich beginnt glühend zu werden.

Diese und andere Torturen sind den Henkern ganz vertraut.

Quellentext Nr. 146: Wolfgang Behringer, Hexen und Hexenprozesse in Deutschland, München 1988. S. 356–357.

„Au au au au ..."

*Über die Folter erfährt man in den Prozessakten meist nur, dass sie ange-
wandt wurde und welches Ergebnis sie hatte: nämlich ein für den Prozess
brauchbares Geständnis. Der eigentliche Vorgang des Folterns bleibt dabei
ausgeblendet. Umso erschütternder sind Dokumente, in denen der drasti-
sche Vorgang der „peinlichen Befragung" so minuziös protokolliert ist wie
im Fall von Elisabeth Sacks. Diese der Hexerei bezichtigte Frau musste im
Dezember 1638 die im Folgenden protokollierte Folter über sich ergehen
lassen.*

Hierauf ist der Beklagten der Bescheid nochmals vorgelesen und darauf
dem Meister, die Examination [*das Verhör*] mit ihr zu vollziehen, anbefohlen
worden, auch [wurde sie] ernstlich treulich erinnert, die Wahrheit auszusagen.
Sagt, sie sei keine Hexin, sie wollte sich sonst nicht martern lassen. Worauf ihr
die Schrauben auf das rechte Bein gesetzt. [Sie] sagt, sie könne nichts, und wenn
sie was könnte, so wollte sie es sagen, und hat kein Wasser geschrien [*d. h. sie
hat nicht geweint – was in den Augen der Inquisitoren ein untrügliches Indiz
war, dass es sich um eine Hexe handeln muss*].

Hierauf ihr weiter zugeschraubt, ruft: „mein Arm", geklopft, sagt, sie könne nichts, hierauf ferner zugeschraubt, sagt, sie könne nicht oder gebe Gott,
dass sie nimmermehr allda abkommen; wenn sie was könnte, wollte sie es
sagen, schreit ganz kein Wasser [*weint die ganze Zeit nicht*], weiter zugeschraubt, ruft: „Au au" und sagt, sie könne nicht, sie kann es doch nicht. [...]
Hat in dem Aufziehen nichts gerufen, sondern ganz still geschwiegen, der
Meister ihr mit Gewalt das Maul aufgetan, fragend, ob sie bekennen [*ein Geständnis ablegen*] wollte. Nein, und hat sich gestellt, als dass solche Schmerzen nicht empfinden täte, hat nichts antworten wollen, endlich auf vielfältiges
Zureden sagend, Gott sei ihr Schützer und Geleitsmann.

Gefragt, warum sie nicht schwatzen täte, wann sie aufgezogen würde, da
doch die Marter größer sei als vorhin, antwortet nichts, und wann sie heruntergelassen wird, so fangt sie an zu reden. Worauf sie ernstlich erinnert [wird],
die Wahrheit zu sagen, wo nicht, wolle man morgen stärkere Mittel an Hand
nehmen. Sagt, so müsste sie es Gott befehlen. Ist darauf [die] Beklagte wiederum deponiert [*weggeführt*] und von den Herren subskribiert [*das Protokoll
unterschrieben*] worden.

Bei der nächsten Folter wird Elisabeth Sacks vom Oberschultheiß ermahnt,
Gott die Ehre zu geben und die Wahrheit zu sagen.

[…] Ruft: „Au au au au", der böse Feind hätte mit ihr nichts zu schaffen,
wisse nichts zu sagen als von dem lieben Gott. Ihr ferner zugeschraubt, ruft:
„Au au au", ruft ganz stark, sie wüsste von nichts, was sie arme betrübte Frau
sagen sollt. Ist sie abermals etlichmal geschnellt worden und [hat] gebeten, man
wollte sie ruhen lassen. Ist sie ein wenig abgelassen und auf den Stuhl gesetzt,
ist ihr von den Meistern stark zugeredet worden, sagt sie: „Ach, ihr gute Herrn
und Richter, meint ihr, dass ich mich also peinigen lassen wollte, wenn ich eine
Hexin sei?" Dann die Meister ihr zugesprochen, sie sollte sagen: „Du Teufel,
du bist ein Schelm", und [*sie sagten ihr,*] was sollte [sie] ihn schelten. Sagt, er
mag ein Dieb und Schelm sein, was es sie scherte. [...] Hierauf ihr die Haare
unter dem Arm abgebrannt, ruft: „Au au au, Herr Oberschultheiß, tut mir
nicht zu viel, über acht Tag tut mir wieder so viel!" Die Meister ihr zugeredet,
sie sollte den Anfang machen, hat sie dieselben mit harten Worten angebellt.
Ist ihr zugerufen, indem das Vaterunser geläutet, dasselbe zu beten, hat sie
solches dem Henker von Worten zu Worten rezitiert. [...] Als sie am Seil gehangen, sagt: „Dass es Gott erbarme, dass ihr mir so große Schalkheit tut", ruft:
„Au au au." Unterdessen ist der Strick im Votieren, so achtfältig, entzwei gesprungen, ohnerachtet der Meister sie daran nicht gezogen noch sie geschnellt,
und ist entzwei gewesen, als wenn es mit einem Messer geschnitten sei, und
sie [ist] heruntergefallen und nicht einmal „Au" gesagt.

Quellentext Nr. 147: Hans-Jürgen Wolf, Geschichte der Hexenprozesse, Hamburg 1998.
S. 440–441. – Transkription der Sprachgestalt in heutiges Deutsch: © Josef Dirnbeck.

FOLTEREXZESS

Sind schon Berichte über die „normale" Anwendung der Folter dazu angetan,
einem heutigen Leser eine Gänsehaut um die andere über den Rücken zu ja-
gen, um wie viel mehr vermögen dies Berichte über Exzesse *der Folterer. Das*
Protokoll über die „unrechtmäßige Tortur der Elisabeth Maderin" in Coburg
aus dem Jahr 1629 ist ein eindrucksvolles Dokument des legalen Sadismus ge-
wisser Folterknechte.

In Sonderheit sagt Testis secundus [*der zweite Zeuge*] Philipp Wagner, der

457

Richter selbst: Ob Maderin gleich bei der ersten Marter nichts bekennt [*kein Geständnis ablegt*], habe man doch ohne rechtliches Erkenntnis die Tortur wiederholt, und der Scharfrichter ihr die Hände gebunden, die Haare abgeschnitten, sie auf die Leiter gesetzt, Branntwein auf den Kopf gegossen und die Kolbe [*d. h. die über der Stirn von Schläfe zu Schläfe und im Nacken von Ohr zu Ohr in gerader Linie abgeschnittenen restlichen Haare*] vollends wollen abbrennen, ihr Schwefelfedern unter die Arm und den Hals gebrannt, binden, aufwärts mit den Händen bis an die Decke gezogen, so bei drei oder vier Stunden gewährt [*was etwa drei oder vier Stunden lang gedauert habe*], und sie gehangen, der Meister aber zum Morgenbrot gegangen, und als er wieder gekommen, ihr Branntwein auf den Rücken gegossen und angezündet, ihr viele Gewichter auf den Rücken gelegt und sie in die Höhe gezogen. Nach diesem wieder auf die Leiter und ihr ein ungehobeltes Brett mit Stacheln unter den Rücken gelegt und mit den Händen bis an die Decke aufgezogen. Weiters die beide große Fußzehen und beide Daumen zusammengeschraubt, eine Stange durch die Arm gesteckt und sie also aufgehängt, dass sie ungefähr eine Viertelstunde gehangen, [und es] wäre ihr immer eine Ohnmacht nach der andern zugegangen. Die Beine waren ihr in den Waden geschraubt und, wie zu vermerken, [sei] die Tortur auf die Fragen unterschiedlich wiederholt worden.

Bei der dritten Tortur, so der [Henker] von Dreißigacker verrichtet, sei es ärger zugegangen, als der sie mit einer ledernen Peitsche um die Lenden und sonst gehauen, dass das Blut durchs Hemd gedrungen. Ferner sie aufgezogen, ihr die Daumen und große Zehen zusammengeschraubt, sie also im Bock sitzen lassen, und [es] wären der Henker neben den Gerichtspersonen zum Morgenbrot gegangen, ungefähr vor Mittag um zehn Uhr, darinnen sie gesessen bis ein Uhr nach Mittag, dass auch ein benachbarter Beamter zu Zedgen gekommen und gesagt, warum man so unbarmherzig mit den Leuten umginge; man hätte zu Neustadt davon gesagt, dass die zu Poßneck so unbarmherzig wären. Darauf sie abermals mit der Karbatschen [*Peitsche*] jämmerlich zerhauen, und sei es hierbei ersten Tages verblieben, den andern Tag wäre man noch einmal mit ihr [die Fragen] durchgegangen, Tortur hätte bisweilen mit der Peitsche zugehauen, aber nicht so sehr wie den vorigen Tag, es wäre ein abscheuliches Werk gewesen.

Diesem Zeugen stimmt in den meisten Punkten bei Testis quartus [*der vierte Zeuge*] Christoph Rhot, auch Richter usw.

Quellentext Nr. 148: Responsum iuris. Urteil wegen zu harter Tortur in puncto veneficii. – Wolfgang Behringer, Hexen und Hexenprozesse in Deutschland, München 1988. S. 299–300. – Transkription der Sprachgestalt in heutiges Deutsch: © Josef Dirnbeck.

TÖDLICHES ENDE

Klara Geißler, die Witwe eines Tagelöhners, war 67 Jahre alt, als sie 1597 in Gelnhausen eingesperrt wurde, weil sie von einer anderen, bereits als Hexe verbrannten Frau denunziert worden war. Der „Besagung" dieser Frau zufolge sollte Klara Geißler – und die Richter glaubten dies! – mit drei Teufeln zusammengelebt haben.

Beim Verhör bestritt die Frau die ihr vorgeworfene Schuld. Daraufhin begann man sie zu foltern. Man legte ihr Daumenschrauben an, aber sie leugnete trotzdem – was im Protokoll folgendermaßen vermerkt wurde:

Der Teufel brachte über sie eine große Hartnäckigkeit und sie bestand fest auf ihrer Sache.

Die Folter wurde verstärkt. Man begann ihre Füße zu pressen, und als man stärker zudrückte, schrie sie erbärmlich:

Wär alles wahr, was man gefragt: Sie trinke Blut von Kindern, so sie bei nächtlicher Weile, wenn sie ausfahre, stehle; habe wohl bis sechzig gemordet, nannte zwanzig andere Unholdinnen [*Hexen*] so mit bei den Tänzen gewesen. Auch habe sie den Teufel ständig in Gestalt einer Katze bei sich, mit der sie, ebenfalls als Katze verwandelt, nachts über die Dächer fahre und sich erlustige.

Im Anschluss daran widerrief Klara Geißler ihr Geständnis. Sie gab zu Protokoll, sie habe alles nur aus lauter Schmerz gesagt, alles sei Einbildung und kein Wort wahr. Von neuem gefoltert, bejahte sie wiederum alles, was man ihr vorsagte, und widerrief es, sobald man sie vom „Bock" losgeschnallt hatte. Im Verlauf der dritten Folterung, die sich über mehrere Stunden hinzog, legte die 67-jährige Witwe schließlich folgendes Geständnis ab:

Sie habe länger denn vierzig Jahre mit dem Teufel Unzucht getrieben, der bald als Katze, bald als Hund, oft auch als Floh oder Wurm zu ihr gekommen sei. Sie habe wohl auch über zweihundertvierzig Personen ermordet, habe dem Teufel siebzehn Kinder geboren, die sie alle gemordet, von deren Fleisch sie gegessen und deren Blut sie getrunken. Sie habe Wetter gemacht und habe die ganze Stadt anzünden wollen, so nicht einer ihrer teuflischen Buhlen es widerraten, dieweil er darin noch mehr zu Hexen machen wolle.

Klara Geißler überlebte die Folter nicht. Sie starb noch während des Verhörs. Zynischer Kommentar des Gerichtsprotokolls:

Der Teufel hat sie nichts mehr offenbaren lassen wollen und deshalb ihr den Hals umgedreht.

Quellentext Nr. 149: Gerichtsprotokoll zitiert nach: Karl-Heinz Spielmann, Die Hexenprozesse in Kurhessen, nach den Quellen dargestellt, Marburg [2. Auflage] 1932. S. 149–150.

Zu Tode gequält

Elisabeth Georges, eine Hausfrau aus Kirchhain in Marburg, wurde von den Scharfrichtern Meister Zacharias und Christoph Döring im Jahr 1654 insgesamt dreimal gefoltert. Das einzige schuldhafte Verhalten, das sie zu gestehen hatte und das sie auch zugab, war, dass sie mit ihrem Schwager Eckhard einmal „Unzucht getrieben" hatte.

[Ruft:] Wenn ich etwas könnt, wollt ich's sagen, ich weiß doch nichts, ich weiß doch nichts. Ruft: Ach ihr Herren, ihr Herren, tut mir Unrecht, von keinem Menschen weiß ich nichts, ruft: Au au, ach ich weiß doch von nichts, ich weiß nichts, ach ihr Herren tut Sünde! Ach du lieber Herr Christus! Wenn ich etwas wüsste, so wollt ich's sagen, ich weiß doch nichts, ach ihr Herren, wenn ich was wüsste. […] Von keiner Zaubersche weiß ich [*von Zaubereien weiß ich nichts*], mit Eckhard [*Elisabeth Georges' Schwager*] habe ich das Unglück. Ach du, lieber Herr, hilf doch, ich will sagen, wann ich etwas wüsste. Ach du lieber Herr Christus, der liebe Herr Christus im Himmelreich. Ach du himmlischer Vater, ach die Herren tun eine Sünd, die in den Himmel ruft [*begehen eine himmelschreiende Sünde*]. Schließlich ist es zu Ende gewesen. Aufgezogen, geschraubt, hat angefangen zu schlafen in der Elevation. Ist auf den Stuhl gesetzt [worden], hat fortgeschlafen ihren Hexenschlaf. Weil nichts auszubringen gewesen, ist sie votu relaxieret und dem Bescheid ein Genügen geschehen eracht worden.

Auf dem Aktenstück, in welchem der tödliche Ausgang der Folterung von Elisabeth Georges protokolliert ist, befindet sich der folgende handschriftliche Zusatz eines anonymen Lesers dieses Protokolls aus dem Jahre 1837.

Der Herr nehme die arme zu Tode Gequälte an und helfe ihr zu einer fröhlichen Auferstehung. Er erbarme sich ihrer Ankläger, Richter und Peiniger und bewahre diese, um seines Blutes willen, am Kreuz vergossen, vor der ewigen Verdammnis. Geschrieben einhundertdreiundachtzig Jahre nach den Ereignissen.

Quellentext Nr. 150: Hans-Jürgen Wolf, Geschichte der Hexenprozesse, Hamburg 1998. S. 441. – Transkription der Sprachgestalt in heutiges Deutsch: © Josef Dirnbeck.

Einzelne Schicksale
Protokolle – Dokumente – Berichte

Hexenverbrennung in Rom

Im Jahr 1423 wurde in Rom eine Frau als Hexe verbrannt. Papst war damals Martin V. (1417–1431). Der humanistisch gebildete Pfarrer und Schriftsteller Johann Hartlieb (1410–1468) hat in seiner für Markgraf Johann von Brandenburg-Kulmbach verfassten Schrift „Buch aller verbotenen Kunst, Unglaubens und Zauberei" den folgenden Augenzeugenbericht abgedruckt.

[Ein großes Zeichen von Zauberei.] Ehrenreicher Fürst, ich sage dir eine Sache, die ich und viele Leute zu Rom gesehen und gehört haben. Es war in dem sechsten Jahr, als Papst Martin gesetzt war, da entstand in Rom der Aberglaube, dass etliche Weiber und Männer sich in Katzen verwandeln und gar viel Kinder zu Rom töten.

Zu einer Zeit kam eine Katze in eines Bürgers Haus und biss sein Kind in der Wiege. Das Kind schrie, der Vater erhob sich bald und nahm ein Messer und schlug [damit] die Katze, als sie zu einem Fenster hinauswollte, durch das Haupt. Des Morgens gar früh tat sich die Frau berichten mit den heiligen Sakramenten [*ließ sich mit den heiligen Sakramenten versehen*]; die Nachbarn klagten [über] ihre Krankheit, wie es da Sitte ist. Der Nachbar klagte sie auch; sie antwortete ihm: „Wär dir leid meine Krankheit, du hättest mir das nicht getan." Am dritten Tag erscholl [*hörte man*], dass die Frau eine Wunde in dem Haupt hätte. Der Nachbar gedachte an die Katzen, auch an ihr Wort; er brachte das an den Senat.

Die Frau wurde gefangen und einvernommen; sie sprach vor dem Kapitol überlaut, hätte sie ihre Salbe, sie wollte hinfahren. O wie gern hätte ich und mancher Kurtisan [*Höfling*] gesehen, dass man ihr die Salbe gegeben hätte. Da stand auf ein Doktor [*ein Gelehrter*] und sprach, dass ihr die Salbe nicht sollte gegeben werden, denn der Teufel möchte mit Gottes Verhängnis [*unter Gottes Zulassung*] eine große Irrung machen. Die Frau wurde verbrannt, das habe ich gesehen.

Quellentext Nr. 151: Johann Hartlieb, Buch aller verbotenen Kunst, Unglaubens und Zauberei, 1456. – Joseph Hansen, Quellen und Untersuchungen zur Geschichte des Hexenwahns. Bonn 1901. S. 132–133. – Transkription der Sprachgestalt in heutiges Deutsch: © Josef Dirnbeck.

Die Mutter von Johannes Kepler

Als gegen Katharina Kepler ein Hexenprozess eröffnet wurde, war sie „70-jährig, klein, mager, dunkelfarbig, unerfahren im Lesen und Schreiben, ein Weib, das eine freudlose, einsame Jugend zäh und hart, die früh geschlossene Ehe zänkisch und streitsüchtig, das Alter aber unstet und schwatzhaft gemacht hat" (Berthold Sutter, Der Hexenprozeß gegen Katharina Kepler, Weil der Stadt [2. Auflage] 1984. S. 35). Die Mutter des berühmten Astronomen und sechs weiterer Kinder, von denen drei schon im Säuglingsalter starben, hieß mit Mädchennamen Guldemann und war die Tochter des Bürgermeisters von Leonberg im damaligen Herzogtum Württemberg. Als sie im Jahr 1571 Heinrich Kepler heiratete, der in den Niederlanden als Landsknecht Dienst tat, war sie bereits im dritten Monat mit Johannes schwanger. Vier Jahre lang wohnte die Familie in den Niederlanden, dann kehrten die Keplers in die Heimat zurück. Nach dem Tod ihres Mannes lebte die kräuterkundige Witwe in Leonberg und heilte mit ihren Salben, Heiltränken und Segenssprüchen kranke Tiere und kranke Menschen. Lag das alles im Bereich der ganz alltäglichen und von der damaligen Gesellschaft akzeptierten Volksmedizin, so machte sich Frau Kepler schon eher damit verdächtig, dass sie den Totengräber bat, ihr den Schädel des Vaters ausgraben zu lassen. Sie wollte ihn in Silber fassen lassen und ihrem Sohn als Trinkbecher übergeben, denn sie hatte gehört, dass es bei den Gelehrten Brauch sei, aus den Schädeln der verstorbenen Eltern zu trinken, um an die Vergänglichkeit der irdischen Dinge gemahnt zu werden (vgl. Berthold Sutter, op. cit. S. 38). Als Hexe angeschwärzt wurde Katharina Kepler allerdings aus persönlichen Gründen. Ursula Reinbold, eine Frau, mit der Frau Kepler einen jahrelangen Streit hatte, setzte alles daran, ihre Feindin fertig zu machen. Die „Reinboldin" behauptete, die Keplerin sei eine Hexe und Giftmischerin, und ein von ihr verabreichter Kräutertrank habe ihr „fast das Herz ausgestoßen und die Augen heftig aus dem Kopf getrieben, sodass sie halb von Sinnen sei" (Berthold Sutter, op. cit. S. 39). Die

Auseinandersetzungen zogen sich jahrelang hin. Johannes Kepler stellte sich schützend vor seine Mutter. Nach längerem Hin und Her gelang es schließlich, Katharina Kepler freizubekommen.

[Anklagepunkte gegen Katharina Kepler.] Die Glaserin trägt vor: „Sie hat dem Schulmeister Benedikt Beutelsbacher das Leben versalzen. Er wolle darauf sterben, dass sein Leiden von ihr stamme." Der Schulmeister sagt: „Sie hat mich in den Jahren 1607 oder 1608 eines Sonntags zu sich geholt. Dabei hat sie mich und Margaretha, Bastians Mayers Hausfrau, gezwungen, aus einem Zinnbecher zu trinken. Daraufhin habe Margaretha zu siechen begonnen, ist von da an nimmer gesund geworden und habe schließlich daran sterben müssen. Ich dagegen bin glimpflich davongekommen, denn ich habe nur wenig von dem Wein getrunken. Allerdings hat sie mir meine Mannschaft genommen." Die Verteidigung lenkt ein und nennt ihn einen Fabelmann. Sie bezeichnet den Beutelsbacher als gemeinen, unverständigen Idioten und abergläubischen Menschen: „Man hat bei ihm nicht so viel Hirn zu suchen, als dass man nicht annehmen müsste, es wäre seine Auslegung. Selbst im Angesicht der Folterwerkzeuge hat Katharina Kepler vor Gott bezeugt, dass sie dem Schulmeister nichts getan." Bastian Mayers lungenkranker und schwindsüchtigen Frau wird von der Reinboldin vorgeworfen: „Sie hat bei der Keplerin den Tod getrunken." Dem widerspricht der Witwer und trägt vor, „sein Weib sei an Dörrsucht und nicht durch das Hexenwerk ausgesocht [*dahingesiecht*] und gestorben." Margaretha, Frau des Zieglers Endris Leibrand, sagt: „Damals habe ich, gerade als ich gesegneten Leibes gewesen, einen leidenden Schenkel [*Rotlauf*] bekommen und der Keplerin ein Bad genommen. Sie habe dabei nicht nur mir, sondern auch meiner Leibesfrucht nach dem Leben getrachtet." Johann Bernhard Buckh sagt: „Ich habe von Jörg Hallers Weib vernommen, dass sie von der Ziegelin gehört habe, es sei erst neulich ein Haar von ihrem offenen Geschwulst gekommen, das nicht heilen wolle." Daniel Schmidt meint: „Die Keplerin hat sich über die Wiege meiner Kinder gelegt. Sie haben große Knochen bekommen und seien daran gestorben." Christoph Frickh sagt: „Ich habe plötzlich Schmerzen an meinem Schenkel verspürt, gerade als die Keplerin vorbeigekommen. Es ist ihm wie ein Nebel vor Augen worden. Dann habe ich mich damit behandelt, dass ich den Schenkel mit meinem Urin getränkten Tuch umwickelt habe." Anna Maria Maisterlin trägt vor: „Ich habe an der linken Hüfte einen heftigen Stoß erhalten. Als ich mich umdrehte, sah ich die Keplerin über

*Man stellte sich vor, dass die Hexen auf Besen und Stöcken zu ihren
nächtlichen Versammlungen ritten. Dort aßen sie, tranken, feierten Orgien,
ermordeten geraubte Kinder und verehrten den Teufel.*

den Schlossplatz gehen, von der ich wusste, dass sie im bösen Verdacht steht.
Der Schmerz stelle sich jeweils bei Neu- und Vollmond ein." Der Sattler meint:
„Als sie bei den Schweinen vorübergegangen ist, haben sie im Stall zu jam-
mern begonnen, und eines sei darüber gestorben." Die Hausbäckerin meint:
„Bei mir ist ein Kalb erkrankt. Sie könne es geritten haben, doch ich kann nicht
unter Eid sagen, dass sie schuld daran ist: Auch sei sie nicht im Stall gewesen."
Der Küfer von Leonberg, Jacob Koch, sagt: „Michael Stahl hat bei Martin
Weißhaupt erzählt, Martin Nestler hätte nach einer gelungenen Operation auf
die Frage nach dem Grund seiner Krankheit auf eine Katze, die oben im Gebälk
der Scheune gelegen, gewiesen und gemeint, er wollte, er könnte mit dem nassen Finger auf sie zugehen, denn sie wäre seine Nachbarin." [1]

*Katharina Kepler gab beim Verhör zu, einen bestimmten Segensspruch zur
Erlangung der Gesundheit zu kennen und ihn gesprochen zu haben, wenn ihre
Kinder krank waren, und diktierte ihn dem Stadtschreiber Werner Feucht Wort
für Wort ins Protokoll. Weiters gab sie zu, dass sie diesen Segensspruch auch
dem Schulmeister angeraten habe.*

Heiß mit Gott willkommen Sonn und Sonnentag, kommst dahergeritten, da steht ein Mensch, lass dich bitten, Gott Vater, Sohn und Heiliger Geist und die Heilige Dreifaltigkeit. Gib diesem Menschen Blut und Fleisch, auch gute Gesundheit. [2]

Quellentext Nr. 152: Hans-Jürgen Wolf, Geschichte der Hexenprozesse, Hamburg 1998. (1) S. 119. – (2) S. 1052 (gek.). – Transkription der Sprachgestalt in heutiges Deutsch: © Josef Dirnbeck.

Rebecca Lempin

Rebecca Lempin wurde im Jahr 1590 in Nördlingen als Hexe angezeigt. Der Brief, den sie aus dem Gefängnis heraus an ihren Gatten schrieb, ist ein beredter Ausdruck der Verzweiflung über die Ausweglosigkeit ihrer Lage.

Mein auserwählter Schatz, soll ich mich so unschuldig von dir scheiden müssen, das sei Gott immer und ewig geklagt! Man nötigt eins, es muss eins ausreden, man hat mich so gemartert, ich bin aber so unschuldig als Gott im Himmel. Wenn ich im Wenigsten ein Pünktlein um solche Sache wüsste, so wollte ich, dass mir Gott den Himmel versagte. O du herzlieber Schatz, wie geschieht meinem Herzen! O weh, o weh meine armen Waisen! Vater, schick mir etwas, dass ich sterb; ich muss sonst an der Marter verzagen. Kommst heut nicht, so tue es morgen. Schreib mir von Stund an, o Schatz, deiner unschuldigen Rebecca! Man nimmt mich dir mit Gewalt! Wie kann's doch Gott leiden! Wenn ich ein Unhold [*eine Hexe*] bin, sei mir Gott nicht gnädig. O wie geschieht mir so Unrecht! Warum will mich doch Gott nicht hören? Schick mir etwas, ich möchte sonst erst meine Seele beschweren.

Quellentext Nr. 153: Gottlieb Wilhelm Soldan/Heinrich Heppe/Max Bauer, Geschichte der Hexenprozesse, Bd. 1, Hanau 1911. S. 503. – Transkription der Sprachgestalt in heutiges Deutsch: © Josef Dirnbeck.

Katharina Moser

Die Südtirolerin Katharina Moser hat im Jahr 1506 unter der Folter alle Dinge gestanden, die ihre Ankläger von ihr hören wollten. In Ludwig Rapps Studie „Die Hexenprozesse und ihre Gegner aus Tirol" (Innsbruck 1874. S. 154–175) sind die Protokolle der Geständnisse der „Katharina Moserin" dokumentiert.

Ferner [hat sie] bekannt, dass sie der Teufel auf den Schlern geführt; allda [habe] sie gesehen die Casperin, Winklerin, Cassianin, Jostin und Tscheltnerin, auch andere mehr; haben sie viel Vieh und anderes zu ihrer teuflischen Notdurft daselbst zugebracht und einen Beschluss gemacht mit dem Teufel, dass er ein Wetter mache am Sankt Lorenzentag [*am 10. August*] vor zwei Jahren und [dass] zu Völs [der Blitz] in den Kirchturm schlagen und das ganze Dorf, auch das Getreide und die Weingärten um Völs gelegen, in den Boden zerschlagen und verbrennen sollte, damit der Teufel mehr Gewalt denn Unsere Liebe Frau, die solches ein Teil gewendet [*teilweise verhütet*], habe; nachmals wieder heimgefahren.

Ferner [hat sie] bekannt, dass sie mitsamt dem Teufel, mit der Casperin, Cassianin, Jostin, Winklerin und anderen mehr, die ihr abgefallen [*aus dem Gedächtnis entfallen*] seien, einen Anschlag gemacht, dass er [*der Teufel*] etliche Jahre große Dürre mache und kein Regenwetter kommen lasse, damit der Genuss den Menschen nicht zuteil werde, auch [ist] solches zum Teil durch den Teufel zugefügt worden.

Ferner [hat sie] bekannt, dass sie in einer Pfinztagsnacht [*Donnerstagnacht*] auf die Woff in der nächstverwichenen Marterwoche [*Karwoche*] teuflisch gefahren sei, allda sie gesehen hab die Jostin, Cassianin, Casperin, Winklerin, Brennin, Meixnerin, Miolerin, die alte Messnerin zu Presels, die Wagnerin, Bayrin, die Messnerin von Sankt Christanzen, die kropfete Annl, die Richterin zu Kastelruth, die Tschiderin im Tal und die Unterharderin, auch andere mehr; daselbst haben sie ein Recht besetzt [*eine Bestimmung getroffen*], welche [*von den Frauen*] zu einer Königin von Engelland werden solle, und ist bemeldte Jostin zu einer Königin erwählt worden. Auch [hat sie] einen schönen goldenen Rock angehabt, scheußlich [aus]gesehen und eine Krone mit viel Farben, aufgehabt, und als ihr bedünkt, nicht auf dem Erdreich, sondern emporschweben, da ist ein gutes Mahl zugerichtet, viel Vieh und anderes zu ihrer Notdurft verzehrt worden. Und die Jostin habe um die drei Weiber, die Hueberin von Sankt Villgen, die junge Messnerin von Sankt Christanzen und um die Muschin zu Obervöls die Winklerin geschickt, aber bei keiner nichts ausrichten mögen, dann sie zu wohl gesegnet gewesen seien. Und nach ihrer vertriebenen Freude [*d. h. nachdem sie ihr Vergnügen gehabt hatten*] wiederum heimgefahren.

Ferner [hat sie] bekannt, wie sie einen Anschlag mit obgenannten Weibern daselbst gemacht, dass das Wetter das Dorf mitsamt allen Sachen, die darum gelegen, in den Grund zerschlagen und verderben solle. [...]

Ferner [hat sie] bekannt: Wenn sie ausziehen und fahren, sie kuttweis auf die Beute [*machen sie gruppenweise Beutezüge*], und bringt jegliches etwas mit ihm, und [sie können] sich in mancherlei Gestalt verkehren und damit auf Stecken und anderen Dingen, was sie zuwegen bringen mögen, ausfahren. [...] Mehr bekannt, dass sie miteinander beschlossen haben, dass [wenn] ihnen Gott verhänge, ihr höllisch Wesen noch fünf Jahre [zu treiben], wollen sie versuchen, viel Volk zu ihrer Gesellschaft zu bringen und den christlichen Glauben zu vertilgen.

Quellentext Nr. 154: Wolfgang Behringer, Hexen und Hexenprozesse in Deutschland, München 1988. S. 110–111. – Transkription der Sprachgestalt in heutiges Deutsch: © Josef Dirnbeck.

MARGARETHE VERSCHE

Margarethe Versche [oder nach anderer Lesart: Verscheke] war die Frau des „Warnecke Webers". Sie musste sich am 30. August 1604 in Otterndorf im Lande Hadeln – das ist die Region zwischen Niederelbe und Weser – vor dem herzoglichen Gericht verantworten und wurde, vermutlich tags darauf, zusammen mit einer Reihe von anderen „Unholden" (vgl. E. Weise, Das Edikt in Zauberei-Sachen von 1603; in: Stadter Jahrbuch 1950. S. 35–64) als Hexe verbrannt.

Vor achtzehn Jahren habe sie von Catharina Kedens das Segnen und Beten gelernt und vor zehn Jahren von der verstorbenen Elisabeth Vehrmann das Zaubern: Weil sie keinen Mann gehabt, wolle sie ihr einen Buhlen zuweisen, der sie reich machen solle. Ihr Buhle Philipp trage schwarze Kleider, habe blanke Knöpfe im Wams, einen schwarzen Filzhut mit einem Silberband und einer roten Feder; sein rechter Fuß wäre ein Menschenfuß, der linke wie ein Pferdefuß. Darauf habe sie sich mit ihm eingelassen, Gott ab- und ihm zugeschworen. Vor siebzehn Jahren habe sie auf der Heide bei der Suendorfer Schäferei getanzt. Philipp habe sie dazu in der Gestalt eines schwarzen Bocks, dem das rechte Vorderbein gefehlt, abgeholt. In dreitausend Teufels Namen saß sie in ihrem Hause auf und flog rückwärts aus dem Fenster. Beim Tanz wären Spielleute gewesen, man habe eine gläserne Trommel geschlagen und auf einer solchen Schalmei gespielt. Catharina Koldorfer wäre die Köchin. Man habe Bier in Eimern gebracht und aus hölzernen Bechern und Gläsern von drei Ohren [*aus besonders geformten Gläsern*] getrunken. Später habe sie mit anderen auf dem Blocksberg getanzt. Vor ungefähr sechs Jahren hat sie in aller dreitausend Teufels Namen mithilfe ihres Buhlen Philipp ungebleichtes Garn gesponnen und mit Margarethe Quast und Pawel Albers um den Schafstall zu Franzenberg in aller dreitausend Teufels Namen geschoren [*gespannt*], dass die Schafe sterben mussten. In ihrem Hause habe sie nach Anweisung ihres Buhlen mit anderen Mäuse und Ratten gemacht. Dazu holte sie im Namen der Teufel Wasser aus einem Graben, mischte sie mit Erde und rührte sie mit einem gespaltenen Alhorn [*Stock*] und sagte dreimal: „Nun machen wir Ratzen und Mäuse in aller dreitausend Teufels Namen", die alsbald lebendig wurden und den Leuten haufenweise auf die Äcker liefen und das Korn verdarben. Dann habe sie aus Pferdehaaren, Schweinshaaren, Hühnerfedern, Schafwolle und Mäusehaaren in aller dreitausend Teufels Namen ein Seil gesponnen, das sie auf dem Molkenhofe und Vorwerk unter den Suhl vergraben hat, wobei sie eine Kuhle mit einem Messer machte. Sie habe durch ihren Buhlen in drei Jahren fünfzig Kälber und sechzehn Kühe umbringen lassen; unter anderem, weil ihr eine Magd einmal Salz und Sand in die Milch geworfen habe. Auch habe sie mehrere Pferde umgebracht. Durch ihren Buhlen Philipp hat sie Hans neun Kühe und acht Pferde in drei Jahren umbringen lassen, weil er ihr habe eine Schuld nicht zurückzahlen wollen. Weil Pawel Grotes Frau einmal zu spät zum Tanze gekommen war, musste sie auf Beihres Buhlen selbst ihre beste Kuh umbringen lassen. Vor neun Jahren hat sie um St. Jacobi dem Schäfer zu Franzenburg in aller dreitausend Teufels Namen Isenhart ins Bier geschüttet. Darauf ist er gestorben: Sie habe es getan, weil er ihr Korn abgemäht habe. Des Schäfers zu Franzenburg Frau hat sie durch ihren Buhlen Isenhart in die Milch werfen lassen, sodass sie einen Schaden an einem Auge bekam. Ihr Buhle sei oft bei ihr gewesen, als sie in Otterndorf saß. Er habe ihr gesagt, dass sie sich nicht fürchten solle. [...] Auf diese Aussagen wolle sie leben und sterben und ihre Seele Gott verantworten.

Quellentext Nr. 155: Hans-Jürgen Wolf, Geschichte der Hexenprozesse, Hamburg 1998. S. 795. – Transkription der Sprachgestalt in heutiges Deutsch: © Josef Dirnbeck.

Anna Maria Müller

Anna Maria Müller war die Tochter eines Arztes in Nürnberg. Im Verhörpro-
tokoll der „Anna Maria Müllerin" ist minuziös festgehalten, wie die Ange-
klagte während des Prozesses, den man ihr 1627 in Bamberg machte, ihren
Richtern drohte.

Als man ihr das Kruzifix zu küssen vorgereicht, sagt sie, wir [*die Richter*]
sollen's küssen und unsere Seligkeit bedenken, [...] sagt auch ausdrücklich, das
Blutbad möchte zuletzt über denen zusammenschlagen, welche die Leute
examinierten [*einem Verhör unterzögen*], denn als sie noch zu Würzburg in
Verhaft gelegen [*eingekerkert gewesen sei*], hätte sie von anderen Gefangenen
den Ratschlag gehört, auf alle Examinatores auch zu bekennen [*d. h. jedem*
Richter beim Verhör etwas zu gestehen].

[...] Es sollten ihr F[ürstlich] G[naden], alle Domherren und diejenigen,
welche damit umgehen, helfen, was für ein Glocken über uns alle gegossen sei,
es würde das Blutbad an uns alle ausgehen, denn sie wollen sämtlich nach Zeil
auf uns bekennen [*d. h. gegen uns Richter aussagen*].

Quellentext Nr. 156: Wolfgang Behringer, Hexen und Hexenprozesse in Deutschland, München 1988. S. 330. – Transkription der Sprachgestalt in heutiges Deutsch: © Josef Dirnbeck.

Margareta Rieppert

Margareta Rieppert wurde am 28. April 1665 in Reutlingen hingerichtet. Ihr
wurden Abfall vom Glauben, Teufelspakt und Schädigung von Menschen und
Tieren vorgeworfen.

Vor ungefähr achtundzwanzig Jahren, als die Piccolominischen Soldaten
hier im Quartier gelegen, sei sie verführt worden, sodass sie sich dem bösen
Geist ergeben habe. Sie habe damals ihre Halsnuster [*ihre Halskette*] verloren
und sie mithilfe des bösen Geistes wieder bekommen. Er sei zu ihr in die Küche
in der Gestalt eines jungen Mannes gekommen, der ein gelbes Kleid angehabt.
Darauf wären sie in das hintere Stüblein gegangen, da wurde sie von ihrem
bösen Geist, der sich Christoffel genannt, beschlafen, hernach getauft und
Anna Gretha genannt. In der Tauf habe sie Gott verleugnet, der Heiligen Dreifaltigkeit abgesagt und sich dem bösen Geist ergeben. Er habe ihr ein schwärz-

liches oder gräuliches Pulver und eine gelbe Salbe zugestellt. Damit habe sie Schaden getan und den Stecken geschmiert, womit sie ausgefahren. Was sie noch davon übrig, habe sie vor ihrer Verhaftung in den Bach geworfen. Der Teufel habe ihr Blut ausgelassen und von dem zweiten Zehen am rechten Fuß es behalten und sie daselbst gezeichnet.

Sie sei ausgefahren und der Platz, wo die Leute zusammenkommen, sei auf der Scheibe. Sie habe Wein getrunken und ferner habe sie Pfeifer gehört. Die, die draußen gewesen, haben Wachslichtlein oder Holdermark in Röhrlein in den Händen gehabt und geleuchtet. Besonders seien sie neben anderen am Freitag, dem 24. Februar, am Mattheistag ausgefahren, und sie habe der Hexenzusammenkunft beigewohnt.

Sie habe dem Stadtknecht Hans Hairemann ein Geißle geschlagen mit einem Stecken, den sie ungefähr [*zufällig*] auf der Gasse aufgehoben, und dabei gesagt: „Stirb in Teufels Namen." Davon habe es sterben müssen. Dem Kind ihrer Tochter, des Babelins, habe sie von ihrem Pulver auf das Breilein getan, woran es lang siechte und sterben musste. Ihrem Sohn, dem Jakoble, habe sie ebenfalls von dem Pulver auf zwei Knöpfle [*Knödel*] getan, als er ihr vorher Äpfel gebrochen [*gepflückt*] hatte und mit ihr zu Nacht gegessen. Er habe sie allein aufgegessen und habe am fünften Tag danach sterben müssen. Als sie einmal im Haus ihres Sohnes Jakob tranken, habe sie ihrem Kind, einem Knäblein, im rotem Wein vergeben. Sie habe gelbes Mehl gehabt, welches sie von ihrem Geist empfangen und auf sein Geheiß dareingetan habe. Ihrem Mann Johannes, nachdem er von ihrem Tochtermann mit einem Krug an den Kopf geschlagen worden, habe sie gleichfalls vergeben. Denn sie habe ihm Pulver, das sie von ihrem Geist empfangen hatte, auf einen gebrannten Brei getan, wovon er morgens um neun Uhr gegessen, fünf Tage hernach krank geworden und ihrem Sohn Jakoble in den Armen gestorben. Dem Buben des Glasers Johannes Kurz habe sie Pulver auf die Knöpfle [*Knödel*] getan. Der habe davon gegessen und sei hinterlättig [*kränklich*] worden. Sie habe ihm wieder geholfen und Wein aus ihrem Keller zum Trinken gebracht, wovon er gesund geworden. In desselben Mutter, des Anna Bärbelins Haus, sei sie oft gekommen. Dazu habe ihr der böse Geist geholfen, der sie immer zuvor zu einem Hund oder eine Katze gemacht habe, sodass sie habe durch das Loch aus- und einschliefen [*schlüpfen*] können. Es habe aber nicht lange gewährt. Dem jungen Schmidt-Hans habe sie einmal eine Suppe in sein Haus hinübergebracht und darauf dieses Pulver getan, weil es ihr Geist so haben wollte. Er habe davon gegessen und dann verlahmen [*lahm werden*] müssen.

Todesurteil

Die jetzt vorgeführte arme Sünderin Margareta, Wittib des Hans Rieppert, gewesenen Bürgers und Weingärtners, geborene Fulb, gebürtig von Pfäffingen, ledig Gültingscher Herrschaft, ist wegen bezichtigter Hexerei vor kurzem eingezogen worden. Sie hat sowohl in gütlicher Aussag als auch schwerer Frag [*d. h. Verhör unter Folter*] öffentlich gestanden.

Weil das abscheuliche Laster der Zauberei und der Hexerei eine überaus schwere Sünd und Gräuel vor Gottes Augen ist, wodurch der Mensch von seinem Schöpfer und Erlöser abweicht, Gottes unaussprechliche Güte und Barmherzigkeit, die er zeit seines Lebens empfangen hat, mit höchstem Undank erkennt und auf die Seite setzt, der hochgebenedeiten Heiligsten Dreifaltigkeit schändlich absagt und dem verfluchten Geist und Feind Gottes und des menschlichen Geschlechts, dem leidigen Teufel, mit Leib und Seele sich ergeben und mit seiner Hilf Menschen und Vieh Schaden zuzufügen sucht, daher ist dieses grausame Laster in der Heiligen Schrift sowie in den gemeinen kaiserlichen Rechten ernstlich verboten und besonders in der peinlichen Halsgerichtsordnung mit der äußersten Todesstrafe angesehen worden.

Danach haben Bürgermeister und Rat dieser Reichsstadt Reutlingen nach eingenommener [*durch Einvernahme von Zeugen festgestellter*] wahrer Beschaffenheit der Sache und wiederholtem Geständnis dieser Margareta Rieppert, obwohl sie nach ihren Mordtaten hätte mit glühenden Zangen gerissen, lebendig verbrannt werden sollen, doch auf Fürbitten ihrer Kinder mit der ganzen Verwandschaft die Milde der Strenge vorgezogen und beschlossen, dass sie in die Hände und Banden des Scharfrichters geliefert, von ihm auf die gewöhnliche Richtstatt geführt, daselbst, ihr zu wohlverdienter Strafe, andern zum abscheulichen Exempel, mit dem Schwert vom Leben zum Tod gerichtet und dann ihr toter Körper zu Asche verbrannt werden soll.

Quellentext Nr. 157: Hans-Jürgen Wolf, Geschichte der Hexenprozesse, Hamburg 1998. S. 169–170. – Transkription der Sprachgestalt in heutiges Deutsch: © Josef Dirnbeck.

AGATHE BRIELON, MEINEKE BRIELON UND MAGDALENA SCHIFFER

Für die südwestlichen Teile des Hochstiftes Paderborn war das Gericht in Fürstenberg, Kreis Büren, die „zentrale Hexenanlaufstelle" (Hans-Jürgen Wolf, Geschichte der Hexenprozesse, Hamburg 1998. S. 714). Wie die Bekenntnisprotokolle des Hexenpaares Agathe Brielon und Meineke Brielon – die beiden wurden im Jahr 1659 „justifiziert" – und die Anklagepunkte gegen Magdalena Schiffer aus dem Jahr 1700 zeigen, gehörte der Teufelspakt zu den stereotypen Vorwürfen, die weiblichen wie männlichen Hexen gemacht wurden.

Agathe Brielon

Bekenntnisprotokoll der 1659 in Fürstenberg justifizierten Agathe Brielon.

Dass sie das abscheuliche Laster der Zauberei in ihrer Jugend gelernet, Gott ab- und dem Teufel zugesagt habe. Dass sie solche Zauberkunst probiert, sich selbst und ihren Nebenmenschen Schaden damit zugefügt. Die Übrigen, so mit und neben ihr auf den Tanzplätzen gewesen, welche sie da gesehen, dass die ebenso schuldig seien wie sie, auch niemand Unrecht besagt habe. Dass sie darauf leben und sterben wolle und dass ihre Aussage als wahr an jenem Tage bei Gott dem Allmächtigen und dessen gestrengen Gerichte verantworten, auch dass ihr nicht Unrecht geschehen, das ganze Gericht vertreten wolle.

Meineke Brielon

Bekenntnisprotokoll des 1659 in Fürstenberg justifizierten Meineke Brielon.

Dass er das abscheuliche Laster der Zauberei in seiner Jugend und Kindheit gelernet, Gott ab- und dem Teufel zugesagt habe. Dass er solche Zauberkunst probiert, sich selbst und seinem Nebenmenschen damit Schaden zugefügt habe. Die Übrigen, so mit und neben ihm auf den Tanzplätzen gewesen, welche er gesehen, dass die aber so schuldig seien wie er, auch niemand Unrecht besagt habe. Dass er darauf leben und sterben wolle und dass solche seine Aussage also wahr, bei Gott dem Allmächtigen an jenem Tage bei dessen gestrengen Gerichte verantworten, dass ihm nicht Unrecht geschehen, das ganze Gericht vertreten wolle.

Magdalena Schiffer

Besagungen gegen Magdalena Schiffer wegen Zauberei vor dem Patrimonialgericht der Herren von Westphalen im Jahre 1700 [in Fürstenberg].

Wahr, dass sie sich, als sie noch klein und ungefähr acht oder neun Jahre gewesen, zum verfluchten Laster der Zauberei sich verführen lassen habe. Dass ihr der böse Feind in der Gestalt eines feinen Jünglings von ihrer Lehrmeisterin in ihrer Lehrstube vorgestellt [*worden sei*] und [*diese ihr*] angeraten habe, denselben zu ihrem Bräutigam anzunehmen, dass sie alsdann genug haben sollte. Wahr sei, dass sie sich demselben ergeben habe und mit ihm zu Bett gegangen sei. Wahr sei, dass sie auch mit ihrem Bräutigam einen sichern Kontrakt gemacht habe, welchen ein anderer böser Geist geschrieben, und dass sie solches mit ihrem Blut unterschrieben. Dann habe sie sich dem Oberteufel in Gestalt eines elegant gekleideten Herrn vorgestellt und habe ihm mit handgebender Treue angeloben müssen, bei selbigen freilich zu bleiben, den es wäre kein anderer Gott, er wollte ihr alles verschaffen. Wahr, dass daraufhin Inquisita [die Angeklagte] dem wahren allmächtigen Gott und allen Heiligen ab-, hingegen ihm zugesagt und für immer für ihren Gott angenommen habe. Wahr, dass diesem nach [demnach] der Teufel Inquisitam [die Angeklagte] zur lustigen Gesellschaft eingelassen habe, allwo lauter Lust und Freude sein sollte. Wahr, dass auf dem teuflischen Tanzplatz allerhand Gotteslästerungen, sodomitische Sünde, Blutschande und Ehebrecherei geschehen sei. Wahr, dass manche Teilnehmer auf halben oder ganzen Ziegenböcken zum Tanzplatz gekommen. Wahr, dass durch ihre Zauberkunst der Teufel anderen das Korn und dergleichen Sachen aus den Häusern entführt und ihm zugebracht habe. Wahr, dass beschlossen worden, was für Schaden und Böses dieses Jahr angestiftet werden sollte und dass anderen die Weiden vergiftet [werden sollten], damit das Vieh stürbe.

Quellentext Nr. 158: StA des Paderborner Altertumsvereins Acta 102. Bl. 132/132. – Hans-Jürgen Wolf, Geschichte der Hexenprozesse, Hamburg 1998. S. 714–715. – Transkription der Sprachgestalt in heutiges Deutsch: © Josef Dirnbeck.

DER FALL BENIGNA SCHULTZEN

In Mecklenburg-Vorpommern hält ein in der Alten Burg Penzlin mit ihren Hexenkellern eingerichtetes Museum das Gedächtnis an die Hexenverfolgungen wach, die „unentwegt eine Herausforderung zur Auseinandersetzung geblieben" sind, wie die Leiterin des Museums, Andrea Rudolph, in ihrem Geleitwort zu einer kommentierten Edition des Falles Benigna Schultzen formuliert (Gerda Riedl, Der Hexerei verdächtig. Das Inquisitions- und Revisionsverfahren der Penzliner Bürgerin Benigna Schultzen, Göttingen 1998. S. 9). Was den Fall Benigna Schultzen so einzigartig macht, ist der Umstand, dass die Angeklagte in die Revision ging. Der Penzliner Stadtrichter hatte die Folter entgegen den Vorschriften ausdehnen und wiederholen lassen, sodass das erpresste Geständnis für ungültig erklärt werden musste. Benigna Schultzen erlitt in der Folge einen Schlaganfall, sodass kein weiteres Geständnis erzwungen werden konnte, weshalb man sie freiließ und des Landes verwies. Als sie wieder nach Penzlin zurückgekehrt war, kam es zu dem von der Angeklagten angestrengten Revisionsprozess, in dem Benigna Schultzen Recht bekam. Am Ende des Prozessverfahrens, das sich über einen Zeitraum von zwölf Jahren hinzog, steht ein Schutzbrief des Herzogs vom 28. April 1711.

[Schutzbrief von Herzog Friedrich Wilhelm von Mecklenburg-Schwerin an Benigna Schultzen.] Von Gottes Gnaden Friedrich Wilhelm Herzog zu Mecklenburg. [...] Fügen nebst Vermeldung unseres gnädigsten Grußes allen und jeden unserer Landes- und Fürstentümer Eingeschlossenen, Adel- und Amtleuten, Amtsverwaltern, Lehenmeistern, Landbegüterten wie auch Bürgermeister und Rat in den Städten, Pensionarien, Schultheißen, Bauern- und Dorfschaften und sonsten Mannigliches hiemit zu wissen, wie dass Wir Benigna Schultzen, Christian Wünnen[s] Ehefrau, kraft dieses laut unseres den 4. Februar 1710 publizierten und in rem iudicatam ergangenen fürstlichen Abscheides in unsern sicheren Schutz nehmen, wie auch des besagten fürstlichen Abscheides Inhalt dieser ist:

Dass befundenen Umständen nach Implorantin gegen den seit dem 3. November 1699 ergangenen Urteilen in integrum restituieret worden, nicht weniger auch derselben die seitdem ihr oder aus ihren Gütern genommenen Gerichtskosten, soweit selbige Imploraten zu handen gekommen, wiedergegeben werden sollen, was aber davon Imploraten nicht zugekommen, sondern von ihren Antecessoren im Penzlinischen Gericht genossen worden, von denselben wieder zu fordern frei bleibt. Im Übrigen sind Imploraten, falls sie gegen Implorantin die Inquisition zu continuieren befugt zu sein vermeinen, nicht nur die von bisherigem Advocato verfertigte Defensionsschrift oder quaerelam nullitatum den actis prioribus beizufügen, sondern auch von allem, was künftig wider sie beigebracht werden möchte, derselben copiam zu erteilen, und damit sie in der Defension nicht abermals verkürzt werde, ihr ex officio und sumptibus iudicii denselben, welchen sie verlangen wird, zum Defensore zuzuordnen, sie mit ihrer Defension und, dafern es verlanget wird, derselben Probation per testes oder sonsten vor Verschickung der Akten völlig zu hören und sodann erfolgenden Belehrungen besser, als vorhin in dieser Sachen geschehen, nach zu leben, bei Ausbittung der Confirmationum in dergleichen Kriminalsachen künftig integra acta einzusenden und bis zu fernerer Erkenntnis der Rechtsgelehrten ihr die Wohnung und den Aufenthalt bei ihrem Mann nicht zu verwehren schuldig.

So befehlen Wir demnach allen und jeden Obgedachten unseren Untertanen, wes Standes und Würden sie seien, hiemit, dass sie mehrgedachte Benigna Schultzen bei diesem unserem Schutzbrief Inhalts unseres inserierten fürstlichen Abscheides unbeeinträchtigt lassen sollten, sub comminatione, dass der Contravenient ipso facto in fiskalische Strafe verfallen und unseren Rat und Fiskal eo ipso seines Amts zu pflegen demandiert sein soll.

Quellentext Nr. 159: Gerda Riedl, Der Hexerei verdächtig. Das Inquisitions- und Revisionsverfahren der Penzliner Bürgerin Benigna Schultzen, Göttingen 1998. S. 155–156. – Transkription der Sprachgestalt in heutiges Deutsch: © Josef Dirnbeck.

DER „LAUTERFRESSER"
Prozess gegen einen Südtiroler Hexenmeister

Am 11. Mai 1645 wurde Matthäus Perger, genannt „der Lauterfresser", im Auftrag der Rodenegger Obrigkeit festgenommen und wegen des Verdachts der Zauberei und der Hexerei vor Gericht gestellt. Am Vormittag des darauf folgenden Tages fand das erste Verhör statt. Das Verfahren wurde in Form eines Inquisitionsprozesses eingeleitet. Es gab keinen Ankläger von privater Seite, sondern das Gericht wurde von Amts wegen tätig, wie es im Artikel 44 der „Constitutio Criminalis Carolina" – der „Peinlichen Halsgerichtsordnung Kaiser Karls V." – vorgesehen war: „Item, so jemand sich erbeut, andere Menschen Zauberei zu lernen oder jemanden zu bezaubern, [ihn mit einer Bezauberung] bedroht und dem Bedrohten dergleichen geschieht, auch sonderlich Gemeinschaft mit Zauberern oder Zauberinnen hat oder mit solchen verdächtigen Dingen, Gebärden, Worten und Weisen umgeht, die Zauberei auf sich tragen, und dieselbige Person desselben sonst auch berüchtigt ist, ergibt das eine redliche Anzeigung der Zauberei und genugsam Ursach zu peinlicher Frage."

Das Verfahren gegen Matthäus Perger [in den Protokollen wird der Vorname Pergers in der Regel „Matheus", manchmal auch „Mathias" geschrieben] endete mit seiner Verurteilung zum Tod auf dem Scheiterhaufen – und der Fall dieses Südtiroler Hexenmeisters ist nicht bloß deshalb bemerkenswert, weil er dem gängigen Klischee widerspricht, dass es immer nur Frauen waren, die als Hexen verbrannt wurden, sondern mehr noch wegen des außergewöhnlichen Schicksals, welches dieser aus heutiger Sicht im Grunde völlig harmlose arbeitslose Vagabund zu erleiden hatte. Matthäus Perger wurde nicht bloß verbrannt, sondern man hat ihn vor seiner Verbrennung – in strafverschärfender Weise und zur Abschreckung der Leute – mit glühenden Zangen gezwickt und ihm die Hand abgehackt.

Was für einen nachhaltigen Eindruck der „Lauterfresser" auf seine Zeitgenossen gemacht haben muss, kann man auch daran ermessen, dass er zur Sagengestalt und zu einem Schreckgespenst wurde, mit dem man auch im 20. Jahrhundert noch schlimmen Kindern zu drohen pflegte. Den durchaus ungewöhnlichen Beinamen „Lauterfresser" erhielt Matthäus Perger wegen sei-

ner kulinarischen Vorliebe. „Nit zu rache [nicht allzu stark] gesalzen und fein lauter [flüssig] iss i gearn [esse ich gerne]", pflegte er zu sagen. „Fein Lauteres" – klare Suppe – und „Weißes" – Milchbrei – waren seine erklärten Lieblingsspeisen, die ihm freilich nicht immer gegönnt wurden.

DIE SAGE

In dem unterirdischen Gange des Schlosses Rodenegg hauste ein Mann, der Lauterfresser hieß. Er stand mit dem Teufel im Bunde und war der Schrecken des ganzen Rodenegger Berges. Er konnte sich nach Belieben verwandeln und ging in den verschiedenartigsten Gestalten um.

Schelmenstreiche und Schadenzauber

Einst machte er sich zu einem Stecken und stand so am Wege. Da kam ein Glashändler, wollte ein wenig ausruhen und stellte den Kasten auf den Stock. Doch dieser verschwand und die Gläser fielen zu Scherben. Da klagte der Händler über das Unglück und zerraufte sich das Haar. Wie er noch jammerte, sah er bald an der Stelle, wo der Stock gestanden war, einen Stier. Er beschloss den herrlichen Stier mit sich zu nehmen, führte ihn auf den Markt und verkaufte ihn. Der Käufer trieb nun das stolze Tier nach Hause und hatte die größte Freude daran. Doch kaum war der Stier im Stall, als er verschwand und in Gestalt einer großen Fliege auf und davon flog.

Ein anderes Mal fühlte Lauterfresser eine große Lust nach Butter. Er nahm deshalb die Gestalt einer Mücke an und flog in den Schlegelkübel einer Bäuerin. Als diese die vermeinte Mücke sah, nahm sie das Tierchen heraus und schleuderte es auf die Erde. Kaum aber hatte die Mücke den Boden berührt, als vor der Bäuerin der Lauterfresser stand, aber sein Fuß war verrenkt. Das war ihm, als er auf den Boden auffiel, geschehen. Sobald die Bäuerin den Lauterfresser sah, floh sie davon und entkam, denn der Hinkende konnte sie nicht erreichen. Seitdem hinkte der Gefürchtete.

Kinder wurden von ihm oft auf und davon getragen. Er brachte sie in den unterirdischen Schlossgang, wo er sich zur Nachtzeit aufhielt. Er drohte oft, mithilfe seiner Zauberkunst den ganzen Rodenegger Berg zu vernichten, doch die geweihten Glocken, die er Geißschellen nannte, vereitelten seine bösen Pläne.

Zu Pulver und Staub verbrannt

Als er von seinem frevelhaften Treiben nie abließ, beschlossen die Rodenegger ihn zu fangen und dem Arme der Gerechtigkeit zu übergeben. Es gelang wirklich. Man machte ihn, ich weiß nicht auf welche Weise, zum Gefangenen. Da bat er um eine Hand voll Erde, die man ihm ohne Argwohn gewährte. Doch sieh, da war er augenblicks verschwunden. Erst nach langer Zeit gelang es wieder, ihn zu erhaschen. Da legte man ihn alsogleich in Bande, brachte ihn in einen Kessel voll siedenden Wassers und übergab ihn bald dem Feuer. Er rief den Teufel um Hilfe und Rettung an, doch umsonst. Denn man hatte allerlei geweihte Sachen in die Nähe gestellt und dadurch war die Macht des Teufels gebrochen. Lauterfresser verbrannte deshalb zu Pulver und zu Staub. Noch heute droht man den ungehorsamen Kindern mit dem Lauterfresser. [1]

In den Südtiroler Volkssagen gibt es noch eine andere Überlieferung über das Ende des Hexenmeisters Matthäus Perger, die näher bei der historischen Wahrheit liegt.

[…] Demnach sei der Lauterfresser in einem mit Luftlöchern versehenen Kessel zwei Stunden lang auf Stangen zur Richtstätte getragen worden, begleitet von der Eskorte des Scharfrichters und der anwachsenden, schaulustigen Menge. Die nochmalige Bitte um Erde wurde ihm diesmal abgeschlagen. Die Volkserinnerung ist hier so stark, dass sie sogar den genauen Verlauf der Hinrichtung erzählt, wie er im Malefizurteil belegt ist. Man hatte nämlich Lauterfresser mit einer glühenden Zange in den Arm gezwickt, ihm dieselbe Hand abgeschlagen, mit der er seine boshaften Zaubereien begangen hatte, und ihn schließlich verbrannt und seine Asche in alle vier Winde gestreut. [2]

Quellentext Nr. 160: (1) Josef Anton Heyl, Volkssagen, Bräuche und Meinungen aus Tirol, Brixen 1897. – (2) Veronika Schoißwohl, Die Prozesse gegen drei Hexenmeister in Südtirol im 17. Jahrhundert, [Dissertation an der Leopold-Franzens-Universität in Innsbruck], Innsbruck 1971. S. 5.

WETTERSPRUCH

Nach Auffassung von Matthäus Perger war das Wettermachen Sache der Frauen und er wusste einen Spruch, mit welchem sie auf Befehl der bösen Geister Wetter erzeugen könnten.

Ich beschwöre dich, Beelzebub und Satanas, dass ihr hinauffahrt und schlagt das Wasser hinauf in eine dicke Wolken in die Höh und macht, dass der kalte Nordwind komme, damit es Eis abgäb und das Eis zu Brocken werd und solche die Wolken auslassen, auch der Wind wird es von der Höh herab zu den Häusern auf die Felder, Güter und Weingärten hintreiben, komme die Schwere des Wassers wie ein Wolkenbruch.

Quellentext Nr. 161: Hans-Jürgen Wolf, Geschichte der Hexenprozesse, Hamburg 1998. S. 1071.

DER PROZESS

Die Protokolle des Prozesses gegen den „Lauterfresser" befinden sich im Tiroler Landesregierungsarchiv in Innsbruck (TLRA, SA, B, XVI, 4,3) und sind ausschnittsweise in Veronika Schoißwohls Dissertation „Die Prozesse gegen drei Hexenmeister in Südtirol im 17. Jahrhundert" (Innsbruck 1971) zitiert.

Einleitung des Prozesses

[…] Der edelfeste Michael Gschraffer, Richter der Herrschaft Rodenegg, stellte an die beigezogenen Gerichtsgeschworenen, Ulrich Oberburger (Gastgeber), Thomas Hueber (Kramer) und Balthasar Yhnsamb (Kramer), alle Bürger von Mühlbach, die Frage, was mit dem Gefangenen wegen der auf ihn gesunkenen Indizien vorzunehmen sei. Die Befragten gaben ihre Meinung einhellig dahingehend ab, der Herr Richter solle ihn seines Tuns und Lassens wegen noch einmal ernstlich besprechen und seine Aussagen notieren lassen.

Fragen des Richters

1. Wie er heiße, woher er gebürtig und wie alt er sei.

2. Wie er lebe, was er arbeite seit seiner Jugend.

3. Wes Glaubens er sei, ob er die heilige Kommunion verachte, wann er zum letzten Mal gebeichtet habe.

4. Warum er die Dörfer und Städte gemieden und sich nur einzeln aufgehalten habe.

5. Was für Bücher er zu Handen gebracht und verkauft habe.

6. Mit wem er sonderbar zu tun gehabt habe.

7. Ob er mit böser Kunst umgegangen sei und Wetter, Wind, Regen und Reif gemacht habe.

8. Ob er mit bösen Geistern Gemeinschaft pflege oder sich ihnen verzeichnet, warum er am Rücken ein Kreuz habe.

9. Ob er nicht Hexenpersonen kenne und mit ihnen zu tun gehabt habe.

Aussagen des Angeklagten

Er heiße Matheus Perger und sei von Tschötsch, Gericht Pfefferberg, gebürtig und mindestens achtundfünfzig Jahre alt. In seiner Jugend sei er zuerst Hirte in Schnauders über zwei Jahre gewesen, dann bei verschiedenen Leuten kürzer oder länger im Dienst gewesen, und zwar in Tschötsch, Schnauders, Spilluck, Lienz und Windisch-Matrei, Lüsen, Meran und Hafling. Seit dem Lanegger Geld habe er nicht mehr gedient, sondern sei inner und außer Landes herumgestrichen. […] Sonst sei sein Tun und Lassen Müßiggang gewesen; infolgedessen habe er auch lange kein Geld mehr verdient, auch zuvor bisweilen bei einem Bauern immer nur etliche, zwei bis höchstens acht, Wochen gedient. Er sei allwegen gesund gewesen, außer einmal, so er ein wenig gestraft. Inzwischen sei er immer inner und außer Landes gegangen in der Meinung, reich zu werden oder ein wenig zu bekommen.

[Auf die Frage], wes Glaubens er sei, ob er die heilige Kommunion verachte, wann er zum letzten Mal gebeichtet habe, antwortete [Perger] nicht ungeschickt, er glaube, was die heilige katholische Kirche glaubt, auch an unsern Herrn, Unsere Liebe Frau und alle Heiligen. Anno 42 habe er das letzte Mal gebeichtet und kommuniziert bei den Kapuzinern in Brixen. Früher habe er auch etliche Male gebeichtet, aber nicht jedes Jahr. Die heilige Kommunion habe er alljährlich verrichtet, wie es einem Christenmenschen zu tun gebührt. Er habe am Tag nach Aschermittwoch Fleisch gegessen und nicht gewagt, dies zu beichten, habe darüber jedoch kommuniziert und gedacht, alle vergessenen Sünden seien in der Beicht begriffen.

Ferner erklärte er, er kenne auch die Ablassbestimmungen des Papstes, viele Segenssprüche und vermittle sie auch an andere zum Butterschlagen [*eine Form von „Nutzzauberei", um Rahm, der beim Schlagen nicht fest werden wollte, rasch zu Butter zu machen*]. Von Manns- und Weibspersonen habe er gehört, dass Eier, welche am weichen Pfinztag [*d. h. am Gründonnerstag*] gelegt und in die Erde eingegraben worden sind, selben Ort vor Wasserschaden schützen. Beim Freisinger in Penns, Sarnthaler Gerichts, haben sie von Pfinztag bis Montag mit Ausnahme des Sonntags Kübele geschlagen [*Butter her-*

gestellt]. Der Rahm sei aber allweil lauter geblieben wie eine Schlögelmilch [*Buttermilch*]. Da habe er das Kübele unter den Tropfstall getan und habe ein wenig von einem aus der Tauf dergleichen gemachten Sachen hineingegeben. Darauf habe er einen Eisenstecken glühend gemacht, zweimal, und sei damit in das Kübele hineingefahren. Wie er dann geschlagen habe, sei gleich Schmalz [*Butter*] geworden.

Das Lesen habe er von Bauern gelernt. Das Schreiben aber habe ihm niemand gezeigt. Er selbst habe es abgeschaut und nach und nach gelernt. Eine andere Sprache als Deutsch kenne er nicht. Bei der heiligen Messe verstehe er bisweilen ein Wort, zum Beispiel bei der Epistel, beim Evangelium und beim Paternoster. Von einem alten Mann namens Casper habe er gelernt, wie die Planeten laufen und in welchem Zeichen einer geboren sei. Er selbst sei im Zeichen der Waage geboren und werde sechzig Jahre alt werden.

Aussagen verschiedener Zeugen

Seine Weissagungen seien eingetroffen, ebenso die Unfälle, die er vorausgesagt habe. So habe er einmal gesagt, im nächsten Jahr würden sie nicht viel Wein trinken. Dies sei auch geschehen, denn der Wein sei missraten. Wenn er ums Planetenlesen [*Erstellung von Horoskopen*] angegangen worden sei, habe er die Hände vors Gesicht gehalten und gelacht.

[Hans Weißsteiner, Geiger in Niedervintl, sagte am 21. Juni 1645 aus:] Lautenfresser habe seinem Weibe für ein Hemd das Buch Tobias gegeben. Auch habe er drei- bis viermal Bücher getauscht und ihm ein Predigtbuch von den zehn Altern der Welt und dem hürnen Sigfrid [*dem hörnernen Siegfried*] gegeben, habe sie jedoch nach einem Jahr abverlangt. Überdies habe er ihm einmal ein Buch vom himmlischen Rosenkranz entwendet und, als es ihm verwiesen wurde, arg gelacht.

Wenn Lauterfresser die Mutter und den Namen einer Person wisse, so könne er Planeten lesen [*ein Horoskop erstellen*]. Er nehme dabei einen Buchstaben vom Namen, schreibe ihn mit Kreide und lese dann. Auf diese Weise habe er prophezeit, dass Weißsteiner weder zu reich noch zu arm werde. Auch verstehe sich Lauterfresser gut auf Wurzeln und Kräuter.

Vor mehr als zwanzig Jahren habe er sich bei einer Bäuerin in Defreggen befunden. Dann sei ein großes Wetter gekommen. Da habe sie ein Chrisamhemdlein [*ein Taufkleid*] auf einen Zaunstecken gehängt. Dies sollte dafür gut

Hexenzeichen und Hexenprobe waren beliebte Mittel, um die Schuld der Angeklagten festzustellen, hier die so genannte „Wasserprobe", Holzschnitt aus dem 17. Jahrhundert.

sein, dass das Wetter nicht weiterziehe. Solches sei auch geschehen und er habe dieses Mittel auch andere Leute gelehrt. Ferners [*Überdies*] habe er ein Kraut gegen Würmer hergegeben.

Den Dienstboten und den Dirnen habe er allerhand Schwatzlieder und lustige Schwänke vorgemacht und mit ihnen und den Kindern unehrerbietig geschwenkt.

Einmal habe er ein Hagelwetter über Gangitters Feldern verursacht, weil ihm die Bäuerin nur ungeschmelzte Krapfen gegeben habe. […] Im Sarntal besitze der Lauterfresser einen üblen Leumund. Er habe auch wenig gebetet und in der Bibel Predigtstellen nachgewiesen. […] Im Firmament habe er oft gelesen und boshafte Streiche gespielt.

[Matheus Perger habe einmal eine Bäuerin um Milch gebeten.] Sie habe ihm aber keine geben wollen. Daher sei er aus dem Haus fort und zur Stalltür, darin Rinder gewesen sind, wenn auch die Tür zu gewesen ist, gegangen, daselbst eine Weile gestanden. Und letztlich hab er eine Nadel, so ihm die Belial [*eine weibliche Teufelsgestalt*] geben, auf der unteren Türschwelle, die wegen des alten Holzes morsch gewesen sei, unten auf in das Holz, das auch etwas morsch gewesen sei, gesteckt. Und die Belial habe zu ihm gesagt, weil er die Nadeln hineinstecke, so werde das Vieh, das über dieselbe Schwelle gehe, an der „Vich Tissl" [*eine Viehseuche*] auch zugrunde gehen und nie gesund sein. Und solange die Nadel darin liege, so tue der „Vich Tissl" unter dem Vieh nicht leicht aufhören.

Inventar

[Gegenstände, die man in Lauterfressers Tasche gefunden hatte:] Einige Kleidungsstücke, Rosenkränze, zwei Liederbüchlein, ein Büchlein „Pankett der Hof- und Edelleute", etliche Stücklein Brot, ein Büchlein „Von Unser Lieben Frau" und andere Büchlein, ein graues Täschlein, ein zerflickter Sack.

Folter

[13. Juli 1645.] Um den Inculpaten zum Geständnisse zu bringen, hängte man ihm die kleineren Gewichte an, und die Tortur wurde vorgenommen. Eine Dreiviertelstunde hing der Gefolterte ohne Zähren und Schweiß. [Als er weiterhin nichts bekennen wollte und nur bat, man möge ihn doch endlich um Gottes und der Lieben Frau willen herunternehmen, wurde er endlich herabgelassen und vom Richter dringend ermahnt, den wahren Grund der gegen ihn erhobenen Beschuldigungen anzugeben.] Darauf bekennt er mit einer ungemein läppischen, ziemlich alten Menschin [*Frau*], die klein von Statur war und Katherle hieß, Unzucht getrieben zu haben. Auch der Lebenfierer aus Mittersill habe in der gleichen Weise mit ihr zu tun gehabt. [...] Da wurde er wieder ans Seil geworfen, mit dem großen Gewichte, dem Eisenmörser, aufgezogen, und da dies wenig wirkte und weder Schweiß noch Tränen folgten, wurde das Gewicht auf der steinernen Kugel auf beiläufig zwei Zentner oder noch mehr verstärkt. Selbst bei dieser Tortur wollte er nichts bekennen, schwitzte nur ein wenig und fällte gar keine Zähre. Die Augen hielt er zu und schielte damit am Seile hin und her. Nach einer Achtelstunde gestand er unter Androhung neuerlichen Aufziehens, dass er in Landeck mit einer Frau zu tun gehabt habe, die vielleicht ein Geist war.

Zusammenfassung des weiteren Prozessverlaufs

9. August: Geständnis des Bundes mit dem Teufel durch den Geist der Belial, Blutverschreibung an den Teufel. Wettermachen. Hexensabbate. Aufzählung der Genossen. Beschwörung und Beschreibung des Teufels. – 11. August und 14. August: Aufzählung weiterer Beteiligter. Schilderung ihrer Untaten und Teufelsmale. – Verhör ohne Datum: Bekenntnisse über weitere Teilnehmer an Hexensabbaten. Wettermachen mit Formel. Zaubereien. Tierverwandlungen. Aussaugen. Ausfahren. Hexensalbe. Hostienschändung. Weitere böse Geister. – 15. September: Widerrufung der früheren Aussagen. Neuerliche Untersuchung in Bezug auf ein Teufelsmal. Androhung neuerlicher Folter. Bestätigung der früheren Geständnisse. Beschluss von neuerlichen Zeugenverhören und Visitationen bei den von Lauterfresser angegebenen Personen. – 12. Oktober: Neuerlicher Widerruf der Geständnisse. Androhung der Folter. Bestätigung der früheren Bekenntnisse. Selbstmordversuch in der Keuche. Beschluss des Gerichts, Lauterfresser mit den Zeugen zu konfrontieren. – 13. Oktober: Widerruf am Vormittag, Bestätigung der früheren Aussagen am Nachmittag in Anwesenheit der wichtigsten Belastungszeugen. – 14. Oktober: Verlesung der mehrfach negierten Urgicht [*des unter Folter abgelegten Geständnisses*] und des Bekenntnisses. Bestätigung der Bekenntnisse des Auszuges mit seinem Eid.

Quellentext Nr. 162: Veronika Schoißwohl, Die Prozesse gegen drei Hexenmeister in Südtirol im 17. Jahrhundert, [Dissertation an der Leopold-Franzens-Universität in Innsbruck], Innsbruck 1971. S. 9–48 (gek.).

DAS URTEIL

Am 30. Oktober 1645 wurde das Urteil gegen Matthäus Perger, genannt der „Lauterfresser", verkündet.

[...] Sintemalen der in Schloss Rodenegg in Verhaft liegende Mathias [*Matthäus*] Perger seine Aussage, wie gehört, mit leiblich geschworenem Eid für wahr zu sein bestätigt, also ist hierüber auf ferner Anfrage an heute ob vermeldetem Datum durch die Gerichtsgeschworenen dies Malefizurteil geschöpft worden.

Auf den unter der fürstlichen Durchlaucht Claudia, verwitwete Erzherzogin zu Österreich, unserer gnädigsten Landesfürstin und Frau, Titel und Rede ausgegangenen und erlassenen Bann- und Achtbrief, der mit ordentlichen

Rechten und Urteil zu Kräften erkennt, denn der armen malefizigen Person Mathias [*Matthäus*] Perger, seiner eigenen gütigen und peinlichen Urgicht [*des ohne Folter und unter Anwendung von Folter abgelegten Geständnisses*] und Bekenntnissen, welche [er] leider also verbrochen zu haben nach ausreichender Erzählung und Eideserinnerung mit ordentlichem Eid bestätigt hat, ist nach Umfrage des Herrn Gerichts- und Bannrichters dieser Herrschaft Rodenegg, Michael Schgrafer [*Gschraffer*], durch die hierzu erforderten zwölf Geschworenen angezeigter Herrschaft Rodenegg, einhellig zu Malefizurteil und Recht erkannt und ausgesprochen, dass der arme Sünder Mathias [*Matthäus*] Perger um seine leider begangenen Missetaten und Verbrechen, indem er das heilige und hochwürdige Sakrament aus dem Munde genommen und dasselbe für sechs Kreuzer verkauft hat, dazu mit dem bösen Geist einen Bund gemacht, sich mit demselben fleischlich vermischt und dadurch die göttliche Allmacht wie nicht wohl höher möglich diffamiert und verunehrt und verachtet werden kann, daneben er im Dienst des bösen Geistes Vieh verzehrt, auch große Unwetter gemacht und dadurch seinem Nächsten an Leben, Leib und Gut großen Schaden zugefügt, auch Zauberei getrieben, das Leben verwirkt und den Tod verschuldet habe.

Und dass er am heutigen Tag als seinem deswegen angezeigten Malefizrechtstag für Recht gestellt und seinen ausgesagten und bestätigten Bekenntnissen nach, soweit sich das ohne Ärgernis und Vermeidung weiteren Unheils tun lässt, öffentlich abgelesen und er alsdann dem Herrn Gerichts- und Bannrichter überantwortet werde. Der soll ihn zu Handen nehmen, wohl verwahren, auf die gewöhnliche Richtstatt, wo man in der Herrschaft Rodenegg das Übel zu strafen pflegt, führen und daselbst ihm zur wohlverdienten Strafe und anderen zu einem Exempel und Spektakel erst auf den rechten Arm mit einer glühenden Zange einen Griff tun und darauf dieselbe Hand abschlagen, ihn hierauf auf eine Leiter binden und mit dem Angesicht unter sich auf den Scheiterhaufen stürzen, mit dem Brand vom Leben zum Tode richten und zu Pulver und Asche verbrennen.

Quellentext Nr. 163: Veronika Schoißwohl, Die Prozesse gegen drei Hexenmeister in Südtirol im 17. Jahrhundert, [Dissertation an der Leopold-Franzens-Universität in Innsbruck], Innsbruck 1971. S. 49–51.

MIT DEM BÖSEN IM BUND
Besessenheit und Teufelspakt

URKUNDEN EINES TEUFELSPAKTS

Wenn Goethes Faust erstaunt ausruft: „Die Hölle selbst hat ihre Rechte!" und ein wenig später spöttisch zu seinem Bündnispartner Mephistopheles sagt: „Auch was Geschriebnes forderst du, Pedant", dann ist das die Ironie eines aufgeklärten Zeitalters, das sich über den Aberglauben eines finsteren Mittelalters lustig macht. Noch im Jahrhundert vor Johann Wolfgang von Goethe – und erst recht in noch früheren Tagen – gab es Menschen, die so etwas wie einen mit Blut unterschriebenen Vertrag zwischen dem Teufel und einem Menschen durchaus für bare Münze nahmen. Der sich auf gewisse theologische Überlegungen des Frühmittelalters stützende Gedanke, es könne zwischen Menschen und Dämonen einen Pakt geben, trieb im Lauf der Zeit immer groteskere Blüten. Kaum noch überbietbar ist die aus elf Stufen bestehende Zeremonie, die Francesco Guazzo in seinem „Compendium maleficarum" von 1608 beschreibt, die dem Abschluss des feierlichen Pakts vorangeht und in genauer Perversion der christlichen Liturgie, vor allem der Taufe, entspricht: „Leugnung des christlichen Glaubens; Wiedertaufe durch den Teufel unter neuem Namen; symbolische Entfernung der Taufsalbung; Verleugnung der Taufpaten und Annahme neuer Paten, Übergabe eines Kleidungsstücks als Zeichen der Hingabe an den Teufel; Treueschwur im magischen Kreis, der die Bindung an den Teufel besiegelte; Bitte an den Teufel, den Namen der Konvertitin in das Buch des Todes einzutragen; das Versprechen, ihre Kinder dem Teufel zu opfern; Vereinbarung über die jährliche Tributzahlung an einen dafür bestimmten Dämonen, bei der nur unheilvolle Gaben zugelassen waren; Brandmarkung mit Zeichen des Teufels; Gelübde gegenüber dem Teufel, ihm zu dienen, nie ein Sakrament zu empfangen, nie Weihwasser zu berühren und Stillschweigen über den Verkehr mit dem Teufel zu bewahren" (Roland Götz, Das Fortwirken der augustinischen Lehre vom Dämonenpakt; in: Georg Schwaiger, Teufelsglaube und Hexenprozesse, München [4. Auflage] 1999. S. 80). Auf diese Zeremonie folgte die Unterzeichnung einer Urkunde. Solche Urkunden wurden teilweise in Hexen-

prozessen als Beweisstücke vorgelegt. Der folgende Vertrag, der 1634 bei einem Prozess in Frankreich verwendet wurde, besteht aus zwei Teilen: aus der Erklärung dessen, der sich dem Teufel verschreibt – in unserem Fall ist es der von Aldous Huxleys „Die Teufel von Loudun" bekannte Priester Urbain Grandier –, und aus der Erklärung des höllischen Vertragspartners.

1. Mein Herr und Meister Luzifer, ich erkenne dich an als meinen Gott und Fürsten und verspreche dir zu dienen und zu gehorchen, solange ich lebe. Und ich sage mich los von dem anderen Gott, wie auch von Jesus Christus, von allen Heiligen, von der apostolischen und römischen Kirche, von allen Sakramenten und allen Gebeten und Fürbitten, mit denen die Gläubigen vielleicht für mich eintreten. Und ich verspreche dir, so viel Böses zu tun, wie ich kann, und auch sonst jedermann fürs Böse zu gewinnen. Ich sage mich los von der Salbung, der Taufe und allen Verdiensten Jesu Christi und seiner Heiligen. Wenn ich aber versäume, dir zu dienen und dich anzubeten, und wenn ich dir nicht dreimal am Tage Ehrerbietung erweise, so übergebe ich dir mein Leben zu Eigentum. Ausgefertigt in diesem Jahr und an diesem Tag. Urbain Grandier, heraufgekommen von der Hölle.

2. Wir, der mächtige Luzifer, bestärkt durch Satan, Beelzebub, Leviathan, Elimi, Astaroth und andere, haben heute den Pakt mit Urbain Grandier geschlossen, der nun auf unserer Seite steht. Und wir versprechen ihm die Liebe der Frauen, die Reinheit der Jungfrauen, die Keuschheit der Nonnen, weltliche Ehre, Lust und Reichtümer. Huren soll er alle drei Tage; der Rausch soll ihm gut Freund sein. Einmal im Jahr soll er uns Tribut erstatten, der mit seinem Blut gezeichnet ist; er soll die Sakramente der Kirche mit Füßen treten und er soll seine Gebete zu uns verrichten. Kraft dieses Paktes soll er zwanzig Jahre lang glücklich unter den Menschen auf Erden leben und am Ende zu uns kommen und Gott verfluchen. Ausgefertigt in der Hölle, im Rat der Teufel.

Quellentext Nr. 164: Roland Götz, Das Fortwirken der augustinischen Lehre vom Dämonenpakt; in: Georg Schwaiger, Teufelsglaube und Hexenprozesse, München [4. Auflage] 1999. S. 81.

Die Geschlechtsteile des Teufels

Die Vorstellungen über eine Teufelsbuhlschaft entsprangen naturgemäß bestimmten Sexualphantasien und provozierten ihrerseits wieder bestimmte

Sexualphantasien. In den Quellentexten finden sich immer wieder Zeugnisse, die sich diesbezüglich nicht mit Andeutungen begnügen, sondern in grotesker Weise ins Detail gehen.

Es sagte die Elexia Digaca, ihre Buhlschaft hätte einen so starken etc. allezeit gehabt, wenn er ihm gestanden, und so groß als [ein] Ofengabelstiel, desgleichen sie zugegen zeigte, denn ungefähr eine Gabel zuhanden war, sagte auch, wie sie kein Geläut, weder Hoden noch Beutel, daran gemerkt hat.

Claudia Fellaca sagte, wie sie oftmals versucht hat [*d. h. durch eine Probe aufs Exempel festgestellt hat*], dass ihr Geist wäre gestaffiert [*ausgestattet*] gewesen wie eine Spindel, vorn und hinten spitz und so dick in der Mitten, dass ein Weib, wie weitläufig sie auch beschaffen sei, denselbigen ohne große Schmerzen nicht habe erleiden mögen.

Quellentext Nr. 165: Nicolaus Remigius, Daemonolatria, Frankfurt 1598. – Wolfgang Behringer, Hexen und Hexenprozesse in Deutschland, München 1988. S. 230. – Transkription der Sprachgestalt in heutiges Deutsch: © Josef Dirnbeck.

„TEUFLISCH BESESSENE" ERSCHLAGEN EINEN BOTENLÄUFER

Neben der sozusagen „ordnungsgemäßen" Vorgangsweise der Hexenverfolgung durch die Hexenprozesse gab es auch so etwas wie eine „Hexenverfolgung von unten", um mit dem Paderborner Historiker Rainer Decker zu reden. So kam es beispielsweise vor, dass vermeintliche Hexen auf offener Straße totgeschlagen wurden.

„Vor 300 Jahren wurde das nordamerikanische Städtchen Salem in der Nahe Bostons von der größten Hexenverfolgung Neu-Englands erschüttert", schreibt Rainer Decker im Vorwort zu seinem Buch „Die Hexen und ihre Henker" (Freiburg im Breisgau 1994. S. 7): „Sie führte zur Hinrichtung von 19 Menschen. Auslöser war die angebliche teuflische Besessenheit zahlreicher junger Mädchen. Man meinte, den Teufel nur dadurch aus seinen Opfern austreiben zu können, dass man seine Verbündeten, die Hexen und Zauberer, auf dem Scheiterhaufen verbrannte. Die Hexenjagd von Salem ist dank des Theaterstücks von Arthur Miller und zahlreicher wissenschaftlicher und anderer Publikationen sogar diesseits des Atlantiks ziemlich bekannt. Aber kaum jemand weiß, dass auch Deutschland sein Salem hatte: die Ackerbürgerstadt Brakel, damals im Hochstift Paderborn, heute im Kreis Höxter auf halbem

Wege zwischen Bielefeld und Kassel gelegen. 1656 erlitten hier zunächst sieben junge Frauen krampfartige Anfälle, die bald von vielen Zeitgenossen auf das Einwirken von Dämonen zurückgeführt wurden. Diese hätten mithilfe der Hexen von den Körpern der unschuldigen Opfer Besitz ergriffen. Im weiteren Verlauf, besonders des folgenden Jahres, zeigten immer mehr Personen, schließlich Hunderte, derartige Symptome, nicht nur in Brakel, sondern im gesamten Fürstbistum. Bei den darauf in Gang gekommenen Hexenprozessen wurden in Brakel 13 und im übrigen Ländchen etwa 32 Personen hingerichtet, weitere 10 wurden von Besessenen auf offener Straße totgeschlagen.«

Im Sommer 1658 gab es in der Warburger Börde (in Scherfede, Borlinghausen und Borgentreich) neun Fälle dieser Art. Vier Frauen und fünf Männer wurden auf offener Straße erschlagen, und zwar unter Umständen, die durchaus nichts mit Lynchjustiz zu tun hatten, wie man Rainer Deckers 1994 publizierten Studie „Die Hexenverfolgungen bei den lippischen Nachbarn – Teuflische Besessenheit und Hexenverfolgung in Paderborn, Rietberg und Reckenberg 1657–1660" entnehmen kann. Die Täter galten als „vom Teufel besessen".

Eines der beklagenswerten Opfer war ein namentlich nicht bekannter „Botenläufer", wie sie vor dem Bau der Eisenbahnen auch neben der Pferdepost zur Übermittlung von Nachrichten eingesetzt wurden, vermutlich ein Lakai des Grafen zur Lippe, der mit seinen Briefen von Lemgo nach Rhoden in die Grafschaft Waldeck unterwegs war. Dieser Botenläufer wurde von drei jungen Männern, einem Schäfer namens Johann sowie von Heinrich Schollen und Vitus Jost, zwei „Pflugjungen", das heißt von Jugendlichen, die beim Pflügen halfen, brutal erschlagen. Ferner beteiligt an der Tat war ein zufällig vorbeikommendes etwa 15 Jahre altes Mädchen, genannt „des Meiers zu Borlinghausen Konrad Deters Tochter".

Noch heute erfülle den Leser die Schilderung des Vorfalls mit Entsetzen und Mitleid, schreibt Rainer Decker in seinem Buch „Die Hexen und ihre Henker"; der in der neueren Forschung teilweise infrage gestellte Begriff „Hexenwahn" sei hier wirklich am Platz. Allerdings wurde der offenkundig psychopathologische Aspekt, nämlich die Frage nach dem Geisteszustand der Täter, von den Zeitgenossen nicht gesehen. Das Phänomen wurde entweder als Hexerei oder eben als – echte oder simulierte – Besessenheit gewertet. Medizinische Erklärungsversuche spielten keine große Rolle.

Die Täter wurden vor Gericht gestellt. Der Prozessausgang ist nicht in allen

Fällen klar. Von Vitus Jost ist bekannt, dass er wenige Wochen später hingerichtet wurde, und zwar deswegen, weil er zugleich wegen Hexerei angeklagt wurde und dabei ein Geständnis ablegte.

Als sie [*die drei Mäher*] das Morgenbrot gegessen und ihre Sensen bei sich liegend gehabt, haben der Junge und der Schäfer zugegriffen und angefangen zu mähen. Indem der Schäfer sich umgesehen und gesagt: „Ich rieche einen Werwolf", darauf der Junge gerufen: „Ich rieche auch wohl einen" und dazu gesagt: „Den wollen wir totschlagen!" [*Nach Aussage des anderen Zeugen stammt diese Aufforderung von dem Schäfer.*] Auch allsofort die Sensen aus den Händen geworfen und zugleich der Schäfer, der Junge und Heinrich Schollen aus der Wiese auf den Boten zugelaufen, aus den Hecken trockene Stämme und Knüppel gerissen und [*ihn*] allsofort zur Erden geschlagen, dass er heftig am Haupte und Angesicht geblutet und, wie Zeuge dazu, [*ihn*] zu retten, gelaufen kam, gerufen: „Rettet mich, rettet mich!", er [*der Zeuge*] Schollen darauf abgezogen, der Schäfer aber gerufen: „Du Hexenverteidiger!" und etliche Streiche neben dem Jungen gegeben und damit den Boten verlassen, so sehr geblutet und liegen geblieben. Der Schäfer sei nach seinen Schafen zu der Herde gegangen, neben dem Jungen. Zeuge und Scholle seien wieder nach der Wiese gegangen und gemäht.

Als der Schäfer mit seiner Herde wieder näher kam, „habe er mit seinem Schäferhaken auf denselben [*den Boten*] geschlagen und aufzustehen und vor ihm herzugehen gezwungen und etliche harte Streiche mit dem Schäferhaken weiter gegeben, darauf der Junge, welcher sonst davon abgegangen gewesen, wieder herzugelaufen und mit dem Knüppel schlagen helfen, bis der Bote zur Erde wieder gefallen. So sei auch Schollen, wie er solches gesehen, aus der Wiese gelaufen und mit einem Knüppel schlagen helfen und sei gleich des Meiers zu Borlinghausen Konrad Deters Tochter, so auch für besessen gehalten wird, casu [*zufällig*] dabeikommen und mit einer Harke, so sie in den Händen gehabt, auf den Boten schlagen helfen. Und wie derselbe tot zu sein vermeinet, haben sie Erdbrocken und -klumpen darauf geworfen und ihn damit bedeckt. Wie sie aber davongewesen, habe sich der Bote ermuntert und sei unter den Brocken weg bis durch eine Recke [*Engpass oder Zaun*], so allernächst dabei, gekrochen und da tot gefunden worden.

Quellentext Nr. 166: Rainer Decker, Die Hexen und ihre Henker. Ein Fallbericht, Freiburg im Breisgau 1994. S. 162–163.

SIMULIERTE BESESSENHEIT

Elisabeth Pelle war eine von mehreren hundert „Besessenen", die Ende der Fünfzigerjahre des 17. Jahrhunderts in der Gegend von Paderborn, Rietberg und Reckenberg ihr Unwesen trieben und dabei auf der Straße „sogar die Gräfin belästigten", wie es im Vernehmungsprotokoll heißt. Etwa 70 bis 80 Fälle wurden genauer untersucht. Die renitentesten Personen verhaftete man, unter ihnen Elisabeth Pelle, ein 13-jähriges Mädchen, das angeblich schon drei Jahre lang vom bösen Geist gequält wurde. Nach längerem Leugnen gab das Mädchen zu, niemals besessen gewesen zu sein. Vielmehr sei sie von einer zwei Jahre älteren, der Tochter eines Rittmeisters im Beisein gewisser „Meisterinnen" dazu verführt worden.

[*Diese habe zu ihr*] gesagt: „Du sollst dich anstellen, wie ich tue, und machen dich auch besessen." Sie habe darauf, wie es ihr gewiesen, sich auf die Erde geworfen, geflötet, den Leib geschüttelt und gerufen. Dann habe sie des Rittmeisters Tochter die Hand darauf geben müssen und sie habe ihr etwas zu essen gebracht. Nachher sei dieselbe öfter zu ihr gekommen und habe ihr die Gebärden gezeigt, wäre nämlich liegen gegangen, habe Hals und Füße zu Hauf gesetzt und mit dem Leibe gegluckt, ihr sagend, sie solle den Atem abhalten und Papier in den Hals stecken, so könnte sie glucken. Sie habe das öfter in Gegenwart der Meisterinnen exerzieren müssen. Jene habe aber nicht wollen verraten sein und ihr gesagt, sie solle alles leugnen. Sie hätten auch den Pater Lector und den Guardian [*Franziskanerobservanten in Rietberg*] für Hexenmeister ausgerufen.

Quellentext Nr. 167: Rainer Decker, Die Hexenverfolgungen bei den lippischen Nachbarn. Teuflische Besessenheit und Hexenverfolgung. Paderborn, Rietberg und Reckenberg 1657–1660; in: Gisela Wilbertz/Gerd Schwerhoff/Jürgen Scheffler, Hexenverfolgung und Regionalgeschichte. Die Grafschaft Lippe im Vergleich, Bielefeld 1994.

DER TEUFELSANBETER MARX HEEN

Der in der Obersteiermark als uneheliches Kind aufgewachsene, von einem Mönch gezeugte Marx [Markus] Heen galt als „Pfaffenbankert" und wurde schon in jungen Jahren zum Kriminellen, für den Einbruchsdiebstahl und Raubüberfälle an der Tagesordnung waren. Man weiß nicht genau, wegen wel-

chen Delikts er eigenlich am Palmsonntag des Jahres 1683 ins Gefängnis von Oberkapfenberg eingeliefert wurde. In den Verhören mit und ohne Folter bezichtigte er sich jedenfalls der Teufelsbündelei. Nach einem gescheiterten Selbstmordversuch – Marx Heen wollte sich in der Zelle des Gefängnisses erhängen, aber der Strick, den er sich aus der billigen Schlafdecke im Gefängnis gedreht hatte, hielt sein Gewicht nicht aus – verurteilte ihn der kaiserliche Bannrichter Johann Jakob Gnisinger am 17. Mai 1683 zum Tod. Marx Heen wurde auf einem Galgen, der auf einem Scheiterhaufen errichtet war, stranguliert und sein toter Körper „durch das Feuer zu Staub und Asche vertilgt".

Gütliche Bekenntnisse [*d. h. nicht durch Folter zustande gekommene Aussagen*] des Teufelsanbeters Marx Heen.

Als er etwa sechzehn Jahre alt war und als Knecht seiner Schwester bzw. seines Schwagers im Ochsenstall des elterlichen Hauses schlief, sei ihm eines Abends zur Zeit des Betläutens der böse Geist in der Gestalt eines schwarzen Mannes erschienen [und habe gesagt], er könne nimmer selig werden und gehöre ihm, weil ihn seine Mutter Gertraud mit einem Pfaffen gezeugt habe. [...] 1680 an einem Frauentag sei ihm zur Kirchzeit, als er in Mürzzuschlag beim Bader getrunken habe, der böse Geist in der Gestalt eines schwarzen Mannes mit rauen kurzen Händen und dicken kurzen Füßen erschienen. Er habe ihn mit sich in den Felsen Ganzstein geführt. Darinnen waren lauter Kerzenlichter und ein großer Kessel voller Geld; außerdem seien in der Mitte zu beiden Seiten zwei große Geißböcke gestanden, die so stark aneinander stießen, dass es gehallt habe. Es waren viele Leute im Ganzstein, aber er habe niemand gekannt. [...] Dann habe er [*der schwarze Mann*] von ihm begehrt, er solle seine Seele verschreiben lassen, dafür wolle er ihm genug Geld geben. Danach habe ihn der Teufel in die Nase gezwickt, worauf drei Tropfen Blut herausgeronnen seien, mit welchen der am Tisch sitzende Teufel seinen Namen auf einen großen Brief geschrieben und ihn sodann ihm vorgelegt habe. Es seien mehrere Leute darauf verzeichnet gewesen, die die Seele ebenfalls dem Teufel verschrieben haben. [...] Im vergangenen Jahr 1682 zu Pfingsten sei der Teufel um zehn Uhr vormittags ober Landenwang auf der Straße zu ihm getreten und habe ihm gesagt, da er ohnehin schon sein sei, wolle er ihm das Zaubern lehren. Er verlange von ihm, er solle die Heilige Dreifaltigkeit verleugnen, was er dreimal getan und dabei gesagt habe, er verlange nie mehr die Heilige Dreifaltigkeit, wolle auch nicht mehr an Gott glauben und habe Unserer Lieben Frau und

allen Heiligen abgesagt: Er verspreche, er wolle allein nur noch den bösen Feind
anbeten. Danach habe der Teufel verlangt, er solle sich mit ihm auf eine Ofenschüssel setzen, mit der sie in einem weißen Gewölk durch die Luft auf einen
großen Berg geflogen seien, den er nicht gekannt habe. Dort hätten sie Wein
und Brot bekommen: Von den Leuten, die dabei gewesen seien, kenne er nur
die alte Ruessin, eine Bäuerin aus der Prein, einen alten langen Weber, die
Gästin des Simon Gruber und die alte Gästin des Urban Praschl. Sie alle, deren
sonstige Namen er nicht kenne, seien Untertanen der Herrschaft Gutenstein
im Preintal bei Reichenau. Er wisse zwar nicht, wie der Schauer gemacht worden sei, aber der Teufel habe ihm den Hagel in einer Tasche gegeben. Danach
seien sie auf der Ofenschüssel durch die Luft geflogen und er habe den Hagel
aussäen müssen; das sei jenes Hagelwetter gewesen, das 1682 zu Pfingsten um
Krieglach alles zerschlagen habe. Bei Freßnitz seien sie dann auf einem Feld
von der Ofenschüssel abgesessen. Acht Tage später sei der böse Geist in Neu-
berg auf der Straße zu ihm getreten und habe ihn wieder auf einer Ofenschüssel durch die Luft auf den Schneeberg geführt. Dort seien über zwanzig
Bauern zusammengekommen, doch habe er davon nur jene vier Personen erkannt, die zuvor beim Brauen des Hagels dabei gewesen seien. Außerdem habe
ihn der böse Feind gelehrt, wie er mit einem gewissen Spruch Schlösser auf-
blasen könne und wie er sich anstellen müsse, damit ein Fuhrmann in einer
Lache stecken bleibe. Am Palmsonntag sei ihm um zwei Uhr mittags in der Kei-
chen [*im Kerker*] der böse Geist als schwarzer Mann erschienen und habe ihm
versprochen, ihn loszumachen, wenn er ihm nicht nur seinen Leib und seine
Seele, sondern, falls er fortkomme und heirate, auch seinen Sohn verschreibe.
Das habe er kniend dem Teufel mit drei Eiden geschworen, worauf ihm der
Teufel befohlen habe, das Kettenglied aufzudrehen, und tatsächlich sei es auseinander gegangen. Danach sei der Teufel am 27. April zur Zeit des Betläutens
in gleicher Gestalt zu ihm gekommen. Er erklärte ihm, dass er ihn von hier
wegreißen wolle, und habe ihm dazu ein Messer gebracht, mit dem er das Ket-
tenschloss aufgesperrt und sich befreit habe. Der Teufel habe ihm befohlen, mit
dem Fuß eine Ofenkachel einzutreten und in das Freie zu fliehen. Das sei aber
am Gitter gescheitert. Daraufhin habe ihn der Teufel um Mitternacht befohlen, die Decke zu zerreißen und daraus einen Strang zu knüpfen, mit dem er
sich erhängen solle. Er [*Marx Heen*] habe das gemacht und sei mithilfe des
Satans zum Fenstergitter gestiegen. Der Teufel habe ihm eine Schlinge umge-

legt und ihn vom Stuhl hinabgestoßen. Da der aus der Kotzendecke geknüpf-
te Strang beim Fenstergitter riss, sei er auf den Boden gefallen und dort etwa
eine halbe Stunde bewusstlos gelegen. Der böse Geist habe ihn auf dem Boden
herumgezogen, sei dann aber in der Frühe zur Zeit des Betläutens verschwunden. Er aber habe sich, wieder zu sich gekommen, in das Bett gelegt und angefangen zu beten. Am gleichen Tag, dem 28. April, habe ihn der Herr Verwalter
in einem weißen Brot etwas Geweihtes gegeben. Daraufhin wäre der Teufel zu
ihm gekommen und habe ihm gesagt: „Wenn du einen Saudreck statt des
weißen Brotes gegessen hättest, wäre es besser für dich gewesen." Daraufhin
sei er verschwunden.

Quellentext Nr. 168: Hans-Jürgen Wolf, Geschichte der Hexenprozesse, Hamburg 1998.
S. 927–928 (gek.).

Sechstes Kapitel

BÜCHER AUF DEM SCHEITERHAUFEN

Auf einem Flugblatt aus dem Jahr 1555 wird die Hinrichtung von drei Zauberinnen zu Derneburg im Harz geschildert.

Feuer lodern überall. Wir befinden uns im Spanien der Inquisition, als folgende Worte gesprochen werden: „O Fluch der Nacht, wo das Verderben von Granada / in solcher Glutumarmung ward beraten! / O Fluch der Nacht, wo einst ins Brautbett stieg / Don Ferdinand zu Donna Isabella! / Wo solches Paar der Zwietracht Funken schürt, / da flackert bald in Flammen auf das Haus."

Selbst gewiefte Literaturkenner werden kaum auf Anhieb zu sagen wissen, aus welchem Drama diese Verwünschung eines prominenten katholischen Herrscherpaars stammt. Umso geflügelter sind freilich jene anderen – ebenfalls im klassischen Ebenmaß fünffüßiger Jamben formulierten – Worte, die ein paar Absätze später im gleichen Dialog zwischen zwei Mauren gewechselt werden. „Wir hörten, dass der furchtbare Ximenes / inmitten auf dem Markte zu Granada, / mir starrt die Zung im Munde – den Koran / in eines Scheiterhaufens Flamme warf!" So spricht Almansor ben Abdullah zum alten Hassan und dieser antwortet bitter: „Das war ein Vorspiel nur, dort wo man Bücher / verbrennt, verbrennt man auch am Ende Menschen."

BÜCHERVERBRENNUNGEN HABEN TRADITION

In der am 20. August 1823 in Braunschweig uraufgeführten Tragödie „Almansor", einem Jugendwerk von Heinrich Heine (1797–1856), war es das heilige Buch der Muslime, das auf dem Scheiterhaufen landete. Am 10. Mai 1933 bei der berühmt-berüchtigten Bücherverbrennung in Berlin waren es unter anderem auch die Schriften des als „Jude Heine" gebrandmarkten Autors, die man ins Feuer warf.

Welchen Sinn hat es eigentlich, Bücher zu verbrennen? Selbst dem fanatischsten nationalsozialistischen Schreier musste doch klar gewesen sein, dass die geradezu mythisch beschworene „Flamme" der Bücherverbrennung lediglich eine bestimmte Menge Papier vernichtete, dass damit aber keineswegs aus der Welt geschafft war, was auf diesem Papier gedruckt stand. Sicher – in einer Zeit, da Bücher noch Unikate waren oder nur in einigen wenigen Abschriften existierten, konnte das Verbrennen von Büchern tatsächlich noch gleichbedeutend sein mit deren Vernichtung. Aber spätestens seit dem Beginn des Zeitalters der technischen Reproduzierbarkeit geistigen Eigentums, als das Buch durch Johannes Gutenberg (1397–1468) zum Massenmedium wurde, hatten Bücherverbrennungen keinen praktischen Sinn mehr. Trotzdem wurden auch in der Neuzeit Bücher verbrannt, und zwar nicht nur von den Nazis. Auch beim Wartburgfest von 1817 warf man Gedrucktes ins Feuer. Und auf kirchlicher Seite waren es beileibe nicht nur fanatische Inquisitoren, die Bücher den Ketzertod sterben ließen, auch die bisweilen nicht minder fanatischen *Gegner* der Inquisitoren verstanden es, Scheiterhaufen zur Verbrennung anstößiger Schriften zu entzünden. So veranstaltete bekanntlich auch Girolamo Savonarola – ein Mann, der später selber ein Opfer der Inquisition werden und auf dem Scheiterhaufen sterben sollte – im Jahr 1497 in Florenz eine Bücherverbrennung.

Das Verbrennen von Büchern hat nicht so sehr mit Vernunft zu tun als mit Emotionen. Es ist ein archaischer Akt von tiefer Symbolkraft. Und um das zu begreifen, braucht man gar nicht so weit in die Geschichte zurückgehen und an Martin Luthers spektakuläre Aktion zu denken, bei der er die Bulle, die ihn bannte, verbrannte. Es genügt, sich beispielsweise an jene Pazifisten in der US-Army zu erinnern, die in den Sechzigerjahren des 20. Jahrhunderts ihre Einberufungsbefehle zum Vietnamkrieg mit selbst gemachtem Napalm in Rauch aufgehen ließen.

In welch tiefen seelischen Schichten die Menschen durch rituelle Verbrennungen von Geschriebenem in befreiender Weise angesprochen werden, kann man auch sehen, wenn man sich die erste *christliche* Bücherverbrennung vor Augen führt. Sie fand in Ephesus statt. Freilich darf man nicht den Fehler begehen, sie vorschnell für etwas anderes zu halten als das, was sie war. Selbst in seriösen Lexikonartikeln zum Thema Bücherverbot wird bisweilen behauptet, wir würden bereits in der Urkirche einer „Unterdrückung von Schrifttum aus Gründen des christlichen Glaubens" begegnen. Richtig daran ist lediglich, dass tatsächlich bereits in der Apostelgeschichte von einer Bücherverbrennung aus christlichen Motiven berichtet wird. Darin allerdings eine „Unterdrückung von Schrifttum" erblicken zu wollen wäre ein glattes Fehlurteil. Bei der Bücherverbrennung in Ephesus handelte es sich keineswegs um eine von oben verordnete autoritäre Zwangsmaßnahme, sie war vielmehr ein *freiwilliger* Akt. Die von der Predigt des Apostels Paulus zum Christentum Bekehrten selbst sind es, die in der Euphorie der Neubekehrung ihre Bücher anschleppen und anzünden: „Und nicht wenige, die Zauberei getrieben hatten, brachten ihre Zauberbücher herbei und verbrannten sie vor aller Augen. Man berechnete den Wert der Bücher auf fünfzigtausend Silberdrachmen" (Apg 19,19). Bei dem denkwürdigen Ereignis in Ephesus werden nicht nur *geistige* Werte vernichtet, mit denen man nichts mehr zu tun haben will, es wird auch ein beträchtliches *materielles* Opfer gebracht – 50.000 Silberdrachmen sind schließlich kein Pappenstiel. Und dadurch bekommt die Aktion eine zusätzliche Dimension. Die von Paulus bekehrten Magier von Ephesus verhalten sich genauso, wie sich der Prophetenschüler Elischa verhält, nachdem ihm Elija im Vorbeigehen seinen Mantel übergeworfen hat. Wenn Elischa die Rinder, mit denen er gepflügt hat, schlachtet und das Joch der Rinder verbrennt, um damit ihr Fleisch zu kochen (vgl. 1 Kön 19,19–21), dann feiert er nicht einfach ein Abschiedsmahl, sondern vernichtet ganz gezielt seine bisherige Existenzgrundlage. Das heißt, die Verbrennung ist in beiden Fällen der sichtbare Ausdruck einer Bekehrung, das Signal einer totalen Umkehr: das gezielte Abbrechen aller Brücken zur Vergangenheit, zum bisherigen Leben, zu dem es ab nun kein Zurück mehr gibt. Vom gleichen Bewusstsein erfüllt war Bischof Remigius von Reims, als er bei der Taufe Chlodwigs die berühmten Worte sprach: „Beuge dein Haupt, Sigamber; verbrenne, was du angebetet hast, und bete an, was du verbrannt hast!" – Aus ganz *anderem* Holz geschnitzt hingegen sind die Bücherverbrennungen und Bücherverbote der Inquisitoren. Diese Vernichtungsakte sind kein Ausdruck einer Umkehr, sie sind vielmehr die *Umkehr* der Umkehr: Sie sind ein Ausdruck des Zwangs. Ihr Sinn ist es, die Menschen zu warnen: Passt auf, heute verbrennen wir bloß eure Bücher; aber bedenkt, was schon Jesus gesagt hat: „Wenn das mit dem grünen Holz geschieht, was wird dann erst mit dem dürren werden!" (Lk 23,31)

DIE PRAXIS DER KIRCHE

Unterdrückung von Schrifttum und Zwangsmaßnahmen gegen Bücher hat es in der Kirche durchaus nicht von allem Anfang an gegeben. Schon deshalb nicht, weil die Kirche in den ersten Jahrhunderten gar nicht in der Lage gewesen wäre, solche Maßnahmen zu setzen. Ganz im Gegenteil: In der Zeit der Verfolgungen wurden die *Christen* gezwungen, ihre Schriften herauszugeben, und wer sich weigerte, landete selbst auf dem Scheiterhaufen – wie Irene von Thessalonike und ihre beiden Schwestern, über welchen Fall es authentische Märtyrerakten gibt. Diesen Frauen waren die Bücher so heilig, dass sie lieber *sich selbst* verbrennen ließen, als den Schergen Diokletians die heiligen Schriften zur Verbrennung abzuliefern.

Als einen Auftakt zum späteren Bücherverbot oder gar als eine Art Prototyp des berühmten „Index" kann man den Abschnitt „De libris recipiendis et non recipiendis" im so genannten „Decretum Gelasianum" betrachten. Allerdings stammt dieser Erlass hinsichtlich annehmbarer und nicht annehmbarer Bücher, wie die Forschung längst erkannt hat, nicht von Papst Gelasius I. (492–496), dem er zugeschrieben wurde, sondern ist „eine zu Anfang des 6. Jahrhunderts wahrscheinlich in Südgallien entstandene Privatarbeit eines Klerikers, in der sich jedoch die römischen Anschauungen und Verhältnisse widerspiegeln" *(Berthold Altaner/Alfred Stuiber, Patrologie. Leben, Schriften und Lehren der Kirchenväter, Freiburg im Breisgau [8. Auflage] 1978. S. 463).* Im Zusammenhang mit der Ketzerbekämpfung im Hochmittelalter ging man zeitweise so weit, sogar das Lesen der Bibel zu verbieten. Die Synode von Toulouse (1229) untersagte Laien den Besitz von Bibeln; nur das Psalterium und Gebetbücher für den gottesdienstlichen Gebrauch durfte man haben, wenn man ausdrücklich darauf bestand, aber diese Bücher waren auch nur in lateinischer Sprache erlaubt. Das Konzil von Béziers sprach am 19. April 1246 ein Verbot von Übersetzungen theologischer Bücher aus und das ebenfalls regionale Konzil von Oxford (1408) erließ sogar ein Verbot, die Bibel ins Englische „oder in sonst eine Sprache zu übersetzen" *(vgl. Carl Mirbt, Quellen zur Geschichte des Papsttums und des römischen Katholizismus, Tübingen [4. Auflage] 1924. S. 227).* Ausdrücklich von einer Bücher*verbrennung* ist in einer Bestimmung der Synode von Tarragona (1234) die Rede. Nichtlateinische Bibelausgaben, die in Verdacht standen, ketzerisches Gedankengut zu vermitteln, mussten dem zuständigen Diözesanbischof übergeben werden, der sie zu verbrennen hatte; und wer sich weigerte, dieser Bestimmung Folge zu leisten, machte sich selbst verdächtig, ein Ketzer zu sein, egal, ob er Laie oder Kleriker war. In den gleichen Zusammenhang gehört auch das Edikt, das Kaiser Karl IV. am 17. Juni 1369 an die Inquisitoren Walther Kerling und Ludwig von Kaliga richtete, in welchem es um die deutschen Bücher über die Heilige Schrift ging. In diesem Edikt wird ebenfalls gesagt, dass Bücher, in denen der Name Jesu Christi gelästert, die glorreiche Gottesmutter beschimpft und der katholische Glaube verächtlich gemacht wird, „den Inquisitoren zur Verbrennung übergeben" werden sollen *(vgl. Carl Mirbt, op. cit. S. 226).*

Den ältesten Index verbotener Bücher gab die theologische Fakultät an der Pariser Sorbonne im Jahr 1544 heraus. Das Verzeichnis hieß damals noch nicht

„Index", sondern „Catalogue des livres censurez" – ebenso wie der zwei Jahre später veröffentliche „Catalogus" der theologischen Fakultät Löwen und die „Kataloge" des Nuntius von Venedig, der Spanischen und der Portugiesischen Inquisition. Angefangen mit solchen Verzeichnissen verbotener Bücher hatten übrigens die weltlichen Behörden, zuerst unter Karl V. im Jahr 1524 und 1526 unter Heinrich VIII. in England. Der erste *römische* Index, der dann eben nicht mehr „Catalogus", sondern „Index" hieß, wurde von der römischen Inquisition im Jahr 1559 unter Papst Paul IV. veröffentlicht. Er enthielt drei alphabetisch gegliederte Kategorien. In der ersten Kategorie standen die Namen der Autoren, von denen *sämtliche* Bücher verboten waren; in der zweiten Kategorie waren einzelne Schriften namentlich genannter Autoren aufgelistet und in der dritten Kategorie gab es schließlich ein Verzeichnis anonymer Schriften, deren Lektüre katholischen Christen untersagt war. Außerdem stand auch eine große Anzahl von Bibelausgaben auf dem Index und eine Liste von 61 Verlegern, die ketzerische Bücher gedruckt hatten.

Bei einem so schnelllebigen Phänomen wie dem Buchmarkt verstand es sich auch schon damals von selbst, dass ein solcher Index bald veraltet war. Bereits nach drei Jahren wurde ein neues Konzept entwickelt. Eine Arbeitsgruppe des Konzils von Trient erhielt den Auftrag, den Index zu überarbeiten. Das Ergebnis waren die so genannten „Tridentinischen Regeln", die allerdings erst nach dem Ende des Konzils veröffentlicht wurden. Das neue, auch „Tridentinischer Index" genannte Verzeichnis der verbotenen Bücher erschien 1564. Eine von Herzog Alba eingesetzte Kommission in Antwerpen erarbeitete Ergänzungen und brachte 1570 eine Neuauflage heraus. Desgleichen tat die Portugiesische Inquisition mit ihrer Ausgabe von 1581. Auch der Päpstliche Nuntius in München ließ im Jahr 1583 eine aktualisierte Neuausgabe erscheinen. Spanien allerdings ging wieder einmal einen Sonderweg. Die von den Großinquisitoren veranlassten und verantworteten spanischen Verzeichnisse wurden unabhängig vom römischen Index ediert. Im Großen und Ganzen enthielten sie ohnedies auch die in Rom indizierten Titel, darüber hinaus aber erklärten sie noch zahlreiche weitere Bücher zur verbotenen Lektüre.

In Rom wurde die Fortführung des Index einer eigens errichteten Indexkongregation übertragen. Diese Kongregation wurde 1571 von Papst Pius V. gegründet, 1572 von Gregor XIII. feierlich bestätigt und 1917 insofern aufgehoben, als sie mit dem „Heiligen Offizium", der Nachfolgeorganisation der

Inquisition, vereinigt wurde. Dieses Gremium besorgte in mehr oder weniger regelmäßigen Abständen aktualisierte Neuauflagen des „Index librorum prohibitorum". Im Lauf der Jahrhunderte, bis zur Zeit des Zweiten Vatikanischen Konzils, als der Index – wie man sagte – „eines natürlichen Todes starb", gab es immerhin rund 50 Neuauflagen.

Seit 1929 wurde der Index zwecks besserem Verständnis nicht mehr nur in Latein, sondern auch in den großen Weltsprachen publiziert. Wirklich aktuell war er allerdings nicht mehr. Er besaß nur noch den Charme eines Antiquariatskatalogs. Bei den rund 6500 aufgelisteten Büchern handelte es sich zu 77 Prozent um Schriften aus dem 17. und 18. Jahrhundert. 20 Prozent der Titel waren Bücher aus dem 19. Jahrhundert und die restlichen 3 Prozent – ganze 140 Stück – stammten aus dem 20. Jahrhundert. Noch schlechter hätte das Verhältnis ausgesehen, wenn die *vor* dem Jahr 1600 erschienenen verbotenen Bücher nicht ohnehin bereits stillschweigend weggelassen worden wären. Nicht weil es plötzlich wieder *erlaubt* gewesen wäre, alle diese Bücher zu lesen, sondern weil die Männer in Rom, was auch immer man über sie denken mochte, keine weltentrückten Phantasten waren, sondern ganz genau wussten, dass es nicht viel Sinn hat, die Lektüre von Büchern zu verbieten, die sowieso kein Mensch liest, weil sie keiner mehr kennt – es sei denn, er wäre zufällig ein Mitglied der Indexkongregation.

Ein Kapitel voller Kuriositäten

„Die Zensur ist die jüngere von zwei schändlichen Schwestern; die ältere heißt Inquisition", sagt Johann Nepomuk Nestroy in seinem Theaterstück „Freiheit in Krähwinkel". Die Geschichte des „Index librorum prohibitorum" – der im Sinne des Nestroy'schen Bonmots sozusagen als ein Kind der jüngeren Schwester der Inquisition zu betrachten wäre – ist ein Kapitel voller Kuriositäten. Schon lange bevor der Index als verpflichtende Rechtsnorm abgeschafft wurde, gab es in hohen bis höchsten kirchlichen Kreisen ernsthafte Zweifel, ob es überhaupt ein taugliches Mittel sein kann, Bücher „auf den Index zu setzen". Die moralische Verpflichtung, schädliche Lektüre zu meiden, bestand und besteht ja unabhängig davon, ob irgendwo taxativ irgendwelche Buchtitel aufgelistet sind oder nicht. Nicht wenigen kam das Ganze vor wie der berühmte Wettkampf zwischen Hase und Igel. Wie viele Bücher man auch für verboten erklärte, nie hatte man *alle* erfasst. Immer schossen neue Frivolitäten und Ketzereien in Buchform wie Pilze aus dem Boden. Und es war durchaus kein böswilliger Kirchenfeind, der erklärte: „Wenngleich der Apostolische Stuhl alle Mühe anwendet, dergleichen Schriften zu beseitigen, ist die Zahl doch so groß geworden, dass sie unmöglich alle in eine Liste aufgenommen werden können. Daher kommt es, dass man bisweilen so spät zur Abhilfe schreitet, wenn nämlich das Unheil dank der langen Frist schon stark geworden ist." Der Mann, der dieser Meinung war und der es auch wagte, seine Meinung ohne Angst vor möglichen römischen Rüffeln öffentlich auszusprechen, war ganz gewiss kein Feind der Kirche. Es war der oberste Boss höchstpersönlich, der später heilig gesprochene Heilige Vater Pius X. (1903–1914), der diese Worte in seinem Motu proprio „Sacrorum Antistitum" zu Papier brachte.

Selbst der blauäugigste und in einer über jeden Zweifel erhabenen Weise papsttreu seinen Dienst tuende Schweizer Gardist wird zugeben müssen, dass man aus dem Staunen nicht herauskommt, wenn man sich genauer ansieht, welche Bücher alle schon einmal auf dem Index standen. Da findet man nicht nur Titel, die heute selbst bei konservativsten Gemütern als völlig unanstößige, ja höchst wertvolle Werke der Literatur gelten, es wurden auch zutiefst fromme Bücher und Traktate als schädlich eingestuft. Nicht minder abendfüllend wäre das Kabarettprogramm, das sich schreiben ließe, wollte man sein Augenmerk auf das *hinter* den Kulissen ablaufende Intrigenspiel richten, das die Herren Bücherverbieter einander lieferten. In der Frage, *welche* Bücher abzulehnen seien und welche *nicht*, waren die Zensoren alles andere als ein Herz und eine Seele, um nicht zu sagen, hier gab bisweilen es die heftigsten Konflikte. Vor allem, wenn Mitglieder der Indexkongregation die glorreiche Idee hatten, Bücher von Kollegen – also Bücher, die *andere* Mitglieder der Indexkongregation verfasst hatten – auf den Index setzen zu wollen. Einmal trat sogar ein Kardinal unter Protest von seiner Funktion als Präfekt der Indexkongregation zurück.

Doch halt – die Tatsache, dass der „Index der verbotenen Bücher", dieser gleichsam letzte, bis ins soeben zu Ende gegangene 20. Jahrhundert hineinreichende Ausläufer der Inquisition, immer mehr in einen Leerlauf geriet und sich am Ende totlief, soll nicht darüber hinwegtäuschen, dass es Zeiten gab, in der es alles andere als heiter war, wegen der Lektüre eines verbotenen Buches angezeigt zu werden.

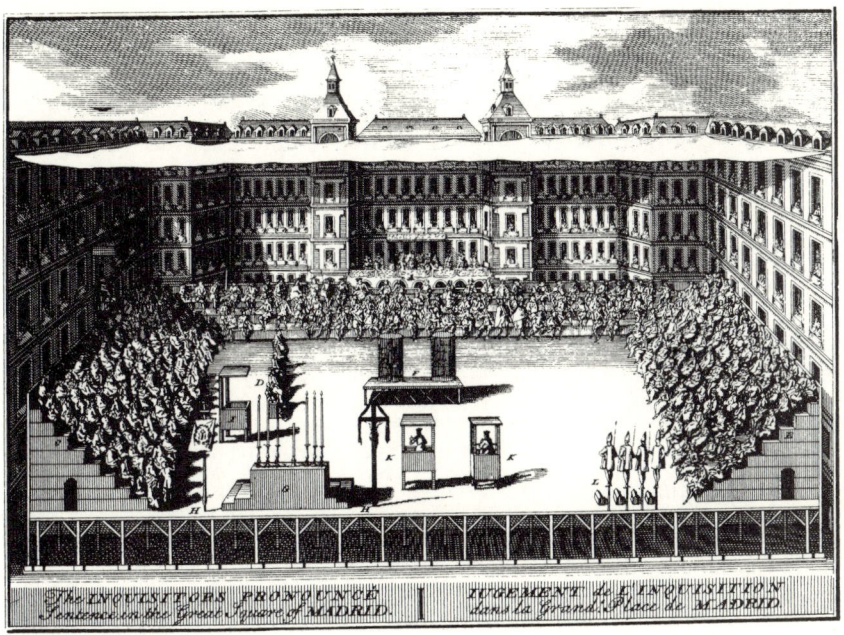

Autodafé auf der Plaza Mayor in Madrid. Ein Paradebeispiel für eine verharmlosende Ausdrucksweise ist der Begriff „Autodafé", der von „actus fidei" – Glaubensakt – abgeleitet ist, aber durchaus nicht den Akt des Glaubens, sondern die Verbrennung von Ketzern bezeichnet.

„Könnt Ihr lesen?" – „Nein, gewiss nicht! Niemals wird man beweisen können, dass es in meiner Familie jemanden gibt, der so wenig Besonnenheit hätte, dass er sich anschicken würde, solche Hirngespinste zu lernen, die die Männer auf den Scheiterhaufen bringen und die Frauen ins Bordell." – Diesen kleinen Dialog kann man in der Erzählung „Los alcaldes de Daganzo" von Miguel de Cervantes Saavedra (1547–1616) lesen; und der Autor des weltberühmten „Don Quijote" würde ihn weder formuliert haben, noch hätten seine Leser die sarkastische Pointe witzig finden können, wenn zum Lebensgefühl der damaligen Zeit nicht die Alltagserfahrung gehört hätte: Lesen ist gefährlich. Man musste auf der Hut sein. Lektüre konnte einem leicht einen unerwünschten Kontakt mit der Inquisition bescheren; ja, schon allein die Tatsache, dass jemand *kein* Analphabet war, sondern die Fähigkeit besaß, Buchstaben zu entziffern, reichte aus, um ihn in den Augen der Glaubenswächter verdächtig zu machen, „denn die Feinde des Glaubens konnten das Buch für ihre Zwecke benutzen, und auch der Leser war nicht davor gefeit, das Gelesene ‚irrtümlich‘ zu interpretieren" *(Alfredo Alvar Ezquerra, La Inquisición Espanola, Madrid 1997. S. 42)*. Auch die Bauern in Montaillou – jenem Dorf in den Pyrenäen, das von Jacques Fournier in den Jahren zwischen 1318 und 1325 einer sorgfältigen Inquisition unterzogen wurde – waren der Meinung, dass Leute, die lesen, der Ketzerei verdächtig sind. „Eines Nachts", sagte der Viehzüchter Michel Cerdan dem Inquisitor, „stand ich im Morgengrauen auf, es war im Sommer, um mein Vieh auf die Weide zu führen, da sah ich auf einer Wiese hinter Arnaud Teisseires Haus Leute, die bei Mondschein etwas Geschriebenes lasen; ich bin überzeugt, die Leute waren Ketzer" *(Emmanuel LeRoy Ladurie, Montaillou. Ein Dorf vor dem Inquisitor, Berlin 1980. S. 257)*.

Das verbotene Buch, dessen Lektüre einen in die Arme der Inquisition trieb, konnte bekanntlich auch die Bibel sein – und zwar nicht nur in Form einer von einem Häretiker (sprich: Nichtkatholiken) besorgten Übersetzung, sondern auch in Form des Urtexts. So kurios es sich anhört, aber sogar *das* ist vorgekommen! Es gab einmal einen Theologieprofessor aus Salamanca, der von der Spanischen Inquisition unter anderem deswegen verhaftet wurde, weil er die Bibel im Urtext las und weil er dem Urtext den Vorzug gab und die Genauigkeit der Vulgata – also der in der katholischen Kirche offiziell gebräuchlichen lateinischen Bibelübersetzung – in Zweifel zog. Mit anderen Worten: Dieser Mann wurde vor ein kirchliches Gericht gestellt, weil er etwas tat, was Papst Pius XII. in der Enzyklika „Divino afflante Spiritu" vom 30. September 1943 nicht nur erlaubte, sondern sogar ausdrücklich forderte: „Dem katholischen Exegeten, der sich mit dem Verständnis und der Erklärung der Heiligen Schrift befasst, haben schon die Kirchenväter das Studium der alten Sprachen und die Heranziehung des Urtextes ans Herz gelegt. Ist es doch die Pflicht des Exegeten, auch das Kleinste, das unter Eingebung des Heiligen Geistes aus der Feder des heiligen Schriftstellers geflossen ist, mit größter Sorgfalt und Ehrfurcht aufzugreifen, um dessen Gedanken möglichst tief und vollständig zu erfassen. Daher soll er gewissenhaft daran arbeiten, sich eine immer größere Kenntnis der biblischen Sprachen und auch der anderen orientalischen Sprachen anzueignen, und seine Schriftauslegung durch alle Hilfsmittel stützen, die die verschiedenen Zweige der Philologie bieten."

Luis de León (1527–1591) hieß der Theologe, der es 1572 mit der Inquisition zu tun bekam, dessen Schuld aber sozusagen nur in der „Ungnade seiner

frühen Geburt" bestand: weil er eben schon 371 Jahre früher als Pius XII. vertrat, was in „Divino afflante Spiritu" steht. Einer seiner theologischen Gutachter beim Inquisitionsgericht schrieb in seinen Bericht: „Möchte doch der
Angeklagte nicht die Kühnheit haben, zu sagen, dass der Heilige Geist ihm geoffenbart habe, was er dem berühmten heiligen Hieronymus verborgen hat!"
(Adolphe Coster, Luis de León; in: Revue hispanique 53 [1921], S. 429) Der
vulgatakritische Augustinermönch aus Salamanca, den Robert Lemm den
„größten Geist der Ära Philipps II." nennt *(Robert Lemm, Die Spanische
Inquisition, München 1996. S. 87)*, landete zwar „nur" im Gefängnis und nicht
auf dem Scheiterhaufen, aber es dauerte immerhin viereinhalb Jahre, bis er
wieder freie Luft atmen durfte. „Es ist nun ein Jahr, seitdem ich in diesem Gefängnis sitze", schrieb Luis de León zwischendurch in einem Brief an seinen
Inquisitor, „und während der ganzen Zeit habt Ihr nicht geruht, die Namen der
Zeugen für meinen Prozess bekannt zu geben, und es ist mir auch keine Gelegenheit zu umfassender Verteidigung gegeben worden" *(Henry Kamen, Die
spanische Inquisition, München 1969. S. 99)*. Nach seiner Freilassung wurde
Fray Luis de León verwarnt und ermahnt, künftighin über ungeklärte Fragen
nicht öffentlich zu reden.

ANZUNEHMENDE UND ABZULEHNENDE SCHRIFTEN
Die Geschichte des kirchlichen Bücherverbots

DAS DECRETUM GELASIANUM

„Decretum Gelasianum" ist der Name einer Sammlung von kirchlichen Texten, die traditionellerweise Papst Gelasius I. (492–496) zugeschrieben wurde, in Wirklichkeit jedoch erst später entstanden ist. Nach Ansicht der Historiker ist die Dokumentensammlung Anfang des 6. Jahrhunderts entweder in Norditalien oder in Südfrankreich entstanden und war das Werk eines namentlich nicht bekannten Klerikers. Im fünften Teil findet sich der Dekretalbrief über die Anerkennung der Schriften bestimmter Kirchenväter und über die Verwerfung apokrypher und häretischer Werke.

Nach [all diesen] prophetischen, evangelischen [*neutestamentlichen*] und apostolischen Schriften [die wir weiter oben angeführt haben], auf die die katholische Kirche durch die Gnade Gottes gegründet ist, meinten wir auch jenes betonen zu sollen, dass zwar der gesamten über den Erdkreis hin verbreiteten katholischen Kirche das eine Brautgemach Christi zusteht, die heilige römische Kirche aber nicht aufgrund irgendwelcher Konzilsbeschlüsse den übrigen Kirchen vorangestellt ist, sondern aufgrund des Wortes des Herrn und Erlösers im Evangelium den Primat erlangt hat. [...] Und obwohl keiner ein anderes Fundament legen kann außer dem, das gelegt ist, welches Jesus Christus ist [*vgl. 1 Kor 3,11*], verbietet die heilige, das heißt römische Kirche dennoch nicht, dass nächst jenen Schriften des Alten bzw. Neuen Testamentes, die wir ordnungsgemäß aufnehmen, auch folgende zur Erbauung aufgenommen werden, nämlich: das heilige Konzil von Nikaia [...] [das heilige Konzil von Konstantinopel, auf dem der Häretiker Macedonius die verdiente Verurteilung empfangen hat]; das heilige Konzil von Ephesus [...]; das heilige Konzil von Chalkedon. [...] Ebenso die Werke des seligen Martyrers Caecilius Cyprian, des Bischofs von Karthago. Ebenso die Werke von [*in gleicher Weise werden aufgeführt: Gregor von Nazianz, Basilius dem Großen, Athanasius von Alexandrien, Johannes Chrysostomus, Theophilus von Alexandrien, Cyrill von Alexandrien, Hilarius von Poitiers, Ambrosius, Augustinus, Hieronymus, Prosper*

von Aquitanien]. Ebenso der an Bischof Flavian von Konstantinopel gerichte-
te Brief des seligen Papstes Leo; jeder, der in Bezug auf seinen Text auch nur
über ein einziges Jota diskutiert und ihn nicht in allen [*Teilen*] ehrfürchtig annimmt, der sei mit dem Anathema belegt. Ebenso entscheiden wir, dass die
Werke und Abhandlungen aller rechtgläubigen Väter, die in nichts von der Gemeinschaft der heiligen römischen Kirche abgewichen sind, [...] zu lesen sind.

Ebenso, dass die Dekretalbriefe, die die seligsten Päpste zu verschiedenen
Zeiten von der Stadt Rom zur Beratung verschiedener Väter geschrieben haben, ehrfürchtig aufzunehmen sind.

Ebenso die Geschichten der heiligen Martyrer [...]. Aber sie werden deshalb alter Gewohnheit gemäß in einzigartiger Vorsicht in der heiligen römischen Kirche nicht gelesen, weil die Namen derer, die [*sie*] verfasst haben, völlig unbekannt sind und sie von Ungläubigen und Unkundigen für überflüssig
oder weniger angemessen, als es der Sachverhalt war, gehalten werden. [...]
Dennoch verehren wir mit aller Ehrerbietung mitsamt der eben genannten
Kirche sowohl alle Martyrer als auch deren glorreiche Todeskämpfe, die Gott
mehr bekannt sind als den Menschen. Ebenso nehmen wir die Lebensbe-
schreibungen der Väter, des Paulus, Antonius, Hilarion und aller Eremiten, aber
nur die, die der seligste Hieronymus verfasst hat, mit aller Ehrfurcht auf. [...]
Ebenso hat Rufinus, ein religiöser Mann, sehr viele Bücher eines kirchlichen
Werkes herausgegeben, auch einige Schriften ausgelegt. Aber weil der ehr-
würdige Hieronymus ihn in manchem wegen der Freiheit des Willens rügte,
ist das unsere Überzeugung, was wir als Überzeugung des eben genannten seligen Hieronymus erkennen; und [das gilt] nicht nur bei Rufinus, sondern auch
bei allen, die der [schon] öfter erwähnte Mann im Eifer für Gott und in der
Frömmigkeit des Glaubens tadelt. Ebenso nehmen wir manche Werke des Ori-
genes, die der seligste Hieronymus nicht verwirft, als lesbar auf. Alles Übrige
aber, sagen wir, [ist] mitsamt seinem Verfasser zu verwerfen.

Das Übrige, was von Häretikern oder Schismatikern verfasst oder verkündet wurde, nimmt die katholische und apostolische römische Kirche keineswegs an. [*Es folgt eine lange Reihe pseudokanonischer apokrypher sowie mit
Häresien belasteter Schriften.*] Dies und dem Ähnliches, was die [*Häretiker*]
lehrten oder verfassten, deren Namen überhaupt nicht [in Erinnerung] behalten werden, ist, so erklären wir, nicht nur verworfen, sondern auch von der
ganzen römischen katholischen und apostolischen Kirche verbannt und mit-

samt seinen Urhebern und den Anhängern der Urheber unter dem unlösbaren Band des Anathema auf ewig verurteilt.

Quellentext Nr. 169: Decretum Gelasianum 5. – Heinrich Denzinger/Peter Hünermann, Kompendium der Glaubensbekenntnisse und kirchlichen Lehrentscheidungen, Freiburg im Breisgau [38. Auflage] 1999. S. 162–165.

Bibelverbot für Laien

Die im Jahr 1229 tagende Synode von Toulouse bestimmte im Kanon 14, dass Laien der Besitz biblischer Schriften nicht gestattet werden dürfe.

14. Wir verbieten auch, Laien den Besitz von Büchern des Alten oder Neuen Testamentes zu gestatten, es sei denn, dass jemand vielleicht aus Gründen der Frömmigkeit das Psalterium und ein Gebetbuch für Gottesdienste und marianische Andachten haben will. Doch halten wir mit Entschiedenheit fest, dass sie [*die Laien*] die vorgenannten Bücher nicht in volkssprachlicher Übersetzung besitzen dürfen.

Quellentext Nr. 170: Synode von Toulouse 1229; Mansi XXIII 197. – Carl Mirbt, Quellen zur Geschichte des Papsttums und des römischen Katholizismus, Tübingen [4. Auflage] 1924. S. 194. – Übersetzung aus dem Lateinischen: © Josef Dirnbeck.

Synode von Tarragona

Nach den Bestimmungen der Synode von Tarragona aus dem Jahr 1234 mussten volkssprachliche Bibelausgaben beim zuständigen Bischof abgeliefert und verbrannt werden. Zuwiderhandelnde machten sich verdächtig, Häretiker zu sein.

2. Ebenso wird angeordnet, dass niemand die Bücher des Alten oder des Neuen Testamentes in volkssprachlicher Übersetzung haben darf. Und falls jemand welche hat, so hat er sie innerhalb von acht Tagen nach Veröffentlichung dieser Verordnung, sobald er von ihr Kenntnis hat, dem Ortsbischof zur Verbrennung zu übergeben. Sollte er dies nicht tun, dann ist er, gleich viel, ob es sich bei ihm um einen Kleriker oder um einen Laien handelt, so lange als der Häresie verdächtig zu behandeln, bis er sich vom Verdacht gereinigt hat.

Quellentext Nr. 171: Synode von Tarragona 1234; Mansi XXIII 329. – Carl Mirbt, Quellen zur Geschichte des Papsttums und des römischen Katholizismus, Tübingen [4. Auflage] 1924. S. 194. – Übersetzung aus dem Lateinischen: © Josef Dirnbeck.

BÜCHER AUF DEM SCHEITERHAUFEN

Im Jahr 1248 wurden auf Veranlassung der Inquisition 14 Wagen voll Bücher öffentlich verbrannt. Diese Bücherverbrennung, die in Paris stattfand, wo bald darauf weitere sechs große Wagenladungen voll Bücher ins Feuer geworfen wurden, und weitere spektakuläre Fälle von Bücherzensur durch Verbrennen hat Henry Charles Lea (1825–1909) im ersten Band seiner „Geschichte der Inquisition" beschrieben.

Das Mittel der Verbrennung wandte die Inquisition auch dazu an, das Land von ansteckenden und häretischen Schriften zu reinigen; wir finden hierin das Vorspiel für jene Zensur der Presseerzeugnisse, die später eine der wichtigsten Aufgaben der Inquisition wurde. Das Verbrennen von Büchern, die den Behörden missfielen, war eine Sitte von beträchtlichem Alter. Wie wir gesehen haben, befahl Konstantin bei Todesstrafe die Auslieferung aller arianischen Werke. Im Jahre 435 ließen Theodosius II. und Valentinian III. alle nestorianischen Bücher verbrennen. Ein anderes Gesetz bedrohte mit dem Tode alle diejenigen, die nicht die manichäischen Schriften zu gleichem Zwecke ausliefern würden. Justinian verurteilte die „secunda editio", worunter die Glossatoren übereinstimmend den Talmud verstehen. Während des folgenden Zeitalters der Barbarei war wenig Ursache vorhanden, diesen Weg zur Unterdrückung des menschlichen Geistes einzuschlagen. Allerdings verbot im Jahre 681 der Westgotenkönig Eurig den Juden, irgendwelche Bücher zu lesen, die dem christlichen Glauben entgegenständen, mit Einschluss des Talmud. Das Wiedererwachen des menschlichen Geistes hatte zur Folge, dass bald wirksamere Mittel in Anwendung kamen.

Als im Jahre 1210 die Universität Paris durch die Ketzerei Amauris in Aufregung versetzt wurde, ließ man die Schriften seines Kollegen David von Dinant zusammen mit der „Physik" und „Metaphysik" des Aristoteles, die man für seine Ketzerei verantwortlich machte, verbrennen. Wir haben schon hingewiesen auf die Verbrennung romanischer Übersetzungen der Heiligen Schrift durch Jacob I. von Aragon sowie auf die Canones des Konzils von Narbonne im Jahre 1229, durch welche den Laien untersagt wurde, irgendeinen Teil der Heiligen Schrift zu besitzen, und ebenso auf die Verbrennung des Buches „De periculis" von Wilhelm von Saint-Amour. Jüdische Bücher jedoch und vornehmlich der Talmud wegen seiner gotteslästerlichen Anspielungen

511

auf den Heiland und die heilige Jungfrau waren besonders verabscheut und die Kirche war unermüdlich in ihrer Unterdrückung. Um die Mitte des 12. Jahrhunderts begnügte sich Petrus Venerabilis damit, den Talmud selbst zu studieren und einige der üppigen Phantasiegebilde, die in dieser seltsamen Mischung von Erhabenem und Lächerlichem so zahlreich sind, der Verachtung preiszugeben. Sein lediglich argumentierendes Vorgehen passte aber nicht für die Ungeduld des 13. Jahrhunderts, welches ein strenges Vorgehen vorzog, und so schloss sich die Verfolgung der jüdischen Literatur unmittelbar an die der Albigenser und Waldenser an. Sie wurde veranlasst durch einen bekehrten Juden namens Nikolaus von Rupella, der 1236 die Aufmerksamkeit Gregors IX. auf die in den hebräischen Büchern, besonders im Talmud, vorhandenen Gotteslästerungen lenkte.

Im Juni 1239 erließ Gregor Briefe an die Könige von England, Frankreich, Navarra, Aragon, Castilien und Portugal sowie an die Prälaten dieser Königreiche und befahl ihnen, an einem Sabbat in der bevorstehenden Fastenzeit den Juden, wenn sie in ihren Synagogen wären, alle Bücher wegzunehmen und sie den Bettelmönchen aushändigen zu lassen. Ein Bericht über die in Paris erfolgte Prüfung ist uns erhalten geblieben und zeigt, dass es nicht schwer war, in den jüdischen Büchern zahlreiche Dinge zu finden, die für fromme Ohren anstößig waren, obwohl die Rabbi, die zu ihrer Verteidigung zu erscheinen wagten, die gotteslästerlichen Anspielungen auf den christlichen Messias, die Heilige Jungfrau und die Heiligen hinwegzudisputieren suchten. Das Verfahren zog sich vier Jahre hin und das Urteil wurde erst am 13. Mai 1248 gefällt, worauf Paris das erbauliche Schauspiel erlebte, vierzehn Wagenladungen von Büchern auf einmal und sechs bei einer anderen Gelegenheit verbrennen zu sehen. Wie der „Luz" oder das „Os coccygis" nach der Meinung der Rabbiner unzerstörbar war, so konnte auch der Talmud nicht vertilgt werden. 1255 befahl Ludwig der Heilige in seinen Instruktionen an seine Marschälle in dem Narbonnais abermals, alle Exemplare desselben zu verbrennen, zugleich mit allen andern Büchern, die Gotteslästerungen enthielten.

Im Jahre 1267 wies Klemens IV. (Guido Fulcodius) den Erzbischof von Tarragona an, durch Androhung der Exkommunikation den König von Aragon und seine Adligen zu zwingen, durch die Juden alle Exemplare des Talmud und anderer jüdischer Schriften der Inquisition zur Prüfung ausliefern zu lassen; die welche keine Gotteslästerung enthielten, dürften alsdann wieder zurückgegeben, die andern aber müssten versiegelt und sorgfältig aufbewahrt werden. Alfons der Weise von Kastilien war klüger: Er ließ den Talmud übersetzen, um die Irrtümer desselben dem Volke zu erklären. Der passive Widerstand der Juden war indessen nicht zu überwinden. Im Jahre 1299 sah sich Philipp der Schöne genötigt, auf die fortwährende Vervielfältigung des Talmud hinzuweisen und seinen Richtern zu befehlen, die Inquisitoren bei der Ausrottung desselben zu unterstützen. Zehn Jahre später, 1309, hören wir, wie drei große Wagenladungen von jüdischen Büchern in Paris öffentlich verbrannt wurden. Wie fruchtlos indessen alle diese Bemühungen waren, ersieht man aus einem Urteil, das Bernhard Guidonis [*der Inquisitor Bernard Gui*] bei einem Autodafé 1319 verkündete. Auf Veranlassung der Inquisition hatten die königlichen Beamten abermals eine sorgfältige Hausdurchsuchung veranstaltet und alle Exemplare, deren sie habhaft werden konnten, zusammengebracht. Dann waren Sachverständige, die der hebräischen Sprache kundig waren, gerufen worden, um sie sorgfältig zu prüfen, und nach reiflicher Überlegung zwischen den Inquisitoren und den zu ihrer Unterstützung zugezogenen Rechtsgelehrten wurde bestimmt, dass die Bücher auf zwei Wagen durch die Straßen von Toulouse gefahren werden und königliche Beamte dabei mit lauter Stimme verkünden sollten, die Vernichtung dieser Bücher erfolge wegen ihrer gotteslästerlichen Anspielungen auf den Herrn Jesus Christus, seine Mutter, die hochselige Jungfrau, und den christlichen Namen; alsdann sollten sie feierlich verbrannt werden. Das ist der einzige Fall einer Bücherverbrennung während der Zeit, wo Bernhard Guidonis [*Bernard Gui*] das Amt eines Inquisitors bekleidete, und aus den zwei zur Wegschaffung der Bücher erforderlichen Wagen kann man schließen, dass die Sammlung das Ergebnis einer sehr gründlichen Nachforschung war. Übrigens führt er in seiner Sammlung von Formeln auch eine an, die allen Priestern befiehlt, drei Sonntage hintereinander den Befehl zu verkündigen, alle jüdischen Bücher mit Einschluss des „Talamuz" müssten bei Strafe der Exkommunikation an die Inquisition zur Prüfung ausgeliefert werden. Wir ersehen aus dieser Formel, dass Bernhard es für nötig hielt, auf die Sache ein wachsames Auge zu haben. Der Kampf gegen den besonders gefährlichen Talmud dauerte fort. Im Jahre 1320 erließ Johann XXII. den Befehl, alle Exemplare desselben in Beschlag zu nehmen und zu verbrennen, und im Jahre 1409 unterbrach Alexander V. eine Zeit lang die Verfluchung seiner Gegenpäpste, um den Befehl zur Vernichtung dieses Buches zu wieder-

Hexen können einen Schuh verhexen.

holen. Der Streit, der zur Zeit der Renaissance zwischen Pfefferkorn und Reuchlin als Vorkämpfern darüber ausgefochten wurde, ist wohl bekannt. Dennoch nützten alle Bemühungen der Humanisten nichts, um den Talmud vor der Ächtung zu schützen. Noch 1554 wiederholte Julius III. das Gebot an die Inquisition, ihn ohne Gnade zu verbrennen und den Juden bei Todesstrafe die Auslieferung aller Christus lästernden Bücher anzubefehlen, ein Gebot, welches auch in das kanonische Recht aufgenommen wurde und bis heute [*Leas „History of the Inquisition of the Middle Ages" erschien 1888*] darin steht.

Quellentext Nr. 172: Henry Charles Lea, Geschichte der Inquisition im Mittelalter, Bd. 1, Bonn 1905. S. 619–622.

DER „INDEX LIBRORUM PROHIBITORUM"

Was ein Katholik nicht lesen darf

BÜCHERZENSUR

Das unter Papst Leo X. (1513–1521) tagende 5. Laterankonzil behandelte in seiner 10. Sitzung die Frage der Bücherzensur.

2. Und so haben wir entschieden, dass die Aufsicht über den Druck von Büchern künftighin unsere Sorge sein wird, damit das, was [*in den Büchern*] in heilsamer Weise zur Ehre Gottes und zur Vermehrung des Glaubens sowie zur Verbreitung guter Künste zu finden ist, nicht in sein Gegenteil verkehrt werde und den Christgläubigen kein Nachteil erwachse, und damit die [*verletzenden*] Dornen nicht mit dem guten Samen zusammenwachsen und die Arzneimittel nicht mit den Giften vermengt werden. [...] Deshalb ordnen wir an, dass künftighin und für alle Zeiten, in Rom sowie in allen anderen Ländern und Diözesen, niemand ein Buch oder irgendeine andere Schrift drucken oder zum Druck befördern lassen darf, bevor nicht die zu drucken beabsichtigten Bücher und Schriften sorgfältig geprüft worden sind – hier in Rom durch unseren Stellvertreter und durch den päpstlichen Haustheologen, in den anderen Ländern und Diözesen hingegen durch den Bischof oder durch einen vom Bischof mit der Begutachtung beauftragten anderen erfahrenen Wissenschaftler bzw. durch den für das Land oder die Diözese, in der der Buchdruck erfolgen soll, zuständigen Inquisitor – und [...] approbiert worden sind.

Quellentext Nr. 173: Konstitution „Inter sollicitudines" vom 4. Mai 1515; 5. Laterankonzil, X. Sitzung. – Carl Mirbt, Quellen zur Geschichte des Papsttums und des römischen Katholizismus, Tübingen [4. Auflage] 1924. S. 252. – Übersetzung aus dem Lateinischen: © Josef Dirnbeck.

DIE „TRIDENTINISCHEN REGELN"

Nachdem Papst Pius IV. in dem Erlass „Cum magnus iam" vom 14. Januar 1562 die Erstellung eines aktuellen Verzeichnisses der von der Kirche verbotenen Bücher angeordnet hatte, wurde eine aus 22 Teilnehmern am Konzil von

Trient bestehende Arbeitsgruppe beauftragt, diesen neuen Index zu verfassen. Die Konzilsväter hielten es für sinnvoll, vor einer detaillierten Auflistung bestimmter Titel zunächst einmal allgemeine Prinzipien zu formulieren, nach welchen zu entscheiden sei, welche Art von Büchern zu verbieten seien. Diese so genannten „Tridentinischen Regeln" wurden beim Konzil eingehend diskutiert, da jedoch die mit der Indexrevision betrauten Bischöfe ihr Werk bei der Beendigung des Konzils noch nicht abgeschlossen hatten, kamen sie nicht zu den Konzilsakten, sondern wurden erst durch die Bulle „Dominici gregis custodiae" offiziell veröffentlicht.

[„Tridentinische Regeln" für das Verbot von Büchern, bestätigt in der Konstitution „Dominici gregis custodiae" vom 24. März 1564.]

Regel 1: Alle Bücher, die vor dem Jahr 1515 entweder Päpste oder ökumenische Konzilien verurteilt haben und nicht in diesem Index stehen, sollen in derselben Weise als verurteilt angesehen werden, wie sie einst verurteilt wurden.

Regel 2: Die Bücher von Erzhäretikern [*Häresiarchen*], sowohl solchen, die nach dem vorgenannten Jahr Häresien erfanden oder ins Leben riefen, als auch solchen, die Häupter und Führer von Häretikern sind oder waren, werden ganz und gar verboten. Die Bücher anderer Häretiker aber, die ausdrücklich von der Religion handeln, werden ganz und gar verurteilt. Die aber nicht von der Religion handeln, werden, wenn sie von katholischen Theologen auf Geheiß der Bischöfe und Inquisitoren geprüft und gebilligt wurden, zugelassen. […]

Regel 3: Übersetzungen auch kirchlicher Schriftsteller, die bis heute von verurteilten Autoren herausgegeben wurden, werden, sofern sie nichts gegen die gesunde Lehre enthalten, zugelassen. Übersetzungen von Büchern des Alten Testamentes aber werden nach dem Ermessen des Bischofs nur gelehrten und frommen Männern erlaubt werden können, sofern sie diese Übersetzungen als Erläuterungen der Vulgata-Ausgabe, um die Heilige Schrift zu verstehen, nicht aber als gesunden Text benützen. Übersetzungen des Neuen Testamentes aber, die von Autoren der ersten Klasse dieses Index angefertigt sind, sollen niemandem erlaubt werden, weil für ihre Leser aus ihrer Lektüre wenig an Nutzen, aber sehr viel an Gefahr zu strömen pflegt. Wenn aber Aufzeichnungen mit solchen Übersetzungen, die zugelassen werden, oder mit der Vulgata-Ausgabe im Umlauf sind, werden sie, wenn die verdächtigen Stellen von der theologischen Fakultät einer katholischen Universität oder der allgemeinen Inquisition getilgt wurden, denselben erlaubt werden können, denen auch die Übersetzungen erlaubt sind. […]

Regel 4: Da durch die Erfahrung offensichtlich ist, dass, wenn die heilige Bibel in der Volkssprache allenthalben ohne Unterschied zugelassen wird, daraus wegen des Leichtsinns der Menschen mehr Schaden als Nutzen erwächst, soll es in diesem Fall im Ermessen des Bischofs oder des Inquisitors stehen, dass sie auf Zuraten des Pfarrers oder des Beichtvaters denen die Lektüre der von katholischen Autoren übersetzten Bibel in der Volkssprache erlauben können, bei denen sie gemerkt haben, dass sie aus dieser Lektüre keinen Schaden, sondern Wachstum des Glaubens und der Frömmigkeit ziehen können. […]

Regel 5: Jene Bücher, die bisweilen dem Fleiß häretischer Autoren entspringen, in denen sie nichts oder nur wenig von dem Ihrigen hinzufügen, sondern die Aussagen anderer sammeln, wozu Lexika, Konkordanzen, Spruchsammlungen […] gehören: Wenn sie etwas haben, was der Reinigung bedarf, sollen sie, nachdem dies auf Anraten des Bischofs […] entfernt oder verbessert wurde, zugelassen werden.

Regel 6: Bücher, die in der Volkssprache von Auseinandersetzungen zwischen Katholiken und Häretikern unserer Zeit handeln, sollen nicht allenthalben zugelassen werden, sondern man soll bei ihnen dasselbe beachten, was bei der in der Volkssprache geschriebenen Bibel festgesetzt wurde. Was aber die Bücher betrifft, die über die Weise des rechten Lebens, Betrachtens, Beichtens und ähnliche Inhalte in der Volkssprache verfasst wurden, so gibt es, wenn sie die gesunde Lehre enthalten, keinen Grund, warum sie verboten werden sollten. […]

Regel 7: Bücher, die ausdrücklich unzüchtige oder obszöne Dinge behandeln, erzählen oder lehren, werden, da nicht nur auf den Glauben, sondern auch auf die Sitten Acht zu geben ist, die durch die Lektüre solcher Bücher leicht verdorben zu werden pflegen, ganz und gar verboten. […] Die von den Heiden verfassten alten Bücher aber werden wegen der Eleganz und Eigentümlichkeit der Sprache zugelassen: Auf keinen Fall wird man sie jedoch Knaben vorlesen dürfen.

Regel 8: Bücher, deren Hauptinhalt gut ist, in denen jedoch gelegentlich etwas eingefügt ist, was zu Häresie oder Gottlosigkeit, Weissagung oder Aberglauben neigt, können, wenn sie von katholischen Theologen […] gereinigt wurden, zugelassen werden.

Regel 9: Alle Bücher und Schriften der Erdwahrsagerei, Wasserwahrsagerei, Luftwahrsagerei, Feuerwahrsagerei, Traumdeutung, Handlesekunst, Totenwahrsagerei oder in denen von Zaubereien, Giftmischereien, Weissagungen, Vogelschauen oder Zauberformeln der magischen Kunst die Rede ist, werden ganz und gar verworfen. Die Bischöfe sollen aber sorgsam darauf achten, dass keine Bücher, Abhandlungen oder Verzeichnisse der urteilenden Astrologie gelesen oder besessen werden, die in Bezug auf künftig eintretende Glücksfälle, etwaige Unglücksfälle oder solche Handlungen, die vom menschlichen Willen abhängen, zu behaupten wagen, es werde sich etwas Bestimmtes ereignen. [...]

Regel 10: Beim Druck von Büchern oder anderen Schriften soll beachtet werden, was auf dem [5.] Laterankonzil unter Leo X., 10. Sitzung, festgelegt wurde. [*Es folgen besondere Disziplinarvorschriften für Schriftsteller, Verleger und Bibliotheken.*] Zum Schluss aber wird allen Gläubigen geboten, dass es keiner wage, entgegen der Vorschrift dieser Regeln oder dem Verbot dieses Index irgendwelche Bücher zu lesen oder zu besitzen. Wer aber Bücher von Häretikern oder Schriften eines beliebigen Autors, die wegen Häresie oder des Verdachts einer falschen Lehre verurteilt und verboten sind, liest oder besitzt, soll sogleich dem Urteilsspruch der Exkommunikation verfallen.

Quellentext Nr. 174: Heinrich Denzinger/Peter Hünermann, Kompendium der Glaubensbekenntnisse und kirchlichen Lehrentscheidungen, Freiburg im Breisgau [38. Auflage] 1999. S. 584–587.

Bestimmungen über Bibelübersetzungen

Unter Papst Gregor XVI. (1831–1846) veröffentlichte die römische Indexkongregation ein Dekret, in welchem sie die Bestimmungen über Bibelübersetzungen in Erinnerung rief und bekräftigte.

Die Heilige Kongregation hat beschlossen, dass das, was bereits anderswo [*im Dekret der Indexkongregation vom 13. Juni 1757*] verordnet worden ist, wiederum ins Gedächtnis zu rufen ist: dass nämlich volkssprachliche Bibelausgaben nicht erlaubt sind, außer wenn sie vom Apostolischen Stuhl approbiert wurden oder mit Anmerkungen und Zitaten aus den Schriften der heiligen Kirchenväter oder sonstiger katholischer Gelehrter versehen sind.

Quellentext Nr. 175: Dekret der Indexkongregation vom 7. Januar 1836. – Carl Mirbt, Quellen zur Geschichte des Papsttums und des römischen Katholizismus, Tübingen [4. Auflage] 1924. S. 442. – Übersetzung aus dem Lateinischen: © Josef Dirnbeck.

GEGEN SCHMUTZ UND SCHUND

Eine der letzten Dokumente kirchlicher Bücherzensur war das Rundschreiben über die Gefahren der schlechten Druckpresse, das die römische Glaubensbehörde am 3. Mai 1927 „an alle Kirchenoberen des katholischen Erdkreises" richtete. Es wurde von da an in allen offiziellen Ausgaben des „Index" abgedruckt.

Den verderblichen Übeln, die in unsern Tagen die christliche Sitte ganz zerstören und den mit dem kostbaren Blute Jesu Christi erlösten Seelen aufs Gewaltigste schaden, sind vor allen jene Bücher beizuzählen, die die sinnlichen Leidenschaften und eine gewisse schlüpfrige Glaubensschwärmerei fördern. Zu dieser Art zählen hauptsächlich Romane, Erzählungen, Dramen und Lustspiele, also Druckerzeugnisse, die sich heute in unglaublicher Weise vermehren und die täglich überallhin verbreitet werden.

Eine „Sintflut" von unsittlichen Büchern

Wenn diese Art von Literatur, zu der sich sehr viele, namentlich Jugendliche, mächtig hingezogen fühlen, sich innerhalb der sicher nicht engen Grenzen der Sittsamkeit und Ehrenhaftigkeit halten würde, könnte sie nicht nur Freude bereiten, sondern auch zur Verbesserung der Sitten beitragen. Nur allzu oft aber erwächst bedauerlicherweise, wie bereits bemerkt, der Seele aus jener Sintflut von ebenso prickelnden wie unsittlichen Büchern der größte Schaden. Viele Schriftsteller malen schamlose Begebenheiten mit den lebhaftesten Farben aus und erzählen ohne keusche Gesinnung bald mit verhüllter, bald mit offener und durchtriebener Schamlosigkeit die schmutzigsten Vorkommnisse, beschreiben die unsittlichen Laster, selbst die erniedrigendsten, bis in die letzten Einzelheiten und stellen sie mit einer solchen Ausgesuchtheit des Stiles und derartigen Lockmitteln dar, dass nichts mehr unverletzt bleibt, was zur Ehrbarkeit der Sitten gehört.

Jedermann sieht, wie sehr dies allen, ganz besonders aber der Jugend, zum Verderben gereichen muss, der ja die Glut ihres Alters die Keuschheitsbewahrung erschwert. Kleine Bändchen sind um geringe Preise in den Buchhandlungen, auf den Straßen und Plätzen der Städte oder an den Bahnhöfen zu kaufen; sie wandern mit staunenswerter Raschheit durch alle Hände und bringen häufig die christlichen Familien in große und traurige Gefahren. Wer wüsste

519

nämlich nicht, wie jene Schriften heftig die Einbildungskraft erregen, zur zügellosesten Wollust reizen und das Herz in den Schmutz von Abscheulichkeiten hineinzerren?

Auch künstlerisch wertvolle Darstellung von Schamlosigkeit bleibt verwerflich

Noch weit schlimmere Romane schreiben jene, die da – man schaudert, es zu sagen – die krankhafte Sinnlichkeit mit heiligen Dingen zu rechtfertigen wagen und ihre schamlose Schwärmerei mit der Andacht zu Gott und mit einer völlig falschen religiösen Schwärmerei verknüpfen, als ob der heilige Glaube mit der Außerachtlassung des Sittengesetzes, ja mit schändlichster Verseuchung vereinbar wäre und die Tugend der Religion mit der Sittenverderbnis Hand in Hand ginge. Es steht doch im Gegenteil fest, dass niemand zum ewigen Leben gelangen kann, der die von Gott gegebenen Gebote nicht beobachtet, mag er auch die geoffenbarten Wahrheiten aufs Festeste glauben; denn der verdient nicht einmal den Namen eines Christen, der zwar wohl Christi Glauben bekennt, aber nicht auf Christi Wegen wandelt. „Der Glaube ohne (gute) Werke ist tot" (Jak 2,26), und der Erlöser mahnt: „Nicht jeder, der zu mir sagt ‚Herr, Herr!', wird in das Himmelreich eingehen, sondern nur jener, der den Willen meines Vaters tut, der in den Himmeln ist" (Mt 7,21).

Man wende nur nicht ein, in vielen dieser Bücher sei der Glanz und die Vortrefflichkeit des Stiles zu loben, man lehre darin in ausgezeichneter Weise Seelenkunde entsprechend den neuzeitigen Entdeckungen; die körperliche Wollust aber würde als höchst hässlich missbilligt und würde bisweilen in Verbindung mit Gewissensbissen vorgeführt, oder es würde offenkundig dargetan, wie häufig eine gewisse Bußtrauer die unsittlichsten Gelüste begleite. Angesichts der Verderbnis der gefallenen menschlichen Natur und ihrer Gebrechlichkeit und des daher stammenden großen Hanges zur Unkeuschheit können doch weder die Feinheit der Sprache noch die Kenntnis der Medizin oder Philosophie (wenn überhaupt in jener Art Schrifttum dergleichen vorhanden ist), noch auch die Absicht des Verfassers, was für eine es auch sein mag, jemals verhindern, dass sich die Leser Schritt für Schritt in ihrer Auffassung umgewandelt fühlen und schließlich verdorbenen Herzens den schlechten Trieben freien Lauf lassen, in alle Art von Verbrechen fallen und ihrem Leben, das mit Schmutz erfüllt ist, schließlich aus Überdruss ein Ende bereiten.

Zwar ist es nicht zu verwundern, dass die Welt, die bis zur Verachtung Gottes das Ihrige sucht, sich an solchen Büchern ergötzt und sie verbreitet; allzu schmerzlich aber ist es, dass solche Schriftsteller ihre Feder für dergleichen herleihen und sich dabei noch des christlichen Namens rühmen. Ist es denn etwa möglich, den Grundsätzen und der Sittenlehre des Evangeliums zuwiderzuhandeln und doch gleichzeitig ein Nachfolger Jesu zu sein, der allen befiehlt, ihr Fleisch mit seinen Fehlern und Lastern zu kreuzigen? „Wenn einer mir nachkommen will", sagte er, „so verleugne er sich selbst, nehme sein Kreuz auf sich und folge mir nach" (Mt 16,24). Und nun sind nicht wenige Schriftsteller zu einer derartigen Verwegenheit und Schamlosigkeit gelangt, dass sie in ihren Büchern sogar jene Laster kundzugeben wagen, die der Apostel auch nur zu nennen verboten hat: „Unzucht und jede Art von Unreinigkeit [...] soll unter euch nicht einmal genannt werden, wie es Heiligen geziemt" (Eph 5,3).

Endlich sollten jene Schreiber es begreifen, dass sie nicht zwei Herren dienen können, nämlich Gott und der Wollust, der Religion und der Schamlosigkeit. „Wer nicht mit mir ist", sagt der Gottessohn, „der ist gegen mich" (Mt 12,30), und *jene* Schriftsteller sind sicher *nicht* mit Christus, die mit schmutzigen Beschreibungen die guten Sitten verderben, obwohl diese die echteste Grundlage der bürgerlichen und häuslichen Gesellschaft bilden.

Appell an die Hirtenpflicht der Bischöfe

Angesichts der Flut des unsittlichen Schrifttums, das Jahr für Jahr fast alle Völker noch mehr überschwemmt, beauftragt diese höchste Kongregration vom Heiligen Offizium, dem die Wahrung des Glaubens und der guten Sitten obliegt, kraft Apostolischer Vollmacht und im Namen unseres von Gottes Vorsehung gesetzten Papstes alle Oberen der Sprengel, auf jede mögliche Weise mitzuwirken, um einem so großen und so verbreiteten Übel abzuhelfen. Ihnen steht es ja zu, da sie vom Heiligen Geist zu Hirten der Kirche Gottes bestellt sind, mit eifriger Sorgfalt über alles das zu wachen, was in ihren Sprengeln gedruckt und veröffentlicht wird. Jedermann weiß, dass die Zahl der heute auf der Welt verbreiteten Bücher bei weitem zu groß ist, als dass der Heilige Stuhl sie alle überprüfen könnte. Daher hat schon Pius X. seligen Angedenkens in seinem Motu proprio „Sacrorum Antistitum" betont: „Traget mit allem Nachdruck dafür Sorge und nehmet sogar eine feierliche Verurteilung vor, damit die in euren Bistümern in Umlauf befindlichen Bücher, deren Lesung schädlich ist, von den Gläubigen fern gehalten werden. Wenngleich der Apostolische Stuhl alle Mühe anwendet, dergleichen Schriften zu beseitigen, ist die Zahl doch so groß geworden, dass sie unmöglich alle in eine Liste aufgenommen werden können; daher kommt es, dass man bisweilen zu spät zur Abhilfe schreitet, wenn nämlich das Unheil dank der langen Frist schon stark geworden ist." – In der Tat kann der größere Teil derartiger Bücher und Schriften, so verderblich sie auch sind, nicht mit einer *gesonderten* Verurteilung dieser höchsten Kongregation belegt werden.

Die Bischöfe wollen daher gemäß dem Kanon 1397 § 4 des Kirchlichen Rechtsbuches unmittelbar oder mittels der vom gleichen Papst durch das Rundschreiben „Pascendi dominici gregis" eingesetzten Überwachungsräte diese sehr ernste Pflicht nachdrücklichst zu erfüllen trachten und es nicht unterlassen, in geeigneter Weise in ihren Amtsblättern derartige Bücher als verurteilt und als äußerst schädlich zu bezeichnen.

Wer sodann weiß nicht, dass es längst durch ein allgemeines kirchliches Gesetz bestimmt worden ist, dass die von Verkommenheit durchseuchten Bücher, die absichtlich und dem Hauptinhalte nach die Sittenreinheit gefährden, sämtlich als verboten anzusehen sind, wie wenn sie auf dem Index der verbotenen Bücher selbst verzeichnet wären? Daraus folgt, dass, wer ohne die gehörige Zuständigkeit ein offensichtlich schlüpfriges Buch liest, sich schwer versündigt, mag auch die betreffende Schrift nicht gesondert [*d. h. mit ihrem Titel im Verbot aufgeführt*] von der kirchlichen Behörde verurteilt sein. Und weil nun über diese so überaus bedeutsame Sache falsche und verderbliche Meinungen unter den Christgläubigen Platz gegriffen haben, sollen die Oberen der Sprengel durch oberhirtliche Ermahnungen Sorge tragen, dass vor allem die Pfarrer und deren Helfer ihren Blick darauf richten und die Gläubigen in passender Weise belehren.

Zum Schluss befiehlt diese höchste Heilige Kongregation allen Erzbischöfen, Bischöfen und sonstigen Oberen der Sprengel, bei Gelegenheit des Bistumsberichtes [*anlässlich des Ad-limina-Besuches*] dem Heiligen Offizium mitzuteilen, was sie gegen die schlüpfrigen Bücher unternommen und durchgeführt haben.

Gegeben im Palaste des Heiligen Offiziums zu Rom am 3. Mai 1927.

Raphael Kardinal Merry del Val, Sekretär.

Quellentext Nr. 176: Rundschreiben des Heiligen Offiziums über die Gefahren der schlechten Druckpresse vom 3. Mai 1927. – Albert Sleumer, Index Romanus. Verzeichnis sämtlicher auf dem römischen Index stehenden deutschsprachigen Bücher desgleichen aller wichtigen fremdsprachlichen Bücher seit dem Jahre 1750, Osnabrück [11. Auflage] 1956. S. 132–136.

INDEXERLAUBNIS

*Das kirchliche Bücherverbot bedeutete nicht, dass es einem Katholiken jeder-
zeit und unter allen Umständen untersagt war, Bücher zu lesen, die auf dem
Index standen. Wenn es triftige Gründe gab, solche Bücher lesen zu müssen –
etwa aufgrund historischer und philosophischer Studien –, dann konnte beim
zuständigen Diözesanbischof um Gewährung einer „Indexerlaubnis" ange-
sucht werden, die in der Regel ohne jede Probleme auch gewährt wurde. Der
Umstand, dass in den Jahren vor und während des Zweiten Vatikanischen
Konzils ein solcher Formalakt wie das Gewähren einer Indexerlaubnis kaum
mehr zu den Dingen gehörte, mit denen sich bischöfliche Ordinariate Tag für
Tag zu befassen hatten, ist nur ein weiteres Indiz dafür, wie natürlich jener viel
beschworene „natürliche Tod" war, an dem der Index nach Abschluss des Zweiten Vatikanums gestorben ist. Insofern dürfte das Folgende aus dem Nachlass
von Franz Dirnbeck (1941–1966) stammende Dokument – eine „Indexerlaubnis" aus dem Jahr 1965 für einen in der Katholischen Hochschulgemeinde
Wien aktiven Studenten – einen gewissen Seltenheitswert besitzen.*

Eisenstadt, 25. Feber 1965.

[…] Kraft Apostolischer Vollmacht erteile ich Ihnen als Ordinarius der Diözese Eisenstadt unter Würdigung der vorgebrachten Gründe die Erlaubnis,
auch solche Bücher zu lesen und zu behalten, deren Lektüre durch das kirchliche Bücherverbot unerlaubt ist. Von dieser Erlaubnis sind aber ausgenommen
die Bücher, die direkt Obszönes behandeln oder deren Lesung für Sie eine
nächste Gefahr zu einer schweren Sünde bedeutet. Es besteht für Sie ferner
eine strenge Gewissenspflicht, die verbotenen Bücher so zu verwahren, dass
diese nicht in die Hände Unberufener gelangen können. Diese Erlaubnis erteile ich Ihnen für die Dauer eines Jahres.

DDr. Stefan László, Bischof von Eisenstadt

Quellentext Nr. 177: Indexerlaubnis für Franz Dirnbeck (1941–1966). – Schreiben des
Bischöflichen Ordinariates Eisenstadt vom 25. Februar 1965, Z: 2834/3 ex 64. – Das Dokument befindet sich im Privatbesitz von Josef Dirnbeck.

Siebentes Kapitel

DER VERSUCH EINES SCHLUSSSTRICHS

„Das war ein Vorspiel nur, dort wo man Bücher verbrennt,
verbrennt man auch am Ende Menschen." Heinrich Heine (1797–1856)

Die auch im 20. Jahrhundert immer noch belastende blutige Vergangenheit der Kirche aufzuarbeiten, einen Schlussstrich unter die Praxis der Geheimniskrämerei und der Informationsverweigerung zu ziehen und die Kirche vom Verdacht zu befreien, sie hätte womöglich nichts aus ihrer Geschichte gelernt, war nicht nur der lang gehegte Wunsch vieler Christen, sondern auch eines der großen Anliegen von Papst Johannes Paul II. Darum hatte er es sich in zielstrebigen Schritten zur Chefsache gemacht, im symbolträchtigen Jahr 2000 an der Wende vom zweiten zum dritten Jahrtausend nach der Geburt Jesu von Nazareth ein öffentliches Schuldbekenntnis abzulegen und für die von der Kirche im Lauf ihrer Geschichte begangenen Verfehlungen um Vergebung zu bitten.

Ein Bussakt zur Jahrtausendwende

Zwar war Karol Wojtyla durchaus nicht der erste Papst, der eine solche Idee hatte – bekanntlich hat auch Paul VI. beim Abschluss des Zweiten Vatikanischen Konzils alle von der Kirche Verfolgten und Geschädigten um Vergebung gebeten –, aber kein Papst hatte bisher so beharrlich und so nachdrücklich dieses Anliegen verfolgt wie der Papst aus dem Osten. „Quando il Papa chiede perdono" ist der Titel eines 1997 erschienenen Buches, in welchem der Vatikanexperte Luigi Accatoli *(Luigi Accattoli, Wenn der Papst um Vergebung bittet, Innsbruck 1999)* penibel aufgelistet hat, wie oft Johannes Paul II. bereits Bitten um Vergebung wegen bestimmter Vorkommnisse der Kirchengeschichte ausgesprochen hat. In den Jahren seines langen Pontifikats nahm der polnische Papst nicht weniger als 25-mal verschiedene Gelegenheiten wahr, um solche Vergebungsbitten auszusprechen – sei es bezüglich der Kreuzzüge, der Bartholomäusnacht, der Verbrennung von Jan Hus, der Verurteilung von Galileo Galilei oder eben auch hinsichtlich der Gräueltaten der Inquisition.

In seinem anlässlich der Vorbereitungen des Jubiläumsjahrs 2000 verfassten Apostolischen Schreiben „Tertio millennio adveniente" vom 10. November 1994 forderte Johannes Paul II. eine Gewissenserforschung der Kirche über vergangene Verfehlungen vor dem Eintritt ins dritte Jahrtausend und kam dabei ausdrücklich auf die „dunklen Seiten" der Kirchengeschichte zu sprechen. Christen und kirchliche Institutionen hätten in den Methoden der Ketzerverfolgung „die Botschaft Jesu verleugnet und entstellt", und durch die Verstrickung der Christen in die Verfolgung der Juden und die Inquisition habe die Kirche in einer „leidvollen Epoche der Kirchengeschichte" unleugbar Schuld auf sich geladen. Dies ist der Kerngedanke, der in Papst Johannes Paul II. den Entschluss reifen ließ, im Heiligen Jahr 2000 ein öffentliches Schuldbekenntnis und eine feierliche „Bitte um Vergebung" auszusprechen. Dass der Papst dabei mehr im Sinn hatte, als wieder einmal eine schöne Geste zu setzen, sondern dass es ihm um eine wirkliche Aufarbeitung der Vergangenheit zu tun war, beweist die Tatsache, dass nach der Öffnung der Inquisitionsarchive im Januar 1998 im Herbst desselben Jahres ein internationaler Historikerkongress einberufen wurde, dessen Aufgabe es war, die Schuld der katholischen Kirche bei der Inquisition zu prüfen, die Vergangenheit möglichst objektiv zu rekonstruieren, Verfälschungen auszuräumen, Mythen zu beseitigen und in völlig freier Debatte eine vertiefte Kenntnis und ein besseres Verständnis des historischen Phänomens der Inquisition zu erreichen. Vergleichbare Ziele hatte übrigens ein Jahr früher eine ähnliche Veranstaltung verfolgt – nämlich eine Fachtagung, die den christlichen Wurzeln des Antisemitismus nachspürte.

Historiker sollen Schuldfrage klären

Der mit der Vorbereitung des Historikerkongresses zum Thema Inquisition betraute Theologe des Päpstlichen Hauses, der Schweizer Dominikaner Georges Cottier, erklärte in einem Interview mit „Radio Vatikan" *(11. August 1998)*, es könne bei der historischen Rückschau nicht darum gehen, Menschen im Nachhinein anzuklagen und sich stellvertretend für sie zu entschuldigen. Vielmehr wolle die Kirche öffentlich anerkennen, dass manche Dinge, die in bestimmten historischen Zusammenhängen geschehen seien, so nicht hätten geschehen dürfen. Ferner solle um Vergebung gebeten werden für die „Masse der Sünden, die von Christen begangen wurden und einen Schatten auf die christliche Botschaft geworfen haben." Es gehe um eine „Reinigung der Erinnerung". Der Theologe betonte, der Reueakt der Kirche dürfe nicht dahingehend missverstanden werden, dass die Kirche insgesamt eine lange Aneinanderreihung von Verfehlungen und Verbrechen sei. Es müsse zwischen den Irrtümern von einzelnen Menschen und kollektiven Irrtümern unterschieden werden. Die Kirche, in der einige Mitglieder Verfehlungen begangen hätten, sei dieselbe Kirche, die auch immer wieder Märtyrer hervorgebracht habe.

Am Historikerkongress nahmen 30 Wissenschaftler aus Europa, den USA und aus Lateinamerika teil. Die Experten waren ohne Rücksicht auf ihren Glauben oder ihre ideologische Ausrichtung ausgewählt worden, wie Kardinal Etchegaray in seiner Eröffnungsansprache betonte. Einzige Kriterien seien „der internationale Rang und die fachliche Kompetenz" der Wissenschaftler gewesen. Der Papst rief die Wissenschaftler zu „größtmöglicher akademischer Strenge" auf. Wenn sich das kirchliche Lehramt über die Zeitumstände und Fakten informieren wolle, dürfe es sich nicht auf allgemein gängige, oft von Emotionen überlagerte Darstellungen verlassen. Im Interesse der Wahrheit sei es unerlässlich, als ersten Schritt die objektive und unvoreingenommene Analyse der Historiker zu hören. Auf dieser Basis könne die Kirchenleitung zu einem sachlich begründeten Urteil kommen und um Vergebung für die Verfehlungen der Vergangenheit bitten.

In den Medien wurde dieses Wissenschaftlertreffen im Vatikan als ein „Ereignis von historischer Tragweite" gefeiert, und dies war durchaus keine Übertreibung. Wie der in der Schweiz lebende Luxemburger Historiker Victor Conzemius berichtete *(vgl. Kathpress Nr. 258, 6. November 1998)*, der als einziger deutschsprachiger Wissenschaftler am Kongress teilgenommen hatte, fanden die Diskussionen über die unterschiedlichen Epochen und Aspekte der Inquisition in einem „ausgezeichneten fachlichen Klima" und „ohne apologetische Absicht" statt. Die Fachhistoriker der unterschiedlichen Disziplinen hätten ein sehr differenziertes Bild der Inquisition geliefert, das sich deutlich von der polemischen Sicht der antiklerikalen Geschichtsschreibung des 19. Jahrhunderts unterscheide. Vor allem die römische Inquisition stehe heute im Vergleich zu zivilen Institutionen ihrer Zeit vergleichsweise positiv da. Trotz dieser neuen Trends in der Forschung sei bei dem Symposium zu keiner Zeit bezweifelt worden, dass die Hinrichtung Andersdenkender mit Zustimmung der Kirche eine Perversion des Christentums gewesen sei.

KEIN PERSILSCHEIN FÜR DIE KIRCHE

Am Rande der Tagung wurden von kirchlichen Beobachtern zum Teil auch die Befürchtung geäußert, der neueste Forschungsstand zur Inquisition könnte „zu günstig" für das früher nur in düstersten Farben geschilderte Kapitel der Kirchengeschichte ausfallen. Statt einer Grundlage für den vom Papst beabsichtigten Bußakt könne am Ende womöglich eine Art „Persilschein für die Kirche" herauskommen, der klarstellen würde, dass die Inquisition ein vergleichsweise humanes, im Kontext der Zeit verständliches Mittel der kirchlichen Selbstverteidigung gegen Häresien und Ketzerbewegungen war. Nach Ansicht von Victor Conzemius sind solche Befürchtungen allerdings unbegründet. Beim Historikerkongress habe es keine Tendenzen zur „Weißwaschung" gegeben, betonte er in einem Gespräch mit Pressevertretern, wohl aber seien populäre Klischees zurechtgerückt worden. So wies der italienische Spanienexperte Agostino Borromeo darauf hin, dass die Stellung der Beschuldigten vor kirchlichen Inquisitionsgerichten besser gewesen sei als vor weltlichen Tribunalen. Die Anwendung der Folter sei an strengere Auflagen gebunden und die Verteidigungsmöglichkeit des Angeklagten garantiert gewesen. Selbst zur Zeit der Hochblüte der Spanischen Inquisition seien „nur" 1,8 Prozent der Angeklagten hingerichtet worden. Ähnlich differenziert wie Borromeo äußerten sich auch renommierte Historiker aus Frankreich, Spanien und Portugal. Unter den Historikern herrsche heute Konsens darüber, dass die Inquisition ein Irrweg war, aber nicht mit den Schreckensregimen der jüngsten Vergangenheit vergleichbar sei, unterstrich Conzemius. Denn die Inquistion habe in einigen Gegenden sogar zu einer Eindämmung der Hexenverbrennungen geführt. Sie habe somit auch Menschen das Leben gerettet. In den nördlichen Ländern Europas, wo es keine Inquisition gegeben habe, habe der Hexenwahn länger gewütet als dort, wo das Verfahren durch die Inquisition geregelt und begrenzt worden sei. Dennoch müsse, trotz Korrekturen mancher Meinungen, unbedingt auch ein Schuldbekenntnis erfolgen, sagte der Luxemburger Kirchengeschichtler: „Anders als die Historiker darf sich die Kirche nicht darauf beschränken, alles aus den jeweiligen Zeitumständen heraus verstehen zu wollen. Die Kirche hat von Jesus Christus her einen überzeitlichen, absoluten Auftrag, an dem muss sie sich messen lassen. Und dabei stellt sich heraus, dass sie in der Geschichte nicht nur in einzelnen Personen, sondern auch als Institution immer wieder sündhaft und heilig zugleich war" *(Kathpress Nr. 258, 6. November 1998).*

DIE REHABILITIERUNG VON GALILEI
Ein neues Verhältnis von Glaube und Naturwissenschaft

Die Worte, die Papst Johannes Paul II. am 31. Oktober 1992 aus Anlass der 350. Wiederkehr des Todestages des von der Inquisition gemaßregelten Naturwissenschaftlers Galileo Galilei an die Päpstliche Akademie der Wissenschaften richtete, ließen keinen Zweifel daran, dass dieser neuzeitliche Naturforscher seitens der katholischen Kirche nunmehr voll rehabilitiert ist. Johannes Paul II. bezeichnete den Fall Galilei in dieser viel beachteten Rede als ein „schmerzliches Missverständnis". Der Papst hatte dabei nicht nur die Aufarbeitung historischer Altlasten im Auge, sondern stellte auch die Weichen für die Zukunft, wenn er ausdrücklich davon sprach, dass die Theologen die Pflicht hätten, „sich regelmäßig über die wissenschaftlichen Ergebnisse zu informieren, um eventuell zu prüfen, ob sie diese in ihrer Reflexion berücksichtigen oder ihre Lehre anders formulieren müssen."

Die Signalwirkung dieser Ansprache kann gar nicht hoch genug veranschlagt werden. Hier hat die Kirche nicht nur zugegeben, dass sie Galilei gegenüber im Irrtum war, sondern hier hat eine echte Umkehr – im biblischen wie im wörtlichen Sinn – stattgefunden. Genau das, was man ehedem von den Wissenschaftlern verlangen zu müssen glaubte: Dass sie nämlich ihre Erkenntnisse anhand der Erkenntnisse des Glaubens überprüfen und dementsprechend „anders formulieren" mussten, wird nun den Theologen abverlangt, ja zur Pflicht gemacht, nunmehr ihrerseits ihre theologischen Erkenntnisse im Licht der naturwissenschaftlichen Einsichten zu überprüfen und gegebenenfalls „anders" zu formulieren.

Wenn angesichts der klaren und unzweideutigen Rehabilitierung Galileis „schlichte Gemüter triumphiert haben, die katholische Kirche habe 350 Jahre gebraucht, um festzustellen, dass sich die Erde um die Sonne dreht", so handelt es sich hierbei – wie der luxemburgische Kirchenhistoriker Viktor Conzemius formuliert hat – eben um Reaktionen, die offenbar unvermeidbar sind: „Man muss sie in Kauf nehmen" (Herder-Korrespondenz 1/99. S. 22).

ANSPRACHE AN DIE PÄPSTLICHE AKADEMIE DER WISSENSCHAFTEN

In der Ansprache vom 31. Oktober 1992, die Johannes Paul II. vor der Päpstlichen Akademie der Wissenschaften hielt, bezeichnete der Papst den Fall Galilei als ein „schmerzliches Missverständnis".

Meine Herren Kardinäle, Exzellenzen, meine Damen und Herren!

1. Der Abschluss der Vollversammlung der Päpstlichen Akademie der Wissenschaften bietet mir die willkommene Gelegenheit, ihre ehrenwerten Mitglieder zu treffen in Anwesenheit meiner wichtigsten Mitarbeiter und der Chefs der diplomatischen Missionen, die beim Heiligen Stuhl akkreditiert sind. Allen gilt mein herzlicher Gruß. [...]

2. An erster Stelle möchte ich die Päpstliche Akademie der Wissenschaften dazu beglückwünschen, dass sie auf ihrer Vollversammlung ein ebenso wichtiges wie aktuelles Thema behandeln wollte: nämlich die komplexen Verhältnisse auf den Gebieten der Mathematik, Physik, Chemie und Biologie.

Das Thema der komplexen Verhältnisse bedeutet wahrscheinlich in der Geschichte der Naturwissenschaften einen ebenso wichtigen Abschnitt wie jener, der mit dem Namen Galilei verbunden ist. Damals glaubte man, man müsse ein eindeutiges Ordnungsmodell vorlegen. Die komplexen Verhältnisse weisen aber gerade darauf hin, dass, wer den Reichtum der Wirklichkeit berücksichtigen möchte, notwendig eine Vielzahl von Modellen braucht. Diese Feststellung wirft eine Frage auf, die Naturwissenschaftler, Philosophen und Theologen gleichermaßen anspricht: Wie soll man die Erklärung der Welt – ausgehend von den elementaren Seinsformen und Erscheinungen – mit der Anerkennung der Tatsache verbinden, dass „das Ganze mehr ist als die Summe seiner Teile"? Will der Wissenschaftler streng und formal die Erfahrungstatsachen beschreiben, ist er gezwungen, auf über die strenge Wissenschaft hinausreichende Begriffe zurückzugreifen, deren Verwendung gleichsam von der Logik seines Vorgehens gefordert ist. Natürlich muss die Natur dieser Begriffe exakt verdeutlicht werden, denn sonst gelangt man zu unangemessenen Grenzüberschreitungen, die die streng wissenschaftlichen Entdeckungen mit einer Weltanschauung oder ideologischen oder philosophischen Aussagen verknüpft, die keineswegs streng dazugehören. Hier wird erneut die Wichtigkeit der Philosophie deutlich, die sowohl die Erscheinungen als auch ihre Deutung in Betracht zieht. [...]

Ergebnisse der Studienkommission

4. Ähnliche Anliegen hatte ich am 10. November 1979 aus Anlass der ersten Jahrhundertfeier seit der Geburt von Albert Einstein, als ich vor dieser gleichen Akademie den Wunsch aussprach, „dass Theologen, Gelehrte und Historiker, vom Geist ehrlicher Zusammenarbeit beseelt, die Überprüfung des Falles Galilei vertiefen und in aufrichtiger Anerkennung des Unrechts, von welcher Seite es auch immer gekommen sein mag, das Misstrauen beseitigen, das dieses Ereignis noch immer bei vielen gegen eine fruchtbare Zusammenarbeit von Glaube und Wissenschaft, von Kirche und Welt hervorruft" [*AAS 71,1979, S. 1464–1465*]. Am 3. Juli 1981 wurde eine entsprechende Studienkommission eingesetzt. Nun aber, gerade im Jahr, wo der 350. Jahrestag des Todes von Galilei wiederkehrt, legt die Kommission nach Abschluss ihrer Arbeiten eine Reihe von Publikationen vor. Ich möchte Kardinal Poupard meine lebhafte Wertschätzung dafür aussprechen, dass er in der Abschlussphase die Forschungsergebnisse der Kommission koordiniert hat. Allen Fachleuten aber, die irgendwie an den Arbeiten der vier Gruppen dieser die Fächer übergreifenden Studien teilgenommen haben, spreche ich meine tiefe Genugtuung und meinen lebhaften Dank aus. Die in über zehn Jahren geleistete Arbeit entspricht einer vom Zweiten Vatikanischen Konzil erlassenen Weisung und lässt die verschiedenen wichtigen Punkte der Frage besser hervortreten. In Zukunft wird man die Ergebnisse der Kommission berücksichtigen müssen.

Vielleicht wird man sich darüber wundern, dass ich am Ende einer Studienwoche der Akademie zum Thema der Komplexität der verschiedenen Wissenschaften auf den Fall Galilei zurückkomme. Ist dieser Fall denn nicht längst abgeschlossen und sind die begangenen Irrtümer nicht längst anerkannt? Gewiss stimmt das. Doch die diesem Fall zugrunde liegenden Probleme betreffen sowohl die Natur der Wissenschaft wie die der Glaubensbotschaft. Es ist daher nicht auszuschließen, dass wir uns eines Tages vor einer analogen Situation befinden, die von beiden Teilen ein waches Bewusstsein vom eigenen Zuständigkeitsbereich und seinen Grenzen erfordern wird. Das Thema der Komplexität könnte dann einen Hinweis liefern.

Bibel und Naturwissenschaft

5. Bei der Auseinandersetzung, in deren Mittelpunkt Galilei stand, ging es um eine doppelte Frage. Die erste betrifft das Verstehen und die Hermeneutik der

Bibel. Hier sind zwei Punkte zu betonen. Vor allem unterscheidet Galilei wie der Großteil seiner Gegner nicht zwischen dem wissenschaftlichen Zugang zu den Naturerscheinungen und der philosophischen Reflexion über die Natur, die sie im Allgemeinen erfordern. Daher lehnte er den ihm nahe gelegten Hinweis ab, das kopernikanische System bis zu seiner durch unwiderlegliche Beweise erwiesenen Geltung als Hypothese vorzutragen. Das war im Übrigen eine Forderung seiner experimentellen Methode, die er genial eingeführt hatte. Ferner war die geozentrische Darstellung der Welt in der Kultur der Zeit allgemein als vollkommen der Lehre der Bibel entsprechend anerkannt, in der einige Aussagen, wenn man sie wörtlich nahm, den Geozentrismus zu bestätigen schienen. Das Problem, welches sich die Theologen der Zeit stellten, war also die Übereinstimmung des Heliozentrismus mit der Heiligen Schrift. So zwang die neue Wissenschaft mit ihren Methoden und der Freiheit der Forschung, die sie voraussetzte, die Theologen, sich nach ihren Kriterien für die Deutung der Bibel zu fragen. Dem Großteil gelang dies nicht.

Merkwürdigerweise zeigte sich Galilei als aufrichtig Glaubender in diesem Punkte weitsichtiger als seine theologischen Gegner. Er schreibt an Benedetto Castelli: „Wenn schon die Schrift nicht irren kann, so können doch einige ihrer Erklärer und Deuter in verschiedener Form irren" [*Brief vom 21. Dezember 1613*]. Bekannt ist ferner sein Brief an Christina von Lorena [*1615*], der einem kleinen Traktat zur Hermeneutik der Bibel gleichkommt.

6. Schon hier können wir eine Schlussfolgerung ziehen. Wenn eine neue Form des Studiums der Naturerscheinungen auftaucht, wird eine Klärung des Ganzen der Disziplinen des Wissens nötig. Sie nötigt sie zur besseren Abgrenzung ihres eigenen Bereiches, ihrer Zugangsweise und ihrer Methoden wie auch der genauen Tragweite ihrer Schlussfolgerungen. Mit anderen Worten, dieses Neue verpflichtet jede Disziplin, sich genauer ihrer eigenen Natur bewusst zu werden. Die vom kopernikanischen System hervorgerufene Umwälzung machte also eine Reflexion darüber notwendig, wie die biblischen Wissenschaften zu verstehen sind, ein Bemühen, das später überreiche Früchte für die modernen exegetischen Arbeiten bringen sollte, die ferner in der Konzilskonstitution „Dei Verbum" eine Bestätigung und neuen Impuls erhalten haben.

7. Die Krise, die ich eben angedeutet habe, ist nicht der einzige Faktor, der auf die Deutung der Bibel Auswirkungen gehabt hat. Wir berühren hier den zweiten, nämlich pastoralen Aspekt des Problems. Kraft der ihr eigenen

Sendung hat die Kirche die Pflicht, auf die pastoralen Auswirkungen ihrer Predigt zu achten. Vor allem muss klar sein: Diese Predigt muss der Wahrheit entsprechen. Zugleich muss man es verstehen, eine neue wissenschaftliche Tatsache zu berücksichtigen, wenn sie der Wahrheit des Glaubens zu widersprechen scheint. Das pastorale Urteil angesichts der Theorie des Kopernikus war in dem Maße schwierig zu formulieren, wie der Geozentrismus scheinbar selbst zur Lehre der Heiligen Schrift gehörte. Es wäre nötig gewesen, gleichzeitig Denkgewohnheiten zu überwinden und eine neue Pädagogik zu entwickeln, die dem Volk Gottes weiterhelfen konnte. Sagen wir es allgemein: Der Hirte muss wirklich kühn sein und sowohl eine unsichere Haltung, aber auch ein voreiliges Urteil vermeiden, da das eine wie das andere großen Schaden hervorrufen könnte.

Theologen haben die Pflicht, sich zu informieren

8. Hier können wir an eine analoge Krise zu der erinnern, von der wir sprechen. Im vergangenen Jahrhundert hat der Fortschritt der historischen Wissenschaften neue Kenntnisse über die Bibel und ihr Umfeld möglich gemacht. Der rationalistische Kontext aber, in dem die Ergebnisse meist dargestellt wurden, konnte sie für den christlichen Glauben schädlich erscheinen lassen. So dachten manche, die den Glauben verteidigen wollten, man müsse ernsthaft begründete historische Schlussfolgerungen abweisen. Das war aber eine voreilige und unglückliche Entscheidung. Das Werk eines Pioniers wie P. Lagrange verstand die notwendigen Unterscheidungen aufgrund sicherer Kriterien anzubieten. Hier wäre das zu wiederholen, was ich oben gesagt habe. Es ist eine Pflicht der Theologen, sich regelmäßig über die wissenschaftlichen Ergebnisse zu informieren, um eventuell zu prüfen, ob sie diese in ihrer Reflexion berücksichtigen oder ihre Lehre anders formulieren müssen.

9. Wenn die heutige Kultur von einer Tendenz der Wissenschaftsgläubigkeit gekennzeichnet ist, war der kulturelle Horizont der Zeit des Galilei einheitlich und von einer besonderen philosophischen Bildung geprägt. Dieser einheitliche Charakter einer Kultur, der an sich auch heute positiv und wünschenswert wäre, war einer der Gründe für die Verurteilung des Galilei. Die Mehrheit der Theologen vermochte nicht formell zwischen der Heiligen Schrift und ihrer Deutung zu unterscheiden, und das ließ sie eine Frage der wissenschaftlichen Forschung unberechtigterweise auf die Ebene der Glau-

benslehre übertragen. Wie Kardinal Poupard dargelegt hat, war Robert Bellarmin, der die wirkliche Tragweite der Auseinandersetzung erkannt hatte, seinerseits der Auffassung, dass man angesichts eventueller wissenschaftlicher Beweise für das Kreisen der Erde um die Sonne „bei der Erklärung der Schriftstellen, die gegen (eine Bewegung der Erde) zu sprechen scheinen", sehr vorsichtig sein und „vielmehr sagen müsse, wir möchten das, was bewiesen wird, nicht als falsch hinstellen" [*Brief an R.A. Foscarini, 12. April 1615*]. Vor ihm hatte die gleiche Weisheit schon den heiligen Augustinus schreiben lassen: „Wenn jemand die Autorität der Heiligen Schriften gegen einen klaren und sicheren Beweis ausspielen würde, fehlt ihm das Verständnis, und er stellt der Wahrheit nicht den echten Sinn der Schriften entgegen, er hat diesen vielmehr nicht gründlich genug erfasst und durch sein eigenes Denken ersetzt, also nicht das, was er in den Schriften, sondern das, was er bei sich selber gefunden hat, dargelegt, als ob dies in den Schriften stände" [*Brief 143; n.7; PL 33, col 588*]. Vor einem Jahrhundert hat Papst Leo XIII. diesen Gedanken in seiner Enzyklika „Providentissimus Deus" aufgegriffen: „Da eine Wahrheit unmöglich einer anderen Wahrheit widersprechen kann, darf man sicher sein, dass ein Irrtum in der Deutung der heiligen Worte oder bei einem anderen Diskussionsgegenstand nur behauptet wurde."

Kardinal Poupard hat uns ebenfalls dargelegt, dass das Urteil von 1633 nicht unwiderruflich war und die weitergehende Auseinandersetzung erst 1820, und zwar mit dem Imprimatur für das Werk des Kanonikus Settele, geendet hat.

Eine Lehre für ähnliche Situationen

10. Ausgehend vom Zeitalter der Aufklärung bis in unsere Tage hat der Fall Galilei eine Art Mythos gebildet, in dem das dargelegte Bild der Ereignisse von der Wirklichkeit weit entfernt war. In dieser Perspektive war dann der Fall Galilei zum Symbol für die angebliche Ablehnung des wissenschaftlichen Fortschritts durch die Kirche oder des dogmatischen „Obskurantentums" gegen die freie Erforschung der Wahrheit geworden. Dieser Mythos hat in der Kultur eine erhebliche Rolle gespielt und dazu beigetragen, zahlreiche Männer der Wissenschaft in gutem Glauben denken zu lassen, der Geist der Wissenschaft und ihre Ethik der Forschung auf der einen Seite sei mit dem christlichen Glauben auf der anderen Seite unvereinbar. Ein tragisches gegenseitiges Unverständnis wurde als Folge eines grundsätzlichen Gegensatzes von Wissen und

Glauben hingestellt. Die durch die jüngeren historischen Forschungen er-
brachten Klärungen gestatten uns nun die Feststellung, dass dieses schmerzliche Missverständnis inzwischen der Vergangenheit angehört.

11. Der Fall Galilei kann uns eine bleibend aktuelle Lehre sein für ähnliche
Situationen, die sich heute bieten und in Zukunft ergeben können. Zur Zeit des
Galilei war eine Welt ohne physisch absoluten Bezugspunkt unvorstellbar. Und
da der damals bekannte Kosmos sozusagen auf das Sonnensystem beschränkt
war, konnte man diesen Bezugspunkt nicht entweder auf die Erde oder auf die
Sonne verlegen. Heute hat keiner dieser beiden Bezugspunkte nach Einstein
und angesichts der heutigen Kenntnis des Kosmos mehr die Bedeutung von
damals. Diese Feststellung betrifft natürlich nicht die Stellungnahme des Galilei in der Auseinandersetzung; sie kann uns aber darauf hinweisen, dass es
jenseits zweier einseitiger und gegensätzlicher Ansichten eine umfassendere
Sicht gibt, die beide Ansichten einschließt und überwindet.

12. Eine weitere Lehre ist die Tatsache, dass die verschiedenen Wissen-
schaftszweige unterschiedlicher Methoden bedürfen. Galilei, der praktisch die
experimentelle Methode erfunden hat, hat, dank seiner genialen Vorstellungs-
kraft als Physiker und auf verschiedene Gründe gestützt, verstanden, dass nur
die Sonne als Zentrum der Welt, wie sie damals bekannt war, also als Plane-
tensystem, infrage kam. Der Irrtum der Theologen von damals bestand dagegen am Festhalten an der Zentralstellung der Erde in der Vorstellung, unsere
Kenntnis der Strukturen der physischen Welt wäre irgendwie vom Wortsinn
der Heiligen Schrift gefordert. Doch wir müssen uns hier an das berühmte
Wort erinnern, das dem Baronius zugeschrieben wird: „Der Heilige Geist wollte uns zeigen, wie wir in den Himmel kommen, nicht wie der Himmel im
Einzelnen aussieht". Tatsächlich beschäftigt sich die Bibel nicht mit den Einzelheiten der physischen Welt, deren Kenntnis der Erfahrung und dem Nachdenken des Menschen anvertraut wird. Es gibt also zwei Bereiche des Wissens.
Der eine hat seine Quelle in der Offenbarung, der andere aber kann von der
Vernunft mit ihren eigenen Kräften entdeckt werden. Zum letzteren Bereich
gehören die experimentellen Wissenschaften und die Philosophie. Die Unterscheidung der beiden Wissensbereiche darf aber nicht als Gegensatz verstanden werden. Beide Bereiche sind vielmehr einander durchaus nicht fremd, sie
besitzen vielmehr Begegnungspunkte. Dabei gestattet die Methode eines jeden
Bereiches, unterschiedliche Aspekte der Wirklichkeit herauszustellen. […]

Der horizontale und der vertikale Weg

14. Für die Menschheit gibt es eine doppelte Form der Entwicklung. Die erste umfasst die Kultur, die wissenschaftliche Forschung und Technik oder alles das, was zum Horizont des Menschen und der Schöpfung gehört und sich mit eindrucksvoller Schnelligkeit entwickelt. Wenn diese Entwicklung aber dem Menschen nicht rein äußerlich bleiben soll, muss notwendig das Bewusstsein und seine Anwendung entwickelt werden. Die zweite Weise der Entwicklung betrifft alles Tiefere im Menschen, insofern er, die Welt und sich selbst überschreitend, sich dem zuwendet, der der Schöpfer von allem ist. Nur dieser Weg nach oben kann am Ende dem Sein und Tun des Menschen einen Sinn geben, weil er ihn mit seinem Ursprung und Ziel in Verbindung bringt. Auf diesem doppelten horizontalen und vertikalen Weg verwirklicht sich der Mensch voll als geistiges Wesen und Homo sapiens. Zu bedenken ist freilich, dass diese Entwicklung nicht einförmig und geradlinig erfolgt und der Fortschritt nicht immer harmonisch bleibt. Dies macht die Unordnung deutlich, die zur Situation des Menschen gehört. Der Wissenschaftler, der diese doppelte Entwicklung zur Kenntnis nimmt und berücksichtigt, trägt zur Wiederherstellung der Harmonie bei.

Wer sich der wissenschaftlichen und technischen Forschung widmet, nimmt als Voraussetzung seines Weges an, dass die Welt kein Chaos, sondern ein Kosmos ist, dass es also innerhalb der Naturgesetze eine Ordnung gibt, die sich erkennen und denken lässt und die deshalb eine gewisse Verwandtschaft zum Geist aufweist. Einstein pflegte zu sagen: „Was es in der Welt an ewig Unverständlichem gibt, setzt voraus, dass es verständlich ist" [*The Journal of the Franklin Institute, vol.221, n.3, März 1936*]. Diese Verständlichkeit, die von den atemberaubenden Entdeckungen der Wissenschaft und Technik bestätigt wird, verweist am Ende auf den transzendenten und ursprünglichen Gedanken, der allem Sein eingeprägt ist.

Quellentext Nr. 178: Johannes Paul II., Ansprache an die Päpstliche Akademie der Wissenschaften vom 31. Oktober 1992. – L'Osservatore Romano, 13. November 1992. S. 9–10.

Ein Schuldbekenntnis der Kirche
Johannes Paul II. bittet um Vergebung

Ein „schmerzliches Kapitel"

In „Tertio millennio adveniente", einem anlässlich der Vorbereitung der Millenniumsfeiern verfassten Apostolischen Schreiben, kam Johannes Paul II. unter anderem auch auf jenes „schmerzliche Kapitel" in der Vergangenheit der Kirche zu sprechen, das unauslöschlich mit dem Namen Inquisition verbunden ist. Wörtlich beklagte der Papst die von Christen im Namen Jesu angewandten „Methoden der Intoleranz oder sogar Gewalt im Dienst an der Wahrheit".

35. Ein anderes schmerzliches Kapitel, auf das die Kinder der Kirche mit reuebereitem Herzen zurückkommen müssen, stellt die besonders in manchen Jahrhunderten an den Tag gelegte Nachgiebigkeit angesichts von Methoden der Intoleranz oder sogar Gewalt im Dienst an der Wahrheit dar. Zwar kann ein korrektes historisches Urteil nicht von einer sorgfältigen Berücksichtigung der kulturellen Bedingungen der jeweiligen Epoche absehen, unter deren Einfluss viele in gutem Glauben angenommen haben mögen, dass ein glaubwürdiges Zeugnis für die Wahrheit mit dem Ersticken der Meinung des anderen oder zumindest mit seiner Ausgrenzung einhergehen müsste. Oft trafen vielfältige Gründe zusammen, die die Voraussetzungen für Intoleranz schufen, indem sie ein Klima des leidenschaftlichen Fanatismus schürten, dem sich nur große, wahrhaft freie und von Gott erfüllte Geister irgendwie zu entziehen vermochten. Doch die Berücksichtigung der mildernden Umstände entbindet die Kirche nicht von der Pflicht, zutiefst die Schwachheit so vieler ihrer Söhne zu bedauern, die das Antlitz der Kirche dadurch entstellten, dass sie sie hinderten, das Abbild ihres gekreuzigten Herrn als eines unübertrefflichen Zeugen geduldiger Liebe und demütiger Sanftmut widerzuspiegeln. Aus jenen schmerzlichen Zügen der Vergangenheit ergibt sich eine Lektion für die Zukunft, die jeden Christen veranlassen muss, sich ganz fest an das vom Konzil geltend gemachte goldene Prinzip zu halten: „Die Wahrheit erhebt nicht anders Anspruch als kraft der Wahrheit selbst, die sanft und zugleich stark den Geist durchdringt."

538

Quellentext Nr. 179: Tertio millennio adveniente, Nr. 35. – Johannes Paul II., Tertio millennio adveniente. Apostolisches Schreiben vom 10. November 1994 an die Bischöfe, Priester und Gläubigen zur Vorbereitung auf das Jubeljahr 2000. Verlautbarungen des Apostolischen Stuhls Nr. 119, hrsg. vom Sekretariat der Deutschen Bischofskonferenz, Bonn 1995.

REINIGUNG DES GEDÄCHTNISSES

Für Papst Johannes Paul II. war es stets ein Ausdruck der vom Evangelium her geforderten Umkehr, die Schuld, welche die Kirche im Lauf ihrer Geschichte auf sich geladen hat, in ihrer ganzen Größe wahrzunehmen und ohne jegliche Beschönigung zuzugeben. Diese Schuld zu erkennen und öffentlich zu bekennen ist in den Augen des aus Polen stammenden Pontifex, der die katholische Kirche ans Ende des zweiten christlichen Jahrtausends geführt hat, ein unerlässlicher Akt der „Reinigung des Gedächtnisses".

11. Diese genannten Zeichen gehören schon zur Tradition der Jubiläumsfeier. Das Volk Gottes soll es aber nicht versäumen, mit wachem Geist noch andere mögliche Zeichen für das im Jubeljahr wirksame Erbarmen Gottes zu erkennen. In dem Apostolischen Schreiben „Tertio millennio adveniente" habe ich auf einige solcher Zeichen hingewiesen [*vgl. Nr. 33.37.51; AAS 87 (1995), 25–26; 29–30; 36*], die in angemessener Weise dazu dienen können, die außerordentliche Gnade des Jubiläums intensiver zu erleben. Ich führe sie hier kurz an.

Da ist vor allem das Zeichen der Reinigung des Gedächtnisses: Es verlangt von allen einen mutigen Akt der Demut, nämlich die Verfehlungen zuzugeben, die von denen begangen wurden, die den Namen Christen trugen und tragen.

Das Heilige Jahr ist seinem Wesen nach eine Zeit des Aufrufes zur Umkehr. Das ist auch das erste Wort der Verkündigung Jesu, das sich auf viel sagende Weise mit der Bereitschaft zum Glauben verbindet: „Kehrt um und glaubt an das Evangelium!" (Mk 1, 15) Der Imperativ, den Christus hier setzt, folgt aus der Bewusstwerdung des Umstandes, dass „die Zeit erfüllt ist". Das Sicherfüllen der Zeit Gottes setzt sich in den Aufruf zur Umkehr um. Diese aber ist vor allem Frucht der Gnade. Der Geist ist es, der jeden dazu drängt, „in sich zu gehen" und zu merken, dass er zum Haus des Vaters zurückkehren muss (vgl. Lk 15, 17–20). Die Gewissenserforschung ist also einer der bedeutsamsten

Vorgänge der persönlichen Existenz. Denn durch sie wird jeder Mensch mit der Wahrheit des eigenen Lebens konfrontiert. So entdeckt er, wie weit seine Handlungen von dem Ideal entfernt sind, das er sich zuvor gesteckt hat.

Quellentext Nr. 180: Incarnationis mysterium, Nr. 11. – Johannes Paul II., Incarnationis mysterium. Verkündigungsbulle des großen Jubiläums des Jahres 2000, veröffentlicht am 29. November 1998, Kathpress-Sonderpublikation Nr. 10/98.

SCHULDBEKENNTNIS

Am 12. März 2000, dem ersten Fastensonntag des „Heiligen Jahres", sprach Papst Johannes Paul II. im Rahmen einer Liturgiefeier sein viel beachtetes Schuldbekenntnis, in welchem er Gott um Verzeihung für die Sünden bat, die von der Kirche im Lauf ihrer zweitausendjährigen Geschichte begangen wurden. Als eine der „im Dienst an der Wahrheit" begangenen Sünden beklagte der Papst dabei den Umstand, dass die Christen in manchen Zeiten ihrer Geschichte „bisweilen Methoden der Intoleranz zugelassen" haben.

Buhlschaft mit dem Teufel, dargestellt auf einem Holzschnitt aus dem „Tractatus von den bösen Weibern, die man nennet die Hexen" (Ulm, um 1400).

[Papst Johannes Paul II.] Liebe Brüder und Schwestern, lasst uns vertrauensvoll zu Gott unserem Vater rufen, der barmherzig und langmütig ist, reich an Erbarmen, Liebe und Treue. Er möge die Reue seines Volkes annehmen, das in Demut seine Schuld bekennt, und ihm seine Barmherzigkeit schenken.

1. Allgemeines Schuldbekenntnis

[Kardinal-Dekan Kardinal Bernhardin Gantin.] Lass unser Bekenntnis und unsere Reue vom Heiligen Geist beseelt sein. Unser Schmerz sei ehrlich und tief. Und wenn wir in Demut die Schuld der Vergangenheit betrachten und unser Gedächtnis ehrlich reinigen, dann führe uns auf den Weg echter Umkehr.

[Papst Johannes Paul II.] Herr unser Gott, du heiligst deine Kirche auf ihrem Weg durch die Zeit immerfort im Blut deines Sohnes. Zu allen Zeiten weißt du in ihrem Schoß um Glieder, die durch ihre Heiligkeit strahlen, aber auch um andere, die dir ungehorsam sind und dem Glaubensbekenntnis und dem heiligen Evangelium widersprechen. Du bleibst treu, auch wenn wir untreu werden. Vergib uns unsere Schuld und lass uns unter den Menschen wahrhaftige Zeugen für dich sein. Darum bitten wir durch Christus unseren Herrn.

2. Bekenntnis der Schuld im Dienst der Wahrheit

[Der Präfekt der Glaubenskongregation, Kardinal Joseph Ratzinger.] Lass jeden von uns zur Einsicht gelangen, dass auch Menschen der Kirche im Namen des Glaubens und der Moral in ihrem notwendigen Einsatz zum Schutz der Wahrheit mitunter auf Methoden zurückgegriffen haben, die dem Evangelium nicht entsprechen. Hilf uns, Jesus Christus nachzuahmen, der mild ist und von Herzen demütig.

[Papst Johannes Paul II.] Herr, du bist der Gott aller Menschen. In manchen Zeiten der Geschichte haben die Christen bisweilen Methoden der Intoleranz zugelassen. Indem sie dem großen Gebot der Liebe nicht folgen, haben sie das Antlitz der Kirche, deiner Braut, entstellt. Erbarme dich deiner sündigen Kinder und nimm unseren Vorsatz an, der Wahrheit in der Milde der Liebe zu dienen und sich dabei bewusst zu bleiben, dass sich die Wahrheit nur mit der Kraft der Wahrheit selbst durchsetzt. Darum bitten wir durch Christus unseren Herrn.

Quellentext Nr. 181: „Wir bitten um Verzeihung". Das „Mea Culpa" von Papst Johannes Paul II. für die Sünden der katholischen Kirche im Wortlaut. Süddeutsche Zeitung, München, 13. März 2000.

Die Wissenschaftler haben das Wort

Ein Historikerkongress wird zum „historischen Ereignis"

Victor Conzemius war von 1970 bis 1980 Professor für Kirchengeschichte an der Universität Luzern und ist seitdem freier Publizist. Schwerpunkte seiner Forschung sind der liberale Katholizismus und die Kirchen zur Zeit der modernen Totalitarismen. Conzemius hatte als einziger deutschsprachiger Wissenschaftler an dem internationalen Historikerkongress zum Thema Inquisition teilgenommen, der im Herbst 1998 im Vatikan stattfand und den man sicherlich als einen mutigen Schritt auf dem Weg einer kirchlichen Vergangenheitsbewältigung bezeichnen darf.

In einem Interview mit der in Freiburg im Breisgau erscheinenden Zeitschrift „Herder-Korrespondenz" (1/1999) informierte der in der Schweiz lebende luxemburgische Kirchengeschichtler über den neuesten Stand der Forschung zum Thema Inquisition.

Neue Akzente bei der Einschätzung der Inquisition

Ein Gespräch mit dem Kirchenhistoriker Victor Conzemius

Herder-Korrespondenz: [...] Wie ist das römische Symposion abgelaufen, für das die Historisch-Theologische Kommission für das Heilige Jahr unter Leitung von Georges Cottier, dem „Theologen des Päpstlichen Hauses", verantwortlich zeichnet? Was war Ziel der Studientagung?

Conzemius: Die Tagung hat auf hohem Niveau Forscher der Inquisition zusammengeführt. Der internationale Teilnehmerkreis war nicht auf Katholiken, schon gar nicht auf linientreue Katholiken beschränkt; auch ehemalige Katholiken, Juden, Lutheraner und Reformierte nahmen daran teil. Konkret stand dahinter: Der Papst wünschte Aufklärung von Historikern über den derzeitigen Stand der Forschung zur Inquisition. Bei der Inquisition könne man sich nicht auf die allgemeinen populären Vorstellungen verlassen, die in der Öffentlichkeit zirkulieren. Deshalb wünschte er sich sachliche Informationen, um die Verantwortung von Kirche und Christenheit genauer umschreiben und eine Bitte um Vergebung formulieren zu können. In der Tat haben die Historiker nicht mit Informationen gegeizt und das ganze Spektrum der mittelalterlichen und neuzeitlichen Inquisition in ihren komplexen Zusammenhängen und in der notwendigen Differenzierung aufgezeigt.

Herder-Korrespondenz: In der Berichterstattung über das Symposium war davon die Rede, dass das Zusammentreffen der Inquisitionsforscher in Rom ein historisches Ereignis gewesen sei. Teilen Sie diese Einschätzung?

Ein historisches Ereignis

Conzemius: Man kann tatsächlich von einem historischen Ereignis sprechen. Vor 50 Jahren wäre es undenkbar gewesen, dass sich im Vatikan auf Wunsch des Papstes so viele allgemein anerkannte Wissenschaftler zusammenfinden, um sich ohne vordergründiges Moralisieren mit der – seit der Gegenreformation und verschärft seit der Aufklärung beschuldigten – Inquisition zu befassen und die Frage zu stellen, wie es zu dieser Perversion des christlichen Auftrags kommen konnte. Im kollektiven Gedächtnis nicht nur der Geschichtsforschung ist die Inquisition als schaurigste Verirrung der Christentumsgeschichte in Erinnerung geblieben. Das hängt mit dem Eifer zusammen, mit dem sie – zum Beispiel im 16. Jahrhundert in Spanien und den spanischen Niederlanden – betrieben wurde. Die Ketzerverbrennungen, die spanischen Autodafés, die in ihrer Endphase als ritualisierte Beschwörung spanischer Identität inszeniert wurden, riefen Reflexe der Abscheu und des Entsetzens hervor. Gerne wurde die Kirche global für die Entstehung und die Verbreitung der Inquisition haftbar gemacht. Besonders die Aufklärung machte aus der Inquisition ein Instrument antikirchlicher Propaganda. In den Sujets der Historienmalerei und in der literarischen Gestalt des Großinquisitors bei Dostojewskij wird die Inquisition zu einem nicht zu überbietenden Paradebeispiel religiöser Intoleranz und Grausamkeit stilisiert. Die Nachwirkung dauert bis in die jüngste Zeit hinein: Kein französischer Antiklerikaler, kein Nazi, kein Kommunist ließ sich die Gelegenheit entgehen, anklagend auf die Inquisition zu verweisen, um von den eigenen zum Teil viel unheimlicheren Schandtaten abzulenken. Ein offener und freimütiger Austausch über diese Epoche der Kirchengeschichte in den Räumlichkeiten des Vatikans ist vor diesem Hintergrund schon bemerkenswert.

Herder-Korrespondenz: Auch die Öffnung der Archive der römischen In-

quisition vor einem Jahr ist in Zusammenarbeit mit einer liberalen, früher lai-
zistischen Institution zustande gekommen; der Accademia Nazionale dei Lin-
cei. Heißt dies, dass es heute keine Unterschiede mehr zwischen Profanhistorikern und Kirchengeschichtlern gibt?

Conzemius: Längst geben die Kirchenhistoriker nicht mehr den Ton in der
Erforschung der Kirchengeschichte an. Sie haben lange Zeit etwa so reagiert:
Die Inquisition war ein gravierender und peinlicher Betriebsunfall in der
Geschichte des Christentums. Falls man auf sie einging und sie nicht global
als Schutzmaßnahme verteidigte, wurde argumentiert, sie sei aus ihrer Zeit
heraus zu verstehen. Das ist natürlich richtig. Aber diese Argumentation verdeckt das Problem und kann leicht als eine globale Entschuldigung missverstanden werden. Ihrerseits haben auch Profanhistoriker unter Voraussetzungen gearbeitet, die für eine sachliche Erforschung der Inquisition nicht
förderlich waren. Auch bei ihnen gab es Vorurteile. Einige Forscher, wie zum
Beispiel im 19. Jahrhundert der Amerikaner Henry Charles Lea, der mit seiner
großen dreibändigen Geschichte der Inquisition das aus den Quellen ge-
schöpfte klassische Werk zu diesem Thema geschrieben hat, hatten eine sehr
negative Auffassung vom Mittelalter. Für Lea waren die Kirche und ihre
Theologen gewissermaßen ex professo auf die Intoleranz festgelegt. Diese
Sicht, die das Mittelalter am Wertekanon des 19. Jahrhunderts maß, hat sich
grundlegend geändert. So vorurteilsvoll wird das Mittelalter heute auch bei
Profanhistorikern nicht mehr gesehen.

Herder-Korrespondenz: Was waren denn die wichtigsten Ergebnisse der
dreitägigen Beratungen im Vatikan? Gab es neue Akzente bei der Einschätzung
der Inquisition durch die Fachleute?

Neue Akzente bei der Einschätzung der Inquisition

Conzemius: In den Vorträgen spiegelte sich wider, dass das starre Bild der Inquisition als einer monolithisch-einheitlichen Organisation, die zentral von
Rom gesteuert wurde, keinen Bestand hat. Die Inquisition war plural in ihrem
ganzen Funktionieren: Es gab eine Kaiserliche, eine Päpstliche, eine Spanisch-
Portugiesische Inquisition, eine Venezianische und seit 1542 eine Römische Inquisition. So gewann man einen Einblick in die regionalen Verschiedenheiten
und in die Konkurrenz mit den anderen Gerichten – staatliche, bischöfliche
oder Stadtgerichte. In der portugiesischen Kolonie Goa beispielsweise ging es

unter der Maske religiösen Denunziantentums vielfach vor allem um Rivalitäten von Familien. Die populäre Auffassung, dass die Inquisition nur Todesurteile aussprach, ist nicht begründet. Die Inquisitionstribunale haben auch Freisprüche ausgesprochen.

Herder-Korrespondenz: Manche Historiker sehen heute innerhalb der Inquisitionsprozesse teilweise sogar mehr Rechtssicherheit gewahrt als in den Prozessen vor den damaligen zivilen Gerichten. Warum wird die Erfoschung der Inquisition und die Diskussion über die Ergebnisse heute mit weniger Emotionen geführt als früher?

Conzemius: Dass die Diskussion heute nicht mehr in den Perspektiven einer globalen Verteidigung oder einer globalen Verächtlichmachung der Inquisition geführt wird, hat mit den geschichtlichen Erfahrungen des zu Ende gehenden Jahrhunderts zu tun. In unserem Jahrhundert, das sich gerne als Kulminationspunkt des menschlichen Fortschritts wähnt, sind ganz andere, im 19. Jahrhundert unvorstellbare Perversionen der Menschheitsgeschichte zum Ausbruch gekommen: die Genozide, die Shoa, die Vertreibungen nach 1945 bis hin zum ethnischen Krieg in Restjugoslawien. Das Horrorbild, das man von der Inquisition besaß und fürsorglich pflegte, ist in unserer Zeit überboten worden. Somit hat sich der allgemeine Rahmen verändert. Aber auch die Mediävistik, die Erforschung des Mittelalters, ist in eine neue Phase eingetreten. Sie arbeitet nicht mehr unter den geistesgeschichtlichen Voraussetzungen des 19. Jahrhunderts. Seinerzeit gab es entweder eine romantische Mittelalterverklärung oder auf der anderen Seite eine antikirchlich aufgeladene Ablehnung des Mittelalters. Inzwischen hat aber längst eine akribische Quellenforschung eingesetzt; und aufgrund einer genaueren Erforschung der mittelalterlichen Philosophie, der politischen Strukturen, der Rechtsverhältnisse usw. ist man unter Einbeziehung der mentalitätsgeschichtlichen Forschung zu einem differenzierteren Bild der Inquisition und ihrer Voraussetzungen gekommen.

Herder-Korrespondenz: Wie steht es denn um die Quellenlage? Inwieweit kann man sich aufgrund der Quellen, die heute noch zur Verfügung stehen, überhaupt ein realistisches Bild von den damaligen Ereignissen machen?

Conzemius: Die Quellenlage ist relativ gut, weil es vielfach um Einzelprozesse geht, die aufgezeichnet wurden. Zudem sind die Lehrbücher der Inquisitoren ediert worden, sodass man den Denkvorstellungen der damaligen Richter – aber auch denen der Angeklagten – näher gekommen ist. Wenn auch vieles verloren gegangen ist, so steht doch Material zur Verfügung. Gesicherte Untersuchungen über die Verschärfung der Verfahren, die Methoden und Fragenkataloge der Inquisitoren in ihrer Verschiedenheit sind möglich. Die vom Luxemburger Bibliografen Emil van der Vekené veröffentlichte internationale Bibliografie zur Inquisition umfasst in drei Bänden etwa 7000 Titel. Insofern hat die Forschung große Fortschritte gemacht.

Herder-Korrespondenz: Warum sind nicht mehr Theologen an der Rekonstruktion der damaligen Ereignisse beteiligt, obwohl es sich doch um ein originäres Thema der Kirchengeschichte handelt?

Conzemius: Die Theologen müssten etwas herauskommen aus einer verständlichen Befangenheit gegenüber dem Thema und sich nicht scheuen, die Perspektive der Opfer mit einzubeziehen. Sie sind ja nicht als Kollektiv für das verantwortlich, was geschehen ist. Das Problem ist, dass wir heute von ganz anderen Voraussetzungen her arbeiten, die es zum Teil erleichtern, zum Teil aber auch erschweren, sich mit der Inquisition sachgemäß zu beschäftigen. Damals ging es um die Wahrung der Geschlossenheit des Glaubens gegenüber Abweichlern in Glaubensfragen. Der heutige Mensch hat eine große Schwierigkeit, diese Gewichtung nachzufühlen. Wir haben heute die Religionsfreiheit, den Meinungspluralismus und die religiöse Toleranz. Völlig verständnislos stehen wir der Tatsache gegenüber, dass das Mittelalter den Abweichungen in Glaubensfragen einen so hohen Stellenwert einräumte und daraus eine Sache auf Leben und Tod machte. Die Bedrohung durch das Abweichlertum hat für die Meinungsträger der mittelalterlichen Gesellschaft den Zusammenhalt dieser Gesellschaft in einem Ausmaß infrage gestellt, wie wir es uns heute nicht mehr vorstellen können.

Die Schuld der Kirche

Herder-Korrespondenz: Es gibt aber nicht nur diese positive Funktion der Inquisition, sondern auch die Schuld, die die Kirche mit der Praxis der Inquisitionsgerichte auf sich geladen hat. Darf man das Erschrecken über die Schuld ausblenden, wenn man die Geschichte der Inquisition erforschen will?

Conzemius: Der Historiker muss in einem gewissen Sinne abgebrüht sein, um Phänomene wie das der Inquisition studieren zu können, ähnlich wie diejenigen, die sich auf wissenschaftlicher Ebene mit Auschwitz und den Vernichtungslagern beschäftigen. Auch sie müssen das Zustandekommen und

Funktionieren dieser Einrichtungen erforschen. Grundsätzlich ist der Umgang mit moralischen Urteilen in der Geschichtsforschung schwierig. Lord Acton, der im vergangenen Jahrhundert moderne Geschichte in Cambridge lehrte, war ein Fanatiker des moralischen Urteils, insbesondere auf dem Gebiet der Kirche. Kirchliche Amtsträger, aber auch Theologen beider Konfessionen, die aus einer Haltung konfessionalistischer Kirchenräson heraus die Anwendung von Gewalt gegenüber Abweichlern verteidigten, kamen bei ihm schlecht weg. Acton, ein der Kirche verbundener katholischer Christ, litt sehr unter dieser kurzschlüssigen Apologetik, die in so eklatantem Widerspruch zum Gesetz Christi stand. In seinem Widerspruch überzog er allerdings das für einen Geschichtswissenschaftler zulässige Maß und verwechselte die Rolle des Historikers mit derjenigen des Staatsanwaltes.

Herder-Korrespondenz: Es ist sicher nicht unproblematisch, mit moralischen Kategorien an die Geschichtsschreibung zu gehen. Kann man aber jede moralische Bewertung bei der historischen Beschreibung einer Epoche außen vor lassen?

Conzemius: Nein, das gerade nicht. Aber die Voraussetzungen für eine moralische Bewertung werden erst geschaffen, je präziser die Analyse der Vorgänge ausfällt, die zu moralisch verwerflichen Haltungen geführt haben. Entrüstungsbekundungen sind schädlich, weil sie ohne ausreichende Analyse sich auf die Identifikation von Sündenböcken kaprizieren. Weder Theologen noch Historiker sind dagegen gefeit. Theologen, die sich mit dem Bösen in der Welt befassen, reden gerne von Schuld. Auf sie gehen die detailfreudigen Beichtspiegel und Sündenkataloge zurück. Aufgeklärte Historiker hingegen neigten dazu, Theologie und Kirche insbesondere im Mittelalter als schuldige Menschheitsverderber herauszustellen. Von der hohen Warte eines naiven, sich selber nicht mehr infrage stellenden Fortschrittsglaubens gesehen, lag die Schuld der Kirche offensichtlich da. Die gegen Ende des 20. Jahrhunderts mit voller Wucht ausgebrochene Diskussion über die Untaten und Verbrechen von Nationalsozialismus und Kommunismus ist unbedingt zu begrüßen. Doch die Manipulation von Schuldgefühlen und die Jagd auf vordergründig Schuldige fördern die Erklärung von Verantwortlichkeit nicht. Wie heikel diese Probleme um das moralische Urteil in der Geschichte sind, zeigen der – inzwischen völlig überholte – Historikerstreit und die Diskussionen um Martin Walsers Rede zur Verleihung des Friedenspreises des deutschen Buchhandels.

Herder-Korrespondenz: In seiner Ansprache vor den Teilnehmern der römischen Studientagung hat der Papst davon gesprochen, dass sich Einzelpersonen wie Gesellschaften ihrer selbst nur dann bewusst werden können, wenn sie ihre Vergangenheit aufgearbeitet haben. Welche Aufgabe hat der Historiker bei der gesellschaftlich notwendigen Erinnerungsarbeit, wie sie im Zusammenhang mit der Shoa – aber auch darüber hinaus – gefordert wird?

Conzemius: Seit über zwei Jahrzehnten hat das Gedächtnis der Opfer in der neuzeitlichen Geschichte eine dominierende Stellung eingenommen. Es besteht der Bedarf, um der Erinnerung willen – und das Christentum ist in besonderer Weise eine Erinnerungsreligion – Forschung zu betreiben. Was der Historiker jedoch nicht zulassen kann, ist eine Instrumentalisierung der Fakten zu Entlarvungs- oder Belastungsstrategien. Wie schwierig es ist, die Untersuchung und Forschung an diesen Klippen vorbeizuführen, zeigt die Diskussion über die Schweiz im Zweiten Weltkrieg. Dem Historiker fällt die Aufgabe zu, gegenüber einem verklärenden Unschuldsmythos im Lichte neuer Quellen und im Kontext einer globalen Infragestellung schweizerischer Identität, die Verstrickungen mit dem Unrecht zu durchleuchten. Dabei geraten sie in die Gefahr, die eigene Rolle zu überschätzen und Kriterien, die aus den heute einsichtigen Fehlern und Kompromissen vorhergehender Generationen gewonnen wurden, ja erst ermöglicht wurden, in die Situation der Schweiz von 1933 bis 1945 hineinzuprojizieren. Leicht wird der Moralist zum Moralisierer. Warum es zur Symbiose von Kirche und Staat gekommen ist und die Kirche die Legitimation für die Interessen von Staat und Gesellschaft lieferte, auch wenn dadurch die eigene Botschaft korrumpiert wurde und Schaden erlitt, muss erforscht und geklärt werden. In jedem Fall sollten keine vorschnellen Schuldzuweisungen getroffen werden.

Herder-Korrespondenz: Es besteht aber doch Einigkeit darüber, dass es im Falle der Inquisition so etwas wie Schuld gegeben hat Muss man nicht doch von einer Schuld der Kirche in der Epoche der Inquisitionsgerichte sprechen?

Conzemius: Nicht nur die Unzulänglichkeit der Menschen, sondern auch diejenige der Institution als solcher, die das Bild des gewaltlosen Jesus Christus nicht mehr vermitteln konnte, steht hier zur Diskussion. Sie ging so sehr in der Welt auf, dass sie auch Mittel zuließ, die die Botschaft der Gewaltlosigkeit verstellten. Das war den Inquisitoren im 13., 14. Jahrhundert und später nicht bewusst. Auf die Frage „Warum?", wo Jesus selber der Verurteilte eines inquisitorischen Prozesses gewesen ist, weiß ich allerdings keine Antwort. Das Evangelium bleibt die Magna Charta, an der das Christentum zu messen ist und an der es sich selber regenerieren kann. Freilich ist das Heil Gottes in der Geschichte nicht ohne weiteres mit Händen zu greifen: In theologischer Perspektive ist die Christentumsgeschichte weitgehend eine Geschichte, in der der Mensch und auch die kirchlichen Institutionen sich meistens nicht auf der Höhe des Angebotes Jesu Christi bewegt haben. Noch schlimmer als die Institutionen waren die Auswucherungen des Antisemitismus und die Handlangerdienste der christlichen Kirchen bei der Legitimierung des verheerenden Nationalismus.

Herder-Korrespondenz: Also nicht nur Schuld von Christen und Einzelnen in verantwortlicher Position in der Kirche, sondern auch Schuld der Kirche als Institution?

Conzemius: Unbedingt. Man darf nicht allgemein zwischen den sündigen Menschen und der makellosen Kirche unterscheiden und die Institution ungeschoren davonkommen lassen. Das Problem besteht darin, dass die Kirche in der Sprache der Theologen mit rein positiven Attributen dargestellt wird: als makellose Braut Christi, die vom Heiligen Geist geführt wird – das Attribut der Unfehlbarkeit wird Papst und Kirche zugesprochen und in die Vergangenheit zurückprojiziert. Ein Bekenntnis der Schuld müsste unbedingt auch die Kirche als Institution umfassen, weil auch sie versagen kann und tatsächlich versagt hat. Schuld und Sünde und eine von keinem menschlichen Versagen auszurottende Heilsfähigkeit und Fähigkeit zur Heilsvermittlung stehen in der Kirche in einem dialektischen Verhältnis zueinander. Man muss davon wegkommen, dass es nur Einzelne in der Kirche gewesen sind, die Schuld auf sich geladen haben, die Kirche als Heilige aber ohne Schuld geblieben ist. Das ist auch zu wenig heraus gekommen im vatikanischen Dokument über die Shoa mit seiner puristisch-scholastischen Sprache, das sehr auf die Kirche als Heilsanstalt fixiert war.

Herder-Korrespondenz: Wie kann die Kirchengeschichte auf die Problematik reagieren, dass es einerseits eine überzeitliche Bedeutung der Botschaft Jesu Christi gibt, an der ich das Christentum messen kann und messen muss, und andererseits die Herausforderung, in einem ersten Schritt die Perspektive der geschichtlichen Subjekte in jener Zeit einzunehmen?

Immer wird ein neuer Anfang geschenkt

Conzemius: Das ist eine schwierige Frage, die nur in Annäherungen beantwortet werden kann. Die Dialektik von Gut und Böse in der Kirchengeschichte darf nicht aufgelöst werden. Weder ist die Kirchengeschichte auf eine Erfolgs- noch auf eine Kriminalgeschichte zu reduzieren. Eine herkömmliche Kirchengeschichtsschreibung hat dem Mangel der Quellen mit theologischer Phantasie nachgeholfen. Das ist allerdings kein Freibrief für eine Kriminalgeschichtsschreibung. Wir stehen auf dem Erkenntniszugewinn, den wir den Irrtümern vergangener Zeiten verdanken. Entrüstungsstrategien spät geborener Historiker sind deshalb keine angemessenen Kriterien historischer Urteilsfindung, auch wenn eine gehobene Geschichtsschreibung viel mit der Ungleichzeitigkeit von Maßstäben und Empfindungen jongliert. Positiv lässt sich nur sagen, dass eine große Nüchternheit im Umgang mit den Quellen, eine gewisse Askese, vonnöten ist. Schließlich weiß der Christ auch, dass jeder Periode der Kirchengeschichte ein neuer Anfang geschenkt wird. Das Aufgreifen des Kuriosen, des Widersprüchlichen, des Chaotischen und des Unheimlichen kann nicht das Ziel geschichtlicher Retrospektive sein.

Herder-Korrespondenz: Offiziell ist die Inquisition lange schon aufgelöst, auch das Heilige Offizium als die Nachfolgeinstitution besteht seit 1965 nicht mehr. Kritiker werfen der Kirche jedoch vor, es gebe auch heute noch in ihr inquisitorische Strukturen. Zu Unrecht?

Conzemius: Es gibt sie auf alle Fälle in der Gesellschaft – und somit auch in der Kirche, die meist mehr den Gesetzen dieser Gesellschaft unterworfen ist, als Theologen das wahrhaben wollen. Wir haben ja gesehen, wie der amerikanische Sonderermittler Starr gegenüber Präsident Clinton einen inquisitorischen Prozess aufziehen konnte, der die klassischen Inquisitionstribunale an Perfektionismus übertrifft. Was die Kirche anlangt: Die Prozessführung der Glaubenskongregation scheint mir korrekturbedürftig zu sein. Doch berechtigt dies jene, die mit der Glaubenskongregation Schwierigkeiten haben, nicht, sich nun in die Linie der Opfer der Inquisition zu stellen und sich als neuer Fall Galilei aufzuspielen. Die Forschung hat längst klargestellt, dass die Römische Inquisition von allen Inquisitionen mit Abstand die mildeste war. Die Feuer der Inquisition sind längst erloschen und es ist eine Beleidigung der echten Opfer der Inquisition, die Blitze und Feuer der alarmierten Medien mit brennenden Scheiterhaufen zu verwechseln.

Quellentext Nr. 182: Victor Conzemius, Schmerzliche Aufarbeitung der Inquisition. Ein Gespräch mit Stefan Orth; in: Herder-Korrespondenz 53 [1999], Nr. 1. S. 17–22.

LITERATUR

Accattoli, Luigi: Wenn der Papst um Vergebung bittet, Innsbruck 1999.

Andresen, Carl/Denzler, Georg: Wörterbuch der Kirchengeschichte, München [2. Auflage] 1984.

Angenendt, Arnold: Folter und Feuer – Zur Geschichte der Inquisition, Referat beim Historischen Forum der Katholischen Akademie in Bayern „Kirche und Inquisition: Die bleibende Last der Geschichte" am 20. Februar 1999 in München; in: Zur Debatte 2/1999. S. 1–3.

Augustinus: Brief an Vincentius; in: Bibliothek der Kirchenväter, Bd. 9, Kempten und München 1917. S. 333–384.

Bauer, Johannes B. (Hrsg.): Die heißen Eisen in der Kirche, Graz 1997.

Beck, Andreas: Der Untergang der Templer – Größter Justizmord des Mittelalters? (Herder-Spektrum Nr. 4914), Freiburg im Breisgau [6. Auflage] 2000.

Altaner, Berthold/Stuiber, Alfred: Patrologie. Leben, Schriften und Lehren der Kirchenväter, Freiburg im Breisgau [8. Auflage] 1978.

Bader, Hermann: Alle Heiligen und Seligen der römisch-katholischen Kirche, München 1952.

Behringer, Wolfgang: Hexenverfolgung in Bayern. Volksmagie, Glaubenseifer und Staatsräson in der Frühen Neuzeit, München 1987.

Behringer, Wolfgang: Hexen und Hexenprozesse in Deutschland, (dtv dokumente Nr. 2957), München 1988.

Beinert, Wolfgang (Hrsg.): Lexikon der katholischen Dogmatik, Freiburg im Breisgau [2. Auflage] 1988.

Böckenförde, Werner: Glaube unter Kontrolle. Aus der Geschichte der römischen Kongregation für die Glaubenslehre; in: Leo Waltermann (Hrsg.): Rom, Platz des Heiligen Offiziums Nr. 11, Graz 1970. S. 159–198.

Böhmer, Eduard: Francisca Hernández und Francisco Ortiz. Anfänge reformatorischer Bewegung in Spanien unter Karl V. Aus Originalakten des Inquisitionstribunals zu Toledo, Leipzig 1865.

Boronat y Barrachina, P.: Los Moriscos espanoles y su expulsión, Bd. 1, Valencia 1901.

Borst, Arno: Die Katharer. Mit einem Nachwort von Alexander Patschovsky, (Herder-Spektrum Nr. 4025), Freiburg im Breisgau 1991.

Breukelaar, Adrian: Priscillianus von Avila; in: Biographisch-Bibliographisches Kirchenlexikon, Verlag Traugott Bautz, Publikation im Internet, [http://www.bautz.de/bbkl] 1999.

Burckhardt, Jakob: Die Kultur der Renaissance in Italien, Berlin 1928.

Carranza de Miranda, Bartolomé: Commentarios sobre el Catechismo cristiano, Antwerpen 1558.

Christmann, Heinrich M. (Hrsg.): Die deutsche Thomas-Ausgabe. Vollständige, ungekürzte deutsch-lateinische Ausgabe der Summa Theologica, übersetzt von Dominikanern und Benediktinern Deutschlands und Österreichs, herausgegeben von der Albertus-Magnus-Akademie Walberberg bei Köln, Bd. 15, Salzburg – Graz- Wien 1950.

Cienfuegos, Álvaro: La heroica vida del grande San Francisco de Borja, Madrid 1707.

Codex Iuris Canonici – Codex des kanonischen Rechts. Lateinisch-deutsche Ausgabe, Kevelaer [4. Auflage] 1994.

Conzemius, Victor: Schmerzliche Aufarbeitung der Inquisition. Ein Gespräch mit Stefan Orth; in: Herder-Korrespondenz 53 [1999] Nr. 1. S. 17–22.

Coster, Adolphe: Luis de León; in: Revue hispanique 53 [1921], S. 429–433.

Coultron, Georges G.: Medieval Panorama, New York 1955.

Courtois, Stephane/Werth, Nicolas/Panne, Jean-Luis: Das Schwarzbuch des Kommunismus. Unterdrückung, Verbrechen und Terror, München 1988.

Cyprian von Karthago: Über die Einheit der katholischen Kirche; in: Bibliothek der Kirchenväter, Bd. 34, Kempten und München 1918.

Decker, Rainer: Die Hexen und ihre Henker. Ein Fallbericht, Freiburg im Breisgau 1994.

Decker, Rainer: Die Hexenverfolgungen bei den lippischen Nachbarn. Teuflische Besessenheit und Hexenverfolgung. Paderborn, Rietberg und Reckenberg 1657–1660; in: Gisela Wilbertz/Gerd Schwerhoff/Jürgen Scheffler (Hrsg.): Hexenverfolgung und Regionalgeschichte. Die Grafschaft Lippe im Vergleich, Bielefeld 1994. S. 297–310.

Decker, Rainer: Die Cautio criminalis und die Hexenprozeß-Ordnung der römischen Inquisition im Vergleich, (Beitrag zur Festschrift für Dr. Theo G. M. van Oorschot); in: Spee-Jahrbuch 3 [1996], Trier 1996. S. 89–100.

Decker, Rainer: Mit merklichem Nachteil der Gerechtigkeit. Wie die römische Inquisition Schweizer Hexenkinder vor dem Scheiterhaufen rettete; in: Frankfurter Allgemeine Zeitung, 2. März 1998. S. 9.

Denzinger, Heinrich/Hünermann, Peter: Kompendium der Glaubensbekenntnisse und kirchlichen Lehrentscheidungen, [Enchiridion symbolorum definitionum et declarationum de rebus fidei et morum], Freiburg im Breisgau [37. Auflage] 1991.

Denzler, Georg: Savonarola – Fanatiker? Ketzer? Heiliger?; in: Kirche Intern 5/1998. S. 46–47.

Döllinger, Ignaz von (Hrsg.): Beiträge zur Sektengeschichte des Mittelalters, Bd. 2, München 1890.

Dominique, Pierre: L'inquisition. Librairie Académique, Perrin 1969.

Drewermann, Eugen: Giordano Bruno oder Der Spiegel des Unendlichen, München 1992.

Ezquerra, Alfredo Alvar: La Inquisición Espanola, Madrid 1997.

Féréal, M. V. von: Die Geheimnisse der Inquisition und anderer geheimer Gesellschaften Spaniens. Mit historischen Anmerkungen und einer Einleitung von Manuel de Cuendias. Deutsch von L. von Alvensleben, [Brünn 1864], Reprint-Verlag, Leipzig 1994.

Fernández, Alonso: Historia y Anales de la ciudad y obispado de Plasencia, Madrid 1627.

Foreville, Raymonde: Lateran I – IV, Mainz 1970.

Franzen, August: Kleine Kirchengeschichte, (Herder-Bücherei Nr. 237/238), Freiburg im Breisgau 1965.

Fried, Erich: Höre, Israel! Gedichte und Fußnoten mit Dokumenten und Fotos, Hamburg 1974.

Glaubensverkündigung für Erwachsene. Deutsche Ausgabe des Holländischen Katechismus, Nijmegen – Utrecht 1968.

Goldast von Haiminsfeld, Melchior: Rechtliches Bedenken von Konfiskation der Zauberer- und Hexengüter, Bremen 1661.

Grigulevic, Josif R.: Ketzer, Hexen, Inquisitoren. Geschichte der Inquisition. Übersetzt und bearbeitet von Hubert Mohr, Bde. 1–2, Berlin [2. Auflage] 1987.

Grundmann, Herbert: Ketzergeschichte des Mittelalters, Göttingen 1963.

Grundmann, Herbert: Bibliographie zur Ketzergeschichte des Mittelalters. 1900–1966, (Sussidi Eruditi Nr. 29), Rom 1967.

Hansen, Joseph: Zauberwahn, Inquisition und Hexenprozeß im Mittelalter und die Entstehung der großen Hexenverfolgung, [München und Leipzig 1900], Frankfurt am Main 1998.

Hartlieb, Johann: Buch aller verbotenen Kunst, Unglaubens und Zauberei, Halle an der Saale 1914.

Hartwig, Renate: Scientology – Ich klage an, Augsburg 1994.

Hasenhüttl, Gotthold/Nolte, Josef: Formen kirchlicher Ketzerbewältigung, Düsseldorf 1976.

Hayward, Fernand: Was muß man über die Inquisition wissen? Ins Deutsche übertragen von Carl Wagner, Aschaffenburg 1959.

Hefner, Joseph: Zur Geschichte der römischen Inquisition; in: Theologie und Glaube 2 [1910], S. 281–286.

Heilmann, Alfons (Hrsg.): Texte der Kirchenväter, Bde. 1–5, München 1963.

Hergemöller, Bernd-Ulrich: Krötenkuß und schwarzer Kater. Ketzerei, Götzendienst und Unzucht in der inquisitorischen Phantasie des 13. Jahrhunderts, Warendorf 1996.

Heyl, Josef Anton: Volkssagen, Bräuche und Meinungen aus Tirol, Brixen 1897.

Holl, Adolf (Hrsg.): Die Ketzer, Hamburg 1994.

Holzer, Josef: Die Geschichte der Kirche in hundert Reportagen, St. Pölten 1979.

Hroch, Miroslav/Skýbová, Anna: Die Inquisition im Zeitalter der Gegenreformation. Aus dem Tschechischen übersetzt von Wolf B. Oerter, Stuttgart 1985.

Johannes Paul II.: Tertio millennio adveniente. Apostolisches Schreiben vom 10. November 1994 an die Bischöfe, Priester und Gläubigen zur Vorbereitung auf das Jubeljahr 2000, (Verlautbarungen des Apostolischen Stuhls Nr. 119), Bonn 1995.

Johannes Paul II.: Incarnationis mysterium. Verkündigungsbulle des großen Jubiläums des Jahres 2000 vom 29. November 1998.

Kamen, Henry: Inquisition; in: Theologische Realenzyklopädie, Bd. 16, Berlin – New York 1981. S. 189–196.

Kamen, Henry: Die spanische Inquisition, München 1980.

Karrer, Otto: Häresie; in: Heinrich Fries, Handbuch theologischer Grundbegriffe, Bd. 1, München 1962. S. 616–624.

Katechismus der Katholischen Kirche, München – Wien 1993.

Kieckhefer, Richard: Repression of heresy in mediaval Germany, New York 1979.

Kneubühler, Hans-Peter: Die Überwindung von Hexenwahn und Hexenprozeß, Zürich 1977.

Kolmer, Lothar: Ad capiendas vulpes. Die Ketzerbekämpfung in Südfrankreich in der ersten Hälfte des 13. Jahrhunderts und die Ausbildung des Inquisitionsverfahrens, (Pariser Historische Studien, Bd. 19), Bonn 1982.

König, Franz: Der Fall Galilei. Vortrag auf der Nobelpreisträgertagung in Lindau vom 1. Juli 1968; in: Kunz, Johannes (Hrsg.): Kardinal Franz König. Ansichten eines engagierten Kirchenmannes, Wien 1991. S. 63–76.

Kunstmann, Hartmut Heinrich: Zauberwahn und Hexenprozeß in der Reichsstadt Nürnberg, Nürnberg 1970.

Kurze, Dietrich: Quellen zur Ketzergeschichte Brandenburgs und Pommerns, (Veröffentlichungen der Historischen Kommission zu Berlin Bd. 45, Quellenwerke Bd. 6), Berlin und New York 1975.

Landucci, Luca: Ein Florentinisches Tagebuch 1450–1516, übersetzt von Marie Herzfeld, Jena 1912.

Läpple, Alfred: Kirchengeschichte in Dokumenten, Düsseldorf 1958.

Lea, Henry Charles: Geschichte der Inquisition im Mittelalter. Autorisierte Übersetzung. Bearbeitet von Heinz Wieck und Max Rachel. Revidiert und herausgegeben von Joseph Hansen, Bde. 1–3, Bonn 1905–1913.

Lea, Henry Charles: Geschichte der Spanischen Inquisition. Bearbeitet von Prosper Müllendorf, Bde. 1–3, Leipzig 1911–1913.

Lemm, Robert: Die Spanische Inquisition. Geschichte und Legende, (dtv Nr. 4700), München 1996.

LeRoy Ladurie, Emmanuel: Montaillou. Ein Dorf vor dem Inquisitor 1294 bis 1324. Aus dem Französischen übersetzt und bearbeitet von Peter Hahlbrock, Propyläen-Verlag, Berlin 1980.

Lexikon für Theologie und Kirche, Bde. 1 – 10, Freiburg im Breisgau [3. Auflage] 1993–2000.

Llorca, Bernardino: Die spanische Inquisition und die „Alumbrados", Ferdinand Dümmlers Verlag, Berlin und Bonn 1933.

Llorente, Juan Antonio: Historica critica de la Inquisición espanola, Madrid 1822.

Marti, Kurt: Zärtlichkeit und Schmerz, Darmstadt und Neuwied 1979.

Martyrologium Romanum. Typis Polyglottis Vaticanis, Rom [4. Auflage] 1956.

Milletich, Helmut Stefan: Savonarola – die Gottesdiktatur als Reformation; in: Pannonia 4/1997. S. 10–16.

Mirbt, Carl: Quellen zur Geschichte des Papsttums und des römischen Katholizismus, Tübingen [4. Auflage] 1924.

Molnár, Amedeo: Die Waldenser. Geschichte und Ausmaß einer europäischen Ketzerbewegung, (Herder-Spektrum Nr. 4233), Freiburg im Breisgau 1993.

Nigg, Walter: Das Buch der Ketzer, Zürich 1986.

Nigg, Walter: Friedrich von Spee. Ein Jesuit kämpft gegen den Hexenwahn, Paderborn 1991.

Ott, Ludwig: Grundriß der katholischen Dogmatik. Freiburg im Breisgau [2. Auflage] 1954.

Paramo, Luis: De origine et progressu Officii Sanctae Inquisitionis, Madrid 1598.

Patschovsky, Alexander: Der Passauer Anonymus. Ein Sammelwerk über Ketzer, Juden, Antichrist aus der Mitte des 13. Jahrhunderts, Stuttgart 1968.

Patschovsky, Alexander: Die Anfänge einer ständigen Inquisition in Böhmen. Ein Prager Inquisitoren-Handbuch aus der ersten Hälfte des 14. Jahrhunderts, (Beiträge zur Geschichte und Quellenkunde des Mittelalters, herausgegeben von Horst Fuhrmann, Bd. 3), Berlin und New York 1975.

Paulus, Nikolaus: Hexenwahn und Hexenprozesse vornehmlich im 16. Jahrhundert, Freiburg im Breisgau 1910.

Pernoud, Régine: Martin von Tours. Aus dem Französischen von Bernardin Schellenberger, (Herder-Spektrum Nr. 4590), Freiburg im Breisgau 1997.

Pernoud, Régine: Jeanne d'Arc. Glaube – Kraft – Vision, München 1995.

Pfliegler, Michael: Dokumente zur Geschichte der Kirche, Innsbruck 1938.

Piat, Colette: Als man die Hexen verbrannte. Geschichte ihrer Verfolgung durch sieben Jahrhunderte. Aus dem Französischen übersetzt und mit einem systematischen Nachwort versehen von Hildegard Gerlach, Freiburg im Breisgau 1998.

Pohl, Herbert: Hexenglaube und Hexenverfolgung im Kurfürstentum Mainz, Stuttgart 1988.

Poliakov, Leon: Geschichte des Antisemitismus, Bd. 4, (Die Marranen im Schatten der Inquisition. Anhang: Die Morisken und ihre Vertreibung. Deutsch von Rudolf Pfisterer), Worms 1981.

Rahner, Karl/Vorgrimler, Herbert: Kleines Konzilskompendium. Alle Konstitutionen, Dekrete und Erklärungen des Zweiten Vaticanums in der bischöflich beauftragten Übersetzung, (Herder-Bücherei Nr. 270/273), Freiburg im Breisgau [2. Auflage] 1967.

Rapp, Ludwig: Die Hexenprozesse und ihre Gegner aus Tirol, Innsbruck 1874.

Redondi, Pietro: Galilei der Ketzer, München 1989.

Remigius, Nicolaus: Daemonolatria, Frankfurt 1598.

Riedl, Gerda: Der Hexerei verdächtig. Das Inquisitions- und Revisionsverfahren der Penzliner Bürgerin Benigna Schultzen, Göttingen 1998

Ríos, José Amador de los: Historia social, política y religiosa de los judíos de Espana y Portugal, Bde. 1–3, Madrid 1875.

Rill, Bernd: Die Inquisition und ihre Ketzer, Puchheim 1982.

Schäfer, Ernst: Beiträge zur Geschichte des spanischen Protestantismus und der Inquisition des 16. Jahrhunderts. Bde. 1–3, Gütersloh 1902.

Schäfer, Ernst: Die spanische Inquisition; in: Mitteilungen aus Spanien, zusammengestellt vom Iberoamerikanischen Institut in Hamburg 2 [1918], S. 259–272.

Schirmer-Imhoff, Ruth (Hrsg.): Der Prozeß Jeanne d'Arc. Akten und Protokolle 1431–1456, (dtv-Dokumente Nr. 24), München 1961, 2001.

Schleichert, Hubert: Wie man mit Fundamentalisten diskutiert, ohne den Verstand zu verlieren. Anleitung zum subversiven Denken, München 1997.

Schoißwohl, Veronika: Die Prozesse gegen drei Hexenmeister in Südtirol im 17. Jahrhundert, (Dissertation an der Leopold-Franzens-Universität in Innsbruck), Innsbruck 1971.

Schwaiger, Georg (Hrsg.): Teufelsglaube und Hexenprozesse, (Beck'sche Reihe Nr. 337), München 1987.

Schwedt, Herman H.: Die römischen Kongregationen der Inquisition und des Index und die Kirche im Reich, Römische Quartalsschrift 90 [1995], Nrn. 1–2, S. 43–73.

Sebott, Reinhold: Was ein Beichtvater wissen sollte. 15 Punkte zum kirchlichen Buß- und Strafrecht; in: Anzeiger 3/1999. S.116–120.

Segl, Peter (Hrsg.): Die Anfänge der Inquisition im Mittelalter. Mit einem Ausblick auf das 20. Jahrhundert und einen Beitrag über religiöse Intoleranz im nichtchristlichen Bereich, (7. Bayreuther Historisches Kolloquium), Köln – Weimar – Wien 1993.

Segl, Peter: Ketzer in Österreich. Untersuchungen über Häresie und Inquisition im Herzogtum Österreich im 13. und beginnenden 14. Jahrhundert, Paderborn 1984.

Seifert, Petra/Pawlik, Manfred: Geheime Schriften mittelalterlicher Sekten, Augsburg 1997.

Selge, Kurt-Victor: Inquisition; in: Evangelisches Kirchenlexikon, Bd. 2, Göttingen [3. Auflage] 1989. S. 686–690.

Selge, Kurt-Victor (Hrsg.): Texte zur Inquisition, (Texte zur Kirchen- und Theologiegeschichte, Heft 4), Gütersloh 1967.

Shannon, Albert Clement: The Popes and Heresy in the thirteenth Century, Villanova/Pennsylvania 1949.

Sleumer, Albert: Index Romanus. Verzeichnis sämtlicher auf dem römischen Index stehenden deutschsprachlichen Bücher desgleichen aller wichtigen fremdsprachlichen Bücher seit dem Jahre 1750, Osnabrück [11. Auflage] 1956.

Soldan, Gottlieb Wilhelm/Heppe, Heinrich/Bauer, Max: Geschichte der Hexenprozesse, Bde. 1–2, Hanau 1911.

Spee, Friedrich von: Cautio criminalis oder Rechtliches Bedenken wegen der Hexenprozesse. Übertragen und eingeleitet von Joachim-Friedrich Ritter, München 1982.

Spielmann, Karl-Heinz: Die Hexenprozesse in Kurhessen, nach den Quellen dargestellt, Marburg [2. Auflage] 1932.

Sprenger, Jakob/Institoris, Heinrich: Der Hexenhammer. Malleus maleficarum. Zum ersten Mal ins Deutsche übertragen und eingeleitet von J. W. R. Schmidt [Berlin 1920; 4. Auflage 1937], Leipzig 1994.

Stehle, Hansjakob: Frommer Massenterror; in: Die Zeit, Nr. 5, 22. Januar 1998.

Sutter, Berthold: Der Hexenprozeß gegen Katharina Kepler, Weil der Stadt [2. Auflage] 1984.

Stöger, Alois: Das Evangelium nach Lukas II, Düsseldorf 1966.

Strasser, Rolf C.: Hexenwahn im Mittelalter, Rüti – Zürich 1995.

Stumpf, Johann: Beschreibung des [Konstanzer] Konzils, Zürich 1541.

Sulpicius Severus: Leben des heiligen Martin. Lateinisch und deutsch, herausgegeben von Kurt Smolak, Eisenstadt 1997.

Trusen, Winfried: Der Inquisitionsprozeß. Seine historischen Grundlagen und frühen Formen, Zeitschrift der Savigny-Stiftung für Rechtsgeschichte – Kanonistische Abteilung, 74 [1988], S. 168–230.

Vekené, Emil van der: Bibliographie der Inquisition. Ein Versuch, Hildesheim 1963.

Weck, Anton: Der Chur-Fürstlichen Sächsischen weitberufenen Residenz- und Hauptfestung Dresden Beschreib- und Vorstellung, Nürnberg 1680.

Weise, E.: Das Edikt in Zauberei-Sachen von 1603; in: Stadter Jahrbuch 1950. S. 35–64.

Winkler, Gerhard B.: Die Inquisition zwischen politischer Vernunft und mißbrauchter Religion, Theologisch Praktische Quartalschrift 136 [1988], S. 213–233.

Wolf, Hans-Jürgen: Geschichte der Hexenprozesse, Hamburg 1998.

Zetner, Jean-Everard: Un voyage d'affaire en Europe, Straßburg 1907.

Zierer, Otto: Bild der Jahrhunderte, Bde. 25–26, Murnau – München – Innsbruck 1954.

BILDNACHWEIS FÜR DIE FARBTAFELN

1 Jean Fouquet (um 1415/20–1477/81), Hinrichtung von Ketzern, Anhängern des Amaury de Chartres, in Gegenwart König Philipps II., König von Frankreich (1180–1223), Buchmalerei, aus den „Chroniques de Saint-Denis", Paris, Bibliotheque Nationale.

2 Frans Franken (1581–1642), Hexenversammlung, Öl auf Leinwand, 1607, Wien, Kunsthistorisches Museum.

3 Pedro Berruguete (um 1450–1504), Verbrennung albigensischer Schriften durch den heiligen Dominikus, Öl auf Holz, um 1480/90, Madrid, Prado.

4 Martin Schön, Jan Hus auf dem Scheiterhaufen, kolorierter Holzschnitt, 1558, aus den Historia et monumenta (Gesamtausgabe), Nürnberg.

5 David Teniers (1610–1690), Hexensabbat, Öl auf Leinwand, um 1650, Douai, Musée de la Chartreuse.

6 Oben: Templer auf dem Scheiterhaufen, Buchmalerei, 14. Jahrhundert, Besançon, Bibliothèque Municipale.
Unten: Verbrennung von Turlupins in Paris auf dem Marche aux Ponceaux bei der Port St. Honoré in Paris, Buchmalerei, 14./15. Jahrhundert, Besançon, Bibliothèque Municipale.

7 Jeanne d'Arc, Buchillustration auf Pergament, um 1430, Paris, Archives Nationales.

8 Salvator Rosa (1615–1673), Hexen und ihre Beschwörungen, um 1646, Öl auf Leinwand, London, National Gallery.

9 Hinrichtung Savonarolas auf der Piazza della Signora, Gemälde auf Holz, anonym, zeitgenössisch, Florenz, Museo di San Marco.

10 Francisco Rizi (1608–1685), Autodafé auf der Plaza Mayor in Madrid am 30. Juni 1680, Öl auf Leinwand, 1683, Museo de Prado, Madrid.

11 Giordano Bruno (1548–1600), Kupferstich nach zeitgenössischem Bildnis, spätere Kolorierung, 17. Jahrhundert.

Alle Fotos: © AKG, Berlin
Ausnahmen: 2) 5) 6) Oben Foto: Erich Lessing – AKG, Berlin; 9) Foto: S. Domingiè – AKG, Berlin

Seite 379
Friedrich Spee von Langenfeld, zeitgenössisches Gemälde, Öl auf Leinwand, Köln, Dreikönigs-Gymnasium; Foto: © AKG

Seite 449
Malleus maleficarum, Hexenhammer, Titelblatt der Ausgabe Lyon, 1669; Foto: © AKG

TEXTNACHWEIS

Leider konnten nicht alle Rechteinhaber ermittelt werden.
Berechtigte Ansprüche wird der Verlag selbstverständlich abgelten.

Beck, Andreas: Der Untergang der Templer – Größter Justizmord des Mittelalters? (Herder-Spektrum Nr. 4914), Freiburg im Breisgau [6. Auflage] 2000.

Behringer, Wolfgang (Hrsg.) : Hexen und Hexenprozesse in Deutschland, (dtv dokumente Nr. 2957), © 1988 Deutscher Taschenbuchverlag, München.

Christmann, Heinrich M. (Hrsg.): Die deutsche Thomas-Ausgabe. Vollständige, ungekürzte deutsch-lateinische Ausgabe der Summa Theologica, übersetzt von Dominikanern und Benediktinern Deutschlands und Österreichs, herausgegeben von der Albertus-Magnus-Akademie Walberberg bei Köln, Bd. 15, Salzburg–Graz–Wien 1950.

Conzemius, Victor: Schmerzliche Aufarbeitung der Inquisition. Ein Gespräch mit Stefan Orth; in: Herder-Korrespondenz 53 [1999] Nr. 1. S. 17–22.

Decker, Rainer: Die Hexen und ihre Henker. Ein Fallbericht, (Herder-Spektrum Nr. 23148) Freiburg im Breisgau 1994.

Decker, Rainer: Die Hexenverfolgungen bei den lippischen Nachbarn. Teuflische Besessenheit und Hexenverfolgung. Paderborn, Rietberg und Reckenberg 1657–1660; in: Gisela Wilbertz/Gerd Schwerhoff/Jürgen Scheffler (Hrsg.): Hexenverfolgung und Regionalgeschichte. Die Grafschaft Lippe im Vergleich, Verlag für Regionalgeschichte, Bielefeld 1994.

Denzinger, Heinrich/Hünermann Peter: Kompendium der Glaubensbekenntnisse und kirchlichen Lehrentscheidungen, [Enchiridion symbolorum definitionum et declarationum de rebus fidei et morum], (Herder-Spektrum Nr. 22442), Freiburg im Breisgau [38. Auflage] 1999.

Drewermann, Eugen: Giordano Bruno oder Der Spiegel des Unendlichen, München 1992.

Foreville, Raymonde: Lateran I–IV, Aus dem Französischen von Nikolaus Monzel. Reihe: Geschichte der ökumenischen Konzilien, Band VI. © Deutschsprachige Rechte by Matthias-Grünewald-Verlag, Mainz 1970.

Grigulevic, Josif R.: Ketzer, Hexen, Inquisitoren. Geschichte der Inquisition. Herausgegeben und eingeleitet von Fritz Erik Hoevels, Freiburg 1995.

Hasenhüttl, Gotthold/Nolte, Josef: Formen kirchlicher Ketzerbewältigung, Düsseldorf 1976.

Heilmann, Alfons (Hrsg.): Texte der Kirchenväter, Bde. 1–5, München 1963.

Holl, Adolf (Hrsg.): Die Ketzer, Copyright © 1994 by Hoffmann und Campe Verlag, Hamburg.

Holzer, Josef: Die Geschichte der Kirche in hundert Reportagen, St. Pölten 1979.

Hroch, Miroslav/Skybová, Anna: Die Inquisition im Zeitalter der Gegenreformation. Aus dem Tschechischen übersetzt von Wolf B. Oerter, © Edition Leipzig in der Dornier Medienholding.

Kneubühler, Hans-Peter: Die Überwindung von Hexenwahn und Hexenprozeß, 320 Seiten, Südostschweiz Presse AG, Verlag Rüegger, Zürich 1977, ISBN 3-7253-0021-6.

Kurze, Dietrich: Quellen zur Ketzergeschichte Brandenburgs und Pommerns, (Veröffentlichungen der Historischen Kommission zu Berlin Bd. 45, Quellenwerke Bd. 6), Berlin und New York 1975.

Läpple, Alfred: Kirchengeschichte in Dokumenten, Düsseldorf 1958.

LeRoy Ladurie, Emmanuel: Montaillou. Ein Dorf vor dem Inquisitor 1294 bis 1324. Aus dem Französischen übersetzt und bearbeitet von Peter Hahlbrock, Propyläen-Verlag, Berlin 1980.

Molnár, Amedeo: Die Waldenser. Geschichte und Ausmaß einer europäischen Ketzerbewegung, (Herder-Spektrum, Nr. 4233), Freiburg im Breisgau 1993.

Patschovsky, Alexander: Die Anfänge einer ständigen Inquisition in Böhmen. Ein Prager Inquisitoren-Handbuch aus der ersten Hälfte des 14. Jahrhunderts, (Beiträge zur Geschichte und Quellenkunde des Mittelalters, hrsg. von Horst Fuhrmann, Bd. 3), Berlin und New York 1975.

Pernoud, Régine: Martin von Tours. Aus dem Französischen von Bernardin Schellenberger, (Herder-Spektrum Nr. 4590), Freiburg im Breisgau 1997.

Poliakov, Leon: Geschichte des Antisemitismus, Bd. 4, (Die Marranen im Schatten der Inquisition. Anhang: Die Morisken und ihre Vertreibung. Deutsch von Rudolf Pfisterer), Worms 1981.

Rill, Bernd: Die Inquisition und ihre Ketzer, Puchheim 1982.

Schirmer-Imhoff, Ruth (Hrsg. und Übersetzerin): Der Prozeß Jeanne d'Arc. Akten und Protokolle 1431–1456, (dtv-Dokumente Nr. 24), © 1961, 2001 Deutscher Taschenbuchverlag, München.

Schwaiger, Georg (Hrsg.): Teufelsglaube und Hexenprozesse, (Beck'sche Reihe Nr. 337), Verlag C. H. Beck, München 1987.

Selge, Kurt-Victor (Hrsg.): Texte zur Inquisition. (Texte zur Kirchen- und Theologiegeschichte, Heft 4), © Gütersloher Verlagshaus, Gütersloh.

Sleumer, Albert: Index Romanus. Verzeichnis sämtlicher auf dem römischen Index stehenden deutschsprachigen Bücher, desgleichen aller wichtigen fremdsprachlichen Bücher seit dem Jahre 1750, Osnabrück [11. Auflage] 1956.

Spee, Friedrich von: Cautio criminalis oder Rechtliches Bedenken wegen der Hexenprozesse. Übertragen und eingeleitet von Joachim-Friedrich Ritter, © Verlag Hermann Böhlaus Nachfolger Weimar GmbH & Co. KG